西南财经大学全国中国特色社会主义政治经济学研究中心
中国式现代化系列研究报告

共同富裕的理论内涵与实践路径研究

主编 丁任重 盖凯程 韩文龙

中国社会科学出版社

图书在版编目（CIP）数据

共同富裕的理论内涵与实践路径研究／丁任重等主编．
—北京：中国社会科学出版社，2022.9
　ISBN 978 - 7 - 5227 - 0982 - 6

Ⅰ.①共…　Ⅱ.①丁…　Ⅲ.①共同富裕—研究—中国
Ⅳ.①F124.7

中国版本图书馆 CIP 数据核字（2022）第 205531 号

出版人	赵剑英
责任编辑	王　衡
责任校对	王　森
责任印制	王　超

出　版	中国社会母母出版社
社　址	北京鼓楼西大街甲 158 号
邮　编	100720
网　址	http://www.csspw.cn
发行部	010 - 84083685
门市部	010 - 84029450
经　销	新华书店及其他书店
印　刷	北京明恒达印务有限公司
装　订	廊坊市广阳区广增装订厂
版　次	2022 年 9 月第 1 版
印　次	2022 年 9 月第 1 次印刷
开　本	710×1000　1/16
印　张	37.25
插　页	2
字　数	569 千字
定　价	189.00 元

凡购买中国社会科学出版社图书，如有质量问题请与本社营销中心联系调换
电话：010 - 84083683
版权所有　侵权必究

总　　序

中国式现代化是在中国特色社会主义革命、建设、改革和发展实践中，由中国共产党领导和全体中国人民共同努力，通过不断解放和发展社会生产力，实现经济、政治、社会、文化和生态等领域从不发达阶段向发达阶段转变的崭新过程。中国式现代化是适合中国具体国情的现代化道路，它既遵循了各国现代化过程的基本规律，又具有社会主义特质和中国特色。

立足新发展阶段，坚持以习近平新时代中国特色社会主义思想为指导，立足中国实际，系统阐释当代中国马克思主义经济学最新成果和独创性观点，系统梳理中国特色社会主义政治经济学学科的思想来源、理论探索进程和阶段性理论特征，系统研究中国式现代化建设中提出的重大理论和实践问题，助力建构中国自主的经济学知识体系是新时代赋予我们的使命和责任。

西南财经大学作为全国中国特色社会主义政治经济学研究的重镇，在新时代的伟大征程中，我们凭借厚重的学术实力、学科优势和人才优势，瞄准国家、西部等重大需求，着力推动重大理论创新、重大决策研究、高层次人才培养、话语传播和国际交流，努力推动建设"中国气派、西部特色、西财风格"的中国特色社会主义政治经济学学科体系、理论系统和话语体系。西南财经大学政治经济学研究团队充分发挥国家重点学科优势和国家级研究平台优势，深入研究和阐释中国式现代化的理论内涵和实践路径，形成了一批具有思想性、系统性、学理性的研究成果，为推动中国特色社会主义政治经济学学科体系、理论系统和话语体系贡献了西财力量。

当前和今后很长一个时期内,我们将心怀"国之大者",立足"四为服务",坚定"四个自信",增强"四个意识",做到"两个维护",为建设具有中国特色、中国风格、中国气派的哲学社会科学作出应有贡献,为培育经济学拔尖创新人才作出更大贡献。

序一　共同富裕的理论内涵：缩小收入差距，实现共同富裕*

党的十九大报告指出，"时代是思想之母，实践是理论之源"①，基于新时代也应该有新理论。新时代中国特色社会主义思想从理论与实践的角度回答了新时代坚持和发展什么样的中国特色社会主义，以及怎样坚持和发展中国特色社会主义的问题。

中国特色社会主义进入了新时代，这是我国发展新的历史方位。如何缩小个人收入差距、实现共同富裕是当前的一个热门话题，我们需要以新的视角，站在新的时代，以新的思考面对这样一个问题。进入21世纪，我国社会经济发展战略推进到全面建成小康社会的决定性阶段，社会经济领域面临着全面深化改革、完善社会主义市场经济体制、转变经济发展方式等一系列战略性任务。党的十八届三中全会《中共中央关于全面深化改革若干重大问题的决定》指出，深化收入分配制度改革，优化收入分配结构，构建扩大消费需求的长效机制，是加快转变经济发展方式的迫切需要；深化收入分配制度改革，切实解决一些领域分配不公的问题，防止收入分配差距过大，规范收入分配秩序，是维护社会公平正义与和谐稳定的根本举措。

---

*　刘灿，西南财经大学经济学院教授。原文选自《政治经济学评论》2018年第1期。
①　习近平：《决胜全面建成小康社会 夺取新时代中国特色社会主义伟大胜利——在中国共产党第十九次全国代表大会上的报告》，人民出版社2017年版，第26页。

现阶段我国收入分配领域存在着一些亟待解决的突出矛盾和问题，主要体现在三个方面。第一，居民收入差距基尼系数超过国际警戒线。我国1980年的基尼系数为0.34，表明当时我国个人之间收入差距较小，此后三十年，这一数值不断攀升，近十年一直高于国际警戒线。2010—2015年，全国居民收入基尼系数从0.481下降到0.462，但以基尼系数的国际标准来衡量，我国收入差距已经非常明显。第二，财产占有在社会成员间的分布失衡。除关注收入基尼系数，还要关注财产分布差距。根据北京大学中国社会调查中心的《2014中国民生发展报告》，1995年我国财产的基尼系数为0.45，2002年为0.55，2012年我国家庭净财产的基尼系数达到0.73，顶端1%的家庭占有全国1/3以上的财产，底端25%的家庭拥有的财产总量仅有1%左右。财产权分布和财产权收入的多少与个人及家庭收入差距是密切相关的。当前城乡居民之间、不同阶层居民之间以及不同区域居民之间财产性收入差距持续扩大。从体制性因素来看，农村居民土地财产权缺失，弱势群体获得财产的能力低，一部分人通过非正当性途径获得财产权利和财产性收入等，是我国转型期财产权利在社会成员间分布失衡的重要原因。第三，初次分配领域资本与劳动的分配关系失衡。初次分配领域资本与劳动的分配关系失衡主要表现为国民收入分配中劳动收入比重下降；经济增长中劳动报酬增长缓慢。

我国转型期收入和财产差距有几个特征。第一，从劳动报酬的内部来看，差距主要是来自个体之间的要素禀赋及其市场定价的差别。从劳动报酬和资本报酬的关系来看，差距主要是来自资本财产的积累，以及新增收入在初次分配上的支配地位。第二，从个人及家庭的收入和财产结构看，用财产获得财产的特征已十分明显。因此我国在分配上的不平等表现为财产差距大于收入差距。第三，由于富裕家庭拥有较多的财产（房产和金融资产），加之"隐性收入"，贫富差距的特征已经由穷人太穷转变为富人太富。第四，开始呈现出代际传递的特征。

对于我国收入分配和财产权结构的深层矛盾，我们认为应该从生产关系的层面来分析。我国转型期收入分配关系及其利益结构的失衡，背后的核心逻辑是生产关系，它是社会主义初级阶段生产力发展与生产关系、经济基础与上层建筑之间矛盾的具体表现和在现实中的展开。

当代资本主义国家收入分配和财产权结构是在资本主义私有制基础上发展起来的,是资本主义社会生产关系的集中表现。20世纪70年代以来,发达资本主义国家进入了一个相对稳定的发展时期,经济增长加速了居民私人财产的积累,无论是私人财产总规模还是私人财产在国民财富中的比例都有显著的增加。但是,伴随这一过程的却是社会的分裂和矛盾的加剧,特别是世纪之交的两次金融危机和快速发展的财产金融化进一步加剧了贫富差距和两极分化。当代资本主义国家一直在用国家干预和社会福利政策来调节贫富差距,减少社会矛盾。但是要看到,资本主义市场经济内在的贫富分化和社会利益结构失衡是由它的基础生产关系决定的,资本主义私有制限制了对财产和收入分配结构进行调节的力度及范围。当代资本主义国家为经济增长已付出巨大的代价(不平等和社会分裂),我国在发展社会主义市场经济和竭力推进实现共同富裕的过程中,要避免资本主义制度最有害的和破坏性的特征出现。

进入中国特色社会主义新时代,如何构建一个与社会主义市场经济相适应的分配制度,通过深化改革来缩小差距,实现共同富裕,是中国特色社会主义政治经济学的重大理论与实践问题。这里我们提出几个基本理念。

第一,基本原则和核心精神——人的全面发展。人自身的发展和人类社会的发展一样是一个自然发展历程。马克思指出,"建立在个人全面发展和他们共同的社会生产能力成为他们的社会财富这一基础上的自由个性,是第三个阶段"[1]。从历史唯物主义出发,马克思认为财产权和所有制不仅是一种与物质生产力发展有关的生产关系,它本质上包含着人的发展的基础条件,马克思提出的人的全面发展的思想是构建中国特色社会主义收入分配制度的基本原则和核心精神。

第二,道路选择——深化改革和共享式发展。转型期个人收入和财

---

[1] 《马克思恩格斯全集》第30卷,人民出版社1995年版,第107、108页。

产分布差距扩大的原因是复杂多样的。总的来说，一方面来自深化改革，另一方面来自发展过程。我们要不断完善社会主义市场经济体制和深化改革，处理好市场经济中政府与市场的关系，还要保持较高速度的经济增长和科学发展。正如习近平总书记在党的十九大报告中指出的，"发展是解决我国一切问题的基础和关键"①。实现增长与发展，对于抑制和缩小差距，实现共同富裕具有更加重要的意义。我们的道路选择应该是以包容性经济增长和共享式发展解决收入分配领域中的矛盾，实现共同富裕。

第三，政府既要调节收入，也要调节财产权利。许多国家都是在二次分配领域，通过社会再分配政策来缩小收入差距的。我们认为收入分配和财产占有问题源于所有制，要解决社会财富分配不公和差距过大的问题，关键是要解决财产权利在社会成员之间的合理分配、平等受益问题，这个问题的解决是在初次分配领域。美国学者克里斯特曼在《财产的神话：走向平等主义的所有权理论》一书中，把资本主义社会的分配问题转为对所有权结构的批判性分析，他提出政府在所有权结构问题上应该有所作为②。

第四，坚持社会主义基本经济制度和所有制基础。也就是说要坚持公有制经济的主体地位。公有制经济是国民财富增长和财产利益在社会成员间合理分配、平等受益的重要保证，是社会主义市场经济条件下解决初次分配领域中结构和关系的重要基础。通过保持公有制的主体地位，或许能促使我们构建一个从结构上来说更加平等的中国特色社会主义分配模式。在实践中，公有制作用的发挥在于能否发展起一套公共与民主机制，使它能真正服务于公众利益；如果没有对公有资本运营及其管理者进行有效监督的机制，这个领域的制度缺陷将会加大收入和财产差距，如公有经济领域的垄断、寻租和"化公为私"等。

---

① 习近平：《决胜全面建成小康社会 夺取新时代中国特色社会主义伟大胜利——在中国共产党第十九次全国代表大会上的报告》，人民出版社2017年版，第21页。
② ［美］克里斯特曼：《财产的神话：走向平等主义的所有权理论》，张绍宗译，广西师范大学出版社2004年版。

序二　深入理解中国特色社会主义新时代下的共同富裕*

共同富裕思想可溯源至托马斯·莫尔的《乌托邦》，自莫尔以后较长时期内共同富裕始终为"空想"的深层次原因，在于缺少基于马克思唯物史观和剩余价值学说"两大发现"建立的科学社会主义理论指导。列宁同志依循科学社会主义理论领导布尔什维克建立由马克思主义政党领导的第一个社会主义国家，开启了共同富裕的实践。在马列主义指导下，新中国成立后的社会主义革命和建设时期，以毛泽东同志为主要代表的中国共产党人首次提出了"共同富裕"的简明阐述，逐步探索了"生产资料公有、合作化、按劳分配、简单平均分配"的共同富裕模式。党的十一届三中全会后，以邓小平同志为主要代表的中国共产党人在回答社会主义是什么的问题时，将共同富裕上升至社会主义本质与原则层面，实践了"让一部分地区、一部分人先富起来，带动和帮助其他地区、其他的人逐步达到共同富裕"之路。党的十八大后，以习近平同志为主要代表的中国共产党人不断推进共同富裕实践、着力丰富共同富裕理论，做出"以人民为中心的发展思想""共享发展""精准扶贫"等重要论述，提出全面建成小康社会之后的"全国各族人民团结奋斗、不断创造美好生活、逐步实现全体人民共同富裕"的新共富观，明确基本建成社会主义现代化之时"全体人民共同富裕取得更为明显的

---

* 丁任重，西南财经大学经济学院教授；李标，西南财经大学经济学院副教授。原文选自《政治经济学评论》2020 年第 6 期。

实质性进展"的远景目标。

在中央财经委员会第十次会议上,习近平总书记明确指出:"共同富裕是全体人民的富裕,是人民群众物质生活和精神生活都富裕,不是少数人的富裕,也不是整齐划一的平均主义。"① "允许一部分人先富起来,先富带后富、帮后富,在推动高质量发展中强化就业优先导向,重点鼓励辛勤劳动、合法经营、敢于创业的致富带头人。"② 这一关于共同富裕的精简阐释,为我们深入理解共同富裕的内涵要义提供了根本索引。

第一,共同富裕是物质与精神双层并重的富裕。依据马克思主义唯物史观关于发展的观点来看,共同富裕涵盖的内容与经济发展水平紧密相关。一般地,伴随着生产力水平的提升,共同富裕的主要内容会由单一侧重物质富裕转为物质富裕与精神富裕兼顾。中国特色社会主义进入新时代,全体人民创造财富的能力较新中国成立伊始以及改革开放之初的水平出现飞跃式提升,社会主要矛盾也发生了重大变化,人们不仅关注经济领域获得感的差距,更加注重政治、社会、文化等领域的无形财富分配使精神满足感的差距缩小。因此,新时代下的共同富裕兼顾了物质与精神双重富裕程度。

第二,共同富裕是先富与后富相辅相成的富裕。中国社会主义共同富裕之路的演进体现了否定之否定的辩证规律。新中国成立之初我国实践了"简单均富"之道,制度安排的超前反而束缚了生产力发展,形成了低水平的"共富"。这也为改革开放之后逐步形成中国特色社会主义建设时期"先富带动后富"之路奠定了基础。该阶段下,我国一跃成为世界第二大经济体、全面建成了小康社会、人民生活整体进入富裕水平等是创新性共富制度生命力的直接体现,但也存在收入差距、区域差距、城乡差距明显扩大以及先富群体、先富地区带动后富效果不明显的矛盾。中国特色社会主义进入新时代,党中央着力解决先富带动后富成效不佳的问题,通过改革收入分配制度、部署脱贫攻坚战、实施高质

---

① 《习近平经济思想学习纲要》,人民出版社2022年版,第27页。
② 《习近平经济思想学习纲要》,人民出版社2022年版,第29页。

量区域协调发展战略以及乡村振兴战略等加快释放"先富带动后富"的制度红利，坚定促进先富与后富的协调统一。

第三，共同富裕是以共享逐步形成共富的富裕。共享与共富是内在统一的，共享是共富的特定时代表现，是初级阶段下实现共富的具体方式。首先，共享与共富的价值取向一致。共享发展坚持"发展为了人民、发展依靠人民、发展成果由人民共享"，主张发展成果"人人享有、各得其所，不是少数人共享、一部分人共享"，要惠及各地区、各民族与各阶层人民，充分体现了社会主义本质要求。其次，共享与共富的内容拓展一致。新时期，老百姓的非经济领域需要迅速增长，共享发展要求全面保障人民的合法权益，充分满足人民日益增长的多层次、多元化需要，这与共同富裕蕴含的物质富裕与精神富裕并重的要义吻合。再次，共享与共富的基础路径一致。共享发展以全民共建共享为前置条件。共建注重发挥个体积极性，为其参与共享提供尽可能多的"蛋糕"，共建使个体才能彼此共享，融合于财富创造与分配，共建过程也是共享与共富的过程。最后，共享与共富的渐进过程一致。共享发展必将有一个从低级到高级、从不均衡到均衡的过程，即使达到很高的水平也会有差别。因此，以全民共享、全面共享、共建共享推进共同富裕具有可行性，但应充分认识到其过程的阶段性、动态性，要抓准主要矛盾和矛盾的主要方面，坚决规避简单平均主义，充分有序地利用共享"廊道"通向共同富裕。

总的来说，共同富裕是马克思主义中国化的重大理论与实践成果结晶。在社会主义初级阶段，共同富裕既是重大任务，也是远景目标，更是确保社会主义旗帜不变的内在规定与根本要求。中国特色社会主义进入新时代，遵循党中央关于共同富裕的战略考量，我们应主动自觉提高对共同富裕的理论认识，应坚持以人民为中心的根本指引，沿着"确保初次分配公平、切实促进人民勤劳创新致富，确保再分配更加公平、以合理的收入分配格局支撑共富，恰当运用第三次分配机制、促进和谐共富"的三次分配协同保障共富思路，加快建立公共政策体系。

目　录

第一章　所有制、涓滴效应与共享发展：一种政治经济学分析 …… 1
  一　文献考证：发展经济学的视角 ……………………………… 1
  二　涓滴效应的实现机制：所有制 ………………………………… 6
  三　涓滴效应的西方实践：证伪与祛魅 ………………………… 9
  四　涓滴效应的中国实践：三个维度 …………………………… 15
  五　结论 …………………………………………………………… 23

第二章　在中国式现代化新道路中实现共同富裕 ………………… 25
  一　共同富裕是中国式现代化的重要特征 ……………………… 25
  二　中国式现代化新道路是共同富裕实现的重要保障 ………… 27
  三　健全和完善实现共同富裕的重要机制 ……………………… 30

第三章　历史唯物主义视域下共同富裕的理论内涵与实现路径 …… 38
  一　共同富裕的理论内涵 ………………………………………… 39
  二　共同富裕的伦理特征 ………………………………………… 40
  三　历史唯物主义视域下共同富裕的理论向度 ………………… 44
  四　历史唯物主义视域下共同富裕的实现路径 ………………… 49
  五　结论 …………………………………………………………… 52

第四章　共同富裕的理论向度、推进脉络与实践旨归 …………… 55
  一　文献回顾 ……………………………………………………… 55

二　理论向度：马克思主义视角下共同富裕的内涵意蕴 …… 57
三　推进脉络：马克思主义共同富裕思想在中国的实践与发展 … 62
四　实践旨归：新时期扎实推进共同富裕的历史定位、核心要义与路径选择 …… 68

第五章　从三次分配看新时代的共同富裕：发展基础、现实挑战与对策建议 …… 74
一　共同富裕的基本内涵 …… 76
二　共同富裕的发展基础 …… 78
三　实现共同富裕的现实挑战 …… 89
四　推动共同富裕的对策建议 …… 92
五　结论 …… 95

第六章　共同富裕与中国特色社会主义政治经济学理论体系构建研究 …… 97
一　共同富裕与中国特色社会主义政治经济学理论体系的逻辑阐释 …… 99
二　构建以共同富裕为本质要求的中国特色社会主义政治经济学理论体系的方法路径 …… 104
三　以共同富裕为逻辑主线的中国特色社会主义政治经济学理论体系构建 …… 108

第七章　共同富裕：迈向橄榄型的社会分配结构 …… 114
一　要充分估计共同富裕的长期性、艰巨性、复杂性 …… 115
二　中等收入群体：降低焦虑、迈向橄榄型分配结构 …… 119
三　推动形成橄榄型分配结构 …… 124
四　推动共同富裕的近期政策建议 …… 127

第八章　社会主义市场经济的公平与效率问题研究报告 …… 131
一　我国共同富裕水平的测度与现状 …… 132

二　分配冲击对中国宏观经济波动的短期影响…………… 135
三　我国居民财产分布异质性及其应对路径………………… 142
四　高质量发展、创新驱动与跨周期、逆周期调节………… 148

**第九章　建设高水平社会主义市场经济体制与促进共同
　　　　富裕的协同关系研究**………………………………… 161
一　共同富裕原则在我国收入分配制度中的演进…………… 162
二　共同富裕的生产力条件——高水平社会主义市场经济
　　体制催化新技术革命潜能………………………………… 164
三　公有制与市场经济的有机结合是共同富裕的制度根基…… 166
四　共同富裕的机制载体：市场机制有效、微观主体有
　　活力、宏观规划精准……………………………………… 168
五　结论………………………………………………………… 177

**第十章　共同富裕的实现路径：新时代坚持和完善收入
　　　　分配制度的统筹与对策研究**………………………… 179
一　坚持和完善收入分配制度的内涵………………………… 181
二　我国收入分配现状………………………………………… 182
三　坚持和完善收入分配制度的统筹方向…………………… 188
四　坚持和完善收入分配制度的实施路径与对策建议……… 192
五　结论………………………………………………………… 200

第十一章　新时代共同富裕的理论阐释……………………… 202
一　共同富裕的热议与问题的提出…………………………… 202
二　新时代共同富裕要坚持实事求是………………………… 204
三　新时代共同富裕要坚持理论联系实际…………………… 206
四　新时代共同富裕要坚持以人民为中心…………………… 208
五　新时代共同富裕要坚持中国特色社会主义
　　所有制及分配制度………………………………………… 210
六　新时代共同富裕要坚持高质量发展……………………… 213

第十二章　缩小地区差距、实现共同富裕的财税体制机制创新研究
　　　　——基于基本公共服务均等化中国实践案例分析……… 216
一　背景与意义……………………………………………………… 216
二　文献评述……………………………………………………… 217
三　基本公共服务均等化的中国典型案例——以共同
　　富裕为导向…………………………………………………… 221
四　实现共同富裕目标的财税体制机制创新的政策建议……… 252

第十三章　缩小地区差距、城乡差距、收入差距，实现
　　　　共同富裕研究…………………………………………… 257
一　我国居民收入差距、城乡差距和地区差距的基本情况……… 258
二　个人所得税的二次分配效应………………………………… 264
三　政府转移支付对收入差距的影响…………………………… 266
四　结论与建议…………………………………………………… 277

第十四章　巩固拓展脱贫攻坚成果全面推进乡村振兴，促进
　　　　农民农村共同富裕……………………………………… 280
一　绪论…………………………………………………………… 280
二　理论基础……………………………………………………… 291
三　脱贫攻坚、乡村振兴和共同富裕的有效衔接……………… 303
四　脱贫攻坚、乡村振兴和共同富裕的积极转化……………… 307
五　促进共同富裕的实现机制…………………………………… 320
六　结论…………………………………………………………… 327

第十五章　新型城镇化是否缩小了城乡居民收入差距
　　　　——基于县域和市域尺度的实证对比………………… 330
一　文献综述……………………………………………………… 331
二　研究设计……………………………………………………… 333
三　实证结果分析………………………………………………… 339
四　进一步探讨…………………………………………………… 345

五　结论与政策启示 …………………………………………… 348

第十六章　共同富裕视角下缩小区域差距路径研究 …………… 350
　　一　文献综述 …………………………………………………… 350
　　二　区域差距的衡量指标体系与方法 ………………………… 354
　　三　中国当前区域差距的现状特征 …………………………… 356
　　四　导致区域差距出现并扩大的原因 ………………………… 359
　　五　缩小区域差距促进共同富裕的政策建议 ………………… 363
　　六　结论 ………………………………………………………… 366

第十七章　西部地区在高质量发展中促进共同富裕路径研究 … 367
　　一　西部地区发展现状 ………………………………………… 367
　　二　西部地区实现共同富裕面临的主要挑战 ………………… 389
　　三　西部地区在高质量发展中促进共同富裕的路径 ………… 396

第十八章　西部地区高质量发展与共同富裕促进机制研究
　　　　　　——基于中心城市和城市群的角度 ………………… 407
　　一　中心城市和城市群支撑带动的区域高质量发展与
　　　　共同富裕的理论内涵 ……………………………………… 408
　　二　中心城市和城市群支撑带动的区域高质量发展与
　　　　共同富裕促进机理 ………………………………………… 412
　　三　西部地区中心城市、城市群与高质量发展、共同
　　　　富裕演进状况分析 ………………………………………… 418
　　四　中心城市和城市群支撑带动西部地区高质量发展、
　　　　促进共同富裕的效果及机制检验 ………………………… 427
　　五　中心城市和城市群支撑带动西部地区高质量发展、
　　　　促进共同富裕中存在的主要问题与挑战 ………………… 435
　　六　中心城市和城市群支撑带动西部地区高质量发展、
　　　　促进共同富裕的机制优化及对策建议 …………………… 440

第十九章 共同富裕目标下企业慈善资源优化配置研究 …… 446
- 一 绪论 …… 446
- 二 共同富裕目标下企业扶贫开发基本事实 …… 451
- 三 共同富裕目标下企业扶贫开发对捐赠数量的影响 …… 457
- 四 共同富裕目标下企业扶贫开发对捐赠地理分布的影响 …… 480
- 五 结论及对策建议 …… 502

第二十章 拓宽三次分配，促进共同富裕 …… 504
- 一 绪论 …… 504
- 二 文献回顾 …… 506
- 三 中国当前贫富分化状况 …… 515
- 四 共同富裕路径探索 …… 518
- 五 缩小贫富差距、实现共同富裕的经验分析 …… 521
- 六 结论与建议 …… 530

第二十一章 中国共同富裕发展水平测度与时空演变特征研究 …… 532
- 一 共同富裕发展水平指标的建构、测度与分析 …… 535
- 二 中国共同富裕发展水平的区域时空差异 …… 544
- 三 结论与政策启示 …… 557

第二十二章 新时代共同富裕的量化：一种政治经济学分析 …… 560
- 一 文献综述 …… 561
- 二 新时代共同富裕的内涵阐释 …… 563
- 三 新时代共同富裕的量化依据与思路 …… 568
- 四 结论与政策路径 …… 574

第一章　所有制、涓滴效应与共享发展：一种政治经济学分析[*]

在经济思想演绎过程中，增长与贫困、发展与公平始终是经济学关注的重要命题。传统涓滴理论认为，增长是和谐无破坏性的，发展是渐进、连续和累积的过程，经济秩序通过市场自动平衡机制从利益冲突和利己行为驱动中被缔造出来并将惠及所有收入群体，进而实现经济增长的自动减贫效应和收入差距的自动收敛，最终达到经济发展成果由全社会成员共享的目标。这一理论逻辑的本质性缺陷在于其剥离了构成一个社会经济制度本质特征的最核心因素——生产资料所有制，从而弱化了涓滴效应的逻辑内洽性和现实解释力。基于此，本章从马克思所有制和分配理论出发，深入社会生产关系和利益结构层面探讨涓滴效应的实现机制，拓展涓滴理论的制度内涵和分析框架，以之为解题工具来释解涓滴发展在不同社会生产关系和社会制度下的实质与特征。

一　文献考证：发展经济学的视角

随着发展经济学的兴起，"涓滴"概念被纳入其分析框架并逐步演变为一套独立的、具有强烈政策实践色彩的发展理论体系。"涓滴"作为一个"描述财富从富人向穷人垂直流动现象"的概念，最早见于

---

[*] 盖凯程，西南财经大学经济学院教授；周永昇，浙江财经大学马克思主义学院讲师。原文选自《中国社会科学报》2021年12月30日。

尼赫鲁（Nehru）的一篇关于"霍布森—列宁"帝国主义理论的文献："对印度和其他国家的剥削给英国带来了巨大的财富，以致其中的一部分涓滴到工人阶级并且提升了他们的生活水平。"① 第二次世界大战后，聚焦独立后的殖民地和附属国谋求经济快速发展的需要，"涓滴"被用以阐述发展中国家经济增长与不平等关系并影响各国经济发展政策的制定。在这一理论框架里，国民生产总值增长被假定为一个中性目标，在发展被启动之后，"一旦将其放到高速公路上"，其涓滴和扩散几乎是自动的②。穷人将"从整体经济增长或者使富人受益的政策中受益"③或者说"从国民生产总值和人均收入的总体增长中获得快速收益"④。其时的涓滴发展理论更强调资本积累与工业化对后发国家经济"起飞"的重要性，减贫与公平分配被视作"增长的附属物"⑤，因而"增强国家经济健康和有实力的领域"而非"刺激赤贫地区的增长"⑥成为政策优先项，但不排斥政府"周密的经济政策"⑦介入以期实现经济均衡发展和社会公平正义。之后随着新自由主义的兴起，平等和再分配不再被视为促进经济稳定增长的重要因素，而是严重障碍，不平等是经济奇迹的必要特征⑧。新古典"均衡增长"核心理念被牢牢揳入涓滴理论之

---

① Jawaharlal Nehru, "Whither India?" (1933), reprinted in *India's Freedom*, Unwin Books, No. 29, London: Allen & Unwin Press, 1962, p. 24.

② Nugent J. B. and P. A. Yotopoulos, "What has Orthodox Development Economics Learned from Recent Experience?", *World Development*, Vol. 7, No. 6, 1979, pp. 541–554.

③ Grant J. P., "Accelerating Progress through Social Justice", *International Development Review*, Vol. 14, 1972, pp. 2–9.

④ Todaro M. P., *Economic Development in the Third World*, London and New York: Longman Press, 1977, p. 439.

⑤ Nugent J. B. and P. A. Yotopoulos, "What has Orthodox Development Economics Learned from Recent Experience?", *World Development*, Vol. 7, No. 6, 1979, pp. 541–554.

⑥ Viner J., "The Economics of Development", in Agarwala A. N. and Singh S. P., eds., *The Economics of Underdevelopment*, London, Mass: Oxford University Press, 1958, pp. 14–15.

⑦ ［德］艾伯特·赫希曼：《经济发展战略》，曹征海等译，经济科学出版社1991年版，第172页。

⑧ Walter Korpi, "Eurosclerosis and the Sclerosis of Objectivity: On the Role of Values among Economic Policy Experts", *The Economic Journal*, Vol. 106, No. 439, 1996, pp. 1727–1746.

中①，并赋予其更具一般意义的经济理论形式。一是不平等与经济增长。发展是由不平等产生的激励措施发起的，并由联结富人和穷人的市场机制推动，不平等的报酬会刺激人们投入更多的人力和物力促进经济增长。二是不平等与穷人收入水平。存在实际收入差异和贫困威胁的社会具有更强的激励结构，经济增长将更加迅速，这一经济逻辑必将改善贫困人口的处境。三是经济增长与穷人经济地位。经济繁荣能够提振一切，即使社会上最贫困的阶层也将从不断上升的经济浪潮中受益②。由此引申出来的政策含义是：保持经济增长和涓滴自动性至关重要，市场"涓滴"优于政府"转移"，政府应通过为富人减税增加私营部门就业机会而非提高转移支付规模或扩大社会福利计划的形式来改善贫困人口经济状况，倾向于富人而非穷人的经济政策更有利于增进社会福利。

涓滴效应赖以实现的"平衡机制"被归结为要素禀赋结构变化及其市场性作用力量。在刘易斯（Lewis）模型中，发展必然是一个不平等的过程，因为发展往往不会在一个经济体的各部分同时展开。但随着剩余劳动力从传统农业部门向现代城市部门的转移，农业人口边际劳动生产率提高而城市部门边际劳动生产率降低，劳动力迁移最终将在市场机制下收敛于均衡收入水平，经济二元性本身会随之消失③。在阿吉翁（Aghion）和博尔顿（Bolton）的增长与不平等模型中，财富从富人到穷人的涓滴机制是通过资本市场的借贷行为发生的，即在资本积累足够多的条件下，富人增加的任何财富积累都会导致利率降低，这使贫

---

① Debraj Ray, "Uneven Growth: A Framework for Research in Development Economics", *The Journal of Economic Perspectives*, Vol. 24, No. 3, 2010, pp. 45 – 60.

② Olli Kangas, "Economic Growth Inequality, and the Economic Position of the Poor in 1985 – 1995: An International Perspective", *International Journal of Health Services*, Vol. 32, No. 2, 2002, pp. 213 – 227; Rawls J., *A Theory of Justice*, Oxford: Oxford University Press, 1972, pp. 203 – 216; Schmidtz D., "Taking Responsibility", in Schmidtz D. and Goodin R. E., eds., *Social Welfare and Individual Responsibility*, Cambridge, Mass: Cambridge University Press, 1998, pp. 3 – 36; Friedman Benjamin, *The Moral Consequences of Economic Growth*, New York: Knopf Press, 2005, pp. 32 – 35.

③ Lewis W. Arthur, "Economic Development with Unlimited Supplies of Labor", *Manchester School of Economic and Social Studies*, Vol. 22, 1954, pp. 139 – 191.

困家庭能以更低成本获取信贷资金进行物质资本或人力资本投资从而摆脱贫困①。对于没有任何资本积累的穷人，霍奇（Hodge）认为涓滴机制因工作机会增加而触发，即有利的经济条件会使雇主倾向于雇用更多的工人，而较贫穷的家庭会比中等收入者更受益于扩大的就业机会。这是因为后者可以放弃更多的市场工作转而享受更多的休闲时间，而穷人由于长期失业或就业不足，有经济动力来更好地利用工作机会，进而改善自己的就业前景和工资水平②。舒尔茨（Schultz）则从资本和劳动回报的角度认为，快速的经济增长会通过提高劳动与资金成本来降低利润，从而缩小工人与资本家之间的经济差距，即繁荣能对收入产生均等化影响③。赫希曼（Hirchman）另辟蹊径，将"涓滴"范式扩展至区域发展视域中，认为先进地区的繁荣会通过优化要素流动和投资、消费流向实现向落后或贫困地区的涓滴。首先，先富地区吸收贫困地区的劳动力可以缓解后者的就业压力；其次，在互补情况下，先富地区向贫困地区购买商品和增加投资，会给后者带来发展的机会；最后，先富地区的先进技术、管理方式、思想观念、价值观念和行为方式等经济与社会方面的进步因素向贫困地区的涓滴，将对后者的经济和社会进步产生多方面的推动作用④。

涓滴效应从概念提出、理论嬗变到政策实践过程中一直伴随着来自理论和经验两个层面的质疑。在理论层面，纽金特（Nugent）和约托普洛斯（Yotopoulos）指出，人力资本的异质性、资本积累的自我选择性、技术变革蔓延性以及国际贸易垄断性都可能导致一个两极分化进程，而

---

① Philippe Aghion and Patrick Bolton, "A Theory of Trickle-down Growth and Development", *The Review of Economic Studies*, Vol. 64, No. 2, 1997, pp. 151–172.

② Hodge Robert W., "Toward a Theory of Racial Differences in Employment", *Social Forces*, Vol. 52, 1973, pp. 16–31.

③ Schultz T. Paul, "Secular Trends and Cyclical Behavior of Income Distribution in the United States: 1944–1965", in Lee Soltow, ed., *Six Papers on the Size Distribution of Wealth and Income*, New York, Mass: Columbia University Press, 1969, pp. 75–106.

④ ［德］艾伯特·赫希曼：《经济发展战略》，曹征海、潘照东译，经济科学出版社1991年版，第172页。

不是发展的纵向涓滴或者横向扩散①。德布拉吉·雷（Debraj Ray）从人类需求的非同质性与资源转移的高成本性出发，认为涓滴在二元经济中行不通②。松山喜纪（Kiminori Matsuyama）则从不完全信贷市场出发，认为市场经济存在着内生不平等，即富裕家庭的高财富部分归因于贫困家庭的存在，贫富鸿沟永远不会消失③。此外，涓滴效应还受到一系列外部条件的制约，包括技术收益特征、经济制度环境、自然禀赋条件等，当这些因素负向地影响穷人的经济行为时会导致"泥团效应"，使得经济增长收益无法涓滴到穷人那里。

在经验层面，格林伍德（Greenwood）和霍尔特（Holt）通过分析美国历史分配数据指出，涓滴效应在20世纪50年代到70年代中期是有效的，但自80年代开始，美国的不平等程度迅速加剧，并产生了"负向涓滴效应"④。朱迪思·特里亚斯（Judith Treas）的时间序列分析也表明，与宏观经济扩张的涓滴机制相比，美国公共转移支付是减少不平等现象的更有效机制⑤。奥利·坎加斯（Olli Kangas）则利用21个OECD国家1985—1995年经济发展与收入分配数据对涓滴效应进行了全面实证，无论是静态横截面分析还是动态历时性分析都表明在不平等和经济增长之间没有稳健而显著的正向相关性；不平等的增长并不会增加穷人的绝对经济福利；总体经济繁荣是穷人高收入的必要而非充分条件⑥。

综观既有研究，无论涓滴效应的赞成者或质疑者，都将资本和劳动

---

① Nugent J. B. and Yotopoulos P. A., "What has Orthodox Development Economics Learned from Recent Experience?", *World Development*, Vol. 7, No. 6, 1979, pp. 541 – 554.

② Debraj Ray, "Uneven Growth: A Framework for Research in Development Economics", *The Journal of Economic Perspectives*, Vol. 24, No. 3, 2010, pp. 45 – 60.

③ Kiminori Matsuyama, "Endogenous Inequality", *The Review of Economic Studies*, Vol. 67, No. 4, 2000, pp. 743 – 759.

④ Daphne T. Greenwood and Richard P. F. Holt, "Growth, Inequality and Negative Trickle Down", *Journal of Economic Issues*, Vol. 44, No. 2, 2010, pp. 403 – 410.

⑤ Judith Treas, "Trickle Down or Transfers? Postwar Determinants of Family Income Inequality", *American Sociological Review*, Vol. 48, No. 4, 1983, pp. 546 – 559.

⑥ Olli Kangas, "Economic Growth Inequality, and the Economic Position of the Poor in 1985 – 1995: An International Perspective", *International Journal of Health Services*, Vol. 32, No. 2, 2002, pp. 213 – 227.

等视作嵌于经济主体禀赋特质中的纯技术性生产要素，沿着市场中性、政府中性的假设，将经济增长过程中的贫困变动效应归因于涓滴市场效应或政策效应的动态累积。理论分歧是：是否存在市场不完善、制度不健全等外生因素影响以及发展的非均衡性制约，进而是否需要政府法律或社会政策介入以推动实现均衡增长。其理论盲区在于：市场机制缘何在不同历史阶段、不同国家地区存在着迥异的涓滴效果？若将其归因于政府的正向或逆向干预，那么政府行为取向如福利政策和税收结构缘何又呈现出明显的异质性？若将政府行为异质性归因于不同利益集团政治博弈的产物，那么政治不平等与经济不平等是单向因果关系还是循环累积因果相互作用的关系？这就需要我们从政治经济学的原理和方法出发，深入社会生产关系的本质规定性层面，探寻涓滴发展的制度内涵、理论特征和经验逻辑。

二 涓滴效应的实现机制：所有制

传统涓滴发展理论以"增长—普惠"二维框架审视经济发展过程中的贫困变动效应和收入分配问题，其背后隐含的理论意蕴是市场"无形之手万能"的观念范式在宏观经济增长理论中的拓展和运用，核心原理则是自由市场机制不仅是经济增长的动力源，也是发展成果惠及普罗大众的扩散器。因循这一思想脉络，一国贫富差距主要受制于增长停滞和经济发展水平低下，随着经济的发展和市场体系的完善，收入不平等和贫困问题会自动改善。这一过程中，诸多国家意识到贫困的消弭、不平等的改善单靠市场力量驱动的宏观经济扩张无法自动实现，继而转向旨在改善全社会财富占有分布和财富积累结构、纠正收入分配不公平和调节收入差距的干预政策，寄希望于依靠政府力量来疏通增长的涓滴渠道，却始终无法改变社会财富在各阶层间的分布不均等化及其引致的社会结构断裂化等制度性特质，反过来抑制其经济可持续增长和减贫能力。

辩证地看，经济增长是实现减贫和收入均等化的前提与必要条件，但增长并不意味着会自然导致减贫效应和收入均等化的理想状态。从市场角度看，对于不完善的市场体系如拉美等国，市场机制的失灵与市秩序的紊乱往往使得低收入者根本无从公平地参与和获取增长利益。而对于发达的市场体系如欧美等国，市场机制天然的"汰劣奖优"属性以及资本积累的规模效应和财富集聚效应也使其"并不必然带来公平的收入分配"①。从政府角度看，经济政策是"偏向于富人还是偏向于穷人对经济增长利益的流向具有明显的导向作用"②，政策取向不同会产生负向或正向的涓滴减贫和对不平等状况改善的作用。揭开市场中性或政府中性的面纱，探究其背后隐藏的特定社会生产关系的内在含义和社会利益结构特征，有助于我们透过涓滴效应的异质性特征，发现其在不同经济体中阻滞或畅通的内在逻辑和作用机制。

马克思考证了资本主义处于经济衰落、发展增进和繁荣状态时工人的地位，认为发展增进的经济体是"对工人唯一有利的状态"③，并剖析了这一状态下经济发展成果向工人阶级涓滴的通道，即在财富发展增进的社会状态中，"发财欲望"④会促使"资本家之间展开竞争"，导致"对工人的需求超过了工人的供给"⑤，这有利于提高工人的工资水平。随着社会生产力的快速发展，工人的福利待遇也会相应提高，工人得到的"享受"随之增长，进而缓和无产阶级绝对贫困化的程度。但是，这一自上而下的涓滴通道是狭窄而短暂的。马克思指出，工资的提高是以牺牲工人的精神和肉体为代价的，本质上并未改变其经济地位，"即使在对工人最有利的社会状态中，工人的结局也必然是：劳动过度和早死，沦为机器，沦为资本的奴隶，发生新的竞争以及一部分工人饿死或行乞"⑥。

在资本主义生产过程中，"一切生产剩余价值的方法同时就是积累

---

① [美]保罗·萨尔缪森、威廉·诺德豪斯：《经济学》，萧琛等译，人民邮电出版社2008年版，第33页。
② 李石新、奉湘梅、郭丹：《经济增长的贫困变动效应：文献综述》，《当代经济研究》2008年第2期。
③ 《马克思恩格斯文集》第1卷，人民出版社2009年版，第119页。
④ 《马克思恩格斯全集》第3卷，人民出版社2002年版，第229页。
⑤ 《马克思恩格斯文集》第1卷，人民出版社2009年版，第119页。
⑥ 《马克思恩格斯文集》第1卷，人民出版社2009年版，第121页。

的方法，而积累的每一次扩大又反过来成为发展这些方法的手段"①。随着资本积累增进和资本有机构成提高，经济增长成果自下而上地负向涓滴，社会财富以资本形式愈益向资产阶级手中集中，无产阶级在社会财富中的分配份额反而不断下降，"工人的相对贫困化，即他们在社会收入中所得份额愈来愈小。工人在财富迅速增长的资本主义社会中的比较份额愈来愈小，因为百万富翁的财富增加得愈来愈快了"②。在"资本主义积累的绝对的、一般的规律"的作用下，富人财富积累和穷人（相对或绝对的）贫困积累并行不悖，经济发展成果分享对劳资双方来说是截然相反的："在一极是财富的积累，同时在另一极，即在把自己的产品作为资本来生产的阶级方面，是贫苦、劳动折磨、受奴役、无知、粗野和道德堕落的积累。"③ 这一典型的"负向涓滴"和"马太效应"随着"社会的财富即执行职能的资本越大"以及经济"增长的规模和能力越大"④而产生越强的"正反馈"固化效应，其最终结果是"不管工人的报酬高低如何，工人的状况必然随着资本的积累而恶化"⑤，贫富差距和无产阶级贫困化是财产所有权不平等和收入分配不均的直接后果。

  分配关系是由一定社会历史条件和社会制度空间下的所有制基础及其决定的人们在生产过程中的地位和相互之间的关系所决定的，"分配关系本质上和生产关系是同一的，是生产关系的反面"⑥。作为分配的产品即消费资料的分配取决于生产条件的分配，"消费资料的任何一种分配，都不过是生产条件本身分配的结果；而生产条件的分配，则表现生产方式本身的性质"⑦。这里"生产条件的分配"意指生产资料最高支配权在社会各阶级之间的分布状况，即生产资料所有制。正是这种对生产资料的占有状况决定了生产方式的性质以及人们在生产组织过程中

---

① 《马克思恩格斯文集》第5卷，人民出版社2009年版，第743页。
② 《列宁全集》第18卷，人民出版社1959年版，第430页。
③ 《马克思恩格斯文集》第9卷，人民出版社2009年版，第291页。
④ 《马克思恩格斯文集》第5卷，人民出版社2009年版，第742页。
⑤ 《马克思恩格斯全集》第25卷，人民出版社2006年版，第993页。
⑥ 《马克思恩格斯文集》第8卷，人民出版社2009年版，第20页。
⑦ 《马克思恩格斯文集》第3卷，人民出版社2009年版，第436页。

所处的地位，进而决定了产品的分配结构和分配形式。"分配关系和分配方式只是表现为生产要素的背面……分配的结构完全决定于生产的结构，分配本身就是生产的产物，不仅就对象说是如此，而且就形式说也是如此。就对象说，能分配的只是生产的成果，就形式说，参与生产的一定形式决定分配的特定形式，决定参与分配的形式。"①

生产对收入分配和贫困的决定性影响正是基于生产资料占有关系这一关键因素。生产资料归谁所有刻画了一个社会经济制度的本质特征，界定了归属明确的生产资料最高支配权，阻隔（或纵容）一部分人利用这一权利支配和占有另一部分人的劳动过程与成果，协调（或加剧）各种利益主体的矛盾和冲突，引导各类经济主体在经济活动中的行为秩序，以"普照之光"形塑着社会的整体分配关系和分配规则，继而决定了涓滴效应在不同经济体中阻滞或畅通的异质性特征。所有制关系既规定着生产的性质和目的，也规定着分配的规则和形式，进而反映了不同生产方式的价值取向，因而是关系经济发展成果能否真正实现正向涓滴和共享发展的核心机制。以所有制作为涓滴效应实现与否的核心机制，科学地揭示了经济增长、收入分配与消除贫困三者之间的内在关系，即经济增长和不平等改善同步会产生持续减贫效应。若经济增长伴随着不平等恶化，则减贫效应会被弱化，乃至逆转。在"所有制—生产—分配—涓滴"逻辑链条中，生产关系性质决定分配关系性质继而决定涓滴的实质，生产方式决定分配方式继而制约涓滴的流向（量），成为马克思主义涓滴发展理论的核心原理。

三　涓滴效应的西方实践：证伪与祛魅

在马克思的涓滴发展理论范式下，生产资料归资本私有决定的分配"资本强权"原则继而衍生出了涓滴的资本主义性质。在历史和现实的双重视野下，在理论与实践的双重逻辑下，不难证明——绝大多数资本

---

① 《马克思恩格斯文集》第 8 卷，人民出版社 2009 年版，第 19 页。

主义国家"预期的'涓滴'并未发生"①。无论是欧美发达国家还是拉美发展中国家，工业化和现代化成果非但未能自动实现自上而下的涓滴，反而在经济发展过程中不断引发"负向涓滴"和"马太效应"，进而导致收入分配和财富分布失衡，产生"富裕中的贫困"或"贫困中的富裕"问题②。

以美国为代表的西方发达国家基本经济制度的核心是以私有制为基础的自由市场经济，信奉"不平等有利于经济增长"的涓滴经济学，其经济增长的逻辑、社会财富分布和收入分配状况正是以此为基础延展而来的。图1-1显示近百年（1929—2019年）间美国经济保持了相对稳定的增长，按2012年不变美元价格计算，经济总量增长了16.19倍，年均增长率达3.3%。

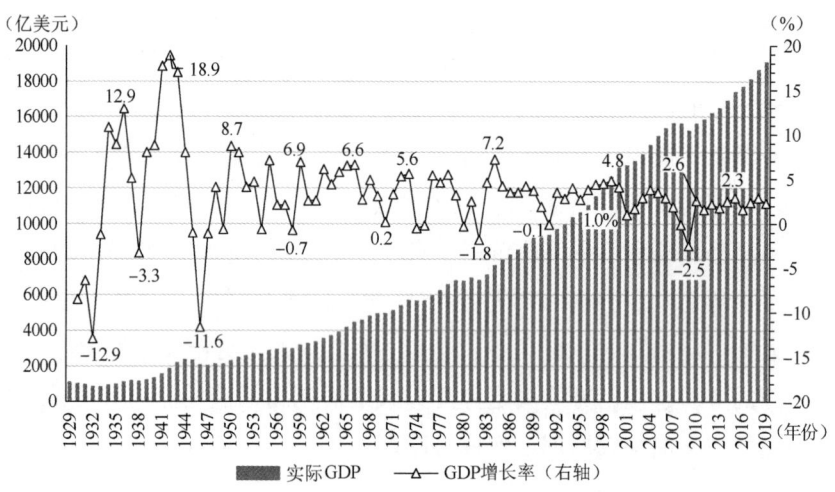

图1-1 美国历年实际国内生产总值及其年增长率

注：按2012年不变美元价格。

资料来源：Federal Reserve Economic Data, https://fred.stlouisfed.org.

---

① Adelman I., Morris C. T. and Robinson S., "Policies for Equitable Growth", *World Development*, Vol. 4, No. 7, 1976, pp. 561–582.
② Nugent J. B. and Yotopoulos P. A., "What has Orthodox Development Economics Learned from Recent Experience?", *World Development*, Vol. 7, No. 6, 1979, pp. 541–554.

然而，水涨未必船高，过度迷信自由竞争优胜劣汰的市场效率，被扭曲的市场激励不是引向创造新财富而是引向攫取别人的财富，经济"分裂"地增长而非"聚合"地增长，从而堵塞了发展成果向穷人涓滴的渠道，"虽然增长的引擎一直在强劲运行，但增长的附属物要么未能发挥作用，要么被不平衡的力量系统地抵消，让发展向上而不是向下涓滴"[1]。半个多世纪以来，美国贫困人口数量长期保持在3000万以上，年均贫困发生率13.67%。特别是2008年国际金融危机迄今，中产阶层萎缩并向下流动导致贫困发生率迅速攀升，贫困人口数量年均4000万以上，"深度贫困"[2] 人口达2000万以上。2010年更以15.1%的贫困率和高达4600万的贫困人口创下第二次世界大战后最高纪录，如图1-2所示。

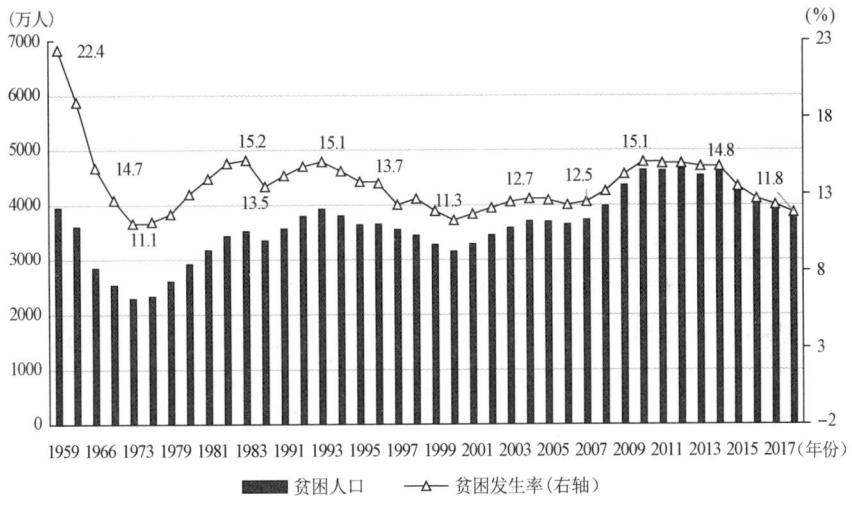

图1-2 美国历年贫困人口数量与贫困发生率

资料来源：The United States Census Bureau, Bureau of Labor Statistics, https://www.census.gov/, https://www.bls.gov/。

作为"涓滴经济学的反面"，资本私有财产制度下特有的以维护资

---

[1] Nugent J. B. and Yotopoulos P. A., "What has Orthodox Development Economics Learned from Recent Experience?", *World Development*, Vol. 7, No. 6, 1979, pp. 541–554.

[2] 该标准为收入在贫困线50%以下。

本利益为核心的国民财富分配机制导致了劳资双方在国民收入分配比例上的失衡，分配结构失衡长期积累的结果是不平等滥觞，反过来又对经济运行周期产生冲击并制约着涓滴效应的实现。"绝大多数美国人根本就没有从国家的经济增长中获益。"① 在其财产关系和分配结构演进过程中，就其横切面而言，居民财富占有总规模和人均规模、财产权主客体的数量范围均呈增长态势，并阶段性地发生了贫富矛盾缓和、中产阶层崛起的现象，基尼系数走向呈倒"U"形趋势，造成了橄榄型社会的假象。但若将历史镜头拉长观察，财富占有不均化和收入分配畸形化以及由此所衍生出来的社会阶层断裂化始终为美国社会发展纵切面的轴心线。

从收入分配份额来看，1929 年大萧条前美国 1% 的富有人群和 0.1% 的最富有人群所拥有收入占比分别高达 24% 和 12% 左右；第二次世界大战后一段时期，政府的干预调节使得 1% 的富有人群和 0.1% 的最富有人群所拥有收入占比分别稳定在 10% 和 4% 左右；20 世纪 80 年代私有化浪潮使得 1% 的富有人群和 0.1% 的最富有人群所拥有收入占比重新急剧上升，并在 2007 年前后重新达到 24% 和 13% 左右，如图 1-3 所示。

从财富拥有份额来看，1929 年美国最富有的 1% 家庭拥有全社会财富的近一半。20 世纪 70 年代中期至今，在总的社会财富分布增减趋势上，底部 99% 的美国家庭拥有社会总财富占比不断下降，而上端 1% 的家庭则不断趋于上升，如图 1-4 所示。2008 年国际金融危机前后，"若以所拥有的财富而论，这 1% 人口所控制比例达 40%"②。特别在 2009—2010 年的复苏期，美国新增财富中的 93% 被 1% 的最富有人收入囊中③。

---

① 当不平等程度较低、各阶层收入均在增长，则经济增长相对更快，反之相反。美国第二次世界大战后 30 年（1951—1980 年）和之后 30 年（1981—2011 年）二者年均增长率之比为 3.6∶2.8。参见 Federal Reserve Economic Data, https：//fred. stlouisfed. org.

② ［美］约瑟夫·E. 斯蒂格利茨：《1% 的民有、民享、民治》，《环球时报》2011 年 10 月 18 日。

③ Anthony B. Atkinson, Thomas Piketty and Emmanuel Saez, "Top Incomes in the Long Run of History", *Journal of Economic Literature*, Vol. 49, No. 1, 2011, pp. 3–71.

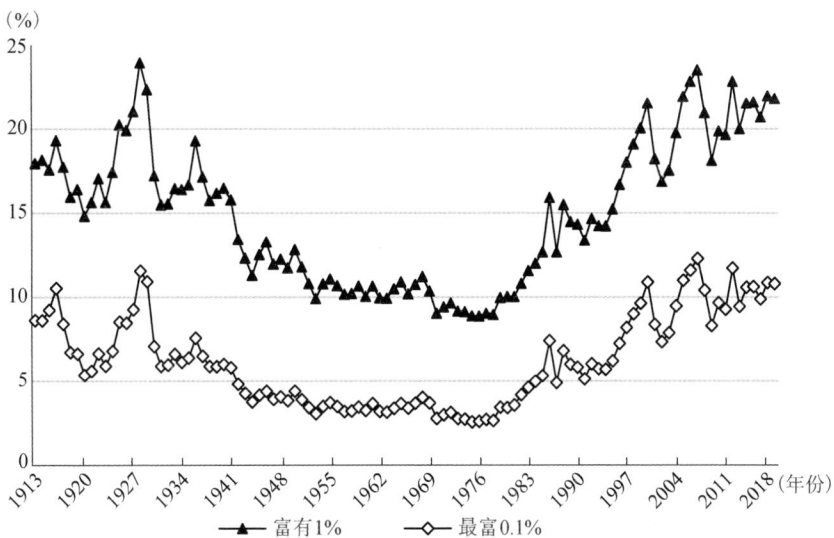

图1-3 美国最富1%和0.1%人口所占收入份额

资料来源：Thomas Piketty and Emmanuel Saez,"Income Inequality in the United States, 1913-1998", *Quarterly Journal of Economics*, Vol. 118, No. 1, 2003, pp. 1-39; Longer updated version published in A. B. Atkinson and T. Piketty eds., Oxford University Press, 2007; Tables and Figures Updated to 2018 in Excel Format, October 2019。

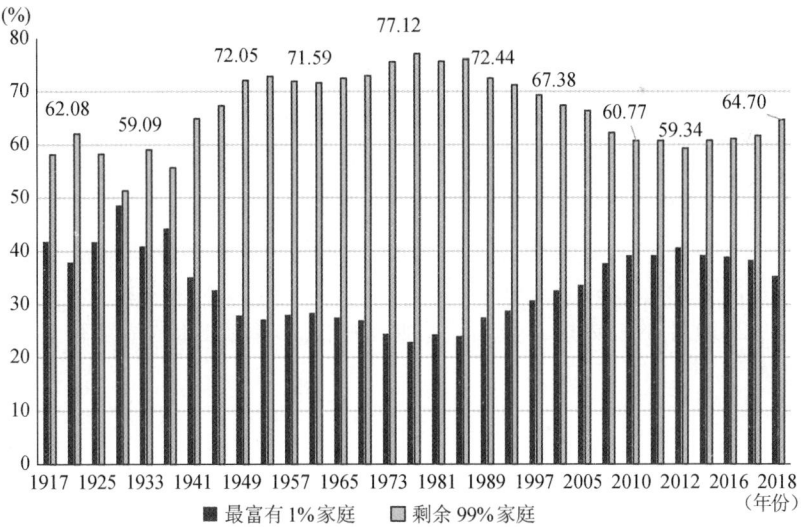

图1-4 美国最富1%家庭和剩余99%家庭拥有财富份额

资料来源：1917—2016年数据源自Gabriel Zucman,"Global Wealth Inequality", *Annual Review of Economics*, Vol. 11, 2019, pp. 109-138; 2017年、2018年数据源自redit Suisse; Global Wealth Databook, https://www.credit-suisse.com。

这种财富分布和收入分配的非均等性呈典型稳态效应和不可逆特征，且"财富不平等远远超过收入逐年变动所体现的差异"①。与收入不平等仅反映某一时点的经济情况不同，财富不平等更清晰地反映了美国社会不同阶层在获取资源方面的差异性和稳健性。在这一过程中，当意识到收入分配不均和贫富鸿沟会损害经济长期增长能力和侵蚀社会政治结构稳定基础时，非市场性力量如法律或社会政策开始介入其中，但其节制资本、调节差距的边际调整始终限定在资本私有制所规定的约束边界之内。资本自始至终要求维持自己的核心统治地位，再分配的逆向调节作用最终被消解殆尽，"再分配一直都在，但几乎都是从社会中底层转移到了最上层，即上层1%群体"②。

在新兴市场国家发展进程中，同样由于过分迷信私有制经济和自由市场模式而陷入将自身在经济转型过程中发生的贫困、失业和不平等"锁定"的"中等收入陷阱"中。私有化改革浪潮中，所有制结构、分配制度的急遽变化及其调节机制的失效造成了收入分配结构的严重畸形，正常的社会财富分布和分配机制的缺失，撕裂了社会群体，加剧了贫富对立，生产资料和资本过分向少数人集中从而内化为加剧社会整体利益结构分化的主力，导致了拉美社会高贫困发生率和高失业率长期化现象③。

综上，资本主义社会贫困、失业和不平等问题根源于资本主义制度本身，社会生产成果全民共享缺乏自觉实现的制度基础。生产的物质条件"以资本和地产的形式掌握在非劳动者手中，而人民大众所有的只是生产的人身条件，即劳动力"④，劳动者与生产资料相分离使得资本与劳动之间看似平等的契约关系，实则是占有与被占有的关系，"在雇佣劳动制度的基础上要求平等的或仅仅是公平的报酬，就犹如在奴隶制的

---

① [美]约瑟夫·E.斯蒂格利茨：《不平等的代价》，张子源译，机械工业出版社2013年版，第4页。

② [美]约瑟夫·E.斯蒂格利茨：《不平等的代价》，张子源译，机械工业出版社2013年版，第269页。

③ 20世纪80年代以来，拉美地区贫困人口比例常年保持在40%以上，超过2亿人生活在贫困线以下，1990年贫困发生率最高达48.3%。

④ 《马克思恩格斯文集》第3卷，人民出版社2009年版，第436页。

基础上要求自由一样"①。在"1%的人所有、1%的人治理、1%的人享用"的社会经济关系和治理结构下面，资本占有规律支配的"资本至上"分配原则和"资本雇佣劳动"的发展逻辑割裂了社会发展成果共享的机制，资本收益率长期高于经济增长率，贫困的收入增长改善弹性弱于贫困的收入分配改善弹性，收入不平等的贫困效应反过来制约和消解了经济增长的减贫效应和社会发展的共享趋向。资本占有权及其决定的分配规则，成为阻碍经济增长正向涓滴的内在阻力机制。

四 涓滴效应的中国实践：三个维度

改革开放之初，基于社会主义初级阶段国情特性，以"让一部分人、一部分地区先富起来，以带动和帮助落后的地区"为方法论，以共同富裕为价值取向的次序性、梯度性、渐进性发展成为一种合宜的制度设计。"让一部分人、地区先富起来"充分动员起不同要素创造财富的积极性，在为经济快速增长注入强大动力的同时也产生了不同阶层、区域与群体间发展成果分配不均和利益共享不足的问题。"发展成果由人民共享"的发展理念意在共富实践中进一步畅通多向度、多层次、多元化的增长涓滴渠道，协调不同阶层、区域、群体间资源禀赋差异，使各种要素所有者在自由组合、平等协作的共建过程中实现成果共享，推动形成更具包容性、益贫性、可持续性的发展模式，从而在共同富裕的道路上"迈进新阶段"②。

（一）阶层维度

在"让一部分人先富起来"的发展实践中，中国突破了传统工农两分的均质性社会结构，逐渐形成了多元化的财产主体、多样性的财产客体和差异化的阶层分化体系。由于生产要素所有权主体在经济活动中的地位和关系不同，以及市场经济下资本运动固有的逻辑使然，加之禀赋效应与自我能力差异等因素，不同阶层利益主体在利益联结的同时也必然产生差别化甚至对立的利益诉求，单纯依靠市场提供的

---

① 《马克思恩格斯选集》第2卷，人民出版社1995年版，第76页。
② 范从来：《探索中国特色社会主义共同富裕道路》，《经济研究》2017年第5期。

激励并无法保证先富阶层自愿、自觉、自动带动后富阶层实现共同富裕。

与内生于私有制的劳资矛盾不可调和的巨大张力不同，以公有制为主体的所有制结构安排具有"公平最大化、不平等最小化"的根本性约束力①。"以公有制为主体、多种所有制经济共同发展"的制度架构形塑了各种所有制经济在要素上平等使用、市场上平等竞争和法律上平等保护的利益分享格局，企业主阶层和工薪阶层、市民阶层和农民工阶层、专业技术人员和普通劳动者等不同利益主体保持了相对一致的利益函数，各种所有制经济、各要素所有者、各阶层利益主体在极具包容性的社会主义市场经济体制形态和结构体系内共生互构、互促互融，利益整合和通约性取得了最大公约数。"两个毫不动摇"的制度原则在不断夯实所有制主体结构稳定性的同时，也从根本上矫正和约束着分配关系演化与分配格局调整的航标、路向和边界，成为国民财富增长和经济利益增进在社会各阶层间合理分享和平等受益的坚实屏障。

把"以公有制为主体、多种所有制经济共同发展，以按劳分配为主体、多种分配方式并存，社会主义市场经济体制"一体纳入基本经济制度，生产关系、分配制度、运行体制"三位一体"，更进一步厘清了"产权—分配—交换"以及"国家—劳动—资本"等重大理论和实践逻辑关系，对经济制度体系形成更具稳定性支撑，对社会生产方式形成更具长期性影响，对发展共享逻辑形成更具约束性遵循。依托这一基本经济制度的"体制机制设计可塑性和主动作为空间"②，坚持生产与分配的统一、效率与公平的统一、发展与共享的统一，在夯实公有制经济基础上锻造国民财富各阶层共享的物质基础，在激励各种要素所有者共同创造财富中节制资本，在发挥市场资源配置功能中发挥政府调节作用，不断构建与完善劳动资本协调与共赢机制，不断疏导发展成果在各阶层间正向的涓滴通道，不断破除阶层固化藩篱和

---

① 侯惠勤：《论"共同富裕"》，《思想理论教育导刊》2012年第1期。
② 贾康：《共同富裕与全面小康：考察及前瞻》，《学习与探索》2020年第4期。

利益分化格局。

从总体收入差距来看，基尼系数在 2008 年达到 0.491 的峰值后便波动下降，整体呈现倒"U"形；从城乡收入差距来看，城乡居民可支配收入比值在 2009 年达到 3.33 极大值后开始持续下降，2019 年降至 2.64，10 年间下降幅度超过 20%，如图 1-5 所示。从劳动报酬看，劳动报酬份额占比在金融危机前后经历了由升而降复而上升的"V"形走势。从代际流动性来看，代际收入弹性系数（IGE）自 2004 年 0.404 下降到 2015 年的 0.266[1]，远低于同期美国的 0.47 或 0.52，如图 1-6 所示[2]。中等收入者数量已从世纪之初占比 10% 快速攀升至近 30%，形成了世界最大规模中产阶层群体，中等收入人数超过 4 亿。不同于资本主导型国家的流动性枯竭与阶层固化的非可逆特征，在基础

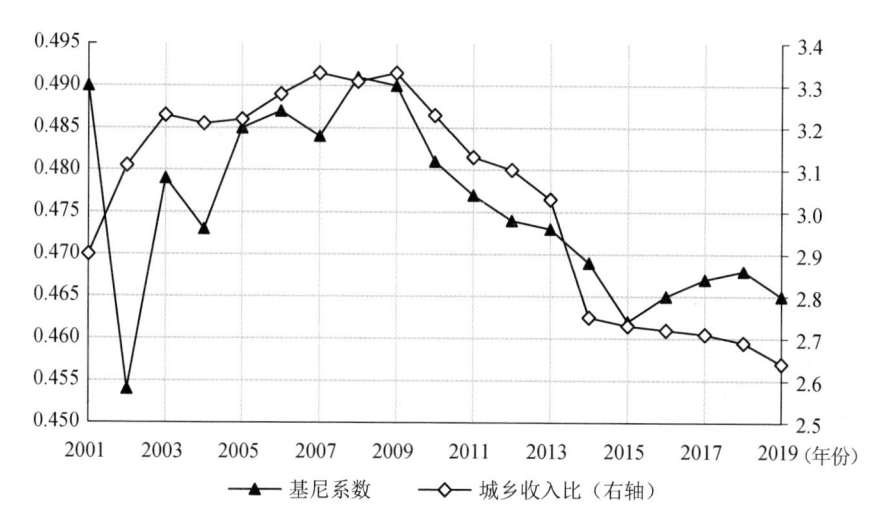

图 1-5 中国历年基尼系数与城乡居民可支配收入比值

资料来源：2001—2017 年中国基尼系数来源于中国国家统计局，2018 年、2019 年来源于国家统计局住户调查办公室《中国住户调查主要数据》；2001—2019 年城乡居民可支配收入比值来源于中国国家统计局。

---

[1] 杨沫、王岩：《中国居民代际收入流动性的变化趋势及影响机制研究》，《管理世界》2020 年第 3 期。

[2] Pew Research Center, https: //www.pewtrusts.org/en/research-and-analysis/reports/2015/07/economic-mobility-in-the-united-states.

性制度引导下，中国社会不同阶层间始终保持了上下流动通道的畅通，高收入阶层向下滑滴、低收入者阶层向上跃迁，在共享发展的实践维度中不断趋向于共同富裕的目标。

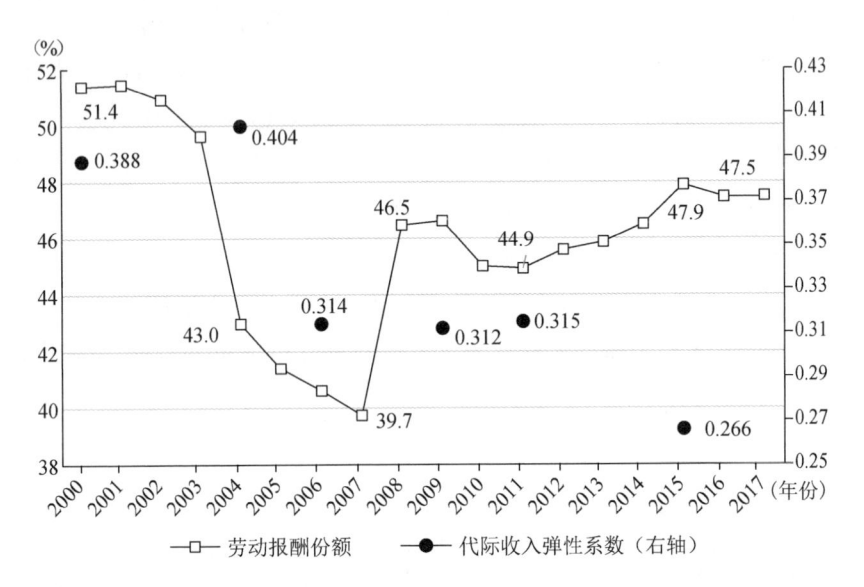

图1-6　中国历年劳动报酬份额与代际收入弹性系数

资料来源：劳动报酬份额＝劳动者报酬/收入法国内生产总值，其中收入法国内生产总值与劳动者报酬是由各省份数值加总得来，数据来源于中国国家统计局；代际收入弹性系数由杨沫和王岩采用CHNS数据核算得来，参见杨沫、王岩《中国居民代际收入流动性的变化趋势及影响机制研究》，《管理世界》2020年第3期。

（二）区域维度

"让一部分地区先富起来"的非均衡优先发展战略打破了传统区域经济低水平均衡状态。通过在东部沿海地区率先打造增长极，以"先富地区带动后富地区"为方法论引导区域经济次序性开发和整体经济梯度化推移，推动实现区域协调发展。实践中，东部地区依托自身政策、区位、产业优势，充分利用国内外两个市场，虹吸全国人力、土地、资源优势并深度嵌入全球价值链分工体系，成为带动中国整体经济高速发展的区域增长极。中西部地区发展在受益于东部经济增长辐射效应的同时受限于市场导向的梯度推移与空间外溢的边际衰减规律而相对迟滞①。中国经济发展水平空间分异性的区域间收敛取决于能否在非均衡区域格局中构建起区域协调发展的涓滴机制。

不同于私有制基础上的点轴式单向发展"飞地经济"②模式和联邦制下的地方分治与利益分割治理体系，以公有制为主体从生产关系性质层面规范与引导着社会生产和利益分配在个体与集体、局部与整体、短期与长期之间的辩证关系，国家政策的制定以人民整体利益而非一地一域的局部利益为考量，全国一盘棋，以东部、中部、西部、东北四大板块为基础，不断将沿海开放、西部开发、中部崛起、东北振兴等区域发展策略上升为国家战略意识，从国家整体利益和总体战略层面推动生产力发展空间合理布局与统筹区域经济增长动态平衡，破除地区间市场障碍和政策壁垒，使之内恰和服从于全体人民共同富裕的价值目标之中。

为引导区域间经济关系从"极化"向"涓滴"的转化，我们通过建立纵向统筹、横向协调、互赢共享的大区域协调发展政策统筹机制，以国家重大区域发展战略为牵引，增强东中西部、发达与欠发达、陆地与海洋区域经济的联动性、协同性、整体性，破解区域开发的碎片化、洼地化和边缘化倾向；通过区域市场一体化等制度环境优化促进区域间要素自由流动，提升后发地区转移承接能力，打破资源要素在发达地区"循环累积，聚而不涓"的局面，引导产业布局按比较优势在不同经济空间梯度推移；通过建立健全区域互助合作机制、区际利益补偿机制、公共服务均等化机制，有效遏制区域分化，规范区域发展次序，破除区域间的利益藩篱③，逐步推动发达地区与落后地区、沿海和内陆、东部与西部等区域间的良性竞争、融通互促和共享发展。

以"区域政策统筹+市场空间外溢+区际利益共享"为框架的

---

① 覃成林、杨霞：《先富地区带动了其他地区共同富裕吗——基于空间外溢效应的分析》，《中国工业经济》2017年第10期。
② 如阿根廷、巴西、印度等国都先后建立起了本国的经济发展增长极，但这些增长极在融入国际价值链分工体系过程中都逐渐割断了与国内其他地区的经济联系，成为孤立的经济发展飞地，不仅未能带动本国其他地区的发展，反而固化加深了自身二元经济结构。
③ 《中共中央国务院关于建立更加有效的区域协调发展新机制的意见》，《人民日报》2018年11月30日。

"反梯度、跨越式"涓滴机制,有效遏阻了区域发展不平衡不充分的问题。从地区生产总值来看,西部地区经济增长速度自2006年首次超过东部以来,中西部经济增速已经连续十二年领先东部,东西部生产总值差距在2005年达到峰值后也持续缩小,二者比值在过去十四年间下降了24%;从地区居民收入来看,东部和西部农村居民人均可支配收入比从2006年开始持续十三年下降,同样降低了近24%,尤其是东西部城乡居民人均可支配收入比,从2013年的1.70下降到了2019年的1.64①,如图1-7所示。此外,从2008年19个省份对口援建汶川地震受灾县市,到2020年19个省份对口支援湖北应对新冠肺炎疫情,不论是政治体制、动员机制还是道德伦理、价值目标,无不体现了区域间涓滴效应与社会主义共享发展的高度相融性②。

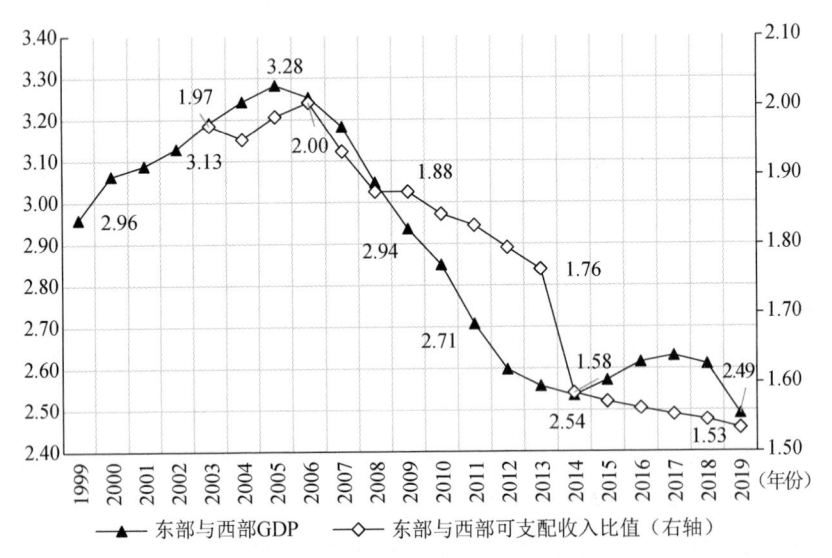

图1-7 东西部GDP比值和人均可支配收入比值

资料来源:中国国家统计局。

---

① 根据国家统计局《中国住户调查主要数据》,2013—2019年,中国东部地区和西部地区居民人均可支配收入比值分别为1.6997、1.6880、1.6732、1.6654、1.6599、1.6547、1.6443。

② 中国在地区间建立起了包括产业技术帮扶、人才医疗援助、基础设施援建和公共服务改善等在内的系统化、全方位横向对口支援体系,不仅是救灾救难,对于精准扶贫等推进"先富地区带动后富地区"的共富实践同样发挥了重要作用。

（三）群体维度

区别于资本主义社会贫困治理的制度性扭曲和约束，中国贫困问题主要受限于生产力发展水平。在改革进程中，我们始终将经济增长的纵向涓滴与横向扩散作为贫困治理的核心动力机制，通过不断优化分配关系，致力于将贫困消弭于经济发展过程中，探索出一条富含自身制度特质的减贫之路。但剩余贫困人口特有的空间分布离散化、致贫因素复杂性、贫困类型多样化的特征，加之传统普惠式扶贫的边际脱贫效应下降，以及经济增速下降引致的减贫效应持续衰减，使之成为全面小康和共富实践的最大短板。短板的补齐，亟须为这一特殊边际经济主体配置更加精准畅通的涓滴发展机制。

与基于一般社会架构主要提供公共物品的减贫路径不同，中国特色社会主义减贫道路始终强调执政党在贫困治理中一以贯之的主体性作用[1]。在公有制主体结构夯实的坚实执政基础上，执政党以其代表最广大人民群众的根本利益指向、建构和引领国家现代化发展的政治凝聚力，以及调节和矫正社会利益分配的资源调配力，广泛动员体制内和体制外力量，广泛聚合公有和非公资产，广泛发挥政府与市场作用，在共享与发展的议程中重置公平与效率优先性议题，在外援与内源的融合中培育贫困地区自生性能力，在政治治理和经济治理的互动中超越科层治理技术理性的限制，从而不断将脱贫攻坚提升为"凝聚共识的国家战略和大众动员的社会行动"[2]。基于共同富裕价值追求和贫困治理现实诉求，因时因势而定的精准扶贫方略，搭建起新时期脱贫攻坚的四梁八柱，科学回应了"扶持谁、谁来扶、怎么扶"的命题，从而进一步开拓了马克思反贫困与涓滴发展理论的先行场域。

中国依托社会主义政党和国家所具有的扶贫主体动员的全面性与广泛性、治理体系的动态性与灵活性以及资源投入的精准性与高效性，建

---

[1] 张俊良、刘巳筠、段成荣：《习近平"精准扶贫"理论研究》，《经济学家》2020年第2期。
[2] 李小云、杨程雪：《脱贫攻坚：后革命时代的另类革命实践》，《文化纵横》2020年第6期。

立起针对特殊边际贫困群体的定向涓滴机制，有效地增强了经济增长的益贫性，极大地缩小了贫困规模，降低了贫困程度。我国1978—2012年间贫困发生率降低了90%，贫困人口数量累计减少6.7亿，成为全球首个实现联合国千年发展减贫目标的国家[①]。特别是党的十八大以来，贫困人口从2013年的9899万人减少到2019年的551万人，贫困发生率由10.2%下降至0.6%，年均减贫人数达1000万以上，如图1-8所示。全国832个贫困县农民人均可支配收入由2013年的6079元增加到2019年的11567元，年均增长9.7%；建档立卡贫困户人均纯收入由2015年的3416元增加到2019年的9808元，年均增幅30.2%，远高于同期全国人均可支配收入增长速度。截至2020年2月底，全国832个贫困县中已有601个宣布摘帽，179个正在进行退出检查，区域性整体贫困基本得到解决[②]，绝对贫困也即将随着全面建成小康社会而彻底消弭。

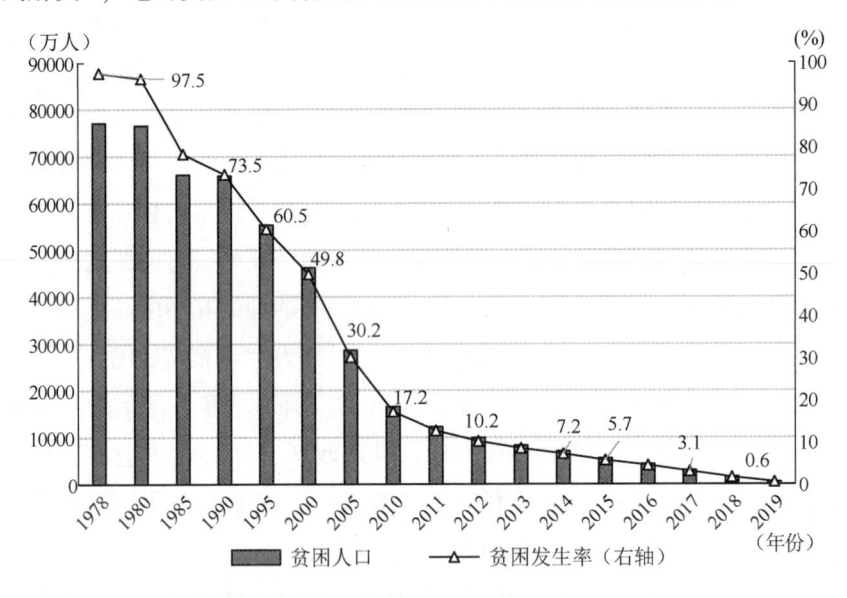

图1-8 中国历年贫困人口数量与贫困发生率

注：依据2010年贫困标准。

资料来源：历年《中国统计年鉴》。

[①] 习近平：《携手消除贫困 促进共同发展》，《人民日报》2015年10月17日。
[②] 习近平：《在决战决胜脱贫攻坚座谈会上的讲话》，《人民日报》2020年3月7日。

五　结论

观察与比较不同社会制度条件下的发展与公平问题须将其置于历时性时空视域下进行辩证考察。资本主义私有财产制度及其衍生出来的分配关系成为社会财富分布不均、收入分配不公和社会阶层断裂的"制度之锁",资本强权及其决定的分配规则成为阻滞经济增长涓滴和发展共享的内置阻力机制。公有制经济及其衍生出来的按劳分配制度,是实现国民财富增长和利益增进共享的"制度之钥",保证了经济利益在各阶层、各区域、各群体的涓滴与扩散以及发展成果的全民共享,进而在增长与分配、发展与公平的良性互动与共轭循环中渐次趋向共富目标。涓滴效应从阶层、区域、群体三个维度完整勾勒出了马克思主义涓滴发展理论的中国实践场域。中国式涓滴发展的理论逻辑、实践逻辑和历史逻辑必将随着时间的推移,展现出更加强大的逻辑力量。

涓滴效应在不同经济体中阻滞或畅通的内在逻辑是由所有制性质所规定的"发展为了谁"的问题。资本社会生产方式遵从"发展为了资本"的核心逻辑,决定了其无论生产力如何发展都无法改变工人阶级的经济地位,并不断导致"富者愈富,穷者愈穷"的负向涓滴效应。唯有公有制遵从"发展为了人民"的发展逻辑方能从根本上保证社会主义生产方式的有效正向涓滴和发展成果的全民共享。"发展为了人民"和"发展为了资本"是两种截然不同的涓滴发展路径。一种是从公有制出发,另一种是从私有制出发;一种是自上而下的正向涓滴,另一种是自下而上的负向涓滴;一种终将导向共同富裕,另一种则必然导向两极分化。

以公有制为主体的财产制度具有自我修复收入差距裂痕和构筑国民财富与利益共享基础的制度性功能。转型期发生的收入差距迅速拉大现象不构成质疑这一"制度优越性"命题的充分证据[1]。但在经济转型深

---

[1] 不可否认,经济转型期,特别是进入21世纪后,我国出现了收入分配差距迅速拉大的现象,基尼系数甚至超过了一些发达资本主义国家的基尼系数。

水期，由于全面改革尚未完全到位导致的体制机制性缺损，使得公有制这一制度性功能并不必然会自动实现。在某些公有制经济领域，甚至非但没有发挥其收敛不平等和正向涓滴效应，反而对改善收入差距和社会不公起到了"逆向调节"的负面作用，如国有资产流失、垄断、寻租等。这有赖于在全面深化改革中，秉持公有财产和私人财产都不可侵犯的原则，坚持做大、做优、做强国有企业，防止国有资产流失，规范公权力及其行为，遏阻以权力、垄断获取扭曲性收入，制约权力寻租、化公为私等。

第二章　在中国式现代化新道路中实现共同富裕*

习近平总书记在 8 月 17 日中央财经委员会第十次会议上发表重要讲话，强调"共同富裕是社会主义的本质要求，是中国式现代化的重要特征，要坚持以人民为中心的发展思想，在高质量发展中促进共同富裕"[①]。在全面建设社会主义现代化国家的新征程上，充分认识"共同富裕是中国式现代化的重要特征"的深刻内涵，对于坚持中国式现代化新道路，发展中国特色社会主义，促进全体中国人民的共同富裕，实现第二个百年奋斗目标具有重要的理论意义和现实意义。

一　共同富裕是中国式现代化的重要特征

实现共同富裕是社会主义的本质要求，是中国共产党的初心和使命的体现，是以人民为中心的发展思想和中国式现代化新道路所延伸出来的内在规定性。

（一）新发展阶段共同富裕被赋予了新内涵

一是共同富裕的范围不是一部分人和一部分地区的富裕，而是全体人民的富裕。共同富裕具有人民属性，必须通过"做大蛋糕"和"分

---

* 韩文龙，西南财经大学经济学院教授。原文选自《思想理论教育导刊》2021 年第 11 期。

① 习近平：《在高质量发展中促进共同富裕 统筹做好重大金融风险防范化解工作》，《人民日报》2021 年 8 月 18 日。

好蛋糕",扎实促进全体人民的共同富裕。

二是新发展阶段的共同富裕具有了阶段性特征。按照党的十九大和十九届五中全会的战略部署,建设社会主义现代化国家与实现共同富裕的进程相一致,即在2035年基本实现社会主义现代化时"全体人民共同富裕迈出坚实步伐";在21世纪中叶建成社会主义现代化强国时"全体人民共同富裕基本实现"。

三是共同富裕不是简单的物质上的富裕,而是物质生活和精神生活上的同步富裕,目的就是实现人的自由全面发展。

四是高质量发展是促进共同富裕的重要手段。以高质量发展促进共同富裕,就是要通过动力变革、效率变革和质量变革不断"做大蛋糕",通过经济与政治、社会、文化和生态领域的协调机制,实现全方位的高质量发展。只有大力推动经济社会高质量发展,才能为共同富裕奠定坚实的物质财富和精神财富基础。

五是共同富裕要处理好效率与公平的关系。共同富裕不是计划经济时代出现的"大锅饭"式的平均主义,也不是只讲效率的社会达尔文主义,而是要兼顾效率和公平,让每个人共享经济社会发展的机会和成果。

六是共同富裕中要正确处理好初次分配、再分配和三次分配的关系。就收入分配领域而言,橄榄型收入分配结构是实现共同富裕的重要基础。橄榄型收入分配结构主要表现为中等收入规模群体比重较高,处于两端的高收入群体和低收入群体占比较小。

(二)中国式现代化新道路具有独特内涵

中国式现代化新道路是在中国特色社会主义革命、建设、改革和发展实践中,由中国共产党领导和全体中国人民共同努力,通过不断解放和发展社会生产力,实现经济、政治、社会、文化和生态等领域从不发达阶段向发达阶段转变的崭新发展道路。中国式现代化新道路是适合中国具体国情的现代化道路,它既遵循了各国现代化过程的基本规律,又具有社会主义特质和中国特色。中国式现代化新道路的价值追求就是实现中华民族的伟大复兴,为中国人民谋求幸福。共同富裕是让全体中国人民都过上幸福生活的重要手段。实现全体人民的共同富裕，遵循的是人民利益至上的原则，它凸显了中国式现代化新道路的社会主义方向，为人类实现现代化注入了新内涵，为构建人类命运共同体贡献了中国经验和中国方案。

（三）在高质量发展中扎实促进共同富裕是新征程上建设社会主义现代化国家的重要奋斗目标

《中国共产党第十九届中央委员会第五次全体会议公报》提出了2035年基本实现社会主义现代化九大方面的愿景目标，涉及经济、政治、文化、生态、民生、国防和人民生活等多个方面。其中，最后一个愿景目标是"人民生活更加美好，人的全面发展、全体人民共同富裕取得更为明显的实质性进展"[1]。可见，实现全体人民的共同富裕是中国式现代化新道路的重要特征和目标。正如习近平总书记指出，"共同富裕本身就是社会主义现代化的一个重要目标"[2]。只有实现了全体人民的共同富裕，中国式现代化才是体现中国共产党的初心和使命，才能展现社会主义制度的优越性，才能进一步巩固中国共产党执政的基础。

二 中国式现代化新道路是共同富裕实现的重要保障

中国式现代化新道路为实现全体人民的共同富裕提供了价值理念、领导力量、基本经济制度、物质财富和精神财富等多个方面的重要保障。

（一）中国式现代化新道路为实现共同富裕提供了价值理念保障

以人民为中心的发展思想是中国式现代化新道路的核心价值理念。人民理论是马克思主义思想体系中重要的内涵，也是历史唯物主义的核心内容。中国共产党自成立以来一直坚持人民思想，在新民主主义革命时期、社会主义革命和建设时期、改革开放时期与新时代不同发展阶段

---

[1] 《中共中央关于制定国民经济和社会发展第十四个五年规划和二〇三五年远景目标的建议》，《人民日报》2020年11月4日。
[2] 《习近平在中共中央政治局第二十七次集体学习时强调完整准确全面贯彻新发展理念确保"十四五"时期我国发展开好局起好步》，《思想政治工作研究》2021年第2期。

的社会实践中，不断丰富和发展马克思主义人民思想。尤其是党的十八大以来，以习近平同志为核心的党中央结合新时代社会主义事业发展实际，明确提出了"以人民为中心"的发展思想。以人民为中心的发展思想在中国式现代化新道路中主要表现为人民利益至上是中国式现代化的价值引领，人民群众是中国式现代化的实践者和开拓者，解决发展问题和民生问题是实现中国式现代化的重要手段，人民当家作主是中国式现代化新道路的必然要求，坚持群众路线是中国式现代化新道路的工作思路和工作方法。党的十九大报告提出，"带领人民创造美好生活，是我们党始终不渝的奋斗目标。必须始终把人民利益摆在至高无上的地位，让改革发展成果更多更公平惠及全体人民，朝着实现全体人民共同富裕不断迈进"[①]。因此，在中国式现代化新道路中，只有始终坚持以人民为中心的发展思想，才能不偏离社会主义方向，才能为共同富裕提供正确的价值理念指引。

（二）中国式现代化新道路为实现共同富裕提供了领导力量保障

中国共产党是中国式现代化新道路的坚定领导力量。中国共产党的领导是中国特色社会主义最本质的特征。党政军民学，东西南北中，党是领导一切的。党的领导体现在党在经济社会生活各个领域的政治领导、组织领导和思想领导，以及在实践中通过党的路线、方针和政策来贯彻党的意志和保障人民利益。从新中国成立之初的"四个现代化"到改革开放以后提出的"小康社会"，从全面建成小康社会到全面建设中国特色社会主义现代化国家的新征程，中国共产党人为民族谋复兴和为人民谋幸福的初心和使命始终不变。在全面建设中国特色社会主义现代化国家的新征程上，促进共同富裕是中国式现代化新道路的重要目标。只有坚持党的领导，才能保证中国式现代化新道路的社会主义方向，才能保证共同富裕的阶段性目标如期实现。中国共产党代表着中国人民的根本利益，只有坚持党的领导，才能团结和带领全国人民达成共同富裕的深刻共识，发挥中国特色社会主义的制度优势，协调好不同群

---

① 习近平：《决胜全面建成小康社会 夺取新时代中国特色社会主义伟大胜利——在中国共产党第十九次全国代表大会上的报告》，人民出版社2017年版，第45页。

体和利益主体的关系,更好地解决收入分配的差距问题,不断解放和发展社会生产力,扎实稳步地推进全体人民的共同富裕。

(三) 中国式现代化新道路为实现共同富裕提供了基本经济制度保障

在经济领域,社会主义基本经济制度是中国式现代化新道路的重要制度内涵。党的十九届四中全会将社会主义基本经济制度的内涵表述为公有制为主体、多种所有制经济共同发展,按劳分配为主体、多种分配方式并存,社会主义市场经济体制三部分[①]。社会主义基本经济制度既体现了社会主义制度的优越性,也是与社会主义初级阶段的基本国情相适应的制度选择。从社会主义建设和改革开放的实践经验可知,坚持公有制为主体,多种所有制经济共同发展是与社会主义初级阶段的基本国情相适应的所有制结构。我国是社会主义国家,必然要坚持公有制的主体地位;同时我国是世界上最大的发展中国家,必须通过解放和发展社会生产力进一步积累更多的社会财富。这就要求必须立足具体国情,鼓励、支持和引导非公有制经济的发展,调动各类所有制主体的积极性,发展社会主义的生产力。按照马克思主义基本原理,所有制结构决定分配结构。公有制为主体、多种所有制经济共同发展的所有制结构决定了中国必须坚持按劳分配为主体,多种分配方式并存的分配制度。在公有制范围内坚持劳动分配,在非公有制领域按照要素贡献参与分配。这样既有利于保证劳动人民的基本权利,又有利于激发各类要素所有者的生产积极性。中国特色社会主义市场经济体制是中国式现代化新道路的伟大探索和实践。社会主义是方向,市场经济是手段。通过党的领导和坚持社会主义制度,中国特色社会主义市场经济既可以充分发挥社会主义的制度优势,又可以充分发挥市场经济的活力和创造力。

社会主义基本经济制度是促进共同富裕的制度基础。只有坚持公有制为主体、多种所有制经济共同发展的所有制结构,才能保证在社会主义公有制基础上实现共同富裕,才能充分发挥非公有制经济在税收、投

---

① 《中国共产党第十九届中央委员会第四次全体会议公报》,2019 年 10 月 31 日, http://www.xinhuanet.com/politics/2019-10/31/c_1125178024.htm。

资、科技创新和就业等方面的重要贡献为实现共同富裕创造良好基础。只有坚持按劳分配为主体，多种分配方式并存，才能最大限度地保障劳动者共享改革发展的成果，才能充分调动各类要素所有者的生产积极性。只有坚持中国特色社会主义市场经济，才能保障共同富裕的社会主义方向，才能充分发挥市场在资源配置中的决定性作用，为实现共同富裕提供体制机制的支持。

（四）中国式现代化新道路为实现共同富裕提供了物质财富和精神财富保障

解放和发展社会生产力，实现社会财富的极大丰富是中国式现代化的重要手段。现代化体现在经济、政治、社会、文化和生态等多个领域。追根究底，现代化是个发展问题。在"四个现代化"中，工业现代化、农业现代化、国防现代化和科技现代化都是与经济发展密切相关的。新发展阶段，只有通过大力推进工业化、信息化和数智化，才能实现中国实体经济的高质量发展。只有落实好乡村振兴战略，大力推进农业、农村、农民现代化，才能更好地解决"三农问题"。只有加大科技创新力度，才能更好地解决中国经济高质量发展的动力问题。只有大力推进工业现代化、农业现代化、国防现代化和科技现代化建设，才可以为实现共同富裕提供坚实的物质基础和精神财富。如果说在中华民族危亡时刻，只有社会主义才能救中国，那么在新发展阶段只有中国式现代化新道路才能高质量发展中国。发展才是硬道理。只有通过高质量发展才能更好地满足人民群众对美好生活的需要，保持社会主义制度的优越性，为实现共同富裕奠定坚实的基础，进一步增强中国特色社会主义道路自信。

三 健全和完善实现共同富裕的重要机制

当前，立足新发展阶段，贯彻新发展理念，构建新发展格局，实现高质量发展是中国式现代化新道路的重要理念指引。在建设中国特色社会主义现代化国家的新征程上，需要进一步健全和完善实现共同富裕的体制机制。

(一) 贯彻新发展理念形成充分创造社会财富的发展机制

共同富裕的实现需要以社会财富的极大丰富为基础。这里的社会财富不仅指物质财富，还包括精神财富。通过贯彻新发展理念，为经济社会高质量发展提供根本指引。通过高质量发展创造丰富的社会财富，为实现共同富裕奠定坚实的基础。

通过创新发展形成中国经济发展的新动力。当前，为了应对美国等国家对中国的技术打压，保障技术和经济安全，以及加快推动中国经济由要素驱动向创新驱动转变，必须更加重视创新发展。因此，需要重点采取以下措施。持续加大全社会的科研经费投入力度，改革人才教育培养体系，构建国家、企业和社会的创新协调机制，在基础领域、前沿领域和重大研究领域形成国家创新体系，引导企业积极进行新技术、新产品、新市场和新组织方式的创新。通过以上重点措施，不断提高全社会的创新能力，不断提高科技对经济增长的贡献率，加快实现中国由科技大国向科技强国的转变。

通过协调发展解决城乡之间、地区之间、经济社会之间不协调、不平衡的问题。要实现共同富裕，需要消除城乡之间、地区之间、经济社会之间的发展差距。以"工农互促""城乡互补""全面融合"为目标，通过大力实施财政、金融、产业、收入等政策，重点解决城乡之间产业发展差距、收入差距、基础设施发展差距、教育医疗和养老等基本公共服务差距。通过西部大开发战略、东北振兴战略、中部崛起战略以及京津冀、粤港澳大湾区、长三角一体化等战略，不断缩小地区之间和地区内部的发展差距。通过民生工程建设、精神文明建设、生态文明建设等进一步处理好经济与社会、文化和生态之间的关系问题。

通过绿色发展解决人与自然和谐相处的问题。共同富裕既要建立在社会财富极大丰富的基础上，也要建立在可持续发展的基础上。过去很长一段时间，我国经济发展中存在着自然资源耗费高、环境污染严重和生态系统退化等问题。新时代，以"绿水青山就是金山银山"的新理念为指导，正在形成绿色低碳发展的社会共识。绿色低碳发展已逐渐成为经济社会发展的硬约束机制。这促使越来越多的企业通过转型升级与绿色低碳发展创造了丰富的绿色资产和财富，为共同富裕注入了鲜亮的"绿色"。

通过开放发展，利用国际、国内两大市场和两种资源为实现共同富裕创造越来越多的社会财富。为了应对国际社会日益增加的不确定性和不稳定性，以及通过扩大内需进一步释放经济增长潜力，需要加快构建新发展格局。在新发展格局中，以高水平对外开放促进中国经济社会的高质量发展是关键。通过建设高水平自由贸易区、贸易港，推进外资负面清单制度建设，打造国际一流的营商环境，重点推进"一带一路"建设，以及加强国家之间、地区之间的双边和多边经贸关系，不断提高中国的国家竞争力和国际影响力，为实现共同富裕提供更多国际资源和拓展更广阔的国际空间。

通过共享发展解决好社会的公平正义问题。社会的公平正义是共同富裕所遵循的重要价值理念。当前，面对社会中存在的收入差距问题，以及市场经济竞争中形成的对"低收入群体"的排挤效应，必须通过协调性发展、平衡性发展和包容性发展，让全体人民充分参与社会经济发展的全过程，公平地分享改革发展的成果。重点是要解决好低收入群体的就业、教育、医疗、养老等问题，实现脱贫攻坚与乡村振兴的有机衔接，解决好贫困人口的"两不愁""三保障"等问题。

（二）完善以初次分配、再分配和三次分配为主要内容的基本分配制度

实现共同富裕，既要"做大蛋糕"，又要"分好蛋糕"。"分好蛋糕"的关键是形成科学合理的分配制度。正确处理效率与公平的关系是形成合理分配制度的价值基础。当前，需要统筹兼顾效率与公平，不断完善以初次分配、再分配和三次分配为主要内容的基本分配制度。

首先，优化收入分配格局，解决好初次分配中劳动与资本等要素的分配关系。国民收入作为一整块蛋糕，需要在政府、企业和居民三个部门中进行分配。当前，我国的收入分配格局不太合理，重点是居民部门

收入份额较低①。因此，要不断优化收入分配格局，正确处理政府、企业和居民的分配关系，适当提高居民部门的收入分配份额。居民部门内部的分配，主要是劳动、资本、土地、技术、管理、信息和数据等各类要素所有者依据创造社会财富的贡献大小获得相应收入。劳动是绝大多数居民获得收入的主要依据，因此需要进一步加强就业保护机制、工资增长机制，不断提高劳动者的收入水平。同时，在收入分配关系中，劳动与资本之间的矛盾一直是难题。需要通过建立工会机制、劳动保护机制、工资协商机制和最低工资制度等，实现劳动与资本之间力量的均衡，防止资本侵蚀劳动者权益。另外，在社会主义市场经济的初次分配领域，要充分发挥市场在资源配置中的决定性作用，让各类要素所有者能够积极参与社会财富的创造，通过贡献大小获得相应的报酬。让市场发挥决定性作用，在起点公平和过程公平的基础上，坚持效率优先的原则，适当拉开收入分配差距。当然，在初次分配中需要重点治理垄断收入、偷税漏税、贪污腐败和犯罪所得等收入不规范和不公平的问题。

其次，充分利用税收、转移支付和社会保障等政策手段，加大再分配的收入调节力度。从世界发达国家的基本经验来看，在市场经济中，经过初次分配必然会导致较大的收入差距，但是通过政府的再分配政策就可以有效缩小收入分配差距。以日本为例，其初次分配的基尼系数在0.4左右，而经过税收和社会保障制度等的调节，收入分配的基尼系数可以降至0.3左右②。当前，我国的再分配领域，政府的各项收入调节措施发挥了一定的作用，但是整体作用有待进一步加强。就税收制度而言，由于我国缺乏完善的遗产税、房产税等财产税调节体系，导致对存量财富的社会调节力度不够。个人所得税的赋税主体是中等收入群体，对高收入群体的调节作用有限。因此，需要探索和完善以遗产税和房产税等为内涵的财产税体系，调节财产领域的差距；通过进一步完善个人所得税的税率制度，解决不同群体之间的赋税公平性问题。政府转移支

---

① 罗长元、张军：《经济发展中的劳动收入占比：基于中国产业数据的实证研究》，《中国社会科学》2009年第4期。
② 韩文龙、陈航：《当前我国收入分配领域的主要问题及改革路径》，《当代经济研究》2018年第7期。

付对收入差距的调节作用明显，但是也存在转移支付力度不够和精准性不强等问题。中央政府和省级政府要进一步统筹好转移支付资金，重点加强对贫困地区、生态环境保护地区、少数民族地区和重点人群的转移支付力度，借助大数据等技术提高转移支付的科学性和精准性。社会保障制度对调节我国整体的收入差距具有一定的作用，但是退休金和报销医疗费的分配扩大了居民收入差距[1]。尤其是城乡二元体制进一步强化了城乡之间的社会保障差距，事实上扩大了城乡居民之间的实际收入差距。另外，对于普通劳动者而言，正规就业和非正规就业之间的社会保障程度不同，也造成了正规就业群体和非正规就业群众之间的实际收入差距扩大。要发挥社会保障制度对收入差距的调节作用，需要加快实施城乡一体的社会保障制度，缩小城乡居民之间的社会保障差距；需要提高对非正规就业群体社会保障的保护力度，统筹协调正规就业群体和非正规就业群体的社会保障水平。

最后，要建立健全三次分配的体制机制。三次分配是指在法律、道德、文化和价值观等影响和驱动下，在自愿原则和产权有效保护基础上，由高收入群体、企业（家）和普通人群等通过社会捐赠、慈善事业、志愿行动等方式参与济困扶弱、民生事业、公共福利、教育医疗、科学研究、技术创新等的社会行为。它是社会财富由高向低流动的动态平衡方式，也是缩小收入差距和实现共同富裕的重要补充形式。如果说在初次分配中要发挥市场的关键作用，再次分配要发挥政府的重要作用，那么三次分配就是要发挥社会的重要作用。当然，在三次分配中还是要尊重市场主体的意愿，发挥政府在社会慈善、捐赠和公益方面的激励和引导作用。建立和完善三次分配制度，需要合理定义三次分配的内涵，通过立法等正规制度打消社会主体的各类顾虑；形成社会主体参与慈善、捐赠和公益的财政、税收等激励体系；建立完善的社会慈善、捐赠和公益事业的管理与监督体系，形成全社会积极向善的社会风气和道德体系。

---

[1] 蔡萌、岳希明：《中国社会保障支出的收入分配效应研究》，《经济社会体制比较》2018年第1期。

(三) 建立健全先富带动后富的实现机制

共同富裕不是少数人的富裕，而是全体人民的共同富裕。要实现全体人民的共同富裕，既要允许一部分人和一部分地区先富起来，也需要建立健全先富带动后富的实现机制。改革开放四十多年来，坚持以效率优先和兼顾公平的原则，中国经济发展取得了举世瞩目的成就，一部分人通过各种途径富裕起来了，另一部分地区也在改革发展中率先实现了工业化和城市化。但是，由于中国人口众多、幅员辽阔，不同群体之间、城乡之间、地区之间发展不平衡的问题比较突出。要解决发展不平衡不充分的问题，既要依靠低收入群体和欠发达地区的自力更生，也需要通过帮扶机制来实现先富带动后富。

建立健全先富带动后富的实现机制，首先，在自愿和有效保护产权的基础上，建立健全高收入群体对低收入群体的帮扶机制。通过就业帮扶、产业帮扶和消费帮扶，实现高收入群体对低收入群体的就业带动和产业发展帮助，帮助低收入群体更好地配置和利用各类资源，帮助解决农村居民和贫困人口的农产品销售问题等。其次，在法治基础上，通过社会慈善、社会捐赠和公益事业等，实现高收入群体对低收入群体的财富转移，帮助低收入群体获得更好的教育、医疗、社会保障、基础设施和公共服务等。最后，建立健全东部发达地区对中西部不发达地区的转移支付和帮扶机制。东部发达地区通过产业转移和对接，可以帮助中西部地区发展相关产业，只要产业发展起来了，就可以解决就业问题和提高当地居民的收入水平。东部发达地区通过财政转移支付、人员培训、教育援助、医疗援助、基础设施援助等，可以帮助中西部的不发达地区提高硬件基础设施和软件基础设施水平。闽宁模式是地区之间先富带动后富的典型案例[①]，值得借鉴和推广。

(四) 建立健全城乡之间的联动和融合机制

城乡发展差距是导致我国居民收入差距扩大的重要原因。要实现共

---

① 盛晓薇、马文保：《"闽宁模式"：东西部扶贫协作对口支援的实践样本》，《人民论坛·学术前沿》2021年第4期。

同富裕，需要重点解决城乡之间发展不平衡的问题。

其一，要破除导致城乡二元结构的制度藩篱。在计划经济时代形成并不断固化的城乡二元户籍制度，逐渐成为区别城乡居民享受权利和基本公共服务的分界线。新时代，随着户籍制度的改革，农村居民在进城安居乐业后逐渐享受到了公平的发展权利和基本公共服务。但是，整体来讲，以户籍制度为基础的城乡二元体制机制的改革还需要不断推进，重点是允许进城农民享受和城市居民同等的市民待遇，以及逐渐实现农村居民的就地市民化。

其二，不断提高城乡之间要素的流动性。由于城乡要素市场发育的不平衡，农村的人才、资金和土地等不断流入城市，支持了城市化和工业化的发展，但是由于户籍制度、土地制度和金融制度等限制，城市的人才、资本和技术等流入农村还存在一定的障碍。因此，需要建立健全城乡统一的要素市场，实现城乡要素的双向流动，以更好地支持农业、农村、农民现代化和农民的创新创业等。

其三，不断实现城乡之间产业的融合发展。农村与城市之间的发展差距大，主要原因还是城市和农村的产业发展存在较大差距。当前，尽管我国已经出现了大量的职业农民、家庭农场、种粮大户、合作社和农业企业，但是小农经济仍然是农村经济的主体，这就导致农业产业和农村经济整体上还处于不发达阶段。乡村振兴战略是实现农村、农业、农民现代化的重要抓手，其中的产业振兴是关键。因此，必须通过财政政策、金融政策和产业政策等进一步鼓励和支持农业产业的现代化转型，同时鼓励、支持和引导农村工业与服务业快速发展，最终实现城乡之间产业的有效互补和深度融合。

其四，加快实现城乡之间基础设施和基本公共服务的均等化。城乡之间的差距还表现为基础设施和基本公共服务的差距。尽管中国的大部分农村实现了通水、通电和通路，但是整体来讲，农村的基础设施建设与城市相比还具有较大差距。另外，以城乡二元户籍制度为载体形成的城乡二元基本公共服务体系严重制约了农村居民基本权益的实现。因此，以乡村振兴为抓手，需要进一步加大对农业、农村基础设施的建设力度，通过改革体制机制逐渐建立城乡融合的教育、医疗、社会保障和工资制度等，让农村居民平等地享受与城市居民一样的基本公共服务。

其五，通过正常的工资增长机制不断缩小城乡居民之间的收入差距。随着国家惠农惠民政策的大力实施，近些年城镇居民与农村居民之间的收入差距不断缩小，但是差距依然较大。依据国家统计局数据，2020年全国居民人均可支配收入32189元，城镇居民人均可支配收入43834元，农村居民人均可支配收入17131元[①]，城镇居民的人均可支配收入是农村居民的2.56倍。要进一步缩小城镇居民与农村居民的收入差距，需要进一步加大政府对农业、农村、农民的政策支持力度，提高农村居民的转移性收入；更好地解决农村剩余劳动力的就业问题，提高农村居民的工资性收入；鼓励和支持农业规模化、产业化和现代化发展，提高农民的经营性收入；赋予农民更多的土地财产权和农村集体资产收益权，提高农民的财产性收入。

---

① 《中华人民共和国2020年国民经济和社会发展统计公报》，2021年3月31日，http://www.stats.gov.cn/tjsj/tjcbw/202103/t20210331_1815847.html。

第三章 历史唯物主义视域下共同富裕的理论内涵与实现路径*

中国当前正处于全面建设社会主义现代化新征程的起步期，恰逢世界百年之未有大变局的加速演进期，又遭遇了全球百年未见的疫情。在如此具有挑战性的国内外环境变动中，中国共产党毅然坚持中华民族伟大复兴和人民共同富裕的发展战略，展现了中国政府的执政魄力与中国人民的奋斗精神。

进入新时代以来，在全面建成小康社会取得伟大历史性成就的基础上，共同富裕被摆在更加重要的位置。党的十九届四中全会勾勒了"走向共同富裕"的美好愿景；党的十九届五中全会将"全体人民共同富裕取得更为明显的实质性进展"纳入2035年基本实现社会主义现代化的远景目标中；党的十九届六中全会具化"立足新发展阶段、贯彻新发展理念、构建新发展格局、推动高质量发展，全面深化改革开放，促进共同富裕"的实施战略①。其中蕴含的现实逻辑越发清晰，共同富裕从人民对美好生活的向往演变为牵引国家中长期发展战略的顶层设计，进而落地化为具体的政府工作要点，一步一步走进人民群众的现实生活。

---

* 范伟伟，西南财经大学马克思主义学院副教授。
① 习近平：《在高质量发展中促进共同富裕　统筹做好重大金融风险防范化解工作》，《人民日报》2021年8月18日。

一 共同富裕的理论内涵

(一) 共同富裕的核心要义

坊间对共同富裕的理解千差万别、相去甚远,其中不乏某些错误的主观臆断,暗含着对人性的扭曲揣测,抑或对党的执政正当性的恶意抨击。面对这种情况,学界有责任对共同富裕的理论内涵进行科学系统的界定,同时澄清公众对其产生的诸多误解。首先,从性质上讲,共同富裕是社会主义制度优越性的禀赋展现,是中国式现代化的"母版"和"新版",而不是模仿西方资本主义福利政策的"再版"和"翻版"。其次,从依靠力量上讲,共同富裕依靠的是全体人民的主体性共建,发挥社会主义制度高效的政府协调功能,支持欠发达地区自主发展与发达地区带动帮扶相结合的共富之路,共同富裕的成果也必然体现其共享特质,惠及全体中国人民而不是部分群众。最后,从实现路径上讲,共同富裕依托新发展理念和新发展格局的双重护航,一方面要通过高质量发展转型为共同富裕创造充裕的物质财富;另一方面要对发展成果的分配机制进行更加合理公正、平等共享的完善创新。正确理解共同富裕的理论内涵,既要宏观把握共同富裕的历史维度,又要精准聚焦共同富裕在社会主义新发展阶段的时代定位。

(二) 共同富裕的历史进阶

如果将共同富裕置入历史发展的不同时空,其理论内涵则呈现出更为丰富的辩证活力。如果将消灭社会中任何一个人的绝对贫困视为问题的起点,那么共同富裕作为对绝对贫困的扬弃,它展现了一个在广度与深度上都不断自我超越的过程。在消灭绝对贫困的意义上,只要解决所有人的基本生活保障,实现劳动力的简单再生产,这样的社会即表现出共同富裕的粗略特征——此时可暂且忽略社会成员对物质财富占有的差异化。但这绝非共同富裕的完美样态或最终目标,只能作为共同富裕的朴素形态,也必将被历史所超越。在绝对贫困得以普遍消除的基础上,共同富裕一方面致力于社会财富的持续增加,另一方面努力缩小社会成员之间的贫富差距,实现人们的普遍富裕,直至彻底消灭人与人之间的贫富对立。但是，共同富裕导向的绝不是平均主义，而是扬弃了由于贫富分化对人的自由发展造成的分级。依照马克思主义的理论逻辑，共同富裕的普遍绝对意义体现在——社会为每个人的自由全面发展提供了平等、充足的机会。

（三）共同富裕的时代定位

在我国开启全面建设社会主义现代化国家的新征程期，共同富裕有着怎样独特的理论内涵？这关涉对党的十九届五中全会提出的2035年基本实现社会主义现代化远景目标中的"全体人民共同富裕取得更为明显的实质性进展"的理解。中国特色社会主义事业发展到新阶段，共同富裕之所以能够从美好愿景落地为现实规划，一方面，得益于中国改革开放40多年在现代化建设过程中取得的伟大成就，从根本上解决了人民群众的温饱问题，基本达到小康水平；另一方面，由于改革开放确立了社会主义市场经济体制，带动了社会资源与生产要素流向更具竞争力的地区、行业与个人，从而造成了区域之间、城乡之间、行业之间以及个人之间的贫富差异。这些现象与社会主义的本质要求相违背，也必然在社会主义现代化建设中被扬弃。

总而言之，处于新发展阶段的共同富裕，虽然超越了消灭绝对贫困意义上的实现温饱，但还未达到绝对富裕意义上的自由发展，而是致力于消除社会在发展过程中产生的贫富差异，关乎经济发展与社会改革的平等正义与自由幸福。这一目标的"实质性进展"萌发于人民群众对美好生活的共同需要，着落于持续增进民生福祉，依托发展与分配协同并进的双重引擎动力。一是高质量发展提供的发展动力引擎；二是多种分配协调配套提供的分配动力引擎。

二 共同富裕的伦理特征

共同富裕不仅是一个经济问题，更是一个伦理问题。共同富裕及其实现承载了丰富的伦理学核心价值。"富裕"指向自由幸福生活的物质基础；"共同"蕴含着追求平等的理念和维护公正的价值；"共同富裕"蕴含了社会主义的价值崇高与道路合理的辩证统一。换言之，共同富裕不仅兼具了善的道德性,而且兼容了正义的伦理性,从根本上跳出了西方伦理学中"正义"与"善"无休止的对峙与博弈。

(一) 指向生活幸福的共同富裕

从个人生活层面来讲,共同富裕承载了人民群众对幸福生活的伦理愿景。随着生产力发展和社会进步,人们对自由权利的要求愈来愈迫切,对生活幸福的追求也愈来愈强烈。但是,何为幸福、自由的生活样态?有人把平安健康、生活有余和免受侵犯看作幸福自由;也有人将自由幸福视为谋求职业晋升与获得社会名望;还有人认为有了钱就拥有了自由和幸福……虽然公众对此众说纷纭,但是学界应该对这些观点去伪存真,筛选出共同富裕与自由幸福相契合的正确维度。首先,共同富裕推崇一种"仓廪实而知礼节,衣食足而知荣辱"的幸福生活,它并不局限于物质财富的丰沛以及免予侵犯的自由支配权利,还涵盖了精神层面的富足和对社会结构与生活环境的满意。其次,共同富裕映射出人们对自由幸福生活的追求并没有被囚禁在狭隘自私的个人主义框架内,其最终目标是普天之下人人平等,物质财富可供全体社会成员共享,从而为每个人的自由全面发展提供充分支撑。这种价值理念消解了理性主义唯我独尊的傲慢,打破了将个人成就尤其是经济成就作为衡量幸福自由的单一指标,在承认个人能力差异的基础上包容了自由的全面发展可能和多元化的幸福生活形态。

(二) 指向社会公平的共同富裕

从社会结构层面来讲,共同富裕蕴含着对社会持续推进公平正义的伦理要求。公平正义是人类亘古不变的永恒追求,也是衡量社会发展进步的价值指数。党的十九大报告指出,我国社会的主要矛盾已经转为"人民日益增长的美好生活需要和不平衡不充分的发展之间的矛盾"[①]。当前的社会主要矛盾反映出一个问题,即如何在平衡和规约人与人、人与社会、人与自然之间的关系中实现共同富裕?这个问题对建构公平正

---

① 习近平:《决胜全面建成小康社会 夺取新时代中国特色社会主义伟大胜利——在中国共产党第十九次全国代表大会上的报告》,人民出版社2017年版,第19页。

义的社会制度提出了更高的要求。共同富裕强调的是在普遍意义上的全体人民的富裕，而不是少数人或小范围、某个阶层、某个地区的富裕。这种富裕需要覆盖全体人群、所有区域和整体行业，它涉及公平与效率的辩证性、社会保障机制的健全性、社会资源分配的平等性、社会发展环境的稳定性等诸多问题。仅仅依靠社会主义市场经济体制的运行，无法解决如此繁复重大的历史问题。党和国家通过制定脱贫攻坚战略带动地区经济发展，不断推进教育、医疗资源的改革，加强对生态环境的保护等，充分彰显了社会主义制度的正义性与人民平等的主体地位。正如习近平总书记所言："全面深化改革必须以促进社会公平正义、增进人民福祉为出发点和落脚点……如果不能给老百姓带来实实在在的利益，如果不能创造更加公平的社会环境，甚至导致更多不公平，改革就失去意义，也不可能持续。"①

（三）突破西方伦理纷争的共同富裕

在西方伦理框架中，自由主义与共同体主义在"正义与善孰更具有优先性"的问题上始终争议不断。前者持有的正义理念以个人原则和个体权利为起点；后者持有的善理念以共同体的善及其所赋予的个人美德为价值目标。就前者而言，以罗尔斯的正义原则为例，他从无知之幕出发设定了一个心无杂念的理性人，以维护个体权利为起点进驻社会契约之中，凭借审慎的理性制订了关乎自我的合理生活计划。正义原则与良序社会围绕个人追求以及自我的善生活而建构，正义由此获得相较于善的优先性。但是，自由主义的批评者却认为，这种从原子个人主义出发的伦理与政治生活，在现实中容易滑向个体与个体之间的漠不关心，难以激发个体朝向他人的向善道德与积极行动，从而导致伦理时域的退却与生活意义的消散。正如迈克尔·桑德尔所言："我们据以生活的公共哲学不能维护它所承诺的自由，因为它不能激发共同体感和自由所必需

---

① 中共中央文献研究室编：《习近平关于社会主义社会建设论述摘编》，中央文献出版社2017年版，第28页。

的公民参与。"①

而在共同体主义看来,其伦理价值主要表现为对内、对外两个层面。首先,对于共同体内部而言,它更重视每个人安身立命的社群结构及其达成的共识善对个体的影响,将权利与正义等伦理价值纳入共同的历史传统、文化习俗或社群关系之中进行考察。其次,对于共同体外部而言,它主张不同的共同体及其价值之间的多元化,并以此作为彼此平等与相互尊重的基点,倡导在公共领域通过平等理性的对话与协商达成共识、承认差异。同样,共同体主义也招致了很多质疑与批评。其一,强调共同体及其善对于个人权利的优先性,有可能导致共同体利益凌驾于个人利益之上,从而挤压个体的现实权益。其二,多元文化主义是否真能进行友好协商并达成善的结果?这实在令人怀疑。相反,需要警惕的是,不同的共同体要么由于差异性对峙导致无休止的纷争甚至恶性冲突,要么伴随着互不信任或相互冷漠从而保持距离或隔离差异。这么一来,这种原子式的共同体主义与原子式的个人主义并无本质区别。更危险的是,多元化可能还会打着"尊重文化差异"的幌子,将"不可能要求公开同意的不平等,重新塑造为可以珍视并遵守的'文化差异'。被剥夺的道德上的恶,被奇迹般地化身为文化多样性的美学上的美"②。

共同富裕及其承载的伦理价值,并没有陷入上述自由主义与共同体主义的窠臼之中。换言之,这两种西方伦理立场都无法独立为共同富裕提供充分的理论支撑。就自由主义而言,它无法为我国改革开放之初确立的"允许一部分人、一部分地区先富起来,推动解放和发展社会生产力"提供理论依据,当然也就不能为当前提出的"先富带动后富""精准扶贫"等推动共同富裕的发展策略进行合理辩护。原子式的个人主义无法解释先富之人对于后富之人的伦理责任,也无法解释中国共产党将"脱贫攻坚""精准扶贫"作为初心使命的动力来源。就共同体主义而

---

① [美]迈克尔·桑德尔:《民主的不满:美国在寻求一种公共哲学》,曾纪茂译,江苏人民出版社2008年版,第7页。
② [英]齐格蒙特·鲍曼:《共同体:在一个不确定的世界中寻找安全》,欧阳景根译,江苏人民出版社2003年版,第132页。

言，共同富裕的整体实现与具体推进，并没有放任在百年中国发展进程中形成的差异化，而是将其凝聚在新时代中国特色社会主义现代化建设之中，凝聚在中华民族的伟大复兴与中国人民对美好生活的奔赴之中。习近平总书记在2021年8月召开的中央财经委员会第十次会议中强调，"要鼓励勤劳创新致富，坚持在发展中保障和改善民生，为人民提高受教育程度、增强发展能力创造更加普惠公平的条件，畅通向上流动通道，给更多人创造致富机会，形成人人参与的发展环境"①。由此可见，我国推进的共同富裕道路，不仅没有侵犯公民的个体权益，而且每一项措施、每一个步骤都着落于中国人民的权益保障、福利提升与环境改善。

三 历史唯物主义视域下共同富裕的理论向度

（一）共同富裕：在人的需要中刻画现实性

西方的正义分配理论侧重从抽象的角度诠释社会分配的正义性及其对平等的诉求。马克思则将现实的人及其需要，以及由此形成的社会关系纳入社会生产方式之中，在历史唯物主义中展示正义与平等问题的复杂性与具体性。

在马克思主义的语境中，人的需要是一个现实范畴，生存需要、社会需要与自我实现需要构成了这个范畴的基本结构。一是人的基本生存需要。满足人的基本生存需要是人的生命存续的保障，人类的"第一个历史活动就是生产满足这些需要的资料"②。正如马克思所言，"我们首先应当确定一切人类生存的第一个前提，也就是一切历史的第一个前提，这个前提是：人们为了能够'创造历史'，必须能够生活"③。二是人的社会需要。"人的本质不是单个人所固有的抽象物，在其现实性上，它是一切社会关系的总和。"④ 人所置身的社会关系不仅

---

① 习近平：《扎实推动共同富裕》，《求是》2021年第20期；习近平：《在高质量发展中促进共同富裕 统筹做好重大金融风险防范化解工作》，《人民日报》2021年8月18日。
② 《马克思恩格斯文集》第1卷，人民出版社2009年版，第531页。
③ 《马克思恩格斯文集》第1卷，人民出版社2009年版，第531页。
④ 《马克思恩格斯文集》第1卷，人民出版社2009年版，第505页。

是确证人之为人的依据、彰显自由本质的场域，而且人与人"彼此之间的交往"也构成了生产活动的前提。三是人的自我实现需要。马克思在《1844年经济学哲学手稿》中批判"异化劳动"将"自己的本质变成仅仅维持自己生存的手段"①，言外之意，人应该超越作为自然物的生存，在"有意识的生命活动"——自由劳动中找寻人的本质规定与能动自觉。

这三重结构相互交融但又具有非同步性。马克思在《哥达纲领批判》中指明了共同富裕的最终目标，"集体财富的一切源泉都充分涌流之后——只有在那个时候，才能完全超出资产阶级权利的狭隘眼界，社会才能在自己的旗帜上写上：各尽所能，按需分配"②。可以想象，当生产力借助于科学技术进步所创造出的社会财富，能够充分满足所有人的物质需求时，劳动将不再作为人谋生的必要手段，对私有财产的占有也不再是激励人努力奋斗的动力。在破除这些外在障碍之后，自由兴趣成为人们选择何种劳动方式的内在动机。人们通过自由劳动实现自我的全面发展，人的自由本质与自我价值也得到彰显。这是共同富裕所展望的最终愿景，人的生存需要、社会需要与自我实现的需要都获得了充分的展现，这是基于需要原则而实现的最终目标的人人平等与社会公平。

但在此之前，在生产力水平所创造的物质财富还不足以支撑按需分配，无法提供自由全面发展的物质基础的前提下，社会平等并不意味着能够充分满足每个人的需要，而只能表现为基于基本意义上的现实需要的保障。戴维·米勒将其描述为"在社会中过上一种最低限度的体面生活的条件"③，以此来建构社会的平等正义。当然，"最低限度的体面生活"与马克思所讲的三重需要有所重合，"最低限度"体现了社会制度应该为满足人的生存需求提供必要条件，而"体面"则映射出人在普遍条件下所显现出的社会需要和自我实现需要。

---

① 《马克思恩格斯文集》第1卷，人民出版社2009年版，第162页。
② 《马克思恩格斯文集》第3卷，人民出版社2009年版，第436页。
③ ［英］戴维·米勒：《社会正义原则》，应奇译，江苏人民出版社2001年版，第233页。

借助历史唯物主义对人的需要的区分考察资本主义社会，我们会发现，不同阶级的需要及其满足在同一社会结构中呈现出断层与分裂。马克思剖析了其产生的制度性根源——社会化大生产与资本主义私有制之间的矛盾。这种矛盾导致了在资本主义制度下，无产阶级基本能够维持"最低限度"的需要满足，却远远低于资产阶级所能够享受的"体面生活"待遇。而这种矛盾的解决需要根除阶级剥削与阶级压迫，这也是拉平不同阶级人群之间的需要维度的过程。

即使身处社会主义社会，人民的现实需要也并不一定能够得到同步满足。党的十九大报告提出，"明确新时代我国社会主义矛盾是人民日益增长的美好生活需要和不平衡不充分的发展之间的矛盾，必须坚持以人民为中心的发展思想，不断促进人的全面发展、全体人民的共同富裕"[①]。"美好生活"的内涵应该支撑起人的全面发展的需要，其中包括经济、政治、文化、社会、生态文明等各方面，比单纯的物质丰沛、生活富足层次更高、内容更多，这是一个多向度、立体性、全方位的需要满足状态。"不充分"说明我国当前的社会生产力发展水平还不足以承载愈加丰富的美好生活需要；"不平衡"说明我国区域、城乡、行业之间的差异化发展造成了全国人民生活水准的分化过大，人民群众对美好生活的需要在主体范围上不够普遍化。中国社会主要矛盾的转变，其本质所反映的就是生存需求、社会需求与自我实现需求在当前社会发展进程中得到满足的不充分性与不平衡性，弄清楚这个现实问题，也就为共同富裕的推进提出了具体的方向与目标。

（二）共同富裕：在社会有机体中体现整体性

马克思在《德意志意识形态》中论述了包括道德在内的诸种社会意识的非独立性。"道德、宗教、形而上学和其他意识形态，以及与它们相适应的意识形式便不再保留独立性的外观了。它们没有历史，没有发展，而发展着自己的物质生产和物质交往的人们，在改变自己的这个

---

① 习近平：《决胜全面建成小康社会 夺取新时代中国特色社会主义伟大胜利——在中国共产党第十九次全国代表大会上的报告》，人民出版社2017年版，第19页。

现实的同时也改变着自己的思维和思维的产物。"① 马克思主义正是在唯物史观所揭示的社会内部基本矛盾——生产力与生产关系、经济基础与上层建筑的辩证运动中，寻找道德规范性的客观来源与逻辑理路。在马克思看来，如果社会科学研究缺少价值规范与引领，那就是空洞的；如果价值研究停留在抽象思辨而未进入社会历史的科学视野，那就是天真的，因为它无法转化为现实的行动力。因此，伦理道德之于马克思而言，从来不是独立自存或客观中立的社会意识，而是建立在人类物质生活及其生产基础之上的观念形态。马克思从来不把社会分割为不同的领域，而是将其视为一个内部充满辩证运动的整体。正如欧洲著名历史学家埃里克·霍布斯鲍姆所评价的那样，马克思"之前的哲学家们按照人的总体性思考了人，但他是第一个把世界作为政治、经济、科学和哲学的整体来理解的人"②。

由此可见，共同富裕既是一个伦理问题，又是一个经济问题，更是一个集政治、文化、生态于一体的综合问题。习近平总书记特别强调，"在高质量发展中促进共同富裕，正确处理效率和公平的关系，构建初次分配、再分配、三次分配协调配套的基础性制度安排，加大税收、社保、转移支付等调节力度并提高精准性，扩大中等收入群体比重，增加低收入群体收入，合理调节高收入，取缔非法收入，形成中间大、两头小的橄榄型分配结构，促进社会公平正义，促进人的全面发展，使全体人民朝着共同富裕目标扎实迈进"③。其一，要充分发挥社会主义市场机制的优势，丰富劳动资料，优化劳动对象，提升劳动者的劳动技能，持续促进生产力发展，奠定共同富裕的物质基础；其二，要更好地发挥政府的调控功能，形成符合国情和经济发展阶段性特征的生产资料所有制形式，合理调整人民在生产过程中的相互关系以及产品分配的形式，不断健全生产关系，为促进共同富裕提供重要的制度和政策保障；其三，要灵活采用价值引导、政策鼓励或道德奖励等方式，激励

---

① 《马克思恩格斯文集》第1卷，人民出版社2009年版，第525页。
② [英]埃里克·霍布斯鲍姆：《如何改变世界：马克思和马克思主义的传奇》，吕增奎译，中央编译出版社2014年版，第11页。
③ 习近平：《扎实推动共同富裕》，《求是》2021年第20期。

社会各层力量主动参与慈善事业与志愿服务，释放第三次分配在推进共同富裕中的道德能量与社会关怀。总而言之，共同富裕的实现是一个整体性工程，它不仅涉及社会生产的高质量发展，而且涉及人民对发展成果的共享与普惠；它不仅体现了中国共产党与中国政府对中国人民的担当与责任，更体现了中国人民共有、共建与共享的同呼吸与共命运。

（三）共同富裕：在历史演变中描绘时代性

根据唯物史观的理解，在不同的社会历史发展阶段，基于具体社会物质生产方式形成的道德基础与伦理目标也各不相同。从历史发展的长远方向来看，共同富裕经历了从消除绝对贫困到一部分人先富起来，再到实现相对共同富裕，最后达到绝对共同富裕这一漫长负重的历史进程。为何人类追求平等自由、公平正义的诉求要不断经受历史的磨难？马克思、恩格斯曾经指出，"人类始终只提出自己能够解决的任务，因为只要仔细考察就可以发现，任务本身，只有在解决它的物质条件已经存在或者至少是在生成过程中的时候，才会产生"[①]。我国在新发展阶段提出的共同富裕目标，建立在改革开放四十多年的建设成就的信心之上。立足于这一前提，社会主义现代化建设进程中不断贯彻新发展理念，提升新发展格局的能力与水平，通过推进经济发展实现量的合理增长和质的稳步提升，进而为共同富裕奠定了扎实的物质基础。为了完成这一目标，党中央坚持因地制宜、循序渐进的差异化发展原则，制定了多元化的发展路径。一方面持续巩固农村地区的脱贫攻坚成果，全面推进乡村振兴；另一方面开创多样性的共同富裕示范区先行试验，诸如"基于市场主体多元化、较为突出的科技创新能力、为人称道的社会治理水平，推进共同富裕的体制机制"的浙江示范区；作为"创建国家共同富裕示范区，加强普惠性、基础性、兜底性民生建设，优化收入分配结构，有效缩小收入分配差距"的北京示范区；"以推动基本公共服务均等化为重要抓手，以完善和

---

① 《马克思恩格斯文集》第 3 卷，人民出版社 2009 年版，第 592 页。

创新社会治理为重点工作,让共同富裕更可感知、可拥抱、可获得"的广东示范区①。

虽然共同富裕反映了人民群众对于美好生活的共同需要,但由于不同时域中需要的维度不同,满足人的需要达成的伦理目标也随之不同。在消除绝对贫困的意义上,由于社会生产力的有限性以及任务的艰巨性,共同富裕在社会普遍范围内,只能顾及人的基本生存问题,即满足人的温饱需求问题。此外,在不同地区、不同人群之间,生存需要、社会需要与自我实现需要亦呈现出不同程度满足的非同步性,共同富裕只能寻求最大公约数。在改革开放允许"一部分人先富起来"的政策指导下,这种需要满足的非同步性导致了城乡、区域和行业的贫富差距。这种差距不仅表现为物质财富的多寡,也表现为社会资源分配、福利保障以及精神生活的不平衡性。实现共同富裕的过程就是实现人的全面发展的过程,就是满足人民群众对美好生活多样化、多层次需要的过程。随着我国人均 GDP 超过 1 万美元,城乡居民对美好生活的需求愈加强烈,不仅对物质文化生活提出了更高要求,而且对缩小贫富差距、完善福利保障、加强权利保护、伸张公平正义、创建美好环境等方面的需要也日趋强烈。到 21 世纪中叶,我国要全面建成富强民主文明和谐美丽的社会主义现代化强国。届时,人的全面发展就不单单停留在全面小康阶段人民对物质与精神需求的满足,还包括社会的公平正义、优美的生态环境得到进一步满足的生活状态。

四 历史唯物主义视域下共同富裕的实现路径

2021 年 8 月召开的中央财经委员会第十次会议中,习近平总书记提出,"构建初次分配、再分配、三次分配协调配套的基础性制度安排……使全体人民朝着共同富裕目标扎实迈进"②。初次分配以市场机制为基础,充分激发个体在创造富裕生活中的自由与活性;再次分配

---

① 厉以宁、黄奇帆、刘世锦等:《共同富裕:科学内涵与实现路径》,中信出版集团 2021 年版,第 62—63 页。
② 习近平:《习近平谈治国理政》第 4 卷,外文出版社 2022 年版,第 144 页。

以政府力量为依靠，力求协调在发展过程中造成的不平衡不充分；三次分配以道德信念为依托，旨在建构一个超越平等正义、实现关怀的和谐社会。

（一）市场机制分配的内涵及其边界

共同富裕的实现建立在社会物质财富和精神财富的生产与创造的基础上，那么，哪种经济制度更能激发社会财富创造的最大活力？新中国在经历七十多年的探索后发现，在仍然处于社会主义初级阶段的当前时代背景下，坚持社会主义市场经济体制的基础性地位是正确的。从根本上而言，市场机制的主旨是建构一个客观公正的自由竞争环境，以供理性个体充分施展自我的经济才能，带来社会财富的有效累加，从而为社会整体福利提供物质基础。在以社会主义市场经济体制为基础的生产领域，经济主体需要遵守的是市场规律的客观性与市场规则的普遍性，这样不仅能够避免在市场领域中由于不平等导致的不公平，而且能够排除外界强制因素对社会生产的扰乱与经济发展的干预。所有经济主体在相对公平、自由的市场竞争中，专注于追求自身利益最大化，从而确保生产效率以创造尽可能多的社会财富，这是市场机制为经济发展提供的理想模型。

市场机制的理论模型在进驻现实的社会生产进程后，并没有按照原初的设定发挥作用。资本垄断反而破坏了市场规律所设计的自由竞争环境；经济主体对物质财富的单向度追求亦会导致贫富差异的扩大化；市场机制在形式上的前提平等与过程公平反而导致了发展结果享有的不平等与不公平。这些问题被以私有制为基础的资本主义制度一贯无视，社会主义市场经济体制虽然对自由主义市场经济有所修正，但也无法根除上述问题，这就为政府再分配留下了空间。

（二）政府再分配的内涵及其边界

单纯通过市场机制分配社会财富无法满足社会成员对平等正义的价值追求。即使我国的社会主义市场经济体制已经在一定程度上修正了市场的盲目性与任意性，但由于市场机制的内在缺陷以及外在条件的不成熟，依然带来了区域发展不平衡、城乡差距过大、国民收入分化等问题。这些问题如果得不到有效解决，不仅无法达成共同富裕，从根本上也与社会主义的优越性背道而驰。

自由主义认为政府行为不应该妨害自由竞争，只要贫富分化没有动摇资本主义社会的统治基础，也不应该受到外界干预。与此不同的是，社会主义并不是如此界定国家的本质与职能。邓小平强调，"社会主义的本质，是解放生产力，发展生产力，消灭剥削，消除两极分化，最终达到共同富裕"[①]。这不仅是中国政府的道德责任，更是中国共产党始终牢记的初心使命！社会主义制度的优越性体现在以下几方面。其一，社会主义制度超越了自由主义的前提平等，通过推进共同富裕实现社会主义社会的实质性正义。其二，中国共产党能够发挥集中力量办大事的执政优势，依托精准扶贫、先富带动后富等执政措施解决区域协同、城乡融合、分配调节发展中的不平衡不充分问题，为共同富裕清扫障碍。其三，社会主义国家始终坚持人民群众的主体性地位，主张经济建设与社会发展的成果为了人民、惠利于民。

政府再分配不仅弥补了市场机制的不足，它所蕴含的社会主义本质及其伦理内涵均指向人的现实平等与自由发展机会。这不仅为共同富裕的合理性提供了充分的理论支撑，而且为共同富裕的现实化提供了强有力的制度保障与可推进的现实路径。但由于社会制度与执政行为优先关注国计民生的重大问题、急迫性问题，无法同时兼顾社会发展的方方面面，国家发展规划的落实与政策执行的落地也需要考虑空间的普遍性与时间的持续性，在灵活性与及时性方面确有不足之处。因此，以道德信念为导向的第三次分配就有效地弥补了市场机制的冷漠与政府再分配的不足之处。

（三）道德分配的内涵及其补充

以人的道德信念为支撑的慈善事业、民间捐赠与志愿服务，不仅能够有益补充前两次分配所无法兼顾的缺失，进一步推进社会的公平正义，而且能够彰显社会主义核心价值观所倡导的人与人之间的和谐与关

---

① 《邓小平文选》第3卷，人民出版社1993年版，第373页。

怀。一方面，这种秉持道德信念的慈善事业与志愿服务首先要遵从自愿原则，绝不能"杀富济贫""杀富致贫"，不能搞"逼捐"和"道德绑架"，因为这不符合共同富裕的本意，也不可能达到共同富裕的目的；另一方面，这种自愿救助的道德分配也要尽量避免沦为可有可无的形式主义噱头，消散于道德主义的脆弱性之中。

为什么对他人负有帮助责任？从道德初心来讲，同情心与利他动机同样存在于人的天性之中；从伦理义务来讲，先富的人对于发展所需的资源与机会享有优先选择权，因此对于还处于贫困之中的同胞负有帮扶的道德义务；从人的本质来讲，人类来到这个世界并不是孤立的个体，身为中国公民，我们处于共同历史条件、基于共同物质基础、拥有共同价值追求、寻求共同身份认同、合力共建精神家园的同一个共同体之中，因此，唤醒我们对彼此的关怀之情与帮扶之责，是培育人民群众的主体意识与主体行动的有机组成部分。因此，基于道德信念的第三次分配，除了国家进行税收优惠、利益激励和道德奖赏方面的鼓励之外，更重要的是，如何从内在激发先富的社会主体带动后富、帮扶后富的自主意识与主动行动，并且形成这种慈善事业与志愿服务的长效机制与可持续发展。

总而言之，市场机制鼓励创新勤劳，体现了付出与应得的伦理统一，强调要想实现富裕，首先要发挥人民群众的主体性和能动性，不能抱有"搭便车"和"等靠要"等消极观念。政府再分配着力于满足人民群众对美好生活的共同需求，通过社会主义制度力促公平正义。以道德信念为依托的第三次分配，在消除人与人之间关系对立的基础上，体现了在人类命运共同体之中人与人之间的真实联系与现实关怀。

五 结论

马克思主义的历史唯物主义理论，为新发展阶段共同富裕的历史践行与未来展望，提供了富有辩证意义的正义与平等分析维度。正义与平等并非一个抽象笼统的"最低限度"或"基本结构"，而是能够对象化为不断实现并超越的具体目标——由贫困匮乏到解决温饱到实现小康再到共同富裕。马克思没有将正义问题局限于分配领域，而是认为不管是人的需要得到满足还是体现社会公平正义，最终都要依赖于社会生产方式，尤其是社会生产力的提升以及与其相符合的生产关系的变革。"分配的结构完全决定于生产的结构。分配本身是生产的产物，不仅就对象说是如此，而且就形式说也是如此。就对象说，能分配的只是生产的成果，就形式说，参与生产的一定方式决定分配的特殊形式，决定参与分配的形式。"① 与西方主流的分配正义解决贫富差距的逻辑不同，马克思反对将生产与分配分割开来讨论。在他看来，一个社会提供怎样的分配方式与其所能够容纳的生产方式密切相关，生产资料的所有制类型也对社会产品的分配起着至关重要的作用。因此，不考虑生产方式仅仅从社会产品的分配层面来讨论正义，无疑是隔靴搔痒、本末倒置。正因如此，马克思在《1844年经济学哲学手稿》中控诉资本主义在"社会财富的增长状态中，工人的毁灭和贫困化是他的劳动的产物和他生产的财富的产物"②。哪怕到了"社会的最富裕状态，这个大致还是可以实现并且至少是国民经济学和市民社会的目的的理想，对工人来说却是持续不变的贫困"③。社会主义制度的建立，从根本上消灭了私有制对于消除贫富差距、实现共同富裕的进阶所设置的根源性障碍。

马克思之所以抨击资产阶级自由平等的空洞性和分配正义的绝对性，究其缘由，他认为人的需要随着社会历史的发展而不断提升扩展。在一定的历史发展阶段，现实需要与当时的生产力发展水平和生产关系的状况相联系。在物质匮乏、温饱不济的年代，人们对共同富裕的想象可能止步于家家过上不愁吃、不愁穿的生活；满足温饱之后，人们对共同富裕的描绘可能是"老有所依、幼有所长、鳏寡孤独者皆有所养"；再进一步，共同富裕的蓝图又涵盖了受教育的机会、健康医疗的权利、精神世界的丰富……共同富裕能够承载起马克思主义关于需求理论的不断丰富与辩证上升。

由于资本主义生产方式与所有制关系扭曲了人们（尤其是工人）

---

① 《马克思恩格斯文集》第8卷，人民出版社2009年版，第19页。
② 《马克思恩格斯文集》第1卷，人民出版社2009年版，第124页。
③ 《马克思恩格斯文集》第1卷，人民出版社2009年版，第124页。

的需要，对私有财产占有的强调使得需要被物化膨胀，人们陷入对商品的迷恋之中，产生越来越多的"虚假需要"。马克思批判这种虚假需要是对自由的束缚以及对人性的压制。在资本逻辑的冲击下，生存需要不断吞噬着社会需要与自我实现需要的生长空间。不仅如此，自我实现需要有时也被描述为在社会关系中彰显自我所取得的成就——尤其是经济领域中的成就，经济成就甚至可以遮蔽其他领域个人能力的施展以及自我价值的可能性。这是新时代中国特色社会主义事业在实现共同富裕的过程中，需要警惕反思的问题。

在马克思主义指导下，共同富裕是靠党领导下的精准扶贫、结对帮扶、直接支援实现的，这才是真正的社会需要的实现，才是真正自我实现的表现。换言之，社会需要与自我实现只有纳入人民群众的全面发展、纳入全人类自由解放的历史洪流、纳入中华民族的伟大复兴事业之中，才契合马克思对于人生选择的价值指向。"如果我们选择了最能为人类福利而劳动的职业，那么，重担就不能把我们压倒，因为这是为大家作出的牺牲；那时我们所享受的就不是可怜的、有限的、自私的乐趣，我们的幸福将属于千百万人，我们的事业将悄然无声地存在下去，但它会永远发挥作用，而面对我们的骨灰，高尚的人们将洒下热泪。"①

---

① 《马克思恩格斯全集》第 1 卷，人民出版社 1995 年版，第 459—460 页。

第四章 共同富裕的理论向度、推进脉络与实践旨归*

一 文献回顾

共同富裕作为社会主义的本质要求，一直以来都是马克思主义关注的焦点。2016年1月18日，习近平总书记在省部级主要领导干部学习贯彻党的十八届五中全会精神专题研讨班上的讲话中明确指出："共同富裕，是马克思主义的一个基本目标，也是自古以来我国人民的一个基本理想。"[①]新中国成立以来，中国共产党以马克思主义理论为指导，坚持目标导向和问题导向相结合，以逐步实现全体人民共同富裕为目标，在建立社会主义制度的基础上，结合我国社会主义初级阶段的基本国情，不断解放和发展生产力，取得了经济快速发展和社会长期稳定的两个奇迹，极大地改善了全体人民的生活水平，为新时期共同富裕的扎实推进奠定了坚实的经济和社会基础。

站在新的历史时点，随着我国社会主要矛盾的转变，立足新发展阶段、贯彻新发展理念、构建新发展格局成了新的时代主题。与此同时，共同富裕的内涵得以丰富发展，目标要求也随之进一步提高，解决发展不平衡不充分问题和满足人民日益增长的美好生活需要构成了新时代

---

* 徐志向，西南财经大学经济学院讲师。
① 《十八大以来重要文献选编》（下），中央文献出版社2018年版，第169页。

共同富裕目标的实践指向。在此背景下，社会主义基本经济制度的完善为共同富裕的实现提供了制度保障，全面建成小康社会目标的完成则为更好地促进共同富裕创造了条件。因此，未来的主要研究课题聚焦在了如何深入理解和把握新发展阶段共同富裕的新内涵，并结合我国新时代的发展要求，推动共同富裕在更大程度上取得更加明显的实质性进展。

根据现有新时代背景下共同富裕的相关代表性研究来看，学术界的研究焦点主要集中在以下三个方面。一是内涵要求方面。大多学者认为，共同富裕是社会主义的本质规定，包括物质富裕和精神富裕，具有历史性、阶段性，发展生产力和生产资料公有制是其实现的基础和保障[1]；二是指标测度方面。不同学者从不同维度构建了指标体系[2]，并进行了测度[3]；三是实现路径方面。学者分别从完善基本经济制度[4]、"益贫式增长"[5]、缩小收入差距[6]、全面深化改革[7]等视角研究了共同富裕的实现路径。总之，已有研究深化了对共同富裕的认识，为共同富裕的实践提供了有益的理论参考，但也尚存进一步完善的空间。一方面，对于马克思主义共同富裕思想内涵的提炼以及我国共同富裕具体实践的脉络梳理还存在进一步的研究空间；另一方面，对于新的历史背景下共同富裕的内涵和要求的新变化及其历史接续性还存在进一步的研究空间。

基于以上分析，本章的研究逻辑在于，通过追溯马克思主义共同富裕理论的内涵意蕴，总结梳理新中国成立以来共同富裕道路的推进脉

---

[1] 卫兴华：《论社会主义共同富裕》，《经济纵横》2013年第1期；邱海平：《共同富裕的科学内涵与实现途径》，《政治经济学评论》2016年第4期。

[2] 刘培林、钱滔、黄先海等：《共同富裕的内涵、实现路径与测度方法》，《管理世界》2021年第8期；蒋永穆、豆小磊：《扎实推动共同富裕指标体系构建：理论逻辑与初步设计》，《东南学术》2022年第1期。

[3] 万海远、陈基平：《共同富裕的理论内涵与量化方法》，《财贸经济》2021年第12期。

[4] 程恩富、张建刚：《坚持公有制经济为主体与促进共同富裕》，《求是学刊》2013年第1期。

[5] 范从来：《探索中国特色社会主义共同富裕道路》，《经济研究》2017年第5期。

[6] 李实、朱梦冰：《推进收入分配制度改革 促进共同富裕实现》，《管理世界》2022年第1期。

[7] 逄锦聚：《在建设社会主义现代化中协同推进共同富裕》，《政治经济学评论》2022年第1期。

络，进而明确新的时代方位下我国朝着共同富裕方向稳步前进的历史接续和路径选择，为扎实推进共同富裕和更好实现社会主义现代化强国的第二个百年奋斗目标提供一定的理论阐释和现实指导。

二 理论向度：马克思主义视角下共同富裕的内涵意蕴

思想是行动的先导，马克思作为现代社会主义的伟大创始人，站在唯物史观的视角，深刻论证了共同富裕是社会主义的本质要求，提出了建立生产资料公有制与发展生产力是实现共同富裕的现实基础，阐明了共同富裕的阶段性和历史接续性特征，揭示了促进共同富裕与促进人的全面发展的高度统一。

（一）共同富裕是社会主义的本质要求

马克思在《资本论》中通过对资本主义生产方式一般规律的深入剖析，阐释了资本主义必然为社会主义所代替的人类社会发展趋势。马克思指出："资本来到世间，从头到脚，每个毛孔都滴着血和肮脏的东西。"[①] 这就是集致富欲与享受欲于一身的资本的贪婪的本质，这种欲望的累积造成了资本主义社会两极分化的必然趋势，一极是越来越少的大资本家阶级不断攫取越来越多的剩余价值，另一极是越来越多的无产阶级的工资被限制在最低水平。"二律背反"的直接结果就是不断促使现代生产力反抗现代资本主义生产关系，使资本主义社会区别于一切世代的根源在于其内在矛盾驱使下的不停地动荡和一次比一次猛烈的危机，这也是资本主义制度不可能永恒的最突出的例证。同时，鉴于资本主义的顽瘴痼疾，马克思在1881年根据俄国与资本主义生产同时并存的历史环境，明确提出了俄国能够不通过资本主义制度的卡夫丁峡谷而占有其创造的一切积极成果的构想，从而为社会主义国家的产生和发展提供了思想源泉。

在马克思看来，未来的社会主义社会，在工人阶级可以自己占有自己的剩余劳动的时候，"生产将以所有的人富裕为目的"[②]。这就意味

[①] 《马克思恩格斯选集》第2卷，人民出版社2012年版，第871页。
[②] 《马克思恩格斯全集》第46卷下册，人民出版社1980年版，第222页。

着，社会主义的根本目标是实现全体人民的共同富裕。恩格斯在《卡尔·马克思》中进一步强调，在社会主义制度下，"社会的每一成员不仅有可能参加社会财富的生产，而且有可能参加社会财富的分配和管理……足以保证每个人的一切合理的需要在越来越大的程度上得到满足"①。列宁指出："只有社会主义才可能广泛推行和真正支配根据科学原则进行的产品的社会生产和分配，以便使所有劳动者过最美好的、最幸福的生活。"② 由此可见，社会主义社会作为能够超越资本逻辑，为所有社会成员谋利益的社会，内在规定了要以实现全体人民的共同富裕为根本旨归，这是马克思主义的基本观点。同时昭示出，要想实现共同富裕，就必须选择社会主义，而只要坚持走社会主义道路，就必须将逐渐实现全体人民共同富裕作为发展方向。

(二) 建立生产资料公有制和发展生产力是实现共同富裕的现实基础

生产力与生产关系、经济基础与上层建筑之间的矛盾运动构成了人类社会发展的内生动力。从生产关系的角度来看，公平的分配关系是实现共同富裕的最直接方式，但"分配本身是生产的产物"③，所以，一定社会的生产资料所有制形式是决定能否实现共同富裕的关键，如果只是单纯围绕着分配"做文章"，无疑就会陷入庸俗社会主义的怪圈。恩格斯认为，资本主义历史局限性的根源就在于资本主义私有制，"私有制的最直接的结果是生产分裂为两个对立的方面：自然的方面和人的方面"④，由此引致的资本与劳动的分裂决定了劳资之间的对抗性分配关系，而只有撇开或者消灭私有制，才能避免这种"反常的分裂"。所以，要想真正发挥社会主义的制度优势就必须始终坚持公有制的主体地位。马克思指出，社会主义社会的所有制应该是"在协作和对土地及靠劳动本身生产的生产资料的共同占有的基础上"⑤ 建立的。在生产资料

---

① 《马克思恩格斯选集》第3卷，人民出版社2012年版，第724页。
② 《列宁选集》第3卷，人民出版社2012年版，第546页。
③ 《马克思恩格斯选集》第2卷，人民出版社2012年版，第695页。
④ 《马克思恩格斯选集》第1卷，人民出版社2012年版，第33—34页。
⑤ 《马克思恩格斯选集》第2卷，人民出版社2012年版，第300页。

公有制条件下，劳动者真正成为社会生产的主人，既有助于发挥广大劳动者的主观能动作用，也有助于通过有计划的生产在最大限度上满足社会的需要。

此外，从生产力的角度来看，在生产关系的一定限度内发展生产力是实现共同富裕的内在规定。按照马克思主义观点，生产力的发展本身就是一种在历史上起推动作用的革命性力量，一切社会都必须拥有发达的工业和大量的生产力。《共产党宣言》中系统阐明了现代资本主义的历史进步性就在于建立了新的大工业、改进了一切生产工具以及推动了现代世界市场的形成等，从而促进了生产力的巨大发展。同时，恩格斯在《卡尔·马克思》中对包括资本主义在内的以往的一切世代所存在的阶级对立和阶级剥削做出了解释，究其原因，"只是因为在人类发展的以前一切阶段上，生产还很不发达"①。因此，马克思、恩格斯明确指出，社会主义制度下，在无产阶级夺取政权并占有生产资料和生产工具后，首先要建立民主的国家制度，在此基础上，还要依靠发达的工业尽快地增加生产力的总量，而且社会主义发展生产力具有比资本主义更大的优势，即"在这种社会制度下，一切生活必需品都将生产得很多，使每一个社会成员都能够完全自由地发展和发挥他的全部力量和才能"②。

概言之，社会主义的本质要求是逐步实现全体人民的共同富裕，而这个过程必须依赖于生产资料公有制的制度保障和先进生产力这一核心动力。

(三) 共同富裕是一个系统的动态演进过程

唯物辩证法充分揭示出，人类社会的发展是普遍联系的，一切关系在运动中同时存在并且互相依存，而共同富裕作为人类社会发展的终极目标显然也不例外，对共同富裕的追求同样是一个系统的动态演进过程。

首先，共同富裕的实现必须坚持系统观念。系统性要求注重发展的

---

① 《马克思恩格斯选集》第3卷，人民出版社2012年版，第724页。
② 《马克思恩格斯选集》第1卷，人民出版社2012年版，第302页。

平衡性、协调性与包容性。共同富裕是整体和部分统一发展的过程，既要以物质和精神双重富裕为目标，也要注重解决城乡、区域、行业之间的差别问题，并在认清差别存在的历史必然的基础上，明确消灭差别的具体路径和方法。特别是在中国特色社会主义进入新时代的背景下，共同富裕的实现更是一项复杂的系统工程，习近平总书记指出："我们要在继续推动发展的基础上，着力解决好发展不平衡不充分问题，大力提升发展质量和效益，更好满足人民在经济、政治、文化、社会、生态等方面日益增长的需要，更好推动人的全面发展、社会全面进步。"① 可见，共同富裕并不仅仅属于经济范畴，而是涉及整个社会发展的各领域和全过程。

其次，共同富裕的实现是一个分阶段的循序渐进的过程。马克思认为，社会主义社会"在各方面，在经济、道德和精神方面都还带着它脱胎出来的那个旧社会的痕迹"②，以致共同富裕的实现不可能是一蹴而就的，而是一个动态的长期接续过程。同时，马克思、恩格斯在论证无产阶级革命的发展过程时也特别强调："自然，所有这一切措施不能一下子都实行起来，但是它们将一个跟着一个实行。"③ 正是基于这种观点，马克思在《哥达纲领批判》中明确将共产主义社会划分为两个阶段，即"第一阶段"（社会主义阶段）和"最高阶段"，并指明了二者之间分配方式的差别，即前者要以按劳分配为主体，而后者则可以实现按需分配。这就表明，鉴于我国处在共产主义的第一阶段，且正处于并将长期处于第一阶段，所以在共同富裕的内涵理解与目标制定上必须因时制宜。

最后，共同富裕的实现离不开世界市场的作用。一方面，人的发展离不开世界市场。只有积极融入世界市场，每个人才能获得利用全球资源的机会，更好地提升个人的生产能力和创造能力。另一方面，经济和社会的现代化离不开世界市场，开拓和融入世界市场是解决国内经济失

---

① 习近平：《习近平谈治国理政》第3卷，外文出版社2020年版，第9页。
② 《马克思恩格斯选集》第3卷，人民出版社2012年版，第363页。
③ 《马克思恩格斯选集》第1卷，人民出版社2012年版，第306页。

衡和促进经济发展的必然方式，同时也是推动人类文明向更高形态过渡的必然趋势。马克思清醒地认识到，资本主义现代化进程中扩大对外贸易、开拓世界市场的行为是破坏性的和掠夺性的，"只有在伟大的社会革命支配了资产阶级时代的成果，支配了世界市场和现代生产力，并且使这一切都服从于最先进的民族的共同监督的时候"①，人类才能真正实现没有阶级压迫和剥削的历史进步。所以说，不断在更高水平上实行改革开放，既是人类社会发展的必然，也是社会主义社会实现共同富裕的要求。

（四）促进共同富裕与促进人的全面发展的高度统一

2018年5月4日，习近平总书记在纪念马克思诞辰200周年大会上的讲话中强调："马克思主义是人民的理论，第一次创立了人民实现自身解放的思想体系。"② 马克思毕生将揭示人类社会发展规律和寻求人类解放作为自己的使命，提出了重要的"人的自由全面发展"命题。在马克思看来，每个人的自由全面发展是人类社会发展的终极形态，"代替那存在着阶级和阶级对立的资产阶级旧社会的，将是这样一个联合体，在那里，每个人的自由发展是一切人的自由发展的条件"③。马克思以"现实的人"的存在为基础，以"每个人"的发展为目标，从人的自然属性和社会属性两个层面剖析了实现人的自由全面发展所需要的条件和内在特征，充分体现了人的自由全面发展与共同富裕之间的高度统一。

首先，人的自由全面发展同样是社会主义的本质要求。马克思、恩格斯指出："在真正的共同体的条件下，各个人在自己的联合中并通过这种联合获得自己的自由。"④ 也就是说，共产主义社会必然是人的自由全面发展的社会，而社会主义社会作为共产主义社会的"第一阶段"理应将人的自由全面发展作为奋斗方向。其次，人的自由全面发展

---

① 《马克思恩格斯选集》第1卷，人民出版社2012年版，第862—863页。
② 习近平：《在纪念马克思诞辰200周年大会上的讲话》，人民出版社2018年版，第8页。
③ 《马克思恩格斯选集》第1卷，人民出版社2012年版，第422页。
④ 《马克思恩格斯选集》第1卷，人民出版社2012年版，第199页。

的基本前提是生产力的发展和物质资料的丰富。马克思在《资本论》中指出，资本家作为价值增殖的狂热追求者，"肆无忌惮地迫使人类去为生产而生产，从而去发展社会生产力，去创造生产的物质条件；而只有这样的条件，才能为一个更高级的、以每一个个人的全面而自由的发展为基本原则的社会形式建立现实基础"①。由此表明，人的发展同样离不开经济基础的巩固这一基本前提。再次，促进共同富裕的过程同样内在规定了人的体力和智力的双重发展。在恩格斯看来，现代的一切积聚财富的成就都是科学发展和艺术繁荣共同作用的产物，"通过社会化生产，不仅可能保证一切社会成员有富足的和一天比一天充裕的物质生活，而且还可能保证他们的体力和智力获得充分的自由的发展和运用"②。最后，人的自由全面发展也具有一定的历史阶段性，即"全面发展的个人——他们的社会关系作为他们自己的共同的关系，也是服从于他们自己的共同的控制的——不是自然的产物，而是历史的产物"③。总之，无论是实现人的自由全面发展还是共同富裕，始终都是将以人民为中心的发展思想作为理论内核而指导着社会主义的伟大实践。

三 推进脉络：马克思主义共同富裕思想在中国的实践与发展

新中国成立后，中国共产党在马克思主义共同富裕思想的指引下，始终立足于中国的具体发展实际，循着共同富裕的目标要求，团结带领全国各族人民依次经历了逐步实现共同富裕的起步、探索与开拓进取三个阶段。

（一）起步阶段（1949—1978年）

早在1920年，李大钊在《社会主义与社会运动》中就提出："社会主义不是使人尽富或皆贫，是使生产、消费、分配适合的发展，人人

---

① 《马克思恩格斯选集》第2卷，人民出版社2012年版，第267页。
② 《马克思恩格斯选集》第3卷，人民出版社2012年版，第670页。
③ 《马克思恩格斯文集》第8卷，人民出版社2009年版，第56页。

均能享受平均的供给，得最大的幸福。"① 其中已经蕴含了使全体人民共同富裕的社会主义发展思想。中国共产党成立之初，毛泽东进一步提出要"使中国大多数穷苦人民得享有经济幸福"②。新中国成立伊始，受长期半殖民地半封建社会的蚕食以及帝国主义侵略的影响，中国处在百废待兴、积贫积弱的历史阶段，生产力水平低下，人民生活缺衣少食，经济基础特别是重工业基础十分薄弱。以毛泽东同志为核心的党的第一代中央领导集体在不断满足人民经济幸福的目标指引下，通过社会主义改造，确立了公有制的主体地位，基本建立了社会主义的政治制度和经济制度。

1953年中共中央通过的《关于发展农业生产合作社的决议》，首次将"农民能够逐步完全摆脱贫困的状况而取得共同富裕和普遍繁荣的生活"作为党在农村工作中的最根本任务③。1955年，毛泽东在资本主义工商业社会主义改造问题座谈会上的讲话中进一步指出："我们的目标是要使我国比现在大为发展，大为富、大为强……而这个富，是共同的富，这个强，是共同的强。"④ 自此以后，在马克思主义的指引下，中国共产党的共同富裕思想逐渐发展并走向成熟。1956年年底，随着"一五"计划接近尾声，对农业、手工业、资本主义工商业的三大改造也基本完成，标志着社会主义政治制度和经济制度的确立。与此同时，党的八大指出，我国的主要矛盾是人民对于经济文化迅速发展的需要同当前经济文化不能满足人民需要的状况之间的矛盾，从而明确了在生产资料公有制前提下我国进行社会主义建设的首要任务是发展生产力。紧接着，1959年，毛泽东在读苏联的《政治经济学教科书》的谈话期间将中国的社会主义现代化建设事业确立为"四个现代化"，并提出了"分两步走"的战略设想。1961年，进一步提出了"调整、巩固、充实、提高"的国民经济发展方针，同时鼓励发展家庭副业以提高居民收入。整体来看，计划经济时期我国在建立了社会主义制度的同时，经济

---

① 中国李大钊研究会：《李大钊文集》第4卷，人民出版社1999年版，第4页。
② 《毛泽东文集》第1卷，人民出版社1993年版，第16页。
③ 《毛泽东文集》第6卷，人民出版社1999年版，第442页。
④ 《毛泽东文集》第6卷，人民出版社1999年版，第495页。

建设方面也取得了一系列进展,例如农业基础设施和技术改造大规模进行、门类齐全的工业体系初步形成、工业布局得以优化、交通运输业得到相应发展等。

总之,这一阶段,毛泽东思想中对于共同富裕的理解和认识,充分继承了马克思、恩格斯的共同富裕思想。在结合中国历史发展实际的基础上,始终坚持将实现共同富裕作为发展社会主义的本质要求。一方面,指导我国建立了生产资料公有制的社会主义社会,确立了社会主义基本制度,为共同富裕的实现奠定了制度基础。另一方面,充分认识到解放和发展生产力的决定性作用,从而将实现"四个现代化"作为促进共同富裕的主要内容,将实现社会主义现代化强国作为实现共同富裕的现实基础,建立了独立的且比较完整的工业体系和国民经济体系,使中国真正走上了独立自主的发展道路。此外,"五年计划"与"两步走"战略的制定和延续,凸显了共同富裕推进的阶段性和循序渐进性。

(二)探索阶段(1978—2012年)

改革开放以后,以邓小平同志为主要代表的中国共产党人围绕"什么是社会主义,怎样建设社会主义"的问题,立足社会主义初级阶段的基本国情,在总结历史经验的基础上,提出要"以经济建设为中心""将党和国家的工作重心转移到社会主义现代化建设上""充分利用国内国际两个市场两种资源"等重要论断,正式推动全体人民共同富裕迈入了新时期。

邓小平指出:"社会主义最大的优越性就是共同富裕,这是体现社会主义本质的一个东西。"① 对于如何逐步实现共同富裕,邓小平进一步提出了"先富带后富"的著名论断,这是与我国社会的主要矛盾相适应的。人民日益增长的物质文化需要同落后的社会生产之间的矛盾内在规定了只有通过激发市场活力,解放和发展生产力,才能不断提高人民的物质和文化生活水平,进而逐步实现共同富裕。在具体实践过程

---

① 《邓小平文选》第3卷,人民出版社1993年版,第364页。

中，邓小平还提出了"中国式现代化"，即"小康之家"的战略构想，一方面，所谓"中国式"，就是要基于中国正处于并将长期处于社会主义初级阶段的基本国情，这是一个底子薄、人口多、耕地少、生产力相对落后的阶段。另一方面，"小康之家"就是要建设一个人民吃穿不愁、精神焕发、住行和就业有保障，以及教育、文化、体育等各方面均衡发展的社会，"我们一定要根据现在的有利条件加速发展生产力，使人民的物质生活好一些，使人民的文化生活、精神面貌好一些"①。可见，小康社会奋斗目标是在结合我国基本国情的基础上提出的，彰显了共同富裕的阶段性特征。围绕共同富裕的发展目标，江泽民进一步强调："实现共同富裕是社会主义的根本原则和本质特征，绝不能动摇。"②党的十六大以后，胡锦涛提出了以人为本，全面、协调、可持续的科学发展观，强调要"依法逐步建立以权利公平、机会公平、规则公平、分配公平为主要内容的社会公平保障体系，使全体人民共享改革发展成果，使全体人民朝着共同富裕的方向稳步前进"③。

这一时期，共同富裕的具体目标要求就是解决全体人民的绝对贫困问题。1986年我国成立了国务院贫困地区经济开发领导小组，并制订了一系列大规模有针对性的扶贫计划。1987年10月，国务院颁布了《关于加强贫困地区经济开发工作的通知》，明确指出我国已经初步完成了从单纯救济向经济开发的根本转变，并开始进入经济开发阶段，同时还特别强调要"把科学技术作为经济开发的支柱"，实施科技扶贫。1994年国务院颁布了《国家八七扶贫攻坚计划》，明确要求力争用7年左右的时间基本解决8000万农村贫困人口的温饱问题，从而也标志着扶贫开发进入了最艰难的攻坚阶段。1997年，党的十五大报告中提出："国家从多方面采取措施，加大扶贫攻坚力度，到本世纪末基本解决农村贫困人口的温饱问题。"④ 2001年针对扶贫问题颁布了《中国农村扶贫开发纲要（2001—2010年）》，确立了21世纪前十年的扶贫目标。在

---

① 《邓小平文选》第2卷，人民出版社1994年版，第128页。
② 《江泽民文选》第1卷，人民出版社2006年版，第466页。
③ 《胡锦涛文选》第2卷，人民出版社2016年版，第29页。
④ 《中国共产党第十五次全国代表大会文件汇编》，人民出版社1997年版，第30页。

此基础上，2011 年国家又颁布了《中国农村扶贫开发纲要（2011—2020 年）》，并将我国 2011—2020 年扶贫攻坚的总体目标确定为："到 2020 年，稳定实现扶贫对象不愁吃、不愁穿，保障其义务教育、基本医疗和住房。贫困地区农民人均纯收入增长幅度高于全国平均水平，基本公共服务主要领域指标接近全国平均水平，扭转发展差距扩大趋势。"其间，加快贫困地区发展对于实现全面建成小康社会奋斗目标，扎实推进共同富裕起到了重要作用。

该时期，在继承马克思主义和毛泽东思想关于共同富裕认识的基础上，形成了邓小平理论、"三个代表"重要思想和科学发展观，进一步丰富和拓展了共同富裕的理论内涵，特别是提出了"小康社会"的建设构想，实现了对社会主义现代化国家的认识由"富强民主文明"向"富强民主文明和谐"的转变，突出了全面协调和统筹兼顾的重要性。在促进共同富裕的具体路径方面，不断细化战略目标并先后提出了关于社会主义本质的理论、关于社会主义初级阶段的理论及其基本经济制度的理论、关于建立并不断完善社会主义市场经济体制的理论以及关于对外开放的理论等，依次经历了以改革促增长解决温饱问题、扶贫攻坚实现总体小康、推进基本公共服务均等化助力全面建设小康社会三个阶段，为提前完成"总体小康"目标并逐步实现由"全面建设小康"向"全面建成小康"迈进提供了思想框架和理论支撑。

（三）开拓进取阶段（2012 年以后）

党的十八大以来，随着全面建设小康社会向全面建成小康社会发展目标的转变，共享发展理念深入人心。习近平总书记多次指出："消除贫困、改善民生、逐步实现共同富裕，是社会主义的本质要求，是我们党的重要使命。"① 以习近平同志为核心的党中央立足新的生动实践，始终将打赢脱贫攻坚战作为重大政治任务，创造性地提出了一系列新的发展构想和理论成果，团结带领全国各族人民实现了全面建成小康社会的伟大目标，为更好地朝着共同富裕方向稳步迈进做好了充足准备。

---

① 《十八大以来重要文献选编》（下），中央文献出版社 2018 年版，第 31 页。

2016年，习近平总书记在省部级主要领导干部专题研讨班上的讲话中，系统详尽地对共享发展理念的内涵进行了科学阐释，即全民共享、全面共享、共建共享、渐进共享，为正确认识和贯彻落实共享发展理念提供了有益指导。之后，习近平总书记又多次在重要场合对实现优质医疗卫生资源普惠共享、信息共享、资源共享、成果共享等目标分别做出了顺应时代发展的新指示。2018年，在庆祝改革开放40周年大会上，习近平总书记再一次强调："我们要着力解决人民群众所需所急所盼，让人民共享经济、政治、文化、社会、生态等各方面发展成果，有更多、更直接、更实在的获得感、幸福感、安全感，不断促进人的全面发展、全体人民共同富裕。"① 显然，人民共享发展成果已然成为新时代我国经济社会发展的主旋律和共同富裕的主要目标。党的十九大报告进一步明确了分两步走实现社会主义现代化强国目标的战略构想：2020—2035年，在全面建成小康社会的基础上，基本实现社会主义现代化；2035年到21世纪中叶，在基本实现现代化的基础上，把我国建成富强民主文明和谐美丽的社会主义现代化强国。这一新的"两步走"战略将基本实现现代化的时间进度进一步明确并提前到2035年，是新时代中国特色社会主义发展的重要战略安排。一方面生动体现了全面建成社会主义现代化强国的信心和底气；另一方面，中国式的现代化也是全体人民共同富裕的现代化，现代化目标的明确同时也为共同富裕的扎实推进提供了相应的时间表和路线图参照，即在2035年基本实现社会主义现代化的同时使全体人民共同富裕迈出坚实的步伐，取得更为明显的实质性进展；到21世纪中叶，随着"富强民主文明和谐美丽"的社会主义现代化强国的实现，全体人民共同富裕也将随之基本实现。

纵观共同富裕的推进历程，理论与实践交相辉映。新时代背景下，在习近平新时代中国特色社会主义思想的引领下，党和国家逐步形成了诸如供给侧结构性改革、经济高质量发展、新发展阶段、新发展理念、新发展格局以及统筹发展和安全等最新理论成果。这些理论成果

---

① 习近平：《习近平谈治国理政》第3卷，外文出版社2020年版，第183页。

始终围绕共同富裕的总任务，同时也反映了中国实际状况和鲜明的中国特色。根据马克思主义基本原理，人们并不是在自己选定的条件下随心所欲地创造历史，"而是在直接碰到的、既定的、从过去承继下来的条件下创造"①。中国特色社会主义的共同富裕之路就是在接续历史的基础上结合现实国情不断推进的，无论是理论上还是实践上既一脉相承又与时俱进。理论方面，从毛泽东思想、邓小平理论、"三个代表"重要思想、科学发展观到习近平新时代中国特色社会主义思想，始终坚持将共同富裕作为当代马克思主义中国化的核心范畴，在继承马克思主义基本观点的基础上，立足中国历史发展实际不断创新和发展。实践方面，从起步阶段到探索阶段再到开拓进取阶段，逐步实现了从建立独立的比较完整的工业体系和国民经济体系到全面建成小康社会，进而向全面建设社会主义现代化强国迈进的历史性飞跃。

四 实践旨归：新时期扎实推进共同富裕的历史定位、核心要义与路径选择

站在新的历史时点，全面建成小康社会的目标已经顺利实现，共同富裕的发展道路已经进入了新的阶段，这就要求，必须在立足历史定位的基础上，抓住核心要义，明确路径选择。

（一）历史定位：社会主义初级阶段中的新发展阶段

当前，从国内、国际发展大势来看，我国正处于中华民族伟大复兴的战略全局与世界百年未有之大变局的历史交汇期。从国内视角来看，中国共产党始终将逐步实现全体人民共同富裕作为经济发展的根本出发点和落脚点，团结带领全国各族人民取得了新民主主义革命和社会主义革命的胜利，开辟了中国特色社会主义道路，实现了全面建成小康社会的伟大目标，使我们比历史上任何时期都更接近中华民族伟大复兴的目标。从国际视角来看，新一轮科技革命浪潮滚滚而至，"逆全球化"思潮涌起，贸易保护主义、单边主义、霸权主义盛行，世界经济、政治、

---

① 《马克思恩格斯选集》第 1 卷，人民出版社 2012 年版，第 699 页。

文化、科技等格局以及全球治理体系都在发生深刻变革，加之新冠肺炎疫情的冲击，世界经济发展的不确定性和不稳定性日益凸显。

在"两个大局"的时代背景下，中国迈入了社会主义初级阶段中的新发展阶段。党的十三大报告中写道："我国从五十年代生产资料私有制的社会主义改造基本完成，到社会主义现代化的基本实现，至少需要上百年时间，都属于社会主义初级阶段。"[①] 可见，我们目前要实现的共同富裕依然是社会主义初级阶段的共同富裕，人口多、底子薄、核心技术受制于人依然是我国的基本国情，大力发展生产力仍然是首要任务。在此基础上，我国进入了新发展阶段。新发展阶段是在我国社会主要矛盾发生转变与全面建成小康社会目标如期完成的历史方位上提出的。其中，社会主要矛盾这一关系全局的历史性变化意味着我国的发展模式由高速增长转向了高质量发展，全面建成小康社会这一里程碑式目标的实现不仅意味着高质量发展具备了坚实和雄厚的物质基础，而且彰显了社会主义制度、新型举国体制和超大规模市场"三大优势"并积攒了丰富的经验。

基于新发展阶段，共同富裕的内涵和要求也发生了相应的变化。立足新发展阶段，就要遵循高质量发展要求，深入贯彻新发展理念，加快构建新发展格局。首先，高质量发展明确了共同富裕的新内涵，即在着力解决发展不平衡不充分问题的基础上，以满足人民对"美好生活"的需要为根本出发点和落脚点。其次，新发展理念明确了推进共同富裕的新动力和新方式。创新、协调、绿色、开放、共享作为新发展理念的主要内容，既蕴含了共同富裕的目标要求，也充分体现了共同富裕实现的逻辑和方式。最后，新发展格局明确了共同富裕的新基础。在世界百年未有之大变局下，我国扎实推进共同富裕的经济基础只能依靠推动构建以国内大循环为主体、国内国际双循环相互促进的新发展格局。一方面，共同富裕本身就是社会主义的本质要求，要靠社会主义自身的发展来实现；另一方面，人民对美好生活的需要要求经济发展不能脱离世界市场，只有积极融入世界市场才能真正实现人的全面自由发展。

---

① 《中国共产党第十三次全国代表大会文件汇编》，人民出版社1987年版，第12页。

(二) 核心要义：以人民为中心的发展思想

习近平总书记反复强调："人民是历史的创造者，是决定党和国家前途命运的根本力量"，要"把人民对美好生活的向往作为奋斗目标"①。这就意味着，共同富裕的价值旨向是全体人民，必须始终坚持以人民为中心的发展思想。在此基础上，不断促进人的全面发展。要继续始终坚持把人民立场作为根本政治立场，想人民之所想，急人民之所急，一切以人民利益和人民期盼为重，把全心全意为人民服务的根本宗旨贯彻于社会主义现代化建设的各领域和全过程。

新发展阶段，继续坚持以人民为中心的发展思想就是要在高质量发展中促进共同富裕。坚持以人民为中心，就是要在经济社会发展过程中不断满足人的物质和精神需要，逐步实现全体人民共同富裕。新时代社会主义现代化强国的内涵就在于"富强民主文明和谐美丽"，根本目标就是共同富裕，而新时代的共同富裕是经济、政治、文化、社会、生态全方位发展的共同富裕。邓小平指出："社会主义原则，第一是发展生产，第二是共同致富。"② 这就说明，一方面，要继续将发展生产力作为社会主义初级阶段的根本任务，坚持创新在我国现代化建设全局中的核心地位；另一方面，要正确处理好生产力与生产关系、经济基础与上层建筑之间的辩证关系，坚持"两个毫不动摇"，进一步完善收入分配制度，始终坚持将生产力的发展与促进经济增长、推动社会发展、保护生态环境和改善民生福祉有机结合。

美丽的生态环境内含于人民对美好生活的需要之中，随着社会主要矛盾的变化，实现人与自然和谐共生成为新发展阶段扎实推进共同富裕的重要内容。习近平总书记强调："环境就是民生，青山就是美丽，蓝天也是幸福。"③ 工业革命以来，全球碳排放量持续增加，气候变暖日益严重，对生态系统造成了严重威胁，实现人与自然和谐共生始终是全世界亟待解决的重大问题。在此背景下，习近平总书记提出了"绿水青

---

① 习近平：《习近平谈治国理政》第3卷，外文出版社2020年版，第16、135页。
② 《邓小平文选》第3卷，人民出版社1993年版，第172页。
③ 习近平：《习近平谈治国理政》第2卷，外文出版社2017年版，第209页。

山就是金山银山""保护环境就是保护生产力,改善环境就是发展生产力""建设美丽中国"等科学论断和发展要求,特别是提出了力争2030年前实现"碳达峰"与2060年前实现"碳中和"的"两碳战略",为贯彻落实绿色发展理念,走好中国式现代化新道路指明了方向。为此,一是要加强生态环境保护,遵循减少排量与强化吸收两头并重的原则,加快推进山水林田湖草沙生态系统的保护和修复;二是要改善能源结构,提高新能源技术的渗透力,大力发展可循环能源和清洁能源;三是要改变生活方式,倡导绿色、低碳、环保的生活理念。

(三)路径选择:全面统筹协调

当前中国已经迈向了逐步实现共同富裕的新阶段,这个"新"重点体现在"全面"二字上,从而要求在社会主义现代化建设过程中要着重促进各个方面、各个环节的全面统筹协调。

第一,坚持发展生产力与全面深化改革统筹协调。马克思主义共同富裕思想充分表明,共同富裕实现的最基本前提是大力发展生产力,而生产力的发展又离不开生产关系的不断变革。立足新发展阶段、贯彻新发展理念、构建新发展格局以推动高质量发展的首要任务就是依靠创新驱动提高生产力水平。这就要求,一方面,要努力提升科技创新能力,明确政府、企业、高校、科研人员四大创新主体的功能定位,发挥政府的服务功能,引导企业坚持市场和需求导向,强化创新主体的地位,建立产学研一体的科技创新平台,更好地发挥科研人员的积极性、主动性和创造性。另一方面,科技创新能力的提升要依靠全面深化改革特别是科技体制改革。完善科技评价体制机制的重点,是要提高科技创新的应用效能和社会效益在评价指标体系中所占权重,以切实推动科技成果转化能力的提升。与此同时,要进一步健全人才激励和引进机制,充分认识到人才作为创新的真正主体,其创新作用的发挥既需要物质上的扶持也需要精神上的关怀,应在尊重人才的基础上用好国内、国际两种人才。

第二,坚持"五位一体"总体布局和"四个全面"战略布局统筹协调。一方面,逐步实现共同富裕的应然内在规定了将经济建设、政治建设、文化建设、社会建设和生态文明建设统筹协调推进的实然。一是要深入贯彻落实新发展理念,坚持供给侧结构性改革的主线,加快实施创新驱动与扩大内需两大战略,推动经济高质量发展;二是要坚持和完善人民当家作主的民主政治制度体系,进一步发展社会主义民主政治;三是要坚持社会主义核心价值体系,发展中国特色社会主义文化;四是要坚持促进社会公平正义,完善社会保障体系和国家治理体系,提高国家治理能力;五是要坚持可持续发展,加大环境保护力度,实现人与自然和谐共生。另一方面,逐步实现共同富裕离不开全面深化改革、全面依法治国与全面从严治党的有机统一,深化改革是动力,依法治国是保障,从严治党是重点,"四个全面"的同步协动,是推动物质文明、政治文明、精神文明、社会文明、生态文明协调发展的关键,根本遵循就是坚持党的全面领导,有效发挥中长期政策规划的指导作用。

第三,坚持城乡融合与区域发展统筹协调。新时代背景下,随着我国社会主要矛盾的变化,城乡和区域发展不平衡问题逐渐凸显,这就要求,一是要持续提高城乡和区域基本公共服务均等化水平,提升资源配置效率,引导优质资源更多、更好地流向欠发达地区和落后地区。二是要加快推进城乡一体化发展,坚决破除城乡二元结构,建立健全城乡融合发展体制机制和政策体系,推动形成以工促农、以城带乡、工农互惠、城乡一体的新型工农、城乡关系。三是要发挥普惠金融的数字化和精准性优势,加强对贫困地区、偏远地区的金融服务,探索因地制宜的发展模式,打造具有区域优势和地方特色的品牌效应。四是要完善"先富带后富"的帮扶机制,充分发挥发达地区对欠发达地区的示范效应和引领带动作用,积极探索解决相对贫困的有效途径,建立长效机制。特别是要将浙江省这一共同富裕示范区规划好、建设好,尽快作为省域范例在全国推广试行。

第四,坚持国内发展、对外开放和维护国家安全统筹协调。习近平总书记指出:"中国的发展离不开世界,世界的繁荣也需要中国。"[①] 在世界百年未有之大变局下,危和机同时并存,既要加快发展也要维护安

---

① 习近平:《习近平谈治国理政》第1卷,外文出版社2018年版,第60页。

全，既要实现更高水平的对外开放也要始终以国内发展为根本。一方面，要更好地利用国际国内两个市场、两种资源。继续坚持走和平发展道路，以推动构建人类命运共同体为目标，始终秉持互利、合作共赢的价值准则，深化"一带一路"经贸合作，努力扩大国家间的要素流通范围，积极拓宽多边和区域经贸合作的覆盖面，吸引更多的国家加入中国经贸"朋友圈"，建设更高水平的开放型世界经济。另一方面，要将发展安全贯穿国家发展各领域和全过程。特别是要完善国家安全体系，加强法制建设，增强全民安全意识，严密防范和严厉打击破坏国家安全的一切行为，为维护国家经济安全、人民生命安全和社会稳定发展提供切实保障，建设更高水平的平安中国。

第五章　从三次分配看新时代的共同富裕：发展基础、现实挑战与对策建议*

古今中外，人们从未停止过对美好生活的期待和向往，追求生活的和谐美满。中国古代先民描绘的"大同社会"，空想社会主义刻画的"乌托邦"都承载着人类对未来社会的美好构思。马克思、恩格斯对共产主义的科学构想中，就映现了对共同富裕思想的阐释与学理说明。马克思、恩格斯指出，"替代那存在着阶级和阶级对立的资产阶级旧社会的，将是这样一个联合体，在那里，每个人的自由发展是一切人的自由发展的条件"①。他们科学论证了共同富裕实现的可能性，在他们的构想中，每个人将自由而全面地发展，人人平等而自由，这内在地体现了对实现全体社会成员共同富裕的理想追求。

新中国成立以来，中国共产党带领全体人民开始了就实现共同富裕的不断探索与持续努力，获取了举世瞩目的伟大成就与卓越创新。毛泽东首次提到共同富裕，要"使农民能够逐步完全摆脱贫困的状况而取得共同富裕和普遍繁荣的生活"②。邓小平提出逐步推进共同富裕的路径构想与基本方法，指出以"先富带动后富"来实现全体人民共同富裕，允许一部分人先富起来。邓小平明确了实现共同富裕是中国特色社会主义的本质，进一步拔高与升华了共同富裕的重要性。江泽民和

---

* 作者简介：叶胥，西南财经大学中国西部经济研究院副教授。
① 《马克思恩格斯文集》第10卷，人民出版社2009年版，第666页。
② 《建国以来重要文献选编》第4册，中央文献出版社1993年版，第662页。

胡锦涛也多次强调要推进共同富裕。江泽民指出，"制定和贯彻党的方针政策，基本着眼点是要代表最广大人民的根本利益，正确反映和兼顾不同方面群众的利益，使全体人民朝着共同富裕的方向稳步前进"①。胡锦涛提出，"始终实现好、维护好、发展好最广大人民根本利益，尊重人民主体地位，发挥人民首创精神，保障人民各项权益，走共同富裕道路"②。

中国特色社会主义建设进入新时代，实现共同富裕的重要性更加凸显，推动共同富裕的迫切性也进一步提升。习近平总书记明确指出，"共同富裕是社会主义的本质要求，是中国式现代化的重要特征"③。2021年，在中国共产党的坚定领导下，我国历史性地解决了绝对贫困问题，取得了全面建成小康社会的伟大胜利，更为推动共同富裕迈出了新的坚实步伐。但同时，我国发展不平衡不充分的问题依然突出，收入差距、城乡差距、区域差距依然显著，先富带动后富、实现全体人民共同富裕的路径面临挑战。推进共同富裕是社会主义现代化建设中的重要一环，也是当前社会主义现代化建设的重要指引目标，需要处理好效率和公平，构建初次分配、再分配、三次分配协调配套的基础性制度，既让全体人民共享经济发展的成果，也激励他们成为更多经济发展成果的创造者，扎实推进共同富裕。

在重视"分好蛋糕"的同时，通过"分得好"蛋糕来进一步激励人民群众"做大蛋糕"，使人民群众更有获得感、成就感和参与感，是推进共同富裕的重要内容和手段。本章基于新时代共同富裕的科学内涵，从三次分配角度探讨实现共同富裕的发展基础、现实挑战和对策建议。全面富裕是共同富裕的直接表现，精神富裕是共同富裕的重要内容，全民共同是共同富裕的基本要求。目前我国构建了相对完备的三次分配体系，为推进共同富裕奠定了较好的基础，但仍然面临中等收入群体占比较低，城乡、区域和群体之间的差距较大以及先富对后富带动成

---

① 《江泽民文选》第3卷，人民出版社2006年版，第540页。
② 《胡锦涛文选》第3卷，人民出版社2016年版，第500页。
③ 习近平：《扎实推进共同富裕》，《求是》2021年第20期。

效不足等挑战与困难。扎实推动共同富裕见成效，需要处理好发展与共享，协调好公平与效率，在推动经济高质量发展的同时，也让发展成果更多、更公平地惠及全体人民。

一　共同富裕的基本内涵

共同富裕的内涵并不是一成不变的，其与经济发展阶段和发展水平紧密相关，并随着经济社会发展不断被赋予新的内容。

（一）共同富裕的直接表现是全面富裕

富裕体现着人民对美好生活的期盼，也是人民对美好生活状态最为简单的概括，中国特色社会主义的富裕是以经济为基础的政治、文化、社会、生态多方面富裕，是广度和深度统一的全面富裕。从广度来看，共同富裕要求从生活富裕逐步拓展到"五位一体"的全面富裕。推进全体人民共同富裕，要让人民共享经济、政治、文化、社会、生态等各方面发展成果，更有获得感、幸福感和安全感。随着人民需求层次的不断提升，共同富裕包含的内容也更加丰富，即从生活富裕到包含经济、政治、社会、文化、生态"五位一体"的全面富裕。从深度来看，共同富裕要求从无到有、从有到富足、从富足到富裕，是一个循序渐进的过程，需要逐步推进。习近平总书记指出，"以前我们要解决'有没有'的问题，现在则要解决'好不好'的问题"[①]。共同富裕的实现具有阶段性，是在发展过程中逐步达到更高水平、更深层次的共同富裕。随着脱贫攻坚全面胜利，小康社会全面建成，共同富裕被推上新的台阶，在高质量发展中推进共同富裕，需要实现更高水平、更深层次的富裕。

（二）共同富裕的重要一环是精神富裕

共同富裕是物质生活富裕和精神富裕的有机统一，精神生活富裕作为共同富裕的重要构成，和物质生活富裕相辅相成。邓小平指出，"物质文明为精神文明的发展提供物质条件和实践经验，精神文明为物

---

① 习近平：《习近平谈治国理政》第3卷，外文出版社2020年版，第133页。

质文明的发展提供精神动力和智力支持,为他的正确发展方向提供有力的思想保证"①。尤其是党的十八大以来,面临日益复杂的国际环境,更需在实现共同富裕的过程中加强精神文明建设,坚持以社会主义核心价值观为引领,构筑中国精神、中国价值、中国力量。随着中国特色社会主义建设步入新时代,中国经济发展步入新常态,面对多元文化的侵袭,社会主义精神文化建设面临诸多障碍。习近平总书记强调,我们要建设的现代化"是全体人民共同富裕的现代化"②,推进共同富裕"要促进人民精神生活共同富裕,强化社会主义核心价值观引领,不断满足人民群众多样化、多层次、多方面的精神文化需求"③。在社会主义现代化建设,尤其是扎实推进共同富裕的过程中,需要做好精神文明建设和物质文明建设的协同共进。强化社会主义核心价值观引领,重视舆论引导的正面作用,满足人们多层次的精神文化需求,是推进共同富裕的重要一环。

（三）共同富裕的基本要求是全民共同

共同富裕包含由"共同"和"富裕"衍生而来的两层含义,"共同"即共享,要求全体人民共享经济发展的成果。毛泽东指出,"共同富裕"指所有人都富裕起来,农民群体和城市居民的生活水平要大致一样。邓小平强调,"一部分地区、一部分人可以先富起来,带动和帮助其他地区、其他人,逐步达到共同富裕"④。习近平总书记多次强调,共同富裕是"全体人民共同富裕"⑤,"不是少数人的富裕"⑥,"共同富裕的路上,一个也不能掉队"⑦。这意味着,无论是从前、当今还是以后,共同富裕的主体都是全体人民。随着经济社会的发展,收入差距、

---

① 《十二大以来重要文献选编》（下）,中央文献出版社1988年版,第1174页。
② 习近平:《把握新发展阶段,贯彻新发展理念,构建新发展格局》,《求是》2021年第9期。
③ 习近平:《扎实推进共同富裕》,《求是》2021年第20期。
④ 《邓小平文选》第3卷,人民出版社1993年版,第149页。
⑤ 习近平:《在庆祝中华人民共和国成立65周年招待会上的讲话》,《人民日报》2014年10月1日。
⑥ 习近平:《扎实推进共同富裕》,《求是》2021年第20期。
⑦ 《十九大以来重要文献选编》（上）,中央文献出版社2019年版,第86页。

城乡差距、区域差距水平的居高不下，加快先富群体、地区对后富群体、地区的带动作用，实现全民共同富裕显得更加迫切。构建协同配套的三次分配体系，重视"分好蛋糕"，使共同富裕涵盖全体人民、惠及全体人民。但这并不代表我们要追求整齐划一的平均主义，也不是没有先后之分的同时富裕，而是通过先富带动后富服务于全体人民共同富裕这个最终目标。

二 共同富裕的发展基础

我国构建了相对完备的三次分配体系，重视"分好蛋糕"的同时激发人民创造财富的积极性，为持续推进共同富裕奠定了良好的基础。

（一）初次分配的基础性作用增强

1. 劳动报酬占比企稳回升

从图5-1中可以看出，1992—2018年企业部门在初次分配中的占比总体维持在20%—30%之间波动，先后经历不稳定期、稳定期、快速上升期、稳定期四个阶段，但总体波动并不大。1992—1996年企业在初次分配中的比重经历先上升后下降的不稳定期，最高占比达到26.7%，最低占比为21.8%；1996—2002年企业占初次分配的比重稳定维持在23%左右；2002—2010年企业占初次分配的比重经历快速上升期，占比最高达28.9%；随后企业部门占初次分配的比重再次步入平稳期，保持在25%上下。1992—2018年，政府部门占初次分配的比重维持在10%—16%，主要经历上升期和下降期两个阶段。1992—2012年为上升期，从最低占比10%上升到15.8%；随后进入下降期，由2012年的15.8%稳步下降至2018年的12.8%。1992—2018年，住户部门占初次分配的比重在57%—66%之间波动，先后经历不稳定期、下降期和上升期几个阶段。1992—1996年为不稳定期，变化趋势特征并不明显；1996—2010年为下降期，从66.9%下降至57.1%，下降了将近10个百分点；2010—2018年为上升期，逐步从最低点上升至61.2%。整体来看，我国居民收入在初次分配中的比例还不高，存在着

第五章 从三次分配看新时代的共同富裕：发展基础、现实挑战与对策建议

较大的增长空间，近年来已经呈现出逐步上升的趋势，这对激发劳动者的积极性，缩小收入差距，提升居民获得感具有重要作用。

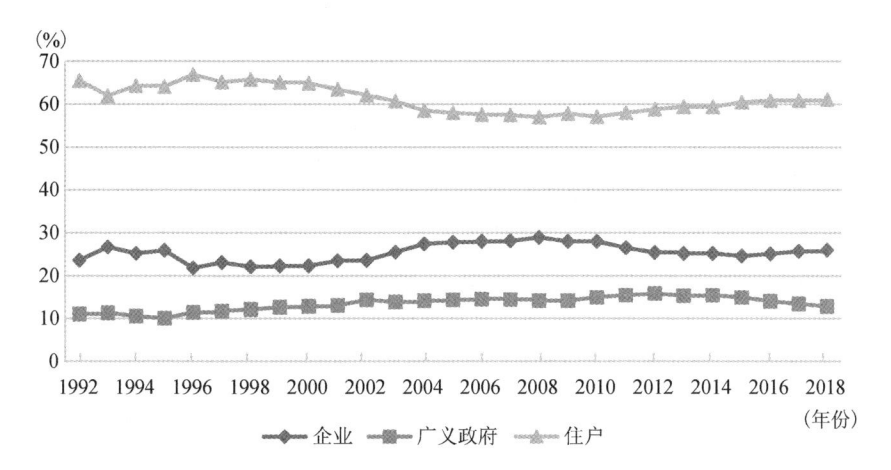

图 5-1 1992—2018 年各部分占初次分配的比重

资料来源：根据历年《中国统计年鉴》整理。

2. 劳动报酬在提升居民收入方面作用显著

进一步通过城乡居民收入结构来考察劳动报酬在推进共同富裕方面发挥的积极作用。表 5-1 为 2000—2019 年我国城乡居民可支配收入的基本构成情况。可以发现，工资性和经营性收入是农村居民的主要收入来源与支撑。2000 年以来，农村居民工资性收入占比不断提升，经营性收入占比大幅下降，财产性收入上升缓慢，转移性收入明显上升。可以发现，农业附加值低，在促进农民增收方面发挥的作用有限，工资性收入占比提升是促进农村居民致富增收的主要途径。对于城镇居民，工资性收入的贡献始终超过 60%，该占比的高低和增速在很大程度上决定了城镇居民可支配收入的高低和增速。2000 年以来，城镇居民工资性收入不断下降，经营性和财产性收入占比显著增长，转移性收入占比明显降低。可以发现，作为城镇居民的主要收入来源，工资性收入的多元化发展是驱动居民增收的重要力量。工资性收入稳步增长，收入来源和收入渠道日益拓宽，为推进共同富裕奠定了良好的基础。

表 5–1　　　　　2000—2019 年城乡居民收入构成　　　　单位:%

年份	农村				城镇			
	工资性	经营性	财产性	转移性	工资性	经营性	财产性	转移性
2000	30.5	63.7	1.8	4.0	70.4	4.1	2.5	23.0
2001	31.7	62.1	1.8	4.4	69.2	4.2	2.6	24.0
2002	32.8	60.5	1.8	4.9	73.3	4.5	1.9	20.3
2003	33.6	59.4	2.1	4.8	74.1	5.0	2.5	18.4
2004	32.4	60.1	2.1	5.4	73.9	5.6	2.9	17.6
2005	34.0	57.3	2.2	6.5	71.8	6.9	3.4	17.9
2006	35.8	54.4	2.2	7.6	71.5	7.4	4.2	17.0
2007	35.7	53.5	2.3	8.5	70.3	7.3	5.6	16.8
2008	35.3	51.1	2.2	11.3	67.1	9.9	5.8	17.1
2009	35.7	48.6	2.2	13.4	67.1	9.7	6.4	16.9
2010	36.3	47.5	2.3	13.9	65.9	9.7	7.5	16.9
2011	37.0	45.5	2.1	15.4	63.8	10.9	8.9	16.4
2012	37.2	43.6	2.0	17.2	63.2	11.3	9.2	16.3
2013	38.7	41.7	2.1	17.5	62.8	11.2	9.6	16.3
2014	39.6	40.4	2.1	17.9	62.2	11.4	9.7	16.7
2015	40.3	39.4	2.2	18.1	62.0	11.1	9.8	17.1
2016	40.6	38.3	2.2	18.8	61.5	11.2	9.7	17.6
2017	40.9	37.4	2.3	19.4	61.0	11.2	9.9	17.9
2018	41.0	36.7	2.3	20.0	60.6	11.3	10.3	17.8
2019	41.1	36.0	2.4	20.6	60.4	11.4	10.4	17.9

资料来源：根据历年《中国统计年鉴》整理。

3. 劳动报酬对缩小城乡差距作用明显

城乡差距不利于共同富裕进一步推进,实现共同富裕需要保障好农民农村这一重要单元。本章对统计局发布的《农民工监测调查报告》数据进行分析,考察劳动报酬对农民工这一特殊群体的作用。表5-2为2008—2019年农民工、城镇居民、农村居民月均收入水平及增速,其中城镇居民和农村居民月均收入水平由统计局公布的城镇居民和农村居民年收入水平换算而得。可以发现,农民工的月均收入水平不仅远远高于农村居民的月均收入,还稳定地略高于城镇居民的月均收入。农村居民外出务工获得的收入在很大程度上提升了他们的收入水平,改善了生活水平,提高了富裕度。从增速来看,农民工收入增速的波动幅度相较于城镇居民和农村居民的波动幅度明显更大,这在一定程度上反映出农民工这一群体外出务工面临较大的不确定性,相较之下更为脆弱。同时,在农民工收入增速较大的年份,农村居民收入增速也相应较大,这在一定程度上反映出农民工务工收入对农村居民致富增收的积极作用。可见,农民工的务工收入极大地改善了农民生活水平,甚至有可能促使农民步入中等收入群体,对缩小城乡居民收入差距具有明显作用。近年来,农民工收入水平不断提升,为扎实推进共同富裕奠定创造了较好的基础。

表5-2 2008—2019年我国农民工、城镇居民、农村居民月均收入水平及增速

年份	农民工月均收入		城镇居民月均收入		农村居民月均收入	
	水平(元)	增速(%)	水平(元)	增速(%)	水平(元)	增速(%)
2008	1340	—	1296	14.31	417	15.53
2009	1417	5.75	1408	8.69	453	8.73
2010	1690	19.27	1565	11.12	523	15.41
2011	2049	21.24	1786	14.10	616	17.88
2012	2290	11.76	2011	12.60	699	13.46

续表

年份	农民工月均收入		城镇居民月均收入		农村居民月均收入	
	水平(元)	增速(%)	水平(元)	增速(%)	水平(元)	增速(%)
2013	2609	13.93	2206	9.70	786	12.40
2014	2864	9.77	2404	8.98	874	11.23
2015	3072	7.26	2600	8.15	952	8.89
2016	3275	6.61	2801	7.76	1030	8.24
2017	3485	6.41	3033	8.27	1119	8.65
2018	3721	6.77	3271	7.84	1218	8.82
2019	3962	6.48	3530	7.92	1335	9.60

资料来源：根据《农民工监测调查报告》和国家统计局相关数据整理。

(二) 再分配的调节作用增强

1. 政府再分配能力较强

初次分配的结果通过再分配形成居民的可支配收入。本章将初次分配后各部门占初次分配的比重与再分配后各部门占可支配收入的比重相减，以该值衡量再分配的调节作用。从图 5-2 中可以发现，再分配对各部分的作用大致分为三个阶段。1992—1999 年为第一阶段，这一阶段再分配发挥较稳定的调节作用。通过再分配，企业部门的部分收入转移到住户和政府部门。1999—2007 年为第二阶段，这一阶段，政府再分配的能力得到明显强化。通过再分配，政府部门收入占比增大，住户部门在总收入中的占比由小幅增加转为明显下降，企业部门在总收入中的占比下降比例增大。2007—2018 年为第三阶段。在这一阶段，通过再分配，政府部门在初次分配中的比重大概增加了 6 个百分点，住户部门约减少 2 个百分点，企业部门则减少 4 个百分点左右。近年来，政府在调节收入分配中发挥重要作用，再分配能力较强。

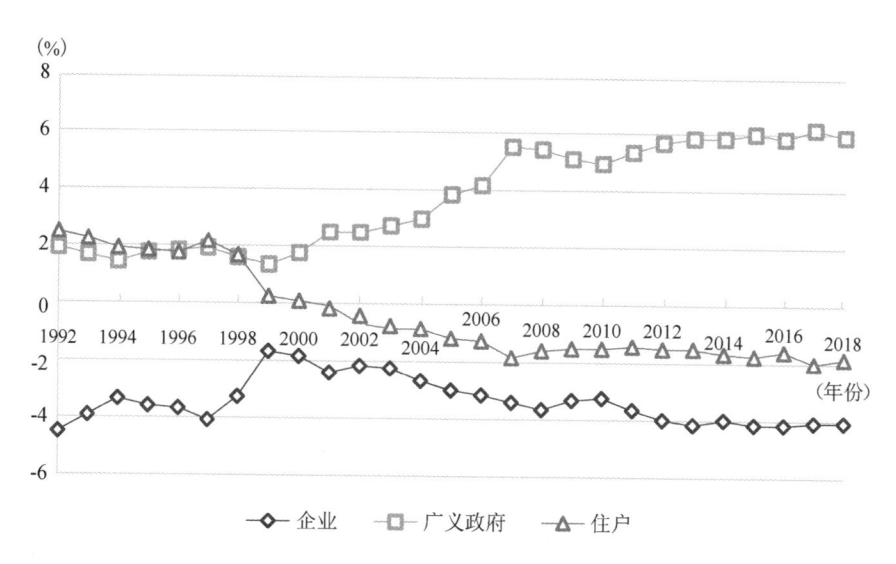

图 5-2　1992—2018 年再分配后各部门在总收入中的占比变化情况

资料来源：根据历年《中国统计年鉴》整理。

2. 直接税占比逐渐提升

相较于间接税，直接税的纳税人较难转嫁其税负，这对于缩小居民收入差距，平衡城乡区域差距，推进共同富裕具有重要的作用。从政府税收来源来看，1999—2019 年以企业所得税和个人所得税为代表的直接税占比逐年升高。其中，企业所得税从 1999 年的占比 7.6% 显著提升到 2019 年的 23.6%；个人所得税从 1999 年的 3.9% 最高提升到 2018 年的 8.9%，提升幅度相对平缓。在本章的考察期间，以增值税、营业税、消费税为代表的间接税占比则出现相对下降的趋势。其中，国内消费税占比相对稳定，在 4.7% 和 8.4% 之间波动。国内增值税占比在 2016 年之后出现显著提升，原因在于 2016 年开始推行营业税改征增值税。但当把营业税和增值税放在一起考察发现，营业税和增值税之和的占比从 1999 年超过 50% 下降到 2019 年的 39.5%，出现了明显下降（见表 5-3）。直接税占比不断提升，间接税占比呈现下降趋势，对进一步推进共同富裕奠定了良好基础。

表 5-3　　　　　1999—2019 年我国主要税种及占比

年份	国内增值税 值(元)	国内增值税 占比(%)	国内消费税 值(元)	国内消费税 占比(%)	营业税 值(元)	营业税 占比(%)	企业所得税 值(元)	企业所得税 占比(%)	个人所得税 值(元)	个人所得税 占比(%)
1999	3882	36.3	821	7.7	1669	15.6	811	7.6	414	3.9
2000	4553	36.2	858	6.8	1869	14.9	1000	7.9	660	5.2
2001	5357	35.0	930	6.1	2064	13.5	2631	17.2	995	6.5
2002	6178	35.0	1046	5.9	2450	13.9	3083	17.5	1212	6.9
2003	7237	36.2	1182	5.9	2844	14.2	2920	14.6	1418	7.1
2004	9018	37.3	1502	6.2	3582	14.8	3957	16.4	1737	7.2
2005	10792	37.5	1634	5.7	4232	14.7	5344	18.6	2095	7.3
2006	12785	36.7	1886	5.4	5129	14.7	7040	20.2	2454	7.1
2007	15470	33.9	2207	4.8	6582	14.4	8779	19.2	3186	7.0
2008	17997	33.2	2568	4.7	7626	14.1	11176	20.6	3722	6.9
2009	18481	31.0	4761	8.0	9014	15.1	11537	19.4	3949	6.6
2010	21093	28.8	6072	8.3	11158	15.2	12844	17.5	4837	6.6
2011	24267	27.0	6936	7.7	13679	15.2	16770	18.7	6054	6.7
2012	26416	26.3	7876	7.8	15748	15.7	19655	19.5	5820	5.8
2013	28810	26.1	8231	7.4	17233	15.6	22427	20.3	6532	5.9
2014	30855	25.9	8907	7.5	17782	14.9	24642	20.7	7377	6.2
2015	31109	24.9	10542	8.4	19313	15.5	27134	21.7	8617	6.9
2016	40712	31.2	10217	7.8	11502	8.8	28851	22.1	10089	7.7
2017	56378	39.1	10225	7.1	—	—	32117	22.2	11966	8.3
2018	61531	39.3	10632	6.8	—	—	35324	22.6	13872	8.9
2019	62347	39.5	12564	8.0	—	—	37304	23.6	10389	6.6

资料来源：根据历年《中国统计年鉴》整理。

3. 公共服务支出稳步提升

加快完善公共服务、推进公共服务均等化是推进共同富裕的重要目标，也是推进共同富裕的主要手段。近年来，以教育、医疗、社会保障和就业为主的公共服务支出增长明显，如图5-3所示。2007—2019年，政府财政支出从49781亿元增长到238858亿元，年均增幅达13.96%。同期，政府公共预算收入从51322亿元增长到190390亿元，年均增幅为11.54%。政府支出增速明显快于政府收入增速，政府对公共服务的投入不断加大。分项来看，2007—2019年，教育支出由7122亿元增长到34797亿元，年均增幅达14.13%，尤其是2014年后教育支出稳步增加，反映出政府正逐步加大对教育的重视程度。社会保障和就业支出由5447亿元增长到29379亿元，年均增幅达15.08%，2014年之后增速加快，反映出社会保障体系不断完善，居民生活保障更加坚实。医疗卫生支出由1990亿元增长至16665亿元，年均增幅为19.37%，政府也不断提升对医疗卫生的重视程度，持续加大相关投入。2007年以来，政府支出中教育、医疗社会保障类支出增速明显快于政府一般预算收入增速和一般预算支出增速，反映出政府对民生的关注与重视，为新阶段推进共同富裕奠定了良好基础。

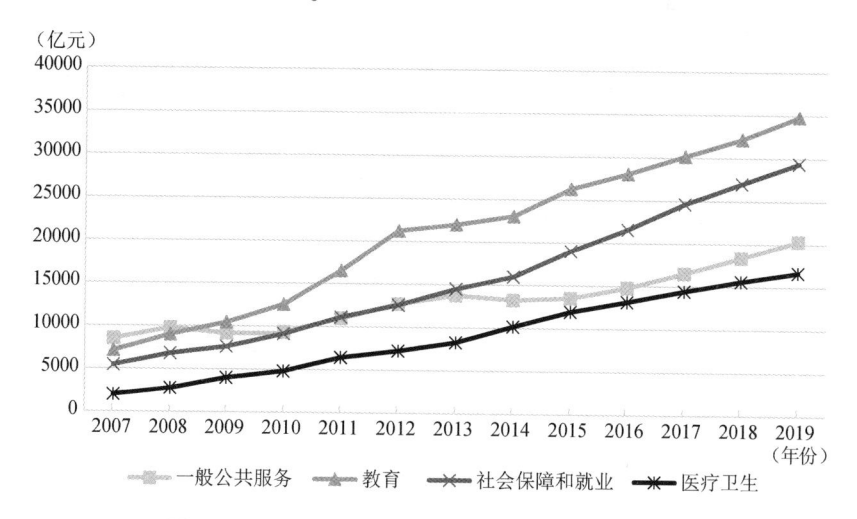

图5-3　2007—2019年政府公共服务支出变化情况

资料来源：根据历年《中国统计年鉴》整理。

(三) 公益慈善事业发展态势较好

1. 慈善捐赠事业总体向好发展

随着对公益慈善事业的重视度不断提升，慈善捐赠事业整体呈现向好发展态势。2014年年底国务院出台《关于促进慈善事业健康发展的指导意见》，对推动中国公益慈善事业向好发展具有里程碑意义。图5-4为2007—2019年慈善捐赠的总体情况。从捐赠总额来看，慈善捐赠总体保持上涨态势，在个别遭遇自然灾害的年份，慈善捐赠表现亮眼。例如2008年，以"5·12"汶川地震为代表的重大自然灾害频发，引起慈善捐赠大幅增长，慈善捐赠占GDP的比重也达到0.33%；同样，2010年在先后遭遇玉树地震、舟曲泥石流、西南干旱和南方洪涝等大型自然灾害的情况下，慈善捐赠再次显著上升，其占GDP比重达0.26%。在其他年份，慈善捐赠的GDP占比相对稳定，围绕在0.18%上下波动。

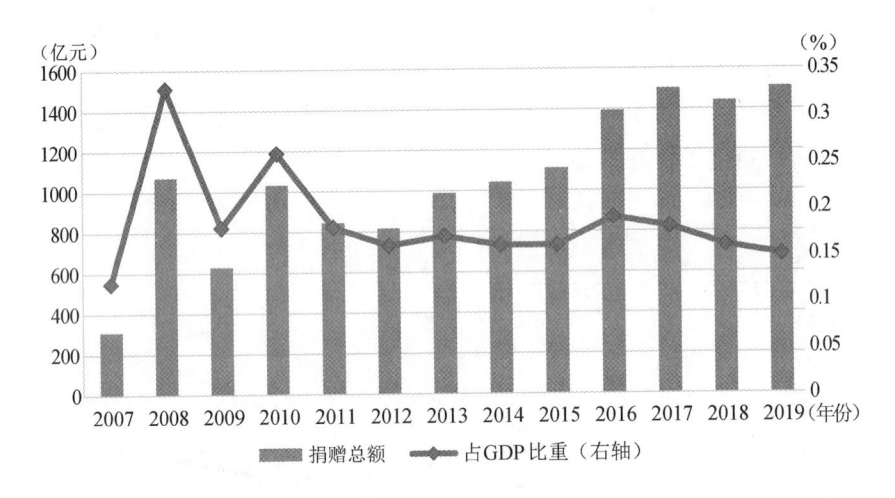

图5-4 2007—2019年慈善捐赠总额及占GDP比重

资料来源：根据历年《中国慈善捐助报告》整理。

2. 慈善事业组织进一步发展

从社会组织的发展情况看，社会团体、基金会和民办非企业单位的数量均逐年增多。其中，基金会和社会团体在2008—2019年平稳上涨。2011年"社会管理创新"一词首次写入政府工作报告，其后以民办非企业单位为代表的社会组织开始快速增长，展现出蓬勃生机（见表5-4）。

表5-4　　　　　2008—2019年社会组织发展情况

年份	社会团体（万个）	基金会（个）	民办非企业单位（万个）
2008	23	1597	18.2
2009	23.9	1843	19
2010	24.5	2200	19.8
2011	25.5	2614	20.4
2012	27.1	3029	22.5
2013	28.9	3549	25.5
2014	31	4117	29.2
2015	32.9	4784	32.9
2016	33.6	5559	36.1
2017	35.5	6307	40
2018	36.6	7034	44.4
2019	37.2	7585	48.7

资料来源：根据历年《中国慈善捐助报告》整理。

从主要捐赠对象接收慈善捐赠的情况也能发现类似现象。2019年，基金会和慈善会接收的捐款分别达到了677.14亿元和398.36亿元，占比分别达到44.86%和26.39%（见表5-5）。这与2013年民政部不再制定专门的募捐机构接收救灾款物而是交给捐赠人自由选择有关。民间公益慈善组织在接收捐赠方面有了和政府专门的募捐机构同样的权利，此后，社会组织接收慈善捐赠的主体地位得到巩固，所占份额不断提高，社会性的慈善事业发展为推进公益慈善事业有序发展培育了良好的土壤。

表 5-5　　　　2019 年主要捐赠对象接收慈善捐赠情况

受赠方	金额(亿元)	占比(%)	增幅(%)
基金会	677.14	44.86	4.84
慈善会	398.36	26.39	3.75
政府部门	144.35	9.56	-16.03
其他社会组织	125	8.28	39.17
事业单位	63.46	4.20	5.49
红十字会系统	47.21	3.13	19.82
宗教场所	28.47	1.89	16.72
人民团体和免登记组织	7.21	0.48	-2.28
其他	18.24	1.21	12.15

资料来源：根据历年《中国慈善捐助报告》整理。

3. 网络慈善发展迅猛

近年来，随着互联网的快速发展，网络慈善捐赠展现出强大的生命力，成为推动第三次分配的新增长点。而网络捐赠总额的绝大部分集中于腾讯公益、蚂蚁金服公益、淘宝公益，这三大平台稳居网络慈善的霸主地位。其中，腾讯公益 2015 年捐赠总额同比增长 440%，互联网公益的飞速发展为促进公益慈善事业的发展做出不菲贡献（见表 5-6）。据统计，2019 年腾讯公益开展的"99 公益日"活动，吸引了 4800 万人次超过 17.8 亿元的捐款。虽然网络慈善捐赠在捐赠总额中的占比不高，但其展现出来的蓬勃生机为我们带来了突破口和希望。"互联网+慈善"成为公益慈善事业新的增长点，对改善低收入群体的生活，缩小收入差距，推进共同富裕发挥了重要作用。

表 5-6　　　　　　　主要公益平台网络捐赠情况

年份	腾讯公益		蚂蚁金服公益		淘宝公益	
	金额(亿元)	增速(%)	金额(亿元)	增速(%)	金额(亿元)	增速(%)
2013	0.50	—	1.28	—	0.72	—
2014	1.00	100.00	1.53	19.53	1.23	70.83
2015	5.40	440.00	2.04	33.33	1.91	55.28
2016	8.00	48.15	2.61	27.94	2.28	19.37
2017	16.25	103.13	4.87	86.59	2.98	30.70
2018	17.25	6.15	6.70	37.58	4.40	47.65

资料来源：根据历年《中国慈善捐助报告》整理。

三　实现共同富裕的现实挑战

新时代背景下实现共同富裕，在推动经济高质量发展的同时使得经济发展的成果更多、更公平地惠及全体人民。这就要求平衡好共同和富裕两方面，处理好公平和效率。但中等收入群体占比较低，持续攀升的城乡、区域和群体之间的差距以及先富对后富带动作用不足等都对推进共同富裕提出了诸多挑战。

（一）中等收入群体占比低

扩大中等收入群体的比重，形成稳定的橄榄型分配结构，是推进共同富裕的重要内容。我国 14 亿人口中仅 4 亿多中等收入群体，占比偏低。其主要收入来源为劳动报酬，不利于扩大中等收入群体。虽然 2011 年以来，劳动报酬在初次分配中的占比呈现出逐步上升的态势，但仍处于历史低位。一是劳动力整体素质制约了人民劳动致富的能力。作为经济社会发展的中坚力量，中等收入群体需要具备一定的知识技能和文化技术水平。但目前，居民受教育程度普遍偏低，受教育水平为初中及以下的人群占比超六成，接受高等教育的群体占比仅为 17.12%。人力资本水平较低，一方面制约了人们劳动致富的能力，使人们工资水平普遍较低；另一方面使得劳动对资本的议价能力不足，不利于劳动收入增长，限制了中等收入群体数量。二是劳动者报酬增长机制尚未形成，城乡二元结构等相关制度因素阻碍了中等收入群体的稳定扩大。一方面，工资增长机制不够完善，工资增长速度明显慢于劳动生产率的增长速度，使得劳动者真实贡献被压低，劳动报酬被低估。另一方面，城乡二元结构的长期存在阻碍了农民工群体向上稳步踏入中等收入群体。我国拥有庞大的农民工群体，他们通过外出务工极大地改善了家庭的生活状况，成为最有可能迈入中等收入群体的部分。但受到户籍制度的限制和影响，农民工在城市工作无法得到一些基本保障，享受不到市民权益，面临较大风险，具有较大脆弱性，阻碍了他们成长为真正的中等收入群体。

(二) 居民之间的多重差距

初次分配中更加注重效率优先，使不同地区、城乡、人群之间出现一定差距，需要再分配和第三次分配的调节作用。目前，政府部分税收存在不合理情况，直接税占比整体偏低，公共服务支出占比不高，再分配调节作用相对不足，居民之间差距明显。一是从税收来源来看，现存税收制度仍存在部分不完善的地方，再分配调节作用不足，导致居民收入和消费差距明显。例如，部分财产性税种缺失，消费税征收范围较小，税收征收环节对高收入群体的调节不足，不同群体之间收入和消费存在明显区别。二是政府支出中公共服务支出占比较低，公共服务普惠性有待提高。虽然近年来，政府公共服务支出绝对值不断提升，但占政府支出的比重始终偏低。2019年，中央财政支出中一般公共服务支出、教育支出、社会保障和就业支出以及卫生健康支出占一般公共预算支出的比重分别为5.65%、5.23%、3.51%以及0.71%，财政支出中民生支出占比偏低。相比之下，地方财政中相关民生支出占比均有所提升，但其中一般公共服务支出和卫生健康支出占比均低于10%，处于较低水平。同时分地区来看，公共服务支出地区间差距巨大。2019年，广东、江苏、山东等东部地区教育支出分别为3211亿元、2214亿元和2156亿元，社会保障和就业支出分别为1703亿元、1416亿元和1445亿元，卫生健康支出分别为1580亿元、906亿元和912亿元；西藏、青海、宁夏等西部地区教育支出分别为263亿元、221亿元和179亿元，社会保障和就业支出分别为156亿元、268亿元和186亿元，卫生健康支出分别为123亿元、148亿元和106亿元，基本上相差超过十倍。公共服务支出占比较低且在不同地区之间存在较大差距，公共服务的覆盖面有限，边远、贫困地区与城镇、发达地区，公共服务存在东、中、西区域间的较大差距。

（三）先富带动后富成效不足

第三次分配对调节收入分配、缓解收入差距的作用较小，先富带动后富实现共同富裕的道路受到阻碍。一是公益慈善事业整体发展缓慢，对第三次分配成效有抑制作用。2019年，全国慈善捐赠总额为1509亿元，占GDP比重仅为0.15%，且从2016年以来，该比重不断下降。可见，公益慈善事业的发展情况整体滞后于经济增长水平。慈善公益事业发展缓慢，先富地区和先富人群不能自发自愿地带动后富地区和人群，先富带动后富实现共同富裕的路径受到挑战。二是个人捐赠意愿不足，限制了捐赠总额提升。先富带动后富意愿不强，在第三次分配上主要表现为，在捐赠主体方面个人捐赠占比较低。从表5-7中可以发现，2008—2019年，受2008年"5·12"汶川地震影响，个人捐赠金额占比在2008年超过企业捐赠占比，达到了54%。此外，2009—2019年，个人捐赠金额均远低于企业捐赠金额，处于较低水平，在2014年其占比甚至接近10%。总的来说，目前捐赠主体主要为企业，占比超过60%，个人捐赠意愿不强。个人捐赠意识淡薄、捐赠途径有限、捐赠激励机制缺乏等问题都在一定程度上限制了个人捐赠的增加。可以认为，个人捐赠目前仍处于较低水平，具有较大的增长空间。

表5-7 主要捐赠主体捐赠金额及占比

年份	企业		个人		其他	
	捐赠金额（亿元）	占比(%)	捐赠金额（亿元）	占比(%)	捐赠金额（亿元）	占比(%)
2008	490	45.75	578	54	3	0.25

续表

年份	企业		个人		其他	
	捐赠金额（亿元）	占比(%)	捐赠金额（亿元）	占比(%)	捐赠金额（亿元）	占比(%)
2009	380	60.3	167	26.5	83	13.2
2010	681	66	289	28	62	6
2011	486	57.48	267	31.62	92	10.9
2012	474	58.04	214	26.25	128	15.71
2013	689	69.63	175	17.72	125	12.65
2014	721	69.23	116	11.09	205	19.68
2015	784	70.72	182	16.38	143	12.9
2016	908	65.2	294	21.09	191	13.71
2017	963	64.23	349	23.28	187	12.49
2018	891	61.89	360	25.05	188	13.06
2019	931	61.71	398	26.4	179	11.89

资料来源：根据历年《中国慈善捐助报告》整理。

四 推动共同富裕的对策建议

目前，共同富裕目标正逐步实现。需要把握好公平和效率，构建初次分配、再分配和三次分配协调配套的收入分配体系，在高质量发展中扎实推进共同富裕。

（一）提升初次分配中的创富增收能力，扩大中等收入群体

国际经验表明，劳动报酬能在一定程度上缓解收入差距。扩大中等收入群体的关键是提升他们自身的收入水平和收入能力，使低收入群体自然、自发迈向中等收入群体，而不是"等靠要"。初次分配阶段，应努力提升人民人力资本积累及创富增收能力，提高劳动报酬在初次分配

中的占比，努力扩大中等收入群体。一是提高劳动力自身素养，提高劳动增收能力。工资收入是中等收入群体的主要收入来源，稳定提高工资收入是扩大中等收入群体占比，保障共同富裕实现的重要途径。拓展基层发展空间，重点关注农民工群体和毕业大学生群体，大力推动处于中等收入边缘的群体稳定迈入中等收入群体行列。发挥好民营企业在促进社会就业、居民增收方面的重要性。提高居民平均受教育年限，推动职业教育与高等教育并驾齐驱，以市场为导向，培育适应市场化的专业技术人才，提高劳动对资本的议价能力。推动中低收入群体向中等收入群体转变，扩大中等收入群体的比重，改善居民收入分配格局。二是打通就业堵点，拓宽居民收入来源。消除户籍、地域等影响就业的阻碍因素，营造公平的就业环境，保障机会公平，推动庞大农民工群体向中等收入群体转变。探索通过土地、资本、数据、技术等多种要素参与分配增加中低收入群体的收入。支持灵活就业、自主就业、受雇就业、合作就业以及专兼结合等多种方式，鼓励发展生活性服务业和手工制作等第二、第三产业，建立完善利益联结机制，使得更多农民共享发展成果。通过推进农村集体产权制度改革，构建新型集体经济经营形式，壮大农村集体经济，确保集体经济资产保值、增值，进一步提高农民财产性收入比重和水平。

（二）增强再分配的调节作用，缩小居民差距

强化再分配的调节作用，发挥好再分配在调节过高收入、提高低收入者收入、取缔非法收入方面的关键性作用，维护社会公平正义、缓解社会收入两极分化，缩小收入差距、保障实现共同富裕。一是合理调节过高收入。推动税收制度改革完善，加大调节高收入人群的财产性收入。探索补充财产性税种，通过遗产税、房地产税、财产赠与税等方式调节高收入群体过高的财产性收入，消除不公。加强收入分配管理，规范收入来源，杜绝偷税漏税、财务造假等现象，取缔非法收入。探索试点针对个人捐赠的优惠税收政策，鼓励高收入群体更多地回馈社会。二是提高低收入者收入。一方面，优化财政支出结构，增强社会保障体系的公平性与可持续性。扩大养老保险的覆盖面，完

善养老保险体系。多渠道吸收社会保险投资，提升农民工群体参与保险的比例，提升社会保险的普惠性。完善最低生活保障制度，提高社会救助的力度和精准性，提高救助标准，充分发挥社会保障的兜底功能，保障低收入群体的基本生活。另一方面，加强公共服务均等化。加大对农村地区、经济欠发达地区的公共服务支持，保障居民享受教育、医疗、公共文化等基本公共服务的可及性。进一步推动户籍制度改革，保障流动人口享有基本公共服务的权利，提高公共服务的均等化和普惠性。

（三）发挥第三次分配的协同作用，推动先富带后富

厉以宁指出，社会在第一次分配和再分配之后依旧会留下一些空缺，需要第三次分配发挥作用①。随着经济社会的发展，不少先富群体和先富地区确实富裕起来了，但更重要的是，通过加强精神文明建设、弘扬社会主义核心价值观，激发"先富者""先富地区"帮助和带动"后富者""后富地区"的意愿，推动全体人民共同富裕起来。一是凝聚弘扬中华传统美德的社会共识，鼓励互联网捐赠，激发个人捐赠热情。乐善好施、守望相助是中华民族的传统美德，加大弘扬传统美德与宣扬社会主义核心价值观的力度，强化文化自信，培育新时代公民的社会责任感，培育共同致富的文化氛围。加大媒体对社会正能量的宣扬，增强舆论引导，在全社会范围内凝聚互帮互助、共建共享的社会共识。完善个人捐赠渠道和捐赠手段，鼓励人们在力所能及的情况下帮助因灾致贫、因病致贫人群和社会底层群众。二是发挥好政府在第三次分配中的作用。借鉴发达国家的经验，将遗产税、赠与税等税收手段与慈善公益事业结合起来，调动个人捐赠的积极性，充分发挥第三次分配的作用。完善网络捐赠渠道和捐赠途径，探索发展多渠道捐赠方式，加强对社会慈善和公益事业的监管，提高社会慈善事业的公信力和透明度，完善政府监管、社会督察、行业约束、内部自我控制的体制机制，保障受惠者利益，切实推动共同富裕。

---

① 厉以宁：《股份制与现代市场经济》，江苏人民出版社1994年版。

五 结论

本章基于党和国家领导人关于共同富裕论述的演进，归纳出新时代共同富裕的基本内涵。并在此基础上，从三次分配角度出发，回顾新中国推进共同富裕的基础、成效以及面临的挑战，据此提出共同富裕的对策建议。

首先，新时代共同富裕的科学内涵主要包含以下三方面。一是共同富裕的直接表现是包含广度和深度的全面富裕。从富裕广度来看，共同富裕要求经济、政治、文化、社会、生态"五位一体"的全面富裕；从富裕的深度来看，共同富裕随着生产力水平的发展经历了从无到有、从有到富足，乃至富裕的渐进式过程。二是共同富裕的重要一环是精神富裕。共同富裕是物质生活和精神生活都富裕，强化社会主义核心价值观引领，强调在实现共同富裕的过程中加强精神文明建设，是共同富裕的重要一环。三是共同富裕的基本要求是全民共同。这意味着，我们追求的是全体人民共同富裕，但并不代表整齐划一的平均主义，也不是同步、同时、同等富裕。

近年来，随着初次分配的基础性作用得到强化，再分配的调节作用不断增强，公益慈善事业整体向好发展，为新时代推进共同富裕奠定了良好基础。劳动报酬比重近年来逐步提升，对促进居民增收、缩小城乡差距发挥了重要作用。政府再分配能力增强，直接税占比不断提升，公共服务支出稳步提升，对于缩小居民收入差距、平衡城乡区域差距具有重要作用。公益慈善事业整体向好发展，慈善组织"民间化"，以腾讯公益、蚂蚁金服公益、淘宝公益为主的网络慈善成为公益慈善事业发展的新增长点，为推进共同富裕奠定了良好基础。

但目前，中等收入群体占比低、城乡区域发展不平衡、先富带动后富成效不足等问题对推进共同富裕提出挑战。初次分配中劳动报酬占比低，劳动力整体素质不高，劳动者报酬增长机制尚未形成，城乡二元结构等相关制度因素阻碍了中等收入群体的稳定扩大。政府税收收入中房地产税、遗产税缺失，消费税不合理，直接税占比低，财政支出中公共服务类等民生支出占比低、地区投入差距较大，再分配的调节作用并不如意。同时，个人捐赠意识淡薄、捐赠途径有限、捐赠激励机制缺乏，三次分配成效较弱，先富如何带动后富、先富能否带动后富成为难题。

由此，本章对新时代推进共同富裕提出以下三点建议。一是提高劳动报酬占比，持续扩大中等收入群体比重。一方面重视教育，提升人力资本水平，提高劳动力自身素养，增强劳动增收能力；另一方面重点面向农民工群体和毕业大学生群体，为其营造更多公平竞争的机会和条件，提高低收入群体面对和抵御不确定风险的能力，打通向上流通渠道，推动更多人群迈入中等收入群体。二是强化再分配的调节作用，不断缩小居民差距。一方面完善遗产税、房地产税等财产性税种，合理调节高收入者收入；另一方面通过持续完善社会保障体系，提升教育、医疗等公共服务均等化水平，保障低收入者的基本生活需要，提升低收入群体的获得感、幸福感、安全感。三是发挥第三次分配的协同作用，激发先富地区和先富者带动后富地区和后富者的意愿。一方面，培育新时代公民的社会责任感和共同致富的文化氛围，在全社会范围内凝聚互帮互助、共建共享的社会共识，鼓励企业和个人主体积极参与公益活动和慈善事业；另一方面，加强对社会慈善和公益事业的监管和引导，发挥政府在慈善捐赠中的引导性作用，探索多种社会捐赠方式和手段，提高社会慈善事业的公信力和透明度，扎实推进共同富裕。

第六章　共同富裕与中国特色社会主义政治经济学理论体系构建研究*

2016年5月17日，习近平总书记在哲学社会科学工作座谈会上强调要"构建具有自身特质的学科体系、学术体系和话语体系"①，此后，关于构建中国特色社会主义政治经济学理论体系的研究掀起了一股热潮，至今仍是学界关注的热点议题。2021年8月17日，习近平总书记在中央财经委员会第十次会议上指出，共同富裕是社会主义的本质要求，是中国式现代化的重要特征，要坚持以人民为中心的发展思想，在高质量发展中促进共同富裕，再次把共同富裕作为一个重要议题予以强调，成为学界研究的新热点。因此，阐明共同富裕在中国特色社会主义政治经济学理论体系中的地位，从学理逻辑、内在联系和体系构建角度对其予以研究就具有十分重要的理论和现实意义。

近年来，学界关于共同富裕与中国特色社会主义政治经济学理论体系的诸多研究中，众多学者从不同角度对共同富裕这一对象及其在学科体系中的位置做出了丰富的解读，其中尤为突出的是对共同富裕实现机制的研究。这种现象一方面反映出学者对构建和完善中国特色社会主义政治经济学学科体系的理论自觉度的提升，另一方面也反映出共同富裕在中国特色社会主义政治经济学理论体系中长期以来未被重视的状况。

---

* 葛浩阳，西南财经大学经济学院讲师。
① 习近平：《在哲学社会科学工作座谈会上的讲话》，人民出版社2016年版，第19页。

那么，共同富裕对中国特色社会主义经济何以重要？共同富裕在中国特色社会主义政治经济学中处于什么样的位置？我们在方法论和逻辑上应该提出一个什么样的共同富裕理论来构建中国特色社会主义政治经济学理论体系？凡此种种，都是我们在思考共同富裕时需予以详细阐释的内容。根据目前的状况来看，对共同富裕与中国特色社会主义政治经济学之间关系的研究虽然在个别方向上有不小的突破，但整体上仍处于起步阶段，观点纷呈、见解多元，学者并未达成较为统一的认识。

本章第一部分从三个环节论述以共同富裕为逻辑主线的中国特色社会主义政治经济学理论体系的学理逻辑。一是逻辑起点，从社会主义公有制和社会主义基本经济制度论述实现共同富裕的逻辑起点；二是逻辑路径，从社会主义经济运行中生产力和生产关系的变动论述实现共同富裕的逻辑路径；三是逻辑目标，从社会主义经济发展的目的和要求论述作为中国特色社会主义政治经济学理论体系逻辑目标的共同富裕。

第二部分以四个进路揭示构建以共同富裕为本质要求的中国特色社会主义政治经济学理论体系的方法路径。首先是本质论，主要包括对中国特色社会主义本质的考察；其次是方法论，主要包括对唯物史观、辩证唯物主义以及《资本论》写作方法的考察；再次是认识论，包括对与共同富裕有关的基本经济制度、政府调控、经济发展方式等内容的考察；最后是实践论，主要考察为实现共同富裕而采取的宏观、微观制度设计和路径安排。

第三部分将共同富裕具体化到中国特色社会主义政治经济学理论体系的各个组成部分并予以阐释。第一，在导论篇中，对共同富裕在中国特色社会主义政治经济学理论体系中的逻辑主线地位予以说明，从整体上把握共同富裕与中国特色社会主义政治经济学理论体系的关系；第二，在经济制度篇中，阐释中国特色社会主义基本经济制度对共同富裕的决定性作用；第三，在经济运行篇中，通过国有经济、集体经济和国家性质的分析，揭示出共同富裕的要求在中国特色社会主义经济的微观、中观和宏观层面得到了全方位的体现；第四，在经济发展篇中，论述共同富裕如何借由调整经济结构、转变发展方式、生态文明建设等政策得以实现；第五，在对外开放篇中，通过对人类命运共同体思想的阐释，说明共同富裕理论也是中国在化解经济全球化所面临的困境时贡献出的"中国智慧"。

一 共同富裕与中国特色社会主义政治经济学理论体系的逻辑阐释

（一）逻辑起点：共同富裕是中国特色社会主义的本质要求

共同富裕从古至今都是人们对社会发展的一种理想追求。但是，在古代的阶级社会中，这样一种追求始终没有在制度层面得以确立。社会主义制度的确立，第一次将共同富裕作为一种制度安排予以保证，这是社会主义制度区别于其他制度的显著特征。

按马克思提出的社会发展形态理论，人类社会的发展大体经历了原始社会、奴隶社会、封建社会和资本主义社会等不同阶段。在原始社会中，因为生产资料实行公有制，所以在一定程度上能够保证平均分配，但是由于生产力水平较低，这样一种平均分配是一种普遍贫穷而非共同富裕。在原始社会的共同体解体之后，随着私有制的产生阶级出现了，在此后的阶级社会中，无论是奴隶社会还是封建社会，在生产力水平上都取得了一定程度的进展，社会上占统治地位的统治阶级实现了足够的富裕。但是，由于生产资料私有制的性质，导致共同富裕依然没有办法实现。资本主义制度产生以后，人类社会的生产力发展速度进一步加快，在短短不到一百年的时间里所创造的生产力，比过去所有时代的总和还要多、还要大，财富被大量地生产出来，但与此同时，贫困也越来越明显。由于资本主义制度依然没有超越私有制的局限，因此，虽然在生产力发展方面为人类社会做出了巨大贡献，但是在共同富裕这一维度上进步却乏善可陈。生产力的发展并没有带来人们普遍的物质丰裕，反而加剧了贫富分化，产生了丰裕社会的新贫困阶层。

与之前的以私有制为基础的制度相比，社会主义从诞生开始就将公有制写在了自己的制度基因里，正是由于废除了普遍的私有制，才使得人与人之间真正的平等在现实中成为可能。早期的社会主义运动正是在批判和揭露资本主义制度的缺陷上发展起来的，而其中的一个重要问题即是贫富差距、两极分化，因此，实现共同富裕就成了社会主义运动的内在必然追求。马克思、恩格斯明确指出，在未来共产主义社会，"生产将以所有的人富裕为目的"①，"所有人共同享受大家创造出来的福利"②。马克思、恩格斯之后，在具体的社会主义实践当中，列宁也十分重视共同富裕这一问题，他指出"只有社会主义才可能广泛推行和真正支配根据科学原则进行的产品的社会生产和分配，以便使所有劳动者过最美好的、最幸福的生活。只有社会主义才能实现这一点。而且我们知道社会主义一定会实现这一点，而马克思主义的全部困难和它的全部力量也就在于了解这个真理"③。

就我们国家而言，中国共产党在率领全国人民革命、建设、改革的过程中，都始终将共同富裕作为自己的努力方向。新中国成立以后，毛泽东一直非常重视共同富裕的问题，在1955年写的《关于农业合作化问题》中，他第一次提出了"共同富裕"的概念，同年10月，他再次强调，"要巩固工农联盟，我们就得领导农民走社会主义道路，使农民群众共同富裕起来"④。之后，他又在资本主义工商业社会主义改造问题座谈会上讲共同富裕。他说："现在我们实行这么一种制度，这么一种计划，是可以一年一年走向更富更强的，一年一年可以看到更富更强些。而这个富，是共同的富，这个强，是共同的强，大家都有份，也包括地主阶级。"⑤

党的十一届三中全会之后，邓小平总结出我们在经济建设中正反两方面的经验教训，科学地概括了社会主义的本质，即"解放生产力，发展生产力，消灭剥削，消除两极分化，最终达到共同富裕"⑥。邓小平用"共同富裕"四个字概括了社会主义的基本特征，并一再强调，我

---

① 《马克思恩格斯全集》第31卷，人民出版社1998年版，第104页。
② 《马克思恩格斯选集》第1卷，人民出版社2012年版，第308—309页。
③ 《列宁选集》第3卷，人民出版社2012年版，第546页。
④ 《建国以来重要文献选编》第7册，中央文献出版社1993年版，第308页。
⑤ 《毛泽东文集》第6卷，人民出版社1999年版，第495页。
⑥ 《邓小平文选》第3卷，人民出版社1993年版，第373页。

国的社会主义市场经济建设要始终坚持两条，"一条是公有制经济始终占主体地位，一条是发展经济要走共同富裕的道路，始终避免两极分化"①。并且邓小平还多次强调，"社会主义最大的优越性就是共同富裕，这是体现社会主义本质的一个东西"②。可见，就中国特色社会主义经济建设而言，共同富裕始终是我们追求的方向。

（二）逻辑路径：生产力和生产关系两个层面的保障

实现共同富裕要有具体的逻辑路径。从历史唯物主义角度来看，至少要有生产力和生产关系两个层面的保障。从语义的角度看，共同富裕一共有两层含义，一是要达到富裕的程度，二是要实现共同富裕。因此在实践层面就有两方面的要求，一是要通过发展生产力提高生产水平，摆脱贫困的状态，其中尤其要摆脱绝对贫困的状态。虽然贫困和富裕具有相对性，但是在现代社会，富裕程度还是有一定的参考标准的。联合国为此划分了绝对贫困线，在此之上就摆脱了绝对贫困状态，二是中等收入水平线，在此之上就达到了中等收入以上的水平。就个体意义而言，如果劳动者连恢复劳动力的基本物质资料都不能保证，那显然不能说摆脱了贫困。只有当大部分劳动者除了满足自身和家庭生活资料需要以外，还有更多的闲暇和精力从事其他能够自由发展自己能力的各项活动的时候，才能说这个社会基本达到了富裕程度。所以共同富裕在最低限度上要求社会成员脱离绝对的贫困，在中等程度上要求大部分社会成员都能够相对丰富地发展自己的能力、拓展自由的空间。正是在这个意义上，我们说共同富裕不是个别人的富裕，而是大家一起富裕。这样一个结果的实现，必须有足够的生产力水平做保障，按照马克思、恩格斯的洞见，只有到共产主义社会，物质资料的生产才能够充分涌流，到那时才能实现"按需分配"的共产主义要求，也即能够真正实现共同富裕。

在发展生产力的同时，实现共同富裕还要有一定的生产关系做保障，资本主义制度之所以不能在整体意义上实现共同富裕，就是因为生产关系的限制。社会主义的生产，在目的上是对资本主义的超越，社会

---

① 《邓小平文选》第3卷，人民出版社1993年版，第149页。
② 《邓小平文选》第3卷，人民出版社1993年版，第364页。

主义生产不是为个别资本服务的,也不是为利润服务的,而是为了满足全体人民美好生活需要所服务的。共同富裕这一追求全面反映了社会主义制度的特征,首先,共同富裕反映了生产资料公有制的必然结果。在生产资料公有制条件下,劳动者成为生产资料共同的主人,生产资料由剥削劳动者的工具成为劳动者实现自身全面发展的手段,从而为实现共同富裕创造了可能。其次,共同富裕还反映了按劳分配这一分配制度的内在要求。按劳分配要求在分配时按照每个人的劳动贡献进行分配,这就排除了个别生产资料所有者通过占有生产资料而无偿获取他人劳动成果的可能,劳动者个人在分配中确实也会产生差距,但是这种差距是由劳动者自身的劳动强度和劳动程度造成的,并不包含剥削的成分,因此,这种分配制度是更符合公正的。最后,共同富裕还反映了社会主义国家进行宏观调控的目的性要求。无论是资本主义国家还是社会主义国家都有宏观调控,但是,社会主义国家进行宏观调控的目的绝不仅仅是为了保证经济的平稳运行,而是在更高意义上消除两极分化、实现共同富裕。

(三)逻辑目标:社会主义经济发展的目的是实现共同富裕

共同富裕是社会主义的本质特征,中国共产党在长期的经济建设实践中,践行了共同富裕的价值取向,丰富和发展了共同富裕的理论内涵。党的十八大以后,以习近平同志为核心的党中央高度重视共同富裕的实现,对共同富裕的理论和实践问题进行了新的探索。2011年,习近平同志在致亚洲政党"发展与社会共享"专题会议的贺信中指出,我们将继续牢牢抓住经济建设这个中心不动摇,坚持以科学发展为主题,以加快转变经济发展方式为主线,大力发展各项社会事业,积极推进基本公共服务均等化,加大收入分配调节力度,坚定不移地走共同富裕道路,努力使全体人民学有所教、劳有所得、病有所医、老有所养、住有所居,做到发展为了人民、发展依靠人民、发展成果由人民共享①,指出了实现共同富裕的路径、方法和目标,此后,党的十八

---

① 习近平:《致亚洲政党"发展与社会共享"专题会议的贺信》,《人民日报》2011年9月5日。

大报告明确提出，要"使发展成果更多更公平惠及全体人民"，明确了中国走共同富裕道路的决心。《中华人民共和国国民经济和社会发展第十三个五年规划纲要》提出共享发展理论，即"共享是中国特色社会主义的本质要求。必须坚持发展为了人民、发展依靠人民、发展成果由人民共享，作出更有效的制度安排，使全体人民在共建共享发展中有更多获得感，增强发展动力，增进人民团结，朝着共同富裕的方向稳步前进"①，为共同富裕理论增加新的内容。党的十九大报告中，共同富裕第一次外化为中国共产党的具体奋斗目标，并设定了具体路径，"经过长期努力，中国特色社会主义进入了新时代"。这个新时代的鲜明特征之一就是"全国各族人民团结奋斗、不断创造美好生活、逐步实现全体人民共同富裕"②。具体来说，就是要到2035年基本实现社会主义现代化时，全体人民共同富裕迈出坚实步伐，到本世纪中叶把我国建成富强民主文明和谐美丽的社会主义现代化强国时，全体人民共同富裕基本实现。

实现共同富裕作为社会主义的本质要求，绝不仅仅是一种理论上的推导，而是客观经济规律的体现，是我们必须为之奋斗的行动纲领。新中国成立七十多年以来，改革开放四十多年来，中国共产党和中国人民通过自己的艰苦努力和辛勤劳动，在实现共同富裕的道路上稳步前进。进入新时代，党中央坚持以人民为中心的发展思想，坚持把增进人民福祉、促进人的全面发展、朝着共同富裕方向稳步前进作为经济发展的出发点和落脚点，在党的十九大上做出了分两个阶段实现第二个百年奋斗目标的战略安排，并明确提出，第一个阶段要实现"人民生活更加殷实""全体人民共同富裕迈出坚实步伐"，第二个阶段"全体人民共同富裕基本实现，我国人民将享有更加幸福安康的生活"。依照这个宏伟目标，在两个百年奋斗目标实现之时，人们期盼已久、奋斗已久的共同富裕的美好理想，将在时间的推移中日益成为美好的现实。

---

① 《中华人民共和国第十二届全国人民代表大会第四次会议文件汇编》，人民出版社2016年版，第61页。

② 习近平：《决胜全面建成小康社会 夺取新时代中国特色社会主义伟大胜利——在中国共产党第十九次全国代表大会上的报告》，人民出版社2017年版，第10、11页。

二 构建以共同富裕为本质要求的中国特色社会主义政治经济学理论体系的方法路径

(一) 本质论：中国特色社会主义的本质

对中国特色社会主义本质的认识，有一个不断深化和丰富的过程。1987年，党的十三大报告中指出，社会主义初级阶段的分配方式不可能是单一的。我们必须坚持的原则是，以按劳分配为主体，其他分配方式为补充，在共同富裕的目标下，鼓励一部分人通过诚实劳动和合法经营先富起来。这是首次突破"产品经济型"的按劳分配理论，明确按劳分配是社会主义唯一分配方式的观念。经济理论界为之进行了深入的讨论，达成了一定的共识，认为"在社会主义初级阶段存在着生产资料公有制为主体的多种所有制并存，按劳分配只能是公有制经济内部分配个人消费品的原则，而不是全社会个人收入的唯一原则"[①]。并且普遍认为，社会主义初级阶段的分配领域实行按劳分配为主体，其他分配方式为补充，这是由现阶段生产力发展水平、公有制为主体多种经济成分并存、商品经济的内在要求等共同决定的。也就是说，在坚持个人消费品按劳分配的主体方式的前提下，个人收入还有必要采取其他分配方式，这些方式包括以下几种。一是按个体劳动分配；二是按经营分配；三是按资金分配；四是按资本分配；五是按劳动力价值分配；等等[②]。后来，"实践证明，坚持按劳分配为主体，多种分配方式并存的分配制度，有利于让一切劳动、知识、技术、管理和资本的活力竞相迸发，有利于让一切创造社会财富的源泉充分涌流，有利于维护广大群众的切身利益和调动他们的创造积极性"[③]。通过这样的学术探讨，最终形成了国家的收入分配政策的基本

[①] 王启荣、王广礼、方涛：《中国社会主义经济学理论》，华中师范大学出版社1987年版，第207、208页。

[②] 王珏：《社会主义政治经济学四十年》第4卷，中国经济出版社1991年版，第394—398页。

[③] 马克思主义政治经济学概论编写组：《马克思主义政治经济学概论》，人民出版社2011年版，第314页。

思路和指导方针，尤其是"让一部分人、一部分地区先富起来，带动共同富裕"的基本政策。对于这个基本政策，邓小平的论述奠定了理论基础，他深刻地指出，"我的一贯主张是，让一部分人、一部分地区先富起来，大原则是共同富裕。一部分地区发展快一点，带动大部分地区，这是加速发展，达到共同富裕的捷径"①。"社会主义的本质，是解放生产力，发展生产力，消灭剥削，消除两极分化，最终达到共同富裕。"② 这是第一次将共同富裕与解放、发展生产力，消灭剥削，消除两极分化联系起来完整地概括了社会主义的本质，并明确了实现共同富裕的途径。

（二）方法论：历史唯物主义与辩证唯物主义

构建以共同富裕为本质要求的中国特色社会主义政治经济学理论体系，需要正确的方法论作为指导，在这方面，历史唯物主义与辩证唯物主义无疑是我们必须坚持的方法论。历史唯物主义的基本理论范畴包括历史的发展运动是有规律的和有原因可循的，其中的根本原因只能在具体的物质生产现实中去寻找。物质生活的生产方式决定了人们社会生活的主要内容，并进一步决定了人类的组织生活、政治生活，以及人类的精神世界。不是社会意识决定了社会存在，而是社会存在决定了社会意识，反过来，社会意识也会反作用于社会存在。在物质生产活动构建起的经济世界中，有两组基本的范畴，即生产力和生产关系、经济基础和上层建筑。一定社会条件下的生产力决定了生产关系，生产关系反过来也作用于生产力，同样地，由社会生产关系的总和所构筑的经济基础决定了矗立其上的政治、法律、文化、意识形态等上层建筑，而上层建筑也会反作用于经济基础。马克思突出强调了人类无论在任何历史条件下，首要的活动即是从事物质生活本身，这是以历史唯物主义方法论分析一切问题时逻辑展开的原点。

辩证唯物主义的理论特性体现在以下几个方面。首先，辩证唯物主义认为物质世界是普遍联系且永恒运动的。物质范畴中的万事万物

---

① 《邓小平文选》第3卷，人民出版社1993年版，第166页。
② 《邓小平文选》第3卷，人民出版社1993年版，第373页。

都处在相互影响、相互作用的普遍联系当中，同时也都在不断地出现、演变、消亡，除了变化和发展本身，没有什么是永恒不变的。"辩证法在对现存事物的肯定的理解中同时包含对事物的否定的理解，即对现存事物的必然灭亡的理解。"① 其次，辩证唯物主义认为客观世界的运动是存在规律的，而这种规律能被人的意识所发现并认知。最后，人认知客观世界、发现客观规律的方式是实践。对客观世界的正确认识遵从以下"辩证法"的规律，即从感性的实践出发，总结上升为理性的思考和认识，再从理性的思考和认识出发回归到感性的实践活动，实践、认识、再实践……每一次循环都在更高的层面上展开，最终达到对事物较为全面和彻底的认识。辩证唯物主义不仅是客观事物的发展规律，也是人类对客观世界认识过程的规律，马克思的辩证唯物主义是以实践为基础的主观辩证法对客观辩证法的规律性反映。

（三）认识论：与共同富裕有关的基本经济制度、政府调控、经济发展方式

构建以共同富裕为本质要求的中国特色社会主义政治经济学理论体系，需要从认识论角度把握共同富裕与基本经济制度、政府宏观调控、经济发展方式等内容的关系。首先，作为中国特色社会主义基本经济制度的一个重要内容，收入分配制度与共同富裕联系紧密。巩固以按劳分配为主体、多种分配方式并存的收入分配制度，是实现共同富裕的基础，在此之上随着经济的发展以及新情形的出现，遏制资本无序扩张，以及在收入分配格局当中优化资本和劳动的收入比，调节过高收入、提高中等收入、保障低收入群体的基本生活和发展需求，都是我们认识共同富裕这一命题时必须要考虑的内容。其次，政府要通过宏观调控之手，做好二次分配，引导三次分配，优化国民收入分配格局，在不断做大国民生产总值的同时，也要在分配层面培育建立起健康、可持续的收入分配结构，让一切要素都充分发挥其最优的作用，缩小收入差距，尤

---

① ［德］马克思：《资本论》第1卷，人民出版社2004年版，第22页。

其要缩小由财产所有权带来的财产收入差距。同时，有步骤地解决地区间收入不平衡的问题，通过区域规划和重点扶持等宏观政策手段，缩小东部、中部、西部地区之间的收入差距，弥合在现代化进程中不同地区由于地理位置、自然资源等客观因素所造成的发展鸿沟。最后，要转变经济发展方式。就目前而言，转变经济发展方式不仅有适应经济形势新变化、提升我国产业竞争力、营造生态友好型经济等多方面的要求，而且也是实现共同富裕的重要手段。借助大数据、互联网、数字经济等新兴经济形态，产业数字化、数字产业化等新的经济业态都可以用来优化收入分配格局、实现共同富裕。比如在互联网经济中，利用网络平台的营销渠道，全国出现了很多淘宝村以及县级的平台经济示范基地。这些地方由于信息和地理条件等限制，发展相对落后，但是借助互联网、数字经济等新的技术手段，很快就实现了地区范围内的规模经济，提高了当地人民的收入，改善了人们的生活质量。因此在调整经济发展方式的同时，一定要将共同富裕这一社会主义经济发展目的融入新经济增长方式的方方面面。

（四）实践论：实现共同富裕的宏观、微观制度设计和路径安排

构建以共同富裕为本质要求的中国特色社会主义政治经济学理论体系，在实践层面要有具体的宏观、微观制度设计和路径安排。首先，就宏观制度设计而言，要在政府宏观调控的框架中把共同富裕的突出地位体现出来。我国政府宏观调控的手段有很多，最基本的如经济规划、产业政策、财政政策、货币政策、收入分配政策等。在经济规划当中，要将共同富裕作为经济发展的着力点，就现实层面来看，经过改革开放以来四十多年的发展，我国经济的增长速度和发展程度都取得了举世瞩目的成就，但是在收入分配领域仍然存在着一系列问题亟待解决，所以，要将共同富裕纳入我们未来长时间经济规划的重要内容中，从思想认识高度上将其作为全国上下的共识。在具体的产业政策当中，要对落后地区的产业进行大力的扶持，比如，很多偏远地区和山区的农副产业，要通过适当的产业政策组织当地的村民建构现代化的产业生产模式，要建立产前、产中、产后一条龙式的产业链，通过产业转型，培育一批具有

市场竞争力的现代化农业生产体系，通过产业发展带动人民生活水平的提高和收入的增长，并最终达到共同富裕的目的。在收入分配政策中，要注重"橄榄型"收入分配结构的完善，防止陷入两头大、中间小的"哑铃式"收入分配结构中，夯实巩固中等收入群体的收入水平。其次，就微观制度设计而言，要在政府、企业、个人三者之间达到一个有效的平衡。企业是市场的主体，要充分激发市场的活力，调动企业在资源配置中的积极性，尤其是要通过税收、金融等政策培育起一批具有市场竞争力的中小企业，简政放权，进一步减少行政干预，把市场的活力充分调动起来。当然，与此同时也要防范资本在收入分配格局中过度膨胀的趋势，共同富裕说到底是要落实到每一个具体的个人，所以，在保证企业竞争活力和盈利能力的基础上，要更加注重居民个人收入的提升，以按劳分配为基本要求，提高劳动者收入在国民收入中的比重。在税收层面上也可以通过强化累进制所得税、减免低收入群体税收等多种方式保证共同富裕的实现。

三 以共同富裕为逻辑主线的中国特色社会主义政治经济学理论体系构建

（一）导论篇：共同富裕在中国特色社会主义政治经济学理论体系中的地位

就目前的中国特色社会主义政治经济学理论体系而言，在导论篇中很少体现共同富裕这一社会主义经济发展根本目的的安排。事实上，目的决定了手段的意义。一方面，在导论篇中，要对共同富裕在中国特色社会主义政治经济学理论体系中的逻辑主线地位予以说明，从整体上把握共同富裕与中国特色社会主义政治经济学理论体系的关系。以目前全国高校普遍通用的马工程教材为例，在导论篇中一共有5个小节，这5个小节分别探讨了政治经济学的由来和演变，马克思主义政治经济学的研究对象，马克思主义政治经济学的性质、任务和研究方法，马克思主义政治经济学的创立和发展，习近平经济思想。在这些章节当中，要将共同富裕思想融入进去，并且将这一思想作为衔接马克思主义经典理论和中国特色社会主义政治经济学的桥梁。众所周知，马克思主义的理论议题非常广泛，但归根结底无非是要实现人的自由全面发展，这里的"人"，不是具体的、某一小部分群体，而是普遍的、全体的人，因此，要实现这一根本目的，共同富裕就成了一个最基本的物质基础，因此也可以说，共同富裕是马克思主义的必然要求。另一方面，中国特色社会主义政治经济学随着我们对社会主义经济建设的日渐成熟而逐渐完善，共同富裕这一社会主义的本质特征也成为我们的共识，所以在导论篇中，完全可以将共同富裕作为衔接马克思主义经典理论和中国特色社会主义政治经济学理论的桥梁，同时将其在后者中着重体现，这样一来，在整个理论体系架构中，就有了一个更为顺畅的逻辑解释。

(二) 经济制度篇：中国特色社会主义基本经济制度对共同富裕的决定性作用

在经济制度篇中，要阐释中国特色社会主义基本经济制度对共同富裕的决定性作用。共同富裕既然作为中国特色社会主义的本质要求，那么，实现这一要求就必须有手段借助，中国特色社会主义基本经济制度就是对实现共同富裕这一目的的重要保障。不过，就目前的教材编写体系而言，共同富裕并没有作为一个特别重要的内容予以全线贯穿。以张宇等编写的《中国特色社会主义政治经济学》为例，这一篇中一共有4个章节，分别为社会主义基本经济制度的形成和发展、社会主义所有制制度、社会主义市场经济制度和社会主义分配制度。在这4个章节当中，"社会主义分配制度"一章中专门有一节论述"共同富裕和共享发展"，但是共同富裕这一内容在其他章节中并没有明显体现，既然基本经济制度对共同富裕有决定性的作用，因此，无论是基本经济制度的形成、发展以及完善，其实都体现着以共同富裕为指挥棒的调整方向。比如，社会主义制度的建立为什么要进行生产资料公有制的改造，其背后的逻辑正是实现共同富裕的需要，资本主义私有制必然会导致资本和劳动在收入上的两极分化，因此社会主义制度的建立正是以此为参考对象进行了生产资料公有制的改造，而共同富裕作为目的和要求，像一个无形的指挥棒一样引导着社会主义基本经济制度的形成和发展。正因如此，毛泽东在资本主义工商业社会主义改造问题座谈会上专门提到了社会主义改造的目的是实现共同富裕①。在明确了共同富裕和社会主义基本经济制度的形成与发展关系之后，社会主义所有制制度、社会主义市场经济制度、社会主义分配制度，都可以以共同富裕为主线串联起来。坚持公有制经济的主体地位，同时促进非公有制经济健康发展，是实现共同富裕的根本制度保障；建立和发展社会主义市场经济制度，正确处理好社会主义市场经济中政府与市场的关系，使有效市场和有为政府更好地结合，是实现全民共同富裕的重要手段；完善社会主义分配制度，巩固以按劳分配为主体、多种分配方式并存的分配制度，对共同富裕的实现有直接的影响。

(三) 经济运行篇：共同富裕在中国特色社会主义经济微观、中观和宏观层面的体现

在经济运行篇中，要通过对国有经济、集体经济和国家性质的分析，揭示出共同富裕的要求在中国特色社会主义经济的微观、中观和宏观层面中的全方位体现。在具体的经济运行当中，国有经济和集体经济是实现共同富裕的重要保障，国有经济为我国实现集中力量办大事提供了坚实的物质基础，我国在脱贫事业领域取得的举世瞩目的成就与国有经济所承担的社会责任密不可分，也是保证按劳分配的制度基础。集体经济有助于城镇、农村地区共同富裕的实现。无论是国有经济还是集体经济，都是由国家性质保证的，正是由于社会主义国家性质这一属性以及中国共产党的领导，才保证了我国基本经济制度能够在实践中长期维持和发展完善。在微观经济运行层面，国有企业、私营企业、外资企业、个体企业和农户等组织与个人的行为直接关系到居民收入水平和国民收入分配格局的形成，因此，要将共同富裕这一宗旨贯穿于微观主体的活动要求当中。在中观经济运行层面，产业

---

① 《毛泽东文集》第6卷，人民出版社1999年版，第495页。

结构、产业组织、产业政策、区域经济布局以及中央和地方政府的行为都关系到共同富裕的实现程度。在这一层面,虽然有生产力发展的内在要求,但是,共同富裕作为生产力发展的目的,其实也在各个方面支配着这些活动的进行。因此,在对这些活动的约束方面也要体现出共同富裕这一内涵。在宏观经济运行方面,在总供给和总需求的平衡、总量管理与结构管理等具体的调节手段当中,都应该体现出共同富裕的要求,社会主义宏观调控与资本主义宏观调控的一个重要不同就在于对经济活动目的的认识上,社会主义宏观调控不仅要保证经济的正常、健康、稳定运行,还需要保证实现共同富裕这一制度属性的内在要求。

(四) 经济发展篇:共同富裕与调整经济结构、转变发展方式、生态文明建设

在经济发展篇中,要论述如何借由调整经济结构、转变发展方式、生态文明建设等政策实现共同富裕。经济发展是发展经济学关注的主要对象,对后发国家而言,实现长期、稳定、高速的经济发展是经济活动的一个重要方面。经济发展和共同富裕是一种辩证统一的关系,一方面,经济发展可以为共同富裕奠定雄厚的物质基础;另一方面,共同富裕又是经济长期健康发展的重要保障,仅有经济发展而没有共同富裕,这种发展是不可持续的。对中国特色社会主义经济建设而言,共同富裕要贯彻到调整经济结构、转变发展方式、生态文明建设等多个方面。首先,调整经济结构要以共同富裕为导向。经过改革开放以来四十多年的发展,中国经济在阶段意义上取得的成就是明显的,但是也积累了不少问题,其中突出的一面在于供给的质量有待提升,在未来较长一段时间,供给侧结构性改革都势必是我国调整经济结构的主攻方面。淘汰落后产能、提升供给质量,势必会造成财富的重新分配,在这一过程中,结构调整的方向如何确定,就业结构如何随着经济结构实现及时有效的调整,都必须以能否实现共同富裕为重要考量。其次,转变发展方式要以共同富裕为追求。经济增长的方式由不可持续性向可持续性转变,由出口拉动向出口、消费、投资协调发展转变,由第二产业带动向三大产

业协调发展转变……这些都要以由"少数人"先富型向"共同富裕"转变为中心轴展开。最后，在生态文明建设中也要体现出共同富裕这一宗旨。生态环境是最一般的公共品，关系到每个人的生活质量和福利水平。在生态文明建设中，一方面，要积极落实推进能够造福全民的生态文明建设项目；另一方面，要秉持"绿水青山就是金山银山"的理念，将落后地区的生态优势切实转化为经济优势，走出一条切实可行的绿色发展之路。

（五）对外开放篇：共同富裕理论是化解经济全球化困境的"中国智慧"

在对外开放篇中，要深入阐释人类命运共同体思想，说明共同富裕理论也是中国在化解经济全球化所面临的困境时贡献出的"中国智慧"。近年来，"逆全球化"重新成为一个普遍的现象备受学者关注，全球化是否真的发生了逆转另当别论，但全球化目前陷入了困境是一个获得普遍认可的共识。此轮逆经济全球化的产生与新自由主义经济全球化的积累模式关系密切，新自由主义全球化使得西方国家的跨国资本大受其利，而本国工人的利益却受到严重挤压，这种后果首先是在政治层面上呈现出一种逆经济全球化的强烈诉求，本国工人试图通过民主制度来改变自身的境遇，因此，通过民粹主义来俘获民众的领导人将国内问题国际化，试图通过将问题归结为经济全球化从而转嫁国内的矛盾。但是，全球化之所以陷入困境恰恰是因为发达国家在全球化过程中没有做到共同富裕，而只是富裕了"资本"。因此，共同富裕理论是化解经济全球化困境的"中国智慧"，以共同富裕为原则，我们提出了全球共享发展的理念。所谓"共享发展"，是指经济全球化的成果应由各个参与国共同分享，这一理念针对的是对全球范围内收入分配不平等、经济发展不均衡等现象。众所周知，落后国家历来对经济全球化的指责，其中一个重要方面即是经济全球化不仅没有解决落后国家的发展问题，反而使自己与发达国家的差距越拉越大，正如斯蒂格利茨所指出的，尽管发达国家向发展中国家许以诸多经济全球化的美好承诺，但并没有兑现，世界上约有 12 亿人口生活在绝对贫困线

(每天生活费用低于 1 美元)之下,而约有 28 亿人口(占世界总人口的 45%)每天生活费用不足 2 美元①。显然,经济全球化的成果并没有造福全球,而基于共同富裕的"共享"理念的提出,即是针对目前全球化的这一弊端,以期努力减少全球发展的不平等和不平衡,使各国人民共同分享世界经济增长的成果。

---

① [美]斯蒂格利茨:《全球化及其不满》,李杨、章添香译,机械工业出版社 2010 年版,第 19 页。

第七章　共同富裕：迈向橄榄型的社会分配结构[*]

促进全体人民共同富裕是一项长期任务，也是《中国共产党第十九届中央委员会第六次全体会议公报》中专门强调的内容之一。今时今日共同富裕目标再次被强调，显示出党中央对国家发展大势的精准把握和对民生诉求的高度重视。共同富裕在今天，不仅是目标，更是可以切实操作的改革手段，这是与中国共产党的初心和使命——以人民为中心、实现中华民族伟大复兴的百年目标息息相关的。中国共产党在不同时期、不同阶段就共同富裕目标提出的战略安排，都是在坚持生产力和生产关系辩证统一的原则下，按阶段、分步骤提出的，也反映了党在不同时期特殊国情和外环境变化的情况下的战略定力和战略判断——共同富裕要注重时代特征，必须统筹考虑需要和可能，按照经济社会发展规律循序渐进。党中央关于共同富裕的战略设定在今时今日再次着重提出，还具有深刻的经济社会发展背景。在经历了改革开放以先富带动后富的发展起步阶段后，党中央把逐步实现全体人民共同富裕摆在更加重要的位置上，采取有力措施保障和改善民生，打赢脱贫攻坚战，全面建成了小康社会。但是，当前我国发展不平衡不充分的问题仍然突出，缩小城乡区域发展差距、形成合理分配格局，最终实现全体人民共同富裕，任务依然艰巨。制约共同富裕"取得实质性进展"的短板和瓶颈在于生产力发展不够充分，高质量发展掣肘颇多，即自立自强的科技创新体

---

[*] 吴垠，西南财经大学经济学院教授。

系尚未形成；市场活力和发展韧性需要进一步提高；传统产业结构亟须转型升级以促进建立现代产业体系，等等。现在到2049年第二个百年奋斗目标还有近三十年，共同富裕目标更加迫切，这是化解我国社会主要矛盾，更好地满足人民日益增长的美好生活需要，不断夯实党长期执政基础的必然选择①。

一 要充分估计共同富裕的长期性、艰巨性、复杂性

改革开放之初，提共同富裕，人们觉得这个目标虽好，但似乎遥不可及。因为那个时代的主要任务是摆脱短缺和贫穷，另外，彼时对共同富裕内涵的理解也比较粗浅，大多数人可能觉得物质生活和精神生活能够达到小康水平就已经是奇迹了。但是，经过四十多年改革开放的洗礼，国人勤劳创新致富已是司空见惯的现象，今天的共同富裕目标比以往更具有现实意义。然而，正因为这样的现实感，达到共同富裕目标前的诸多矛盾和问题也凸显出来。第一，改革开放事实上造就了先富和后富两类群体，但共同富裕是全体人民的富裕，不是少数人的富裕，要实现它就必须缩小收入差距，而如今人群间、行业间、地区间收入差距的拉大则是绕不开的矛盾。第二，中国人有不患寡而患不均的思想，共同富裕容易被理解为整齐划一的平均主义，显然，这样的共同富裕不仅难以达成，甚至会将共富之路走偏——任何社会都很难做到绝对平均的富裕。第三，共同富裕是"全面富裕"，既包括物质上的富裕，也包括精神上的富裕——自信自强。但现今，社会上拜金主义较为严重，人们习惯以物质财富多寡衡量一个人的成功与否，一些影视文娱流量明星动辄身价上亿，被认为"人生赢家"，其收入水平不仅普通民众无法企及，就连国家的功勋科学家或大国工匠这样的"国士"也望尘莫及，这样的"富裕观""成功观"不仅无助于真正的共同富裕，反而会让一些年轻人跟随模仿、误入歧途。第四，共同富裕是"逐步共富"。促进全体人民共同富裕是一项长期而艰巨的任务，是一个逐步推进的过程，既要遵循规律、积极有为，又不能脱离实际，要脚踏实地、久久为功，在实

---

① 吴垠：《共同富裕：从理想到现实》，《中国社会科学报》2021年12月30日。

现现代化过程中不断地、逐步地解决这个问题。但社会上的急功近利者，往往将致富理解为"一夜暴富"的过程；但若人人都想一夜暴富，则容易滋生各类违法、违规甚至不惜犯罪的致富手段，试问，这样的富裕即使成了，又能持续多久呢？显然，我国当前仍处于社会主义初级阶段，遵循经济社会发展的客观规律，推进共同富裕必须尽力而为、量力而行，根据现有条件把能做的事情尽量做起来，在积小胜为大胜中使共同富裕取得更为明显的实质性进展。

关照理想和现实，我们虽然感到共同富裕的实现比改革开放之初更近，但实现的难度却增加了。中央提出，要坚持循序渐进，对共同富裕的长期性、艰巨性、复杂性有充分估计，鼓励各地因地制宜探索有效路径，总结经验，逐步推开。也就是说，共同富裕的目标不变，但是实践路径依然要稳扎稳打，要考虑到现实中阻碍共同富裕的各类因素，才能在未来把共同富裕这一理想逐步变为现实。为了更好地说明这一目标，需要对现阶段居民收入、消费等情况进行初步的数据分析。

(一) 居民收入的最新变化①

截至 2021 年，全国居民人均可支配收入 35128 元，比上年名义增长 9.1%，扣除价格因素，实际增长 8.1%；比 2019 年增长（以下如无特别说明，均为同比名义增速）14.3%，两年平均增长 6.9%，扣除价格因素，两年平均实际增长 5.1%。从城乡来看，城镇居民人均可支配收入 47412 元，增长 8.2%，扣除价格因素，实际增长 7.1%；农村居民人均可支配收入 18931 元，增长 10.5%，扣除价格因素，实际增长 9.7%。

2021 年，全国居民人均可支配收入中位数 29975 元，增长 8.8%，中位数是平均数的 85.3%，如图 7-1 所示。其中，城镇居民人均可支配收入中位数 43504 元，增长 7.7%，中位数是平均数的 91.8%；农村居民人均可支配收入中位数 16902 元，增长 11.2%，中位数是平均数的 89.3%。

---

① 本小节数据来源为国家统计局。

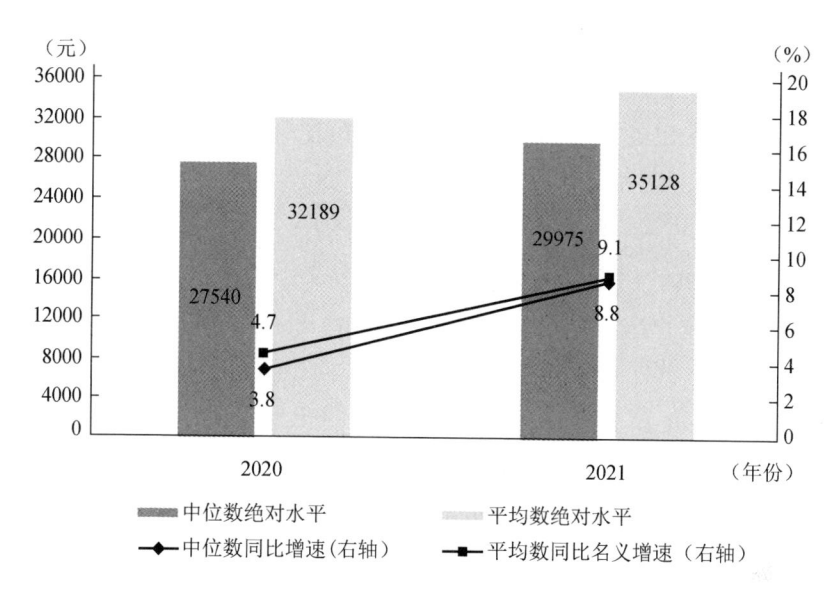

图 7-1 2021 年居民人均可支配收入平均数与中位数

资料来源：国家统计局。

按收入来源分，2021 年，全国居民人均工资性收入 19629 元，增长 9.6%，占可支配收入的比重为 55.9%；人均经营净收入 5893 元，增长 11.0%，占可支配收入的比重为 16.8%；人均财产净收入 3076 元，增长 10.2%，占可支配收入的比重为 8.8%；人均转移净收入 6531 元，增长 5.8%，占可支配收入的比重为 18.6%。与 2019 年相比，全国居民人均可支配收入各项来源两年的平均增速分别为工资性收入增长 6.9%，经营净收入增长 6.0%，财产净收入增长 8.4%，转移净收入增长 7.2%。

（二）居民消费支出情况①

截至 2021 年，全国居民人均消费支出 24100 元，比上年名义增长 13.6%，扣除价格因素，实际增长 12.6%；比 2019 年增长 11.8%，两年平均增长 5.7%，扣除价格因素，两年平均实际增长 4.0%。从城乡来看，城镇居民人均消费支出 30307 元，增长 12.2%，扣除价格因素，实际增长 11.1%；农村居民人均消费支出 15916 元，增长 16.1%，扣

---

① 本小节数据来源为国家统计局。

除价格因素，实际增长15.3%。

2021年，全国居民人均食品烟酒消费支出7178元，增长12.2%，占人均消费支出的比重为29.8%；人均衣着消费支出1419元，增长14.6%，占人均消费支出的比重为5.9%；人均居住消费支出5641元，增长8.2%，占人均消费支出的比重为23.4%；人均生活用品及服务消费支出1423元，增长13.0%，占人均消费支出的比重为5.9%；人均交通通信消费支出3156元，增长14.3%，占人均消费支出的比重为13.1%；人均教育文化娱乐消费支出2599元，增长27.9%，占人均消费支出的比重为10.8%；人均医疗保健消费支出2115元，增长14.8%，占人均消费支出的比重为8.8%；人均其他用品及服务消费支出569元，增长23.2%，占人均消费支出的比重为2.4%，如图7－2所示。

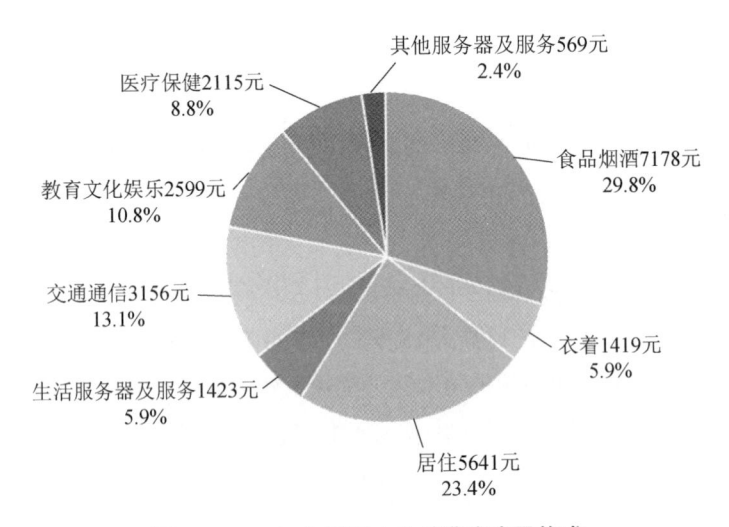

图7－2 2021年居民人均消费支出及构成

资料来源：国家统计局。

与2019年相比，全国居民人均消费支出八大类两年平均增速分别为食品烟酒增长8.6%，衣着增长3.0%，居住增长5.6%，生活用品及服务增长5.4%，交通通信增长5.0%，教育文化娱乐增长1.7%，医疗保健增长5.4%，其他用品及服务支出增长4.2%。

（三）居民收入消费不平衡现象比较明显

通过上述数据分析，我们可以初步得出的结论是居民收入和消费需求之间的不平衡现象比较明显，这对实现共同富裕的目标是不利的。其中，按照现有口径，居民可支配收入是指居民可用于最终消费支出和储蓄的总和，即居民可用于自由支配的收入，既包括现金收入，也包括实物收入。按照收入的来源，可支配收入包括工资性收入、经营净收入、财产净收入和转移净收入。而居民消费支出是指居民用于满足家庭日常生活消费需要的全部支出，既包括现金消费支出，也包括实物消费支出。消费支出包括食品烟酒、衣着、居住、生活用品及服务、交通通信、教育文化娱乐、医疗保健以及其他用品及服务八大类。由于工资性收入依然占据城乡居民收入的主体，而城乡居民在交通通信、教育文化娱乐、医疗保健、居住等美好生活消费的需求有增无减，故使得收入满足消费需求的能力越来越紧张。共同富裕虽然主要关注收入层面，但是如果收入与消费不能同步增长或相互匹配，那么共同富裕的难度无疑会增加很多。

二 中等收入群体：降低焦虑、迈向橄榄型分配结构

扩大中等收入群体比重是实现共同富裕的基础。中央财经委员会第十次会议指出，要形成中间大、两头小的橄榄型分配结构，促进社会公平正义，促进人的全面发展，使全体人民朝着共同富裕的目标扎实迈进。在橄榄型分配结构中，中等收入群体占比最多，低收入和高收入群体均占少数。这样的收入分配结构被认为是一种比较理想的现代社会分配结构。对于一个国家而言，如果中等收入群体在整个收入结构中占主体，由于群体间差距小、利益趋同，需要做的调高和托底的工作少，社会矛盾较小，有利于社会稳定。中等收入群体的壮大，使得对立的贫富两极成为一个连续性的排列，每一个社会成员，都能看到拾级而上的希望，有助于舒缓贫富差距的对立情绪，以及由此衍生的一系列社会问题。中等收入群体的扩大，要鼓励勤劳创新致富，坚持在发展中保障和改善民生，为人民提高受教育程度、增强发展能力创造更加普惠公平的

条件，疏通向上流动的通道，给更多人创造致富机会，形成人人参与的发展环境。

现阶段，中等收入群体面临的主要问题是，收入中的较大部分要支付比较高的教育、医疗、养老、税负、房贷等硬性支出，有些支出甚至还需要透支未来多年的收入才能付清，这种压力比较普遍地存在于不同行业的中等收入群体中，让看似工作生活"光鲜"的中等收入群体产生了各种积虑感、负重感。

（一）中产阶层收支构成情况

根据国家统计局公布的基本数据，整理了中国中产阶层的主要收支构成，如表7-1所示。

表7-1　　　　　　　　中国居民收支构成情况

指标		绝对量（元）	比上年增长（％）（括号内为实际增速）
（一）全国居民人均可支配收入		35128	9.1（8.1）
按常住地分	城镇居民	47412	8.2（7.1）
	农村居民	18931	10.5（9.7）
按收入来源分	工资性收入	19629	9.6
	经营净收入	5893	11.0
	财产净收入	3076	10.2
	转移净收入	6531	5.8
（二）全国居民人均可支配收入中位数		29975	8.8
按常住地分	城镇居民	43504	7.7
	农村居民	16902	11.2
（三）全国居民人均消费支出		24100	13.6（12.6）

续表

指标		绝对量（元）	比上年增长（%）（括号内为实际增速）
按常住地分	城镇居民	30307	12.2（11.1）
	农村居民	15916	16.1（15.3）
按消费类别分	食品烟酒	7178	12.2
	衣着	1419	14.6
	居住	5641	8.2
	生活用品及服务	1423	13.0
	交通通信	3156	14.3
	教育文化娱乐	2599	27.9
	医疗保健	2115	14.8
	其他用品及服务	569	73

注：①全国居民人均可支配收入 = 城镇居民人均可支配收入×城镇人口比重＋农村居民人均可支配收入×农村人口比重。②居民人均可支配收入名义增速 =（报告期居民人均可支配收入/基期居民人均可支配收入 − 1）×100%；居民人均可支配收入实际增速 =（报告期居民人均可支配收入/基期居民人均可支配收入/报告期居民消费价格指数×100 − 1）×100%。③全国居民人均收支数据是根据全国十几万户抽样调查基础数据，依据每个样本户所代表的户数加权汇总而成。由于受城镇化和人口迁移等因素影响，各时期的分城乡、分地区人口构成发生变化，有时会导致全国居民的部分收支项目增速超出分城乡居民相应收支项目增速区间的现象发生。主要是在城镇化过程中，一部分在农村收入较高的人口进入城镇地区，但在城镇属于较低收入人群，他们的迁移对城乡居民部分收均有拉低作用；但无论在城镇还是农村，其增长效应都会体现在全体居民的收支增长中。④比上年增长栏中，括号中数据为实际增速，其他为名义增速。⑤收入平均数和中位数都是反映居民收入集中趋势的统计量。平均数既能直观反映总体情况，又能反映总体结构，便于不同群体收入水平的比较，但容易受极端数据影响；中位数反映中间位置对象情况，较为稳健，能够避免极端数据影响，但不能反映结构情况。

资料来源：国家统计局。

按照当前的统计口径，中国中产阶层的收入仍旧偏低，尤其是工资性收入仅19629元，这对于大多数依靠工薪收入实现共同富裕的家庭而言是相当不利的。因此从统计数据中可以看出，中国中产阶层的工资性收入如果不能尽快提升，甚至翻番（以每5—10年为限），那么共同富裕目标的实现会相当困难。另外，值得欣慰的是，中国居民收入的增长率比较高，这可能是当前实践共同富裕值得期待的基础。

(二) 城乡居民收支构成情况

根据国家统计局公布的基本数据整理的城乡居民收支情况，如表7-2所示。

表7-2 2021年城乡居民收支主要数据

指标		绝对量(元)	比上年名义增长(%)
(一)城镇居民人均可支配收入		47412	8.2
按收入来源分	工资性收入	28481	8.0
	经营净收入	5382	14.2
	财产净收入	5052	9.2
	转移净收入	8497	4.7
(二)城镇居民人均消费支出		30307	12.2
按消费类别分	食品烟酒	8678	10.1
	衣着	1843	12.0
	居住	7405	6.4
	生活用品及服务	1820	11.0
	交通通信	3932	13.2
	教育文化娱乐	3322	28.2
	医疗保健	2521	16.1
	其他用品及服务	786	21.7

续表

指标		绝对量(元)	比上年名义增长(%)
(三)农村居民人均可支配收入		18931	10.5
按收入来源分	工资性收入	7958	14.1
	经营净收入	6566	8.0
	财产净收入	469	12.1
	转移净收入	3937	7.5
(四)农村居民人均消费支出		15916	16.1
按消费类别分	食品烟酒	5200	16.1
	衣着	859	20.6
	居住	3315	11.9
	生活用品及服务	900	17.3
	交通通信	2132	15.8
	教育文化娱乐	1645	25.7
	医疗保健	1580	11.4
	其他用品及服务	284	26.5

注：①指标解释。居民可支配收入是指居民可用于最终消费支出和储蓄的总和，即居民可用于自由支配的收入，既包括现金收入，也包括实物收入。按照收入的来源，可支配收入包括工资性收入、经营净收入、财产净收入和转移净收入。居民消费支出是指居民用于满足家庭日常生活消费需要的全部支出，既包括现金消费支出，也包括实物消费支出。消费支出包括食品烟酒、衣着、居住、生活用品及服务、交通通信、教育文化娱乐、医疗保健以及其他用品及服务八大类。人均收入中位数是指将所有调查户按人均收入水平从低到高顺序排列，处于最中间位置的调查户的人均收入。季度收支数据中未包括居民自产自用部分的收入和消费，而年度收支数据包括。②调查方法。全国及分城乡居民收支数据来源于国家统计局组织实施的住户收支与生活状况调查，按季度发布。国家统计局采用分层、多阶段、与人口规模大小成比例的概率抽样方法，在全国31个省（自治区、直辖市）的1800个县（市、区）随机抽选16万个居民家庭作为调查户。国家统计局派驻各地的直属调查队按照统一的制度方法，组织调查户记账采集居民收入、支出、家庭经营和生产投资状况等数据；同时按照统一的调查问卷，收集住户成员及劳动力从业情况、住房与耐用消费品拥有情况、居民基本社会公共服务享有情况等其他调查内容。数据采集完成后，市县级调查队使用统一的方法和数据处理程序，对原始调查资料进行编码、审核、录入，然后将分户基础数据直接传输至国家统计局进行统一汇总计算。③两年平均增速。两年平均增速是指以2019年相应同期数为基数，采用几何平均的方法计算的增速。

资料来源：国家统计局。

从居民支出情况看,食品还是占主要位置,说明中国离共同富裕的生活水准还有极大的提高空间,毕竟,现阶段居民支出中的主要部分是食物,而且增速也颇高,说明中国居民的恩格尔系数还比较高,不能仅仅站在温饱的基础上谈实现共同富裕,而应该充分考虑居民尤其是中产阶层在居住、交通、文旅、娱乐、医疗、社保等方面的重大支出新需求,并充分结合未来三十年甚至更长时间国家发展的实际情况给予中产阶层支出的重要支持,降低焦虑感。

为此,要坚持以人民为中心的发展思想,在高质量发展中促进共同富裕,正确处理效率和公平的关系,构建初次分配、再分配、三次分配协调配套的基础性制度安排,加大税收、社保、转移支付等调节力度并提高精准性。其中,广受社会关注的所谓"增设房产税、遗产税,增加个人所得税"等容易引发社会稳定和降低中等收入群体财富积累水平的政策不宜冒险推出,以避免造成中产群体的财富缩水并引发社会动荡。社会保障方面,为了防止出现"脆弱中等收入人群"因病致贫的情况,需要有健全的医疗和养老保障。此外,为降低各种焦虑感,政府要促进基本公共服务均等化,加大普惠性人力资本投入,完善养老和医疗保障体系、兜底救助体系、住房供应与保障体系、基础教育的均等化和低费率。要加强对高收入的规范和调节,依法保护合法收入,合理调节过高收入,鼓励高收入人群和企业自愿回报社会。要清理规范不合理收入,整顿收入分配秩序,坚决取缔非法收入。要保护产权和知识产权,保护合法致富,促进各类资本规范健康发展。

三 推动形成橄榄型分配结构

中央财经委员会第十次会议明确提出"形成中间大、两头小的橄榄型分配结构",同时提出了"鼓励勤劳致富""扩大中等收入群体比重,增加低收入群体收入,合理调节高收入,取缔非法收入""保护合法收入"的具体原则,其中的部分表述在党的许多重要文件和会议中曾分别出现。这些要求相互衔接,体现了市场与政府在实现共同富裕过程中应发挥的重要作用。

市场是实现共同富裕的基础性调节手段,这决定了勤劳致富是推进共同富裕的基础性原则。构建"橄榄型分配结构",表明共同富裕不是平均主义,仍需区分出收入差距,这种区分主要依靠市场来完成,因为各类劳动者在技能、学历、年龄、偏好等方面存在差异,有效的劳动力市场会识别和区分出这些差异。从微观来看,无论从事什么行业,劳动者通过劳动在初次分配中获得报酬是共同富裕的基础,是劳动力市场对劳动者的正向激励,有效的市场通过报酬高低体现出劳动力的异质性,因此勤劳致富原则又是劳动力市场效率的表现,体现的是效率与公平的统一。从宏观来看,勤劳致富就是物尽其用、人尽其才,鼓励各类生产要素得到充分利用,使宏观经济长期处于充分就业和潜在经济增长的水平。

扩大中等收入群体比重是形成橄榄型分配结构的关键。首先,中等收入群体是支撑社会消费需求的中坚力量。在拉动经济增长的三驾马车中,消费所占的比重最大,对经济增长的影响也最大。边际消费倾向递减规律表明,虽然低收入群体的边际消费倾向较高,但由于其收入过低,无法支撑宏观消费的增长,而高收入群体虽收入很高但其边际消费倾向很低,也不能支撑宏观消费的持续增长。中等收入群体既有消费意愿又有支付能力,能够形成社会有效需求,拉动宏观经济实现持续增长。其次,庞大的中等收入群体能够为社会提供大规模高质量的人力资本,促进经济实现创新发展。单个人力资本创新成功的概率很低且不确定性很大,但在宏观层面,在进行了大量高质量人力资本投资后,整体上成功的比例将会提高。如果收入分配差距过大,大部分低收入者及其所在家庭难以负担长期的高质量人力资本投资,少数富裕群体的人力资本投资又难以保证创新活动对人力资本规模的基数要求。所以,提升国家层面的创新能力需要解决数量巨大的劳动者如何进行长期人力资本投资的问题,扩大中等收入群体比重是解决这一问题的有效方案。

合理调节过高收入、增加低收入者收入是防止两极分化的必要举措。库兹涅茨曲线表明,当一个国家和地区经济发展水平较低时,收入分配差距会随着经济增长而逐渐扩大,当经济发展到某一较高水平后,收入分配差距又会随着经济增长逐渐缩小。值得注意的是,近来越来越多的实证研究表明，库兹涅茨曲线后半段呈现的过程并不是自然发生的，最为著名的研究是法国经济学家托马斯·皮凯蒂在其《21世纪资本论》中给出的。他通过研究比库兹涅茨更长的历史阶段发现，长期中资本的收益率始终高于劳动的收益率，不加制约的资本主义加剧了财富不平等的现象，而且将继续恶化下去，如果不对收入分配进行干预，收入差距将会持续扩大甚至出现两极分化，而改变这一现象的主要手段是完善政府主导的再分配政策。因此，为防止两极分化并加快形成橄榄型分配结构，应合理利用遗产税、房产税、资本利得税、个人所得税、公共支出等再分配政策，通过调整和完善再分配制度合理调节过高收入并增加低收入者收入。合理调节过高收入是宏观经济保持良好运转的重要支撑，如果社会大部分收入集中在少数人手中，会造成宏观经济储蓄率过高而消费率过低，储蓄最终转化为投资，过高的投资与过低的消费无法匹配，最终导致产能过剩、投资效率低下等问题。增加低收入群体收入有助于扩大中等收入群体占比，目前我国低收入群体占总人口比重超过70%，而中等收入群体只占总人口的27%左右，增加低收入群体的收入，使更多低收入群体转变为中等收入群体，有利于形成橄榄型分配结构。

保护合法收入、取缔非法收入是形成橄榄型分配结构的重要保障。共同富裕的实现首先依赖于市场对资源配置的决定性作用，而市场经济的有效运转必须以完善的法治体系作为保障。完善社会主义市场经济相关的法律体系，一是可以明确、保护和提高要素所有者的收入，比如完善数据产权、知识产权等法律体系；二是可以明确和规范市场主体的市场行为，阻断和破除套利、寻租行为，消除灰色地带，确保取缔非法收入有法可依；三是可以促进更多资源投入国家鼓励的行业中去，形成既有利于创新又有利于减少行业收入差距、增加社会总福利的市场结构。保护合法收入、取缔非法收入也是鼓励勤劳致富的有力支撑。若经济社会的合法收入无法得到保障、非法收入不予取缔，诚实劳动者的积极性会受到损害，不但不利于改善收入分配结构，还会影响经济长期向好发展。

四 推动共同富裕的近期政策建议

党的十九届六中全会审议通过的《中共中央关于党的百年奋斗重大成就和历史经验的决议》，重申中国特色社会主义新时代是"逐步实现全体人民共同富裕的时代"，在对习近平新时代中国特色社会主义思想的核心内容做进一步概括的"十个明确"中写入了"推动人的全面发展、全体人民共同富裕取得更为明显的实质性进展"的内容，并把"坚定不移走全体人民共同富裕道路"纳入"坚持人民至上"这条历史经验中。这些判断和要求，既是对马克思主义政治经济学中国化、时代化的伟大创新，也是对中国共产党"坚持人民至上"百年奋斗历史经验的深刻总结。2021年12月8—10日召开的中央经济工作会议指出，进入新发展阶段，国内外发展环境发生深刻变化，面临许多新的重大理论和实践问题，需要正确认识和把握，其中第一个就是要正确认识和把握实现共同富裕的战略目标和实践途径。我们必须全面准确地认识以习近平同志为核心的党中央带领全体人民实现共同富裕的重大部署、战略举措，从理论与实践的结合上正确认识共同富裕的战略目标，积极探索实现共同富裕的实践途径。

（一）正确认识共同富裕的战略目标

正确认识共同富裕的战略目标，要抓住两个关键词。第一个关键词是"富裕"，第二个关键词是"共同"。富裕代表了社会主义先进生产力，用来表示生活丰裕的程度。共同则体现了社会主义先进生产关系，用以说明富裕实现的范围。共同富裕是社会主义先进生产力和先进生产关系的有机组合，是消除贫穷和两极分化基础之上的普遍富裕，是全体人民通过辛勤劳动和相互帮助，实现人的全面发展和社会全面进步，共享改革发展成果和幸福美好生活，具体表现为生活富裕富足、精神自信自强、环境宜居宜业、社会和谐和睦、公共服务普及普惠。

共同富裕是全民富裕。党的十八大以来，习近平总书记多次强调

"我们追求的富裕是全体人民的富裕"①。"绝不能出现'富者累巨万,而贫者食糟糠'的现象。"②《中共中央关于制定国民经济和社会发展第十四个五年规划和二〇三五年远景目标的建议》明确指出:"我们推动经济社会发展,归根结底是要实现全体人民共同富裕。"③ 共同富裕不是一部分人和一部分地区的富裕,而是在人人参与、人人尽力的基础上实现人人享有。党的十九届四中全会提出要坚持和完善共建共治共享的社会治理制度,对如何实现共同富裕有着十分精准的表述。人民共同参与社会建设、共同参与社会治理、共同享有建设成果,最终达到共同富裕,即共建共治共享共富。只有把握住了"全民共富"这个核心,才能激发广大人民在推进共同富裕中的内生动力,一方面为共同富裕创造良好环境,另一方面为共同富裕提供坚实保障。

共同富裕是全面富裕。实现共同富裕从根本上讲是满足广大人民日益增长的美好生活需要,但美好生活不只局限于物质层面。在富裕的内涵及其发展中,特别要强调促进人民精神生活的共同富裕,强化社会主义核心价值观的引领,不断满足人民群众多样化、多层次、多方面的精神文化需求。实现共同富裕要求在人民物质生活水平不断提高的同时,逐步实现人民精神普遍富足、人与自然和谐共生、社会和谐和睦向上,进而促进人的全面发展。新的征程上,实现共同富裕要从侧重追求物质富裕拓展为追求文化软实力、社会文明、生态质量等方面的综合提升,同时蕴含公平、正义的价值追求,为人的全面发展创造更为充分的条件。

共同富裕是逐步共富。促进全体人民共同富裕是一个长期的历史过程,不可能一蹴而就。共同富裕是全民普遍富裕基础上的差别富裕,不是同等富裕、同步富裕,更不是整齐划一的平均主义。促进共同富裕需要处理好利益多样化与根本利益、局部利益与全局利益、当前利益与长远利益等关系;要分阶段重点推进,让先富起来的一部分人、一部分地区发挥带动作用,从而形成整体推进的局面;要对共同富裕的长期性、

---

① 中共中央宣传部国家发展和改革委员会:《习近平经济思想学习纲要》,人民出版社、学习出版社2022年版,第48页。
② 中共中央党史和文献研究院:《习近平扶贫论述摘编》,人民出版社2018年版,第9页。
③ 习近平:《习近平谈治国理政》第4卷,外文出版社2022年版,第116页。

艰巨性、复杂性有充分估计，鼓励各地因地制宜探索有效路径，总结经验，逐步推广。

(二) 积极探索共同富裕的实现路径

实现共同富裕是人类历史上的一次伟大创举，在前行的过程中会遇到很多艰难险阻。解决这些难题不仅需要形成社会共识，坚定信心和勇气，更需要科学思考和理性态度。在我国社会主义制度下，不断探索实现共同富裕的有效路径，既要立足于不断解放和发展社会生产力，不断创造和积累社会财富，把"蛋糕"做大，又要着眼于通过合理的制度安排把"蛋糕"分好，防止两极分化。

瞄准"富裕"目标，坚定不移地推动高质量发展。做大"蛋糕"的根本在于高质量发展，目的是要提高发展的平衡性、协调性、包容性，激发共同富裕的内在动力。必须加快完善社会主义市场经济体制，增强区域发展的平衡性，强化行业发展的协调性，支持中小企业发展，为不同区域、行业、企业创造更好的高质量发展环境，让创造社会财富的源泉充分涌流，筑牢发展的基本盘。首先，要强化就业优先导向。充分释放发展潜力，发挥经济增长的就业带动力，提高全要素生产率，推动实体经济提质、增效、升级，把稳就业放在更加突出的位置，千方百计稳定和扩大就业，增加就业容量，提升就业质量，促进创业带动就业和多渠道灵活就业，缓解结构性就业矛盾，不断提高人民收入水平，实现居民人均收入增长与经济增长和劳动生产率提高基本同步。其次，要坚持城乡融合。强调城市与乡村的整体性，把城乡作为一个有机生命体，以体制改革和试点突破为总策略，全面推进乡村振兴，提升新型城镇化建设质量。强化以工补农、以城带乡，高水平重塑工农互促、城乡互补、协调发展、共同繁荣的新型工农城乡关系，促进资源要素在城乡之间的优化配置和自由流动，未雨绸缪应对城市贫困，推动城乡全面融合。最后，要坚持区域协作。区域政策要增强发展的平衡性、协调性，坚持东西协调、南北呼应、陆海统筹，加强生态环境、基础设施、公共服务共建共享，引导资金、技术、劳动密集型产业跨区域转移，逐步缩小东、中、西和东北地区的差距，促进南北方协调发展。

充分体现"共同"的本质特色，形成人人享有的合理分配格局。分好"蛋糕"，关键在于充分发挥社会主义制度的优越性，追求分配起点的公平化、分配秩序的有序化、城乡区域发展的协调化，形成中间大、两头小的橄榄型分配结构，推动共同富裕取得实质性发展。首先，正确处理效率和公平的关系。其中要把握的一个重要前提是鼓励勤劳创新致富，靠勤劳实干兴邦，创造更多的物质财富，营造全社会崇尚劳动、勤劳致富的社会风尚。坚持在发展中保障和改善民生，为人民提高受教育程度、增强发展能力创造更加普惠公平的条件，疏通向上流动通道，给更多人创造致富机会，形成人人参与的发展环境。其次，要发挥分配的功能和作用。坚持按劳分配为主体，完善按要素分配政策。初次分配制度直接影响分配秩序和分配结果，对实现共同富裕具有直接的重要影响。通过稳步提高居民收入在国民收入分配中的比重、提高劳动报酬在初次分配中的比重、拓展居民收入渠道、增加居民财产性收入等途径，进一步增强初次分配的公平性。通过完善税收制度和财政转移支付制度、调整和优化财政支出结构、完善公共财政制度，进一步加强二次分配的调节职能，深化再分配制度改革。在此基础上，要重点关注并发挥第三次分配对收入分配的调节作用。完善有利于第三次分配的法律和法规、有效的民间组织监管机制、慈善捐赠的税收减免制度，支持有意愿、有能力的企业和社会群体积极参与公益慈善事业。最后，坚持社会包容。社会政策要兜住兜牢民生底线，统筹推进经济发展和民生保障。高质量保障和改善民生，提升教育、医疗、养老、住房等领域的基本公共服务供给水平，形成更加完善的公共服务政策制度体系，使人民全生命周期需求普遍得到更高水平的满足。

实现共同富裕既是奋斗目标又是历史发展过程，是一项系统工程。坚定不移地走全体人民共同富裕的道路，既要尽力而为还要量力而行，最根本的是要坚持以人民为中心的发展思想，统筹需要和可能，把保障和改善民生建立在经济发展和财力可持续的基础之上，不能犯急于求成的毛病，更不能超越发展水平。只有立足新发展阶段，完整、全面、准确地贯彻新发展理念，坚定不移地走高质量发展之路，才能朝着推动全体人民共同富裕的目标不断前进。

第八章　社会主义市场经济的公平与效率问题研究报告[*]

2020年10月29日，中国共产党第十九届中央委员会第五次全体会议通过《中共中央关于制定国民经济和社会发展第十四个五年规划和二〇三五年远景目标的建议》，强调"坚持共同富裕方向"，要求"扎实推进共同富裕""全体人民共同富裕取得更为明显的实质性进展"。在此之后中央对推进共同富裕作出了密集的工作安排和部署。2020年12月16日召开的中央经济工作会议提出，要促进就业，完善社保，优化收入分配结构，扩大中等收入群体，扎实推进共同富裕。2021年1月11日，习近平总书记在省部级主要领导干部学习贯彻党的十九届五中全会精神专题研讨班开班仪式上发表重要讲话，指出"实现共同富裕不仅是经济问题，而且是关系党的执政基础的重大政治问题"。2021年1月28日，习近平总书记在主持中共中央政治局第二十七次集体学习时再次强调，"共同富裕本身就是社会主义现代化的一个重要目标"。2021年3月11日，第十三届全国人大四次会议正式表决通过的《中华人民共和国国民经济和社会发展第十四个五年规划和二〇三五年远景目标纲要》，对共同富裕工作作出详细部署，要求制定"促进共同富裕行动纲领"，支持建设"共同富裕示范区"，提出"更加积极有为地促进共同富裕"，"全体人民共同富裕迈出坚实步伐"。2021年8月17日，

---

[*] 陈师，西南财经大学经济学院教授。

中央财经委员会第十次会议强调"要坚持以人民为中心的发展思想，在高质量发展中促进共同富裕，正确处理效率和公平的关系……促进社会公平正义，促进人的全面发展，使全体人民朝着共同富裕目标扎实迈进"。2021年10月15日，习近平总书记在《求是》杂志上发表重要文章《扎实推进共同富裕》，提到"坚持以人民为中心的发展思想，在高质量发展中促进共同富裕"[①]。2021年11月11日，中国共产党第十九届中央委员会第六次全体会议通过《中共中央关于党的百年奋斗重大成就和历史经验的决议》，其中第四部分"开创中国特色社会主义新时代"指出，我国经济迈上更高质量、更有效率、更加公平、更可持续、更为安全的发展之路；第七部分"新时代的中国共产党"强调，必须"立足新发展阶段、贯彻新发展理念、构建新发展格局、推动高质量发展，全面深化改革开放，促进共同富裕，推进科技自立自强"。在高质量发展中促进共同富裕，正确处理效率和公平的关系，是当前的重点工作。

一 我国共同富裕水平的测度与现状

本章对衡量共同富裕度的指标设置如表8-1所示。中等收入人群占比定义为收入处于1—3倍人均收入之间的人数与样本总人数之比。恩格尔系数由CHFS中家庭食物支出在总支出中的占比衡量。基尼系数来自人口累计百分比的洛伦茨曲线，分区间用梯形的面积近似代替曲边梯形的面积，近似得到相应的面积值，求比值后得到基尼系数。城乡泰尔指数由人口数据和人均城乡收入推算得出，在算出农村和城镇各自所占的总人口比例以及所占的收入份额比例后，用泰尔指数的计算公式进行计算。区域间泰尔指数由人口数据和人均城乡收入推算得出，先计算农村和城镇各自所占的总人口比例以及所占的收入份额比例，再用泰尔指数的计算公式进行计算。在得到这些二级指标之后，按照富裕度、共同度、共享度以6∶3∶1的权重来计算共同富裕度。

---

① 习近平：《扎实推进共同富裕》，《求是》2021年第20期。

表 8–1　　　　　共同富裕指数模型的指标选取

一级指标	二级指标	三级指标	数据来源
发展性	富裕度	人均总收入	家庭金融调查（CHFS）
		人均总资产	
		全体居民人均可支配收入	
		城镇居民人均可支配收入	
		农村居民人均可支配收入	
		全体居民人均消费支出	
		城镇居民人均消费支出	
		农村居民人均消费支出	
		人均社会消费品零售总额	国家统计局
		人均社会消费品零售总额	
		人均可支配收入占人均 GDP 比重	
		中等收入人群占比	
		恩格尔系数（取倒数）	
	共同度	省级收入基尼系数	家庭金融调查（CHFS）
		省级资产基尼系数	
		区域间 Theil 指数	
		城乡间 Theil 指数	
	共享度	医疗水平	国家统计局
		教育支出	
		保险支出	
		社会保障水平	

图 8-1 描绘了分省份的共同富裕指数及其变化的时间趋势。除个别省份（如天津、黑龙江）出现波动外，其余省份的共同富裕指数呈现逐年上升的趋势。定义共同富裕指数 100 为分界线。四川、甘肃、贵州、重庆、海南等省份在 2011—2019 年基本在分界线之下逐步上

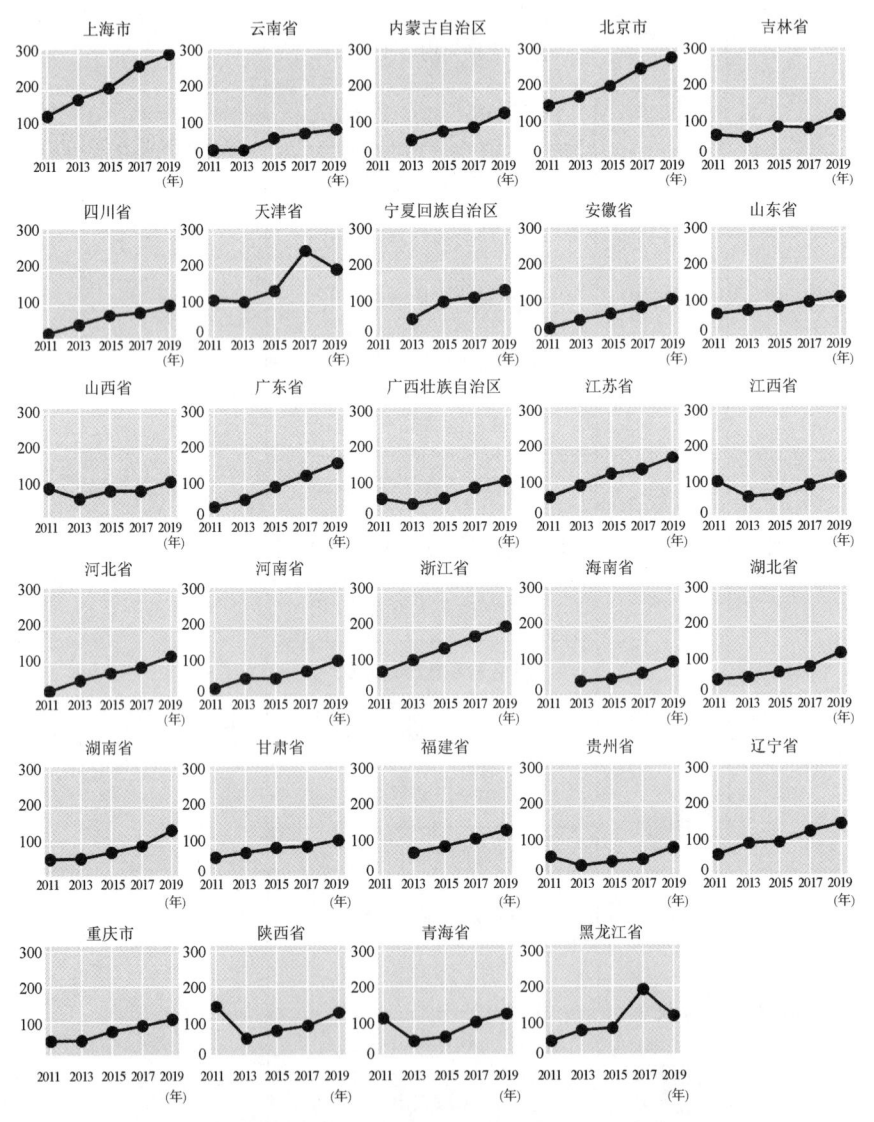

图 8-1 分省份共同富裕指数的时间趋势（2011—2019 年）

注：不包括新疆和西藏相关指数。

升。上海市、北京、江苏、浙江、广东等省份在此期间显著地跨越这条线。个别省份（如上海、北京、天津）出现明显的领先趋势，在2011年即跨过了指数100这条线。吉林、安徽、山东等省份在一开始处于水平线以下，后面逐步发展超过了该分界线。总体而言，我国各省份的共同富裕存在发展水平不齐、区域不均的现象。

二 分配冲击对中国宏观经济波动的短期影响

经济学从规模性收入分配和功能性收入分配两个角度研究收入分配问题。规模性收入分配主要研究国民收入在不同个体之间的分配状况，而功能性收入分配又称为按要素贡献分配收入，研究国民收入如何在劳动和资本等生产要素之间分配[1]。图8-2展示了1978—2019年我国劳动份额（劳动要素收入占国民收入的比率）的折线图与波动图。自20世纪80年代中期以来我国的劳动份额持续走低，直至2008年国际金融危机之后逐步得到提高。

党的十九大明确指出，加快建设创新型国家，创新是引领发展的第一动力，是建设现代化经济体系的战略支撑。党的十九届五中全会再次明确了技术创新在我国现代化建设全局中的核心地位，加快构建创新型国家，提升企业技术创新能力。对劳动份额变化的常见解释之一是偏向性技术进步，即技术进步在造成生产率提高的同时，改变了劳动要素在总体生产技术中的产出弹性。Alvaredo等认为，劳动份额与基尼系数之间反向变动，即劳动份额的下降是造成收入不平等、加大居民收入分配差距的一个重要因素，而劳动份额的上升预示着居民收入差距的缩小[2]。在此背景下，无论是技术创新、技术进步过程中逐步提高的生产率水平，还是随之产生的分配冲击，其对经济长期增长和短期波动的影响及内在机理值得进行更广泛深入的研究。

表8-2为改革开放以后主要宏观经济变量的周期波动特征。在经

---

[1] 葛玉御、安体富：《税收如何影响收入分配：文献述评》，《经济研究参考》2014年第56期。
[2] Alvaredo F., Chancel L., Piketty T., "Global Inequality Dynamics: New Findings from WID. World", *American Economic Review*, Vol. 107, No. 5, 2017, pp. 404–409.

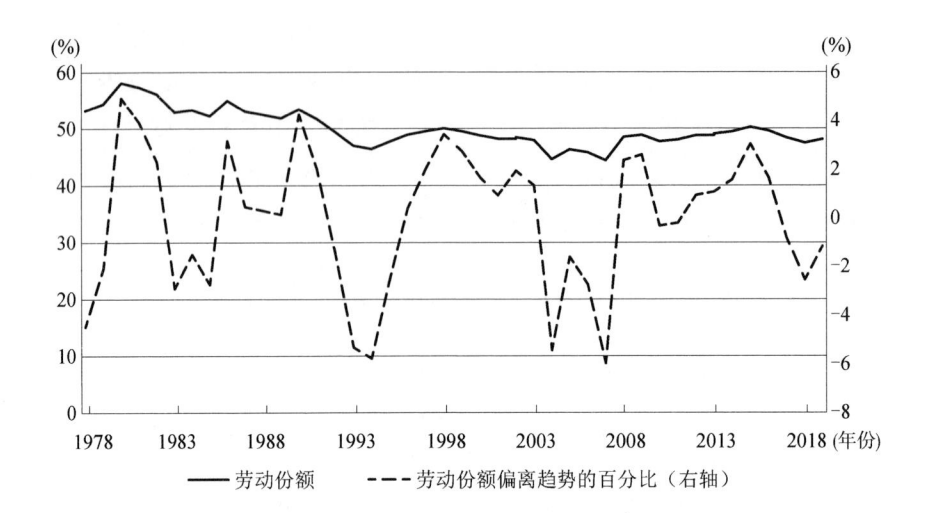

图 8-2　1978—2019 年我国劳动份额水平与劳动份额的波动趋势

资料来源：根据历年《中国统计年鉴》整理。

济周期波动的特征事实方面，就业人数波动程度低于产出的波动程度，且与产出呈现负相关关系；平均工资的波动略高于产出的波动程度，表现为弱顺周期；劳动者报酬较产出波动程度差别不大，表现为高度顺周期；产出中劳动份额波动程度远低于产出波动程度，表现为非周期性。经验数据表明，中国的产出中要素收入份额波动程度较高，这可能是产生上述劳动市场波动和要素份额特征事实的主因。接下来构建一个动态随机一般均衡（DSGE）模型，在此基础上引入外生的分配冲击，进而验证其作用。

表 8-2　实际经济的周期波动特征

变量 x	标准差（%）	变量 x_{i+j} 与产出的相关系数									
		-5	-4	-3	-2	-1	0	1	2	3	4	5
总产出	4.26	-0.34	-0.44	-0.30	0.17	0.70	1.00	0.70	0.17	-0.30	-0.44	-0.34
资本存量	4.13	0.01	-0.25	-0.36	-0.15	0.27	0.69	0.78	0.64	0.31	-0.07	-0.33

续表

变量 x	标准差(%)	变量 x_{i+j} 与产出的相关系数										
		-5	-4	-3	-2	-1	0	1	2	3	4	5
消费	3.66	-0.33	-0.43	-0.43	-0.20	0.17	0.63	0.75	0.69	0.41	0.04	-0.22
投资	9.09	-0.20	-0.33	-0.17	0.29	0.74	0.87	0.39	-0.18	-0.57	-0.57	-0.35
就业	3.98	0.20	0.29	0.46	0.27	-0.12	-0.37	-0.49	-0.21	-0.04	0.12	0.24
产出/就业	3.85	-0.38	-0.46	-0.40	0.02	0.57	0.86	0.65	0.17	-0.22	-0.38	-0.35
工资	4.33	-0.27	-0.38	-0.21	0.13	0.39	0.38	0.15	-0.17	-0.49	-0.47	-0.13
劳动者报酬	4.17	-0.17	-0.27	-0.24	0.64	0.36	0.74	0.65	0.59	0.22	-0.17	-0.48
劳动份额	2.83	-0.01	0.01	-0.04	-0.17	-0.27	-0.22	0.14	0.59	0.60	0.32	-0.08

注：数据经 Hodrick – Prescott 滤波处理，因偏离周期的百分比与零有显著差异，因此用周期成分和趋势成分的百分比对应模型中对数线性化的变量。

（一）模型关键设定

在将技术冲击区分为生产率冲击 z_t^1 和分配冲击 z_t^2 后，生产函数如式（8-1）所示。

$$y_t = e^{z_t^1} 2 \Gamma k^{1-\alpha-z_t^2} (\mu N_t)^{\alpha + z_t^2} \qquad (8-1)$$

其中，Γ、μ 是规模参数，由单位的选取和初始值决定。当引入分配冲击后，收入中的劳动份额为 $\alpha + z_t^2$。令劳动份额为 ls_t，工资率为 w_t'，得到式（8-2）、式（8-3）。

$$ls_t = \alpha + z_t^2 \qquad (8-2)$$

$$w_t' = ls_t \frac{y_t}{N_t} \qquad (8-3)$$

剩余与标准 RBC 模型一致①。

(二) 校准

宏观经济数据来源于国家统计局、《中国统计年鉴》各年及中经网统计数据库，样本选取 1978—2019 年。国内生产总值(GDP)的组成部分中，消费由支出法 GDP 中的居民消费衡量，投资由固定资本形成衡量，政府购买用政府消费衡量，总产出由消费、投资和政府购买加总得到。实际消费、实际投资、实际政府购买和实际产出由对应的名义值水平经 GDP 平减指数平减得到。价格水平方面，名义产出选取国内生产总值数据，实际产出由国内生产总值指数推算并取 1978 年不变价，GDP 平减指数和 CPI 取 1978 年为 100。资本存量在单豪杰②估算的 1952—2006 年资本存量基础上，使用实际投资数据经永续盘存法推算得到 2006 年之后的数据，年资本折旧率取 10.0%。劳动者报酬来自收入法生产总值分省年度数据中的劳动者报酬数据。该数据缺少 1978—1993 年与 2018—2019 年段。计算发现 1994—2017 年劳动者报酬的增长率波动与城镇单位就业人员工资总额(由就业人员数与平均工资之积推算)的增长率波动相似，因此使用后者的增长率推出 1978—1993 年与 2018—2019 年的劳动者报酬数据。最后，劳动份额来自劳动者报酬与 GDP 的比例。

参数校准方面，首先是确定折旧率 δ，通常假定中国的固定资产平均使用年限为 10 年，因此年折旧率为 0.1。其次，确定相对风险规避系数 η，本章将 η 取 1 和 0 两种情况，前者对应效用函数为对数—对数形式的可分劳动模型，后者对应不可分劳动模型。最后，由 1978—2019 年间的消费和投资对产出占比的样本均值，推算得到稳态消费—产出比与投资—产出比。在国内的研究中，要素份额通常是由生产函数的估计而得到。假设生产函数为 $Y_t = e^{z_t + \gamma t} K_t^{1-\alpha} N_t^{\alpha}$，其中 Y_t 由实际 GDP 水平衡

---

① [美]斯蒂芬·D. 威廉森：《宏观经济学》，郭庆旺译，中国人民大学出版社 2015 年版，第 374 页。

② 单豪杰：《中国资本存量 K 的再估算：1952—2006》，《数量经济与技术经济研究》2008 年第 10 期。

量,估计的结果如式(8-4)所示。

$$\ln(Y_t/N_t) = \underset{(-13.25)}{-1.192} + \underset{(5.03)}{0.0185t} + \underset{(16.21)}{0.667\ln(K_t/N_t)} \quad (8-4)$$

括号内为t统计量,调整的R^2为0.999,由估计的系数得知劳动份额α为0.333。由生产函数$Y_t = (Z_t X_t^\alpha) K_t^{1-\alpha} N_t^a$,Solow剩余可以通过式(8-5)得到。

$$\ln SR_t = \ln Y_t - (1-\alpha)\ln K_t - \alpha\ln N_t \quad (8-5)$$

其中,SR_t为Solow剩余,有$\ln SR_t = \ln Z_t + \alpha \ln X_t$。已知$\ln X_t = \ln X_{t-1} + \ln\gamma$,显然,$\ln SR_t$有确定性的线性趋势,即$\ln SR_t = \ln Z_t + (\alpha\ln\gamma)t$。估计的结果如式(8-6)所示。

$$\ln(SR_t) = \underset{(-342.06)}{-4.778} + \underset{(23.41)}{0.0132t} \quad (8-6)$$

括号内为t统计量,调整的R^2为0.930。因此得到γ为1.0404。使用政府支出数据估计对应的一阶自回归方程,得知ρ_g为0.996,σ_g为4.01%。

对Solow剩余进行结构分析,使其分为衡量分配冲击与生产率冲击两部分。令生产率剩余s_t^1,要素份额剩余为s_t^2,生产率剩余S_t^1可由式(8-7)求得。

$$\ln S_t^1 = \ln Y_t - (1-\zeta_t)\ln K_t - \zeta_t \ln N_t \quad (8-7)$$

通过式(8-7)求得的序列具有趋势,采用如式(8-8)的方法令其平稳化。

$$\ln V\chi_v + g_v t + \tilde{\nu}_t \quad (8-8)$$

去除趋势后的生产率剩余s_t^1如式(8-9)所示。

$$s_t^1 = \tilde{y}_t - (1-\zeta_t)\tilde{k}_t - \zeta_t \tilde{n}_t \quad (8-9)$$

要素份额剩余s_t^2为劳动份额偏离与其均值的离差,如式(8-10)所示。

$$s_t^2 = \zeta_t - \zeta \quad (8-10)$$

其中$\zeta = \sum_t(\zeta_t/T)$。使用劳动份额计算$s_t^2$,得到$\zeta$为0.494,进而

得到 s_t^2 序列。s_t^2 可以用来得到分配冲击 z_t^2 的统计性质。使用模型生成的数据计算生产率剩余 s_t^1，将得到式(8-11)。

$$s_t^1 = \hat{y}_t - (1\alpha - z_t^2)\hat{k}_t - (\alpha + z_t^2)\hat{N}_t \qquad (8-11)$$

由生产函数可以得到式(8-12)。

$$z_t^1 = \hat{y}_t - (1 - \alpha - z_t^2)\hat{k}_t - (\alpha + z_t^2)\hat{N}_t + z_t^2 \ln\left(\frac{k}{\mu N}\right) \qquad (8-12)$$

本章的研究需要区分生产率冲击与分配冲击，为此选取 $\mu = k/N$，从而使得 $s_t^1 = z_t^1$。最后，假定 $z_t = (z_t^1, z_t^2)$ 服从一阶向量自回归过程，即 $z_t = \Theta Z_{t-1} + \varepsilon_t$，其中 $\varepsilon_t \sim N(0, \Sigma)$。令 ρ_1、ρ_2、ρ_2 与 σ_1、σ_2 分别是 $\hat{\Theta}$ 和 $\hat{\Sigma}$ 对角线上元素的估计值，估计得到的 ρ_1 为 0.773，ρ_2 为 0.826，σ_1 为 2.43%，σ_2 为 1.34%。具体校准结果如表8-3所示。

表8-3　　　　　　　　参数的校准结果

基本模型参数	δ	α	γ	Z	c/y	i/y	ρ	ρ_g	σ	σ_g
取值	0.10	0.333	1.0404	1	0.470	0.373	0.807	0.996	2.47%	4.01%
劳动市场相关参数	μ	N	B	β	N_0	—	—	—	—	—
取值	0	1/3	2.126	0.904	0.583	—	—	—	—	—
要素份额冲击参数	μ	ρ_1	σ_1	ρ_2	σ_2	—	—	—	—	—
取值	18.81	0.773	2.43%	0.826	1.34%	—	—	—	—	—

（三）模型经济分析

模型求解和模拟后可以得到各模型中有关变量的标准差，以及它们与产出之间的相关系数（见表8-4）。从模型的模拟结果中可以看到，在引入分配冲击后，模型预测主要宏观经济变量的波动程度接近实际经济。此处，对该模型模拟结构的分析主要关注劳动力市场有关变量。

表8-4　引入生产率冲击和分配冲击的 RBC 模型的模拟结果

变量 x	标准差（%）	变量 x_{t+j} 与 y_t 的相关系数										
		-5	-4	-3	-2	-1	0	1	2	3	4	5
y（产出）	4.28	0.75	0.79	0.83	0.88	0.94	1.00	1.00	0.99	0.99	0.98	0.97
k（资本）	3.90	0.71	0.74	0.78	0.82	0.86	0.91	0.94	0.95	0.96	0.96	0.96
c（消费）	4.29	0.40	0.45	0.51	0.57	0.63	0.71	0.73	0.75	0.75	0.76	0.76
i（投资）	5.08	0.69	0.73	0.78	0.82	0.88	0.93	0.95	0.95	0.95	0.94	0.93
n（就业人数）	5.17	0.48	0.50	0.53	0.56	0.59	0.63	0.61	0.59	0.57	0.55	0.53
劳动生产率	4.16	0.17	0.19	0.20	0.22	0.23	0.25	0.34	0.41	0.47	0.51	0.55
w（工资率）	4.29	0.40	0.45	0.45	0.47	0.43	0.41	0.37	0.35	0.35	0.36	0.36
劳动者报酬	3.99	0.53	0.57	0.61	0.66	0.72	0.72	0.72	0.68	0.65	0.61	0.60
劳动份额	2.33	0.83	0.83	0.83	0.83	0.83	0.38	0.83	0.83	0.83	0.83	0.83

对于就业的波动来说，模型预测的就业人数波动程度较高，且高于产出波动，表现为顺周期。在实际经济中，平均工资的波动大于产出波动，表现为弱顺周期，模型能够预测这一特征事实。模型预测的工资波动为4.29%，实际值为4.33%。模型预测工资的周期波动略高于产出的波动，这点与实际情况相符，弱正相关与产出波动。对比分析可以发现，在引入分配冲击后，模型能够预测工资易于变化和弱顺周期的特征事实。在中国经济周期波动的特征事实中，劳动者报酬波动程度和产出波动程度差别不大，并且表现为顺周期，能够预测这一事实。模型预测的劳动者报酬波动为3.99%，实际值为4.17%，这表明模型解释了劳动报酬波动的95.7%。模型预测劳动者报酬与产出波动的同期相关系数为0.72，这接近实际经济0.74。最后，在中国的实际经济中，劳动份额（用劳动者报酬与国民总收入之比衡量）波动程度远低于产出波动，表现为非周期。模型预测的劳动份额波动为2.33%，实际值为

2.83%，这表明模型解释了劳动份额波动的 82.3%。模型预测劳动份额表现为强顺周期。

综上所述，引入分配冲击的 RBC 能够解释中国经济中主要宏观经济变量 76% 以上的周期波动特征，也较好地解释了劳动力市场中的各总量及比率的波动。这表明中国的宏观经济不仅受到外生生产率冲击的影响，同时也受到了表现为要素份额波动的分配冲击的影响。这也预示着创新驱动技术进步在推动经济增长的同时，与之伴随的偏向性技术进步及导致的短期分配冲击会影响要素收入份额。在长期中，劳动份额的下降是造成收入不平等、加大居民收入分配差距的因素之一；在短期中，对劳动份额的扰动将造成总体经济和劳动力市场的周期性波动。因此，在进行创新驱动战略和推进共同富裕的顶层设计时，不仅要考虑创新驱动战略对生产率总体上的推动和促进作用，也要谋划和利用技术进步中的偏向性成分在影响要素收入份额以及收入分配差距方面的积极作用。不仅要在短期需求侧逆周期调节政策设计中，关注劳动份额短期波动对收入不平等、收入差距的重要影响，也应将收入分配调节目标融入供给侧结构性改革与跨周期调节的政策设计中。

三 我国居民财产分布异质性及其应对路径

改革开放以来，中国经济保持了四十多年的高速增长，取得了举世瞩目的增长奇迹，但居民收入分配的差距也随之扩大。居民收入分配差距导致的不平等主要体现在城乡间、地区间和产业间。城乡间收入分配差距的扩大是造成居民收入不平等情况加剧的主要原因。城乡间居民收入差距对居民总体收入差距贡献最大，农村内部次之，城镇居民最小。东部地区的收入分配相对公平，中部地区经历了先上升后下降的趋势，西部地区的基尼系数最高，但 2008 年后都趋于下降。产业内部的收入差距也成为影响总体收入不平等的一个主要因素，产业间的收入分配差距自 1990 年不断上升，在 2008 年达到顶峰后逐渐下降，第三产业内部的收入分配差距更为严重。随着金融市场的逐步完善，中国居民家庭的资产规模也在不断增长，资产配置结构也发生了重大变化，住房等实物资产和股票、债券等金融资产的比重逐渐增加。其中，住房资产不仅占比较高，且住房资产净值增长额占家庭人均财富增长额的绝大部分。家庭资产规模增长、结构多元化不仅提升了居民财富存量，而且有助于拓宽财产性收入渠道，但这客观上造成了我国居民家庭间在资产净值、结构和流动性方面的财产分布差异，与我国居民收入分配差异共同反映了我国居民的异质性。

我国经济经历改革开放以来的高速增长，家庭间收入差距、财产分布和消费行为的异质性已成为客观事实，"不平衡不充分发展"的问题日益突出，经济发展过程中的总量增长也已无法完全满足高质量发展的结构性要求。本章认为，当前经济形势仍然复杂严峻，不稳定性、不确定性较大，新冠肺炎疫情给我国经济发展和宏观调控带来挑战，有必要对家庭的收入差距、财产分布和行为差异状况予以重视，从宏观经济学、政治经济学、宏观管理与政策学科以及数字经济与数据科学多学科融合的视角，借鉴国内外宏观、微观经济学的研究前沿，吸收国内外研究经验，开发针对中国宏观经济与金融波动研究的异质性行为人新凯恩格斯主义模型作为预测模型，创造性地使用新模型和算法，有效提高模型的数值精确度、估计准确度和预测能力，设计妥善处理公平与效率的关系、促进共同富裕的宏观调控政策目标，完善宏观调控逆周期和跨周期设计与调节，优化传统逆周期调节政策的效果，补充现有宏观调控政策工具箱。

（一）家庭异质性对宏观经济运行的影响

党的十九大报告指出，"我国社会生产力水平总体上显著提高，社会生产能力在很多方面进入世界前列，更加突出的问题是发展不平衡不充分，这已经成为满足人民日益增长的美好生活需要的主要制约因素"①。当前，家庭在收入差距和财产分布方面存在的异质性，不仅对高质量发展形成了制约，反过来又受到发展不平衡不充分的影响。

1. 影响公平和效率，制约高质量发展和实现共同富裕

进入新时代后，我国将共享发展和共同富裕提升到国家发展战略层

---

① 习近平：《决胜全面建成小康社会 夺取新时代中国特色社会主义伟大胜利——在中国共产党第十九次全国代表大会上的报告》，人民出版社2017年版，第11页。

次，有效实现公平与效率并重成为亟须解决的一个重大现实问题。对我国居民收入分配问题的研究普遍认为，居民收入差距长期处于扩大的趋势，且总体上处于较严重的不均等状况。对于居民收入差距和财产分布异质性如何对公平和效率产生影响，现有研究尚不充分。

市场的不完全性可能经由居民收入差距而对政策制定者的公平—效率权衡产生影响。以对垄断的研究为例，垄断（特别是行政垄断）被认为影响到了政府的劳动所得税和最优货币政策设计，在造成经济效率损失的同时恶化了收入分配格局。改革开放后相当长一段时期内，政策制定者强调效率优先、兼顾公平，因而倾向于降低名义利率以促进经济效率，同时削弱劳动所得税的累进性以矫正垄断扭曲。2008年以后，政策设计更加注重公平，因而更倾向于增强劳动所得税的累进性以缩小居民收入差距，同时提升名义利率以矫正垄断扭曲。在整个过程中，垄断始终使政策制定者面临着政策权衡取舍，使其难以做到公平和效率并重。

中国银行保险监督管理委员会主席郭树清在"2019陆家嘴论坛"开幕式上指出，"房地产过度金融化，居民负债率占相当大的比例，甚至一半投资都投入房地产市场"①。在居民资产中住房资产占比高的背景下，传统研究认为，住房市场的不确定性将对居民收入差距的形成产生影响。房地产可以通过财富效应和信贷效应影响居民收入分配。居民在收入上的已有差距会逐渐积累，形成更大的财富存量，这会带来更多财产性收入，进一步扩大收入分配差距。在信贷效应方面，信贷约束限制了"小借款人"式的家庭或小企业的信贷，在使其难以提高收入水平的同时，也限制了不富裕家庭的购买力，相对而言，富裕家庭通常比不富裕家庭更容易获得由金融资源扩张带来的潜在收益。

2. 增强和放大了经济内外的不确定性、不稳定性

进入新时代后，结构调整、体制转型和国际形势的变化，使得中国经济运行的不确定性骤增，新冠肺炎疫情更加剧了经济内在的不确

---

① 《银保监会主席郭树清：当前房地产过度金融化，占居民负债很大比重》，搜狐网，2019年6月13日，https://www.sohu.com/a/320282070_120169261。

定性。当前经济形势仍然复杂严峻，不稳定性、不确定性依旧较大。在对于经济波动和政策设计的研究中，虽然定量宏观经济预测模型对需求冲击、生产率冲击、灾难风险冲击和政策冲击能作出较为准确的预测，给出具有可操作性的政策建议，但客观上我国学术界所常用的一阶扰动法数值求解和线性化估计的代表性行为人动态随机一般均衡模型，在其经验表现和经济预测方面缺乏足够的精确度。实际上，我国学术界对居民收入分配和财产分布异质性问题的讨论主要集中于消费经济学领域，政策目标局限于局部均衡，缺少基于行为人的宏观经济学理论研究，较少见到有关经济波动和最优政策设计的探讨，这也就限制了从理论上权衡公平与效率。使用异质性行为人新凯恩格斯主义模型的研究更是十分匮乏，而客观上居民收入分配和财产分布带来的家庭异质性将对生产率冲击、货币政策冲击和财政政策冲击的传导机制产生重大影响，这就使得现有政策效果和政策工具的研究受到制约。在实践上，现有政策多选择直接体现结构性效果的供给侧政策。宏观经济中的不平等与宏观经济运行存在双向影响。一方面，不平等塑造宏观经济总量；另一方面，宏观经济冲击和政策也会影响不平等。研究中既需防止忽略不平等性而造成的政策偏误，也需避免不合意的短期逆周期调节进一步恶化不平衡。

3. 妨碍消费需求牵引供给，弱化需求侧管理能力

党的十九大报告明确提出了"完善促进消费的体制机制，增强消费对经济发展的基础性作用"[①] 的重要目标。2020 年 12 月召开的中央经济工作会议指出，"要打通堵点、补齐短板，贯通生产、分配、流通、消费各环节，形成需求牵引供给、供给创造需求的更高水平动态平衡，提升国民经济体系整体效能"[②]。

近期研究指出，中国居民的消费需求并未随着家庭资产规模增长和结构多元化的趋势而显著提升，重要原因之一是资产结构差异对异

[①] 习近平：《决胜全面建成小康社会 夺取新时代中国特色社会主义伟大胜利——在中国共产党第十九次全国代表大会上的报告》，人民出版社 2017 年版，第 34 页。

[②] 《马克思主义政治经济学概论》编写组：《马克思主义政治经济学概论》，人民出版社、高等教育出版社 2021 年版，第 330 页。

质性消费者行为的影响。有房家庭由于资产中住房资产占比高，对高流动性资产产生了挤出作用，抑制了平滑消费的能力；无房消费者在不确定性的影响下，主动积累财富的动机较高，导致其高流动性资产中预防性储蓄比例较高，使其即使在高资产充足的情况下，也表现出与受到流动性约束的消费者相似的消费行为。中国家庭住房拥有率高达90%以上，绝大多数家庭仅有一套住房，将其作为生活必需品持有，这使得资产中以住房资产为代表的低流动性资产占比较高。这尽管提高了家庭财富水平和财产性收入，但是也降低了家庭资产流动性水平，抑制了家庭平滑消费的能力。总体来看，住房资产价值增加对消费的刺激作用有限。

异质性也使家庭消费行为的影响因素发生改变。受信贷约束的消费者在面对暂时性收入冲击时有较高的边际消费倾向，而对利率的反应相对不灵敏。对于远离信贷约束的消费者，利率下降也将产生负收入效应，也会减弱当期消费的反应。有效识别和考虑这些机制可以提高货币政策的有效性和经济效率。

4. 提高宏观经济预测模型与政策设计的要求

居民收入分配和财产分布的异质性导致冲击的传导机制存在显著差异，这意味着收集与传导机制相关的经验证据对于区分模型至关重要，在使用时间序列宏观数据的同时也需要使用横截面数据。国内现有研究以在简化式计量经济模型基础上的局部均衡分析为主，在综合利用不同数据来源和定量结论方面有所欠缺。与之对比，异质性行为人模型可以利用更丰富的微观数据来识别特定的传导机制，但国内使用动态随机一般均衡建模的研究更偏好使用行为人新凯恩格斯主义模型，行为人的异质性仅体现在区分经济中的储蓄者与借款者。同时，忽略行为人的异质性也将影响部分冲击甚至包括货币政策与财政政策冲击的结论。

近年来，在一些开源软件的推介之下，运用低阶扰动法数值求解，使用线性化模型进行校准或者估计的动态随机一般均衡模型，成为我国学术界经济波动和政策评价与设计研究的主要参考框架。但是，近期宏观经济研究需要处理的一些非线性问题（如随机波动性、偶尔束紧约束和零利率下限）迫切需要在研究中采用超越线性化之外的进阶方法。虽然目前已存在众多新的求解方法和非线性估计方法，但在研究时选择何种方法、如何与既有研究相衔接仍然是需要考虑的问题。同时，针对中国宏观经济进行的强调微观数据体现的收入差距和财产分布异质性特征的异质性行为人建模十分匮乏，主要原因之一也是受到了算法的约束。因此，在选择进阶算法时也应该将异质性行为人模型的数值求解纳入考虑范围。

（二）收入和财产异质性背景下宏观调控政策工具设计的几点建议

第一，借助宏观经济学和政治经济学多学科知识交叉，设计妥善处理公平与效率关系、促进共同富裕的宏观调控政策目标，优化现有宏观调控政策工具的效果。党的十九大以来，逆周期调节在宏观经济和金融稳定方面发挥了整体效能，而在追求逆周期调节政策目标的基础上，进一步考虑公平和效率、共同富裕的目标设置，能拓展社会主义市场经济中效率与公平的理论内涵，实现现有宏观调控政策工具效果的优化。

第二，完善宏观调控跨周期设计和调节，在战略定位层面是对传统逆周期调节政策框架的升级，要求政策设计在关注短期经济波动性问题的同时，也要关注长期经济发展中趋势性变化和不平等问题。党的十九大以来，货币政策和宏观审慎政策双支柱调控框架不断健全完善，但仍需防止短期冲击演变为趋势性变化，防范不合意的短期逆周期调节引发的中长期经济发展问题，避免因忽视经济个体间的异质性和不公平问题而导致的政策目标偏误，预防不公平问题因不确定性和政策偏误得到进一步积聚和恶化。

第三，开发微观调查数据库时兼顾宏观经济研究的需要，打通宏观时间序列数据和微观截面（面板）数据的应用分隔。优化调查问卷和数据设计，使开发得到的数据库能适用于简化式和基于行为人的定量研究，在满足微观经济学研究需要的同时也能兼顾宏观经济学和管理科学的研究需要。对于包含丰富准确信息和非结构化数据的网络资料来源，可由政策部门在官方网站上予以推荐。

第四,构建适宜于研究我国经济领域结构性问题的宏观经济预测模型,利用前沿方法进行宏观调控政策工具设计。在考察家庭收入分配和财产分布异质性时,广泛借鉴国内外相关研究,在宏观经济分析中结合大数据分析方法。开发、建立和推介具备异质性行为人的预测模型供研究者参考,借鉴不同模型环境下的高阶扰动算法和投影算法,深入使用监督学习和强化学习等机器学习算法,综合利用结构化和非结构化数据来估计非线性模型,确保模型的精确度、经济预测的准确度以及宏观调控政策工具的有效性。

四 高质量发展、创新驱动与跨周期、逆周期调节

当前,我国正处于经济高质量发展时期。金融结构通过激发企业家精神与创新技术促进技术进步与资本积累,进而对经济发展产生正向影响,通过金融结构调整推动经济转型和经济增长方式的洞见虽已付诸我国政策实践,但有关金融结构、经济短期波动与长期增长之间的理论研究相对滞后。从金融结构视角考察不确定性冲击由短期经济波动向长期经济增长的传播机制,评估和设计兼顾宏观经济波动、金融稳定与长期增长的逆周期调节政策,既是完善宏观调控跨周期设计的关键之一,也是现时我国经济发展阶段亟待研究的一项重要议题。本节建立了一个含有研发(R&D)和金融结构的内生增长 DSGE 模型,考察股权与债务融资冲击对技术创新的差异性作用,分析不确定性冲击从短期经济波动向中长期趋势增长的内生传导机制,为宏观经济的跨周期逆周期调节政策提供理论依据。

(一)关键模型设定

代表性的最终产品厂商在完全竞争市场上生产最终产品。中间产品厂商将差异性中间产品 $Y_{j,t}$ 作为投入,使用不变替代弹性(CES)技术生产最终产品 Y_t 如式(8-13)所示。

$$Y_t = \int_0^1 Y_{j,t}^{1/\lambda_{f,t}} dj^{\lambda_{f,t}} \qquad (8-13)$$

其中 $\lambda_{f,t}$ 表示时变的加成,其自然对数服从 AR(1) 过程。每一个差异性的中间产品 j,由垄断竞争性的中间产品厂商 j,使用以下生产技术

生产，如式(8-14)所示。

$$Y_{j,t} = (u_{j,t}^k K_{j,t})^\alpha (Z_{j,t} L_{j,t})^{1-\alpha} \qquad (8-14)$$

其中，$Z_{j,t}$ 是企业层面的 TFP，其决定将在下文中描述，$K_{j,t}$ 是物质资本，$N_{j,t}$ 表示知识资本，$u_{j,t}^k$ 与 $u_{j,t}^n$ 表示二者对应的利用率。与文献中的通常设定一样，本章假定利用率的调整会带来资本维护成本的增加，这种成本由资本利用率调整成本函数 $a_k(u_t^k)$ 和 $a_n(u_t^n)$ 描述。

假定资本存量由中间产品厂商拥有，厂商 j 可以利用投资品生产技术，将其中间产品一比一转换为物质资本投资品 $I_{j,t}$ 和知识资本投资品 $S_{j,t}$，利用以下规则积累物质资本与知识资本，如式(8-15)、式(8-16)所示。

$$K_{j,t+1} = (1-\delta_k)K_{j,t} + \left(1 - \Psi_k \frac{I_{j,t}}{I_{j,t-1}}\right) I_{j,t} \qquad (8-15)$$

$$N_{j,t+1} = (1-\delta_n)N_{j,t} + \left(1 - \Psi_n \frac{S_{j,t}}{S_{j,t-1}}\right) S_{j,t} \qquad (8-16)$$

其中，δ_k 是折旧率，Ψ_k 是调整成本函数，其稳态值为零。厂商层面的 TFP 由式(8-17)决定。

$$Z_{j,t} = A_t (u_{j,t}^n N_{j,t})^\eta (u_t^n N_t)^{1-\eta} \qquad (8-17)$$

其中，$1-\eta$ 衡量已利用的知识存量的溢出程度，外生变量 A_t 代表对总生产率的平稳冲击，假定为服从对数 AR(1) 过程。给定个体层面的 TFP 决定，在均衡中总体层面的 TFP 衡量值 z_t 由模型内生，取决于技术利用率和知识资本存量，如式(8-18)所示。

$$z_t = A_t u_t^n \qquad (8-18)$$

在平衡增长路径中，TFP 与知识资本存量 N_t 以相同的增长率 μ_t 增长，技术扰动项 A_t 将提高或者降低 TFP 的增长路径。假定中间产品厂商面临名义价格调整成本为式(8-19)。

$$\Gamma_p(P_{j,t}, P_{j,t-1}) = \frac{\phi_R}{2} \left(\frac{P_{j,t}}{P_{j,t-1}} - \pi^{1-t_p} \pi_{t-1}^{t_p} \right)^2 Y_t \qquad (8-19)$$

其中，ϕ_R 衡量调整成本的大小，t_p 衡量价格指数化的程度，π 是稳态通货膨胀率。假定存在企业股权支出的调整成本为式(8-20)。

$$\Gamma_D(D_{j,t}, D_{j,t-1}) = \frac{\phi_D}{2}\left(\frac{D_{j,t}}{D_{j,t-1}} - \zeta^{D,t}\Delta D\right)^2 Y_t \qquad (8-20)$$

其中，ΔD 表示股权支付的稳态增长率，ϕ_D 是衡量成本大小的参数，$\zeta^{D,t}$ 表示对净股权目标增长率的冲击，意味着影响融资的总体市场不确定性，同样假定服从对数 AR(1) 过程。

调整成本将影响债券融资与股权融资之间的权衡取舍。此外，Bianchi 等[①]假定企业借入面对的利率 R_t 与市场无风险利率 $R_{f,t}$ 之间存在一个差额 τ，此处 τ 是待估计的参数，如式(8-21)所示。

$$R_t - 1 = (1-\tau)(R_{f,t} - 1) \qquad (8-21)$$

Bianchi 等[②]以借入约束方式为模型引入金融摩擦。首先，假设厂商以期内贷款方式为其研发筹资，即期内债务 $X_{j,t}$ 在期初借入，在期末偿还，用于期初收益实现前的支出筹资。其次，厂商期内债务借入能力受到债务合约的约束，如式(8-22)所示。

$$\frac{1}{P_t}X_{j,t} \le \zeta_{B,t}\left[K_{j,t+1} - \frac{B_{j,t+1}}{P_t(1+r_t)}\right] \qquad (8-22)$$

其中，$\zeta_{B,t}$ 是债务融资冲击，反映总体市场条件下的不确定性扰动，影响了物质资本的清算价值，进而影响了厂商的债务融资能力。厂商在期收益实现后，可以对其债务违约。假定若厂商违约，贷方对于其期内贷款将得不到任何资金。令期内贷款的数量等于收益，即 $X_{j,t} = P_{j,t}Y_{j,t}$。那么市场出清条件为式(8-23)。

$$C_t + \frac{I_t}{\zeta_{\gamma,t}} + S_t + G_t = Y_t^G \qquad (8-23)$$

其中，G_t 表示政府购买，Y_t^G 是 GDP 的衡量，满足式(8-24)。

$$Y_t^G = Y_t - \alpha_k(u_t^k)K_t - \alpha_n(u_t^n)N_t - \Gamma_{P,t} - \Gamma_{D,t} \qquad (8-24)$$

最后，政府(财政当局)以一次总付税和政府债券的方式为其支出筹资，如式(8-25)所示。

[①] Bianchi F., Kung H., Morales G., "Growth, Slowdowns, and Recoveries", *Journal of Monetary Economics*, Vol. 101, 2019, pp. 47-63.

[②] Bianchi F., Kung H., Morales G., "Growth, Slowdowns, and Recoveries", *Journal of Monetary Economics*, Vol. 101, 2019, pp. 47-63.

$$P_t T_t = P_t G_t + B_{t+1}\left(\frac{1}{R_t} - \frac{1}{R_{F,t}}\right) \qquad (8-25)$$

与文献中通常的假设相似,本章假定政府购买 G_t 的自然对数服从 AR(1)过程。假定无风险利率与政策利率相等,且中央银行根据泰勒规则设定政策利率,如式(8-26)所示。

$$\frac{R_{f,t}}{R_f} = \left(\frac{R_{f,t-1}}{R_f}\right)^{\rho_r} \left[\left(\frac{\pi_t}{\pi}\right)^{\phi_\pi} \left(\frac{Y^G_t/Y^G_{t-1}}{\mu}\right)^{\phi_{dy}}\right]^{1-\rho_r} e^{\sigma_r \varepsilon_{r,t}} \qquad (8-26)$$

其中,R_f 是总名义利率稳态值,$\varepsilon_{r,t}$ 是自然对数服从 AR(1)的扰动项。其他条件可参考 Bianchi 等①。

(二)校准与贝叶斯估计

需校准参数分为三大类。一是反映模型稳定状态特征的有关参数,来自中国主要宏观经济变量的样本期均值;二是反映模型动态特征的深度参数,取自国内外研究中的相关文献;三是由前两类参数结合模型稳定状态条件推导所得。

支出法 GDP 中各部分的衡量值与对应的宏观经济变量更为一致,适用于相同变量的衡量值也有更多指标,因此校准所需的稳态值使用 1996—2020 年的年度数据推算,所需的年化增长率和年化利率的季度值,也由年度数据转换得到。首先,1996—2020 年 GDP 平减指数净增长率均值为 2.8616%,推算 GDP 平减指数通货膨胀率季度均值为 0.7079%,即 π 取 1.007079。同理,其间,实际 GDP 年化增长率均值的季度值为 2.0908%,μ 取 1.020908。其次,由 1996—2019 年 GDP、固定资本形成以及 R&D 经费支出 GDP 占比的数据,推算得出投资—产出比稳态值为 0.3912,研发投入—产出比稳态值为 0.01508;由 1996—2020 年的"财政收入:税收"与 GDP 比例的均值,推算 t/y 取 0.15532。再次,物质资本折旧率为每季度 2.50%,来自同类研究中的通常取值。最后,取 2013 年 4 月至今的"温州指数:民间融资综合利率:1 年"的均值为 14.56%,由此推算季度均值为 R_f,赋值为 1.03457。此外,根

---

① Bianchi F., Kung H., Morales G., "Growth, Slowdowns, and Recoveries", *Journal of Monetary Economics*, Vol. 101, 2019, pp. 47–63.

据定义，经规模化的实际知识资本 n 的稳态值为 1。校准结果总结如表 8-5 所示。

表 8-5　　　　　　　　　　变量参数校准

参数/稳态值	描述	取值	来源
π	稳态总通货膨胀率	1.007079	样本均值
μ	稳态经济总增长率	1.020908	样本均值
i/y	稳态投资—产出比	0.3912	样本均值
s/y	稳态研发投入—产出比	0.015076	样本均值
t/y	税收—产出比	0.155320	样本均值
L	稳态劳动	1/3	L 或 χ 设定其一
n	标准化知识资本存量	1	定义
R_f	无风险利率	1.03457	样本均值
R	股权融资利率	1.02582	$R_f - 0.035/4$
δ_k	物质资本折旧率	0.025	文献通常取值
q^k, q^n	物质/知识资本相对价格	1	稳态条件

模型中剩余参数由贝叶斯极大似然方法估计。参考 Smets 和 Wouters[①] 的做法，假定冲击过程中的持续参数服从均值为 0.50、标准差为 0.20 的 Beta 分布，信息的标准差服从均值为 0.10、自由度为 2 的逆 Gamma 分布。习惯形成参数、劳动供给弹性倒数投资调整成本、物质资本收入份额参数、工资黏性参数的先验分布参考国内外研究中的通常取值设置。稳态工资加成设定为 2，稳态价格加成取 1.2。价格指数化、工资指数化等的先验分布参照 Bianchi 等[②] 设置。最后，股权、

---

① Smets F., Wouters R., "Shocks and Frictions in US Business Cycles: A Bayesian DSGE Approach", *American Economic Review*, Vol. 97, No. 3, 2007, pp. 586–606.
② Bianchi F., Kung H., Morales G., "Growth, Slowdowns, and Recoveries", *Journal of Monetary Economics*, Vol. 101, 2019, pp. 47–63.

债权融资缺口的先验均值根据 R_f 和 R 推算值设定。

本章使用1996年第1季度至2020年第4季度的季度数据衡量以下可观测变量,即人均实际GDP、通货膨胀率、名义利率、人均实际消费、人均物质资本投资、就业人数、物质资本利用率及其物质资本投资相对价格①。在对数线性化模型中,观测变量中的非平稳变量(人均实际GDP、人均实际消费、人均投资)使用一阶对数差分以平稳化。为构造线性化模型的状态空间系统,还需要引入数量与观测变量个数相等的测量方程,除人均GDP数据对应 y^G 外,其余观测变量直接与模型中变量对应。参数的后验分布使用Metropolis – Hastings抽样算法在全样本区间内计算得到,共进行50万次模拟抽样。数据中1996年第1季度至2000年第4季度用于初始化状态空间系统,2001年第1季度至2020年第4季度用于估计和推断。表8 – 6为参数的先验分布、后验众数、均值与90%误差带。

表8 – 6　　　　　　　模型参数的先验分布与估计结果

参数	描述	先验分布		后验分布			
		类型	均值	标准差	众数	均值	5%	95%
ρ_g	政府购买冲击持续	Beta	0.50	0.20	0.8623	0.8975	0.8760	0.9207
ρ_x	劳动偏好冲击持续	Beta	0.50	0.20	0.6911	0.7050	0.6561	0.7667
$\rho_\xi C$	消费偏好冲击持续	Beta	0.50	0.20	0.2856	0.1445	0.0718	0.2171

---

① 每年人口数量由名义GDP和人均GDP推算,假定年人口增长率在各季度相等,由此推算得到每季度末人口数量。通货膨胀率由CPI水平推算。名义利率使用银行间7天内同业拆借加权平均利率衡量。由于固定资产投资价格指数已于2019年停止更新,投资数据使用GDP平减指数平减,与之对应,使用GDP平减指数与CPI之比衡量投资相对价格。就业数使用城镇非私营单位从业人数衡量,2015年起缺失的季度数据使用"就业人数:城镇新增就业;累计"反映的2015—2019年各季度的增长率占全年增长率的比率推算。由于全社会电力消费量与发电量极为接近,但前者数据仅始于2008年,因此本章使用发电量衡量资本利用率。数据主要来源于国家统计局网站、CEIC宏观经济数据库与中经网统计数据库。所有数据经Census X – 12方法季节调整。

续表

参数	描述	先验分布			后验分布			
		类型	均值	标准差	众数	均值	5%	95%
$\rho_\xi D$	股权融资冲击持续	Beta	0.50	0.20	0.4948	0.7498	0.6815	0.8193
$\rho_\xi B$	债务融资冲击持续	Beta	0.50	0.20	0.4788	0.5188	0.4463	0.5836
ρ_A	技术冲击持续	Beta	0.50	0.20	0.9806	0.9849	0.9790	0.9908
$\rho_{\lambda f}$	价格加成冲击持续	Beta	0.50	0.20	0.4139	0.3805	0.3247	0.4235
$\rho_{\xi\gamma}$	投资价格冲击持续	Beta	0.50	0.20	0.5276	0.5724	0.4979	0.6617
σ_R	货币政策冲击	InvGamma	0.10	2	0.0118	0.0121	0.0118	0.0125
σ_g	政府购买冲击	InvGamma	0.10	2	0.6538	0.5350	0.4454	0.6200
σ_χ	劳动偏好冲击	InvGamma	0.10	2	0.6981	0.5857	0.4645	0.7024
$\sigma_\xi C$	消费偏好冲击	InvGamma	0.10	2	0.1462	0.1586	0.1186	0.1999
$\sigma_\xi D$	股权融资冲击	InvGamma	0.10	2	0.1029	0.0891	0.0697	0.1085
$\sigma_\xi B$	债务融资冲击	InvGamma	0.10	2	0.0364	0.0323	0.0281	0.0365
σ_A	技术冲击	InvGamma	0.10	2	0.0769	0.0720	0.0619	0.0817
$\sigma_{\lambda f}$	价格加成冲击	InvGamma	0.10	2	0.0461	0.1102	0.0234	0.2433
$\sigma_{\xi\gamma}$	投资专有技术冲击	InvGamma	0.10	2	0.0282	0.0284	0.0247	0.0320
Φ_c	习惯形成	Beta	0.70	0.10	0.8037	0.8159	0.7653	0.8680
σ_L	劳动供给弹性倒数	Normal	1.00	0.25	0.8779	0.9727	0.9024	1.0507
Ψ_k^a	投资调整成本	Normal	4.00	2.00	0.4095	0.3245	0.2085	0.4346
α	物质资本收入份额	Normal	0.50	0.05	0.5317	0.4953	0.4698	0.5212
ζ_w	工资黏性	Beta	0.75	0.05	0.8150	0.7888	0.7706	0.8074
λ_f	价格加成	InvGamma	1.20	2	1.3192	1.1976	1.1260	1.2672

续表

参数	描述	先验分布			后验分布			
		类型	均值	标准差	众数	均值	5%	95%
λ_w	工资加成	InvGamma	2.00	2	1.8343	1.3642	1.0000	1.7309
ρ_r	利率持续	Beta	0.80	0.05	0.7575	0.8058	0.7836	0.8260
ϕ_π	通胀反应	Normal	1.70	0.10	1.6557	1.6641	1.6262	1.7021
ϕ_{dy}	差分产出反应	Normal	0.125	0.05	0.1119	0.1092	0.0868	0.1331
t_p	价格指数化	Beta	0.50	0.2	0.4464	0.4345	0.3130	0.5589
t_w	工资指数化	Beta	0.50	0.2	0.3785	0.6588	0.4939	0.8378
a_k''	资本利用率	Gamma	0.02	0.01	0.0158	0.0175	0.0154	0.0197
a_n''	研发利用率	Gamma	0.004	0.002	0.0031	0.0024	0.0009	0.0034
Ψ_n''	研发调整成本	Gamma	2.00	1	0.2680	0.7349	0.3494	1.1516
δ_n	知识资本折旧率	Beta	0.02	0.01	0.0076	0.0057	0.0031	0.0082
ϕ_R	价格调整成本	InvGamma	5.00	5	10.216	8.9984	5.4234	12.458
ϕ_D	股权支出调整成本	InvGamma	5.00	5	2.2767	2.4050	1.4473	3.3395
τ	股权—债权融资缺口	Beta	0.2531	0.05	0.2209	0.1979	0.1701	0.2390

注：标准差数值对于逆 Gamma 分布表示自由度。基准模型的对数数据密度是 1197.5552。

(三) 脉冲响应分析

本节通过脉冲响应说明关键的模型机制。图 8-3 为债务融资冲击（债务融资宽松）的脉冲响应结果。债务融资冲击对各主要宏观经济变量产生正向影响，经过 20 期左右最终回归到平稳状态。从短期来看，债务融资冲击通过降低企业借入利率以及增加物质资本的抵押品价值缓解了企业的融资约束，使企业更顺利地通过外部债务融资获取资本投入生产，对要素投入需求的提高反映为物质资本投资、R&D 投资以及劳动力的增加。根据厂商层面的 TFP 设定，R&D 投入以及知识利用率的增加提高了短期 TFP 水平，最终促进了产出的短期正向波动，带来经济增长率的正向偏离，发挥了政府逆周期调节的短期作用。

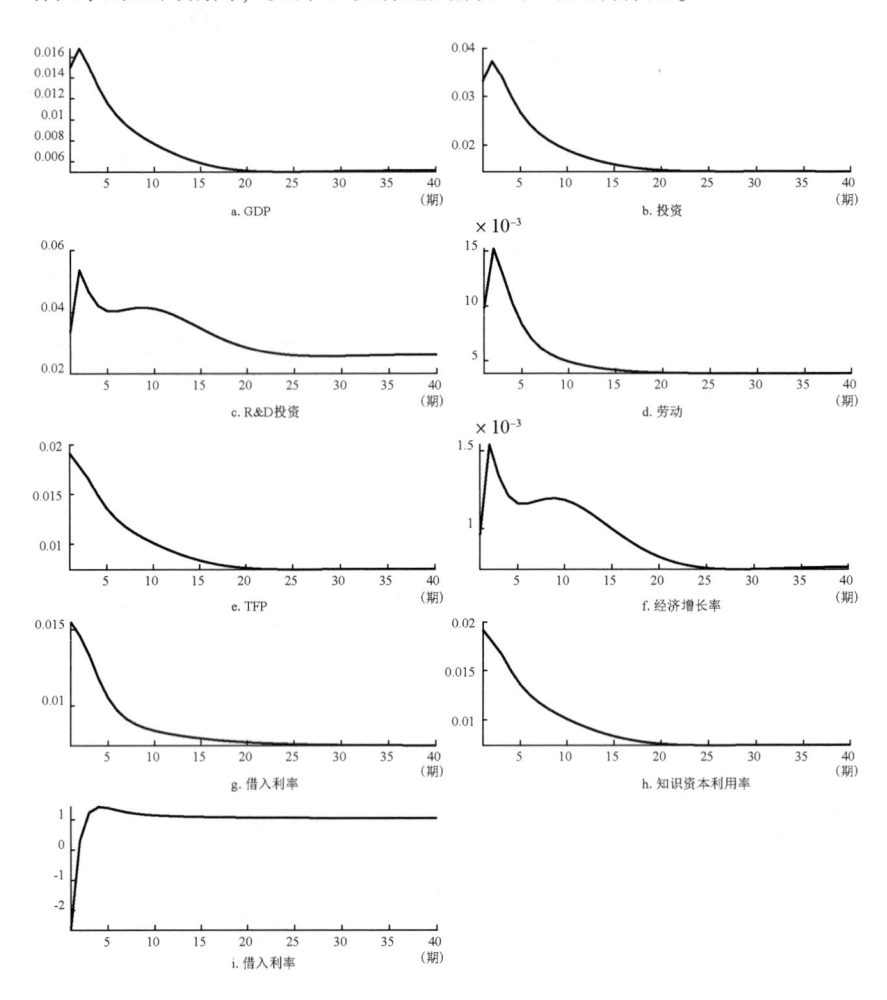

图 8-3　债务融资冲击下的脉冲响应

从中期来看，债务融资冲击产生的当期 R&D 投入增加通过资本累积规则转变为下一期的资本存量，由于债务融资冲击造成经济增长率的正向偏离，改变了知识资本存量原本以稳态增长率增长的均衡路径，知识资本利用率和资本存量增长方式的动态转移带来的知识外溢效应驱动了 TFP 增长的趋势成分，提高了内生 TFP 的未来增长率，并最终通过生产函数持续影响未来的产出水平，进一步改变了未来经济增长路径。从长期来看，由于资本利用率存在维护成本，随着要素投入的增加，企业资本投入的吸收能力减弱，经济增长率的逐步下降最终使产出回归到平稳状态。这说明，债务融资冲击对宏观经济产生的积极作用不仅是造成短期经济波动的重要原因，并且可以通过 R&D 机制的外溢效应影响 TFP 的水平和趋势成分，推进中长期趋势增长的内生因素，放大对宏观经济变量的持续性作用，同样对未来的经济增长产生影响。

图 8-4 为正向的股权融资冲击（股权融资收缩）的脉冲响应结果，反映融资总体市场的不确定性扰动。与债务融资冲击造成的短期经济波动相比，股权融资冲击对宏观经济的影响更加平滑。在企业股权支

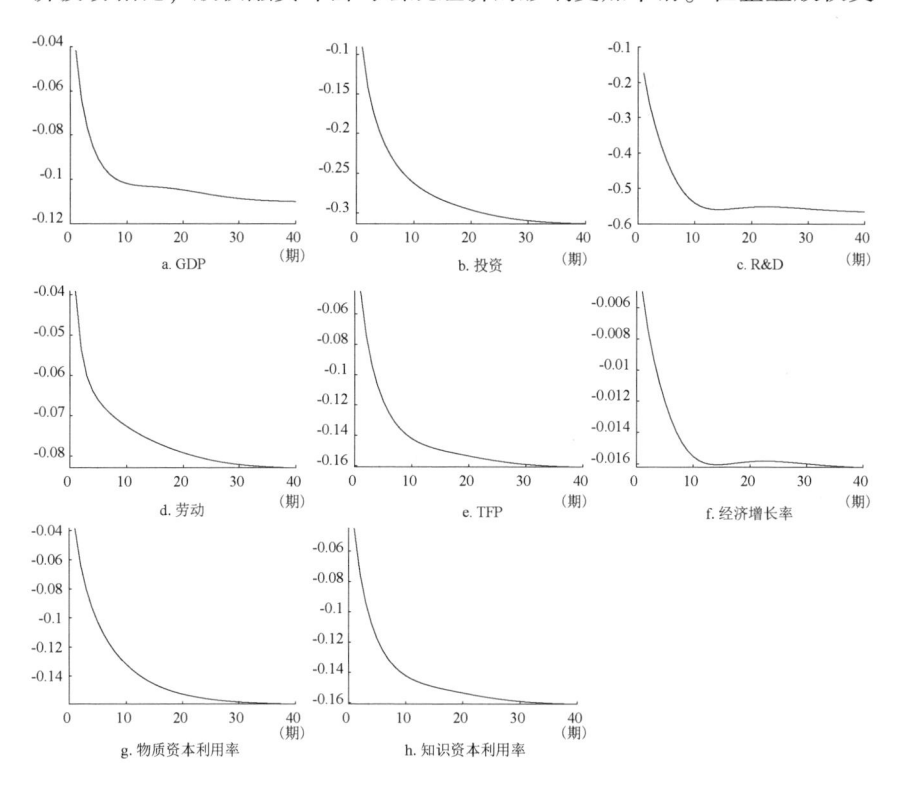

图 8-4 股权融资冲击的脉冲响应

出的调整成本中，正向的股权融资增加了对家庭的股权派息。股权派息的增加以及债务与股权融资之间的替代成本减少了企业可用于生产要素投入的资金。企业的融资约束加剧造成的生产要素需求下降减少了企业物质资本投资、R&D 投资以及劳动力投入。R&D 投入的减少以及资本利用率的下降导致了内生 TFP 增长率的负向偏离，最终通过生产函数反映为产出下降，经济增长率的降低。更重要的是，在正向的股权融资冲击下，物质资本投资下降 0.09%，R&D 投资下降 0.17%，这说明，相比债务融资冲击，R&D 投资对股权融资冲击的反应比物质资本投资更加敏感，这是因为我们认为物质资本作为抵押品与企业债务密切相关，债务融资冲击对物质资本投资的影响更加直接，相反，股权融资冲击对 R&D 投资的作用效果更加敏感。由于股权融资冲击对 R&D 的作用更大，从长期来看，R&D 产生的知识外溢效应使股权融资冲击对 TFP 内生趋势增长的影响更加明显，相比债务融资冲击，股权融资冲击对经济增长的持续性作用更长。

图 8-5 我们展示了外生技术冲击与货币政策冲击的脉冲响应结果，以考察传统不确定性冲击通过 R&D 机制从短期经济波动向长期经济增长的传播路径。扩张性货币政策通过增加市场上流通的货币总量使企业

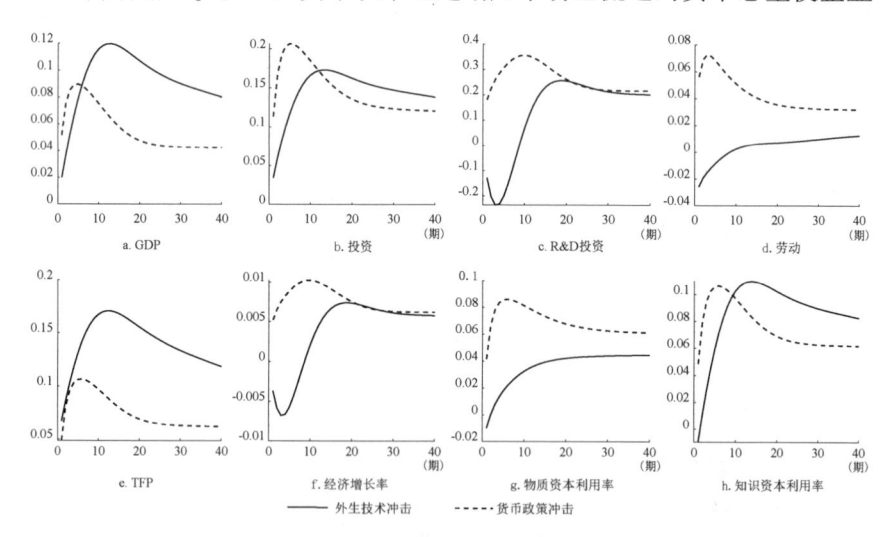

图 8-5 外生技术冲击与货币政策冲击

更容易获得用于要素投入的资金来源，刺激了企业对物质资本投资、R&D 投资以及劳动力的需求，提高了产出的短期正向波动与经济增长率水平。与债务和股权融资冲击的作用相同，短期货币政策冲击产生的企业 R&D 需求增加使新知识的创造和知识存量累积存在正的外部性，R&D 短期投入的知识外溢效应通过促进 TFP 的内生趋势增长，进而提高了未来经济增长路径。这说明，政府为应对经济下行压力采取的扩张性货币政策不仅可以熨平短期的经济波动，这种短期逆周期调节政策带来的企业 R&D 投入的外溢效应可以促进内生技术进步，对未来经济产生正向持续作用。

外生技术冲击对宏观经济变量的影响与债务、股权以及货币政策冲击不同。从整体来看，正向的外生技术冲击通过提高内生 TFP 的增长路径对产出产生了正向积极作用。但从短期来看，在完全竞争的市场条件下，正向的外生技术冲击使创新和毁灭同时存在，在刺激一些企业 R&D 投资的同时，对原有研发企业产生负面冲击，最终造成整体短期 R&D 投入的下降，但随着外生技术冲击对经济结构体系的重塑，企业对 R&D 的投入逐渐恢复并增加，最终提高了 TFP 的长期增长路径，对未来的经济增长产生正向影响。可以说，外生技术进步更多地体现为经济实体内部的自我更新完善，优化了资源配置，促进了经济的中长期增长趋势。

（四）结论与建议

在全球不确定性加剧以及我国经济需要稳步增长的关键时期，经济的逆周期调节虽然在熨平短期经济波动方面发挥了积极作用，但这种短期效果是否会造成经济的中长期趋势变化是一个亟须探究的课题。研究得出如下结论与建议。

第一，股权与债务融资冲击作为经济短期波动的主要因素对宏观经济变量的影响存在差异性。与债务融资冲击相比，股权融资冲击的脉冲响应更加平滑。第二，实物资本通过借入约束与企业债务紧密相关，债务融资冲击对实物资本投资的作用更加直接，相反，R&D 投资对股权融资冲击的反应更加敏感。第三，股权和债务融资冲击都会通过增加

R&D 投资产生知识外溢效应，促进 TFP 的水平和趋势成分，对经济的长期增长产生持续性作用。由于 R&D 投资对股权融资冲击更加敏感，股权融资更有利于企业为研发投入筹集资金。第四，逆周期调节政策对经济短期波动起到了平缓化的作用，同时在一定程度上通过改变内生的趋势性变化对未来经济增长产生持续性的影响。

本章的研究结果对政府部门进行宏观经济调控具有一定启示，为应对当前经济形势的不确定性，应建立宏观调控政策中长期逆周期调节机制，不仅能在短期稳定宏观经济和金融波动，也能通过保障 R&D 的稳定，确保 TFP 的平稳进步，促进经济的高质量发展。宏观调控应注重经济的长短期结合，发挥跨周期和逆周期的调节作用，优化金融资源配置和对于 R&D 投资的支持作用，驱动内生技术进步，促进我国经济的持续稳定高质量发展，稳步推进共同富裕。

第九章 建设高水平社会主义市场经济体制与促进共同富裕的协同关系研究*

经济体制建设与收入分配制度改革的协同关系，一直是中国特色社会主义政治经济学的重大理论与实践问题。近年来，高水平社会主义市场经济体制作为党中央对经济体制改革的顶层设计和系统谋划，通过补齐有效市场与有为政府有机结合的制度短板，增强改革的系统性、整体性、协同性，着力解决发展不平衡不充分问题①，是推动高质量发展的制度前提②。党的十九届四中全会将生产资料所有制、社会主义市场经济体制与收入分配制度一同纳入基本经济制度，对此，学术界提出，社会主义市场经济体制本身具有经济基础和上层建筑的双重属性③，社会主义与市场经济有机结合的具体形式创新，将更好地反映党对经济工作的领导这一社会主义制度优越性的本质规定④。系统完备、成熟定型的社会主义市场经济体制是落实社会主义本质、实现共同富裕必需的制度与机制载体。

---

* 葛浩阳，西南财经大学经济学院讲师。
① 王一鸣：《构建高水平的社会主义市场经济体制》，《人民日报》2020年6月4日。
② 刘伟：《完善经济体制改革是高质量发展的前提》，2020年6月3日，https://www.thepaper.cn/newsDetail_forward_7681476?ivk_sa=1023197a。
③ 朱安东、孙洁民：《作为基本经济制度的社会主义市场经济体制初探》，《思想理论教育导刊》2020年第5期。
④ 孟捷：《中国特色社会主义政治经济学的国家理论：源流、对象和体系》，《清华大学学报》2020年第3期。

回顾新时代以来我国收入分配制度改革的总逻辑，就是突出了全体人民共享发展、推进共同富裕。以共同富裕为目标的收入分配制度改革，既要通过构建长久公正的收入分配格局，让全体人民合理分享国家发展的成果，又要使之成为国家持续发展的新引擎。践行共同富裕，不仅是人民至上思想作为意识形态对收入分配的指引，其现实基础在于新一轮技术革命的生产力潜能、社会主义市场经济体制的制度保障和机制载体，以及新发展格局的内在需要。

社会主义市场经济体制是中国特色社会主义在初级阶段的生产方式，是在价值规律作用下各类要素组合与技术选择的现实方式，是生产、分配、交换、消费的具体组织关联机制，完善社会主义市场经济体制，包含所有制、市场体系、宏观经济治理体制、民生制度、法治保障等多个方面，兼具生产力与生产关系的统一，共同富裕的实现无法脱离生产方式基础，收入分配具体形式的完善是依托经济体制建设而推进的。

为此，本章将重点分析当前新技术革命为共同富裕提供的生产力可能及其必要的生产关系前提，公有制与市场经济的有机结合如何作为共同富裕的制度保障，市场经济基础性制度体系完善与宏观经济治理能力升级在扩大就业规模、拓宽居民收入渠道、缩小城乡收入差距等方面的代表性作用机制，以及有为政府与有效市场在初次与再次分配全过程中的协同作用，在践行共同富裕的同时推进我国经济发展的动能转换，并为经济治理政策体系升级提供经验。

一 共同富裕原则在我国收入分配制度中的演进

收入分配制度是中国社会主义的基础性制度，在我国生产力发展和所有制结构调整的实践中不断创新与完善。新中国成立后，在1953年中央关于发展农业生产合作社的决议中即将共同富裕作为重要目标提出，1956年社会主义改造完成后，党的八大强调了发展生产力的工作重心，并再次强调共同富裕。总体而言，改革开放前我国的收入分配制度主要配合落后生产力基础上的快速工业化建设目标，在重积累的背景下，以相对平均主义的分配方案保持劳动力再生产的基本需要，收入分配在服务于基本宏观效率的同时,尚未专门构建微观效率激励的方案,居民收入来源也较为单一。

改革开放之后,与所有制改革、要素产权多样化相适应,我国的收入分配制度在按劳分配为主体的基础上,逐步认可了生产要素"按贡献"参与分配。"效率优先、兼顾公平"一度成为社会主义市场经济体制下收入分配的基本原则,2007年前后,收入分配的政策导向开始逐渐转向公平,2012年,党的十八大明确了共同富裕是社会主义的根本原则,收入分配政策调整集中在以公平正义为核心,逐步搭建实现共同富裕的具体机制。

党的十九大将"坚持按劳分配原则,完善按要素分配体制机制"[①]作为收入分配制度改革的中心思路。前者是社会主义生产关系性质的基本要求,后者突出了收入分配在市场经济体制中的决定机制。2019年,党的十九届四中全会进一步将按劳分配为主体的收入分配制度纳入社会主义基本经济制度。一方面,所有制、分配制度和经济体制三位一体符合马克思经济学一般原理,所有制关系不能孤立地存在和发挥作用,由于生产、分配、交换、消费构成经济运行整体,离开了分配和交换,所有制关系包含的经济利益就无法真正实现。只有把所有制关系和与之相适应的分配关系、交换关系等看成一个相互联系、相互作用的整体,才能更加全面和准确地把握社会的生产关系及其基本性质[②],而在所有制明确了经济发展的根本方向和性质的基础上,分配制度改革也明确了推动经济发展的积极性问题[③]。另一方面,这一调整也体现了社会主义具体经济制度改革和基本经济制度的完善,无不围绕着社会主义核心制度、推动按劳分配原则的巩固落实。

2020年,党的十九届五中全会提出2035年基本实现社会主义现代

---

① 习近平:《决胜全面建成小康社会 夺取新时代中国特色社会主义伟大胜利——在中国共产党第十九次全国代表大会上的报告》,人民出版社2017年版,第46页。

② 方敏:《基本经济制度是所有制关系、分配关系、交换关系的有机统一》,《政治经济学评论》2020年第2期。

③ 胡钧、李洪标:《十九届四中全会〈决定〉中的基本经济制度与市场经济》,《福建论坛·人文社会科学版》2020年第1期。

化的目标,届时共同富裕要取得实质性进展。2021 年 8 月,在中央财经委会议上习近平总书记强调,必须把促进全体人民共同富裕作为为人民谋幸福的着力点,不断夯实党长期执政基础。至此,共同富裕成为中国收入分配制度改革的中心任务。

二 共同富裕的生产力条件——高水平社会主义市场经济体制催化新技术革命潜能

在新一轮科学技术革命背景下,技术范式和制度范式调整以及二者之间相互协同的要求增加。一方面,共同富裕要求制度范式变革充分激发新技术的包容性、共享性潜能;另一方面,共同富裕依托前沿领域技术创新不断助力高质量发展带来的增量分配空间,而创新作为一个集成体系又内嵌于竞争政策、资本市场建设、要素权利界定等配套的制度范式革新中,后者正是高水平社会主义市场经济体制建设的题中之义。在新技术革命背景下,共同富裕面临机遇和挑战,作为重要的市场主体,大型平台企业、科技企业需要基于已有技术和资金优势形成助力共同富裕的可持续性计划。

(一) 产业升级是推进共同富裕的物质基础

共同富裕是循序渐进的过程,要在高质量发展中不断推进共同富裕,需要做强新技术革命的支柱性行业,不断推进产业升级,通过高生产率的外溢效应,实现劳动报酬可持续增长。从国际经验来看,北欧四国是当代资本主义体系中公平与效率兼顾程度最好的国家。尽管资本主义福利国家体制始终遭受资本主义基本矛盾的制约,但是由于适时迈出了产业升级的步伐,北欧四国通过保持较高的生产率增速,有效地缩小了收入差距。20 世纪末 21 世纪初,他们逐渐减少了本土传统的造船、汽车制造等行业,集中资源发展了新一轮科技与产业革命标志性的信息产业、生物技术和能源环保等行业,在信息通信、半导体芯片和能源领域都处于世界领先的企业。例如,2020 年在全球 5G 设备的市场份额中,瑞典爱立信和芬兰诺基亚共占了 48%(我国企业华为和中兴分别占据 32% 和 11%),挪威半导体公司 Nordic 在低功耗蓝牙领域中市占有率为 40%。同时，北欧四国的可再生能源开发利用与清洁技术发展也处于世界领先水平。2019 年挪威、瑞典、芬兰、丹麦终端能源消费中的可再生能源占比分别为 74.4%、56.4%、43.1%、37.2%，而欧盟地区该比例仅为 18%。2017 年清洁技术国家创新指数排名中，丹麦、芬兰和瑞典位居全球前三，挪威排名第九①。

总的来说，尽管北欧福利国家模式的运行始终面临着资本主义基本矛盾的考验，企业较高的税收负担和政府债务压力都被视为对经济活力的抑制，但是由于把握住了技术体系重大变革的机遇，即时产业升级、优化产品结构都帮助北欧国家获得了延续高福利的生产力基础。从更大范围来看，全球主要发达经济体的发展历程也显示，掌握新一轮产业革命的核心技术、高生产率效益的外溢是全部门高质量发展和收入分配格局改善的必要条件，也给我们提示了当前推进共同富裕与产业升级相协同的理论和实践的一致性。

（二）头部企业是共同富裕实践的重要市场主体

在市场经济中，把握了新技术革命机遇和特定市场真空期的企业往往凭借先动优势，获得较为丰厚的超额利润，尤其是互联网经济的技术和组织特征，更易于形成大型头部平台企业。就中国实践来看，超大规模市场优势在我国互联网企业的发展中一度起到关键的支撑作用，2015—2020 年 5 年间，阿里巴巴、腾讯控股的利润率水平分别高达 20%、28% 左右，高于制造业、金融地产业上市公司 8%、13% 左右的盈利水平②。大型平台企业存在一定的"自然垄断"特征，完善的市场经济体制除了要出台适当的竞争政策，防止资本无序扩张和过度垄断外，还需发挥社会主义制度的协调能力，建立相应机制引导平台企业基于已得红利持续催化新技术，以及在先富带动后富中发挥突出作用。

共同富裕作为企业责任，首先意味着在三次分配环节中企业的基本

---

① 魏伟、陈骁：《共同富裕专题报告：从全球视角探索共同富裕的实现路径与成效》，未来智库官网。

② 《全面理解共同富裕：内涵、路径、目标、影响》，中国金融四十人论坛，2021 年 9 月 5 日。

职责落实，包括初次分配中遵守劳动法规、与劳动者协商形成合理的工资增长机制，再次分配中依法缴纳各类税收，三次分配中积极参与慈善捐助；更为重要的是，基于头部企业已有的生产运营经验和资金规模，积极助力前沿技术研发，中小企业、落后地区的生产力扶植。例如2021年腾讯和阿里巴巴先后出台的共同富裕"专项计划""十大行动"等，腾讯侧重于基础科研支持、碳中和实验室建设、公益数字化专职队伍补贴等，阿里巴巴则针对欠发达地区数字化建设、弥补数字鸿沟，降低小微企业运营成本，支持中小企业出海，建立科技人才基金，推动特殊人群云上就业等。此外，拼多多的科技兴农、字节跳动的乡村扶贫试点①等也得到了较多关注。

良好的社会主义市场经济体制要有助于形成优质的、有责任意识的市场经济主体，并为这些企业长期投入共同富裕实践提供积极的鼓励政策和体制保障。它们的共同富裕建设实践，在培育新项目、新人才和新市场的同时，也为这些企业的持续健康发展提供了新的空间。因而微观领域，以大型企业为主体推动的共同富裕实践，并非单一的利润再分配，而是纳入更多参与者形成共生共创的经济增长体系。

三　公有制与市场经济的有机结合是共同富裕的制度根基

公有制与市场经济的有机结合是中国社会主义市场经济体制的基本特征，是改革开放以来中国经济增长的制度根基。如有学者提出，"公有资本的强大积累功能与增进人民福祉结合，主导了持续30余年的中国经济快速增长。这是中国特色社会主义的首要依据"②。公有制企业的社会主义属性，不能因为实施市场经济体制而丢失，反而必须进一步增强。公有制企业不只是追求微观效率即利润最大化，而是必须满足社会公共利益，承担社会责任，包括保障民生需求、推动自主创新、增进社会的宏观效率等。公有制企业的经济剩余不属于任何个人或集团，而

---

① 邢小强等：《数字平台履责与共享价值创造——基于字节跳动扶贫的案例研究》，《管理世界》2021年第12期。
② 荣兆梓：《生产力、公有资本与中国特色社会主义——兼评公有制与资本主义不相容论》，《经济研究》2017年第4期。

属于社会的公共积累，由社会共享。以公有制为主体的生产资料所有制结构奠定了我国共同富裕的生产关系基础。

公有制与市场经济体制结合以促进共同富裕，可以具体论证的方案包括推动国有资本向前瞻性、战略性新兴产业集中，以劳动生产率增长、产业结构升级作为共同富裕的物质基础；在国有资本投资规划中制度化对偏远地区、发展滞后部门的专项投资，缩小城乡、区域间差距；国有企业更高质量地创造财富，在践行社会主义劳动法规、保证工资与劳动生产率同步增长、改善工资增长机制等方面的示范作用，在保障实体经济发展、贯彻就业优先战略和落实积极就业政策中的带头作用；占据规模优势的公共资产对民生领域建设的支撑性作用等。

举例来看，就创新驱动而言，2021年10月浙江省出台的国资国企助力共同富裕的行动方案中，首先突出了国资在产业引领科技创新方面的具体目标，包括建立2500亿元战略性新兴产业投资基金，多个创新平台和成果转化平台等。就缩小城乡差距和乡村振兴方面，国有企业立足于主营业务经验积累和资本优势，在农村地区积极培育可行的相关产业发展，助力共同富裕。例如，华侨城依托主责主业、文旅融合赋能的优势，在全国多地开发了农业文旅项目，融合农村生态、生产和生活打造多个田园创新产品，基于各地实际的生态循环体系特征，"一村一策"建设生产消费项目，并形成了资金、管理、合作的一般经验带动乡村产业体系建设，有效推进乡村振兴与共同富裕①。

就农村地区的集体所有制改革来看，近年来农村地区以集体所有权为基础，开展各类乡村资产经营平台，就是共同所有制与市场经济相结合推动共同富裕的典型示范。农村地区的集体资产，除了土地之外，温铁军等学者特别关注了乡村生态资源的价值。农村地区包含丰富的生态资源，在"绿水青山就是金山银山"的绿色发展背景下，生态资源得到合理的资产定价与收益分配，事关乡村振兴、共同富裕与绿色发展的同步。为此，需要积极构建"生态产业化"和"产业生态化"，对农村

---

① 国务院国有资产监督管理委员会：《共生、共创、共享以乡村振兴助推共同富裕的华侨城实践》，http://www.sasac.gov.cn/n2588025/n2588124/c21275166/content.html。

资源性资产进行定价，激活国家在农村地区投资形成的固定资产，基本步骤包括，政府公共财政投入（投转股）和量化到户的集体投入（村民变股东），做好乡村集体经济的公司化改造（"三位一体"，国资乡村振兴投资公司，村集体内部、外部投资主体），合作运营乡村生态资产①。

四 共同富裕的机制载体：市场机制有效、微观主体有活力、宏观规划精准

高水平的社会主义市场经济体制以提升企业活力为目标，通过夯实产权制度、完善公平竞争审查、建立负面清单等市场经济基础性制度，让市场机制更为有效，创业成本下降，推动各类要素充分涌流聚合，在总财富膨胀的过程中逐步推进共同富裕。与此同时，宏观调控制度体系直接调节再分配。除传统的财政和货币政策外，就业、产业、投资、消费、区域政策协同发力，发挥国家发展规划的战略导向作用，为平衡发展，缩小城乡间、区域间差距做出系统规划，使民生目标、社会目标和政治目标统一。

（一）有效市场机制的建设重点——高标准市场体系

推进高标准土地、劳动力、资本、技术、数据要素市场建设，直面土地制度改革、劳动力市场融合、金融供给侧结构性改革、科技创新制度改革、数字经济发展的现实要求，既直接理顺要素价格与回报评价，又助力高质量发展与共同富裕进程。在这里就当前关注度极高的金融和数据市场进行分析。

金融活动既可放大初始财富分配差距，又有推动普惠发展的潜能。已有的理论研究显示，传统正规金融对实体抵押物的依赖往往导致较高的准入门槛，限制低收入者获取金融资源，借助于互联网平台的金融模式，利用大数据信息可以减少抵押物依赖，增加低收入者获得信贷的机会（增加其创业以及获得更优教育的可能），可能带来金融包容性的提

---

① 温铁军：《新时代生态化转型与基础理论创新》，《政治经济学报》2021 年第 20 期。

升。但是也需要特别警惕互联网金融仅仅是在个人消费领域"培育"更多债务人，增加居民部门杠杆，并加大资产泡沫①，反而有提升财富分配基尼系数的风险。例如，2019—2020年上半年，微贷平台贡献了蚂蚁集团营业收入约为40%，而同期创新业务板块②的营收占比仅约为0.76%。央行出台举措，对蚂蚁集团信贷业务和杠杆率的控制，既是出于对系统性风险的考量，也促使金融科技类公司将业务更多地转向生产性服务，凭借自身在金融科技领域的技术和资源积累，更有针对性地在底层核心技术（人工智能、大数据、云计算、区块链）中加大研发，并面向更多新的应用场景布局。与居民消费负债增加相对的是，2020年居民可支配收入中的财产性收入占比仅为9%，据央行2019年发布的城镇家庭资产负债调查，我国居民家庭总资产中住房占59.1%、金融资产占比仅为20%左右，且以低息的银行存款为主，有限的金融收益抑制了中等收入群体的增收路径，高收入和中等收入群体的差距难以缩小，也使得城镇居民家庭更依赖住房的储值增值功能，加大了规范房地产市场秩序的难度。

因而，金融供给侧结构性改革对于推进共同富裕的题中之义，既要减少金融抑制、增加有效金融服务供给，扩宽财产性增收渠道，使金融真正服务于小微企业创业需要和改善人民生活，又要避免金融化风险，扭转先前平台企业在互联网金融领域的过度加杠杆行为等。

在数字经济的技术潜能充分涌流的背景下，数据作为新型生产要素，其确权规则和分配依据之于收入分配格局以及共同富裕推进有着重要意义。例如，消费平台企业初始数据的供给者是全体客户，但是平台对数据的收集、处理、加工赋予了其作为生产要素的特有使用价值，保护客户的初始数据所有权、数据隐私，与平台的数据整合所能产生的经济效率之间就存在一定的矛盾权衡关系。

事实上，将公共用地、集体力和自然力转变为私人占有的特殊生产

---

① 张晓晶：《金融发展与共同富裕：一个研究框架》，《经济学动态》2021年第12期。
② 根据蚂蚁集团的定位，这部分业务主要是为金融机构、政府机关等合作伙伴提供综合性的技术解决方案，以知识产权及技术服务费为收入来源。

要素并取得回报,是工业革命之后由资本掌控关键生产资料的必然结果。一定量的资本集聚通过组织结合劳动、分解生产过程以及引入新的机器设备,提升了劳动生产率水平,资本在充当有效率的"组织者"的同时,亦在分配端加大了两极分化。正如马克思所揭示的,资本取得的效率原本是结合劳动的集体生产力,是对自然力、对过去劳动成果的占据和应用所获得的,当生产资料所有权被界定给特定的私有主体,应用这些生产能力取得更高效率的可能也就被界定给特定主体,并为他们占据庞大剩余提供了看似合理的依据。进入数字经济时代,数据所有权的界定面临同样的问题,如果原始数据生产者(平台消费者)完全失去数据的所有权,平台企业通过占据和使用数据取得的收益,也就彻底与一般民众无缘,而数据作为当代关键的新生产要素,又包含了极大的效率潜能。面对数据密集型产业的崛起,在数据产权界定中,为公众保留适当的所有权和分配权,对引导收入分配格局优化、推进共同富裕具有重要意义。

(二)激活市场主体活力,形成投资—就业—劳动者收入增长的良性循环

新中国成立以来,我国居民收入增长的过程首先是与生产力进步和 GDP 总量增长相协同的,市场经济体制逐渐解除了资金、技术和劳动力等生产要素流动的障碍,市场化改革速度较快与政府经济治理能力越强的地区,往往在更快的经济增速和相对较小的收入分配差距间达成统一。究其基本产生机理,2018 年我国城镇就业人口中,86% 的劳动力是在非公有制部门工作,在以市场为资源配置决定性机制的经济体中,必须依靠有效市场吸引资源聚合,通过良好的创业经营环境,稳定生产当事人预期,扩大就业容量,保就业是保证居民获得劳动报酬的第一步;继而,良好的市场环境通过鼓励持续的技术创新,提升运营效率并改善就业质量,才可能保证工资的持续增长。

伴随"放管服"改革深化,以及大量助企纾困政策,2021 年在居民人均收入的四类构成当中,经营净收入增长最快,相比 2020 年实际增长 10%(2021 年人均可支配收入实际增长 8.1%)。因此,良好的营

商环境是保障城镇就业、扩大中等收入群体的基础环节。

2022年2月18日，工信部出台的《促进工业经济平稳增长的若干政策》将"加大'专精特新'中小企业培育力度"作为一项重点内容，在进一步推出"惠企"政策为中小企业减负的基础上，特别强调了培育有极强创新能力、专业性，能在价值链中作为重要连接点的"专精特新"小巨人企业。一方面，在我国的就业结构中，中小企业具有极强的就业吸纳能力。2020年我国年营收2000万元以下的中小工业企业，在全部工业企业单位中的占比为97.9%，解决了67%的就业，中小企业提升创新水平、找到产业链精准定位，是延续企业生命并稳定就业的前提。另一方面，具有较强市场灵活性的中小企业，如能作为"隐形冠军"在特定专业领域内获得核心技术优势，将是重要的经济稳定器。通过形成大中小不同规模企业共生并共享的产业生态体系，提升国民经济整体的产业链竞争力，也为经济可持续增长和共同富裕奠定了基础。例如，德国较高的制造业占比及其在全球贸易中的竞争优势，与中小企业长期发展形成了多元创新主体的市场结构密不可分。健康的市场结构和竞争秩序也使得德国的收入分配格局相较于美国资本主义模式更为公平有序。

（三）宏观经济治理体系是平衡发展与共同富裕的顶层设计

宏观调控制度对改善收入分配格局的作用，既包括逆周期的刺激性政策，在短期内稳增长和促就业，还包含结构性、长周期的政策，切实提升欠发达区域的发展能力和收入增长可能。

在社会主义市场经济体制中，收入增长和共同富裕以就业稳定、就业质量升级为前提，2020年在新冠肺炎疫情的不利冲击下，我国强化了减负稳岗扩就业政策，加大对重点群体精准就业帮扶，2020年我国城镇人口中15—64岁劳动年龄人口的就业比例为71.8%，居民工资性收入实际上涨8.6%。与此同时，稳就业政策的落实与其他宏观经济治理制度也是相协同的，除了常规的宏观调控政策，我国宏观经济治理体系的特殊之处在于关涉国家长期发展与社会主义本质实现的战略规划，这些规划往往在效率与公平间取得更优的组合。

当前，城乡间居民收入、经济社会发展的差距，已经成为我国开拓内循环空间、践行共同富裕的明显障碍性因素。党的十九大以来，我国经济发展战略的一项重点工作即通过乡村振兴带动农村发展与增收。相较于快速市场化改革时期，2008年以来，我国城乡居民的收入差距有所下降，据国家统计局发布的最新数据，2021年城乡居民收入比下降至2.5（见图9-1）。但是农村居民的平均收入水平依然较低，2020年我国月收入不足1000元的人口中，90%生活在农村地区，乡村振兴、农民增收是缩小收入分配差距，实现共同富裕的关键。根据陈宗胜等学者的研究，城乡收入差距解释了近年来我国基尼系数的54%—60%，不持续缩小城乡收入差距，无法促进我国收入分配的整体公平性①。

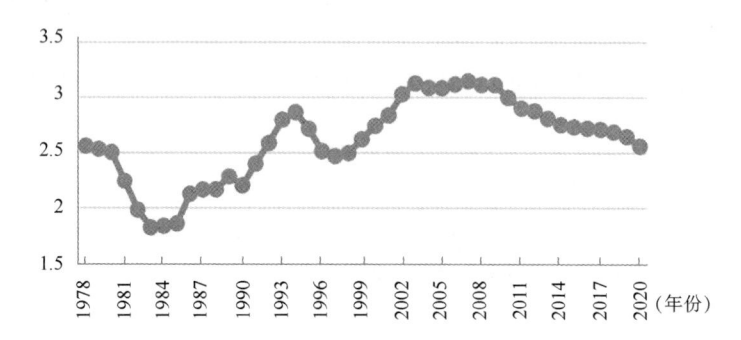

图9-1　我国城镇居民平均可支配收入/农民居民平均可支配收入

资料来源：《中国统计年鉴》（2021）。

在市场化改革进程中，农村大量优质资源外流，各类基础设施建设、公共服务配套等与城镇部门相去甚远，从要素条件决定产出水平的角度看，若任由市场力量自由发挥，只会加剧强者愈强、弱者愈弱的局面。在全面建设小康社会的过程中，农业农村部门客观上就是短板部门，如若没有针对性的政策倾斜，农业农村现代化就无法实现。

因此，乡村振兴战略的实施、精准扶贫政策的落实，就是要从本质上改善农村部门的要素条件。包括改进农村基础教育环境，加大对农村

---

① 陈宗胜：《综合运用经济发展、体制改革及分配举措推进共同富裕》，《经济学动态》2021年第10期。

劳动力的针对性培训，才能提升农村劳动力的人力资本条件，提升农民创业创新的能力，拓宽低收入者向上流动的通道，阻断贫困代际传递；发挥社会救助制度托底线、保稳定的功能，才能保证发展成果为深度贫困群体共享；完善农村基础设施建设，改进农村的生产、生活环境，政府有意识地保护和要素培育，才可能在市场竞争中让城乡处于平等的起跑线上。农村要逐渐成为高品质生产、消费空间，才能在长期中吸引自然驱动优质要素在城乡间的有效对流，除上述政府战略规划赋予乡村发展的政策支持外，农村地区要把握好新型工业化、信息化和新型城镇化的发展节奏，打造农业现代化的硬实力。

伴随着我国进入工业化的中后期，又正值数字经济赋能实体经济的技术机遇期，已取得的工业化、信息化成果，有能力为农业现代化的推进提供资本、技术和组织经验的支持。如今，农业科技进步对工业增长的贡献率已达56%，农业机械化率约为65%。除了更先进的农业生产设备、农业生物技术使用之外，近年来在政府引导和国有企业的投入建设中，边远乡村地区移动通信网络建设，对农产品流通、农村社会生活改变等都起到重要的推动作用，表现为"信息扶贫"运动。工业化的组织经验对健全农业社会化服务体系，实现小农户和现代农业发展有机衔接，促进农村三大产业融合发展也有着重要意义。与此同时，新型城镇化与乡村振兴绝非"城""乡"比例的简单替换，城镇化不仅是居住方式的变化，更重要的是生产运营的体制、机制的变化。城镇化并不意味着放弃农业，农业生产也可以进入由专门技术标准规范的现代产业链条。除了进入城镇工业、服务业就业，完成市民化的形式外，农民掌握和接受现代产业运营方式，就地与现代产业运营方式接轨，也体现了"新型城镇化"的内涵。如在颇受关注的山东曹县案例中，当地创业者借助互联网经济，形成了以表演服饰为代表的产业集群，推动当地居民致富。曹县的成功案例，是信息化助力农村地区工业发展的典型，而流通渠道畅通、技术能力扩散等条件，又与当地政府的努力密不可分[1]。

---

[1] 邱泽奇、乔天宇：《电商技术变革与农户共同发展》，《中国社会科学》2021年第10期。

1. 初次分配中的市场与政府关系

初次分配主要参照劳动力与其他各类要素由市场评价的贡献进行分配，但同样需要劳动法规、土地制度、技术和数据确权等构建起市场规则。工资性收入是城镇居民收入的主体部分，改革开放之后伴随城镇个体经营开放、居民储蓄增加与金融市场发展，经营性和财产性收入提高，工资性收入在居民收入中的占比总体上趋于下降，但依旧占收入中最大比重。2020 年，我国居民收入构成中，工资、经营、财产、转移收入占比分别为 55.7%、16.5%、8.7%、19.1%。

相较于财产性收入，劳动报酬的基尼系数更低，推进共同富裕之于初次分配环节，首先应当保障劳动者报酬与劳动生产率增速的同步，而这需要劳动法规的有效监督与协调。例如，按照规定即时调整最低工资水平，《中华人民共和国劳动合同法》对工人就业相关权利的保护等。近年来与平台经济伴生的一系列灵活就业方式，由于处在原有劳动法规的空白区，使得工人较难获得与其劳动强度相符的工资增长，也限制了他们获得各类社会保障的权利。2021 年我国灵活就业人口规模已达总就业人员的 1/4。就全球一般经验来看，非正规就业人员的平均工资收入仅为正规就业的 62% 左右。面对平台经济模式下灵活就业占比提升的一般趋势，传统就业模式中的劳资谈判机制失灵，必须出台与之相适应的就业法规，确保按劳分配原则的践行。而针对部分企业高管过高的年薪，也需要依法按累进比率缴税，甚至出台适当的限薪令等。收入分配公平程度相对较高的国家，大多针对初次分配的工资采取了一定的"限高、扩中、补低"的举措。总之，市场要形成对劳动贡献的合理评价与分配，是以政策法规对就业环境、工资增长机制的有效维护为前提的。

在初次分配适当的政策背景方面，还需要关注的是农村土地制度改革，不仅直接与城镇化关联，而且是对农业现代化经营方式的适应。在初次分配环节，自愿、平等、透明的农村土地资产市场建立对补充农民财产性收入、缩小城乡收入差距也有重要意义。例如，在符合国土空间规划和用途管制要求前提下，针对乡村振兴现实需要，可以调整完善农村制造业、服务业的用地政策，创新使用方式，更好地盘活闲置宅基地，开发废弃公益性建设用地，既为农村居民提供了新的就业机会，也补充了财产性收入，近年来在我国一些农村地区都形成了积极的经验。

浙江省作为我国共同富裕示范区，是国内城乡居民收入比例最低的省份（2019年该比值为1.96，远低于全国平均值），一个重要原因在于自改革以来，浙江省乡镇企业、乡村民营企业始终保持了较好的发展，不同于大城市导向的城镇化道路，浙江鼓励了县域或镇域经济，形成了一系列乡村小工业集群，如宁波的皮革、嘉兴的羊毛衫等，适时升级了农村产业结构，改善了农民收入，避免要素向城市的单向流动，促进了农村与城镇的协同发展。浙江并非资源大省，但是在市场经济的竞争环境中逐渐建立了自己的产业优势并在城乡的协同发展方面处于领先地位，此外，还有两个重要的制度层面的经验。一是农村土地让利，从20世纪80年代基层政府率先支持农民在自家庭院进行小工业生产获益，到21世纪以来较早允许农民将宅基地转化为旅游资源，并获取地租收益；二是改革开放伊始，就对农民创业行为保留了默许和支持[①]。浙江省在践行城乡共同富裕方面的领先经验，尤其体现了共同富裕的基础在于生产力的优化布局，而良好的制度条件将有助于资源的重组和生产潜能的释放，现阶段可持续的共同富裕道路是在市场机制与合理政策疏导的作用下稳步推进的。

因而，针对初次分配环节之于共同富裕的作用，绝不应当忽略基础性的制度设计对劳动力贡献评价的保护，以及对其他要素市场（如农村土地、数据等）运行规则的设定应帮助广大居民群体拓宽合规的收益渠道。

2. 再次分配中效率与公平的统一

再次分配中税收类别、社保等政策的设计不仅要直接调整居民可支配收入水平，还要起到改善经济循环、扩大再生产规模进而影响初次分配的作用。我国初次分配后的基尼系数约为0.52，经由再次分配的调节下降至0.47，而对比一些发达国家，转移支付后的基尼系数能降至

---

① 郭晓琳、刘炳辉：《"浙江探索"：中国共同富裕道路的经验与挑战》，《文化纵横》2021年第6期。

0.4 以下①。再次分配不仅直接面向公平，能有效降低基尼系数，长期的有效作用机理更能达到市场化的要素回报评价不能实现的总体更优目标。在政治经济学经典逻辑当中，国家介入社会再生产过程，需要维护再生产的各项基本条件，合理协调生产与实现过程的矛盾。例如面向居民的各类社会保障制度供给，直接基于公平原则实施，但进一步通过提升居民健康水平，也就改善了劳动力供给的质量；社会保障体系通过降低居民预防性储蓄并增加其当期消费的一般作用机理也得到了经济学较为普遍的认可。因而合理的再分配制度是要在公平与效率间形成良性的循环。从民生领域的供给侧结构性改革来看，要充分发挥政府、社会、市场各类资源在教育、医疗、养老、住房等领域的协同，重点加强普惠性、兜底性民生保障建设，推进公共服务的均等化。共同富裕不只是收入分配基尼系数的下降，亦是劳动力再生产关键消费资料分配的公平。例如，一般而言，一国居民财富分配的基尼系数要高于收入分配的基尼系数，居民初始的财产分配差距可能不断被资产价格膨胀放大。当住房超越使用价值属性，过度承担金融资产的保值甚至套利交易功能，对财富分配的不平等就可能产生极大影响。因而，坚持"房住不炒"、完善住房保障制度体系是提升收入分配公平性、推进共同富裕的重要环节，也是经济结构调整，促使资金"脱虚向实"，通过实体部门高质量发展稳固就业和收入增长的一个发力点。

此外，如加大优质教育资源的均等化分布、打击资本对教育领域的过度渗透、抑制中小学教育领域过度的商品化等举措，都是在劳动力再生产环节促进公平、共享，进而提升劳动力整体的素质和创新能力。我国共同富裕原则的践行将勤劳与创新致富放在突出位置，通过教育提升劳动技能获得更高报酬，是中低收入家庭获取收入流动性、代际流动性最为关键的渠道，推进共同富裕是以教育机会的平等化和教育质量的提升为重要前提的。

我国新型举国体制下的脱贫攻坚也在构建公平与效率的正向循环。2018—2020 年，累计投入的中央财政专项扶贫资金高达 711 亿元，整合

---

① 李实：《以收入分配制度创新推进共同富裕》，《经济评论》2022 年第 1 期。

832个贫困县涉农资金、各类地方政府债券资金、政府性基金、社会资本，累计万亿元资金助力农村脱贫。在温铁军等看来，这种举措是政府直接把改革过程中城市偏向阶段长期流出的资金、要素重新回推到贫困地区，帮助当地形成了新的产业发展要素条件，因地制宜快速布局的农业现代化、加工业和旅游服务业等，虽然并不内生于当地原有的产业基础，只是居于国家扶贫战略和再分配举措下"飞来的产业化"，是生产要素的逆向配置，但是这一系列制度安排帮助贫困地区突破原有要素限制、形成新的生产力和获得产业升级的初始动能，如果没有要素条件培育，贫困地区难以在市场评价中取得所谓同等的竞争地位。通过化解农村地区的绝对贫困，新发展格局下的国内大循环才有了可能。因而这样一轮看似成本高昂的减贫运动，最终需要考察作为"国家重大战略调整"带来的长期综合性制度收益，收益既包括贫困地区居民的收入增加，也包括大循环下的生产力再布局、新动能发掘和结构优化，以及社会主义制度安排在协调、公平方向上的持续前进[①]。

此外，在三次分配中，企业、个人在社会公益事业中的贡献也要与其在初次分配、再分配中的权责相协调，需要系统的法规体系做保证。目前我国慈善捐助占GDP的比例还较低，2019年为0.15%（同年美国该比例为2.1%），社会公益事业、慈善信托制度和相应的激励保障机制发展还存在很大的空间。

五 结论

社会主义市场经济体制是高效的资源配置方式与有效的经济利益协调机制的统一，包含一整套既促进生产力发展又缩小贫富差距的现代化政策体系，社会主义市场经济体制既要提供推动共同富裕的重要机制保障，践行共同富裕的过程又将为社会主义市场经济治理能力的升级赋予新的经验和政治认同。在新技术革命引发生产方式、分配关系变革的背景下，高水平的社会主义市场经济体制通过充分释放新技术动能、适时

---

① 温铁军、王茜、张俊娜：《新举国体制下的中国扶贫与生态转型》，《当代中国与世界》2021年第1期。

推动产业升级，为共同富裕提供生产力基础；公有制与市场经济的有机结合作为制度基础，将构成经济发展的包容与共享；市场经济基础性制度的完善与宏观经济治理体系的升级，为共同富裕建立体制保障，有效市场与有为政府的有机结合，将在收入分配的全过程促使公平与效率的正向互动。在新发展格局、新一轮科技产业革命的机遇与挑战下，推进共同富裕是我国建立内循环、形成稳定增长结构的重要基础，在这一过程中形成的经验和理论总结，也将推动党的领导下中国特色社会主义经济治理能力的升级。

第十章 共同富裕的实现路径：新时代坚持和完善收入分配制度的统筹与对策研究*

如今，我国在全面建成小康社会的基础上，向社会主义现代化强国继续前行。改革开放以来，我国整体经济保持了长时期的较快增长，但在发展的同时，我国区域发展不协调、收入分配不均等问题也明显加剧[①]，为经济健康发展与社会和谐稳定带来了较大风险与挑战。

我国新时代的社会主要矛盾是人民日益增长的美好生活需要和不平衡不充分的发展之间的矛盾。具体来说，人民收入水平的提高与经济增长的同步以及收入分配格局的不断改善，是实现共同富裕的基本前提。收入分配情况关乎民生，是人民群众是否充分享受我国经济发展成果的重要评判标准。改善收入分配格局、完善收入分配制度，是我国实现经济健康平稳发展、不断迈向共同富裕的重要基础，也是新发展格局下推动实体经济发展的重要一环，有利于扩大内需、促进居民消费转型升级，在规范公平的市场竞争环境下促进产业变革和技术变革。

---

* 李雨浓，西南财经大学国际商学院教授。
① 李实、万海远：《提高我国基尼系数估算的可信度——与〈中国家庭金融调查报告〉作者商榷》，《经济学动态》2013年第2期；李实：《当前中国的收入分配状况》，《学术界》2018年第3期；艾小青、祁磊：《信息不完全下收入或财富基尼系数的估算》，《数量经济技术经济研究》2021年第6期。

本章在新发展格局背景下针对坚持和完善我国收入分配制度的统筹与对策展开研究，主要内容包括坚持和完善收入分配制度的基本内涵；我国收入分配现状、存在问题及原因；坚持和完善收入分配制度的全局统筹及实施对策等。

本章的贡献主要体现在三个方面。一是通过结合新时代背景下我国经济发展目标与收入分配的发展历程，进一步提出坚持和完善收入分配制度的基本内涵。二是基于丰富的宏观、微观数据进行量化分析，并采用多种实证方法深入分析我国收入分配现状与问题。三是在初次分配、再分配、三次分配等相关理论基础上，结合我国经济发展短期与长期目标，从调整收入分配、公共服务均等化、营造公平的市场竞争环境等多方面提出新时代我国坚持和完善收入分配制度的统筹思路以及具体实施方案。

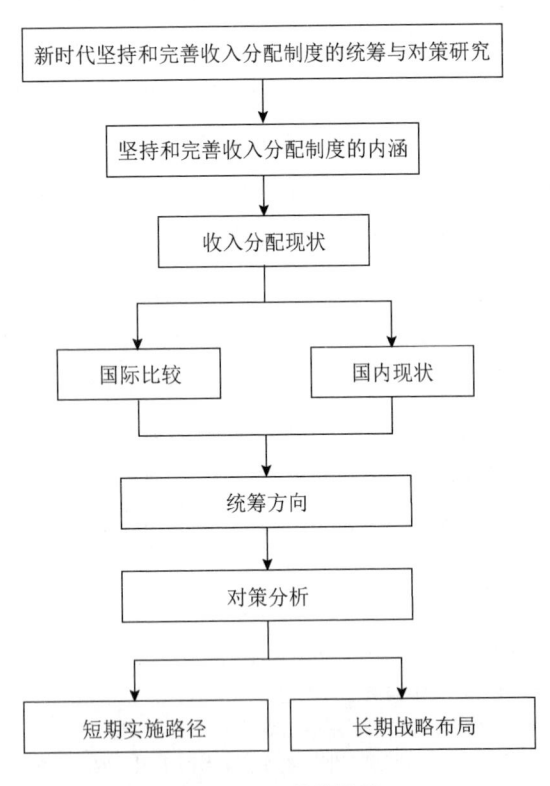

图 10-1 总体思路

第十章 共同富裕的实现路径：新时代坚持和完善收入分配制度的统筹与对策研究

一 坚持和完善收入分配制度的内涵

新时期我国经济发展的主要特点是从"数量追赶"向"质量追赶"转变。国家的高质量发展不仅依赖高效的生产方式，而且需要形成创新成果、利益共享的双赢劳动分配结构。这就要求我国进一步完善多层次的服务要素市场，建立开放、公平、多元、竞争的市场，促使收入分配结构合理化，提高中等收入群体在社会中的占比，实现社会保障、医疗、教育等基本公共服务均等化等[1]。

通过对我国现行收入分配制度的研究，本章认为，要正确认识我国目前的收入分配体制，必须把握"公平"与"效率"这两个关键词。党的十一届三中全会以后，我国在"第一重效率，第二重公平"的指导思想下，基本确立和发展了以"按劳分配"为理论基础、多种分配制度共存的新型分配制度。在我国社会主义市场经济体制的改革和建设实践中，这一制度极大地激发了广大劳动者参与生产劳动的积极性，明显提高了社会生产效率，改善了人民群众生活水平。与此同时，在经历了四十多年的高速发展后，我国经济结构也发生了显著变化，特别是随着经济的转型升级和新一轮产业与技术变革的来临，收入分配问题进一步凸显。从宏观上看，其主要表现为社会保障能力体系还不能适应经济和社会总体的财富增长趋势。从中观和微观上看，我国城乡区域居民和行业部门单位个体之间的社会收入差距明显，并在一定时间段内仍呈现继续扩大趋势。党的十九大报告提出"坚持在经济增长的同时实现居民收入同步增长、在劳动生产率提高的同时实现劳动报酬同步提高"[2]，其核心是贯彻以人民为中心的发展理念，以实现人民的共同富裕为目标，实现收入初次分配效率原则下的社会公平性、再分配公平原则中的社会效率性和三次分配中慈善等公益事业资源共建和共享性的辩证统一。

---

[1] 王一鸣：《百年大变局、高质量发展与构建新发展格局》，《管理世界》2020年第12期。
[2] 习近平：《决胜全面建成小康社会 夺取新时代中国特色社会主义伟大胜利——在中国共产党第十九次全国代表大会上的报告》，人民出版社2017年版，第46、47页。

具体而言，初次分配效率原则的公平性是指持续推进和完善社会主义市场经济体系，特别是劳动力市场，提高劳动者和要素所有者的议价能力，让工人和要素拥有者能够在更平等、更有利的条件下，在初次分配中得到更多的机会。再分配社会公平原则的效率性是指建立健全覆盖全民的社会保障服务体系，通过各类财政转移支付手段来加大对老少边等特殊困难地区的支持力度，推动各类基本民生公共就业服务均等化，校正人才市场中的"马太效应"。三次分配重在弘扬公益慈善文化，从社会道德层面加强了对践行社会责任等优良传统作风的积极传承与发扬，同时完善了社会基本公平激励约束体制框架和法律保障的制度，鼓励高收入人群和企业更多地回报社会。

二 我国收入分配现状

我国收入分配制度的建立是长期探索实践的重要成果。从新中国成立至今，收入分配从计划经济时代的高度平均分配，逐渐演变到现阶段按劳分配为主、多种分配方式并存的新型分配制度。然而，受到前期经济发展条件制约、历史遗留问题复杂、可参考经验制度较少等多重因素限制，我国收入分配制度中仍存在较多问题。

（一）国际比较

从国际比较来看，世界各国收入与财富分配不均的状况相似，经历了由恶化、改善到加剧的过程。首先是工业革命时期，机器的引进大幅提高了生产车间的工作效率，为资本家迅速积累第一批财富，工薪阶层与资本家的收入差距由此拉大。随着工人运动的爆发和政府的干预，企业先后调整了薪酬体系，劳动者权益也在一定程度上得到维护，收入差距有所缓解。而2020年新冠肺炎疫情席卷全球，各国封锁和隔离政策的出台导致消费总量出现断崖式下跌，致使众多企业倒闭或濒临破产，大多数中低收入群体相继陷入失业困局。与此同时，产业的升级转型致使这部分劳动力难以适应现有市场需求，劳动者通过再学习进入市场的成本较高。然而，全球货币的超发迅速拉高股市、房市等资产的价格，掀起新一轮的造富运动；由于技术与规模优势,头部企业在前期就已开展战略布局与技术转型,在疫情期间迅速攫取大额利润,收入差距越发明显。瑞士信贷《全球财富报告2021》也进一步验证了上述观点,2020年全球不足20%的成人人口拥有超过80%的财富,收入差距极为明显。而中国以超过世界收入差距警戒线位于前列。美国、德国及俄罗斯的收入差距较大,而北欧国家财富基尼系数较低,各经济体呈现出不同的收入分配格局,与收入分配和再分配政策密切相关。

(二) 国内现状

从国内来看,我国基尼系数较高,但近年来得益于扶贫政策的出台与扶贫进程的深入推进,基尼系数从2008年的峰值0.491见顶回落,但在相当一段时间内仍在较高水平徘徊。除收入差距外,地区公共服务的供给和消费方面的差距也在不断拉大[1]。国内垄断行业收入过高的问题也较为突出[2]。

学界对于造成中国收入差距较大的原因有不同的见解,其中引起较多讨论的是有限的金融资源配置不均拉大了城乡之间收入差距[3]。技术密集型产业逐步取代劳动和资源密集型等传统产业,前者比重的迅速上升在扩大企业对高技能人才需求的同时降低对低技能劳动者薪酬的支付力度,进而扩大了劳务差距[4]。谢冬水基于城乡经济二元所有制结构及其转变的模型,得出土地的不完全转让权抑制土地资产主体的流动性和社会资产属性,致使农村迁移人口无法将其所拥有的土地等资产变现以维持生计,从而加剧了城乡收入差距[5]。陈斌开和林毅夫的相关研究表

---

[1] 陈斌开、曹文举:《从机会均等到结果平等:中国收入分配现状与出路》,《经济社会体制比较》2013年第6期;谢冬水:《农地转让权、劳动力迁移与城乡收入差距》,《中国经济问题》2014年第1期;李实:《当前中国的收入分配状况》,《学术界》2018年第3期。

[2] 李婷、李实:《中国收入分配改革:难题、挑战与出路》,《经济社会体制比较》2013年第5期。

[3] 张立军、湛泳:《金融发展影响城乡收入差距的三大效应分析及其检验》,《数量经济技术经济研究》2006年第12期。

[4] Buera F. J., Kaboski J. P., "The Rise of the Service Economy", *American Economic Review*, Vol. 102, No. 6, 2012, pp. 2540–2569.

[5] 谢冬水:《农地转让权、劳动力迁移与城乡收入差距》,《中国经济问题》2014年第1期。

明，城镇重工业经济优先发展战略的推行影响城市对劳动力的需求，抬高了农村人口的流动成本，致使大量的劳动力被迫滞留农村地区，人均年收入逐年下降①。此外，劳动力市场的不完善，户籍制度背后一系列的民生保障与福利的实现也成为收入分配的一大阻碍②。

(三) 三次分配视角

在过去相当长的一段时间中，由于劳动力过剩与资本的相对短缺，劳动者报酬占初次分配收入的比重呈波动下降趋势③。21世纪以来，劳动者报酬经历了短暂的回升，但随后比重又有所下调。近年来，随着劳资关系逐渐改善，就业越发规范化，初次分配中劳动者报酬的比重触底反弹并稳定在80%左右，但仍未达到21世纪初的水平，如图10-2所示。

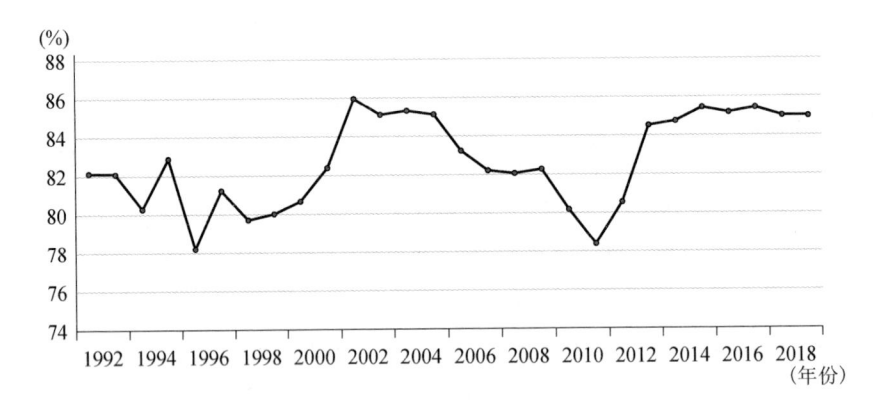

图10-2 住户部门劳动者报酬占初次分配收入的比重

资料来源：根据历年《中国统计年鉴》整理。

从再分配来看，我国二次分配已取得初步成果，一方面得益于转移

---

① 陈斌开、林毅夫：《重工业优先发展战略、城市化和城乡工资差距》，《南开经济研究》2010年第1期。
② 陈斌开、曹文举：《从机会均等到结果平等：中国收入分配现状与出路》，《经济社会体制比较》2013年第6期。
③ 白重恩、钱震杰：《国民收入的要素分配：统计数据背后的故事》，《经济研究》2009年第3期；白重恩、钱震杰：《劳动收入份额决定因素：来自中国省际面板数据的证据》，《世界经济》2010年第12期。

手段带来的贫困人口直接收入的增长；另一方面，随着政府企业合作项目相继落地实施，为大量农村人口创造就业机会，而多地惠民政策的出台使得农村居民生活水平普遍跃上一个新台阶，缩小了收入差距。

从三次分配来看，近年来慈善事业蓬勃发展，高收入群体积极响应国家号召投身公益事业，全国接受社会捐赠金额逐渐攀升，为进一步实现经济成果渐进共享、共建共享打下良好的基础。2020年，慈善捐赠总额4714.4亿美元，占GDP总量2.2%，占财政收入6.4%。但经常性捐赠工作站点和超市却在2017年出现大规模缩减，之后经历小幅回升。图10-3为2003—2019年中国的缴税慈善事业发展趋势。

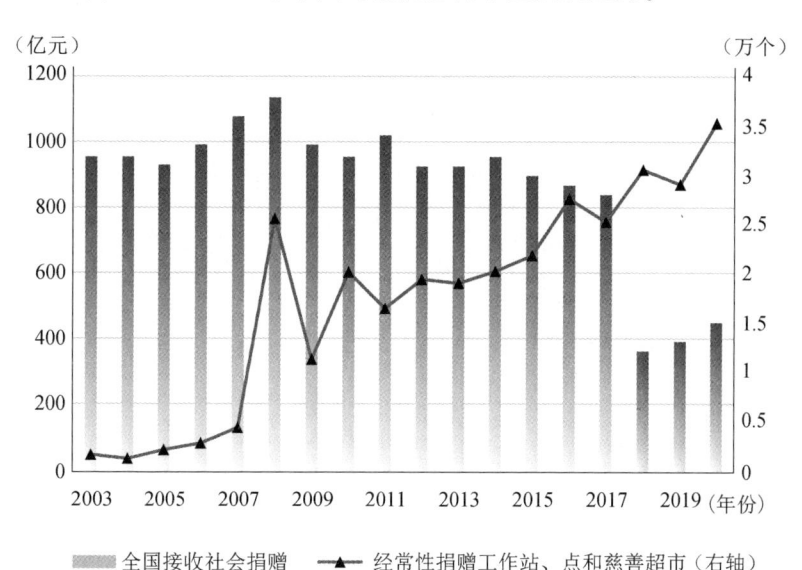

图10-3　中国慈善事业发展趋势

资料来源：根据历年《民政事业发展统计公报》整理。

随着社会主义市场经济的不断深化，社会福利由国家包办的传统方式已较难适应经济社会发展的需要。残疾人的就业问题、农村医疗服务设施等社会问题逐渐凸显，只靠政府拨款难以解决，而福利彩票的发行正是解决这一问题、保障社会福利的创新性体现。1987—2020年，超过7000亿元的公益资金通过发行福利彩票的方式筹集，已资助30余万项各类公益项目，为民生福祉和社会公益事业发展做出重要贡献。

图 10-4 为中国 2003—2019 年福利彩票销售与筹集公益金情况。

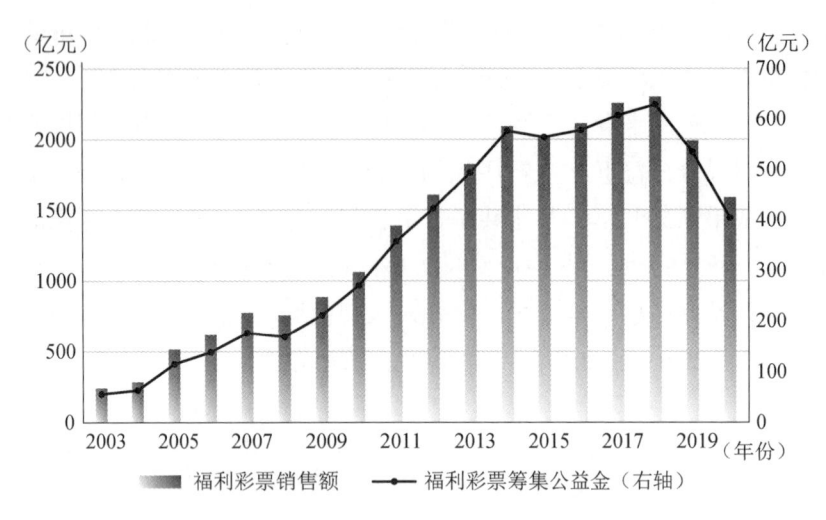

图 10-4 中国福利彩票销售与筹集公益金情况
资料来源：根据财政部公告整理。

（四）部门协调视角

从跨部门协调来看，我国收入分配中住户部门拿走了"蛋糕"的大头，政府部门次之，企业居于末位。而劳动报酬作为联系企业和居民的桥梁，是企业的主要支出，也是居民的主要收入来源。劳动报酬的趋势性变化，导致居民企业分配出现"此消彼长"的效应。

20 世纪 90 年代以来，以 2008 年"刘易斯拐点"为分水岭，我国收入分配格局经历了两个阶段。1992—2008 年，收入分配向政府、企业倾斜，随着经济发展"蛋糕"越做越大，住户所持有的比例却逐渐减小。2008 年后，分配向住户部门倾斜，居民收入逐步回升，如图 10-5 所示。但受产业变革的影响和疫情的冲击，劳动份额有所下降，与此同时，房价上涨与行业垄断进一步扭曲了国民收入分配，中低收入群体的实际获得感有限。

近年来，家庭人均可支配收入快速上涨，但收入群体间增速各异。中等收入群体的收入平均增速远落后于全国平均增速与高、低收入群体。由于财富积累效应，高收入群体的收入增长更为显著，如图 10-6 所示。

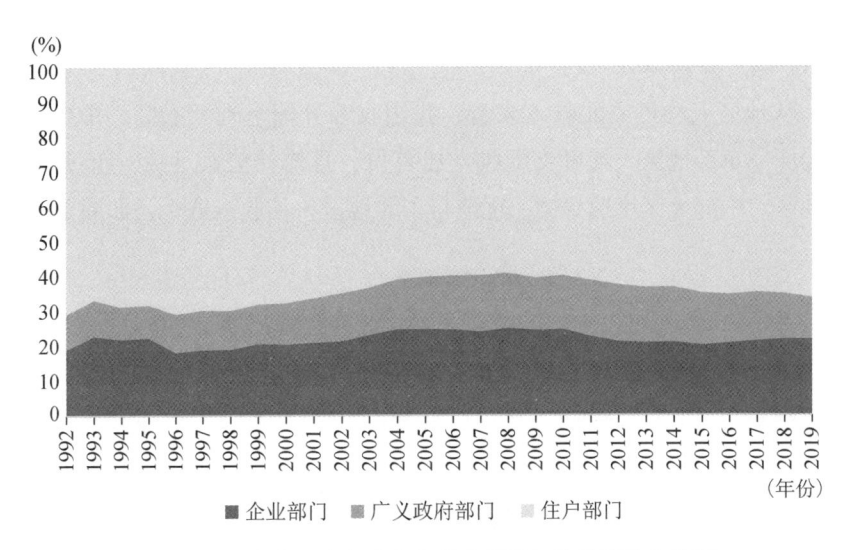

图 10-5 企业、广义政府与住户部门初次分配收入比重

资料来源：根据历年《中国统计年鉴》整理。

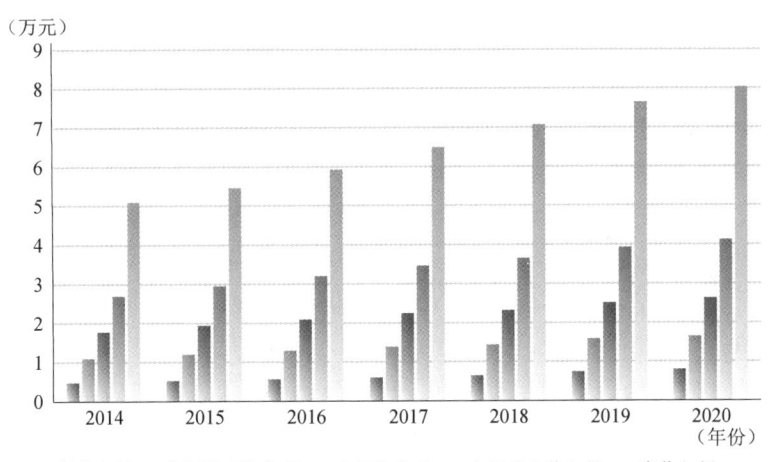

图 10-6 全国居民按收入五等份分组的人均可支配收入

资料来源：根据历年《中国统计年鉴》整理。

低收入群体收入提升主要得益于精准扶贫政策的实施推进，而社会流动放缓、财富的代际传递加强，促使高收入群体的阶层固化现象更为显著。高收入群体与中等收入群体差距的进一步拉大仍是值得警惕的信号。

(五) 区域发展视角

从地区人均可支配收入来看，我国收入分配呈现"东高、中西低"的局面。东部地区人均可支配收入居首位，且增长势头迅猛，超过中西部地区。中部地区增速稳健，逐渐与东北地区人均收入齐平，如图10-7所示。

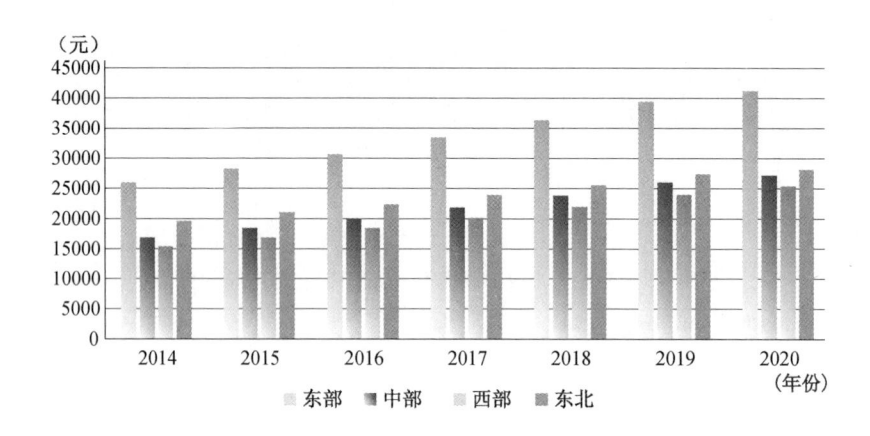

图10-7 全国居民按东中西部及东北地区分组的人均可支配收入

资料来源：根据历年《中国统计年鉴》整理。

从更深层次的变革来看，当前收入分配格局的转变背后是要素配置、经济增长模式与发展逻辑的变迁。20世纪90年代初期，劳动力过剩、资本市场相对稀缺，而随着我国人口红利期的消失与老龄化的进一步加剧，转变为资本的相对过剩、新增劳动力逐年下降的局面。劳动性收入增长逐渐放缓甚至递减。在要素关系上，由于企业自身要素禀赋、外部市场要素供给与市场环境不相匹配，抬高了企业的生产运营和劳资双方对话协商的成本，造成劳动收入份额在相当一段时间内出现大幅波动，影响劳动者自身期望和就业信心。

三 坚持和完善收入分配制度的统筹方向

(一) 跨部门协调

居民是促进我国经济发展由投资拉动转向消费拉动的主体，也是连接政府部门与企业部门的核心纽带，因此，实现居民部门内部平衡、住户部门与政府及企业部门外部平衡对于我国优化收入分配格局、加快实现共同富裕具有重要意义。当前，我国居民消费主要面临两大压力。一是收入分配格局中高收入群体与低收入群体的绝对差距在未来相当一段时期内还存在扩大风险，不利于畅通循环、带动消费的持续稳定增长与经济目标实现。二是由人口老龄化程度加重与劳动人口和比重下降带来的人口红利下降，可能进一步致使消费需求增速放缓。经济增长以消费驱动为主，则意味着蛋糕将更多地向住户部门倾斜，同时，住户部门主要收入来自企业，而企业的主要支出之一为职工薪酬，平衡好二者关系，既能扩大内需畅通循环，又能激发企业创新活力。为此，需要做到以下几点。

首先，要注重基础性收入分配关系与分配格局。初次分配要在坚持效率原则的基础上通过多途径促进公平实现，既要打破各类市场垄断限制，减少资源要素市场扭曲，积极发挥市场在资源配置中的决定性作用，也要确保劳动者和要素所有者在初次分配环境中进行公平竞争，特别要健全劳动保护机制，提高劳动者特别是一线劳动者的劳动报酬在初次分配中的比重，增强劳动成果的合法性与合理性。

其次，要实现国家再分配与公平原则相匹配的高效率性。通过税收、社保以及政府企业转移支付等方式加大对过高收入群体调节，扩大中等收入群体规模，显著改善中低收入群体生活水平。要通过个人所得税实现对居民个人收入流量的调节，同时也要通过对个人直接征收的财产税、遗产与赠与税实现对居民收入存量的调节。完善就业与失业保障机制，统筹与调整优化城乡医疗卫生综合权益保障等服务工作水平，推进现有中央城市储备的城镇优质社会生活资源服务项目等产品以社会化网络及远程终端购买公共服务的方式下乡，进一步提高社会公共服务的均等化水平，显著提升居民的安全感、获得感以及幸福感。

最后，要突出三次分配中的共建共享理念。在全社会营造良好的公益慈善文化氛围，鼓励高收入群体以自身意愿为基础，以募集、捐赠和资助等方式帮助低收入群体改善生活、教育和医疗等条件，从道德层面加强对践行社会责任优良传统的传承与发扬。对相关税收制度或政策进行适当调整，合理激励和正向引导三次分配行为，例如提高对教育、扶贫、济困等公益慈善事业进行捐赠的减免税优惠，同时也通过遗产税和赠与税优惠引导社会成员财富的合理转移，实现更深层次和更大范围的收入分配调整。

（二）要素协调

随着近年来我国居民收入快速增长，财产性收入在居民收入中的占比也呈现出上升态势。截至 2020 年年底，我国财富管理市场总规模已超过 200 万亿元，并成为世界第二大财富管理市场。与此形成鲜明对比的是，我国居民劳动性收入的增长趋势出现了放缓甚至缩减的状况。据国家统计局数据，2018 年我国居民财产性收入增长 12.9%，远高于工资性收入（8.3%）和经营性收入（7.8%），财产性与劳动性收入比持续攀升，中等收入群体收入增速落后于高、低收入群体。如何调节好劳动性收入与财产性收入，防止收入差距由于财富积累效应进一步扩大成为我国加快实现共同富裕的又一重要问题。

要统筹兼顾效率与公平，提高劳动者收入份额在初次分配中的比重。同时，在保障劳动性收入来源之外，积极优化居民收入结构，丰富中低收入群体的财产性收入渠道。对于农村居民来说，财产性收入的主要渠道为农村宅基地以及宅基地上的房屋。因此，要更多强调盘活农村土地资产，创造便利条件提高宅基地使用权在内外部流转的灵活性。此外，还要丰富和规范居民投资理财产品、稳定资本市场财产性收入预期，提高居民获取财产性收入的积极性。

（三）行业协调

不同行业间薪酬差距显著，信息技术类行业平均薪酬位列第一，与排名末位的农林牧渔行业相差近 4 倍。此外，非私营企业比私营企业的行业收入差距更大。房地产市场过热、"平台—互联网—企业—资本"结合的模式形成新的垄断，不仅挤占了自雇经济的发展，也衍生出劳动异化等一系列问题，削弱了低技能劳动者的议价权，并进一步扩大了收入差距。

因此，基于行业视角优化收入分配格局的关键在于进一步完善社会主义市场经济体制，包括通过立法来限制、减少市场价格垄断，降低非垄断行业的市场准入门槛，营造和优化公平竞争的营商环境，防止行业间的不公平交易现象。此外，也要提高对中小微企业的帮扶力度，通过构建全方位信息评估体系降低企业金融服务门槛要求，切实提升中小微企业金融服务的可及性。

（四）城乡协调

当前，城乡收入差距持续的重要原因在于城乡二元分割局面[1]。由于户籍限制，农村劳动力流动性较低，局限于村落周边，市场需求与劳动力供给不匹配，抑制了农村居民收入的有效提升。与此同时，受户籍差异影响，城市地区教育、医疗等优质公共资源也无法惠及农村居民，为经济发展成果共建共享带来较大障碍。

为解决城乡户籍差异所带来的发展不均衡问题，首先，要尽快大力推广实行城市户籍管理改革相关制度，加快实现区域城乡管理一体化，畅通农民居民城镇化迁徙的重要渠道。要以城镇户籍管理制度改革等制度创新实践来促进全国农村人口资源的充分流动及与区域城乡劳动力配置的科学合理分工。其次，要推进部分城市公共优质生活资源逐步以宽带远程形式进村下乡，实现城镇公共服务基础设施网络一体化的建设，完善城镇居民社会最低基本生活条件保障制度。

（五）目标协调

坚持和完善收入分配制度，不仅要实现不同经济社会利益群体收入差距的缩小，更重要的是要促进人的全面发展、推动全体人民共同富裕取得更为明显的实质性进展。在经济发展方面，除实现经济稳定较快增长的目标以外，更要着力提升全员劳动生产率，引导提高劳动资源配置效率和人力资本水平。中国社会科学院人口与劳动经济研究所《人口与劳动绿皮书》指出，"十四五"时期，我国15—64岁的劳动年龄人口、新增劳动力、经济活动人口以及农民工规模将延续下降态势。"十四五"时期末，我国劳动年龄人口约为9.7亿人，比"十三五"时期末

---

[1] 谢冬水：《农地转让权、劳动力迁移与城乡收入差距》，《中国经济问题》2014年第1期。

减少约 3000 万人。因此，在劳动人口减少的情况下，提升我国劳动生产率、劳动资源配置效率以及人力资本水平更加重要。

在社会发展方面，要将减小收入差距与提升居民人均预期寿命相结合。"十三五"的前四年，我国人均预期寿命由 76.34 岁增至 77.3 岁。虽然总体水平有所上升，但不同收入水平群体、不同区域居民的预期寿命存在较大的差距，尤其是沿海地区居民人均寿命显著高于中西部地区，高收入行业群体人均预期寿命显著高于低收入行业群体。因此，在加快实现收入分配相对公平的同时，也要积极推动公共卫生和基本医疗服务的均等化，协同保障人民健康水平和经济平稳运行。

四 坚持和完善收入分配制度的实施路径与对策建议

坚持和完善收入分配制度的实施路径与对策建议的具体方案，如图 10-8 所示。

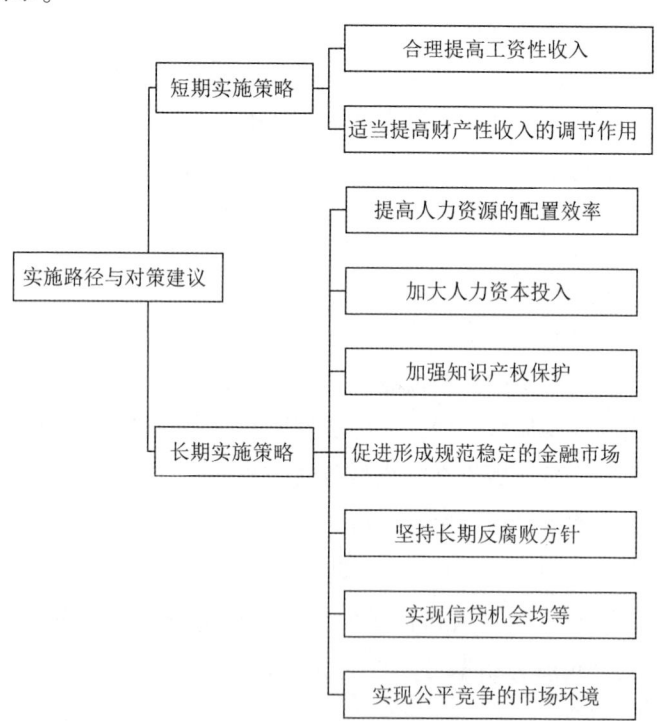

```
                              ┌── 合理提高工资性收入
              ┌─ 短期实施策略 ─┤
              │               └── 适当提高财产性收入的调节作用
              │
              │               ┌── 提高人力资源的配置效率
实施路径与对策建议 ─┤              │
              │              ├── 加大人力资本投入
              │              │
              │              ├── 加强知识产权保护
              └─ 长期实施策略 ─┤
                             ├── 促进形成规范稳定的金融市场
                             │
                             ├── 坚持长期反腐败方针
                             │
                             ├── 实现信贷机会均等
                             │
                             └── 实现公平竞争的市场环境
```

图 10-8 坚持和完善收入分配制度的实施路径与对策建议

（一）短期实施策略

宏观政策跨周期，要求短期政策要服务于长期政策、长期发展。国民收入是长期政策，但需要从一个个短期政策做起。

1. 合理提高工资性收入

从居民的可支配收入构成来看，主要包括工资性收入、财产净收入、经营净收入和转移净收入四项，而工资性收入和财产性收入是最主要的，且二者数量及占比也是判断和预测社会贫富差距的重要指标。工资性收入占比下降与财产性收入占比的上升将进一步扩大收入差距，影响经济社会的持续健康发展。

从工资性收入占比变化趋势来看，主要可分为四个阶段。第一阶段指在社会主义改革尚未开放之前，居民人均月可支配现金近似等于同期工资性收入；第二阶段指中国1978年的改革全面开放试点之后，随着各类资本、技术力量等主要生产要素相继投入、参与收入分配竞争，工资性收入所占份额逐渐下降；第三个阶段则为在加入世界贸易组织后，由于国际组织交流合作活动的日益频繁，国内经济的开放与力度得到的空前提升，工资性收入增长占比稳步上升；第四个阶段，随着经济进入新常态后，增速逐渐放缓，个人财富实力的持续积累和国际资本流动的迅速扩张使得工资性收入占比有小幅下降。

一般来说，高收入群体相比于低收入群体，其收入来源更为多样。随着高收入群体投资模式、渠道的多元化和财富积累效应的显现，工资性收入占比的下降可能导致社会贫富差距更为明显。过大的收入分配差距中，既存在合法合理的部分，也存在非法收入的可能。因此，实施政策的着力点在于切实保障劳动人民的合法权益，将劳动收入份额占比控制在一个合理区间。同时，加强对灰色收入和非法收入的监管查处，打造良好的工作环境和竞争市场。

考虑到国有企业和事业单位的薪酬水平普遍较低，同类职位的薪酬远远低于市场标准，而企业的体量较大，覆盖人群更为广泛，并且对政策的响应较为迅速，因而可率先从国有企业试行不合理工资性收入的调节政策，并逐渐带动民营企业参与其中，在行业和企业内部收入分配上进行调整。

首先,企业内部薪资的差异应该主要来源于员工个人能力的差距和不同岗位工作内容的区别,即确保各类薪酬差别内涵和岗位设置之间的合理性。企业为了保证薪资待遇对内公平,需要对职位和个人能力有较为完整的评估标准。着眼于对外公平,要做好市场薪酬调查,合理联系市场薪酬,以实现内部和外部的平衡,并使薪资水平与行业水平保持相对一致。

其次,建立较为清晰合理的绩效薪酬与考核约束机制体系的框架。现有许多大中型和国有企业薪酬制度设计方案的内部顶层组织设计框架大多仅与企业员工服务岗位累计的年限有关,难以及时、准确地全面地量化并体现每位员工个人的实际工作时间与完成的工作,个人薪酬以及工作考核成果并没有起到充分发挥正向激励员工业绩进步的作用。因而要坚持贯彻发展以效益为主要导向、加强企业全员绩效工作量化指标考核,将实际工作经济社会效益贡献能力与员工薪酬挂钩,使企业工资内部改革的最终分配或调整工作结果更加符合对企业市场机制规范运作发展的内在逻辑和合理要求。

2. 适当提高财产性收入的调节作用

相较于工资性收入,财产性收入差距更为明显。党的十八大报告中提到了"多渠道增加居民财产性收入",这对于进一步扩大中等收入群体,不断改善民生有重要推动作用。

在更多渠道增加居民的财产性收入的基础是要加强法律对公民财产权的保护作用,特别是在公民财产发生变动的过程中,要确保公民财产权利和财富增值权利不受侵犯。同时,由于农村居民与城镇居民所拥有的渠道和资源不同,收入来源也有所差别。相较于城镇居民依托知识技术和市场拥有多种理财方式,农村居民的收入除了来源于外出务工的工资性收入外,主要是利用土地等资源获得的家庭经营收入,增值潜力较小。因此,政府要在健全农产品价格保护制度和农业补贴制度的基础上,推动国家美丽乡村建设,以农业资本要素投入与旅游经济带动增收等多种创新路径推动西部乡村全面振兴协调发展,保障乡村人民生活水平明显改善的同时稳步提高城镇低收入群体的财产性收入。

(二) 长期战略布局

完善收入分配制度的短期措施受到多方面因素的限制，途径较少，主要是通过长期战略措施着手调节。从长期发展来看，优化收入分配格局的关键在于健全完善社会主义经济制度，营造开放公平的竞争市场环境，实现要素市场化配置。以下基于要素协调视角，从劳动力、资本、知识产权和市场公平方面提出优化收入分配的路径与建议。

1. 加大人力资本投入

相比于物质、货币等硬性资本，人力资本具有更大的市场增值投资潜力，其潜在的创造性、创新性、知识技能储备以及有效配置资源等市场风险应变能力，是区分衡量个人收入的重要条件，同时也是经济增长与技术创新的重要推手。林毅夫等认为，三类地区发展水平和收入水平的差距，越来越表现为利用市场而后发展机会上的差距，应着重加强教育体系的建设、基础设施的改善[①]。因而加大人力资本投入、增加人均可获得技能培训机会有助于扩展低收入群体的谋生途径，相比于短期内通过转移支付手段实现贫困人口的脱贫，人力资本长期投入更能巩固脱贫成果，提高居民的参与感、获得感和幸福感。人力资本最直接的衡量形式即为受教育程度，1987—2017 年，全国劳动力人均受教育程度年限由 6.2 年上升至 10.2 年，其中城镇由 8.2 年上升至 11.1 年，农村由 5.6 年上升至 9.0 年。受教育人口占比也有很大程度的提高，但乡村 5.5% 的占比远低于城镇 26.7% 的比例，分化较为严重。教育机会的地区差异（东部沿海地区教育资源条件显著优于边远地区，城镇人均受教育机会大于农村）、社会阶层差异（来自农民工和工人阶层的学生取得学业成功和进入高等教育阶段的机会大大低于来自管理人员阶层的学生）和教育机会的性别差异阻滞了部分群体知识技能和文化水平的提升，不利于社会贫富差距的减小。

而教育作为推动科技创新与技术进步、打造个人核心竞争力的手段和途径，其公平性的缺失削弱了劳动者在市场竞争中的议价权，进而限

---

① 林毅夫、蔡昉、李周：《中国经济转型时期的地区差距分析》，《经济研究》1998 年第 6 期。

制劳动者的收入来源和收入上限。推动实现教育均等化的关键在于打破区位隔阂、全力实现资源的可获得性。对于交通不便、难抵达的边远地区，采用劝说和补贴的形式鼓励村民搬迁，在村落聚集处集中力量兴办乡村学校，加快互联网的普及以实现城市优质资源以远程的形式下乡。

第一，提高职业技术学校的教育办学质量，鼓励"宽进严出"制以提供更多机会，并切实提高学生自身能力与水平以应对市场竞争和变化。第二，进一步发展成人教育，以创造多样化的终身教育机会为目标。由于产业升级和技术迭代，大批以劳动输出为代表的农民工和工人阶层卷入前所未有的失业浪潮，由于无力承付高昂的再学习成本，其中的大多数难以适应现有需求甚至退至市场边缘。化解这一难题一方面需关注劳动者生活需求，改善劳动力再生条件；另一方面，畅通劳动者的自我提升渠道，促进贫困人口就业、推动下岗人员再就业，通过开展职业技能教育提高低收入群体自身的职业技能，扩展就业途径。

2. 提高人力资源的配置效率

自改革开放以来，中国生产要素结构与配置不断进行调整，其中资本要素保持增长势头，推动产业结构由劳动密集型向资本密集型转变、发展，三大产业的特征愈加明显。而人力资本要素增长速度常年低于资本增速，基于中国巨大的人口基数所带来的效应，故促进经济转型升级的关键在于人力资本的优化提升。

人力资源配置效率过低的重要原因在于人力资本结构与产业结构的现代化不匹配。进一步来说，由于新增劳动力所具备的知识能力和技术水平与市场转型需求端重叠度较小，或细分市场中涌入过多背景专业相似的人才进行同质化竞争，而未进入经济转型开发空间。此外，政策调整时滞、市场信息不对称、外部评价、激励机制、群体选择等都与要素配置有很大关系。

基于上述原因，有效提高人力资源配置效率的关键在于调整人才结构，形成合理的人才培养体系。当前，我国正处于经济转型发展期，对于人才比以往有更高的要求。这就需要我们培养更符合新时代、新要求的人才，同时具备国际视野，能够洞察世界变化趋势、创新性地开拓某一发展空间或领域以推动进步。

一是要基于人才市场需求对教育进行改良。现有教育知识体系略滞后于技术进步,并且当前我国技术进步追赶时代最尖端,随着知识迭代速度加快与消息量的指数增长,为了避免人力资源滞后性进一步扩大,需要优化高等教育体系、鼓励高校打造多种人才培养体系并融入新兴产业的相关技术培训。

二是要促进校企合作,打造产学研基地等相关平台,在积累理论知识的同时培养学生对行业的洞察能力并提高实践能力,鼓励人力资源以市场为导向进行配置选择,推动科研成果的创造性转化和创新性发展。这不仅在于提高信息的透明度以减少企业转型对市场供给需求的时滞性影响、减小大规模波动变化的可能性,而且在于市场结构的调整,使资源向细分行业倾斜,避免某一行业"过热"造成其他行业人才短缺的情况。

三是完善配套服务。提高人力资本的培育水平和配置效率不仅在于培养的投入力度,相关的配套服务也是不可或缺的一环。第一,要让人力资本建设和经济建设保持同频发展,使经济建设提高人力资本投入,同时,人力资本的投入又会反哺经济发展。第二,通过优化产业结构,为多样的人力资本提供更适合发展的平台,提高人才利用效率。第三,深化人才选拔制度改革,建立考核审评的多维度评价体系,避免仅通过单一考试做出定论和判断。在考评的过程中注重发掘优势潜力。第四,给创新创业提供更优质的政策土壤,鼓励想法的创新性转化和发展,加大创新实践的资本投入力度并搭建科创孵化平台,促进项目落地实施。

3. 加强知识产权保护

在知识产权保护方面,总体来看,知识产权的保护有了一定的成效。社会尊重和保护知识产权,企业加大对知识产权的投入,当前我国相关管理法规和制度不断健全,在推动发展和扩大开放等方面发挥了积极影响。与此同时,我们也要认识到现有不足,全民的知识产权意识还有待进一步加强与提高,高质量、高科技的专利技术偏少。而部分企业或个人利用知识产权相关法律的漏洞非法牟利以及侵权易、维权难等现象的普遍存在损害了研发生产部门的利益,打击了研发人员的热情,并影响市场的公平竞争。这一点在初创企业、小微企业的生产研发上更为显著。由于初创企业的融资成本较高，保护知识产权的意识较弱并且难以承担知识产权保护服务带来的费用，很多产品和创意一经面世就受到众多竞争者的模仿，而产品规模化带来的低价竞争致使企业不断削价，而规模较小且成本较高的企业逐渐被市场驱逐。

因此，为优化营商环境、建设相对公平的竞争市场，要优化知识产权保护工作的顶层设计，在保护知识产权的同时规范企业和个人的权利与义务，提高知识产权审判质量和效率，提升关注度和公信力。此外，对于侵权假冒多发的重点领域和区域集中采取整治举措。

4. 促进形成规范稳定的金融市场

当前居民对于个人财富管理的热情越来越高，相比于银行定期存款等低风险、低收益的传统方式，越来越多的居民开始涉足货币基金、债券，居民投资总额增长，但由于理财客户大部分由银行客户转化而来，风险偏好总体偏低，对资本市场的不熟悉在很大程度上造成了投资行为的不成熟，可能造成收入差距的进一步扩大。首先，由于我国金融市场信用基础薄弱，不少上市公司存在过度包装和财务造假等违规行为，存在巨大的风险隐患。其次，商业银行无法对企业和个人进行有效的信用评估和持续更新，借贷市场中信息不对称的现象十分普遍。再次，主体结构失衡，政策性金融不完善，中小民营企业融资难依然是普遍存在的现象。金融市场秩序的混乱和信息的不透明阻滞了交易的公平开展并发展出灰色地带，集聚大量非法收入，影响居民财富分配格局。从投资回报和财产性收入来说，应当不鼓励暴利性和爆发性的财产性回报，倡导长期、稳定、高质量的投资回报。

应构建市场化风险处理机制，有效化解和防范系统性金融风险，从多方面合理配置市场风险与收益。一是增加信息的公开程度和账务的透明度，尤其是股票的发行上市环节，以明晰风险。二是在企业与客户之间搭建信息交流平台，及时更新发布信息，健全信息披露制度，降低市场信息不对称。三是加强对恶意信息发布的管理力度，谨防企业言论对客户的错误引导，防范恶性竞争。对于违法行为实施严厉打击，营造公平透明的市场竞争环境。

5. 坚持长期反腐败方针

收入差距过大一部分来自合理合法的收入，另一部分来自灰色收入，其中又以腐败为主。从表现形式划分，腐败分为显性腐败和隐性腐败。自党的十八大以来，为进一步严明党风、肃清政治纪律、加强党内自身建设，依法打击和惩治腐败行为的力度明显增加，反腐败取得阶段性成效，以收受贿赂、公款宴请等为标志的显性腐败明显减少。然而，借助职务和公共权力、利用隐蔽方式获取物质利益的隐性腐败手段却愈加多样化，其具有更高的隐蔽性，严重阻碍了反腐败斗争的推进。

推进反腐败进程的着力点在于从腐败构成要素出发，按腐败主体、腐败原因、腐败基础、手段路径以及腐败结果逐层廓清，实现全过程的跟踪清查，降低腐败的发生概率。同时，结合腐败发生频率的高低，根据行业情况和地区发展对部分区域和岗位实行重点盘查。

首先是腐败主体的识别，限制用户注册账号上限并加强对账号的实名登记和监管机制，借助大数据平台和网络对大笔交易参与对象进行跟踪分析，并对可能存在的腐败提出预警。其次是腐败原因的追溯。大部分腐败现象的滋生来源于行业、地域或企业文化的影响和腐蚀，而显性腐败大多由隐性腐败的收受贿赂等逐步过渡而来。因而加强团队思想文化建设，加强领导干部自身监督，鼓励不同行业、企业间相互检举，是推动反腐败进程的重要环节和有力举措。最后是腐败基础的调查。针对党政机关任职人员，需要通过明确和转变政府权力职能，提高外包公共服务的市场化竞争，以减少操作空间。

此外，可通过增加政府活动的透明度，包括财务信息和政府官员的公开度对潜在的腐败行为提出警示，确保公务活动的廉洁自律。

6. 实现信贷机会均等

作为中国国民经济和社会发展中不可或缺的重要力量，数量众多的小微企业不仅切实增加了居民就业，还进一步提高了居民收入，保持社会稳定发展。然而，在中美贸易摩擦、房地产投资市场萎靡、消费增速放缓等多方面因素影响下，经济有序运行受到阻碍，中小微企业生存面临巨大压力，"融资难""融资贵""风险抵御能力低"成为中小微企业普遍存在的问题。

为促进中小微企业发展，政府陆续出台相关扶持性政策以降低中小企业经营与融资成本。但小微企业的贷款问题还有较大的完善空间，大部分金融机构对小微企业仍持怀疑态度，很多优质的小微企业由于缺乏强大的资本背书，取得贷款的难度高、数量小，相关贷款项目的资金支持与接待发放远低于市场需求，因此需进一步提高小微企业和个体工商户的资本供给，推动企业信贷机会的均等化。

现有信用评估体系大多以资产数目为主要方面来衡量确定借款数额，而能够综合评价小微企业信用的评估体系却有待完善，这让一部分有优秀前景的项目流产并致使部分商业运营举步维艰。为此，可依托互联网大数据技术搭建权威的信用评级结构，完善中小企业担保体系的建设，对小微企业适当放宽政策，为中小微企业融资提供法律保障，以打造机会均等、有利于发展的良好信贷环境。

7. 实现公平竞争的市场环境

随着不同产业发展的日趋集中和企业集团规模的不断壮大，不论是一些传统行业还是新兴行业都出现了不可忽视的垄断问题。由于互联网平台经济趋于成熟，很多行业的龙头企业在扩张规模的同时还力图掌控核心资源，不公平竞争的行为时有出现，破坏了市场营商环境，阻滞了中小企业的发展。同时，由于规模的形成与生产资源的垄断赋予企业较高的议价权，在抬高竞争对手经营成本的同时进一步剥削劳动生产者，扩大行业间的收入差距并进一步扭曲实质性收益和分配格局。在这种形势下，通过建立和完善国家级反垄断市场管理机构，能够遏制资本无序扩张的势头，维持良好的市场竞争环境。

五　结论

收入分配是民生之源，是保障发展成果由人民共享的最重要、最直接的方式。共同富裕视角下坚持和完善收入分配不仅在于实现收入分配的相对均衡，更在于通过协调部门间分配、要素资源分配来调节行业收入并推动区域的协调发展。

在推进收入分配的相对平等、实现共同富裕的进程中，要有两点认识。第一，要认识到任务的复杂性和长期性。现有的收入分配格局是在

第十章 共同富裕的实现路径：新时代坚持和完善收入分配制度的统筹与对策研究

阶段性改革后积累的结果，涉及多方主体，并且由于部门、行业、地理位置的差异性，问题也会有所不同。第二，要认识到共同富裕视角下坚持和完善收入分配的必要性和重要性。随着经济发展逐步进入转型期，增速放缓，以及新冠肺炎疫情冲击和"逆全球化"潮流不断抬升风险，促进经济的平稳运行与社会发展，不仅需要保障人民基本的收入水平，更重要的在于与劳动力质量、每万人口拥有的高质量专利数等其他经济指标协同发展。

本章结合新时代背景下我国经济发展目标与收入分配的发展历程，提出了坚持和完善收入分配制度的基本内涵，同时基于丰富的宏观、微观数据等多种统计分析方法深入分析了我国收入分配的现状与问题，最后在初次分配、再分配、三次分配等相关理论的基础上，结合我国经济发展短期与长期目标，从跨部门协调、要素协调、行业协调、城乡协调以及目标协调等多方面提出新时代我国坚持和完善收入分配制度的统筹方向，以及短期与长期实施策略并重的具体对策方案，从而为丰富新时代中国特色社会主义共同富裕理论与实践，加快实现共同富裕，提供有益的参考与借鉴。

第十一章　新时代共同富裕的理论阐释*

一　共同富裕的热议与问题的提出

2021年8月17日，中共中央财经委员会召开了第十次会议。在此次重要会议上，习近平总书记进一步强调，共同富裕是社会主义的本质要求，是中国式现代化的重要特征，要坚持以人民为中心的发展思想，在高质量发展中促进共同富裕①。实际上，中国共产党历来对共同富裕十分重视。党的100年奋斗历程，无不是围绕全心全意为人民服务、为全体人民的富裕进行奋斗的。特别是中国改革开放，邓小平进一步明确指出："社会主义的本质，是解放生产力，发展生产力，消灭剥削，消除两极分化，最终达到共同富裕。"②这实际上揭示了共同富裕是社会主义的本质特征。党的十八大以来，以习近平同志为核心的党中央，坚持新发展理念，坚持以人民为中心，通过脱贫攻坚、乡村振兴、全面建成小康社会，为共同富裕进一步夯实了物质与精神基础。党的十九大报告提出，到2035年，"城乡区域发展差距和居民生活水平差距显著缩小，基本公共服务均等化基本实现，全体人民共同富裕迈出坚实的步伐"；

---

* 蒋海曦，西南财经大学国际商学院副教授；蒋南平，西南财经大学经济学院教授。
① 《习近平主持召开中央财经委员会第十次会议强调　在高质量发展中促进共同富裕统筹做好重大金融风险防范化解工作》，人民网，2021年8月17日，http：//politics.people.com.cn/n1/2021/0817/c1024-32197305.html。
② 《邓小平文选》第3卷，人民出版社1993年版，第373页。

到2050年，"全体人民共同富裕基本实现"①。在党的十九届五中全会上，更是要求"扎实推进共同富裕"，明确提出了"全体人民共同富裕取得更为明显的实质性进展"的目标。2021年7月，中央还进一步确定了以浙江省作为共同富裕的示范区，希望通过浙江省的实践，进一步探索共同富裕的新路子。

正是由于促进共同富裕的重要性，当前这一个问题已引起了理论界的极大反响，学者从不同角度对共同富裕进行了理论探讨，主要有如下重要观点。

第一，关于共同富裕的科学内涵。这是学者讨论比较多的内容。大家普遍认为共同富裕是马克思主义的一个基本社会目标，是中国人民的基本理想。这既是物质层面的问题，又是精神层面的问题。张占斌认为，共同富裕不是平均主义、同等富裕，也不是劫富济贫，而是全民富裕、全面富裕、共建富裕、逐步富裕②。

第二，如何实现共同富裕。在如何实现共同富裕的问题上，王菲主张在"接续奋斗中实现共同富裕"，强调先富带后富，先富帮后富，坚持全国一盘棋③。李实认为，现阶段一方面要研究如何设计共同富裕的目标及时间表、路线图；另一方面，还应在试点的基础上，在全国层面逐渐推广④。

第三，共同富裕的具体做法。中央财经委员会第十次会议提出，要正确处理效率和公平的关系，构建初次分配、再分配、三次分配协调配套的基础性制度安排，通过扩大中等收入群体比重，增加低收入群体收入，合理调节高收入，取缔非法收入，形成中间大、两头小的橄榄型分配结构。要促进第三次分配，需营造鼓励慈善的环境，引导人们参与慈

---

① 习近平：《决胜全面建成小康社会 夺取新时代中国特色社会主义伟大胜利——在中国共产党第十九次全国代表大会上的报告》，人民出版社2017年版，第28、29页。
② 张占斌：《共同富裕的科学内涵与实现路径》，《郑州日报》2021年8月26日。
③ 王菲：《在接续奋斗中实现共同富裕》，环球网，2021年8月25日，https://china.huanqiu.com/article/44UodoL8DLn。
④ 《经济学家李实：共同富裕是百年目标，争取下个世纪初全面实现》，《新京报》2021年3月20日。

善捐赠①。此外，应考虑开征遗产税、房产税等财产税，以解决收入和财富的代际传递问题。

第四，共同富裕的标准。目前学者在讨论中，还没有在共同富裕的标准方面达成共识。尽管袁家军强调共同富裕是差别富裕，不是同等富裕，更不是杀富济贫，但这种差别究竟有多大，还不明确②。李实和杨修娜认为，共同富裕社会的建成，实际上是让大家过上一个达到某种富裕标准的生活，尽管人与人之间仍有差别，但根据某一标准，差别不应太大③。要提高低收入，扩大中等收入，合理调整高收入。如果20%的低收入群体的发展能力和机会不公平问题不能解决，那么实现的共同富裕就只能是低标准的共同富裕。

第五，共同富裕的实现途径。这个方面，学者讨论较多。王灵桂认为，要通过完成新时代中国特色社会主义新征程的阶段目标实现共同富裕④；刘守英认为，要通过建立权力更开放、制度更公正、机会更公平的途径来实现共同富裕，同时缩小城乡差距是关键⑤；姚洋提出要实现教育公平的共同富裕⑥，等等。

显然，尽管中央对共同富裕的方向已很明确，已作出了重大的战略部署和时间安排。而在学界，对共同富裕的深入研究还有很大的空间。

二 新时代共同富裕要坚持实事求是

当前，我们要实现的共同富裕，它本质上要求通过经济社会的高质量发展为共同富裕打下丰厚的物质与精神层面的基础，这就是新时代共

---

① 《中财办释疑共同富裕：不搞"杀富济贫"，自愿三次分配》，《第一财经》2021年8月26日。
② 袁家军：《共同富裕是差别富裕，不是同等富裕，更不是杀富济贫》，搜狐网，2021年7月20日，https://www.sohu.com/a/478600443_120154373。
③ 李实、杨修娜：《中国中等收入人群到底有多少》，财新网，2021年4月30日，https://caixin.com/2021-04-30/101704788.html。
④ 王灵桂：《共同富裕的两个维度 两对关系》，《浙江日报》2021年6月22日。
⑤ 《理解共同富裕的八个要点与促进共同富裕的五条建议》，网易网，2021年8月25日，https://www.163.com/dy/article/GI9CDLAO0514R9P4.html。
⑥ 姚洋：《共同富裕，须精准提高民众收入能力》，新浪网，2021年8月31日，http://finance.sina.com.cn/zl/china/2021-08-31/zl-iktzqtyt3282475.shtml。

同富裕的要义所在。因此，当前我们所讲的共同富裕，一定要明确这个背景和这个意义。

(一) 在共同富裕中坚持实事求是，是对中国共产党思想路线的遵循和发扬

从中国共产党100年的奋斗历史来看，党的历史就是一部将马克思主义同中国革命与建设的实际结合起来，从而形成中国特色社会主义道路的历史。我们认为，中国共产党100年的奋斗史，是经过土地革命战争时期、抗日战争时期、解放战争时期以及新中国成立之后的一段时期的艰苦探索，最终在中国改革开放时期，形成了中国特色社会主义理论及实践成果。因此，当前我们要实现的共同富裕，是对中国共产党100年为之奋斗的宏伟事业、为民初心的宗旨的历史继承及现实实践，对党100年来总结的宝贵经验和原则，在当前实现共同富裕的过程中，也必须遵循和发扬。这集中体现在坚持实事求是的思想路线上。

过去，我们坚持党的实事求是的思想路线，取得了新民主主义革命的胜利。当前，我们实现新时代的共同富裕，实事求是的思想路线也一定要继续坚持。这是因为这条思想路线是党经过100年探索形成并经实践检验完全正确的路线，中国共产党的一切工作，都是根据这条路线，从实际出发，取得成绩的。当前，我们实现的共同富裕，是党在实现现代化过程中的又一伟大工程，是党的伟大事业的一项未竟事业，故坚持实事求是必不可少。

(二) 在共同富裕中坚持实事求是，是新时代的要求

中国共产党成立100周年以来，坚持实事求是的思想路线，才取得了中国革命的胜利。新中国成立后如何在中国建设社会主义，是一项前无古人的伟大事业。苏联的经验是我们寻找经济规律的重要依据。然而，苏联的经验及高度集中的计划体制，形成了许多误区，尽管我们取得了不少成绩，但也经历了重大挫折与失误，这也反证了必须坚持实事求是的思想路线的正确性。党的十一届三中全会以后，中国共产党实事求是地总结了历史的经验教训，将工作重心转移到经济建设上来。党的十二大提出建设中国特色社会主义；党的十三大则实事求是地做出了中

国仍处于社会主义初级阶段的判断；党的十四大提出建立社会主义市场经济体制是经济体制改革的目标；党的十五大、十六大、十七大分别实事求是地为全面建设中国特色社会主义的领导力量、制度保证、科学发展等方面做了全面规划。党的十八大、十九大以来，以习近平同志为核心的党中央，更是实事求是地提出了中国特色社会主义新时代面临的主要矛盾、主要任务，确立了新发展理念，提出了一系列正确的方针、政策、措施等，从而使我们取得了脱贫攻坚、全面建成小康社会等一系列伟大胜利。在此基础上实现共同富裕，坚持实事求是，亦是新时代的要求。

（三）坚持实事求是，亦是共同富裕过程中的内在要求

在实现新时代共同富裕的过程中，实事求是必须贯彻始终。第一，实事求是是我们正确认识共同富裕内涵的根本。依据实事求是，我们才能认识到当前实现的共同富裕，不是搞平均富裕、杀富济贫，而是全民富裕、共建富裕、逐步富裕、全面富裕，是新时代高质量发展的共同富裕。由此，我们才能把握好当前实现共同富裕的方向。

第二，实事求是是我们制定正确的共同富裕政策的依据。实现新时代共同富裕的任务繁重，将面临"百年未有的大变局"，如何实事求是地分析面临的困难，总结好的经验，创造好的条件，是我们制定正确的相关政策，从而取得共同富裕成果的重要保证。

第三，实事求是是检验共同富裕的实践，是推进中国现代化的重要保证。我们应当明确，实现共同富裕，是我们实现中国现代化事业的重要一环，是建设中国特色社会主义的重要内容及基本目标。是否达到了共同富裕，可以从不同角度、以不同指标来衡量。如果我们不实事求是地进行共同富裕的实践，不实事求是地对共同富裕的实践进行检验，就可能导致一些地方实现共同富裕工作不扎实的状况，可能给实现共同富裕带来不良的影响。

三 新时代共同富裕要坚持理论联系实际

（一）共同富裕是理论联系实际的时代产物

中国共产党100年来的努力奋斗，无不是为了人民的利益，以人民

为中心,全心全意为人民服务的。马克思、恩格斯认为,无产阶级的运动是绝大多数人的、为绝大多数人谋利益的独立的运动,而且在未来的社会,社会生产"将以所有的人富裕为目的"。毛泽东1955年在《关于农业合作化问题》的报告中明确提出了"共同富裕",认为"这个富是共同的富,这个强,是共同的强,大家都有份"①。邓小平也提出,"社会主义的本质,是解放生产力,发展生产力,消灭剥削、消除两极分化,最终达到共同富裕"②。社会主义最大的优越性就是共同富裕,这是体现社会主义本质的一个东西。党的十八大以来,习近平总书记多次在不同的场合强调,共同富裕是中国特色社会主义的根本原则;实现共同富裕是我们党的重要使命;我们追求的发展是造福人民的发展,我们追求的富裕是全体人民共同富裕;要让发展成果更多、更公平地惠及全体人民,不断促进人的全面发展,朝着实现全体人民共同富裕不断迈进;实现共同富裕不仅是经济问题,而且是关系党执政基础的重大政治问题。显然,中国共产党关于共同富裕的理论是十分丰富、十分科学的。

(二) 历史证明了理论联系实际是当前实现共同富裕的根本方法

在共同富裕理论指导下,我们如何进行实现新时代共同富裕的实践,是一个非常重要的问题。这就必须坚持理论联系实际的根本方法。这是因为中国共产党共同富裕的理论来源于实践、指导于实践、发展于实践,如果我们在工作中不理论联系实际,没有将共同富裕理论很好地运用,就无法取得很好的成绩。这也是中国共产党100年的奋斗史反复证明了的。

中国共产党把马克思主义普遍真理同中国革命的实际相结合,才取得中国革命的胜利。党的十一届三中全会以后,我们重新审视了国内外的局势,正确认识到中国仍处于社会主义初级阶段,提出解放生产力、发展生产力,确立了社会主义市场经济体制、坚持改革开放,取得了一系列改革开放的成果。特别是党的十八大以来,以习近平同志为核心的

---

① 《毛泽东选集》第6卷,人民出版社1999年版,第495页。
② 《邓小平文选》第3卷,人民出版社1993年版,第373页。

党中央，遵循理论联系实际，推动马克思主义中国化进一步向前发展。同时也认识到我们长期处于社会主义初级阶段的基本国情仍然没有变，要着力解决当前社会存在的人民日益增长的美好生活需要和不平衡不充分的发展之间的矛盾，提出新发展理念，促进高质量发展，取得全面建成小康社会、脱贫攻坚等巨大胜利，这都是中国共产党理论与实际相结合的光辉成果。历史反复证明了，理论联系实际也是当前我们实现共同富裕的根本方法。

（三）实现共同富裕，迫切需要理论联系实际

在消灭了绝对贫困、全面建成小康社会的基础上，我们要在现代化的进程中实现新时代高质量发展的共同富裕，这也是中国共产党100年奋斗事业的延续。2020年，我国人均可支配收入增速达到4.7%，全国居民平均可支配收入达32189元，农民与城市居民收入差距进一步缩小①。即便有这样的物质基础，我们也得清醒地认识到，我们实现共同富裕的条件是多方面的；实现共同富裕的内外部环境有许多不确定性因素；对实现共同富裕的认识在理论上还需要深刻理解，在实践上还需要努力探索；实现共同富裕的道路可能不会一帆风顺，等等。因此，如果我们在实现新时代共同富裕的进程中，不能坚持理论与实践相结合，就有可能背离正确的理论指导，或曲解共同富裕的意义，或忽视变化着的共同富裕的环境，或低估共同富裕的困难，或工作不够扎实，搞形式主义、花架子等，则会贻误党的事业，违背为民初心。所以，我们在实现新时代共同富裕的过程中，必须做到理论与实践相结合。

四 新时代共同富裕要坚持以人民为中心

（一）以人民为中心是共同富裕的根本方向

前面已述，共同富裕是全体人民的整体富裕、是中国共产党的使命。显然，这些马克思主义的命题显示了共产党人要实现的共同富裕，

---

① 《习近平主持召开中央财经委员会第十次会议强调　在高质量发展中促进共同富裕统筹做好重大金融风险防范化解工作》，人民网，2021年8月17日，http://politics.people.com.cn/n1/2021/0817/c1024－32197305.html。

无论在哪一个历史时期,都贯穿一个根本的主张,即为最广大人民的利益而奋斗,以人民为中心。当今中国实现新时代的共同富裕,理所当然应坚持以人民为中心。

在实现新时代共同富裕中坚持以人民为中心,是以中国共产党100年来不懈为人民谋利益的成果作为重要基础的。中国共产党成立以来,无论在土地革命时期、抗日战争时期,还是解放战争时期,一切工作都围绕"全心全意为人民服务"展开,保证了最广大人民的利益。

(二)以人民为中心的共同富裕,一直是中国共产党的工作目标

新中国成立之后,在战争的废墟上,为了保证人民群众的生活需要,中国共产党不仅迅速地恢复了国民经济,而且取得了抗美援朝的伟大胜利,获得了全国人民的拥护。此后,为了进一步使人民富足、国家富强,我们进行了"一化三改",为共同富裕做了基础工作。在这一时期,中国共产党解决了全国人民的温饱问题,这是中国几千年来未曾解决的难题,激发了人民群众进行经济建设的热情。农民生活得到大改善,全民所有制工业职工工资总额在1978年达到204亿元,是1952年的8.34倍;职工平均工资在1978年达到683元,是1952年的1.33倍。党的十一届三中全会后,中国共产党仍然将人民的利益放在首位,致力于改革开放,引导人民全面摆脱贫困,走向共同富裕。邓小平还特别强调,共同富裕是社会主义的本质特征之一,并根据社会主义初级阶段的特点,提出"三步走"的发展战略,强调在解决温饱及小康水平的基础上,在21世纪中叶,达到中等发达国家水平,人民生活比较富裕,基本实现现代化。显然,这个"三步走"发展战略,坚持了以人民为中心,以人民的富裕、国家的富强作为重要方向。党的十三大明确了中国社会主义初级阶段的主要矛盾及根本任务;党的十四大明确了经济体制改革的目标是建立社会主义市场经济体制;党的十五大、十六大、十七大则进一步坚持以人民为中心的科学发展观,在深入改革开放、转变经济发展方式、保障民生等方面制定了科学正确的战略方针。党的十八大进一步强调以人民为中心,全面建成小康社会的各项要求。党的十九大更是提出了从全面建成小康社会到基本实现现代化再到全面建成社

主义现代化强国的战略安排,充分体现了中国的现代化,是以人民为中心的现代化,是全体人民共同富裕的现代化。

(三) 以人民为中心,才不会使共同富裕偏离方向

当前,我们要实现的共同富裕,是在摆脱了绝对贫困、全面建成小康社会基础上的共同富裕,是迈向现代化的共同富裕。尽管我们实现共同富裕已有较坚实的基础,但它仍是以中国共产党 100 年的奋斗历史为前提的。共同富裕是中国共产党为崇高理想而奋斗的一个阶段性目标,具有历史的继承性及未来的开创性。由于我国仍长期处于社会主义初级阶段,以及我国仍是世界上最大的发展中国家,我们还处于"百年未遇的大变局"中,故而不可能平均富裕、同步富裕,只能先富带后富、先富帮后富。也就是说,共同富裕的过程是不平衡的。正因如此,我们只有坚持以人民为中心的共同富裕的方向,才能避免偏离方向的"先富压后富""先富阻后富"的现象发生,真正实现共同富裕。

五 新时代共同富裕要坚持中国特色社会主义所有制及分配制度

中国特色社会主义的所有制与分配制度,即"以公有制为主体,多种所有制经济共同发展""以按劳分配为主体,多种分配方式并存"这两个制度,也是经过中国共产党 100 年的努力奋斗形成的。

(一) 中国特色社会主义所有制及分配制度是中国共产党长期探索的科学结晶

马克思为了揭示人类社会的发展规律,系统分析了资本主义的所有制关系,认为所有制关系会影响整个社会的物质资料的生产过程。他认为,作为社会主义或共产主义的所有制,必然代替资本主义社会的所有制。在对所有制及其决定的分配制度的分析的基础上,马克思进一步提出了未来社会分工、分配、劳动状况和形式以及上层建筑会发生全新变化的科学设想,揭示了人类社会的发展规律。列宁也对所有制问题进行过有益探索,曾设想通过国家资本主义来对付自发的资本主义倾向,并在新经济政策时期,实行了一种过渡时期的公有制及相应的分配制度。

此后，斯大林将苏联的生产资料高度地集中在国营企业及集体农庄，实施高度集中的计划体制，但实际上并没有处理好生产资料所有制及相应的分配关系问题。

中国共产党成立之时，就旗帜鲜明地要推翻不合理的私有制，建立社会主义公有制。在土地革命时期、抗日战争时期及解放战争时期，中国共产党就一直进行建设社会主义公有制的探索。新中国成立之后，通过没收官僚资本、"一化三改"，我们初步形成由新民主主义向社会主义过渡的生产资料所有制及分配制度。党的十一届三中全会之后，在农村通过实行统分结合的双层经营机制和家庭联产承包责任制，农民的生产积极性大为高涨，农业生产率也大大提高，农民得到了实惠。1984年，中共中央发布了《关于经济体制改革的决定》，开始进一步调整城市所有制结构。党的十三大作出了中国仍处于社会主义初级阶段的判断，形成了所有制结构调整的依据。党的十四大明确提出了建立社会主义市场经济体制。党的十五大、十六大及十七大把"公有制为主体、多种所有制经济共同发展"作为社会主义初级阶段的基本经济制度，提出了"按劳分配为主体，多种分配形式并存"的分配制度。同时，提出这个制度不能动摇，并强调要为这个制度营造良好的运行环境。党的十八大、十九大强调把混合所有制经济作为"公有制为基础，多种经济成分共同发展"的重要实现形式，强调了解决"人民日益增长的美好生活需要和不平衡不充分的发展之间"的矛盾对保证基础经济制度实施的重要意义。至此，中国社会特色社会主义所有制关系及相应的分配关系完全确立。

在实现共同富裕的过程中，如何共同富裕，除了理论思维、方法原则、方向路线外，中国特色社会主义所有制及分配制度也为其提供了制度保证。

（二）中国特色社会主义的所有制及分配制度，保证了共同富裕健康发展

按照马克思主义经济学原理，物质财富和商品价值是由劳动创造的，中国共产党100年的努力奋斗，创造了中国特色社会主义所有制和

分配制度。"公有制为主体""按劳分配为主体",从制度上规定了共同富裕的路线和理念,保证了共同富裕的实现秩序。只有这样,社会财富方可积累起来,并取之于民,用之于民,顺利达到共同富裕的目标。

中国特色社会主义所有制与分配制度从制度层面既倡导引领人民勤劳致富、合法经营致富,同时又遏制平均富裕、杀富济贫,促进共同富裕的健康发展。因为我国长期处于社会主义初级阶段的国情仍然未变,公有经济与其他经济成分并存,故而分配形式必然多样。分配上的平均主义或杀富济贫是不可取的,也违背了共同富裕的真正内涵。中国特色社会主义的所有制及分配制度,是对勤劳致富、创新致富的制度保证,是对鼓励辛勤劳动、合法经营、敢于创业的致富带头人的制度保证。

(三) 中国特色社会主义所有制及分配制度,保证了共同富裕的政策实施

在实现共同富裕的过程中,国家将出台一系列税收、金融、收入分配等政策,如对慈善事业的税收优惠政策、对高收入的调整政策、对低收入的扶助政策等,而政策制定的准则正是中国特色社会主义所有制及分配制度,故而所有制及分配制度是共同富裕政策实施的强有力的制度保证。

当前,我们仍处于社会主义初级阶段,面临着国内外"百年未遇的大变局",因此,在实现共同富裕过程中,难免遭受负面冲击,使共同富裕受到阻碍。例如,可能受到财富及资本过度集中影响社会关系的冲击、极端消费主义的冲击、精致利己主义泛滥的冲击、资本短期逐利无序扩张的冲击以及因地区发展不平衡和其他短期难以解决的社会矛盾的冲击,等等。但中国特色社会主义的所有制及分配制度,对这些冲击在制度层面上就首先给予限制和规范,阻挡了这些负面冲击的冲击波,从而保证共同富裕的顺利实现。

(四) 中国特色社会主义所有制及分配制度,保证了共同富裕过程中其他体制及制度的改革

在共同富裕过程中,将伴随改革的进一步深化。例如,财税制度的改革及调整,将进一步朝着优化收入分配结构,促使三次分配健康推进

的方向发展；价格制度改革及调整，将朝着刺激合理消费，提高企业经济效率和资源配置效率的方向发展；货币制度的改革及调整，将朝着有利于缩小货币获取难易差距、控制收入持续分化的方向发展；社会保障制度的改革与发展，将朝着增加社会性保障支出、提升大众及普通百姓消费力的方向发展，等等。而这些制度的改革和发展，均在中国特色社会主义所有制及分配制度框架中得到了保证。

六　新时代共同富裕要坚持高质量发展

关于在实现新时代高质量发展过程中的共同富裕问题，学界已有许多讨论，然而在实践中如何做，主要有如下几种主张。一是强调在政策上做调整，使低收入者提高收入，使高收入者的收入适当降低，做大中间收入者的队伍；二是引导人们通过辛勤劳动、诚实经营致富；三是通过先富帮后富、带动后富，使人们一起富裕；四是通过地区政策、货币政策的改革，抑制不合理收入的区域差别及融资条件，使贫富差距缩小；五是通过市场、政府、慈善机构等的作用，做好一、二、三次分配。这些主张无疑都是正确的，但必须建立在发展的基础上，在当今中国特色社会主义新时代，则必须建立在高质量发展的基础上，这是必不可少的实践保证。

（一）历史证明只有发展才能解决共同富裕的根本问题

中国共产党100年来，始终以人民为中心，全心全意为人民谋福利，不断朝着共同富裕的目标迈进，实际上都是通过促进经济社会的发展作为实践保证的。中国共产党成立以来，在土地革命时期、抗日战争时期及解放战争时期，都是通过大力发展苏区、抗日民主根据地及解放区的经济，才保证了人民及革命的胜利。

新中国成立之后，经过国民经济恢复时期、抗美援朝以及"一化三改"的实践，我们初步奠定了发展国民经济的基础，利用发展使人民群众的生活得到极大的改善。党的十一届三中全会以后，我们开始了市场化的改革，进行了发展经济的新实践。为了解决落后的社会生产同人民群众日益增长的物质文化需要的矛盾，党的十二大、十三大、十四大、相继提出了建设中国特色的社会主义，我国仍处于社会主义初级阶段，要建立社会主义市场经济体制。党的十五大、十六大、十七大，更是分别为建设中国特色社会主义的领导力量、制度保证、科学发展等等方面做了全面规划，使中国经济社会得到进一步发展，人民群众的人均收入接近了中等发达国家，国民经济年增长 10% 左右。党的十九大报告指出，"中国特色社会主义进入新时代，我国社会主要矛盾已经转化为人民群众日益增长的美好生活需要和不平衡不充分的发展之间的矛盾"①。为了解决这个矛盾，中国共产党贯彻新发展理念，从严治党，在各个领域全面促进经济社会的进步，取得了非常大的成就。2020 年，即使受新冠肺炎疫情的影响，我国经济仍增长 2.3%，在世界各国的经济发展中一枝独秀②。同时人均 GDP 连续超过 1 万美元，消灭了绝对贫困，全面建成了小康社会，这充分说明了经济社会发展才是国家富强、人民富裕的根本保证。

(二) 新时代的共同富裕客观上要求高质量发展

当前我们要实现的共同富裕，是在我们面临百年未有之大变局且中国特色社会主义进入新时代的背景下，必须以高质量发展作为实践保证的共同富裕。这是因为，在新时代，国内外政治、经济、军事、文化等方面出现了新的变化，人口、资源、环境的压力无法再依靠传统的发展方式进行社会物质资料生产。世界各国必须运用现代科学技术加速经济社会的进步，形成更强大的竞争力。因此，我们要实现的共同富裕，体现了更多的高质量发展内涵，高质量发展是共同富裕的应有之义。

第一，只有高质量发展才能从实践上保证共同富裕的物质基础。实现共同富裕，必须要有强大的物质基础。在新时代，我国社会主要矛盾已经转化为人民日益增长的美好生活需要和不平衡不充分的发展之间的矛盾。而这种对美好生活的需要，包括高质量的物质生活与精神生活，

---

① 习近平：《决胜全面建成小康社会 夺取新时代中国特色社会主义伟大胜利——在中国共产党第十九次全国代表大会上的报告》，人民出版社 2017 年版，第 11 页。
② 谢玮：《GDP 首破 100 万亿——详解 2020 年中国经济成绩单》，2021 年 1 月 30 日，https://www.cnki.com.cn/Article/CJFDTOTAL-JJZK202102015.htm。

而高质量的物质生活及精神生活，只有靠高质量发展才能获得。

第二，只有高质量发展才能从实践上保证共同富裕的正确路径。我们当前的共同富裕，不是平均富裕，更不是杀富济贫。贫富悬殊的差距，必须要通过后富群众以较快的致富路径赶上先富来缩小，从而达到共同富裕的目的。只有高质量的发展，才能保证后富赶上先富的速度，从而保证"既不杀富济贫，又不平均富裕"的正确路径。

第三，只有高质量发展才能从实践上保证共同富裕的可持续性。新时代高质量发展的共同富裕，既是中国共产党100年来为人民谋利益事业的继续，又是中国共产党在新时代迈向现代化的阶段性目标。共同富裕是一个过程，故而必须要有可持续性，只有高质量发展的成果才能支持这种可持续性。

第四，只有高质量发展才能从实践保证共同富裕的动力机制。习近平总书记强调，要通过高质量发展来促进共同富裕，这十分深刻和精辟。尽管共同富裕可能涉及分配格局及分配政策的变化，但分配主要是"切蛋糕"的问题。只有通过高质量发展，"蛋糕"才会越来越大，永远有"蛋糕"可切。如果没有高质量发展，就不可能形成共同富裕的动力机制，最后无"蛋糕"可切，也不能真正实现共同富裕。

第五，只有高质量发展才能保证共同富裕的全面性。必须明确的是，新时代共同富裕是全方位的共同富裕，即政治上、经济上、文化精神上、道德水平上的共同富裕。而高质量发展的要求正是全面性的，故而只有高质量的发展，才能保证我们实现全方位的共同富裕。

第十二章 缩小地区差距、实现共同富裕的财税体制机制创新研究*

——基于基本公共服务均等化中国实践案例分析

一 背景与意义

习近平总书记提出,"共同富裕是社会主义的本质要求,是中国式现代化的重要特征"[①]。要坚持以人民为中心的发展思想,在高质量发展中促进共同富裕。财政是国家治理的基础和重要支柱,要建立科学的基本公共服务体系,使全体人民朝着共同富裕的目标扎实迈进。党的十九届六中全会和十九大提出,正确处理效率和公平的关系,促进社会公平正义,促进人的全面发展。当前,我们正在向第二个百年奋斗目标迈进,适应我国社会主要矛盾的变化,更好满足人民日益增长的美好生活需要,必须把促进全体人民共同富裕作为为人民谋幸福的着力点。国务院参事汤敏指出,"推动共同富裕也不应停留在收入分配上,更应从包括收入、财产、公共服务、社会环境、自然生态等多维视角制定政策和行动"[②]。而提供什么样的基本公共服务,以推动全国人民共享经济发展成果,最终实现共同富裕则是我们重点研究的内容。

---

* 刘蓉,西南财经大学财政与税务学院教授。
① 习近平:《习近平谈治国理政》第4卷,外文出版社2022年版,第142页。
② 《推动共同富裕不能只在收入分配上做文章,而要从多维视角制定政策》,搜狐网,2021年9月25日,https://www.sohu.com/a/491991117_115865。

立足于习近平新时代中国特色社会主义思想，以人民为中心研究共同富裕与基本公共服务供给机制和政策创新体系，有助于刻画共同富裕的实现路径和理论形态，深入关于共同富裕和基本公共服务供给的理论研究。共同富裕是中国人民数千年来孜孜以求的理想，但在过去很长一段时间都在强调通过物品的平均分配去实现共富，以致"均贫富"曾被视作共同富裕的主要方式。进入新发展阶段后，需要构建新的发展观，依靠共同富裕和政府基本公共服务供给理论创新，破解共同富裕发展过程中面临的各种难题。同时从满足人民日益增长的美好生活需要出发，研究共同富裕和基本公共服务供给机制，为推动全体人民共同富裕提供科学的行动指南。2021年政府工作报告也提出，"十四五"时期主要目标之一，就是"持续增进民生福祉，扎实推动共同富裕"，并强调要"加强普惠性、基础性、兜底性民生建设，制定促进共同富裕行动纲要，让发展成果更多更公平惠及全体人民"，共同富裕和基本公共服务供给机制创新对构筑保障全体公民生存和发展基本需求具有现实意义。

基于"后扶贫"时代基本公共服务对共同富裕的重要推进作用，本章从基本公共服务供给所具有的特性出发，首先，拟从基本公共服务均等化应该实现的标准和水平着手，比较中国与发达国家的实施经验，并以教育为例进行深度的比较研究；其次，结合我国实际，从基本公共服务均等化的实践先驱着手，观察成功案例的理论与实践，主要策略就是以浙江省共同富裕示范区做案例研究；再次，考虑到我国地区间经济社会发展的不平衡，户籍人口与常住人口间的公共品供给与受益的差异，再基于成都市常住地的基本公共服务供给机制做案例研究；最后，根据案例分析结论回答"如何完善基本公共服务体系""从基本公共服务视角研究如何矫正分配的不均衡"及"如何转变政府职能，优化基本公共服务供给机制与体制"三个问题，以提供创新基本公共服务供给机制的相应政策建议。

二　文献评述

（一）财政推动共同富裕的理论基础

党的十九届五中全会提出了2035年"全体人民共同富裕取得实

质性进展"的远景目标；国务院在 2021 年 6 月 10 日发布的《中共中央国务院关于支持浙江高质量发展　建设共同富裕示范区的意见》，宣布共同富裕示范区落地浙江；中央财经委员会第十次会议对实现共同富裕做了充分部署。这表明新时代党和政府更加关注全体人民的幸福，致力于提升民生福祉，朝着实现全体人民共同富裕不断迈进。推动共同富裕离不开财政作用的发挥，它既包括积极财政政策、优化资源配置、调动地方积极性等促进效率的财政作用，也包括税收和社会保障、基本公共服务均等化等改善公平的财政作用，这些积极作用都直接或间接地助力共同富裕的实现。为此，在建设社会主义现代化国家进程中，财政要持续加强对教育、社保就业、医疗卫生和基本住房保障等民生领域的支持，更加充分地发挥财政的支撑和保障作用，促进区域、城乡的协同发展[①]。

　　一些学者针对财政促进共同富裕的作用展开了分析。马正其提出共同富裕的实现离不开财税的调节作用，这种调节作用主要体现在缩小居民贫富差距、城乡和区域差距等方面[②]。周波和李国英从动力转换、收入分配和基本公共服务均等化三个方面分析，认为财政具有促进高质量发展和共同富裕的作用与潜力[③]。杜江和龚浩指出，新时代共同富裕的实现，要积极发挥财政在经济增长和财富分配中的作用，逐步迈进后小康社会阶段，围绕实现共同富裕的目标，合理制定财政政策，通过构建现代财政制度推进国家治理现代化[④]。共同富裕目标的实现，最终依赖于全面深化改革、发挥制度合力，税收制度是其中的重要一环[⑤]。代志新等认为，我国税收制度在缩小收入差距方面已取得阶段性成效，并从扶持中小微企业、缩小收入差距、助力第三次分配三个方面肯定了税收

[①] 吕炜：《新时期财政工作的几个重大关系》，《财政研究》2021 年第 9 期。
[②] 马正其：《实施民生财政 促进共同富裕》，《求是》2012 年第 3 期。
[③] 周波、李国英：《高质量发展中扎实推进共同富裕——基于财政视角》，《东北财经大学学报》2021 年第 9 期。
[④] 杜江、龚浩：《新时代推进共同富裕实现的理论思考——基于财政的视角》，《求是学刊》2020 年第 47 卷第 3 期。
[⑤] 蒋震：《以共同富裕为导向完善现代税收制度研究》，《国际税收》2022 年第 1 期。

制度在促进共同富裕中的积极作用[①]。

(二) 基本公共服务均等化与共同富裕

基本公共服务均等化是我国为加速共同富裕、增进社会公平正义而全力推进的一项重大民生工程，是我国社会主义本质落实到每个公民身上的伟大创举[②]。党的十九届五中全会对推进基本公共服务均等化作出了新的部署，明确提出，到"十四五"末基本公共服务均等化水平要明显提高，到2035年基本公共服务要实现均等化。《中华人民共和国国民经济和社会发展第十四个五年规划和二〇三五年远景目标纲要》对提高基本公共服务均等化水平、创新公共服务提供方式、完善公共服务政策保障体系等方面作出了新指示。"基本公共服务均等化"已被列入2035年远景目标之一，是解决收入分配不公、实现社会公平的一种主要再分配方式[③]。而我国基本公共服务体系的建设现阶段还存在短板，距离远景目标的实现还有一定距离，在未来一段时期内仍需致力缩小城乡间、地区间、群体间享受的基本公共服务水平和质量的差距。

学者也从不同角度对基本公共服务均等化的选择途径加以探索。一是政府管理制度革新。在推进基本公共服务均等化的过程中法治建设的重要性不言而喻[④]；立足于我国实际，城乡二元管理体制的改革也是统筹城乡基本公共服务建设的重要一环[⑤]，同时以均等化为目标的基本公共服务标准化建设，必须从服务自身和财力保障两个维度开展，所以政府需制定具体的基本公共服务标准，保证由粗放型到精细型的模式转

[①] 代志新、高宏宇、程鹏：《促进共同富裕的税收制度与政策研究》，《财政科学》2022年第1期。

[②] 尚虎平、石梦琪：《基本公共服务均等化事业的理论归依——习近平新时代中国特色社会主义思想对基本公共服务均等化的理论奠基探析》，《理论探讨》2021年第6期。

[③] 李实：《共同富裕的目标和实现路径选择》，《经济研究》2021年第11期。

[④] 范逢春：《建国以来基本公共服务均等化政策的回顾与反思：基于文本分析的视角》，《上海行政学院学报》2016年第1期。

[⑤] 刘佳萍：《城乡基本公共服务均等化问题及对策研究》，《探求》2018年第1期；刘承礼：《省以下政府间事权划分与城乡基本公共服务均等化》，《财政科学》2019年第1期。

变①。二是财税体制改革。不少学者在研究提升基本公共服务均等化水平问题时都将目光聚焦在转移支付的设计与完善上。Nicolae 和 Constantin 建议批准从国家预算的某些收入中扣除的数额（分成比例）作为特殊用途资金，用于平衡地方预算以提高地方公共服务质量，缩小地方差距②；朱云飞和赵宁认为，应以人民获得感为目标，不断调整并优化政府支出结构，将更多的财政资金转向基本公共服务项目③；缪小林和张蓉以"转移支付—支出行为—均等化感知"为研究主线，发现均衡性转移支付能提升居民对基本公共服务均等化的感知水平，引导地方政府公共服务支出行为是关键，激发公众参与、强化社会监督和完善绩效激励是重点④。

此外，还有部分学者结合当前的财政政策和社会背景探究推进基本公共服务均等化的问题。例如，杨刚强和邢艺竞认为，在当前我国实施减税降费的背景下，可引进更多的金融支持以解决政府公共服务资金不足的问题，并运用 GMM 方法实证检验了金融支持对上海、江苏等 11 个长江经济带省份基本公共服务均等化的促进作用⑤；李实和杨一心分析了推动基本公共服务均等化对巩固脱贫攻坚成果、推动高质量发展、形成合理收入分配格局的作用，并提出了满足动态需求、创新基本公共服务供给方式、发挥法治和数字化改革引领作用等方面的路径建议⑥。由此，面对"扎实推动共同富裕"这一新的时代背景，基本公共服务均等化是共同富裕的应有之义。

---

① 马晓鸥：《关于建立健全基本公共服务标准体系的思考》，《标准科学》2020 年第 2 期。

② Nicolae B., Constantin A., "Equalization of the Budget Incomes in the Administrative-Territorial Structures", *Economics and Applied Informatics*, No. 2, 2010, pp. 185 – 190.

③ 朱云飞、赵宁：《城乡基本公共服务均等化的省域布局及财政对策》，《税收经济研究》2020 年第 1 期。

④ 缪小林、张蓉：《从分配迈向治理——均衡性转移支付与基本公共服务均等化感知》，《管理世界》2022 年第 2 期。

⑤ 杨刚强、邢艺竞：《金融支持促进基本公共服务均等化了吗？——基于长江经济带 11 省（市）实证分析》，《上海经济研究》2020 年第 4 期。

⑥ 李实、杨一心：《面向共同富裕的基本公共服务均等化：行动逻辑与路径选择》，《中国工业经济》2022 年第 2 期。

三 基本公共服务均等化的中国典型案例——以共同富裕为导向

(一) 中国和发达国家基本公共服务均等化的经验比较——以教育为例

基本公共服务均等化是人类社会进步与发展的一个重大社会现象,世界上许多国家都将基本公共服务均等化作为国家公共治理的核心内容。从国外基本公共服务均等化供给的先进经验来看,发达国家在教育、医疗和社会保障等方面进行长期实践,形成了不同的模式。比较典型的有以英国为代表的西欧模式、以美国为代表的北美模式、以瑞典为代表的北欧模式、日本模式以及韩国模式。此外,以教育为例通过中外基本公共服务均等化制度的对比梳理,给中国推进基本公共服务均等化提供经验借鉴。

1. 不同国家基本公共服务供给模式

(1) 以政府干预为主的基本公共服务供给模式

英国的基本公共服务供给是以政府干预为主的西欧模式。19世纪中期英国完成第一次工业革命后,城市规模发展飞快。在经历了长期的劳动力转移而实现的城市化与工业化过程中,英国在城乡现代化发展的同时累积了大量的问题,于是在解决"城市病"与维持乡村可持续发展的过程中,又形成了政府干预的地区创新发展模式。英国的公共服务供给在第二次世界大战之前属于政府放任型的自由市场经济模式。第二次世界大战后,这一情况发生了根本性变化。政府不但对公共服务进行规划与管理,而且通过控制在自己手中的大量资源,直接向公共服务对象提供服务。以教育为例,政府拨款为中小学财政性教育经费的主要来源,尤其是中央政府的转移支付和直接拨款占教育总经费的75%—80%[①]。

(2) 政府主导下多元化的基本公共服务供给模式

美国的基本公共服务供给是政府主导下多元化的北美模式。主要坚

---

① 施祖毅:《英国中小学财政性教育经费投入研究》,硕士毕业论文,西南大学,2014年。

持公共教育、公共文化、社会保障与社会福利等基本公共服务领域以市场为主导，引进竞争和激励机制的制度模式。政府主导体现在资金投入和政策引导上，联邦政府的所得税、州政府的消费税和教育税是义务教育经费的主要来源。联邦、州和学区三级共同承担农村的基础教育服务财政投入。在资金管理方面，联邦政府、州政府和学区三级共同负担教学费用，教育经费主要来自税收。为了减少基本教育经费的不均衡现象，美国政府通过转移支付的方式来减少上学期间的教育经费不均等。多元化供给表现为政府引导下多种机构参与供给基本公共服务，其中赠地学院、私有企业及公共服务团体成为不可或缺的公共服务供给主体。

（3）政府主导监督代理机构执行的基本公共服务供给模式

瑞典的基本公共服务供给是政府主导监督代理机构执行的北欧模式。主要以国家为主体，实行对全民的普遍保障，其中国家承担着保障全体国民的义务和责任，每个人都有社会保障的权利。北欧是指欧洲北部，一般特指瑞典、挪威、芬兰、丹麦和冰岛5个国家，以及法罗群岛。这些国家的经济水平在全世界是最高的。丹麦、瑞典等国的人均国民生产总值均遥居世界前列。北欧模式实行的是更高水平的公共服务均等化，可以说是一种从"摇篮到坟墓"的均等化过程。以瑞典为代表，基本公共服务均等化极大地促进了瑞典经济社会的协调发展，也推动瑞典从一个落后的欧洲国家成为一个在世界上拥有较强竞争力的国家。

（4）政府主导与法律监管相结合的基本公共服务供给模式

日本是政府主导与法律监管相结合的基本公共服务供给模式。政府对公共服务领域的直接干预是东亚模式的重要特征。日本基本公共服务的提供由政府主导，针对城市新增劳动力的基本公共服务领域的需求情况，日本政府扩大了社会保障范围，使原本用于大企业劳动者和公务员的社会养老保险制度覆盖中小企业劳动者和农民，使他们进入社会保险范围内，从而形成了全民养老保险制度。政府还设立了公务员型的公法人机构，来承担基础性社会公益事业，包括中小学教育、基础科学研究、重要文化事业、公众基本医疗服务等。在日本的制度安排中，政府的主要作用是发展社会公益事业，而对于政府起补充作用的是民间力量。对于民间公益法人，政府通过提供不同方式的经济支持和规制手段，以便其在基本公共服务供给中更加充分地发挥作用。

（5）中央政府主导合作组织参与的基本公共服务供给模式

韩国是中央政府主导合作组织参与的基本公共服务供给模式。韩国的地方政府从属于中央政府，地方政府的自治能力不强，因此以中央政府为主导、其他合作组织积极参与的方式在实现基本公共服务均等化的过程中发挥了重要作用。政府的经费是推进基本公共服务均等化的重要财政支持，如农村的义务教育经费就主要来自政府。

2. 基本公共教育服务均等化的国际比较

为了实现基础教育阶段的相对公平，美国较早地开展了一系列均等教育机会的运动。具体地，这一系列的运动主要可以归结为两个方面。一方面是对不同地区之间的教育经费水平进行合理的调节，美国政府财政对于基础教育的投入呈现出自身显著的特征，即地方政府拥有并承担主导性的责任，其中州和地方各级政府所承担的投入比例基本达到了90%以上。地方财政教育经费的主要来源就是税收，且主要是居民所缴纳的"财产税"，而由于不同地区之间存在着贫富差异，所以为了保证相对平等的办学条件与教学水平，政府会统一进行调节，从而保障基础教育的均衡发展。另一方面则是采用一些政策，其中以补偿弱势群体为主，设法保护每个公民都有均等的机会接受基础教育。美国十分重视义务教育发展方面的法律法规建设，而相对完善的教育法律体系又为包括义务教育在内的各类教育的发展，提供了重要的法制保障。

无论是基础教育还是高等教育，英国政府对各类学校的具体管理并不直接介入，只是制定教育发展规划、政策、检查评估，等等。英国政府非常重视教育的战略化管理，积极研究当前教育发展中的突出问题，并注重研究教育发展的长远问题和战略问题，重视从体制、机制上寻找解决办法。学校通过增加管理权限，减少了地方政府的干预，依据就近入学的原则来合理安排学校，优化调整教育布局结构。英国政府及各类学校通过不断降低办学成本，提高教学质量，提供更多的教育服务，进一步促进了本国教育服务的均等化。具体来看，英国政府十分重视不利地区和不利学校的教育投入，主要通过以下措施促进教育公共服务均等化。第一，实施教育行动区计划和城市卓越计划，通过专项投入提高薄弱学校的教育质量；第二，地方当局在制定学校预算时必须考虑地方学校的不利程度，按照不利程度拨款，这种拨款资金大约占学校预算金额的10%—20%；第三，提供专项拨款用于支持不利地区学校的发展，如学校标准拨款。

　　日本政府一直非常重视义务教育，并且通过各种途径来扶持义务教育的发展，尤其是在第二次世界大战结束以后，日本政府致力实施各项促进义务教育普及，以及增进城乡之间受教育机会均等化的政策。义务教育普及与教育机会均等的政策，在很大程度上促进了日本国民素质的持续升高，为日本经济的高效恢复和快速发展提供较为可靠的根基。日本基础教育发展所取得的成就令人瞩目，而这主要与日本政府的高度重视有关，主要表现为相关法律制度的完备，针对贫困家庭和弱势群体，采取了一些倾斜政策，以帮助这些家庭的儿童能够享有同等的受教育机会。这些倾斜政策除了直接通过资助实现以外，日本政府也通过立法的形式予以保障。同时，依据学校规划、基础设施及管理水平保证全国的中小学都具备推行一致性义务教育的基础要素，从多个层面确保义务教育的均衡发展，并以政府财力保障义务教育的发展，通过师资与管理者的定期流动，使各个学校之间能够实现管理水平和师资力量的基本均衡。

　　类似于美国和日本，韩国对于基本公共教育服务供给的均等化也十分关注，其采取的主要政策与措施可以归结为如下几个方面。一是由政府财政对义务教育进行投入，保障每位公民都有同等的受教育机会。韩国政府对义务教育经费的投入，成为保障义务教育发展的关键因素，未来的职业教育和高等教育则属于家庭人力资本投资的范畴。二是对经济发展相对落后的地区优先投入，在农村地区实施免费的义务教育，并针对贫困家庭和弱势群体采取扶持政策。三是政府主导实施"教育平准化"政策，积极改善办学条件，并让师资力量在不同的学校之间流转，以保障学校之间发展水平的均衡化。韩国的师资力量和管理者流转周期通常为4年，同时也充分考虑每所中小学的教育质量等实际情况。四是适龄儿童入学采用的是随机模式，以排除因人为择校而导致的受教育机会不平等问题。

3. 国外基本公共服务均等化的经验借鉴

现阶段我国也正面临着义务教育的非均衡发展问题，经济发展水平相对较低的地区，往往面临着更多因贫穷和疾病等原因而导致的丧失入学机会的现象。所以，对于基本公共教育服务均等化的具体实现模式，我们可以借鉴美国的市场主导型的供给模式，通过各级财政来筹集专项经费，以及通过其他的方式和途径形成多样化的资金来源，用于改善落后地区的办学条件和提高教学质量等。同样，也可借鉴日本政府所采取的政府主导型的基本公共教育服务供给模式，对教育事业的发展安排出优先次序，并以教育事业的发展来促进经济发展，为长远的经济社会发展提供更多的人才储备。同时对于缩小我国教育在城乡和区域间的差距问题，世界各国尤其是发达国家带给我们的启示主要有以下两个方面。一是在城乡之间教育的均衡化发展上，各国都采取了从农村和基层做起的办法，统筹考虑农村地区的基本公共服务发展，将学校资源的开发与利用定位在基层社区。美国政府曾推出的"农村教育成就项目"就比较好地达到了促进农村地区基本公共教育发展的效果。通过这个项目，美国促使各州和各个学区充分考虑教学质量与教学效果，并对农村地区进行了大量的资金投入，以改善农村地区的办学条件和教学质量。最终，教学质量和教学效果得到大幅提升。二是在区域之间教育的均衡化发展上，各国往往都通过财政投入的倾斜，以及师资力量的流转等机制，来实现既定的均衡发展目标。以韩国为例，其财政投入的倾斜、内部的均衡，以及师资力量的流转及针对高中阶段的"分流"等，都为我们的教育在区域间的均衡化发展提供了一定的启示与借鉴。

总而言之，世界各国在基础教育阶段都是非常注重政府财政投入的，同时也比较注重通过多种渠道进行融资，并允许市场机制的适当介入和发挥作用。通过前述几个较为发达国家的情况来看，每个国家都会根据自身的实际情况，选择适合自己的资金投入与教育服务供给模式。尤其值得注意的是，越是在整个国家经济社会发展遭遇困难的时期，就越注重对教育事业发展的投入，尤其是对基本初等教育的发展及均等化的投入。换言之，正是由于对基本公共教育服务的重视，这些国家才能够实现后来的繁荣与发展。

（二）中国为实现基本公共服务均等化的实践创新——以浙江共同富裕示范区为例

1. 我国首个共同富裕示范区落地浙江的原因分析

（1）浙江经济基础强劲

浙江的乡村，柏油路四通八达、宽敞平坦，整齐干净的厂房四处可见，一个普通小镇往往比一些县城更有现代城市气息，不少小镇的GDP能抵得上中西部的一个普通县城。浙江有两个副省级城市、9个地级市和53个县（市），农村户籍人口占了一半，城乡分布均衡，沿海坐拥全国最大的海港——宁波舟山港，内陆又有多个山区地市，无论是行政区划、地域面积还是人口规模，比直辖市更具全国代表性。2021年，浙江生产总值超7万亿元，人均生产总值达11.3万元。居民人均可支配收入达5.75万元，仅次于上海和北京，是全国平均水平的1.63倍。"能赚又会花"是浙江的标签。浙江是全国唯一所有设区市居民收入都超过全国平均水平的省份。浙江还是全国最早脱贫的省份，2015年，浙江就已全面消除家庭人均年收入4600元以下的绝对贫困现象。2020年，浙江全体居民收入和农村居民收入分别迈上"5万元"和"3万元"的台阶。

浙江富得更为均衡，2020年，浙江城乡居民收入比为1.94，排名全国第三（仅次于总量和人均并不突出的天津与黑龙江），远低于全国的2.5，这为浙江走向共同富裕打下了坚实基础。2001年，浙江率先建立城乡一体化的最低生活保障制度；2009年，浙江率先建立城乡一体化居民社会养老保险制度，率先实现基本养老金制度全覆盖和人员全覆盖；2018年，浙江又在全国率先实现低保标准城乡一体化。数据显示，浙江农村社会保障覆盖率居全国之首。浙江当之无愧为国内城乡区域发展最均衡、群众最富裕、社会活力最强、社会秩序最优的省份之一，这是浙江推动共同富裕的独特优势。

（2）浙江产业发展活跃

市场经济的充分发展，被视为浙江的"致富法宝"。浙江很多企业从家庭作坊干起，形成了发达的乡镇企业，民营经济迅速成长，涌现出以特色经济为单元的专业化生产方式和专业市场,"针头线脑"在浙江也能做成大买卖。如永康生产的各类衡器占中国产量的95%,崧厦年产雨伞3.5亿万把,分水专门制笔,上官专门生产乒乓球拍,大唐的袜子产量占全世界的1/3,全世界一半的领带来自嵊州,海宁的皮革、织里的童装、横店的影视、义乌的小商品、乐清的电器、苍南的印刷,等等。浙江经济的本土性和根植性很强,具有共同富裕的经济基础和产业基础。

在浙江,智能制造、纺织品加工、注塑机以及塑料制品、金属制品加工等诸多行业,都在县级市这一层级形成了全国领先的产业集群,"一县一品一特色"的特色产业非常发达。在移动互联网的浪潮中,数字化技术、电商成为促进农民增收、撬动农村消费市场的重要工具,浙江农村在电商、数字化领域的表现在全国也是领先的,目前至少有七千多名"农创客"活跃在浙江。这些"农创客"年纪轻、学历高,以"80后""90后"为主,不乏毕业于北大、清华等名校的高才生,他们成为数字时代新农村的致富达人。

(3)浙江改革意识浓烈

浙江"富"的开始,要从四十多年前启动的改革开放说起。"太湖熟,天下足",千百年来,浙江所在的江南一直是中国最富庶的地方,而在计划经济时代,浙江长期位居全国中游,但浙江人的改革精神却有口皆碑。浙江的资源禀赋并不算优越,地形地貌素有"七山二水一分田"之称,但浙江人融汇在基因里的改革、务实的特点在市场经济大潮中显露无遗,大批农民洗脚上田,在市场大潮中大展拳脚。

近年来,浙江探索创造了"最多跑一次"等多项改革先进经验,创造和持续发展了"依靠群众就地化解矛盾"的"枫桥经验",各地普遍具有强烈的改革和创新意识,便于大胆探索和及时总结提炼共同富裕示范区建设的成功经验和制度模式。同时,浙江在市场经济、现代法治、富民惠民、绿色发展等多个领域也取得了一些显著成果。

2. 浙江高质量发展建设共同富裕示范区的主要做法

(1)明确组织建设

成立"高质量发展建设共同富裕示范区领导小组",由省委书记和省长分别担任组长和第一副组长,领导小组下设办公室,由省委政研室、省委改革办、省发展改革委组成，具体承担领导小组日常工作。领导小组定期召开推进例会，督促检查《浙江高质量发展建设共同富裕示范区实施方案（2021—2025年）》落实情况。领导小组成员单位对照重点任务要求，按需建立工作专班并实施动态调整管理。

明确省市两级工作重点。在省级层面，浙江省提出按照"每年有新突破、5年有大进展、15年基本建成"的安排压茬推进，滚动制订五年实施方案，迭代深化目标任务。浙江省出台《浙江高质量发展建设共同富裕示范区实施方案（2021—2025年）》，把"十四五"确定为高质量发展建设共同富裕示范区的"第一程"，制定了"第一程"的路线图、任务书，在这一时期要完成"四率先三美"的主要目标和"七个方面先行示范"的主要任务，要求到2025年高质量发展建设共同富裕示范区取得明显实质性进展。在地市级层面，浙江省各地市先后制定相关实施办法，明确工作重点。例如，杭州市致力于构建"大杭州、高质量、共富裕"的发展新局面，配套出台了"共建共享公共服务体系""市域一体规划建设体系""市域高效联通交通网络体系"和"全域统筹保障支撑体系""四大体系"专项计划，为杭州争当共同富裕城市范例提供实质性、突破性抓手。宁波市以解决地区、城乡和收入"三大差距"为主攻方向，突出相对薄弱地区、农业农村、困难群体等重点，以建设"高质量发展先行市，高水平一体化先行市，城乡融合发展先行市，收入分配制度改革先行市，品质生活共享先行市，精神普遍富足先行市"六大任务为主要抓手，着力破解当前制约宁波实现共同富裕的体制机制障碍。温州市全力打造"创业之都、创业之城、创富之市"，聚焦"民营经济共兴，创新驱动共强，数字赋能共富，区域协同共荣，基本单元共创，居民收入共增，文化文明共促，公共服务共享，宜居环境共建，社会和谐共治"，开展"十大行动"，打造具有鲜明标志的温州共同富裕示范样板。

（2）紧抓高质量发展

浙江充分发挥数字经济、"互联网＋"等方面的优势实现高质量发展。大力建设"数字高地"，形成数字产业集群。加快建设以"产业大脑＋未来工厂"为核心的数字经济系统，不断壮大"新智造"企业群体,进一步提升数字安防、集成电路两大数字产业集群的全球影响力。深化跨境电商发展,积极建设全球数字贸易中心,探索制定数字贸易规则和标准。加快建设具有国际竞争力的现代产业体系,发展产业集群及传统产业改造2.0。实施产业集群培育升级行动,培育"415"先进制造业集群,即绿色石化、数字安防、大湾区汽车制造、大湾区现代纺织4个世界级先进制造业集群,15个优势制造业集群则包含数字经济、生物经济、航空航天、量子信息、柔性电子、前沿新材料、软件与集成电路、电子信息、高端装备、生物医药、节能环保、新能源、新材料等领域。

实行更加开放的人才政策,加快建设全球人才蓄水池。着力打造能够支撑引领"互联网+"、生命健康和新材料等科创高地发展的"三大人才高峰",实施基础科学研究人才、关键核心技术攻关人才、产业技术研发人才、科技创业人才、乡村振兴科技人才、青年科学家等"六大引培行动"。

浙江省立足"一县一策",为山区县量身定制发展方案和支持举措。做强"一县一业",推动山区县谋划12个特色生态主导产业。支持山区县重大项目建设,对列入省发改委立项的基础设施、民生项目、优质文旅项目给予40%的新增建设用地计划指标。还采取用地指标奖励、建筑石料采矿权指标保障、农村集体经营性建设用地与国有土地同等入市同权同价等方法支持山区县的发展。推动省内发达地区与山区县建设"双向飞地",全省50个经济强县结对帮扶山区26县,支持山区县到省内发达地区投资建设产业、科创、消薄(消除集体经济薄弱村)三类"飞地"。此外,还采取干部人才资源向山区县倾斜、组建教育专家团、省市级三甲医院下沉等方法加大对山区的"输血"力度。

为加快广大农民的共同富裕,浙江推动106个共同富裕先行村组建"共同富裕百村联盟",开展平台共建、资源共享、产业共兴、品牌共塑,通过优势资源互通加强合作,建设富民强村,实现村财与村民收入"双增收";通过探索"未来乡村"建设,共建美丽乡村;通过加强村际沟通交流,实现发展经验共享、先富带后富。在"等收入群体规模倍增计划"方面,浙江从人力资本、人才引进、公共资源提供等多个方面促进中等收入群体规模的扩大。同时,保障社会发展机会公平,依法规范收入分配秩序。健全工资合理增长机制,创新事业单位收入分配制度;全面拓宽城乡居民财产性收入渠道,规范发展财富管理行业,支持企业实施灵活多样的股权激励和员工持股计划;实施农民致富增收行动,推进万户农家旅游致富计划,深入实施乡村百万屋顶光伏工程,引导农户自愿以土地经营权、林权等入股企业,带动农民就近就地创业就业;完善创新要素参与分配机制,加快探索知识、技术、管理、数据等要素价值的实现形式。

(3) 推进基本公共服务均等化

"十三五"时期,浙江省通过基本公共服务清单化、标准化和制度化,在基本公共服务均等化领域取得了较好的成绩。截至2020年年底,全省基本公共服务项目共计114项,地方标准277项,国家级、省级基本公共服务标准化试点91个,提前全面实现"十三五"规划确定的目标任务。但是"十三五"时期浙江省基本公共服务也存在一些较为突出的矛盾和问题。一是基本公共服务仍存在地区、领域、人群不均衡;二是基本公共服务弱项较为明显,服务质量、服务水平与群众期待还有一定差距;三是公共服务体制机制改革任重道远;四是公共服务体系建设面临数字化、便利化等新要求、新挑战。因而,"十四五"时期浙江省提出"人的全生命周期公共服务优质共享",并针对以上问题和挑战,为持续推进基本公共服务均等化提出新的政策方案。

"十四五"时期,浙江省着力打造民生"七优享"金名片,在育儿方面,打造"浙有善育"名片,多渠道降低生育、养育、教育成本,构建育儿友好型社会;在教育方面,打造"浙里优学"名片,推行"教育大脑+智慧学校",破解教育"内卷"困境;在职业技能提升方面,打造"浙派工匠"名片,实施新时代浙江工匠培育工程、"金蓝领"职业技能提升行动和技工教育提质增量计划,全面提升劳动者创业就业的致富本领;在健康服务方面,构建"浙里健康"名片,打造"健康大脑+智慧医疗",牵引"三医联动""六医统筹"改革实现重大突破;在养老服务方面,打造"浙里长寿"名片,实施"养老机构跟着老人走"行动,提出要在我们这一代人手中解决好养老问题;在住房保障方面,打造"浙里安居"名片,多途径解决新市民、低收入困难群众等重点群体住房问题,进一步提高住房建设品质;在扶贫扶弱方面,打造"浙有众扶"名片,构建智慧大救助模式,推进分层分类精准救助。与"十三五"时期相比,"十四五"时期将完善基本公共服务体系,实现基本公共服务在区域、城乡、人群间的优质均等共享,持续推动实现共同富裕。

浙江省基本公共服务体系"十三五"规划与"十四五"规划政策变化对比,如表12-1所示。

表12-1　浙江省基本公共服务体系"十三五"规划与"十四五"规划政策变化对比

分类	"十三五"时期	"十四五"时期	主要变化
主要目标指标(括号内为具体指标个数)	基本公共教育(3)、基本就业创业(4)、基本社会保障(6)、基本健康服务(4)、基本生活服务(5)、基本公共文化(4)、基本环境保护(6)、基本公共安全(5)	幼儿照护服务(3)、现代教育服务(6)、就业创业服务(8)、城乡宜居服务(3)、公共文化服务(3)、公共体育服务(3)、卫生健康服务(9)、幸福养老服务(4)、兜底保障服务(3)、拥军优抚服务(1)、生活环境服务(10)	增加幼儿照护服务、拥军优抚服务等方面的目标,具体指标数量有增有减,评估指标客观性增强
幼有所育	优生优育服务、0~6岁儿童健康管理服务、疫苗接种服务等	优生优育全程服务、完善生育保险制度,深化生育保险和职工基本医疗保险合并实施,做好生育保险参保扩面工作;做好婴幼儿标准化发育监测筛查评估;规范、保障免疫规划疫苗供应,提升预防接种管理质量等	重点提升幼儿照护服务质量,扩大生育保险服务对象范围

续表

分类	"十三五"时期	"十四五"时期	主要变化
学有所教	按居住证管理要求,建立外来务工人员随迁子女入学积分制度;推进农村营养餐改善计划;基本普及残疾儿童15年免费基础教育;推行义务教育小班化教育行动计划、基础教育重点县建设、幼儿园扩容工程和薄弱幼儿园改造工程、中等职业教育质量提升行动计划、特殊教育提升计划5大提升工程	提供优质公平的现代教育服务,保障优质基础教育(学前教育、义务教育、普通高中、特殊教育),发展高水平高等教育、职业技术教育、在线教育,健全终身教育体系;推进基础教育强基工程、高等教育跨越提升工程、职业教育融合提质工程和教育信息化新基建工程4大工程	继续完善外来务工人员随迁子女入学积分制度,建立县域内融合型、共建型模式的城乡义务教育共同体,提升农村教育质量
劳有所得	包括就业创业体系、职业技能培训、劳动权益保护、职业危害防治等方面内容,推进基层人力资源和社会保障综合服务平台建设、省、市人力资源市场建设、职业技能公共实训基地建设、高校毕业生创业引领计划4大提升工程	提供公共就业创业服务水平,积极开展职业技能培训服务,完善工伤失业保险服务,深化构建和谐劳动关系,全力促进创业带动就业,迭代提升数字就业服务,健全工资合理增长机制	重点消除户籍、地域、身份、性别等影响就业的制度障碍,完善创业政策,加强创业孵化基地和指导队伍建设
住有所居	以发展公共租赁住房为重点,完善城镇住房保障体系。适度降低公共租赁住房准入门槛,稳步扩大保障覆盖面。实施城镇住房保障"阳光工程"建设,健全公共租赁住房申请、审核、分配和退出机制。建立发现一户、改造一户的长效救助机制,将低保标准150%以内农村困难残疾人家庭优先纳入农村危房改造对象范围	大力发展租赁住房,加强住房改造服务;鼓励人口流入多、住房供需矛盾大的城市,增加住宅用地和住房有效供应,推动土地供应向租赁住房建设倾斜,探索利用集体建设用地和企事业单位自有存量土地建设租赁住房。稳妥推进商品房现房销售试点;提升未来社区智慧化服务水平	鼓励人口净流入城市增加住房供给,大力发展租赁住房,加快完善长租房政策,逐步在公共服务享受上实行"租购同权"

续表

分类	"十三五"时期	"十四五"时期	主要变化
病有所医	建立全省统一的城乡居民基本医疗保险制度和经办管理机制;加快建立健全以基本医疗保险为主体、大病保险为延伸、医疗救助为托底、社会慈善和商业保险等其他保障形式为补充的多层次医疗保障体系;健全医疗保险报销比例调整机制,优化医疗保险关系转移接续和转诊备案制度	完善公共卫生服务体系,提升家庭医生签约覆盖面和服务质量;大力提升县域医疗服务水平;建立应急防控管理体系,健全统一的紧急医学救援体系和应急医疗物资保障体系;完善医疗保障制度,统一全省医疗保障政策框架,做实基本医疗保险市级统筹,完善大病保险制度、大病保险筹资机制等。实施"医学高峰"计划、中医药传承创新发展、优化全生命周期健康服务、完善智慧医疗服务体系	重点提升县域医疗服务水平和投入,加强县级强院与乡镇卫生院基础设施补短板项目,促进医疗资源融合,加大村级卫生人员定向培养力度,推动医共体统筹管理下的乡村卫生一体化
老有所养	实施全民参保计划,完善居民、个体从业人员和农民工等群体参保政策;完善统一的城乡居民基本养老保险制度,建立基本养老金正常调整机制;加强从事传统海洋捕捞的渔民等人群的养老保障;完善基本养老保险关系转移接续政策	加大公办养老机构建设力度,提升县城养老机构设施和服务等级,确保每个县(市)至少建有1家社会福利中心;鼓励养老机构进入城市主城区、老年人集聚区;完善居家社区养老服务网络;继续做好法定人群扩面参保,推进居民、灵活就业人员和进城务工人员等参保,努力实现应保尽保;丰富优质养老服务供给,发展智慧养老新模式,构建爱老、敬老的社会环境	推动养老机构建设和养老服务发展,完善居家社区养老服务网络,扩大养老保险覆盖面

续表

分类	"十三五"时期	"十四五"时期	主要变化
弱有所扶	健全最低生活保障标准及动态调整机制。健全特困人员救助供养制度,保障城乡特困人员基本生活。提高医疗救助筹资水平,加大医疗救助力度。完善临时救助制度,保障生活无着流浪乞讨人员得到临时生活救助、长期滞留人员得到妥善照料。建立健全自然灾害救助制度,保障受灾群众及时得到所需救助。完善司法救助,加强面向弱势群体、困难群众的法律服务和法律援助	完善最低生活保障制度和特困供养救助制度,健全低保标准与消费支出(最低工资标准)挂钩的动态调整机制,推动社会救助政策与乡村振兴、养老、医疗等政策制度有机衔接。逐步加大社会救助政策对常住人口的覆盖力度,放宽最低生活保障边缘家庭认定标准,探索将未成年特困救助供养对象年龄从16周岁延长至18周岁。实施高质量助残工程,完善"普惠+特惠"残疾人基本保障制度,落实困难残疾人生活补贴和重度残疾人护理补贴标准动态调整机制。系统推进全链条无障碍环境建设	政策逐步向常住人口覆盖,低保标准实行动态调整机制;兜底保障实行动态精准管理;大力发展现代慈善事业,强化基层慈善综合服务平台建设和慈善组织队伍建设,建立志愿服务激励保障机制,推广时间银行等模式
优军服务保障	退役军人安置服务,提供职业教育和技能培训,实施扶持就业优惠政策等	加大退役军人就业创业支持力度,加强退役军人事务信息化建设,深化退役军人全生命周期管理服务改革;加大英雄烈士褒扬纪念力度;建设社会多元参与平台,组建省、市、县三级关爱退役军人协会	提供多元化的优军服务,加强退役军人事务信息化建设和全生命周期管理

续表

分类	"十三五"时期	"十四五"时期	主要变化
文体服务保障	加强体育场地设施规划建设与管理利用，大力推进体育资源共建共享。加强对体育社会组织的培育，推进体育社团社会化、实体化改革。加强基层公共体育服务，广泛开展形式多样的群众性体育活动，传承发展民族民间传统体育，打造一批全民健身品牌项目。大力推进国民体质监测与测定，普及科学健身知识，提供科学健身指导	完善城乡一体公共文化设施；完善农村文化礼堂建管用育长效机制；完善县、乡、村广播电视公共服务基础设施布局；免费开放和错时开放公共文化设施；增加基层优质文化产品和服务供给；支持少数民族地区文化建设。加强公共体育设施建设；推进体育资源社会共享，实现公共体育设施和符合条件的学校体育设施100%向社会开放；打造惠民型体育品牌赛事，打造体育公园、体育服务综合体等	加大农村地区公共文化服务供给和建设，融合文化与旅游产业，推进公共文化服务均等化
生活环境服务	改善农村饮水条件，推进饮水困难的海岛及沿海地区海水淡化工程建设；以需求为导向，加快城乡社区基本生活服务设施建设，积极推进社区一站式服务；扩大城市公共交通网络覆盖面，实现城市公交在城市城区和郊区范围内的全覆盖；加强邮政基础服务设施、通信网络设施建设。推进城乡社区综合公共服务平台建设、乡村农贸市场改造、公路安全生命防护等工程	巩固农村饮用水达标提标行动成果，持续提升农村饮用水标准；优化公共法律服务平台，完善"12348"公共法律服务热线功能，推行异地申请法律援助的跨地域转交等便民服务，推动优质法律服务资源下沉，做好村（社区）法律顾问工作；加强社会治安、消防安全、网络安全、安全生产监管等教育培训，提供应急管理服务，推进省、市、县、乡四级救灾物资储备库（点）建设；加强乡村集贸市场建设，完善社区一站式服务功能等	进一步提高生活环境服务质量，健全城乡居民便利生活服务体系，促进生活环境服务数字化转型，创新社会治安防控机制

资料来源：表中内容根据《浙江省基本公共服务体系"十三五"规划》和《浙江省基本公共服务体系"十四五"规划》整理得到。

浙江基本公共服务"十三五"规划和"十四五"规划中主要指标、目标变化的情况，如表12-2所示。

表12-2　　　　浙江省基本公共服务主要指标目标变化

分类	"十三五"规划			"十四五"规划		
	指标	2015年	2020年目标	指标	2020年	2025年目标
幼有所育	—	—	—	3岁以下婴幼儿托育机构覆盖率(%)	29.5	≥50
				每千人口拥有3岁以下婴幼儿托位数(个)	2.01	4.5
				婴幼儿照护服务机构从业人员持证率(%)	—	≥80
学有所教	九年义务教育巩固率(%)	100	100	儿童预期受教育年限(年)	14.7	15.5
	幼儿在园人数(万人)	181	222	普惠性幼儿园(含公办园)比例(%)	88.8	90
	高中阶段毛入学率(%)	95.9	98	持证适龄残疾儿童少年入学率(%)	学前段90 义务段98 高中段80	>90 >98 85
	—	—	—	全国义务教育优质均衡发展县(市、区)比例(%)	2	60
				高等教育毛入学率(%)	62.4	≥70
				高水平大学数量,其中国家"双一流"建设高校数量(所)	93	124
	城镇新增就业人数(万人)	515	400	城镇新增就业人数(万人)	606	400

续表

分类	"十三五"规划			"十四五"规划		
	指标	2015年	2020年目标	指标	2020年	2025年目标
学有所教	城镇登记失业率(%)	2.93	≤3.5	城镇调查失业率(%)	5	5.5左右
	从业人员继续教育(万人次)	800	1000	职业技能培训人数(万人)	551	500
	企业劳动合同签订率(%)	97	98	居民人均可支配收入增长(%)	—	>5.5
				城乡居民收入比	—	1.9
	—	—	—	劳动年龄人口平均受教育年限(年)	10.73	12
				工伤保险参保人数(万人)	2547	2600
				失业保险参保人数(万人)	1687	1800
病有所医	人均预期寿命(岁)	78.2	78.5	人均预期寿命(岁)	79.4	>80
	每千人医疗床位数(张)	4.92	6	每千人口拥有医疗机构床位数(张)	5.99	7.5
	每千人执业(助理)医生和注册护士数(人)	5.74	6.8	每千人口拥有执业(助理)医师数(人)	3.51	4.3
				每千人口拥有注册护士数(人)	3.76	5
	基本医疗保险参保率(%)	>95	>95	基本医疗保险参保率(%)	>99	>99
				重大慢性病过早死亡率(%)	8.99	<8.5
	—	—	—	传染病收治能力(床/万人口)	1.34	1.5
				县域就诊率(%)	88.9	90
				儿童青少年总体近视率降低(%)	—	5

续表

分类	"十三五"规划			"十四五"规划		
	指标	2015年	2020年目标	指标	2020年	2025年目标
老有所养	基本养老保险参保率(%)	84.4	95	基本养老保险参保人数(万人)	4355	4500
老有所养	每千名老年人拥有社会养老床位数(张)	35	50	养老机构护理型床位占比(%)	53	≥58
老有所养				每万老年人口拥有持证养老护理员数(人)	16	25
老有所养	其中,护理型床位占比(%)	38.9	50	老年人健康管理率(%)	70	>72
住有所居	城镇保障性住房常住人口覆盖率(%)	—	≥23	城镇住房保障受益覆盖率(%)	21.7	23
住有所居				城镇老旧小区改造数量(个)	—	3000
住有所居				未来社区美好家园示范点创建数(个)	—	100
弱有所扶	困难残疾人生活补贴、重度残疾人护理补贴覆盖率(%)	—	98	困难残疾人生活补贴、重度残疾人护理补贴覆盖率(%)	99.31/98.81	>99
弱有所扶				残疾人专业托养机构覆盖率(%)	80	>90
弱有所扶	残疾人全面小康实现程度(%)	92.6	96	每万人口拥有持证社会工作专业人才数(人)	17	20
优军服务保障	—	—	—	转业军官和由政府安排工作的退役士兵(退出消防员)安置率(%)	—	100

续表

分类	"十三五"规划			"十四五"规划		
	指标	2015年	2020年目标	指标	2020年	2025年目标
文体服务保障	经常参加体育锻炼人数比例(%)	35.8	>38	人均体育场地面积（平方米）	2.4	2.8
	广播、电视综合人口覆盖率(%)	99.6	100	国民体质合格率(%)	93.8	≥94.5
	县级人均藏书量或总藏书量（册）	—	>1或50万	体育产业增加值占GDP比重(%)	1.35	2
	人均年观看文博展览、文艺表演（场次）	—	4.5	文化及相关产业增加值（亿元）	4300	6400
				每万人口拥有公共文化设施面积（平方米）	840.94	900
	国民综合阅读率(%)	87.64	>90	居民综合阅读率(%)	90	92.5
生活环境服务	地表水考核断面Ⅰ—Ⅲ类比率(%)	72.9	80	地表水达到或好于Ⅲ类水体比例(%)	93.9	>95
	地表水交接断面水质达标率(%)	73.1	80			
	城市（县城）污水集中处理率(%)	91.3	95			
	城市集中式饮用水水源地水质达标率(%)	85	94			
	农村生活污水有效治理建制村覆盖率(%)	78	90	地级以上城市空气质量优良天数比率(%)	93.3	≥93
	设区城市日空气质量达标天数比例(%)	78.2	完成国家下达任务	地级以上城市细颗粒物平均浓度(微克/立方米)	25	≤27

续表

分类	"十三五"规划			"十四五"规划		
	指标	2015年	2020年目标	指标	2020年	2025年目标
生活环境服务	主要食品检验合格率(%)	—	>96	食品评价性抽检合格率(%)	98	98.5
	主要药品检验合格率(%)	—	>98	基本药物抽检合格率(%)	100	99.5
	公众食品安全满意率(%)	—	>70	公众食品安全满意度(%)	≥83	≥85
	公众药品安全满意率(%)	—	>85	药品安全公众满意度(%)	>85	90
	亿元生产总值生产安全事故死亡率(%)	0.112	0.067	亿元生产总值生产安全事故死亡率(%)	0.016	0.01
	乡镇(街道)公共法律服务站覆盖率(%)	40	90	每万人口拥有律师数(人)	4	5.5
	城市公共交通服务指数(用户满意度指数)	74.6	80			
	农村公路等级化率(%)	97.5	99	—	—	—
	具备条件建制村客运车辆通达率(%)	99.8	100			
	城市公共交通出行分担率(%)	25.2	特大/大/中小城市分别≥45/35/25	城市公交出行分担率(%)	≥29	≥35

资料来源：表中内容根据《浙江省基本公共服务体系"十三五"规划》和《浙江省基本公共服务体系"十四五"规划》整理得到。

(4) 加强制度保障

制定促进高质量发展建设共同富裕示范区条例，放眼全国，乃至全世界都没有先例可供借鉴，难；共同富裕不可能一蹴而就，要与探索实践同步出台促进条例，难上加难；但有利于实现改革与立法相衔接、相促进，充分发挥立法对示范区建设的推动和保障作用。为了形成"有干有枝有叶"、可在全国复制推广的示范区建设法规制度体系，浙江专门成立共同富裕制度体系建设专项工作小组，由省人大常委会法工委、省委社会建设委、省司法厅牵头，成员包括省委政研室、省委改革办、省经信厅等三十余家单位。以促进高质量发展建设共同富裕示范区条例为基础，逐步健全各领域具体法规，推动形成"1+N"的共同富裕示范区建设法规制度体系。

(5) 浙江共同富裕典型实践案例

德清民宿品质提升，价格水准成为全国标杆，形成了典型的"莫干山"现象。德清一方面完善基础设施配套，推动乡村人居环境提升，实现村村景区化；另一方面引入国际化旅游业态，成功实现国际化产业与莫干山乡村融合。在德清县推进城乡共富的实践中，最有价值的尝试在于突破乡村经济发展的瓶颈、补齐共同富裕的短板。德清通过改革促进城乡要素双向互动、归管并重、提质控量、以产村融合推动农民农村增收、产业增收实现产品多元、增收多样等做法促进了民宿的优质健康发展。

缙云于2014年专门成立了缙云烧饼品牌建设领导小组，下设烧饼办，提升缙云小吃的知名度。2014—2020年，全国有缙云烧饼门店（点）7000余家，产值从2.1亿元增长到24亿元，带动4万多名农民致富，使得缙云这个古老的地方也随着缙云烧饼走向全国，走向世界。

平湖市探索出"飞地"抱团发展集体物业经济的新路子，持续推动村级集体经济转型发展。"飞地"抱团模式的核心是解决村集体经济薄弱的问题，提高村集体在农村经济发展和农村公共服务提升方面的能力，推动乡村振兴和共同富裕的实现。"飞地"抱团模式由县级统筹、跨镇发展，鼓励各村将低效土地进行整治复垦，将腾退"低小散"企业获得的土地指标流转，由异地"飞"到区位优势明显的地块，抱团建设工业园区、经济开发区等发展物业经济。通过资源的有效配置，优化配置，为实现乡村振兴、共同富裕，做出了积极有效的探索。"飞地"抱团整合了资源，缓解了经济发展不平衡的问题，是先帮后扶的一个具体实践，打破区域发展的空间限制，为推动社会扶贫提供了经验；通过"飞地"抱团壮大集体经济，是乡村振兴的一个突破，为实现农业强、农村美、农民富的奋斗目标提供源源不断的新动能。

仙居实施了"百里杨梅长廊""万亩杨梅上高山""杨梅梯度栽培"等重点工程，使杨梅产出时间拉长近 20 天。建立技术推广网络体系，以杨梅产业首席专家为主导、农技责任员和三百多个村级技术辅导员为支撑，加强标准化培训和宣传。建设了完整的杨梅产业链，将杨梅产业与金融企业、农户、农民专业合作社、杨梅加工企业、相关文化产业、旅游企业联合在一起，形成产业链联合体，联合发展，共同致富。在完善的产业链建设基础上，探索数字化转型，全面推进数字杨梅园、数字加工厂、数字储运建设，实现杨梅质量数字化管理，和天猫商城、阿里本地宝平台等电商平台建立合作关系，"云上销售"成为主渠道。

东阳市花园村就地推动农村城市化，始终以富民为第一要务，三大产业融合发展，形成五大产业，依次是生物医药、新能源与新材料、红木家具与木制品、新建材与新建筑、文化旅游与教育卫生。"十四五"时期，花园村预计新增 3 家上市公司，争取全村营业收入达到 800 亿元，利税达到 30 亿元，村民人均年收入达到 20 万元。

3. 浙江探索实践中遇到的问题

（1）区域间经济发展不平衡

浙江是我国财政大省，总体财力位居全国前列，但其区域发展存在一定的不平衡性。杭嘉湖三城因其地理位置优越、长三角一体化不断深入等因素，拥有相比于其他地区更高的发展水平，作为唯一一座一般公共预算收入大于一般公共预算支出的城市，杭州 2020 年一般公共预算收入比一般公共预算支出多了 24 亿元，自给率全国最高。然而浙江西南部、西部、东南部还有很多山区，虽然过去近十年在经济发展上有很大进步，但相对于平原地区还是有很大差距。2021 年浙江人均一般公共预算支出为 16845 元，其省内地区间的财力差距明显，2021 年浙江舟山、衢州等地人均一般公共预算支出基本是温州、台州的两倍以上。当地经济社会发展水平和政府财力决定了基本公共服务的覆盖范围与质量，杭嘉湖等地地方财力雄厚，不仅可以提供更高质量的基本公共服务，甚至还能满足地方提标扩围的需求；而财力不足的地区便只能满足基本标准水平的供给，因此不同地区之间的财力差距使得基本公共服务供给水平也存在不同程度的差别。

（2）城乡基本公共服务供给水平存在差距

"十三五"时期，浙江26个县城镇、农村居民收入增速分别高于全省0.7个和0.6个百分点，农村居民人均可支配收入全部高于全国平均水平，但26个县与全国、全省的发展差距依然存在；2021年8月26日，由农业农村部和浙江省人民政府联合制订的《高质量创建乡村振兴示范省推进共同富裕示范区建设行动方案（2021—2025年）》公布，针对农业农村这一短板，明确给出了重点任务和具体分工。这说明即使浙江各市城乡居民收入倍差总体呈下降趋势，但农业农村仍处于经济发展劣势，在对全域经济发展的贡献度上其与城镇之间的差距不容忽视。从浙江的情况来看，不同区域的城乡差距问题也需关注。县域城乡居民收入差距空间集聚明显，低值区主要集中在浙东北，且呈连片状，其中以舟山为代表的浙北地区城乡居民收入差距较低，而部分城乡收入差距较高的地区主要集中在浙中部、西南部。农村地区由于历史因素和自然条件等限制一直处于基本公共服务供给的薄弱环节，其产业配套设施有限，供给成本较大，引才留才的能力较弱，对社会资本投入的吸引力不高，财力得不到充分保障，就使得基本公共服务供给的质量和水平在城乡之间产生差距，进而产生城多乡少、城优乡劣等问题。

（3）流动人口基本公共服务供给压力较大

改革开放以来，经济快速发展促使农村劳动力加速转移，流动人口规模日益庞大。一方面，浙江作为沿海发达省份，近年来县域经济形成的产业集群极具竞争力，吸引了大量制造业就业人群；另一方面，数字经济企业又吸引了大量中高端人才流入以及大量省外人口来浙江就业创业和生活。根据第七次全国人口普查数据，浙江省全省常住人口近6457万人，全省流动人口约2556万人，其中省外流入人口和省内流动人口分别约为 1619 万人和 937 万人，省外流入人口占总人口的比例高达 25%。2021 年浙江人口增量第一次超过广东。流动人口在为当地创造大量财富的同时，也为基本公共服务供给带来了较大压力，特别是在义务教育保障、医疗卫生资源供给以及社会综合治理三个方面。要保障农民工等流动人口随迁子女平等接受义务教育，实现流动人口医疗就业及其随迁子女入学待遇同城化等问题，浙江省仍然面临较大的教育、医疗资源投入压力。

(三) 健全常住地提供基本公共服务的机制体制创新——以四川成都为例

一座城市所提供的公共服务，关系民生之基、幸福之本，涵盖了幼有所育、学有所教、劳有所得、病有所医、老有所养、住有所居、弱有所扶等方方面面，也考验着城市治理体系保障和改善民生的能力。根据国家市场监管总局通报的 2020 年全国公共服务质量监测结果，在全国 31 个省份 110 个监测城市中，成都市 2020 年度公共服务质量满意度位居第一。2017 年以来成都市委市政府在全国率先开展五项制度改革，特别是以利民便民为导向的基本公共服务改革取得了突出成果，以卫生健康和养老领域为例，成都全市民营医疗机构的床位数、总诊疗人次数占全市医疗机构床位总数、全市医疗机构总诊疗人次数的比例，分别达 38.56%、32.23%，在国内大城市中名列前茅，明显高于北京 (24.19%、12.8%)、深圳 (18.07%、5.03%)、重庆 (35.47%、25.53%) 等城市①。本章以成都市的基本公共服务供给创新举措为例，探讨健全常住地提供基本公共服务的体制机制优化问题。

实现好、维护好、发展好广大人民最根本的利益，始终是经济社会发展的根本出发点和落脚点。习近平总书记强调，要促进公共资源向基层延伸、向农村覆盖、向弱势群体倾斜，抓住人民最关心、最直接、最现实的利益问题，抓住最需要关心的人群，多做雪中送炭的事情。成都市坚持以基本公共服务供给侧结构性改革为主线，坚持问题导向、需求

---

① 数据来源于国家市场监管总局《2020 年全国公共服务质量监测情况通报》。

导向和目标导向，创新多元化供给模式，着力构建"底线民生、普惠民生、高品质民生"的大民生格局，改革成效显著，让市民切实感受到了满满的获得感、幸福感、安全感。成都市完善基本公共服务供给的创新举措总结如下。

1. 建立基本公共服务清单标准管理和动态调整制度，满足人民日益增长的美好生活需求

2017年3月，国务院从解决人民最关心、最直接、最现实的利益问题入手，对外公布《"十三五"推进基本公共服务均等化规划》。成都紧随其后，编制了《成都市基本公共服务均等化"十三五"规划》，明确了96项基本公共服务清单，为城市筑牢织密社会民生保障网。2019年成都发布《关于推进以利民便民为导向的基本公共服务清单标准管理和动态调整制度改革的试行意见》，形成2019版基本公共服务清单，此后根据人民日益增长的美好生活需求，每年进行动态调整更新。同时，为市民提供优质的基本公共服务，成为成都市在制定各类培育城市竞争优势制度时的重要考量。以生活基础设施建设为例，"十三五"时期，成都市先后推进中心城区和郊（市）县基本公共服务设施三年攻坚，截至2020年年底，全市建成区15分钟基本公共服务圈规划实施率达到83.2%，中心城区达到88.5%，缓解了成都市教育、医疗、文化、体育等公共资源供给的不充分不平衡，解决群众"买菜难、入学难、看病难"等问题。

"十四五"时期，结合基本公共服务标准化建设的要求和市民对幸福美好生活的期盼，成都市制定《成都市基本公共服务标准（2021年版）》，明确每个项目的服务对象、服务内容、服务标准、支出责任、牵头负责单位，推动在全市范围内实现基本公共服务标准化供给，逐步实现市民无论身处何地都能公平可及地获得大致均等的基本公共服务。与成都市披露的2020年基本公共服务清单白皮书相比，2021年的基本公共服务不论是常住人口覆盖面还是服务对象和服务标准都有所提高（见表12-3、表12-4、表12-5）。该标准的制定实现了对国家标准的全覆盖，在104项服务标准中61项达到国家标准，23项高于国家标准，20项属于自有项目。同时，通过明晰各级政府的基本公共服务供

给责任，强化基本公共服务保障能力建设，不断提升基本公共服务享有水平和享有质量。

表 12-3　　2021 年成都市基本公共服务常驻化

服务项目	2020 年	2021 年
36. 孕产妇系统管理/ 2. 孕产妇健康管理	孕产妇	辖区内常住的孕产妇
35. 儿童保健管理/ 6. 儿童保健管理	0—6 岁儿童	辖区内常住的 0—6 岁儿童
31. 居民健康档案/ 39. 建立居民健康档案	辖区内常住居民	辖区内常住居民
32. 健康教育/ 40. 健康教育与健康素养促进	城乡居民	辖区内常住居民
37. 慢性病管理/ 43. 慢性病患者健康管理	辖区内 35 岁及以上常住居民中原发性高血压患者、2 型糖尿病患者	辖区内 35 岁及以上常住居民中原发性高血压患者和 2 型糖尿病患者
38. 严重精神障碍患者管理/ 45. 严重精神障碍患者健康管理	严重精神障碍患者	为辖区内常住居民中诊断明确、在家居住的严重精神障碍患者提供登记管理、随访评估、分类干预等服务
41. 结核病患者健康管理/ 46. 结核病患者健康管理	辖区内确诊的肺结核患者	辖区内确诊的常住肺结核患者
36. 老年人健康管理/ 57. 老年人健康管理	65 岁及以上老年人	辖区内 65 岁及以上常住居民

资料来源：表中内容根据《成都市 2020 年基本公共服务清单》《成都市基本公共服务标准（2021 年版）》整理得到。

表12-4   2020—2021年成都市基本公共服务清单项目变化对比

项目	2020年	2021年	变化类别
特殊儿童群体基本生活保障	按照我市孤儿保障标准（散居孤儿1200元/人/月，机构供养孤儿1800元/人/月）	事实无人抚养儿童按照我市孤儿保障标准（散居孤儿1350元/人/月，机构供养孤儿1980元/人/月）发放基本生活费	补助上调
惠民殡葬补贴	成都市户籍逝者骨灰实施塔葬、壁葬、花葬、树葬、草坪葬、一穴安放3个及以上骨灰、不保留骨灰等节地生态葬的，给予一次性奖补1000元	节地生态葬奖补项目补贴标准为：对成都市户籍逝者骨灰实施塔葬、壁葬、一穴安放3个及以上骨灰等节地葬的，给予一次性奖补1500元；对成都市户籍逝者骨灰实施花葬、树葬、草坪葬、不保留骨灰等生态葬的，给予一次性奖补3000元	补助上调
老年人福利补贴	为符合条件的老年人提供老年人福利补贴（内容分别为居家和社区养老补贴、机构养老补贴以及为成都户籍80岁以上老人给予的高龄津贴）	为符合条件的老年人提供老年人福利补贴；为65岁以上的老年人提供能力综合评估，做好老年人能力综合评估与健康状况的衔接	内容丰富

资料来源：表中内容根据《成都市2020年基本公共服务清单》《成都市基本公共服务标准（2021年版）》整理得到。

表12-5   2021年成都市基本公共服务清单增加项目

	服务对象	服务内容	服务标准
创业指导	有创业需求的劳动年龄人口	提供创业指导服务	按照《关于转发财政厅人社厅〈关于印发中央和省级就业创业补助资金管理办法的通知〉和〈关于印发中央和省级就业创业补助资金管理办法的补充通知〉的通知》（成财社发〔2020〕46号）执行

续表

	服务对象	服务内容	服务标准
流动人员人事档案管理服务	非公有制企业和社会组织聘用人员的档案；辞职辞退、取消录（聘）用或被开除的机关事业单位工作人员档案；与企事业单位解除或终止劳动（聘用）关系人员的档案；未就业的高校毕业生及中专毕业生的档案；自费出国留学及其他因私出国（境）人员的档案；外国企业常驻代表机构的中方雇员的档案；自由职业或灵活就业人员的档案；其他实行社会管理人员的档案	提供流动人员人事档案的接收和转递；档案材料的收集、鉴别和归档；档案的整理和保管；为符合相关规定的单位提供档案查（借）阅服务；依据档案记载出具存档、经历、亲属关系等相关证明；为相关单位提供入党、参军、录用、出国（境）等政审（考察）服务；党员组织关系的接转	按照成都市人力资源和社会保障局关于转发《四川省人力资源和社会保障厅关于简化优化流动人员人事档案管理服务的通知》的通知（成人社发〔2016〕50号）及国家、省相关文件、标准要求执行
地方病患者健康管理	现症地方病病人	为辖区内克山病、二度及以上甲状腺肿、慢性和晚期血吸虫病患者建立健康档案，进行社区管理	对慢性克山病患者每3个月随访1次，对二度及以上甲状腺肿大、慢性和晚期血吸虫病患者每年随访1次
退役军人就业创业服务	退役军人	组织退役军人开展适应性培训、职业技能培训、个性化培训等；组织有创业意愿的退役军人，开展创业意识教育、创业项目指导、企业经验管理等培训	各区（市）县退役军人事务局每年至少组织2—3次退役军人专场招聘会。适应性培训、职业技能培训、个性化培训、创业培训等按照《退役士兵安置条例》及国家有关规定执行

续表

服务对象	服务内容	服务标准
特殊群体集中供养	老年、残疾或者未满16周岁的烈士遗属、因公牺牲军人遗属、病故军人遗属和进入老年的残疾军人、复员军人、退伍军人,无法定赡养人、扶养人或者法定赡养人、扶养人无赡养、抚养能力且享受国家定期抚恤补助待遇的	提供集中供养、医疗等保障	因历史原因成都市未建立自己管辖的光荣院、军人疗养院等相关服务机构。如有需要集中供养的特殊群体则安置在省退役军人厅管辖的设立在成都地界的光荣院、军人疗养院等相关单位,由省退役军人厅统一管理
少数民族文化服务	少数民族聚居区居民	提供少数民族特色的艺术作品,开展少数民族文化活动	按照文化和旅游部、中央宣传部、四川省文化和旅游厅、四川省委宣传部等有关部门相关规定执行

资料来源:表中内容根据《成都市 2020 年基本公共服务清单》《成都市基本公共服务标准(2021 年版)》整理得到。

2. 推动基本公共服务提质扩面,健全常住地提供公共服务制度

成都以基本公共服务清单管理和动态调整制度改革为抓手,以《中心城区基本公共服务设施三年攻坚行动工作方案》《高品质公共服务设施体系建设三年改革攻坚计划》等专项规划和方案为引领,推动公共服务提质扩面,缩小户籍人口和非户籍人口的公共服务供给差异。2020年年底,成都的户籍人口为 1500 万,常住人口超过 2000 万,公共服务的提质扩面使得享受城市改革红利的群体不断扩大。在文化、体育领域实现服务人口全覆盖,在教育、卫生、社保、就业等大部分服务项目实现常住人口全覆盖。2020 年成都 100 项服务中 24 项服务对象针对符合条件的服务人口,27 项针对常住人口,12 项从户籍扩大到部分符合条件的常住或服务人口,仅 37 项服务对象为户籍人口。成都财政基本公

共服务支出占公共财政支出的比重保持在55%以上，以卫生为例，财政总计投入29.95亿元用于全市基层医疗卫生机构标准化建设；以教育为例，流动人员随迁子女在蓉接受义务教育，2017年以来新增公办学位4.5万个，是前10年增量的总和。成都还在服务内容和保障标准上稳步拓展，如公共租赁住房补贴扩大服务人群到公共服务行业和产业功能区从业人员，突破性地将成都市临时救助政策范围扩大至服务人口，建立了社会救助保障标准与物价上涨挂钩联动机制等。

双流区为成都市净流入人口最多的区，截至2021年12月底，双流区共有管理服务人口187.72万人，其中流动人口98.72万人，占比为52.59%。为加强人口服务管理顶层设计，双流区成立人口服务管理工作委员会，创新和完善人口服务管理体制机制，构建普惠制公共服务体系，创新推动基本公共服务向常住人口全覆盖，加快推动双流公共服务均等化、品质化发展。自2022年起，双流区将向常住人口新增全覆盖公共服务事项21项，包括9项政务服务和12项需要财政资金支持的服务项目①。同时双流区推出聚焦新居民服务、文体教育、健康等七大类11项特色优质公共服务项目，如职业教育、继续教育和素质提升教育等特色教育服务，妇女"两癌筛查"和60岁以上老人肺炎疫苗接种等，推动公共资源按常住人口规模配置。

3. 结合有效市场和有为政府，创新基本公共服务供给模式

成都坚持政府主导、市场主体、商业化逻辑的理念，厘清基本和非基本公共服务各方权责，创新服务供给，吸引社会力量参与，扩大公共服务有效供给，提高服务质量和水平。具体而言，"七有两保障"的基本公共服务由政府兜底，如成都为义务教育阶段的学生免除学杂费并免费提供教科书；普惠性非基本公共服务由政府引导企业参与，例如成都

---

① 9项政务服务包含了城乡居民基本医疗保险、城乡居民基本养老保险、残疾人基本医疗保险资助、残疾人基本养老保险资助4项以及居民生活关联度很高的保险服务，还有计划生育家庭奖励扶助、计划生育家庭特别扶助、最低生活保障、残疾人托养服务等扶助救助服务。12项需要财政资金支持的服务项目包括特殊儿童群体基本生活保障、困境儿童关爱服务、农村留守儿童关爱保护、宏志助学金、教育资助满覆盖、残疾人教育资助、特困人员救助供养、医疗救助、成年无业重度残疾人最低生活保障、残疾人和老年人家庭无障碍环境建设以及惠民殡葬补贴、老年人福利补贴。

完善了政府购买服务的制度机制，全国首批智力及精神残疾人日间照料中心金牛区阳光家园运管服务项目、天府新区12333电话咨询服务项目均为政府购买的服务；至于高品质、多样化的生活性服务业，成都则深化"放管服"改革，完全由市场化手段来调节，按照"非禁即入"的原则放宽市场准入，优化审批登记流程。以养老领域为例，成都全面取消养老机构设立许可，推行备案制，申办养老服务机构实行"一站式"服务，实施"仅跑一次"审批改革，全市民办养老机构和床位快速增长，现有民办机构达328家、总床位数达8.8万张，分别占全市60%、70%，养老服务社会组织达1037家。

2019年以来，成都在教育、医疗、绿道、文化体育、生活服务等民生重点领域，组建5家专业化公司，在一些过去政府投入不足、社会资本介入不够的民生领域，打造一批成都国企民生品牌，以更好地服务市民高品质的生活需要，促进"民生改善—企业成长—城市发展"良性循环。大民生集团由单一的城市开发主体向优质公共服务供给主体转变。教投集团打造"蓉字号"自主教育品牌，2020年年底已累计举办（领办、托管）各类学校30所，提供学位约2.4万个；体投集团完善体育场馆、体育消费的线上预订体系，通过大数据平台，以智慧化管理的方式，打造全面运动场景；绿道集团打造的环城生态公园构建"体育+户外""亲子+教育""餐饮+新零售"等"共生型"商圈，已是成都人最喜欢的"网红制造机"；益民集团把"菜篮子""米袋子"送到市民的家门口，首批直采直销果蔬基地、自有粮源基地、土猪肉牛基地基本建成。

4. 健全都市圈公共服务共建共享体系，推动基本公共服务均等化

考虑到城市人口总量、结构变化和产业发展因素，成都将推动公共服务资源根据人口流动和产业功能区发展科学配置、合理布局，并推进都市圈公共服务共建共享改革，特别是健全成渝经济圈、成德眉资公共服务共建共享体系。近年来，川渝联合发布政务服务通办事项清单，推动跨省通办事项线上"全网通办"或线下"异地可办"；共同制订便捷生活行动方案，实施户口迁移、就业社保、医疗卫生、交通通信等16项便民举措。2022年3月四川省发改委印发的《创建成德眉资同城化

综合试验区总体方案》提出要积极推进成德眉资基础设施互联互通，加强生态环境共保共治、公共服务共享共建，通过建立财政协同投入机制、探索发展投资基金、引导社会资本参与、倾斜地方债券额度等财税政策，支持城城间高铁、高速路等基础设施建设，龙泉山森林公园拓展建设等，同时探索出台生态环境标准、监测监控体系、监管执法统一建设、教育资源对接同步、医疗信息共享互认等政策，促进区域内基本公共服务均等化。

四 实现共同富裕目标的财税体制机制创新的政策建议

2021年8月17日，习近平总书记在中央财经委员会第十次会议上围绕"扎实推动共同富裕"做了系统阐述，并把"促进基本公共服务均等化"作为六条路径之一。作为公共服务普及普惠的表现形态，基本公共服务均等化是保证人人共享社会发展成果的必然选择。为实现"十四五"时期民生福祉新水平的美好愿景，对基本公共服务均等化的推动可以从以下几方面着手。

（一）保证基本公共服务供给的财力基础

实现共同富裕，要求把物质财富这块"蛋糕"做大，不断提高社会生产力，发展社会经济，推动经济持续稳定增长，经济发展将为社会公平正义提供更加坚实的物质条件和支撑保障，更好地激发每个社会成员的积极性与创造性。从实际情况来看，我国与部分发达国家仍有不小的差距，而且我国区域发展不平衡、不协调的问题必须紧紧依赖高质量发展这一根本抓手去解决。同时，在持续加大"减税降费"规模的时代背景下，各地财政收入的有限性成为提供基本公共服务的财政制约条件。为此，要增强提供基本公共服务的能力，只有各级政府积极作为，把握我国经济发展进入新常态的契机，进一步厘清央地财政关系，增强地方财政收入的汲取能力，加快构建现代化财税体系，为高质量发展提供良好的体制保障，夯实基本公共服务供给的物质基础，才能不断推进基本公共服务均等化。

（二）关注组间差距，加强基本公共服务的协调统筹

共同富裕是社会主义的本质要求，从其内涵来看，"富裕"是指物

质层面的经济宽裕和精神层面的文化丰富,"共同"则是主体范围上的"共享",因此,共同富裕不仅要求整体经济、社会文化发展达到较高水平,还要求不同地区、不同群体间的差距得到合理控制与缩小。尽管党的十九大以来,我国实施的区域协调发展战略、"两不愁三保障"脱贫攻坚战等,显著降低了区域发展差距,大幅减少了贫困人口数,将我国基本公共服务均等化建设推向新高度,但我国基本公共服务在城乡、区域和群体间还有所差距,对基本公共服务领域增加的投入在城乡间、区域间和群体间是不均衡的。因此,为实现基本公共服务均等化,仍需持续扩大基本公共服务的覆盖范围,统筹协调,不断推进基本公共服务普及、普惠的共同富裕。

城乡发展不平衡的突出表现是基本公共服务发展水平不平衡,农村地区基本公共服务存在短板;区域发展不平衡问题是社会主要矛盾的具体表现,而幅员辽阔、地区差异大的基本国情也决定了这一问题将长期存在;不同群体享有基本公共服务的方式也会随着改革开放的不断深化和利益格局的不断调整产生差异。因此,在继续保证基本公共服务供给物质基础的同时,还要统筹实施新型城镇化战略和乡村振兴战略,加强城乡间基本公共服务的政策协同与制度衔接,不断加大对革命老区、边疆地区、少数民族地区等欠发达地区的基本公共服务财政投入,保障欠发达地区人民群众共享基本公共服务,逐步实现地区之间基本公共服务均等化。在此过程中,坚持"输血""造血"相结合,进一步提升欠发达地区内生发展动力,并且根据流动人口群体、相对弱势群体等群体的特点,制定和完善符合不同群体特点的基本公共服务相关制度与政策,提升基本公共服务的针对性和精准性,以缩小组间基本公共服务差距。

(三) 构建常住地提供基本公共服务的供给模式

政府与市场二者在市场经济中发挥作用的程度决定着国家的经济发展模式,而基本公共服务领域供给主体主导地位的选择从英国、美国、北欧地区及日本、韩国的供给模式中得以窥见,即政府起主导作用。但对政府的过度依赖甚至将政府作为单一的供给主体也会严重制约基本公共服务供给的有效性、针对性、可及性和满意度,所以需要对基本公共服务供给模式进行创新管理,构建政府主导、多元主体协同的基本公共服务供给模式,引导企业、社会团体等市场主体参与基本公共服务的供给体系。建立健全政府购买公共服务的体制机制,并结合实际情况不断探索基本公共服务的新型供给方式,是提升基本公共服务供给效能的重要举措。政府主导基本公共服务供给并不意味着直接提供基本公共服务。政府既可以直接承担基本公共服务的具体项目,也可以通过招投标等政府购买的方式间接提供基本公共服务。浙江的共同富裕示范体现了一种"包容共享"理念,在基本公共服务的生产和递送环节以公私合作为依托,大力激发了市场与社群活力,推动基本公共服务与非基本公共服务有序衔接,形成多层次、多样化的公共服务供给机制。成都则在完善政府购买服务制度机制,启用政府购买服务流程在线管理的同时,大力培育市场主体,鼓励符合条件的市场主体以市场化的方式成为基本公共服务的合格供应商,推动五大民生集团从融资基建承建商向服务要素聚集赋能平台转变,在一些过去政府投入不足、社会资本介入不够的民生领域打造了属于本地的国企民生品牌,不仅提高了财政资金使用效率,提升基本公共服务供给质量,还能在动态中满足社会公众需要,促进"民生改善—企业成长—城市发展"的良性循环。

(四)以共同富裕为导向完善税收制度

习近平总书记指出:"正确处理效率和公平的关系,构建初次分配、再分配、三次分配协调配套的基础性制度安排,加大税收、社保、转移支付等调节力度并提高精准性。"[①] 因此,基于共同富裕导向的税收制度完善,需要兼顾公平与效率,通过积极财政政策例如大规模的减税降费政策,提高经济效益和促进经济发展,做大收入分配的"蛋糕"。《财政部 国家税务总局关于生育津贴和生育医疗费有关个人所得税政策的通知》(财税〔2008〕8号)指出,生育妇女按照县级以上人民政府根据国家有关规定制定的生育保险办法,取得的生育津贴、生育医疗

[①] 习近平:《扎实推进共同富裕》,《求是》2021年第20期。

费或其他属于生育保险性质的津贴、补贴,免征个人所得税。这一免税政策是促进多胎家庭改进收入状态的积极信号。此外,关注组间差距。在缩小城乡差距方面,税收政策要推进农业现代化建设,制定有利于涉农产业发展、农民群体就业创业的税收政策;在缩小区域差距方面,坚持区域协调发展战略,充分考虑各地区优势,实施差异化税收政策,鼓励区域间有效分工协作。

(五) 改善基本公共服务均等化的配套社会环境

共同富裕建立在经济成果共享和机会公平的基础之上,所以均等化的基本公共服务建设目标需要建立健全相关制度,改善基本公共服务均等化的配套社会环境,才能实现全体人民物质和精神生活的"双富足"。近年来我国各地基本公共服务供给水平在均衡性转移支付资金调解下得到明显提升,但是居民对基本公共服务均等化的感知还不明显,基本公共服务可及性还不高,供给不充分、感知不满意等问题仍然突出,这与共同富裕"成果共享""机会均等"的内涵背道而驰,也使基本公共服务均等化的成效大打折扣[1]。所以,基于提升人民群众享有基本公共服务的可及性,基本公共服务设施布局的科学合理程度与提升人民群众获取基本公共服务的能力是重中之重。

设施布局是否科学合理关系基本公共服务的可及性,直接影响人民群众享有基本公共服务的有效性。而要满足基本公共服务均等化的建设目标,既要根据人口规模和空间特征对基本公共服务设施覆盖率做准确估计,又要根据经济社会发展水平不断提高基础设施质量。以成都为例,优质公共服务资源过度集中,成都中心城区、二圈层公共服务供需压力较大,外围郊区县(市)基础公共服务资源供给过剩而优质资源不足。为解决公共服务设施供给与人口分布不相匹配的问题,应以建设15 分钟便民生活圈为抓手,根据不同地区人口年龄构成、人口职业构成和人口需求特征,进行公共服务资源的差异化配置。如在青年人聚集度较高的新区、新城,着力增加交通便利的住房、就业创新支持、职业

---

[1] 缪小林、张蓉:《从分配迈向治理——均衡性转移支付与基本公共服务均等化感知》,《管理世界》2022 年第 2 期。

技能培训、青年文化产品等公共服务供给；在老年人聚集较多的区域，要注重增加长期照护、安宁疗护、康复护理、长者食堂等设施和服务供给。

对于外来人口不断涌入的浙江、广东、成都等地，需以制度化、法律化的方式解决常住人口与户籍人口在住房、医疗、就业、社保等基本公共服务的供给差距问题，对流动人口公共服务成本分担机制等配套政策体系进行探索和实践，不断促进本地区人力资本累积，发挥其在经济高质量发展中的能动作用。流动人口是浙江高质量发展、建设共同富裕示范区的重要力量，居住证是其在浙享受基本公共服务的凭证和载体，在全省数字化改革的牵引下，2022年已实现电子居住证在浙全域覆盖，提升了流动人口公共服务的智能化、便利化水平与人民群众获取基本公共服务的能力，为其他地区流动人口服务管理的完善提供经验。部分地区实行外来人口凭居住积分享受公共服务的模式，创新了居住证积分与享受公共服务事项挂钩机制，逐步降低享有基本公共服务与户籍的关联度。例如，成都采取划定积分入户分数线、积分申报随到随积、积分结果常态化公布的形式，形成了人才新政和积分入户政策紧密衔接、双轮驱动的新型户籍政策，努力提升外来常住人口享有各类基本公共服务的可及性；广州则通过积分等方式，阶梯式享受基本公共教育、基本医疗卫生、就业扶持、住房保障、社会福利、社会救助、公共文化、计划生育等方面的服务，丰富基本公共服务获取途径，提升本地区人力资本水平，形成高质量发展和高人力资本水平的良性循环，实现人的全面发展和共同富裕的高度统一。

第十三章　缩小地区差距、城乡差距、收入差距，实现共同富裕研究[*]

2021年8月17日召开的中央财经委员会第十次会议提出，在高质量发展中促进共同富裕，构建初次分配、再分配、三次分配协调配套的基础性制度安排，形成中间大、两头小的橄榄型分配结构。在此背景下，对近几年我国居民收入差距的发展变化及主要再分配工具的政策效果进行研究，对我国及时调整收入分配相关政策，避免落入"中等收入陷阱"，实现共同富裕具有重大意义。

我国的社会主义市场经济制度决定了效率优先的市场在收入的初次分配中起决定性作用。我国幅员辽阔，地区禀赋差异巨大，城乡差距显著。因此，要顺利实现共同富裕这一奋斗目标，必然要致力缩小城乡差距、地区差距，从而缩小我国整体收入差距。在不阻碍市场发挥资源配置主导作用的前提下，通过转移支付政策进行二次分配，将成为达成这一目标有力且有效的手段。

本章使用2019年中国家庭金融调查（CHFS）数据分析了我国居民收入差距、城乡差距和地区差距的现状，并研究了税收和政府转移支付调节收入差距的政策效果。中国家庭金融调查是西南财经大学中国家庭金融调查与研究中心在全国范围内开展的抽样调查项目，旨在收集有关家庭金融微观层次的相关信息，主要内容包括人口特征与就业、收入与

---

[*] 曾婷、揭梦吟、何青，中国家庭金融调查与研究中心研究人员。

消费、资产与负债、社会保障与保险、转移支付等相关信息。2019年第四轮追踪调查覆盖全国29个省（自治区、直辖市），340个区县，1360个村（居）委会，样本规模达34643户。数据具有全国层面和省级层面的代表性。

研究表明，我国整体收入差距仍然较大，2018年全国居民收入的基尼系数为0.597，城乡间差距非常大，城乡居民总收入比为2.27，地区间也存在较大收入差距，东部地区居民收入远高于中西部地区；个税对工资薪金收入的再分配效果仅1.8%，但如果对个人所得税进行严格征收，理论上个税对工资薪金收入差距的调节作用能达到6.6%；政府转移支付对改善我国收入分配具有显著效果，其总体再分配效果使得基尼系数下降了10.7%，但在城乡间具有明显差异，政府转移支付在城镇和农村的再分配效果分别为17.1%和5.7%，由于政府转移支付政策在城乡间的区别性设置，转移支付导致城乡差距进一步扩大，政府转移支付的再分配效果在东部和中西部地区的差异较小，对地区差距的影响也不大。养老金是居民转移性收入的主要构成部分，社会养老保险对收入差距的调节作用也相应最大，在养老保险转移支付后，全国居民的收入基尼系数下降至0.602，下降了10%，但社保体系对城、乡内部收入差距的调节功能仍存在较大差异，社会养老保险的转移支付对调节城镇地区的收入差距具有显著效果，但对农村地区的收入差距调节效果较弱。社会救济作为政府对居民转移支付的另一个重要手段，对收入差距也具有一定的调节效果，但由于仅面向低收入人群，在全国人口中覆盖率低，且保障程度低，因而对整体收入差距的调节作用也较有限，并且也存在明显的城乡差异，城镇地区的再分配效果低于农村地区。

一 我国居民收入差距、城乡差距和地区差距的基本情况

（一）整体情况

参考国家统计局对居民可支配收入的定义，我们将家庭总收入分为工资性收入、经营性收入、财产性收入和转移性收入及其他。工资性收入主要为就业人员的税后货币工资、奖金及补贴总额。经营性收入包括

农业生产经营净收入和工商业经营净收入。财产性收入包括家庭出租土地、房屋获得的租金收入，以及存款利息、股票、基金、债券、金融理财等金融投资税后净收入，还包括商业保险分红、借出款利息。转移性收入及其他包括离退休工资、养老金、失业保险、当年提取的住房公积金、特困户补助、低保金、五保户补助、独生子女奖励金、抚恤金、救济金、赈灾款、食物补贴等来自政府的转移性收入，以及来自亲友的转移性收入及博彩收入、出售房屋、知识产权、汽车等扣除成本后的税后净收入等。

根据2019年中国家庭金融调查数据，2018年我国居民家庭户均总收入为76435元，其中工资性收入38044元、经营性收入14454元、财产性收入2464元、转移性收入及其他收入21473元（见表13－1）。工资性收入是我国居民的最主要收入来源，家庭收入中接近一半来源于工资性收入，其次为转移性收入及其他收入，占总收入的28.1%。我国居民的财产性收入较少，仅占总收入的3.2%。根据以上收入计算，2018年我国居民收入的基尼系数为0.597，当前我国总体收入差距仍然处于非常高的水平。

表13－1　　　　　　　　2018年我国居民收入情况

收入类别	全国		城镇		农村	
	收入（元）	占比（%）	收入（元）	占比（%）	收入（元）	占比（%）
家庭总收入	76435	100	105717	100	46607	100
工资性收入	38044	49.8	52422	49.6	23398	50.2
经营性收入	14454	18.9	14855	14.1	14046	30.1
——工商业经营净收入	8539	11.2	13044	12.3	3951	8.5
——农业净收入	5915	7.7	1811	1.7	10095	21.7
财产性收入	2464	3.2	4053	3.8	845	1.8
转移性收入及其他	21473	28.1	34386	32.5	8320	17.9

资料来源：2019年中国家庭金融调查。

(二) 收入差距分解

对基尼系数按照收入来源进行分解,可发现对当前我国收入差距贡献率最大的为工资性收入,与收入结构相似,2018年工资性收入对总体基尼系数的贡献率为49.9%;转移性收入及其他收入对基尼系数的贡献率为23.9%,低于转移性收入及其他收入在总收入中的占比,但基尼系数的转移性收入弹性为负,表明转移性收入及其他收入对总体收入差距有促减作用;家庭经营性收入对总体收入差距也有较大贡献,贡献率为22.2%,并且基尼系数的经营性收入弹性系数为正,表明家庭经营性收入对总体收入差距有促增作用,如表13-2所示。

表13-2　　　　　　按收入来源的基尼系数分解　　　　　　单位:%

收入类别	收入份额占比	对基尼的贡献率
工资薪金收入	49.8	49.9
经营性收入	18.9	22.2
财产性收入	3.2	4.0
转移性收入及其他	28.1	23.9

资料来源:2019年中国家庭金融调查。

(三) 城乡差距

我国城乡间还存在非常大的收入差距,根据中国家庭金融调查数据,2018年城镇地区居民家庭户均总收入为105717元,而农村地区居民户均总收入仅为46607元,不及城镇地区居民家庭收入的一半。从收入结构看,工资性收入仍然是城镇和农村地区居民最主要的收入来源,在城镇和农村居民总收入中分别占49.6%和50.2%。但在家庭的第二大收入来源方面,城镇和农村地区出现了差异,城镇地区转移性收入及其他收入是居民的第二大收入来源,金额为34386元,占比达32.5%,而农村地区居民的第二大收入来源为经营性收入,占比为30.1%,其中更多的是农业生产经营净收入,户均10095元,占总收入的21.7%。转移性收入及其他收入仅占农村地区居民收入的17.9%,这主要是由于城镇地区居民的养老金水平远高于农村地区，导致城镇地区转移性收入高于农村地区。另外，城镇地区的工商业经营净收入也远高于农村地区，二者分别为13044元和3951元，如表13-3所示。

表13-3 2018年城乡居民收入情况

收入类别	城镇		农村	
	收入(元)	占比(%)	收入(元)	占比(%)
家庭总收入	105717	100	46607	100
工资性收入	52422	49.6	23398	50.2
经营性收入	14855	14.1	14046	30.1
——工商业经营净收入	13044	12.3	3951	8.5
——农业净收入	1811	8.5	10095	21.7
财产性收入	4053	3.8	845	1.8
转移性收入及其他	34386	32.5	8320	17.9

资料来源：2019年中国家庭金融调查。

从城乡间收入差距来看，2018年城乡居民总收入比为2.27，城镇比农村户均收入多59109元。工资性收入差距是城乡收入差距的主要来源，对城乡收入差距的贡献接近50%。转移性收入及其他收入也是导致城乡居民收入差距的重要因素，农村居民转移性收入及其他收入的金额和占比均与城镇居民存在较大差距，导致转移性收入及其他收入对城乡间收入差距的贡献率达到44.1%，如表13-4所示。

表13-4 2018年城乡居民收入对比

收入类别	城镇(元)	农村(元)	城乡收入比	城镇—农村收入差额(元)	差额占比(%)
家庭总收入	105717	46607	2.27	59109	—
工资性收入	52422	23398	2.24	29025	49.1
经营性收入	14855	14046	1.06	809	1.4

续表

收入类别	城镇（元）	农村（元）	城乡收入比	城镇—农村收入差额（元）	差额占比（%）
——工商业经营净收入	13044	3951	3.30	9093	15.4
——农业净收入	1811	10095	0.18	-8284	-14.0
财产性收入	4053	845	4.80	3209	5.4
转移性收入及其他	34386	8320	4.13	26067	44.1

资料来源：2019年中国家庭金融调查。

从基尼系数来看，城镇地区内部的居民收入差距大于农村地区内部的收入差距，2018年城镇地区居民收入的基尼系数为0.604，而农村地区居民收入的基尼系数为0.545。泰尔指数的结果与基尼系数类似，城镇地区居民收入的泰尔指数为0.83，农村地区泰尔指数为0.663，农村地区内部的收入差距低于城镇地区。而根据泰尔指数分解，城镇和农村地区间的泰尔指数为0.077，城乡间收入差距对总体收入差距的贡献率为9.7%，如表13-5所示。

表13-5　　　　城乡间收入差距：基于泰尔指数的分解

	基尼系数	泰尔指数
全国	0.597	0.790
城镇	0.604	0.830
农村	0.545	0.663
组内差距	—	0.714
组间差距	—	0.077
组间差距对总体的贡献	9.7%	

（四）地区间差异

地区发展不平衡也是我国长期以来的发展困境，东部沿海地区由于政策和地域的优势，其经济发展在全国一直处于领先地位。表13-6为2018年东、中、西部居民的家庭收入及其构成，结果显示东部地区居民收入远高于中西部地区。2018年东部地区户均总收入93368元，中部地区户均总收入61164元，西部地区户均总收入67045元。东部地区户均收入是中部地区的1.53倍，是西部地区的1.39倍。

从收入结构来看，中、东、西部地区的差异不大。工资性收入仍然是各地区居民家庭最主要的收入来源，在东、中、西部地区家庭总收入中分别占49.8%、51.3%和47.9%。地区间收入结构差异较大的是转移性收入及其他收入，东部地区居民家庭的转移性收入及其他收入虽然金额最高，但只占家庭总收入的27.4%，而西部地区居民的转移性收入及其他收入占家庭总收入的31.6%，是所有地区中最高的，中部地区转移性收入及其他收入的占比最低，仅占总收入的26.7%。此外，东部地区居民家庭的工商业经营净收入和财产性收入均明显高于中西部地区，但农业收入则低于中西部地区，如表13-6所示。

表13-6　　　　　　2018年分地区居民家庭收入情况

收入类别	东部		中部		西部	
	收入(元)	占比(%)	收入(元)	占比(%)	收入(元)	占比(%)
家庭总收入	93368	100	61164	100	67045	100
工资性收入	46461	49.8	31408	51.3	32086	47.9
经营性收入	17589	18.8	12085	19.8	12097	18.0
——工商业经营净收入	11430	12.2	6164	10.1	6621	9.9
——农业净收入	6158	6.6	5920	9.7	5476	8.2
财产性收入	3773	4.0	1321	2.2	1686	2.5
转移性收入及其他	25545	27.4	16351	26.7	21176	31.6

资料来源：2019年中国家庭金融调查。

此外，虽然中部地区居民的户均收入最小，但中部地区内部的收入差距也最小，而东部地区和西部地区内部的收入差距较大，尤其是西部地区。从基尼系数看，2018年东部地区居民收入的基尼系数为0.6，西部地区为0.615，均高于全国居民收入的基尼系数，而中部地区的基尼系数仅0.556。泰尔指数的结果类似，西部地区最高，中部地区最低，如表13-7所示。这表明中部地区内部的发展较均衡，而西部地区不同地方的发展水平差距较大。

最后，根据泰尔指数分解，中、东、西部地区间的收入差距对全国收入差距的影响较小。从表13-7中可以看到，全国居民收入的泰尔指数为0.79，中、东、西部组内的泰尔指数为0.772，组间的泰尔指数仅为0.019，对全国收入差距的贡献仅为2.4%。

表13-7　　　　　　地区间收入差距：基于泰尔指数的分解

	基尼系数	泰尔指数
全国	0.597	0.790
东部	0.600	0.816
中部	0.556	0.625
西部	0.615	0.843
组内差距	—	0.772
组间差距	—	0.019
组间差距对总体的贡献	2.4%	

二　个人所得税的二次分配效应

个人所得税是政府筹集财政收入和调节居民收入差距的重要工具。与发达国家相比，中国的个人所得税占税收总额的比例较小，甚至低于发展中国家的平均水平。Bird和Zolt指出，2002年，美国的个税总额占税收总额的比例高达45.2%，欧洲的个税总额占税收总额的比例为 21.0%，发展中国家的平均水平为 9%，而我国在这一年份仅为 6.9%①。从个税总额占 GDP 的比重来看，我国居民的个税宏观税负较轻。国家统计局数据显示，我国个人所得税总额在 GDP 和 GNP 中的占比在 1999—2008 年持续上升，从 0.5% 左右上升至 1.2%，而 2009 年和 2011 年由于两次个税制度的调整，个税在 GDP 中所占比例没有持续增长，到 2014 年，个税在 GDP 中的占比也只有 1.2% 左右。这一比例远远低于世界平均水平。根据徐建炜等的估算，2007 年各国个税占 GDP 的平均比重为 4.7%，发达国家普遍高于发展中国家②。整体来看，个税占居民税前总收入的比例处于较低水平。个税在我国居民收入中所占的比例在 1999 年为 1.6%，到 2015 年上升至 3.3%，这远远低于发达国家个税的平均有效税率 16.14%。

发达国家和发展中国家个人所得税对收入差距的调节作用也存在较大差异。Wagstaff 和 Doorslaer 对 OECD 国家个税的累进性进行了研究，发现由于税制结构的差异，各国个税累进性存在较大差异③。通过再分配政策使居民收入基尼系数平均下降 0.2 左右（从平均 0.5 左右下降至平均 0.3 左右），其中 1/4 归功于个税④。在发展中国家，个人所得税的再分配调节能力很差。除以间接税为主体的税制结构的影响外，征管效率低下可能是制约个税在发展中国家发挥再分配效果的重要因素⑤。

理论上来说，通过调整个人所得税免征额、累进级数和税率，调整不同收入阶层的税收负担，可直接对收入分配起到调节作用。但个人所

---

① Bird R. M. and Zolt E. M., "The Limitied Role of the Personal Income Tax in Developing Countries", *Journal of Asian Economics*, Vol. 16, 2005, pp. 928 – 946.

② 徐建炜、马光荣、李实：《个人所得税改善中国收入分配了吗——基于对 1997—2011 年微观数据的动态评估》，《中国社会科学》2013 年第 6 期。

③ Wagstaff A., and Doorslaer V. E., "What Makes the Personal Income Tax Progressive? A Comparative Analysis for Fifteen OECD Countries", *International Tax and Public Finance*, Vol. 8, No. 3, 2001, pp. 299 – 316.

④ Joumard I., Pisu M. and Bloch D., "Less Income Inequality and More Growth: Are They Compatible? Part 3. Income Redistribution via Taxes and Transfers Across OECD Countries", OECD Economics Department Working Papers, No. 926, 2012.

⑤ Bird R. M. and Zolt E. M., "The Limitied Role of the Personal Income Tax in Developing Countries", *Journal of Asian Economics*, Vol. 16, 2005, pp. 928 – 946.

得税制度对收入分配调节最终能起多大作用，既与个人所得税制度的设计相关，也与个人所得税的征管情况有很大关系。

由于缺少完善的个人收入与财产信息系统，个人所得税漏缴少缴现象非常严重，现行个人所得税政策对工资薪金收入差距的调节作用并不明显。根据中国家庭金融调查数据测算，在扣除个人所得税前，居民工资薪金收入的基尼系数为0.4489，扣除个人所得税后的基尼系数为0.4409，个税对工资薪金收入的再分配效果仅为1.8%。但如果对个人所得税进行严格征收，工资薪金收入的基尼系数将降至0.4191，理论上个税对工资薪金收入差距的调节作用能达到6.6%，如表13-8所示。

表13-8　　　　　　个人所得税对收入分配的调节作用

	工资薪金收入基尼系数	收入分配效果(%)
税前	0.4489	—
实际个税	0.4409	1.8
理论个税	0.4191	6.6

三　政府转移支付对收入差距的影响

在市场经济条件下，初次分配出现较大收入差距是经济发展过程中的一个正常现象，是市场有效配置资源的结果。市场经济改革、贸易的自由化和技术升级进程的不断加深，往往伴随着不平等的进一步加重。在市场经济条件下，个人收入由其边际劳动生产率决定，由于个体边际劳动生产率存在差异，因此初次分配导致的收入不均是必然的。

从国际经验来看，大规模现金转移支付项目是目前各主流国家缩小居民收入差距的有效手段。根据OECD国家经验，通过再分配政策使居民收入基尼系数平均下降0.2左右（从平均0.5左右下降至平均0.3左右），其中3/4归功于政府对居民的转移支付[①]。我国由于再分配规模

[①] Joumard I., Pisu M. and Bloch D., "Less Income Inequality and More Growth: Are They Compatible? Part 3. Income Redistribution via Taxes and Transfers Across OECD Countries", OECD Economics Department Working Papers, No. 926, 2012.

和制度创新均存在不足，初次分配后的收入差距不能得到有效调节。近年来，政府在缩小收入差距方面做了各种努力，社保体系不断完善，居民养老金待遇持续提高，政府对居民的转移支付力度加强，转移支付的再分配效果较明显。

（一）政府转移支付调节收入差距的效果

政府转移支付对改善我国收入分配具有显著效果。表13-9为政府转移支付的再分配效果。在政府转移支付前，2018年我国居民的收入基尼系数为0.669，政府转移支付后居民收入的基尼系数下降至0.597，政府转移支付的总体再分配效果使得基尼系数下降了10.7%。从泰尔指数看，在政府转移支付前，居民收入的泰尔指数为1，政府转移支付后泰尔指数下降至0.79，下降了21%。

但是，政府转移支付的再分配效果在城乡间具有明显差异。2018年政府转移支付导致城镇居民收入基尼系数和泰尔指数分别下降了17.1%和30.0%，但农村居民收入基尼系数和泰尔指数仅分别下降5.7%和11.1%。主要原因在于城镇居民的政府转移支付水平远高于农村居民。从表13-10中可以看到，2018年全国居民户均政府转移性收入为13228元，占总收入的17.3%，城镇居民户均政府转移性收入为22387元，占总收入的比例高达21.2%，而农村居民户均政府转移性收入仅为3898元，占总收入的8.4%。

表13-9　　　　　　政府转移支付的收入再分配效应

	全国		城镇		农村	
	基尼系数	泰尔指数	基尼系数	泰尔指数	基尼系数	泰尔指数
政府转移支付前	0.669	1.000	0.658	0.947	0.641	0.934
政府转移支付后	0.597	0.790	0.545	0.663	0.604	0.830
再分配效果(%)	10.7	21.0	17.1	30.0	5.7	11.1
养老保险转移支付后	0.602	0.803	0.547	0.669	0.614	0.855
养老保险再分配效果(%)	10.0	19.7	16.8	29.4	4.2	8.4

表 13-10　　　　　　转移性收入在居民收入中的占比

收入类别	全国		城镇		农村	
	金额（元）	占总收入比重(%)	金额（元）	占总收入比重(%)	金额（元）	占总收入比重(%)
转移性收入及其他	21473	28.1	34386	32.5	8320	17.9
政府转移性收入	13228	17.3	22387	21.2	3898	8.4
养老金	12544	16.4	21832	20.7	3084	6.6
社会救济	650	0.8	495	0.5	807	1.7
失业保险	34	0	60	0.1	7	0
私人转移	6619	8.7	9429	8.9	3756	8.1
其他收入	1627	2.1	2570	2.4	666	1.4

资料来源：2019年中国家庭金融调查。

由于政府转移支付在城乡间具有明显差距，转移支付导致城乡差距进一步扩大。表13-11为政府转移支付前后居民收入的泰尔指数分解，政府转移支付可以分别降低全国、城镇以及农村地区内部的收入差距，但加大了城乡之间的收入差距。在转移支付前，城乡间的差距为0.058，对整体收入差距的贡献为5.77%，但政府转移支付后，城乡间的差距提高到0.077，对整体收入差距的贡献增加了1.2%。

表 13-11　政府转移支付对城乡间收入差距的影响：基于泰尔指数的分解

	政府转移支付前	政府转移支付后	变化	变化比例(%)
全国	1.000	0.790	-0.210	-20.98
城镇	0.947	0.830	-0.117	-12.33
农村	0.934	0.663	-0.271	-28.99
组内差距	0.943	0.714	-0.229	-24.30
组间差距	0.058	0.077	0.019	33.40
组间差距贡献(%)	5.77	7.00	1.2	—

分地区看,东、中、西部地区政府转移支付的再分配效果差异没有城镇和农村间的差异明显,尤其是东、中、西部的农村地区,政府转移支付的再分配效果相差较小。在城镇地区,中部城镇地区政府转移支付的再分配效果最强。2018 年,政府转移支付使得中部城镇地区的基尼系数从 0.609 下降至 0.491,再分配效果为 19.3%;其次是东部城镇地区,政府转移支付后,基尼系数从 0.664 下降至 0.551,下降了17.1%;西部城镇地区在政府转移支付后,基尼系数仅下降 16%,从 0.678 下降至 0.570。在农村,则是东部地区政府转移支付调节收入差距的效果最强,基尼系数从 0.662 下降至 0.622,再分配效果为 6.1%;其次是中部地区,政府转移支付使得基尼系数从 0.620 下降至 0.584,下降了 5.7%;西部农村地区,政府转移支付的再分配效果仅 5.2%,如表 13-12 所示。

表 13-12　　　　政府转移支付的收入再分配效应:分地区

	东部城镇		中部城镇		西部城镇		东部农村		中部农村		西部农村	
	基尼系数	泰尔指数	基尼系数	泰尔指数	基尼系数	泰尔指数	基尼系数	泰尔指数	基尼系数	泰尔指数	基尼系数	泰尔指数
政府转移支付前	0.664	0.960	0.609	0.768	0.678	1.042	0.662	1.111	0.620	0.774	0.629	0.819
政府转移支付后	0.551	0.672	0.491	0.507	0.570	0.751	0.622	0.982	0.584	0.688	0.596	0.731
再分配效果(%)	17.1	30.0	19.3	33.9	16.0	27.9	6.1	11.6	5.7	11.1	5.2	10.7

这也与中、东、西部地区居民的收入结构相关,中部城镇地区居民的政府转移性收入在总收入中的比重最高。从表 13-13 中可以得知,2018 年中部城镇地区户均政府转移性收入为 18469 元,占总收入的22.6%;而东部城镇地区户均政府转移性收入为 25857 元,占总收入的21.2%;西部城镇地区户均政府转移性收入为 19778 元,占总收入的 19.3%。

表 13-13　转移性收入在居民收入中的占比：分地区

收入类别	东部城镇 金额(元)	东部城镇 占总收入比重(%)	中部城镇 金额(元)	中部城镇 占总收入比重(%)	西部城镇 金额(元)	西部城镇 占总收入比重(%)	东部农村 金额(元)	东部农村 占总收入比重(%)	中部农村 金额(元)	中部农村 占总收入比重(%)	西部农村 金额(元)	西部农村 占总收入比重(%)
转移性收入及其他	37444	30.7	26720	32.7	38437	37.6	9082	16.8	7233	16.8	8689	20.9
政府转移性收入	25857	21.2	18469	22.6	19778	19.3	4763	8.8	3032	7.0	3861	9.3
养老金	25312	20.8	17924	21.9	19184	18.8	4226	7.8	2229	5.2	2678	6.4
社会救济	480	0.4	504	0.6	519	0.5	521	1.0	801	1.9	1181	2.8
失业保险	65	0.1	41	0.1	75	0.1	16	0.0	2	0.0	2	0.0
私人转移	8565	7.0	6458	7.9	16024	15.7	2892	5.4	3894	9.0	4692	11.3
其他收入	3021	2.5	1793	2.2	2635	2.6	1427	2.6	307	0.7	136	0.3

资料来源：2019 年中国家庭金融调查。

政府转移支付在东、中、西部间的差距也导致地区间差距扩大，但与城乡间差距相比，地区间的差距变化非常小。表 13-14 为政府转移支付前后居民收入的泰尔指数分解，政府转移支付可以分别降低全国、东部、中部及西部地区内部的收入差距。在转移支付前，地区间的差距为 0.018，对整体收入差距的贡献为 1.76%，政府转移支付后，地区间的差距提高为 0.019，对整体收入差距的贡献增加至 2.4%，增加了 0.6 个百分点，差异不大。

表 13-14　政府转移支付对地区间收入差距的影响：基于泰尔指数的分解

	政府转移支付前	政府转移支付后	变化	变化比例(%)
全国	1.000	0.790	-0.210	-20.98
东部	1.053	0.816	-0.237	-22.50

续表

	政府转移支付前	政府转移支付后	变化	变化比例(%)
中部	0.802	0.625	-0.176	-22.00
西部	1.035	0.843	-0.192	-18.57
组内差距	0.983	0.772	-0.211	-21.48
组间差距	0.018	0.019	0.001	6.83
组间差距贡献(%)	1.76	2.40	0.60	—

(二) 社会养老保险调节收入差距的效果

养老保险是政府进行转移支付非常重要的工具之一。在养老保险的收入再分配研究方面，Nelissen[1]、Borella[2]以及何立新[3]等基本支持养老保险制度或者养老保险制度改革有助于缓解收入不平等。而张晔等则发现，我国新农保对西部地区老龄人口的养老质量有较大提高，但加剧了不同收入组别间的不平等，现有养老质量差距也未呈现缩小趋势[4]。彭浩然和陈斌开还发现，缴费率与养老金水平之间呈倒"U"形，即我国可能在降低缴费率的同时提高养老金待遇水平，有助于全面提高社会福利水平[5]。

我国社会养老保险制度建设在近几年取得了重大发展，社保覆盖人数和养老金支出均持续上升。根据人社部数据，城镇职工和城乡居民社会养老保险（包括新型农村社会养老保险和城镇居民养老保险）的参

---

[1] Nelissen J., "The Redistributive Impact of the General Old Age Pensions Act on Lfetime Income in the Netherlands", *European Economic Review*, Vol. 31, No. 7, 1987, pp. 1419-1441.

[2] Borella M., "The Distributional Impact of Pension System Reforms: An Application to the Italian Case", *Fiscal Studies*, Vol. 25, No. 25, 2004, pp. 415-437.

[3] 何立新:《中国城镇养老保险制度改革的收入分配效应》,《经济研究》2007年第3期。

[4] 张晔、程令国、刘志彪:《"新农保"对农村居民养老质量的影响研究》,《经济学（季刊）》2016年第2期。

[5] 彭浩然、陈斌开:《鱼和熊掌能否兼得：养老金危机的代际冲突研究》,《世界经济》2012年第2期。

保人数由 2005 年的 2.3 亿人提高到 2017 年的 9.2 亿人。特别是，2011 年开始在全国 27 个省份全面开展新型农村社会养老保险试点，2011 年和 2012 年新型农村社会养老保险的参保人数急剧上升。但在 2014 年之后，城乡居民社会养老保险的参保人数基本保持稳定缓慢增长，每年的增速维持在 0.7% 左右。2005 年以来，全国社会养老保险金的总支出保持在每年 20% 左右的增幅高速增长，2017 年全国社保养老金支出达到 40424 亿元，其中城镇职工社会养老保险支出 38052 亿元，城乡居民社会养老保险支出 2372 亿元。2011 年和 2012 年由于全面开展新型农村社会养老保险导致养老金支出大幅增加，致使 2013 年养老金支出放缓，但之后增速继续上升，直至 2017 年增速再次下降。

同时，人均养老保险待遇也在持续提升。根据人社部的养老保险金总支出和参保人数（城乡居民养老保险使用当年领取养老保险的人数）计算得出，2010—2018 年，城镇职工和城乡居民人均养老保险金持续上升，其中职工人均养老金由 4106 元提升到 9444 元，城乡居民人均养老保险由 699 元提升至 1521 元。并且 2005—2018 年，我国政府连续 14 年调整企业退休人员基本养老金标准。

养老金是居民转移性收入的主要构成部分，养老保险对收入差距的调节作用也最大。全国居民户均转移性收入中，养老金为 12544 元，占政府转移性收入的 94.8%，占总收入的 16.4%。在养老保险转移支付后，全国居民的收入基尼系数下降至 0.602，下降了 10%，相当于政府转移支付对收入差距的调节中 93% 都是养老保险的作用。从泰尔指数来看，结果类似，养老保险使得居民收入的泰尔指数下降了 19.7%。

但是，社保体系对城、乡内部收入差距的调节功能仍存在较大差异。社会养老保险的转移支付对调节城镇地区的收入差距具有显著效果，但对农村地区的收入差距调节效果较弱。2018 年，养老保险转移支付使得城镇居民收入的基尼系数从 0.658 下降至 0.547，再分配效果为 16.8%；而农村地区，养老保险转移支付后，基尼系数从 0.641 降至 0.614，仅下降了 4.2%。城镇和农村地区的再分配效果相差 12 个百分点，这主要是由于城镇职工的养老金额度明显高于农村居民。根据表

第十三章 缩小地区差距、城乡差距、收入差距,实现共同富裕研究

13-10 可知,城镇家庭户均养老金为 21832 元,占转移性收入的 63.5%,总收入的 20.7%,而农村家庭户均养老金仅为 3084 元,仅占总收入的 6.6%。另外,根据人社部数据推算,城镇职工的人均养老金以及养老金占收入的比例远高于农村居民。2017 年城镇职工人均养老金达到 9444 元,占城镇地区人均收入的 25.9%;而城乡居民人均养老保险金额仅为 1521 元,占农村人均收入的 11.3%。

分地区看,社会养老保险转移支付在东、中、西部调节收入差距方面没有城乡之间的差异大,与政府转移支付的再分配效果类似,中部城镇地区养老保险转移支付的再分配效果仍然是最强的,养老保险转移支付使得中部城镇地区的基尼系数从 0.609 下降至 0.494,下降了 18.8%。养老保险在东部城镇地区和西部城镇的再分配效果分别是 16.9% 和 15.4%。泰尔指数显示的结论类似。在农村地区,东部地区养老保险调节收入差距的效果最强,使基尼系数从 0.662 下降至 0.627,再分配效果为 5.2%;中部农村地区和西部农村地区,养老保险转移支付的再分配效果几乎没有差异,在养老保险转移支付后,中部农村地区的基尼系数从 0.620 下降至 0.597,下降了 3.7%,西部农村地区的基尼系数从 0.629 下降至 0.608,下降了 3.4%,两个地区泰尔指数的下降幅度相同,如表 13-15 所示。

表 13-15　　　　社会养老保险的收入再分配效应:分地区

	东部城镇		中部城镇		西部城镇		东部农村		中部农村		西部农村	
	基尼系数	泰尔指数	基尼系数	泰尔指数	基尼系数	泰尔指数	基尼系数	泰尔指数	基尼系数	泰尔指数	基尼系数	泰尔指数
政府转移支付前	0.664	0.960	0.609	0.768	0.678	1.042	0.662	1.111	0.620	0.774	0.629	0.819
养老保险转移支付后	0.552	0.676	0.494	0.514	0.574	0.760	0.627	0.998	0.597	0.717	0.608	0.759
养老保险再分配效果(%)	16.9	29.6	18.8	33.1	15.4	27.1	5.2	10.2	3.7	7.4	3.4	7.4

但是，随着城镇居民养老保险待遇的持续提高，其再分配效率提高的空间非常有限，公共转移性收入对收入分配的调节效果面临瓶颈。社会养老保险金的总支出增速在 2017 年出现了明显下滑，由 2016 年的 21.8% 降为 2017 年的 18.9%。城镇职工和城乡居民人均养老金的增速也在 2017 年开始放缓。城镇职工人均养老金占收入的比重虽在持续增加，但增速在 2017 年也出现了下降，由 2016 年的 1.6% 降为 2017 年的 0.9%。而农村地区养老金占收入的比重已连续两年下滑，农村居民人均养老金占农村地区人均收入的比重由 2015 的 12.5% 下降至 2017 年的 11.3%。

（三）社会救济调节收入差距的效果

除了养老保险外，社会救济也是政府对居民转移支付的一个重要手段。我国的社会救济体系中，最主要的是由民政部负责实施的最低生活保障制度及其附带的其他福利项目。

我国城市低保制度的建立始于 1993 年，上海市率先建立城市居民最低生活保障制度。到 1997 年，全国 1/3 的省份建立了城市最低生活保障制度，覆盖了约 88 万的城市人口。1999 年国务院正式出台《城市居民最低生活保障条例》，标志着全国范围内的城市低保制度正式建立。从 2000 年开始，城市低保制度的工作重点由完善推广转向全力扩大覆盖面，城市低保覆盖人口规模迅速从 2000 年的 403 万增加到 2002 年的 2065 万，2002 年民政部宣布我国城市低保制度基本实现应保尽保。我国农村低保制度的建设工作差不多与城市低保制度建设同时起步，但建设速度要明显滞后于城市低保制度的建设。1992 年陕西省左云县在全国开展首个农村低保制度试点，1995 年民政部在部分省份开展农村最低生活保障制度建设的试点工作。1996 年民政部出台了《民政部关于加快农村社会保障体系建设的意见》和《农村社会保障制度建设指导方案》，对各地农村最低生活保障制度的建设经验进行了总结，提出了建立农村最低生活保障制度的基本原则和要求。随后，各地陆续开始农村低保制度建设的探索，但是受限于地方政府财力，农村低保制度的建设进展非常缓慢。到 2001 年仅有广东、上海、山东、广西等部分省份建立了农村低保制度,覆盖约 300 万的农村贫困人口,占农村人口的 0.5%。2005 年中共中央、国务院发布《关于推进社会主义农村建设的若干意见》明确提出积极探索建立农村最低生活保障制度,此后农村低保制度建设开始提速。2007 年,国务院出台的《关于在全国范围内建立农村最低生活保障制度的通知》要求,"通过在全国范围内建立农村最低生活保障制度,稳定、持续有效地解决全国农村贫困人口的温饱问题"。这标志着全国范围内农村低保制度正式建立。到 2009 年年底,农村低保基本实现"应保尽保",此后农村低保人口基本稳定在 5200 万左右。

整体而言,社会救济由于仅面向低收入人群,在全国人口中覆盖率低,且保障程度低,因而对整体收入差距的调节作用也比较有限。根据民政部数据,2017 年,城镇低保人均保障水平仅为 540.6 元/月,农村低保平均保障水平仅为 358.4 元/月。我国居民家庭的户均社会救济收入仅为 650 元,占家庭总收入的 0.8%(见表 13-10)。

表 13-16 为社会救济以及其中的低保制度对居民收入差距的调节效果,结果显示在社会救济之后,我国居民收入的基尼系数由 0.669 下降至 0.664,仅下降了 0.67%,泰尔指数由 1.000 下降至 0.987,下降了 1.34%。若仅看低保的再分配效果,在领取低保后,居民收入的基尼系数由 0.669 下降至 0.666,仅下降了 0.37%,泰尔指数也仅下降 0.73%。

分城乡看,由于农村居民收入较低,社会救济收入在农村居民家庭收入中占比远高于城镇居民,因此社会救济对农村的收入差距调节效果较明显,但对城镇居民的收入差距调节作用非常微弱。2018 年,农村居民的户均社会救济收入为 807 元,占家庭总收入的 1.7%,而城镇居民的户均社会救济收入仅为 495 元,仅占家庭总收入的 0.5%。从再分配效果来看,城镇地区,在社会救济后,居民收入的基尼系数由 0.658 下降至 0.656,仅降低了 0.23%;而在农村地区,社会救济使得基尼系数从 0.641 下降至 0.632,降低了 1.39%。城镇低保的再分配效果同样低于农村低保的再分配效果。在城镇地区,低保使得基尼系数从 0.658 下降至 0.657,仅降低了 0.14%;而在农村地区,低保的再分配效果为 0.77%。

表 13-16　　　　　　　　社会救济的收入再分配效应

	全国		城镇		农村	
	基尼系数	泰尔指数	基尼系数	泰尔指数	基尼系数	泰尔指数
转移支付前	0.669	1.000	0.658	0.947	0.641	0.934
社会救济后	0.664	0.987	0.656	0.942	0.632	0.909
社会救济的再分配效果	0.67	1.34	0.23	0.51	1.39	2.69
领取低保后	0.666	0.993	0.657	0.944	0.636	0.920
低保的再分配效果(%)	0.37	0.73	0.14	0.30	0.77	1.47

分地区看，无论是城镇还是农村，中部地区社会救济的再分配效果都是东、中、西三个地区中最强的，但西部与中部地区社会救济的再分配效果差异不大，均明显高于东部地区。在城镇中，中部地区社会救济使得基尼系数从 0.609 下降至 0.606，下降了 0.50%；西部地区社会救济后基尼系数由 0.678 下降至 0.677，下降了 0.24%；东部地区社会救济使得基尼系数从 0.664 下降至 0.663，下降了 0.13%。在农村，中部地区社会救济使基尼系数从 0.620 下降至 0.607，下降了 1.99%；西部地区社会救济使基尼系数从 0.629 下降至 0.620，下降了 1.47%；东部地区社会救济仅使基尼系数下降了 0.85%。这也与各地区居民社会救济收入相关，中部地区户均社会救助收入为 662 元，占总收入的 1.1%，西部地区户均社会救助收入为 903 元，占总收入的 1.3%，而东部地区户均社会救助收入仅为 497 元，仅占总收入的 0.5%。低保对各地区的收入差距调节作用与社会救济类似，仍然是中部地区最高，西部次之，东部地区最低。

但近年来，低保的覆盖人口逐渐减少。城镇低保覆盖人口由 2000 年的 403 万人增长到 2009 年的 2346 万人后，自 2010 年起逐年减少，2017 年已降至 1261 万人；农村低保覆盖人口在 2000—2010 年大幅增长近 12 倍，但从 2014 年开始逐年减少，且每年减少幅度均在增加，2017

年降至 4045 万人。同时，仍有大量的贫困家庭没能享受到低保制度带来的福利。例如，由于户籍限制，农民工家庭被排除在保障对象外，并且由于财政的限制，地方政府倾向于将最低生活保障标准调低，不能真实反映贫困水平。按照低保的计算方式，穷人收入增加多少，低保保障就减少多少，相当于对贫困家庭劳动收入的边际税率为 100%。因此，低保对收入差距的调节作用有限。

除低保制度外，当前中国针对贫困人口的社会保障政策还有国有企业下岗职工基本生活保障、农村五保、流浪救助等，这些政策的覆盖面都比较小，对缩小收入差距虽能起到一定作用，但保障程度还有待提高。

表 13-17　　社会救济的收入再分配效应：分地区

	东部城镇		中部城镇		西部城镇		东部农村		中部农村		西部农村	
	基尼系数	泰尔指数	基尼系数	泰尔指数	基尼系数	泰尔指数	基尼系数	泰尔指数	基尼系数	泰尔指数	基尼系数	泰尔指数
政府转移支付前	0.664	0.960	0.609	0.768	0.678	1.042	0.662	1.111	0.620	0.774	0.629	0.819
社会救济后	0.663	0.957	0.606	0.759	0.677	1.037	0.656	1.093	0.607	0.744	0.620	0.795
社会救济的再分配效果(%)	0.13	0.32	0.50	1.11	0.24	0.45	0.85	1.57	1.99	3.88	1.47	3.02
领取低保后	0.664	0.959	0.607	0.763	0.677	1.037	0.658	1.101	0.613	0.758	0.624	0.806
低保的再分配效果(%)	0.06	0.12	0.28	0.66	0.23	0.45	0.52	0.93	1.07	2.14	0.83	1.68

四　结论与建议

（一）结论

第一，我国整体收入差距仍然较大，2018 年全国居民收入的基尼系数为 0.597，按收入结构分解发现，对收入差距贡献最大的为工资性收入。城乡间差距非常大，城乡居民总收入比为2.27；地区间也存在较大收入差距，东部地区居民收入远高于中西部地区。

第二，从二次分配角度来看，个人所得税对工资薪金收入的再分配效果仅1.8%，但如果对个人所得税进行严格征收，理论上个税对工资薪金收入差距的调节作用能达到6.6%。

第三，政府转移支付对改善我国收入分配具有显著效果，其总体再分配效果使得基尼系数下降了10.7%。但政府转移支付在城乡间具有明显差异，在城镇和农村的再分配效果分别为17.1%和5.7%；由于政府转移支付在城乡间具有明显差异，转移支付导致城乡差距进一步扩大。政府转移支付的再分配效果在东、中、西部地区的差异较小，对地区差距的影响也不大。

第四，养老金是居民转移性收入的主要构成部分，社会养老保险对收入差距的调节作用也最大，在养老保险转移支付后，全国居民的收入基尼系数下降至0.602，下降了10%，但社保体系对城、乡内部收入差距的调节功能仍存在较大差异，社会养老保险的转移支付对调节城镇地区的收入差距具有显著效果，但对农村地区的收入差距调节效果较弱。

第五，社会救济作为政府对居民转移支付的另一个重要手段，对收入差距也具有一定的调节作用，但由于仅面向低收入人群，在全国人口中覆盖率低，且保障程度低，因而对整体收入差距的调节作用也较有限，并且也存在明显的城乡差异，城镇地区的再分配效果低于农村地区。

(二) 政策建议

第一，提高农村地区居民养老待遇。本章研究发现，社会养老保险对改善我国收入分配具有显著效果，但是社会养老保险在城镇与农村地区具有明显差异，这主要是由于农村地区人均养老待遇明显低于城镇地区。城镇与农村居民由于户籍等的限制，在社会保险方面也存在差异，农村居民参保新型农村社会养老保险，其缴费额度通常低于城镇居民社会养老保险，虽然现在已统筹城乡居民社会养老保险，但居民的养老保险缴费和养老待遇仍明显低于城镇职工养老保险。养老待遇除了与个人缴费相关外,还受地方财政补贴的影响,并且地方财政可以在缴费和发放两方面同时影响个人的养老待遇。因此,为了调节城乡和区域间的收入差距,建议加大对农村和贫穷地区的社会养老保险补贴,提高居民的养老待遇,有效发挥政府转移支付的再分配作用。

第二,加强税收征管。当前我国的个人所得税的再分配作用十分微弱,其中个税征管效率不高是导致个税收入再分配效应微弱的重要原因。因此,我们建议应当加强个税征管,以提高个税的再分配效应。同时,在进行个人所得税制改革时,既要考虑税制本身的累进性,也要考虑当前征管现实的影响。并且,在加强个税征管、提高个税征管效率方面应该更注重对高收入群体的税收稽核,降低高收入群体的扣缴流失率,这比提高中低收入阶层的纳税率更有效果。

第三,加大对低收入家庭的现金转移支付。对低收入群体直接现金转移支付不足,是制约我国缩小收入差距的重要原因之一。目前,我国对低收入群体的现金转移支付政策以最低生活保障制度为主,农村特困人员救助供养、医疗救助、残疾人救助等政策为辅。这些转移支付项目普遍面临保障水平偏低和覆盖面窄等问题,需进一步提高覆盖范围和提高保障水平,而并且简单地、不加条件地增加现金补贴容易造成福利依赖的问题。要解决这些政策困境,需要在现有制度安排之外,探索激励相容的现金转移支付方法。根据国际经验,可以将对低收入者的现金补贴与提高其就业或人力资本积累等相关目标挂钩,实施有条件的现金转移支付政策。并且在政策设计时,既要提高对低收入群体的保障水平,也要鼓励低收入群体发展生产和增加就业,实现保障与激励之间的平衡。

第十四章　巩固拓展脱贫攻坚成果全面推进乡村振兴，促进农民农村共同富裕*

一　绪论

(一) 研究背景和研究意义

1. 研究背景

改革开放以来，脱贫一直成为中央政府的核心目标之一，尤其是党的十八大以来，各级政府对扶贫的投入力度可谓前所未有。2020年年底，贵州9个贫困县宣布退出贫困序列，这标志着中国消除绝对贫困的任务如期完成。然而，绝对贫困的消除并不意味着我国治贫工作的结束。广大农村地区由于历史和地理原因长期处于发展边缘，在解决了最基本的生存需求后，防止规模性返贫和缓解相对贫困成为农村治理的主要工作。而后中央提出实现巩固拓展脱贫攻坚成果同乡村振兴有效衔接的政策倡导。作为持续改善农村地区生活和发展水平的重大战略，乡村振兴在党的十九大上被首次提出，其涵盖了农村政治建设、经济建设、文化建设和生态文明建设等全方位的内容。2022年中央一号文件更是聚焦全面推进乡村振兴的重点工作，提出"要守住不发生规模性返贫的底线，实现农村高质量发展，促进共同富裕"，将农业、农村、农民问题推向了新的战略高地。消除贫困，进而实现

---

* 谢小芹，西南财经大学公共管理学院副教授。

共同富裕是民之所向。

当前，我国发展不平衡不充分的矛盾在农村最为突出，广大农村既是脱贫攻坚的主阵地，也是实现乡村振兴、推动共同富裕的重点和难点所在。若不能正确处理好农村地区脱贫攻坚成果与乡村振兴战略有效衔接或将其简单化地理解为特有时期的孤立政策，那么在实践层面难免会出现"两张皮"的现象，不仅不能有效化解发展不平衡不充分的社会矛盾，也会直接影响共同富裕的实现。因此，在全面打赢脱贫攻坚战，顺利实现全面建成小康社会的目标，阔步迈向第二个百年奋斗目标的征途中，以促进农民共同富裕为目标，深切关注脱贫攻坚成果与乡村振兴的有效衔接成为亟须探讨和研究的议题。

2. 研究意义

本章立足中国实际，以探讨农村地区实现共同富裕目标的机制与路径，具有深刻的现实和理论意义。

从现实层面来看，包括以下几点。第一，课题所揭示的巩固脱贫攻坚有效衔接乡村振兴的转化路径或有助于为党和政府关于农村发展问题的决策提供有用信息和资料来源。脱贫攻坚与乡村振兴作为农村发展的两大战略，系统规划了农村地区尤其是刚脱离贫困的地区在未来较长一段时间内的发展路径。为回答具体如何推动农村地区高质量发展，本课题收集了大量来自农村地区的具有参考性的、第一手的资料，能够为两大战略的衔接问题提供一定的信息支持。第二，课题所探讨的促进共同富裕的机制或能够帮助农村地区寻求适合的发展方向与机会。共同富裕的实现命题具有很强的地域性和历时性，尤其表现在农村与城镇地区和功能的双重差异上，而为了找到农村地区实现共同富裕的可行举措，本课题通过比对不同类型的地区典型实践案例提炼出可贵的经验和规律，在一定程度上能为处于发展十字路口的地区指明方向。第三，课题以当前的热点议题共同富裕作为目标和背景，在此框架下总结出农村地区党建引领多元协同的共富思路，为新时代推动乡村发展提供较为深入的政策建议。农村地区作为推动共同富裕最繁重和最艰难的任务所在，也是脱贫攻坚和乡村振兴战略实施的最直接对象。因此将三者有机结合起来，提出新的历史条件下农村地区共富的思路具有很强的政策实践意义。

从理论层面来看，包括以下几点。第一，探讨和回答农村地区如何有效实现脱贫攻坚与乡村振兴相衔接，促进共同富裕这一具有中国特色的重要命题能够为构建农村科学发展的逻辑体系贡献多元要素。长期以来农村地区一直是学术研究的重要对象，找寻其在新时代浪潮下的发展路径和方向能够为这一主题的研究结论提供另外一种可能。第二，将中国式的"脱贫攻坚""乡村振兴"的现实以及党建引领的特有路径与经典的协同理论、国家—社会理论与嵌套理论等相碰撞，兼具学术价值与中国价值。一方面以当前中国农村实际为研究对象，探讨中国本土化的重要议题，使研究富含中国情境性价值；另一方面在考虑适恰性的基础上，依托已有经典理论的高度普遍性，丰富并拓展了理论维度。第三，运用实地调查、扎根理论等研究方法呈现农村地区真实面貌，捕获立体的、鲜活的学术影像，使研究具有生动性，有助于进一步推动国家—乡村的研究。

总之，本章立足农村非程式化特征，系统梳理乡村振兴与脱贫攻坚的互动机制，探讨共同富裕、乡村振兴、脱贫攻坚成果，巩固三者间的内在逻辑、协同机理和推进机制，提出"党政统领多元协同"的本土解释性概念，一方面丰富公共治理理论、协同理论、社会治理理论，另一方面拓展政党—国家—社会研究框架。

（二）国内外研究现状

1. 国内外相关研究

近年来，伴随着我国脱贫攻坚战的全面胜利以及乡村振兴战略和共同富裕议题的提出，形成了较为丰富的关于脱贫攻坚、乡村振兴与共同富裕的研究，相关研究主要聚焦在以下几个方面。

（1）促进共同富裕的内涵、特征辨析

学术界对共同富裕的研究从未止步，并且在研究趋势和热点问题上呈现出明显的时代特征。"共同富裕"这一词汇首先于1953年被提出。两年后，毛泽东在《关于农业合作化问题》中再次提及，但由于特殊的历史环境，实践中多数人将其简单地等同为"平均主义"或"同步富裕",在理论研究上也少有学者来探讨共同富裕的具体内涵。改革开放后,关于共同富裕的研究开始增多,并主要围绕邓小平以及中央文件中提出的"先富"与"共富"的关系所展开。部分学者将"先富"与"共富"进行了联系和对比后,认为其是"采取什么方法和步骤,达到大家富裕的目的的问题",即目的与方法关系①,或将其概括为"一部分人先富起来是全体劳动者走向共同富裕的必由之路且共同富裕不等于同步富裕"②。在此基础上,有学者进一步地论述了"先富"存在的客观必要性,认为"先富是农村遵循'按劳分配'经济规律的必然结果;也是批判平均主义,促进共同富裕的有力武器和农民共同富裕的必经步骤"③,也有研究从物质利益规律和按劳分配规律角度出发,强调先富是个人利益的正当性和劳动差异的必然结果④。尽管不同学者在"先富"与"共富"议题的表述上存在些许差异,但此时对共同富裕的认识已趋向理性。此后,对共同富裕的研究在结合不同时期中央指导思想的基础上进行了补充和拓展。

进入新时代后,中央结合当前社会矛盾和中国实际赋予了共同富裕这一议题更加丰富的内涵。学者对这一议题的讨论主要集中在共同富裕的内涵和特征上。为了回答新时代的共同富裕是什么,共同富裕具有哪些深刻的内涵,不少学者从政治、经济和社会等几大维度来展开论述,提出"共同富裕是国强民共富的社会主义社会契约、人民共创共享日益丰富的物质财富和精神成果以及中等收入阶层在数量上占主体的和谐而稳定的社会结构"⑤,郁建兴和任杰将其归纳为发展性、共享性和可持续性的统一⑥。部分学者侧重富裕的实现形式,认为共同富裕是"全体

---

① 刘子久:《部分首先富裕与大家共同富裕》,《劳动工作》1980年第4期。
② 孙连成:《共同富裕、同步富裕与一部分人先富起来》,《学习与探索》1985年第1期。
③ 高云:《先富与共同富》,《理论导刊》1980年第2期。
④ 金增新、马俊启:《对一部分农民先富起来的问题的理论思考》,《吉林大学社会科学学报》1983年第6期。
⑤ 刘培林、钱滔、黄先海等:《共同富裕的内涵、实现路径与测度方法》,《管理世界》2021年第8期。
⑥ 郁建兴、任杰:《共同富裕的理论内涵与政策议程》,《政治学研究》2021年第3期。

人民、全方位的共同富裕"①，或将其归纳为"全民富裕、全面富裕、渐进富裕、共建富裕"②。在对共同富裕的内涵做了一定的探讨后，有学者进一步提出，促进共同富裕作为一个综合性概念，具有对象普遍性、实现过程"非均衡性"等特征③。

（2）促进共同富裕的影响机制、路径研究

通过从不同层面对共同富裕内涵进行解读，可以发现共同富裕并非一个单一概念，其本身含有多个维度的内容。因此在实现共同富裕的路径研究中，学者提出涵盖不同领域的综合性举措。为了更进一步厘清当前研究的方向，研究尝试着将其归纳为以下三个层次。

第一，制度建设路径。这类研究主要关注顶层设计方面的做法，强调的是在全社会范围内建立和完善具有一定法律效力的制度体系。如健全社会保障体系、完善经济制度和收入分配制度，以及包括教育、医疗、就业、公共卫生服务等在内的全方位体制机制，力求在多方面形成长期有效的制度保证以实现共同富裕④。不少学者关注到共同富裕与脱贫攻坚以及乡村振兴之间的紧密联系，提出将促进共同富裕融入乡村振兴战略、建立相对贫困治理长效机制⑤或"制定多元的相对贫困标准体系，促使相对贫困治理常规化"⑥。这是当前研究深切关注和聚焦的实现路径，也是本章所强调的重要方式之一。第二，组织结构路径。这一路径着眼于实现共同富裕的领导主体以及不同社会主体间存在的关系。不少学者提出要实现共同富裕就必须坚定不移地

---

① 陆卫明、王子宜：《新时代习近平关于共同富裕的重要论述及其时代价值》，《北京工业大学学报》（社会科学版）2021年第3期。
② 李海舰、杜爽：《推进共同富裕若干问题探析》，《改革》2021年第12期。
③ 曹亚雄、刘雨萌：《新时代视域下的共同富裕及其实现路径》，《理论学刊》2019年第4期。
④ 薛宝贵：《共同富裕的理论依据、溢出效应及实现机制研究》，《科学社会主义》2020年第6期；左伟：《新时代共同富裕的实现障碍及其路径探索》，《理论月刊》2019年第5期；张来明、李建伟：《促进共同富裕的内涵、战略目标与政策措施》，《改革》2021年第9期；刘培林、钱滔、黄先海等：《共同富裕的内涵、实现路径与测度方法》，《管理世界》2021年第8期。
⑤ 蒋永穆、谢强：《扎实推动共同富裕：逻辑理路与实现路径》，《经济纵横》2021年第4期。
⑥ 檀学文：《走向共同富裕的解决相对贫困思路研究》，《中国农村经济》2020年第6期。

坚持党的领导①，唐亚林则进一步将中国共产党概括为"使命型政党"，代表的是人民的利益，坚持人民本位观，通过政治理想引领国家发展②。还有研究从政社关系视角出发研究二者的调适③。第三，生产力提升路径。该路径强调一方面需要加快科技创新与产业升级，建设全球硬科技创新中心，走在统筹科技创新与经济发展的前列，以促进经济的高质量发展，在高质量中促进共同富裕④；另一方面需要发挥市场配置作用的同时实施必要的区域发展策略，促进城乡融合发展形成双向资源流动机制，以缩小地区差距和城乡差距⑤。还有学者格外关注通过由社会机制主导的第三次分配来促进共同富裕，即通过慈善捐助缩小收入差距、通过社会企业促进区域发展、以志愿服务扩展社会资本以及通过公益文化发展促进精神富裕⑥。以上促进共同富裕的路径研究为本章提供了基本支持，但其多是基于政策文本内容提出的较为宏观的举措，至于在现实层面如何推进还需要进一步的研究。

（3）推进乡村振兴与脱贫攻坚有效衔接的内在逻辑研究

习近平总书记在党的十九大上提出乡村振兴战略，后又系统规划了实施阶段与追求的目标，三年后我国顺利打赢脱贫攻坚战，消除了绝对贫困现象。对两大政策的研究可以归纳为以下两点。

一是探讨两大战略的政策共性。当前研究在相似性方面多是从宏观角度来理解战略的政策目标、政策内容或实施主体。具体来看，在实现目标上，二者聚焦于"三农问题"，着力从产业发展、基础设施建设以及生态建设等方面推进，并最终致力于解决发展不平衡不充分的问题，

---

① 陈燕：《中国共产党的共同富裕：理论演进与实现路径》，《科学社会主义》2021年第3期；李景治：《共同富裕是中国特色社会主义现代化建设的根本奋斗目标》，《党政研究》2021年第1期。
② 唐亚林：《论中国共产党区别于其他政党的十大显著标志》，《学术界》2021年第10期。
③ 高帆：《新型政府—市场关系与中国共同富裕目标的实现机制》，《西北大学学报》（哲学社会科学版）2021年第6期。
④ 张占斌、吴正海：《共同富裕的发展逻辑、科学内涵与实践进路》，《新疆师范大学学报》（哲学社会科学版）2022年第1期。
⑤ 李实：《共同富裕的目标和实现路径选择》，《经济研究》2021年第11期。
⑥ 江亚洲、郁建兴：《第三次分配推动共同富裕的作用与机制》，《浙江社会科学》2021年第9期。

充分表明两大战略在内容和范围上存在耦合和交叉①；在体制机制上均强调"中央统筹、省负总责、市县抓落实以及党政一把手负责"等，具有显著的继承性和延续性②。

二是聚焦两大战略的差异性，当前研究更加关注微观层面的政策实施时间、政策目标、总要求、对象以及贫困瞄准等方向。首先，在实施时间上，脱贫攻坚或精准扶贫是从2013年到2020年，而乡村振兴战略是从2018年到2050年，且以2020年、2025年以及2050年为三个重要的时间节点，由此可知，两大战略既在时间跨度上有明显差异，同时乡村振兴战略的目标时限相较于脱贫攻坚更强调渐进性③。其次，在贫困对象上，特定的绝对贫困户成为中国脱贫攻坚的主要瞄准目标。相比之下，乡村振兴战略覆盖整个农村农民群众，其目的是为缓解相对贫困现象，这充分表明政策目标对象由特惠转向普惠，贫困瞄准由绝对贫困转向相对贫困④。此外，还有学者在分析两大战略异同逻辑基础上提出二者存在"互涵式"关系，即强调脱贫攻坚战略与乡村振兴战略之间是有机统一的互动关系⑤。综上，当前研究在巩固脱贫攻坚成果有效衔接乡村振兴所具有的内在逻辑上进行了较为充分的论证，既关注到了政策内容的基本思想，同时结合贫困特征转变等现象，为把握二者关系进而

---

① 王介勇、戴纯、刘正佳等：《巩固脱贫攻坚成果，推动乡村振兴的政策思考及建议》，《中国科学院院刊》2020年第10期；张琦：《稳步推进脱贫攻坚与乡村振兴有效衔接》，《人民论坛》2019年第S1期；高强：《脱贫攻坚与乡村振兴有机衔接的逻辑关系及政策安排》，《南京农业大学学报》（社会科学版）2019年第5期。

② 陈明星：《脱贫攻坚与乡村振兴有效衔接的基本逻辑与实现路径》，《贵州社会科学》2020年第5期。

③ 汪三贵、冯紫曦：《脱贫攻坚与乡村振兴有机衔接：逻辑关系、内涵与重点内容》，《南京农业大学学报》（社会科学版）2019年第5期；徐晓军、张楠楠：《乡村振兴与脱贫攻坚的对接：逻辑转换与实践路径》，《湖北民族学院学报》（哲学社会科学版）2019年第6期。

④ 高强：《脱贫攻坚与乡村振兴有机衔接的逻辑关系及政策安排》，《南京农业大学学报》（社会科学版）2019年第5期；左停：《脱贫攻坚与乡村振兴有效衔接的现实难题与应对策略》，《贵州社会科学》2020年第1期；汪三贵、冯紫曦：《脱贫攻坚与乡村振兴有机衔接：逻辑关系、内涵与重点内容》，《南京农业大学学报》（社会科学版）2019年第5期。

⑤ 豆书龙、叶敬忠：《乡村振兴与脱贫攻坚的有机衔接及其机制构建》，《改革》2019年第1期；庄天慧、孙锦杨、杨浩：《精准脱贫与乡村振兴的内在逻辑及有机衔接路径研究》，《西南民族大学学报》（人文社科版）2018年第12期；刘焕、秦鹏：《脱贫攻坚与乡村振兴的有机衔接：逻辑、现状和对策》，《中国行政管理》2020年第1期。

深入推进二者有效衔接提供了依据。

（4）乡村振兴、脱贫攻坚与共同富裕的关联辨析

关于三者关系的讨论主要集中在两个方面。第一，乡村振兴与共同富裕的关联。中国农村在近几十年取得了显著的发展成效，但农村总体上与城市存在较大差距，且发展不平衡的问题较为突出。乡村振兴以促进农业和农村现代化作为关键举措，旨在通过化解发展不充分不平衡的问题以促进共同富裕[①]。因此从政策目标以及实现路径来看，乡村振兴是实现共同富裕的必然选择以及前提基础，是补齐发展短板、坚持底线思维的实践要求[②]。第二，脱贫攻坚、乡村振兴与共同富裕的内在联系。作为以农业农村农民为政策对象的两大战略，脱贫攻坚与乡村振兴战略本身有着深厚的内在逻辑，服务于两个百年目标[③]。从发展阶段来看，脱贫攻坚是实现共同富裕的底线任务，实施乡村振兴战略有助于巩固拓展脱贫攻坚成果，也就是说，脱贫攻坚与乡村振兴又是实现共同富裕的不同发展阶段[④]。因此，要促进农民富裕、富足就需要在促进社会进步中坚持反贫困与实现共同富裕的有机结合，把脱贫攻坚举措纳入乡村振兴战略统筹安排，建立起解决相对贫困的长效机制[⑤]。已有研究为本研究的顺利开展奠定了基础，但关于如何在乡村振兴和脱贫成果巩固中促进共同富裕，三者关系及其融合机制分析方面还有待讨论。

2. 简要评述

从研究趋势来看，巩固脱贫攻坚、有效衔接乡村振兴战略的研究是

[①] 王春光：《迈向共同富裕——农业农村现代化实践行动和路径的社会学思考》，《社会学研究》2021年第2期。

[②] 黄承伟：《论乡村振兴与共同富裕的内在逻辑及理论议题》，《南京农业大学学报》（社会科学版）2021年第6期。

[③] 卢黎歌、武星星：《后扶贫时期推进脱贫攻坚与乡村振兴有机衔接的学理阐释》，《当代世界与社会主义》2020年第2期。

[④] 黄承伟：《论乡村振兴与共同富裕的内在逻辑及理论议题》，《南京农业大学学报》（社会科学版）2021年第6期；李实：《共同富裕的目标和实现路径选择》，《经济研究》2021年第11期。

[⑤] 李景治：《共同富裕是中国特色社会主义现代化建设的根本奋斗目标》，《党政研究》2021年第1期。

近年来的研究热点，有关共同富裕的研究也在持续升温。从研究主题来看，也由单一主题向多元主题延伸，在路径和机制分析上由普范铺开开始转向特定区域，区域性贫困问题研究不断增多，这对理解新时代共同富裕的内涵以及推动区域性乡村振兴与脱贫攻坚的有效衔接起到了重要的铺陈作用。

现有研究在巩固脱贫攻坚、推进乡村战略、促进共同富裕的机制和路径上有了一定的方向和基础，但还存在有待深入研究和探讨的地方。首先，当前研究着重关注共同富裕的内涵辨析以及乡村振兴与脱贫攻坚的关系探讨和有效衔接，但以共同富裕为背景，探讨脱贫攻坚与乡村振兴两大战略的衔接机制研究较少。其次，现有的关于机制和路径的分析多是从政策解读的角度出发且多为宏观、总体性的概述，从地区实践层面出发的立体的、实态的研究较少。最后，当前研究局限于单一学科的分析范式，对区域比较、类型提炼、运作逻辑的整体把握还不够，从而难以形成"党政统领多元协同"的类型提炼和机制分析，进而影响本土理论构建。

综上，本章在实地调研的基础上，把握脱贫攻坚、乡村振兴和共同富裕之间的内在联系，进而阐述促进三者的积极转化路径，回答推进乡村振兴和共同富裕的机制问题。

(三) 研究路线与方法

1. 研究的技术路线

本章基于广泛深入的调查，从新任务与新矛盾两个方面分析在中国特色社会主义新时代下，共同富裕与乡村振兴和脱贫攻坚成果巩固的关系，从目标重合、内容嵌入和制度借鉴三方面厘清乡村振兴与脱贫攻坚成果巩固的内在逻辑，结构性分析乡村振兴"五位一体"的总要求，对接精准脱贫"五个一批"和"六个精准"的行动思路，依据行动与结构的"嵌入性"关联来分析要素交流与组合，探讨乡村振兴与脱贫攻坚的有效衔接机制。构建新时代"党政统领多元协同"的本土理论框架，在此基础上提出从"政治机制、法治机制、制度机制、组织机制等方面协同推进机制和具体建议以及从党政统领、多元协同、科技赋

第十四章 巩固拓展脱贫攻坚成果全面推进乡村振兴,促进农民农村共同富裕

能、政策试点四个方面促进共同富裕"的实现机制和举措。具体而言,本章按照问题的提出到问题的解决的基本思路展开。在提出问题部分,从农村在脱贫攻坚任务完成后出现的相对贫困和发展不均衡现象出发,结合党和政府对农村地区发展的重要指示,提出研究所要回答的系列问题。脱贫攻坚、乡村振兴与共同富裕之间的内在逻辑是什么?如何实现三者间的积极转化?农村地区促进共同富裕的机制又是怎样的?接着以国家—社会理论、嵌入理论等为基础,分析乡村振兴与脱贫攻坚的有效衔接及其机理,构建"党政统领多元协同"的本土框架。最后,在前述问题的指引以及经验和理论分析的过程中,提出促进共同富裕的友好衔接机制、多元协同机制以及"政策组合拳"等机制。研究的技术路线如图14-1所示。

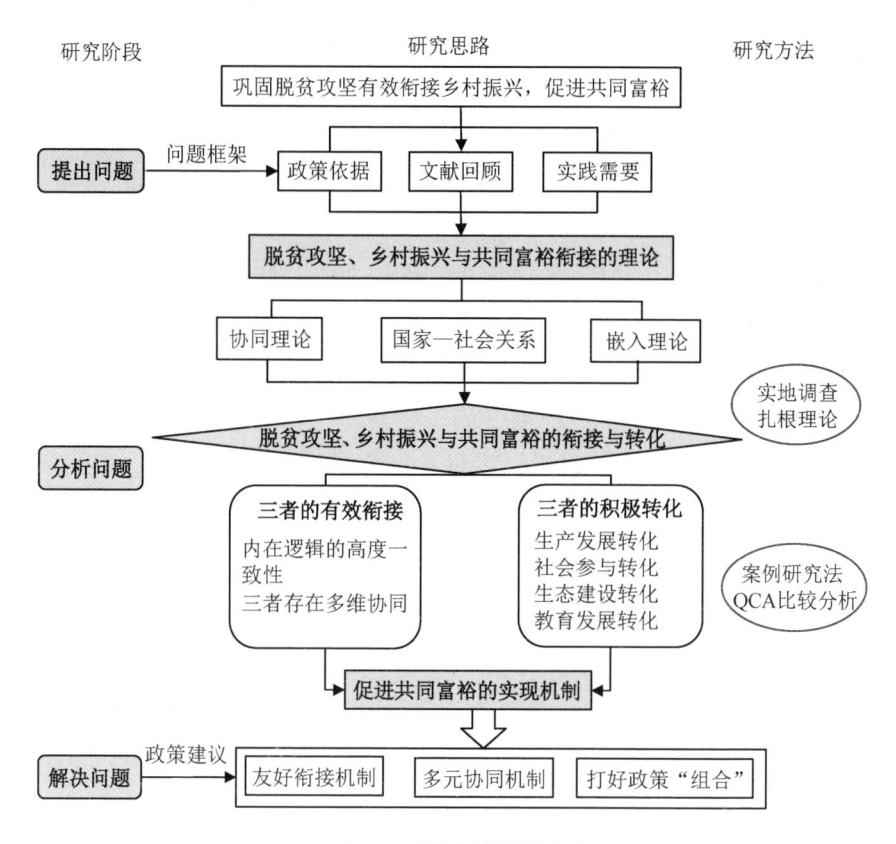

图 14-1 研究的技术路线

2. 研究方法

(1) 实地调查法

为了收集到较为充分的第一手资料，课题组以前期在全国多个农村的实地调查经验为基础，按照判断抽样的办法，聚焦西部地区并展开实地调查，以县—乡为地域单位，选取5个不同发展阶段的县级及周边行政村展开实地调查。课题组运用无结构式访谈法和半结构式访谈法全面收集不同成员、社会组织参与巩固脱贫攻坚成果有效衔接乡村振兴进而促进共同富裕的相关资料，以及不同主体参与治理路径及互动方式、精准脱贫具体举措、乡村振兴实施办法和共同富裕相关政策措施落实的详细质性资料，为不同地域、不同行业实现共同富裕奠定基础。

(2) 案例研究法

案例研究法是指通过研究者深入地对某一个事件或现象进行长时间追踪，以发现某一典型性事件存在的因果关系。课题组通过梳理具有典型性与代表性的地区脱贫致富的成功经验，形成个案进行研究，探索地区助推乡村振兴和共同富裕的优势和机制。

(3) 扎根理论

扎根理论并非一种经典的理论，而是一种非常著名的质性研究方法，最早源于美国的两位著名学者。哥伦比亚大学的格拉斯（Glaser）和施特劳斯（Strauss）在《扎根理论的发现》一书中首先明确提出了扎根理论研究方法，并指出该方法的最终目的是通过资料追溯理论，弥补理论和经验之间的沟壑。换言之，扎根理论是不进行理论预设的，转而从资料中来逐级提升概念，进而构建出一种新的中层理论。课题组通过扎根理论对扶贫脱贫、乡村振兴以及共同富裕的政策文本的发布时间、发布部门、关注领域等进行关键词提取和内容量化分析来分析脱贫攻坚与如何实现与乡村振兴战略的有效衔接、乡村振兴阶段的战略思想和具体规划以及共同富裕的图景，归纳脱贫攻坚、乡村振兴和共同富裕积极转化的路径以及促进共同富裕的多重机制。

(4) 定性比较分析方法（QCA）

在社会科学研究方法领域中，定性研究和定量研究成为几乎二分天下的两种主流研究范式。着重对事物进行仔细的观察而后进行深入剖析和阐释,这是定性研究方法的基本逻辑,但定性研究方法也存在一些问题,比如因其采集的样本数量偏少而直接导致其研究结果的推广性较差,这常常成为定性研究遭到诟病的地方。而着眼于对事物的全面、宏观和整体性的探究是定量研究的基本理论,其能有效克服研究样本数过少的问题,然而定量研究也存在不少局限性。定性比较分析兼具定性与定量研究的优势,特别适用于中小样本容量的组态分析,课题组选取6—10个全国典型案例,总结归纳巩固脱贫攻坚有效衔接乡村振兴的路径,以期为全国其他地区乡村振兴建设和推进共同富裕提供借鉴意义。

表14-1　　　　　　　　　研究方法介绍

研究方法	基本介绍	功能	具体应用
实地调查法	研究者深入研究对象所在的环境收集资料的方法	了解某一事件的真实情况及研究对象对某一事件的看法	获取乡村振兴与脱贫攻坚有效衔接的第一手资料
案例分析法	长时段地对某一现象或事件进行调查以获取信息的方法	深入分析某一具有代表性和典型性特征的现象的因果关系	探索实现共同富裕的机制
扎根理论	从经验材料中生成和发现理论的资料收集与分析方法	从大量的田野调查资料中发现理论	归纳实施三者有效衔接的动因与效果
定性比较分析方法	运用复合组态分析多个案例之间存在关系的方法	比较分析多个不同案例的因果关系	归纳和总结巩固脱贫攻坚有效衔接乡村振兴的路径

二　理论基础

(一) 相关概念

1. 脱贫攻坚

作为一个本土化的概念,"脱贫攻坚"与我国反贫困历程关系紧密,并经常与"精准扶贫"同时出现,在一定程度上反映了我国扶贫政策的重点和变迁历程。查阅现有文献,"脱贫攻坚"的字眼最早出现在20世纪90年代初一篇名为《攻坚户脱贫记》的文章中,其阐述了帮助一位积贫已久的贫困户实现脱贫的故事,但对其具体内涵并未做分析和论述。1994年《国家八七扶贫攻坚计划》颁布,标志着这种具有明确的时间节点和集中力量脱贫的做法在此时已初具雏形,"扶贫攻坚"或"脱贫攻坚"一词也开始出现在各级扶贫文件和相关的学术研究中。在具体应用中,脱贫攻坚多被拆分为"脱贫"和"攻坚",有关的文献也多是一些帮助贫困户脱贫的纪实性记载,至于其具体含义则少有文献进行解读和研究。此后,相关研究也主要是以《国家八七扶贫攻坚计划》为蓝本而展开。2013年11月习近平总书记在湘西考察时,针对已有的扶贫工作中所出现的大水漫灌、扶贫户底数不清等问题,提出"精准扶贫"的重要方向和扶贫思路,至此,我国扶贫工作迈向新的阶段。

2013年12月,"精准扶贫"的概念被提出。习近平总书记在对部分省份扶贫攻坚与"十三五"时期经济社会发展座谈会上讲道,"到2020年,七千多万贫困人口要全部脱贫,时间十分紧迫……采用常规思路和办法,按部就班地干,难以按期完成任务"①。换言之,以2020年全面建成小康社会所要达到的目标来看,当前脱贫任务还相当紧迫,且越到后期脱贫难度越大。在此情况下,2015年11月,中共中央审议通过了《关于打赢脱贫攻坚战的决定》,这是中国扶贫政策文件中第一次正式提出"脱贫攻坚",也是近年来各项研究中所提到的"脱贫攻坚"一词的重要和直接来源。在运用上也多是以政策术语的身份出现,多数学者也习惯将脱贫攻坚视作精准扶贫政策的内容之一,同时强调这项政策所具有的深刻性和超常规性以及旨在攻坚克难的艰难性。因此对脱贫攻坚的认识多是由政策内容层面过渡到对它的学术理解上。基于上述判断,本课题在结合政策内容的导向和已有学术研究的基础上,认为

---

① 习近平:《坚决打赢脱贫攻坚战》,人民网,2017年11月03日,http://cpc.people.com.cn/xuexi/n1/2017/1103/c385474-29626301.html。

第十四章 巩固拓展脱贫攻坚成果全面推进乡村振兴，促进农民农村共同富裕

"脱贫攻坚"并非一个单一概念，它是具有不同侧重点和丰富内容的重大战略措施，其主要的要素在于特定的政策时间节点、特定的目标任务和集中的资源属性。

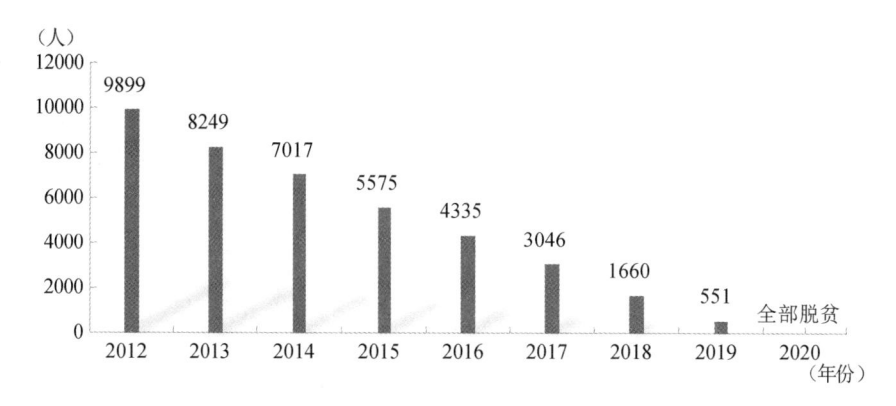

图 14-2 中国农村地区脱贫人口数量变化（2012—2020 年）

资料来源：笔者根据《人类减贫的中国实践》白皮书等自制而成。

2. 乡村振兴

中国作为农业大国，农村一直在国家政治建设、经济发展过程中扮演着重要的角色，古就有"农，天下之大业"的认识，今有"小康不小康，关键看老乡"的说法。改革开放以来，在以经济建设为中心的指导思想下，农村采取了一系列体制改革措施，但受制于中国长期以来形成的城乡二元结构划分的弊端，农村在发展中逐渐处于不利和劣势地位，也涌现出大量贫困人口。21世纪以来，在国家对三农问题以及城镇化问题的不断关注中，农村发展状况明显转变，尤其是党的十八大以来，中央在农村推行精准扶贫方略，农村脱贫成效显著。

具体来看，乡村振兴内在地包含两个侧重点。一是乡村振兴战略本身，二是动态的作为过程和目标的"振兴乡村"。党的十九大之前出现在学者研究和官方文件中的提法多是"振兴乡村"，主要内容集中在单方面强调"振兴乡村"的经济，而对"振兴乡村"的具体内涵并没有明确的界定和认识。为了推动战略的进一步落地，2021年2月正式成立"国家乡村振兴局"，同年6月出台了第一步以"乡村振

兴"直接命名的法律《中华人民共和国乡村振兴促进法》，为推进乡村振兴工作的规范化和制度化提供法律支持。不断完善的政策文件逐渐清晰地擘画了乡村振兴战略的实施蓝图，学术研究中对乡村振兴战略的认识也愈加全面。从政策文本的表述中可以归纳出乡村振兴战略是为缓解我国农村不充分不平衡发展问题。此外，政策文件中多将乡村振兴战略纳入我国现代化建设进程，并系统规划其实现的几个重要时间节点，第一个时间节点是当前已经实现的，即在2020年乡村振兴要取得重要进展，并且基本形成有关的制度框架和政策体系；第二个重要的时间节点是2035年，农业农村现代化也要基本实现，同时乡村振兴要取得决定性进展；第三个时间节点是2050年，实现全面振兴。现有学术研究也在乡村振兴战略的理解上基本达成较为一致的认识，在坚持已有政策文本表述的基础上可以将其划分为以下几个重要维度。首先，关于乡村振兴本质内涵的认识，多数学者关注乡村振兴战略背后蕴藏的农村发展的转换思维，即从城乡融合与城乡统筹的角度出发，强调由农村经济衰落、城乡差距悬殊到实现农业农村全方位建设即现代化的转变。其次，在实现乡村振兴战略的路径上，学者针对"二十字方针"提出了产业发展、制度供给、多元主体参与等具有不同侧重点的实现举措。最后，关于乡村振兴战略的性质，2015年我国进入脱贫攻坚期，2017年乡村振兴战略被提出，意味着两大政策存在叠加期。

综合以上论述，本章中的乡村振兴是一项综合性战略，即以农业、农村农民为对象，强调与脱贫攻坚战略、城乡统筹问题以及国家现代化进程的紧密联系，旨在促进农业、农村现代化建设。

3. 共同富裕

千百年来共同富裕一直是中国人民追求的梦想，儒家经典《礼记·礼运》中"大道之行也，天下为公"的大同社会就是如今共同富裕的雏形。因此，共同富裕有着深厚的历史渊源。而后共同富裕作为"私有制"的对立面被提出，更多强调的是"共同"这一属性。但在这一时期被不少人形而上学地将其曲解为"平均""不允许冒尖"等，致使农村经济发展缓慢，农村贫困人口规模大、农业经济效益低下等问题日渐凸显。改革开放后，邓小平多次提到共同富裕的设想。此时的共同富裕从私有制的对立面超脱出来，强调富裕对象的整体性和社会主义发展阶段的规律性，初步形成了共同富裕思想的雏形。总的来看，我国早期对共同富裕的追求直接来源于中国传统"大同"思想和马克思主义作家的论述。20世纪50年代对共同富裕的描述侧重"共同"，强调实现富裕的形式。到八九十年代，共同富裕已然拥有了"共同"和"富裕"两层含义。其中，"共同"不再是"平均主义"和"同步"，而是强调全体人民即对象范围上的共同；"富裕"也打破了过去只注重物质富足的认识，除强调经济富裕外还要包括精神层面的满足和整个社会的和谐[①]。

进入新时代，以习近平同志为核心的党中央在遵循社会主义发展规律，实现全面建成小康社会的目标后，再次将共同富裕的议题放在国家发展的关键地位。对共同富裕的理解也从马克思主义学科逐步扩展到政治学、社会学等学科中。不同学者基于此提出了不同的看法，如郁建兴和任杰认为，共同富裕是"发展性、共享性和可持续性的统一"[②]，有学者认为共同富裕是"物质富裕与精神富裕的统一"[③]，认为要加强共建共享，将共同富裕概括为"全民富裕、全面富裕、共建富裕、逐步富裕"[④]。尽管角度不同，但当前研究在以下方面形成了一些共识，即共同富裕不是搞平均主义，而是以消除贫困为前提。基于此，本章在充分吸收已有研究的基础上认为，共同富裕是一个综合性的概念，它既不是平均主义也不是同步富裕，而是全体人民所享有的存在合理差距的物质和精神的全面富裕。因此，要实现农民的共同富裕，农村脱贫攻坚是前提，它化解的是农村人口物质层面的缺失；乡村振兴是重要途径，它是建立在物质基本满足的基础上囊括精神富裕、农村和谐的重要举措。

---

① 龚云：《论邓小平共同富裕理论》，《马克思主义研究》2012年第1期。
② 郁建兴、任杰：《共同富裕的理论内涵与政策议程》，《政治学研究》2021年第3期。
③ 李军鹏：《共同富裕：概念辨析、百年探索与现代化目标》，《改革》2021年第10期。
④ 张占斌、吴正海：《共同富裕的发展逻辑、科学内涵与实践进路》，《新疆师范大学学报》（哲学社会科学版）2022年第1期。

(二) 理论基础

1. 协同理论

协同理论最早源于自然科学的协同论,后逐渐引入管理学、社会学的研究过程。协同论是系统科学这一庞大的学科体系下的一个重要分支,其基础构成包括系统论、信息论、控制论和突变论等最新的现代科学研究成果,同时结合了结构耗散理论的重要思想,由联邦德国斯图加特大学教授赫尔曼·哈肯所创立。哈肯在做激光研究时发现,激光中激光原子按照独立渠道产生光波,在不断的能量输入中会不断地发生质变。这种不进行干预,仅靠外界能量输入却出现由小能量到大能量转换的过程引起哈肯关注。在不断的经验总结和研究实验中,哈肯最终发现不同系统内部都会出现与之相似的由无序状态转变为有序状态的现象。他将这种效应命名为协同效应,即由若干不同系统组成的大系统,能够通过自身内部的调试和发展,实现由有序到无序的结构和功能变化,由此奠定了哈肯协同论的基础。要理解协同论还需要理解"序参量",它是系统内部实际控制子系统自发演变过程的重要虚构概念,其主要作用在于调节系统面对外部环境改变时所呈现出的无序的状态,换言之,序参量是子系统能够适应外部环境改变的重要变量。

从客观经验证据中可以明确,协同论主要研究的是系统内部的子系统是如何通过自身的调适或者能量交换进而产生比单个系统更加广泛的整体效应。在一个整体的系统内,如果系统内部各要素能够有机地协调起来,那么系统本身能够实现良性有效的运转;相反,如果系统内部各组成部分之间相互分离和排斥,不仅单个部分不能发展,整个系统也会随之逐渐崩塌。协同论具有普适性特征,因此被划分到自组织理论的范畴,并被广泛应用于分析、预测和决策各种系统中的自组织现象[1]。与之相适应,人类社会作为一个大的自组织群体,在没有外界条件干预的情况下,也能够按照一定的规则和规律进行自主调节和控制,因此将协同论的思想引入社会科学的研究具有深刻的意义。一方面,人类

---

[1] 白列湖:《协同论与管理协同理论》,《甘肃社会科学》2007年第5期。

社会本身就是一个系统，其与外界物质和能量处于不断交换中且能够有效地进行自我调节；另一方面，人类社会内部包含有多个相互独立却又相互影响的子系统，它们从一种无序的状态逐渐演变到有序的状态，比较典型的如国家与国家之间、国家内部政治、经济与生态系统之间等。因此，人类社会本身的构成与自组织间具有极大的相似性，同时社会良性运转也需要协同思想来实现。将人类社会系统的目光转移到我国社会运行时也同样适用，尤其是在巩固脱贫攻坚成果有效衔接乡村振兴的过程中。换言之，协同论所强调的系统与部分之间交互作用的视角能够为分析我国农村发展的重大问题提供新的思考模式。当前，我国正处于两大政策有机衔接的关键时期，在共同富裕思想的指引下对二者提出了更高的要求。协同论的思想要求我们关注到政治建设、经济建设、生态文明建设和社会等丰富的子系统。其中，政治系统主要是负责两大战略顶层设计的中央政府以及推进落实各项细则的各级政府，政府之间还会存在信息交换、资源分配等重要的交互和有序行为；脱贫攻坚的重要指标就是贫困人口收入，乡村振兴更是要实现农民农村富裕，所有这些都囊括在经济系统中；同时更加关注社会系统，从一定角度来讲，社会系统是以上多种系统的交织与相互影响，迫切需要充分运用协同论来系统分析和协同各个有机部分的运作。当然，在脱贫攻坚与乡村振兴有效衔接的过程中，上述子系统构成更多地作为一般性的环境和背景存在，课题所主要论述的是以中国共产党为核心领导力量，也就是协同论中的序参量，即依靠组织力、号召力和领导力协调企业、社会组织、农村群体、个人以及各种形式存在的资源，使得由无序状态转变到有序即具有规划和良好运行的状态，以最终实现农村的共同富裕。

2. 国家—社会理论

国家—社会理论作为西方政治学和社会学研究的经典理论，大致经历了三个不同的发展阶段[①]。第一个阶段是指前工业化时期的城邦政

---

① 转引自王建生《西方国家与社会关系理论流变》，《河南大学学报》（社会科学版）2010年第6期。

治。亚里士多德对多个城邦的情况进行考察后，认为国家与社会是融为一体的，国家即社会，社会即国家，公民个人与国家是等价的，不存在社会的说法，这就是代表性的"一元论"。到了古罗马时期，随着领土疆域的扩大，个体与国家之间的关系越来越远，国家与社会开始有了分离的迹象。而真正的"二元论"思想也就是国家与社会的分离现象是在中世纪形成的，其基本原因在于资本主义经济的快速发展为社会提供了迅速成长的空间。这一现象表明西方国家与社会从开始分离之际就是对立的，也初步奠定了后期对立论的基础。伴随着18世纪开始的工业革命浪潮，社会的力量在短时期内扩大，社会结构变得更加多元，这也进一步催生了国家与社会的完全分离。与之相适应，此时出现了两种相互对立的观点——以黑格尔为代表倡导的"国家本体论"和启蒙思想家所认为的"社会本体论"。其中，"国家本体论"强调国家决定社会，社会和个人是因此国家而存在的，国家具有至高无上的地位。相反，"社会本体论"聚焦公民个人的权利，国家是公民让渡权利的最终结果，因此社会高于国家。到19世纪中叶，欧洲工人运动的大量兴起催生了马克思主义，马克思提供了"国家本体论"和"社会本体论"之外的第三种解释，即国家与社会的对立和统一是同时存在的。不同于前述两种观点基于个人权利的认识角度，马克思主要是站在国家利益视角思考国家与社会关系的。到20世纪，市场经济高度发达，城市化和工业化达到了前所未有的高度，出现了"市场失灵""政府失灵"等新的问题，不同学科的学者提出了更加多元化的国家—社会理论。在今天快速变革的世界格局中，人们认为国家和社会二元分离和对立的状态并非长期存在，过度强调国家或者过度重视社会都会导致社会总福利的减少，因此要清醒地认识到二者之间实际是一种对立统一的关系。

中国国家—社会关系在理论层面的认识相较于西方起步时间晚，且在认知上受到两个方面的重要影响。一是西方经典理论引入带来的冲击影响，二是我国在传统封建时期所形成的国家形态。此外，近代中国经历了曲折的百年发展，国家形态处于复杂的、不断的变化中。因此，我国学者早期并未按照欧洲关于公民社会与国家的观点来审视自己，真正开始使用国家—社会二元划分范式已经是20世纪90年代了①。学者在国家—社会关系理论的认识上产生了截然不同的看法。第一个讨论就是，关于我国是否存在如同西方理论所讲的真正意义上的"社会"？部分国外学者用西方概念来解释中国的一些现象，如奥斯特加德率先将市民社会理论引入中国研究，高登·怀特也认为中国某些地方已经出现了市民社会的萌芽。相反，有学者认为中国的传统思想中并不存在作为一种自由个人与对立面国家之间的联系的"社会"概念，在此基础上有学者用"法团主义模式"来概括20世纪90年代的中国②。上述研究皆是借用了国外的概念来研究中国的国家—社会关系，部分中国学者在对中国特有的现象进行分析后提出了新的认识，由此形成了第二种具有竞争性的讨论。孙立平等将我国20世纪80年代至90年代中期的国家—社会关系概括为"总体性社会"③。康晓光和韩恒则认为，国家仍然占据主导地位，但与总体制度有明显区别，于是提出了新的解释——"行政吸纳社会"或"分类控制体系"④。随着我国社会主义市场经济的快速发展，以及21世纪以来进行的一些大的政府机构改革行动，我国国家—社会关系研究进入了新的阶段。越来越多的学者从"善治"的角度来看待我国政府与其他主体之间的行为，提倡国家主导下社会的参与。从学者颇具争议的研究中可以发现，我国与西方国家—社会对立的现实有显著的不同，当前研究都在一定程度上反映了我国的一个侧面，是否能够找到一种完全符合我国情境的理论还有待研究。

在巩固脱贫攻坚有效衔接乡村振兴的过程中，运用国家—社会理论

---

① 郑杭生、洪大用：《现代化进程中的中国国家与社会——从文化的角度看国家与社会关系的协调》，《云南社会科学》1997年第5期。

② 顾昕、王旭：《从国家主义到法团主义——中国市场转型过程中国家与专业团体关系的演变》，《社会学研究》2005年第2期。

③ 孙立平、王汉生、王思斌等：《改革以来中国社会结构的变迁》，《中国社会科学》1994年第2期。

④ 康晓光、韩恒：《分类控制：当前中国大陆国家与社会关系研究》，《社会学研究》2005年第6期；康晓光、韩恒：《行政吸纳社会——当前中国大陆国家与社会关系再研究》，《中国社会科学》（英文版）2007年第2期。

能够为农村发展注入新的理解维度，况且其本身也在深刻影响着我国国家与社会之间的有效互动。而从上述分析可知，单方面强调国家的力量或强调社会力量都无法有效推进两大政策的衔接，中国共产党作为统筹全局的核心力量，依靠党建来有效协调各方组织是符合中国实际的。因此，我国实际上已经形成以党建为引领、国家与社会有效互动的新社会治理格局。

3. 嵌入性理论

"嵌入性"概念最早由波兰尼在1955年的《大变革》一书中提出，他指出"经济活动是一个制度化过程，嵌入在经济和非经济制度之中"①。1985年格兰诺维特再次使用了"嵌入"概念，这引起了大家的关注。"嵌入"的再次提出相较于波兰尼首次使用这一概念已经是30年后，因此大部分学者认为格兰诺维特所讨论的嵌入性问题是对波兰尼观点的继承和发展；也有学者认为尽管两人都使用了"嵌入"相似的字眼，但他们所要阐述和表达的思想完全不同②，如波兰尼认为"市场经济是去嵌入的"，而格兰诺维特则强调经济活动的过程其实也是一种人际互动的过程，提出关系嵌入性和结构嵌入性两种类型。由此可以发现，二者观点的对立实际上形成了嵌入思想中具有显著差异的研究范式。后来者在格兰诺维特有关嵌入理论的研究基础上，拓展了这一概念的应用范围。除以上对这一概念的理解之外，由于"嵌入"概念所存在的巨大张力，当前研究对嵌入理论并没有形成完全统一的认识，还衍生出其他一些分析框架，如业务嵌入性与技术嵌入性框架。尽管存在分歧，但我们还是可以从中明确嵌入理论的大致思想，即经济活动嵌入于具体的社会网络、政治结构、文化基础和制度建设之中，强调经济活动在与非经济因素的关系上存在不确定性。

我国学者在运用嵌入理论进行分析时，主要的应用场景在于对企业绩效、市场关系、社会资本、社会网络关系或其他一些社会学

---

① Polanyi K., *The Great Transformation: The Political and Economic Origins of Our Time*, Boston, MA: Beacon Press, 1944.

② 符平:《"嵌入性"：两种取向及其分歧》,《社会学研究》2009年第5期。

研究范畴。本章在结合波兰尼所提出的嵌入性概念的基础上，将经济主体扩展至社会主体，同时吸收朱金和迪马吉奥所提出的四种嵌入性框架的部分要件并以此作为本研究分析的理论基础之一。首先是有关波兰尼所谈到的市场与社会之间本质关系的分析。从我国长期的发展过程中来看，市场是嵌入于社会的，即市场是社会的重要组成部分。在我国脱贫攻坚的历程中多次强调重视市场力量同时吸纳市场的加入，是把市场作为社会力量的一部分，它与国家力量之间存在着本质区别。从另外一个角度来看，我国脱贫攻坚到乡村振兴战略的有效衔接过程，乃至提出共同富裕这一发展目标都是在国家主导下完成的，市场所扮演的角色更多是在国家的引领下有序地提供相应的资源要素。其次，在网络嵌入分析下四种更为详细的嵌入性框架为我国农村发展问题提供了新的切入视角。第一，政治嵌入性强调主体存在的政治环境、体制等。在脱贫攻坚结束后，学者和实务界对这一成就的取得进行了多方面的分析，其中提到次数最多的就是我国集中力量办大事的社会主义制度以及不断健全和完善的国家治理现代化体系所带来的裨益，充分表明扶贫工作嵌入在政治环境中是我国消除绝对贫困的重要经验支持。第二，文化嵌入性聚焦当前和过去所形成的文化氛围。我国自古就有重视农业、农村的文化传统，对扶贫工作的重视更是充分嵌入了团结及守望相助的文化。第三，认知嵌入性关注思维和观念的作用。扶贫工作中的认知嵌入性集中在中国共产党所构筑起来的"以人民为中心"的"认知理念"，对整个贫困户来说，是要激发其内生动力、强调自主性理念；在动员社会力量参与扶贫时，所依赖的是社会责任感；对广大的党员工作者而言，这是一种使命的召唤；在各级政府推进扶贫工作落实时，则是职责的嵌入。认知的嵌入性通常是无形的和长期的，因此在乡村振兴的过程中仍需要强化其有效性。第四，结构嵌入性重视主体间的社会联系。在我国从脱贫攻坚到实施乡村振兴战略的过程中，一直强调以党建为引领，协同其他主体共同参与。这是我国扶贫工作总结出来的成功经验，在实现共同富裕的过程中更加需要关注不同主体之间的联系，充分发挥社会网络的作用。

(三)"党政统领多元协同"的理论分析框架

以嵌入理论、协同理论、国家—社会理论为基础,本章以促进农村、农民共同富裕为目标,构建的中国共产党领导下多元力量协同参与以及政府主导下促进脱贫攻坚、乡村振兴与共同富裕积极转化的"党政统领多元协同"框架,是党建引领、政府推动、社会协同以及制度建设的四维立体互嵌分析框架。首先,中国共产党是中国各项事业的领导核心,具有强大的组织力、领导力以及动员力,承担着顶层设计和统筹部署扶贫工作的重要角色。其次,各级政府作为脱贫攻坚战中推动政策落地的主要执行者和参与者,在全面消除绝对贫困的过程中起着至关重要的推动作用,也是巩固脱贫攻坚成果、有效衔接乡村振兴的重要落实主体。再次,相较于绝对贫困所具有的绝对性特性,与相对贫困所具有的相对性和多维性特征相适应,在推动缓解相对贫困实现乡村振兴的过程中,农村群体的需求变得更加多元,更加需要充分发挥社会力量自身的组织属性。最后,以中国特色社会主义制度为主线的国家治理体系建设是我国消除绝对贫困的重要法宝和可贵经验,在实现共同富裕目标、促进脱贫攻坚与乡村振兴有效衔接的过程中,对具有长效性的制度建设提出了更高要求。在党和政府、社会参与的互动局面中,形成了制度建设框架内党政引领社会参与的分析框架,如图14-3所示。

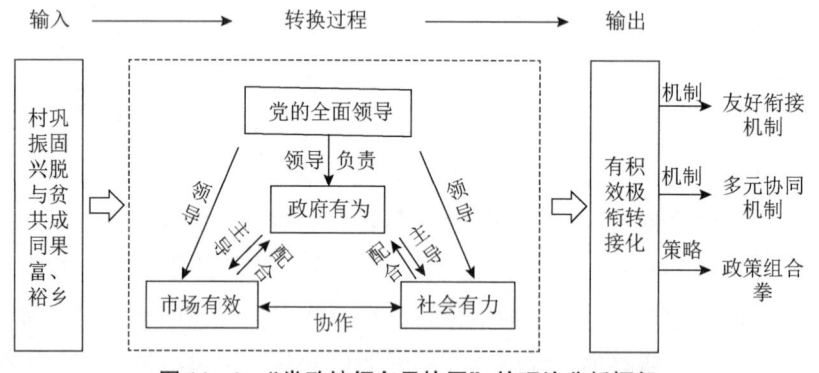

图14-3 "党政统领多元协同"的理论分析框架

本章通过多种研究方法收集大量来自农村的一手材料,以大量研究成果为基础构建了具有高度中国情境性的"党政统领多元协同"框架。这种做法有利于形成科学化的治贫逻辑体系，以期为中国的理论扩展贡献新的切入视角，并且为实务界的工作提供一定的启示。

三　脱贫攻坚、乡村振兴和共同富裕的有效衔接

2020年意味着我国绝对贫困的消除，而后开始巩固脱贫攻坚与乡村振兴的有效衔接。习近平总书记在《扎实推动共同富裕》中讲道："共同富裕是一个长远目标，需要一个过程……促进共同富裕，要全面推进乡村振兴。"[①] 因此，在处于脱贫攻坚向乡村振兴有效衔接的关键时期和推进共同富裕的启动期，需要正确处理好三者在理论上存在的逻辑关系。

（一）三者在内在逻辑上具有高度一致性

党的十八大以来，脱贫攻坚作为解决农村绝对贫困的重要战略取得了显著成效，党的十九大提出的乡村振兴战略，成为新时期实现农村现代化的"总抓手"。起源于20世纪农业合作化问题的共同富裕贯穿于我国社会发展的整个阶段，并在近年来被赋予新的深刻内涵。从这个意义上来讲，三者聚焦于不同时期的农业、农村、农民问题，且统一于我国社会主义现代化的进程，因此需要进行全方位的有效衔接。而充分了解和把握三者所具有的内在逻辑则是实现脱贫攻坚、乡村振兴和共同富裕的有效衔接的关键和基础。基于此，研究在对三者的差异性和相似性进行对比分析后提炼出三者在政策内容、制度要求以及三个层面具有高度一致性。

1. 脱贫攻坚、乡村振兴和共同富裕内容互嵌

脱贫攻坚和乡村振兴聚焦农业、农村问题，而实现共同富裕最艰难、最繁重的任务也在农村。以农业、农村作为互嵌的结点，三者在以下两个方面表现出依存性。一方面，三者在涵盖的领域具有交叉性和重叠性。脱贫攻坚以产业扶贫、易地扶贫搬迁、生态扶贫、教育扶

---

① 习近平：《习近平谈治国理政》第4卷，外文出版社2022年版，第143页。

贫等作为主要内容,乡村振兴也主要从产业、生态等方面着力提升和巩固农村生产力。共同富裕则强调在脱贫攻坚和乡村振兴的基础上达到包括物质和精神在内的全面富裕。从这个角度来看,脱贫攻坚与乡村振兴皆是共同富裕的重要组成部分,且在具象内容上嵌入共同富裕的远景规划。另一方面,三者在构成属性上存在互嵌和统一的关系。习近平总书记在中央政治局常委会会议专题研究"三农"工作上指出,"乡村振兴的前提是巩固脱贫攻坚成果"。在《扎实推动共同富裕》的重要文章中,习近平总书记进一步明确,"实现共同富裕,乡村振兴是必经之路"①。由此,脱贫攻坚与共同富裕之间以乡村振兴为桥梁和跳板,脱贫攻坚嵌入在乡村振兴并最终统一于共同富裕,三者在内容逻辑上具有一致性。

2. 脱贫攻坚、乡村振兴和共同富裕制度互通

脱贫攻坚、乡村振兴和共同富裕皆属于实现社会主义现代化进程的重要组成部分,三者在以下两个方面存在较强的制度逻辑。第一,关于党的领导体制。不少学者关注到中国共产党领导下的行政模式及治理体制在消除绝对贫困过程中的显著效能,并将其作为"中国之治"看"中国之制"的窗口②。在脱贫攻坚战所强调的党建引领下,五级书记抓扶贫等具体领导体制具有高度的沿用性,而在实现共同富裕上更加强调以坚持党的领导为根本原则,深切表明三者在党的领导体制上具有共通性。第二,在社会协同机制上表现出高度的一致性。社会力量是扶贫开发的重要生力军,在精准扶贫的产业扶贫和教育扶贫的参与中具有优势。在振兴乡村的过程中,中央政府提出"通过强化党建引领、加强组织领导、推进部门协同、优化政策保障等方式,推动社会组织积极参与乡村振兴",鼓励社会力量参与乡村振兴。共同富裕的实现则更加要求社会力量参与,各地也在积极探索社会力量参与助力共同富裕的路径。党的领导体制与社会协同机制只是我国制度建设的

---

① 习近平:《扎实推进共同富裕》,《求是》2021年第20期。
② 王雨磊、苏杨:《中国的脱贫奇迹何以造就?——中国扶贫的精准行政模式及其国家治理体制基础》,《管理世界》2020年第4期。

一部分内容，还有细分领域的众多体制，本章主要基于这两种路径性体制进行分析。

3. 脱贫攻坚、乡村振兴和共同富裕互促共融

一方面，脱贫攻坚解决的是农村群众收入问题，也是农村发展的最基本要求；另一方面，乡村振兴战略在化解农村群众收入的基础上着力促进农村经济、生态、治理等多方面的提升。因此脱贫攻坚与乡村振兴间通过共同作用的场域、层次以及时间上的重叠构成前提与条件的关系，乡村振兴与共同富裕间不仅强调部分与整体的联系，也存在路径与目标之间的逻辑。总的来看，三者间在内部逻辑上具有紧密和综合性的联系，即存在有效衔接的基础。

（二）三者存在多维协同

作为推进脱贫攻坚、乡村振兴与共同富裕有机衔接的重要内容，关注三者之间协同体系无论是在理论层面还是实践层面都将有助于推进农业农村平稳有序地发展。一方面，深化三者协同是促进以往宝贵经验再次运用的重要形式，也是保证政策连续性和脱贫成果有效巩固、守住不发生规模性返贫底线的重要路径。另一方面，三者在内在逻辑上的高度一致性为推进三者的协同发展提供了基本遵循，要想进一步促成其在实践层面的落地则需要更加深入地讨论三者存在的多维协同的具体内涵和深刻意蕴。为了实现这一目标，研究根据哈肯提出的"协同"所强调的系统内部以序参量为核心，促使各要素通过一定的方式实现自我调节和物质交换以达到系统整体利益最大化的要义，对三者的现实和核心思想进行综合考察，总结出以下方面的内容。

1. 主体协同

主体协同指的是三者之间在行为主体上存在可以相互借鉴或调适的性质，主要包含以下两个层面的协同性。第一，政策对象由特定向普范转化。脱贫攻坚一经提出，就以特定区域的绝对贫困群众为对象，相比之下，乡村振兴战略由关注农村绝对贫困对象转向普惠性的农村群众，政策对象范围更加广泛。共同富裕的核心内涵之一就是实现全体人民的富裕，囊括了前二者的政策对象，因此，三者在主体范

围上的依次扩大构成了协同的对象基础。第二，政策主体协同，强调的是三者在政策主体的范畴及其构成的组织结构上的协同。在我国，政策的参与者主要是党、各级政府和市场组织、第三部门四种行为主体。在脱贫攻坚的过程中，我国通过党建引领，政府落实和社会力量协同参与的行动模式创造了中国脱贫的奇迹，这是我国消除绝对贫困的宝贵经验之一。乡村振兴战略强调坚持中国共产党的领导，进入大力推进的时期更是着力推动党建引领下，市场、社会组织等力量协同参与。一方面，共同富裕强调的全面富裕需要有社会的协同参与；另一方面，共同富裕作为治理目标内在地构成国家治理体系的重要组成部分，也就更加要求以坚持党的政治领导作为实现共同富裕的根本原则①，以推动多元主体的有序参与。因此在行为主体上表明三者具有协同性和调适性。

2. 目标协同

目标协同强调的是目标实现时限以及目标维度上具有的协同性。脱贫攻坚与乡村振兴在一定时期内要达到的目标就是共同富裕。从目标维度来看，脱贫攻坚着力提高农村尚处于贫困线下的群众收入，即主要强调经济收入的提高。乡村振兴的目标实现被划分为几个阶段，表现出长期性和阶段性；同时在目标的维度上较脱贫攻坚的水平更高、范围更广，不仅要求农村群众收入的提高，更要着力推动农业、农村的整体现代化。可以说，脱贫攻坚目标的实现是乡村振兴的前提条件，乡村振兴有助于脱贫成果的有效巩固。新时代的共同富裕不仅强调"共同"，也强调"富裕"，将脱贫攻坚与乡村振兴的目标囊括在内，同时共同富裕目标的实现相较前二者而言，情况更加复杂、任务更加艰巨。因此，尽管三者在目标的实现上具有一定的差异，但乡村振兴和脱贫攻坚在目标上属于实现共同富裕的子系统，只有前二者有序地实现，共同富裕也才能够最终达成。从这个角度来看，三者目标维度和实现时限上具有交叉性和更迭性。

---

① 李景治：《共同富裕是中国特色社会主义现代化建设的根本奋斗目标》，《党政研究》2021年第1期。

3. 路径协同

路径协同强调三者在推进过程中所依赖的具体路径之间存在协同性。脱贫攻坚以"五个一批"①作为主要的路径，同时形成了行业扶贫、专项扶贫和社会扶贫构建的社会大扶贫格局，有效解决了地区脱贫基础悬殊的现象。乡村振兴着力实现农村、农业现代化，提出"产业兴旺、生态宜居、乡风文明、治理有效、生活富裕"的总要求，表明乡村振兴依托产业发展、人才培养、组织建设等路径推进，激励各地不断创新。共同富裕旨在化解不充分不平衡的发展矛盾，在此基础上，学者提出了包括教育、社会保障、生产力要素等在内的全面实现机制，涵盖了脱贫攻坚和乡村振兴在内的诸多路径。由此表明，三者在实现有效衔接上存在路径协同的基础。

四 脱贫攻坚、乡村振兴和共同富裕的积极转化

贫困程度体现了一国经济社会的发展水平，贫困问题是国家发展必须要迈过的门槛。新中国成立以来，党和政府一直关注农村贫困问题，并在20世纪50年代提出了逐渐消除贫困而达成共同富裕与普遍繁荣的扶贫目标。

如图14-4所示，解决绝对贫困问题是实现共同富裕的基础，党的十八大以来把扶贫开发工作提升到更为突出的战略位置。经过8年的奋斗，截至2020年11月，全国最后9个贫困县退出贫困序列，这标志着脱贫攻坚战的胜利。脱贫攻坚的结束不意味着贫困的终结，而是进入农村发展的新阶段——乡村振兴。乡村振兴与脱贫攻坚既都是推进乡村发展的战略，同时又存在递进的关系。脱贫攻坚聚焦于乡村发展最基本、最明显的绝对贫困问题，脱贫攻坚为乡村振兴奠定基础，乡村振兴则是脱贫攻坚的升级版②。早在2018年，国家就提出了乡村振兴与脱贫攻坚衔接的发展方向，在多个政策中提及脱贫攻坚向乡村振兴的转化，如表

---

① 发展生产脱贫一批、易地搬迁脱贫一批、生态补偿脱贫一批、发展教育脱贫一批、社会保障兜底一批。

② 李小云：《巩固拓展脱贫攻坚成果的政策与实践问题》，《华中农业大学学报》（社会科学版）2021年第2期。

14-2 所示。2020 年 12 月，中共中央、国务院出台的《关于实现巩固拓展脱贫攻坚成果同乡村振兴有效衔接的意见》明确指出，要在打赢脱贫攻坚战后持续推进脱贫地区发展和乡村全面振兴。2021 年 1 月，中央一号文件对全面推进乡村振兴、加快农业、农村现代化做出总体部署，并提出了巩固拓展脱贫攻坚成果与乡村振兴有效衔接的策略。同年 2 月，"国务院扶贫开发领导小组办公室"正式更名为"国家乡村振兴局"。共同富裕的难点在农村，乡村振兴是缩小城乡发展差距、推进城乡共同富裕的必要路径。2021 年 5 月，设立浙江共同富裕示范区，开启共同富裕先试先行，并提出通过高质量建设乡村振兴来推进城乡融合发展。不难看出，脱贫攻坚、乡村振兴是我国走向共同富裕的阶段性步骤和必要选择，并且三者之间呈现出承接关系，由脱贫攻坚向乡村振兴与共同富裕积极转化。这一转化在宏观上表现为发展目标的推进，中观层面还体现为经济、生态、社会、文化等发展策略的承接与变化。总体来说，脱贫攻坚向乡村振兴与共同富裕梯度推进，实现了乡村产业、人居环境、乡村治理等各方面的优化升级。

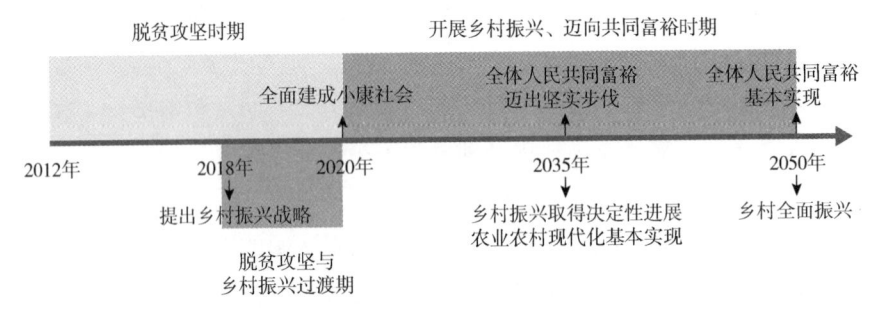

图 14-4　脱贫攻坚向乡村振兴与共同富裕的演变

表 14-2　脱贫攻坚、乡村振兴和共同富裕的积极转化的政策

发文时间	政策文件	脱贫攻坚、乡村振兴与共同富裕转化的内容要点
2015 年 11 月	《关于打赢脱贫攻坚战的决定》	打赢脱贫攻坚战，是促进全体人民共享改革发展成果、实现共同富裕的重大举措

续表

发文时间	政策文件	脱贫攻坚、乡村振兴与共同富裕转化的内容要点
2018年1月	《关于实施乡村振兴战略的意见》	做好实施乡村振兴战略与打好精准脱贫攻坚战有机衔接；实施乡村振兴战略是实现全体人民共同富裕的必然要求
2018年8月	《关于打赢脱贫攻坚战三年行动的指导意见》	统筹衔接脱贫攻坚与乡村振兴
2018年9月	《乡村振兴战略规划（2018—2022年）》	推动脱贫攻坚与乡村振兴有机结合、相互促进
2020年12月	《关于实现巩固拓展脱贫攻坚成果同乡村振兴有效衔接的意见》	打赢脱贫攻坚战、全面建成小康社会后，要在巩固拓展脱贫攻坚成果的基础上，做好乡村振兴这篇大文章，接续推进脱贫地区发展和群众生活改善
2021年1月	《关于全面推进乡村振兴 加快农业农村现代化的意见》	实现巩固拓展脱贫攻坚成果同乡村振兴有效衔接
2022年2月	《关于印发"十四五"推进农业农村现代化规划的通知》	要巩固拓展脱贫攻坚成果，全面推进乡村振兴，使全体人民共同富裕迈出坚实步伐

（一）由发展生产脱贫到产业兴旺再到经济富裕

发展产业是贫困地区提升自我发展能力走向富裕的根本之策，从脱贫攻坚到乡村振兴到共同富裕，农村的产业发展由发展生产脱贫向产业兴旺、经济富裕升级。系统梳理发展生产脱贫与产业兴旺的关系，有利于理解我国农村产业发展的演变。

1. 脱贫攻坚中的发展生产脱贫

为打赢脱贫攻坚战，国家提出了"五个一批"战略，其中发展生产脱贫旨在激活贫困户生产力、增加贫困户收入、提升贫困地区整体发展水平。产业扶贫被认为是发展生产脱贫的高效、可持续举措，是开展其他扶贫策略的基础。产业扶贫是一种以市场为导向，在政府引领下立足贫困地区发展情况，通过科学选择、培育、发展产业支持扶贫开发的方式[①]。自脱贫攻坚战揭幕以来，国家高度重视产业扶贫，相继出台一系列政策支持贫困地区产业发展（见表14-3），为贫困地区产业发展提供指引。在脱贫攻坚后期，国家相继出台《关于打赢脱贫攻坚战三年行动的指导意见》《关于做好2020年产业扶贫工作的意见》等政策文件，持续加大产业扶贫力度，降低疫情对贫困地区产业发展的影响。脱贫攻坚阶段的产业发展侧重贫困地区的特色产业发展，并探索出了以政府为核心的"党支部+合作社+农户"模式、以市场为核心的"产业基金+龙头企业+贫困地区资源+农户"模式和以社会力量为核心的"社会组织+政府+合作社+农户"模式[②]，拓宽了贫困户就地收入渠道，提高了贫困地区生产力与可持续发展能力，为乡村产业发展、产业兴旺奠定了深厚的基础。

表14-3　　　　　　　　脱贫攻坚时期产业扶贫相关政策要点

发文时间	政策文件	产业扶贫相关要点
2015年11月	《关于打赢脱贫攻坚的决定》	明确发展特色产业脱贫方略，指出重点支持贫困地区因地制宜制订特色产业发展规划
2016年3月	《中华人民共和国国民经济和社会发展第十三个五年规划纲要》	明确"十三五"时期产业扶贫总要求：重点支持贫困村、贫困户发展种养业和传统手工业，实施贫困村"一村一品"产业推动行动和"互联网+"产业扶贫，实施电商扶贫、光伏扶贫、乡村旅游扶贫工程

---

① 刘建生、陈鑫、曹佳慧：《产业精准扶贫作用机制研究》，《中国人口·资源与环境》2017年第6期；黄承伟、邹英、刘杰：《产业精准扶贫：实践困境和深化路径——兼论产业精准扶贫的印江经验》，《贵州社会科学》2017年第9期；吕开宇、施海波、李芸等：《新中国70年产业扶贫政策：演变路径、经验教训及前景展望》，《农业经济问题》2020年第2期。

② 刘明月、冯晓龙、冷淦潇等：《从产业扶贫到产业兴旺：制约因素与模式选择》，《农业经济问题》2021年第10期。

续表

发文时间	政策文件	产业扶贫相关要点
2016年5月	《贫困地区发展特色产业 促进精准脱贫指导意见》	明确推进产业扶贫的具体举措:科学选择特色产业,促进三大产业融合发展,发挥新型经营主体带动作用,完善利益联结机制,积极培育特色产品品牌,加大产业扶贫投入力度,创新金融扶持机制,加大保险支持力度
2016年11月	《"十三五"脱贫攻坚规划》	全面部署产业发展脱贫:农林产业扶贫、旅游扶贫、电商扶贫、资产收益扶贫、科技扶贫
2018年8月	《关于打赢脱贫攻坚战三年行动的指导意见》	明确加大产业扶贫力度,持续推进贫困地区特色产业发展
2020年2月	《关于做好2020年产业扶贫工作的意见》	明确全力应对疫情对产业扶贫的影响,高质量完成脱贫攻坚任务

2. 乡村振兴中的产业兴旺

乡村振兴时期产业兴旺相关政策要点如表14-4所示。产业兴旺是乡村振兴的首要要求,是在稳定的高水平乡村农业综合生产力基础上,对农业发展提出质量提升、效益提高、产业链完善、多元经济融合发展及三大产业融合等更高要求[1],可以说是产业扶贫的升级版。2019年6月,国务院从乡村产业培育、产业空间结构、产业融合发展、产业可持续增长力、产业创新、产业发展政策环境六个方面提出了乡村产业兴旺的举措。此后,国家相继出台《关于全面推进乡村振兴加快农业农村现代化的意见》等系列文件。可以看到,乡村振兴阶段产业发展的侧重点是实现三类产业的融合,构建农村产业发展体系与全产业链的打通,追求更高质量的乡村产业发展。

---

[1] 叶兴庆:《新时代中国乡村振兴战略论纲》,《改革》2018年第1期;高帆:《乡村振兴战略中的产业兴旺:提出逻辑与政策选择》,《南京社会科学》2019年第2期。

表 14-4　乡村振兴时期产业兴旺相关政策要点

发文时间	政策文件	产业兴旺相关要点
2018年1月	《关于实施乡村振兴战略的意见》	明确产业兴旺是乡村振兴的重点和总要求之一
2018年9月	《乡村振兴战略规划（2018—2022年）》	提出加快农业现代化、发展壮大乡村产业的发展要求，明确加快发展根植于农业农村、由当地农民主办、彰显地域特色和乡村价值的产业体系，推动乡村产业全面振兴
2019年1月	《坚持农业农村优先发展做好"三农"工作的若干意见》	明确发展壮大乡村产业，拓宽农民增收渠道
2019年6月	《关于促进乡村产业振兴的指导意见》	提出推进产业兴旺六个举措：突出优势特色，培育壮大乡村产业；科学合理布局，优化乡村产业空间结构；促进产业融合发展，增强乡村产业聚合力；推进质量兴农绿色兴农，增强乡村产业持续增长力；推动创新创业升级，增强乡村产业发展新动能；完善政策措施，优化乡村产业发展环境
2021年1月	《关于全面推进乡村振兴加快农业农村现代化的意见》	提出构建现代乡村产业体系、推进现代农业经营体系建设的发展要求，明确要依托乡村特色优势资源，打造农业全产业链，把产业链主体留在县城，让农民更多地分享产业增值收益，鼓励发展多种形式适度规模经营
2022年2月	《关于印发"十四五"推进农业农村现代化规划的通知》	明确加快农村三大产业融合发展，提升产业链供应链现代化水平

3. 发展生产脱贫向产业兴旺与经济富裕的转化

二者具有一致性和差异性。一致性表现为其目的都是通过发展农村产业来提升农民收入，差异性主要表现在政策目标、政策对象与政策内容三个方面，如图 14-5 所示。发展生产脱贫的目的是助力 2020 年所有贫困户脱贫，以贫困地区与贫困人口为政策对象，侧重贫困地区的特色产业发展，具有目标短期性、政策对象特定性、乡村产业发展单一性的特征。产业兴旺服务于乡村振兴这一长远目标，以农村地区与农村人口为政策对象，侧重整体发展乡村产业，具有目标长远性、政策对象整体性、乡村产业发展系统性的特性。随着脱贫攻坚向乡村振兴与共同富裕推进，发展生产脱贫逐渐向产业兴旺转化，并在乡村产业高质量发展下向城乡经济富裕转化。

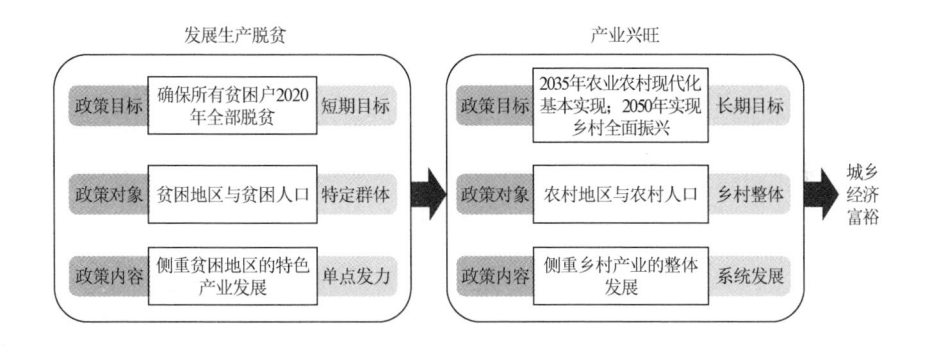

图 14-5　发展生产脱贫向乡村振兴与经济富裕的转化

（二）由生态补偿、易地搬迁脱贫到生态宜居再到经济富裕

乡村发展的不只是经济，共同富裕的不只是收入，农村美好的人居环境一直是乡村发展的追求。从脱贫攻坚开始，国家就注重农村环境优化、农民居住条件改善，相继提出了生态补偿、易地扶贫搬迁、生态宜居等发展举措。

1. 脱贫攻坚中的生态补偿与易地扶贫搬迁

生态补偿脱贫与易地扶贫搬迁脱贫相关政策要点，如表 14-5 所示。作为脱贫攻坚的两大策略，都从贫困的外部环境改造入手，着力改善贫困人口的生存环境和贫困地区的生产环境。其中，易地扶贫搬迁指的是将生存条件恶劣、不宜生产生活的贫困地区的贫困户搬离原有生存环境，解决一方水土不能养一方人的困境；生态补偿脱贫指的是向贫困户倾斜生态补偿、生态修复等工作，使部分贫困户成为护林员等生态保护人员进而增加收入来源，同时强调通过生态修护与生态保护优化贫困地区生产环境，巩固贫困地区可持续发展能力。2015年11月，中共中央、国务院出台的《关于打赢脱贫攻坚的决定》提出易地扶贫搬迁脱贫与生态保护脱贫两大举措，并在2016年11月出台的《"十三五"脱贫攻坚规划》中详细部署这两大举措的实施方案。

表14-5　脱贫攻坚时期生态补偿与易地扶贫搬迁相关政策要点

发文时间	政策文件	生态补偿、易地扶贫搬迁相关要点
2015年11月	《关于打赢脱贫攻坚的决定》	指出对居住生存条件恶劣、生态环境脆弱等地区的贫困人口实施易地搬迁脱贫；指明结合生态保护脱贫，一方面加大贫困地区生态保护修复力度，另一方面利用生态补偿和生态保护工程资金增加向贫困户的转移支付
2016年11月	《"十三五"脱贫攻坚规划》	明确精准识别搬迁对象，稳妥实施搬迁安置，促进搬迁群众稳定脱贫的易地搬迁脱贫策略；明确加大生态保护修复力度，建立健全生态保护补偿机制的生态保护扶贫策略
2018年8月	《关于打赢脱贫攻坚战三年行动的指导意见》	强调持续深入推动易地扶贫搬迁，确保具备搬迁安置条件的贫困人口应搬尽搬，逐步实施同步搬迁；强调加强生态扶贫：创新生态扶贫机制，加大贫困地区生态保护修复力度，实现生态改善和脱贫双赢

2. 乡村振兴中的生态宜居

脱贫攻坚在贫困地区生态保护与人居环境优化两个方面都取得了一定成果，在此基础上，乡村振兴将重点转移到乡村绿色发展，侧重于通过系统的乡村发展规划去打造宜居宜业的乡村环境，推进人与自然的和谐发展。2018年中央一号文件明确提出，围绕山水林田湖草系统治理、农村突出环境问题综合治理、市场化多元化生态补偿机制构建等方面推进乡村绿色发展,如表14-6所示。2022年2月,国务院印发的《关于印发"十四五"推进农业农村现代化规划的通知》从乡村规划、乡村基础设施建设、人居环境优化、数字乡村建设、农村基本公共服务水平等方面系统部署了宜居宜业乡村的构建。

表14-6　　　　　　乡村振兴时期生态宜居相关政策要点

发文时间	政策文件	生态宜居相关要点
2018年1月	《关于实施乡村振兴战略的意见》	明确生态宜居是乡村振兴的关键与总要求之一; 提出"推进乡村绿色发展,打造人与自然和谐共生发展新格局"的举措:统筹山水林田湖草系统治理,加强农村突出环境问题综合治理,建立市场化、多元化生态补偿机制,增加农业生态产品和服务供给
2018年9月	《乡村振兴战略规划(2018—2022年)》	围绕农业绿色发展、改善农村人居环境、乡村生态保护与修复规划建设生态宜居的美丽乡村
2022年2月	《关于印发"十四五"推进农业农村现代化规划的通知》	围绕乡村规划、乡村基础设施建设、农村人居环境优化、数字乡村建设、农村基本公共服务水平、农村消费规划建设宜居宜业乡村; 围绕质量兴农、绿色兴农及水源污染防治,保护修复农村生态系统,规划农村生态文明与绿色美丽乡村建设

3. 生态补偿、易地搬迁脱贫向生态宜居与共同富裕的转化

生态补偿、易地搬迁脱贫与生态宜居都是服务于构建宜居宜业、美丽的乡村,从生态补偿、易地搬迁脱贫到生态宜居,生态保护程度、人居环境优化程度、生态文明建设程度逐渐加强,由生态保护拉动扶贫向生态保护拉动乡村环境优化转变,如图14-6所示。

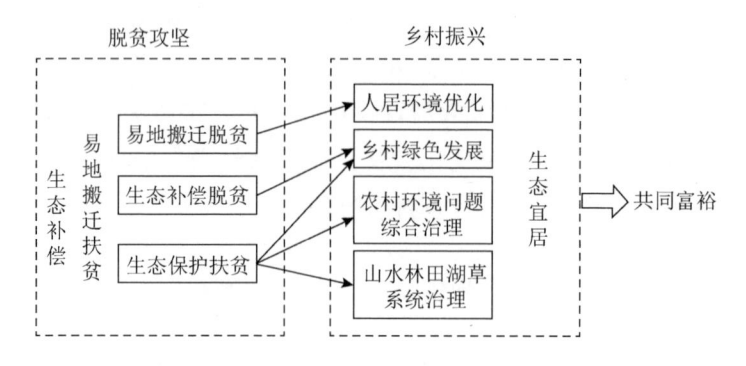

图 14-6　生态补偿、易地搬迁脱贫向生态宜居与共同富裕的转化

(三) 由社会参与扶贫到生活富裕

扶贫作为一项涉及面广、困难程度高的项目,需要广泛凝聚社会力量形成扶贫大合力。从脱贫攻坚到乡村振兴再到共同富裕,社会主体一直是我国经济社会发展的重要力量。与此同时,国家提出了"共建共享""先富帮后富"等发展理念。可以说,从农村扶贫走向共同富裕的历程,也是从共建走向共享、从帮扶走向共富的历程。

1. 共建:社会参与乡村扶贫与乡村振兴

党政引导、广泛动员社会力量、积极调动贫困人口参与的大扶贫格局是我国脱贫攻坚取得胜利的重要经验①。脱贫攻坚时期,一方面调动政府、市场、社会主体积极投入扶贫事业,形成多元主体协同扶贫的格局;另一方面通过帮扶机制执行先富帮后富的策略,并实现财富二次分配,让发展成果惠及贫困地区与贫困人口。乡村振兴时期,在国家依据新阶段发展目标,在社会动员方面侧重通过政策鼓励、平台搭建的方式吸引社会力量参与乡村建设,更强调社会主体参与的主动性。与此同时,乡村振兴提出了人才振兴战略,积极培育乡村人才,为乡村发展注入内生动力,注重外推发展力量与内生发展力量的培育。不难看出,坚持多元主体、汇聚发展合力是推动我国乡村发展的必要举措。脱贫攻坚

---

① 汪三贵、冯紫曦:《脱贫攻坚与乡村振兴有效衔接的逻辑关系》,《贵州社会科学》2020 年第 1 期。

与乡村振兴时期社会参与相关政策要点如表 14 -7 所示。

表 14 -7　　脱贫攻坚与乡村振兴时期社会参与相关政策要点

发展时期	发文时间	政策文件	社会参与相关要点
脱贫攻坚	2015 年 11 月	《关于打赢脱贫攻坚的决定》	明确通过健全东西部扶贫协作机制、定点扶贫机制、社会力量参与机制动员全社会力量参与脱贫攻坚
	2016 年 11 月	《"十三五"脱贫攻坚规划》	社会扶贫:东西部扶贫协作、定点帮扶、企业帮扶、军队帮扶、社会组织和志愿者帮扶
	2018 年 8 月	《关于打赢脱贫攻坚战三年行动的指导意见》	动员全社会力量参与脱贫攻坚
乡村振兴	2018 年 1 月	《关于实施乡村振兴战略的意见》	提出鼓励社会各界投身乡村建设、创新乡村人才培育引进使用机制
	2018 年 9 月	《乡村振兴战略规划(2018—2022 年)》	提出鼓励社会人才投身乡村建设、健全多元投入保障机制
	2022 年 2 月	《关于印发"十四五"推进农业农村现代化规划的通知》	提出通过社会参与平台搭建、农业农村发展新型智库建设调动社会力量参与农业农村现代化建设,构建政府、市场、社会协同推进农业农村现代化的工作格局

2. 共享:多元主体的共同富裕

让全体人民共享发展成果是共同富裕的本质要求,共享性是共同富裕的特性之一①。农村作为我国经济发展相对落后的地区,是实现共同富裕的难点与重点,脱贫攻坚与乡村振兴旨在发展农村、缩小城乡差距,最终实现城乡协同发展,让农村与农民共享发展成功。乡村振兴正是在这一背景下提出来的发展战略,相较脱贫攻坚对扶贫的单点关注,

---

① 郁建兴、任杰:《共同富裕的理论内涵与政策议程》,《政治学研究》2021 年第 3 期。

乡村振兴关照民众的多元需求，侧重乡村全面发展。二者最终迈向共同富裕。当前，我国已经进入共同富裕试点阶段，这也意味着缩小城乡差距、推进多元主体共享富裕已经成为我国未来发展的方向，社会各类主体将在共建中实现共享。

（四）由发展教育脱贫到治理有效再到经济生活共富

共同富裕具有"人的全面发展和社会全面进步"与"治理体系与治理能力现代化"的意涵。农村作为实现共同富裕的短板，自脱贫攻坚开始就注重通过教育扶贫提升农民的科学文化素养，培育农村与农民的可持续发展能力，促进农村与农民的全面发展与全面进步。教育扶贫提升了农民的文化素养，优化了农村的精神面貌，为乡村全面发展奠定了深厚的基础。随着乡村振兴时代的到来，农村从粗放式治理进入了高质量治理阶段，对乡村治理提出了"治理有效"的发展要求。

1. 脱贫攻坚中的发展教育脱贫

发展教育脱贫指的是向贫困地区增加教育投入与教育资助，提高贫困户的科学文化素质水平，帮助贫困户掌握增加收入的知识与技能，进而提升贫困户可持续发展能力，并最终摆脱贫困、阻断贫困代际传递的扶贫方式。教育扶贫提出夯实教育脱贫根基、提升教育脱贫能力、拓宽教育脱贫通道、拓展教育脱贫空间、汇聚教育脱贫力量五个教育扶贫重点任务。教育扶贫的开展有效弥补了农村教育短板，提高了贫困人口的基本文化素质与脱贫致富能力，为下一阶段开展文化兴村、人才强村、乡村治理有效奠定了前期基础。发展教育脱贫相关政策要点如表14-8所示。

表14-8　　　　　发展教育脱贫相关政策要点

发文时间	政策文件	发展教育脱贫相关要点
2015年11月	《关于打赢脱贫攻坚的决定》	强调通过实施教育扶贫工程，让贫困家庭子女接受公平、有质量的教育，阻断贫困代际传递

续表

发文时间	政策文件	发展教育脱贫相关要点
2016年11月	《"十三五"脱贫攻坚规划》	指出以提高贫困人口基本文化素质和贫困家庭劳动力技能为抓手，瞄准教育最薄弱的领域，阻断贫困的代际传递
2018年8月	《关于打赢脱贫攻坚战三年行动的指导意见》	提出以保障义务教育为核心，全面落实教育扶贫政策，进一步降低贫困地区特别是深度贫困地区、民族地区义务教育辍学率，稳步提升贫困地区义务教育质量

2. 乡村振兴中的治理有效

乡村治理是国家治理的基础①。治理有效是乡村社会和谐、村民共享幸福美好生活的必然要求，是对以往粗放式、低效式乡村治理的超越。2022年2月，国务院印发《"十四五"推进农业农村现代化规划》，提出围绕农村基层党组织建设、乡村治理效能提升、平安乡村建设三个方面完善乡村治理体系，并提出五项乡村治理体系建设工程（见表14-9）。总之，持续推进乡村治理能力提升、治理体系健全是乡村迈向共同富裕的必要路径。

表14-9　　　　　　　治理有效相关政策要点

发文时间	政策文件	治理有效相关要点
2018年1月	《关于实施乡村振兴战略的意见》	指出通过农村基层党组织建设、强化村民自治实践、建设法治乡村、提升乡村德治水平、建设平安乡村来推进乡村治理有效
2018年9月	《乡村振兴战略规划（2018—2022年）》	提出健全现代乡村治理体系；加强农村基层党组织对乡村振兴的全面领导，促进自治、法治、德治有机结合，夯实基层政权

---

① 贺雪峰：《乡镇治理中的二十五个定律》，《长白学刊》2021年第6期。

续表

发文时间	政策文件	治理有效相关要点
2022年2月	《关于印发"十四五"推进农业农村现代化规划的通知》	指明完善乡村治理体系的举措：加强农村基层组织建设、提升乡村治理效能、深入推进平安乡村建设； 提出现代乡村治理体系建设工程：农村基层党组织负责人培养培训计划、村级事务阳光工程、乡村治理试点示范行动、平安乡村建设行动、高素质农民培育工程

五 促进共同富裕的实现机制

（一）有效衔接机制

这主要体现在以下两个方面。一方面，从理论上看，脱贫攻坚与乡村振兴的内在逻辑关系与差异性需要借助有机衔接实现"两面于一体"。脱贫攻坚与乡村振兴具有统一性、耦合性、承接性与过渡性的相关关系，两大战略是有机结合的统一体[①]，同时在目标规划、战略定位、对象范围、任务要求、政策内容等方面存在差异性[②]，相关性让二者必须承接，而差异性增加了衔接的困难，因此二者之间的有机衔接成了必然选择。另一方面，在具体实现方面，脱贫攻坚与乡村振兴的衔接存在"两张皮"运作、衔接实践碎片化、各地区衔接差异化等问题，阻碍了脱贫攻坚向乡村振兴的过渡[③]。因此，建立脱贫攻坚与乡村振兴的友好衔接机制显得十分必要。从三年交汇期（2018—2020年）到五年过渡期（2021—2025年），两大战略实现从"协同推进"到"有效

---

① 李楠、黄合：《脱贫攻坚与乡村振兴有效衔接的价值意蕴与内在逻辑》，《学校党建与思想教育》2020年第22期。
② 高强：《脱贫攻坚与乡村振兴有机衔接的逻辑关系及政策安排》，《南京农业大学学报》（社会科学版）2019年第5期；汪三贵、冯紫曦：《脱贫攻坚与乡村振兴有机衔接：逻辑关系、内涵与重点内容》，《南京农业大学学报》（社会科学版）2019年第5期。
③ 豆书龙、叶敬忠：《乡村振兴与脱贫攻坚的有机衔接及其机制构建》，《改革》2019年第1期。

衔接"的转化①。

在明确脱贫攻坚与乡村振兴衔接的必要性后，需要解决"衔接什么"与"如何衔接"两个问题。在衔接内容方面，一是理念目标的衔接，以实现共同富裕为目标，实现"两个一年目标"的转换，在理念思维上实现从"被动扶"到"主动兴"的转变；二是政策的衔接，对现有政策进行分类梳理，明确各类政策的保留、合并、补充、延期情况，并在政策设计上更具长期性、系统性，做好产业、财政投入、教育、治理、金融服务、人才等方面政策的衔接与制定；三是机制体制的衔接，系统梳理脱贫攻坚积累的机制体制经验，做好领导体制、工作体系、监督考核机制、帮扶机制、社会动员机制、保障体系、风险防范和化解机制的衔接；四是资源投入的衔接，依据乡村振兴的发展要求，做好人、资金、项目、技术等方面的衔接，比如继续保持选派驻村第一书记和工作队，做好乡村振兴战略的资源支撑。在衔接路径方面，一是按照梯度推进、优化升级的思路。一方面针对相较薄弱的脱贫地区，持续加强产业发展；另一方面推进乡村产业升级、提高乡村治理水平、优化乡村人居环境、提高金融服务质量②。二是实现二者相互助力③。三是开展有效衔接探索。例如，河南省兰考县在脱贫后沿用了"书记县长负总责，四大班子齐上阵"的工作机制④，四川省通过产业发展与人才队伍建设推进脱贫攻坚与乡村振兴有机衔接⑤。

（二）多元协同机制

在主体协同方面，一是完善先富带后富的帮扶机制。共同富裕不是

---

① 叶敬忠、陈诺：《脱贫攻坚与乡村振兴的有效衔接：顶层谋划、基层实践与学理诠释》，《中国农业大学学报》（社会科学版）2021 年第 5 期。

② 左停、刘文婧、李博：《梯度推进与优化升级：脱贫攻坚与乡村振兴有效衔接研究》，《华中农业大学学报》（社会科学版）2019 年第 5 期。

③ 豆书龙、叶敬忠：《乡村振兴与脱贫攻坚的有机衔接及其机制构建》，《改革》2019 年第 1 期。

④ 张青、郭雅媛：《脱贫攻坚与乡村振兴有机衔接的兰考实践》，《河南日报》2020 年 10 月 25 日。

⑤ 陈敏、袁威：《实现脱贫攻坚与乡村振兴有机衔接的四川实践》，《中共乐山市委党校学报》2019 年第 4 期。

所有人或所有地区同时富裕，而是先富带动后富的推进过程①。脱贫攻坚实行的东西部协作、定点帮扶策略是先富帮后富最直接的体现，在乡村振兴与共同富裕实践中，刚脱贫地区仍旧是需要重点关注的政策对象，可以持续深入实施东西部协作、对口帮扶，继续加强对脱贫地区的产业支持、文化教育支持、智力支持、技术支持等，畅通社会各方参与共同富裕事业的渠道，探索有利于慈善事业健康发展的机制体制，充分发展第三次分配的作用，增强社会先富群体的社会责任意识，激励先富群体投身共同富裕事业。二是坚持共建共享。共同富裕涉及人民群众多维度的幸福与人的全面发展，一方面强调全体人民共享发展成果，另一方面也强调全体人民共创富裕。在共建方面，充分发挥人民群众的能动性。与此同时，共同富裕可以延续脱贫攻坚与乡村振兴时期的社会动员机制，充分调动企业、社会组织等群体加入共同富裕实践，形成全社会共建共同富裕的局面。共享方面，为更好地分配发展成果，坚持效率与公平有机统一，坚持市场在资源配置中的决定性作用，制定更为公平、灵活与有效的分配制度，调动各类要素生产者的积极性，提升发展的效率。同时，通过转移支付与社会保障，提升低收入群体与弱势群体的福利水平，让发展成果更公平地惠及人民群众，实现效率与公平的有机统一。

从空间维度看协同发展，主要指城乡协同发展与区域协同发展。贫富分化、城乡二元、区域发展差距大是实现共同富裕必须要解决的社会问题，因而需要通过城乡协同发展与区域协同发展弥补落后地区发展短板，缩小城乡与区域发展差异。同时，需要明确的是，共同富裕不是完全一样的富裕，由于各地在发展基础、资源条件等方面存在差异，不同时期、不同阶段的发展差距会动态变化，因而共同富裕是存在适度差距的富裕。具体来看，在城乡协同发展方面，一是通过乡村振兴战略全面发展乡村，提高农村居民财富收入，满足农村居民多样化的公共服务需求，缩小城乡发展差距；二是推进以人为核心的新型城镇化，健全农业

---

① 张来明、李建伟：《促进共同富裕的内涵、战略目标与政策措施》，《改革》2021年第9期。

转移人口落户城市长效机制；三是推动大、中、小城市与小城镇协调发展。在区域协同发展方面，总的来看主要有两种发展方式。一是将具有相似发展条件、地理位置相近的地区作为一个发展整体；二是"飞地经济"模式①，也被称为跨区域协作，指的是两个地理位置不相邻、不存在行政隶属关系的地方，由于在资源禀赋、经济发展等方面存在差距，以资源互补为前提，通过合作实现互利共赢、弥补发展差距的方式，如我国的东西部协作。需要说明的是，飞地经济与对口帮扶的区别，飞地经济本质上在市场机制的基础上探寻双方的合作机会，不是行政力量推动的支援，而是发展双方寻求共赢的合作。无论是城乡协同发展，还是区域协同发展，其目的都是做大"蛋糕"，又分好"蛋糕"，全面共享经济发展红利。

(三) 完善政策"组合拳"

共同富裕作为涉及多领域的政策目标，需要打出政策"组合拳"，建立健全共同富裕的政策支撑体系。具体来看，可以围绕党政统领、多元协同、科技赋能、政策试点四个方面展开。

首先，坚持政府主导、政府统筹协调和资源整合，充分发挥政府引导、组织与资源调动能力。具体来看，一是持续加强农村基层党组织的建设，建设一支能力够硬的党组织队伍，直接引领和推动乡村振兴建设，发挥党在乡村发展中的"掌舵"作用，带动其他组织和村民积极参与乡村建设，携手迈进共同富裕道路。二是继续强化农村基层党组织与基层政府在乡村建设中的堡垒作用，使其成为缓解乡村发展与乡村治理困难的主心骨，推进城乡协同发展。这使作为公权力代表的党政拥有更多的信息、技术、资金、人力等资源，具备更强的组织、沟通、协调能力，更能联结复杂发展环境中的多元主体，党政主体无疑是推进全体人民迈向共同富裕的主力军。三是要继续构建和完善"五级书记"协同共抓的工作机制。在精准扶贫和脱贫攻坚阶段，"五级书记"共同作用于扶贫战役，体现出强大的组织能力和扶贫功

---

① 张可云：《论区域和谐的战略意义和实现途径》，《改革》2007年第8期。

效。而这一工作机制仍然可以继续用于乡村振兴战略中。需要明确的是，在扶贫阶段，五级书记共抓制度在落实过程中也凸显出一些问题，如部分书记出现散漫和消极情绪，因书记实力不同而凸显出地方间的差异性。这些问题皆需要在乡村振兴阶段得以化解，并做出适当性调整。四是要标本兼治，惩治微腐败。习近平总书记强调"要推动全面从严治党向基层延伸"，针对扶贫阶段出现的不少关于微腐败的案例，在后扶贫时代，需要防微杜渐，坚决杜绝。一方面，对扶贫阶段出现的腐败案例进行重温，反复演示，循环播放，以进一步警醒开展乡村振兴和解决相对贫困的工作的党政干部，通过反面教材时刻提醒他们，将腐败消灭在前端。另一方面，对党政干部进行廉洁教育，通过耐心和仔细的教育，在思想层面彻底打消腐败观念；强化监督力度，在管理体制机制层面建立起零容忍、不姑息、无禁区的预防和惩治腐败的体系。

其次，鼓励多元主体参与。动员市场、社会组织和群众等多元主体积极主动参与脱贫攻坚成果巩固、乡村振兴和共同富裕实践。一是鼓励基层自治组织参与。当前，乡村基层仍旧是乡村振兴与共同富裕的主战场，基层自治组织仍然发挥着重要作用，要坚持基层自治组织的主导作用。可以积极探索党组织领导下的农村基层现代治理新模式，大力发展村级集体经济，壮大村庄经济实力。建立乡村（社区）服务站，为"三农"的发展提供资源、技术和服务。成立乡村振兴工作队和共同富裕工作队，构建畅通的需求表达和沟通渠道。还可以成立村级议事会或理事会的议事或组织机构，通过村民集体议事来决定乡村的发展方向，集体协商资源的使用，实现乡村资源的最优化配置和利用。二是充分激发农民群众的内生发展能力。从脱贫攻坚到乡村振兴到共同富裕，其主体都以农民群众为主。但在脱贫攻坚工作中，发现了一些问题，如由于农民异质性、政府与农户关系难以协调等原因，对农民内部活力激发不够。这些问题需要在乡村振兴阶段得以高度重视，关于如何激发农民群众的内生活力，可以从以下几点出发。第一，推动文化振兴，实现乡风文明，破解文化型贫困或精神贫困。通过对农民教育引导、开展舆论宣传等形式进行，消除贫困等靠要思想，杜绝软骨病，杜绝文化不自信，从精神上帮助农民树立自信，建立起对美好生活的无限期待。第二，正确处理政府与农民的关系，继续维持"自己扶自己起来"的扶贫理念，帮助农民树立主体意识和责任意识，做新时代的新农民。第三，继续开展技术培训，提高农户技能。尤其是在互联网时代，大力培养农民的数字化能力，避免在新时代下沦为"数字难民"或"数字穷人"。三是引入市场机制，发挥市场优化配置资源的功能。脱贫攻坚阶段，政府强力推进"输血"到贫困地区，短时间内大量资源汇聚。虽然取得良好成效，但仍存在贫困地区内生动力不足、长效脱贫机制并未形成、低水平的经济发展能力等问题。在脱贫攻坚成果向乡村振兴与共同富裕迈进阶段，势必要充分激发贫困地区市场潜力。第一，利用独特资源禀赋所具备的差异化、不可复制属性和较强的市场竞争力，发展特色产业。第二，走特色产业的规模化、组织化经营模式，通过与市场合作，建立村企联动的利益机制。第三，促进小农户和现代农业的有机衔接，大力培育中农、家庭农场等新型农业经营主体，使农民在现代化过程中具备较强的抗风险能力，也就很好地规避了相对收入型贫困、因突发事件引发的新型贫困等的发生。四是广泛凝聚社会力量。社会组织具有专业知识，可以进行其"毛细血管"式渗透，发挥治理和监督的双重功能。可以充分激发各类事业单位的帮扶工作，增加企业对相对落后地区的融资和帮扶支持。发挥各类企事业单位的帮扶工作作用，企业可以为城乡发展提供资金和就业岗位，带动当地民众就业增收，实现综合效益最大化；发挥科研院所提供的科学技术、教育培训和人才的作用，为农村的发展注入知识和技能。

再次，充分利用科技赋能共同富裕实践。推进数字乡村、智慧城市建设，发挥技术在社会治理中的积极作用，以数字化改革提升治理效能，推进乡村治理有效、国家治理体系与治理能力现代化。当前正处于数字智能时代，人工智能、5G技术、云计算、大数据、区块链等新兴信息技术被国家和政府广泛用于各领域的改革与发展，技术赋能发展已经成为国家高质量发展的重要手段。例如，脱贫攻坚时期，贵州利用大数据搭建建档立卡贫困户数据库，联通多部门数据，为精准识别贫困户、精准施策贫困户、精准监测跟踪贫困提供数据与技术支撑。在巩固脱贫攻坚成果、乡村振兴与共同富裕建设时期，仍然可以利用大数据对贫困进行监测，解决数据孤岛、数据鸿沟等问题。在提升治理效能方面，数字信息技术可以在以下几个方面或领域持续赋能。一是赋能数字政府建设，持续推进"互联网+放管服""最多跑一次"改革，全面推行"掌上办事""掌上办公"，优化政府流程；二是赋能数字乡村建设，加强乡村信息技术基础设施建设，盘活乡村数字资源，充分利用现代信息技术提高农村的生产，大力推进数字技术在农业发展、基层治理的应用，赋能乡村振兴；三是赋能智慧城市建设，构建城市智慧大脑，利用数字信息技术赋城市建设、城市治理，缓解"城市病"，推进城市高质量发展；四是聚焦数字社会、数字经济、数字法治、智慧社区、智慧养老等领域的发展，为全体人民提供更高质、更均等化的公共服务。最后，需要防范数字技术加大社会不平等的风险，注意"数字穷人"问题。

最后，开展政策试点。允许有条件的地方进行先行先试、探索共同富裕建设经验，为全国共同富裕实践提供示范样板。政策试点或政策试验是决策者为应对复杂和不确定的政策环境，在制定政策之后向局部地区开始试点，并对试点进行评估后进一步改善和推广政策[①]。成功的政策试点能发挥"树典型"的示范作用，"树典型"能够调动落后地区的积极性，达到先进带落后效果，有利于形成一股"你追我赶"的动力。政策试点遵循了高层政府的政策强压力、地方政府的政策细规划、基层官员的积极执行和基层社会的主动配合四大行动逻辑，政策试点总体上可以分为自上而下与自下而上两种方式。在自上而下方面，例如脱贫攻坚期间中央政府提出精准扶贫的任务，并制定相关的扶贫脱贫措施和条例，发出政策信号，给地方政府提出方向导引、措施导引和强激励导引。在压力型体制和政治锦标赛驱动下，地方政府贯彻执行中央的扶贫政策并推动扶贫工作落实，与此同时，中央的政策带有导向性，留有地

---

① 杨宏山、周昕宇：《中国特色政策试验的制度发展与运作模式》，《甘肃社会科学》2021年第2期。

方政府创新的空间，地方可以因地制宜制订具体的政治规划。为了实现目标，地方政府会采取由"点"及"面"的短平快发展方式，集中优势资源实现"点"的脱贫，而后及"面"，并树立典范，通过典范带动非典范，"树典型"以"点"带"面"，实现由"点"到"面"，层层推进。在自下而上方面，地方政府在政策可试验范围内，先行探索出有效的实践经验，后被中央吸纳推广至全国，为全国其他地区提供样板。政策试点是推进我国经济社会发展的法宝，在巩固脱贫攻坚成果、全面推进乡村振兴和共同富裕的实践中，可以继续延续脱贫攻坚阶段政策试点与"树典型"的成功经验，通过树立"典"带"面"及整体，推动成功经验的快速传递。

六 结论

2020年，随着脱贫攻坚的全面胜利，我国进入了全面推进乡村振兴、迈向共同富裕的时代。自乡村振兴战略提出，国家在顶层设计方面一直强调脱贫攻坚与乡村振兴的有效衔接，并于2020年12月出台《关于实现巩固拓展脱贫攻坚成果同乡村振兴有效衔接的意见》对两大战略衔接提出针对性意见。2020年10月，党的十九届五中全会通过的《中华人民共和国国民经济和社会发展第十四个五年规划和二〇三五年远景目标纲要（草案）》明确提出，到2035年"全体人民共同富裕取得更为明显的实质性进展"，到2050年全体人民共同富裕基本实现。2021年6月，中共中央、国务院印发的《关于支持浙江高质量发展建设共同富裕示范区的意见》赋予了浙江重要的示范改革任务，先行先试、做出示范，为全国推进共同富裕提供省域范例。2021年8月17日，中央财经委员会第十次会议议题之一是"扎实推进共同富裕问题"。乡村作为发展相对落后的地区，是共同富裕实践的难点与重点。因此，在社会矛盾发生转变和实现全面建成小康社会第一个百年奋斗目标后，高质量推进脱贫攻坚成果巩固拓展同乡村振兴有效衔接，促进农民农村共同富裕，具有很强的理论和实践意义。

现有研究对共同富裕与乡村振兴和脱贫攻坚成果巩固的关系论述缺乏整体和系统思维，对三者关联的鲜活、立体的实证研究较少，提出的现实路径和相关对策建议的综合性不足。本章巩固拓展了脱贫攻坚成果全面推进乡村振兴，促进农民农村共同富裕的研究，以期深化脱贫攻坚战略、推动乡村振兴、促进共同富裕，最终解决发展不平衡不充分问题，满足人民对美好生活的需要和增强人民福祉，推动共同富裕目标的实现。因此，本章基于实地调查呈现中国特色社会主义新时代下乡村振兴与脱贫攻坚的实然状态，剖析内部机理，构建衔接机制，进一步促进基层治理体系和治理能力的现代化，并探讨共同富裕的现实路径，提出"党政统领多元协同"的本土性解释概念，体现"中国之治"的新特点。本章主要取得了以下几个研究结论。

第一，脱贫攻坚、乡村振兴与共同富裕的理论逻辑统一。脱贫攻坚、乡村振兴与共同富裕的理论逻辑统一主要体现在内容互嵌、制度互通与互促共融三个方面。其中，内容互嵌表现为以农业、农村作为互嵌的结点，在涵盖的领域具有交叉性和重叠性，如脱贫攻坚"五个一批"与乡村振兴"五个总体要求"的对应。在构成属性上存在互嵌和统一的关系，脱贫攻坚与共同富裕之间以乡村振兴为桥梁和跳板，脱贫攻坚嵌入乡村振兴并最终统一于共同富裕，三者在内容逻辑上具有一致性。制度互通表现为党的领导体制、社会协同机制的延续，互促共融表现为脱贫攻坚是乡村振兴的前提也是实现共同富裕的底线，乡村振兴是脱贫攻坚的提升也是实现共同富裕的重要路径。另外，三者在主体、目标、路径上存在协同体系。

第二，脱贫攻坚、乡村振兴与共同富裕的实践逻辑统一。共同富裕是脱贫攻坚与乡村振兴的起点与落脚点，脱贫攻坚与乡村振兴是共同富裕的两个必然选择，在政策与实践中三者具有统一性与承接性。从政策层面来看，自2015年到2021年实现了由脱贫攻坚向乡村振兴与共同富裕的积极转化，目标由脱贫攻坚短期的"2020年全部贫困人口脱贫"向乡村振兴与共同富裕的2035规划与愿景规划迈进，由脱贫攻坚时期对贫困地区与贫困户的侧重向全乡村与全体人民的整体发展转变。具体来看，还表现为由发展生产脱贫到产业兴旺到经济富裕，由生态补偿、易地搬迁脱贫到生态宜居再到经济富裕，由社会参与扶贫到生活富裕，由发展教育脱贫到治理有效再到经济生活共富。

第三，脱贫攻坚与乡村振兴的有效衔接机制。脱贫攻坚与乡村振兴两大战略需要在理念目标、政策体系、资源投入以及机制体制上完成衔接。可以通过两条路径实现衔接。一是按照梯度推进、优化升级的思路，持续重点关注相较薄弱的脱贫地区，推进乡村产业升级，提高乡村治理水平，优化乡村人居环境，提高金融服务质量；二是脱贫攻坚需要借助乡村振兴实现脱贫成果的巩固，而乡村振兴需要借鉴脱贫攻坚的有效经验，以此来稳定推进乡村发展。

第四，党政统领、多元协同的共同富裕实现机制。在共同富裕实践中，再坚持党政统领的同时，鼓励多元主体参与，动员市场、社会组织和群众等多元主体积极主动参与脱贫攻坚成果巩固、乡村振兴和共同富裕实践。坚持全体人民共建共享，充分发挥人民群众的能动性，制定更为公平、灵活与有效的分配制度，让发展成果更公平地惠及人民群众。

中国的脱贫过程是"生存+发展"的过程，实现共同富裕则是"发展+治理"的过程，对当前中国社会发展中存在的区域差距、城乡差距、收入差距等社会问题加以治理，加快突破发展不平衡不充分问题。2020年全面脱贫和建成小康社会以后，发展的不平衡不充分仍将会制约人民对美好生活的需要，持久巩固和升级脱贫成果，推进共同富裕将成为工作的重心，做好脱贫攻坚与乡村振兴的衔接，在推进乡村振兴中不断缩小城乡差距，为实现共同富裕创造良好条件。

第十五章　新型城镇化是否缩小了城乡居民收入差距*

——基于县域和市域尺度的实证对比

在扎实推进共同富裕的过程中,城乡居民收入差距过大的问题已成了一个不可回避的挑战。城镇化是统筹城乡发展的基本前提,能够推动工业反哺农业、城市支持农村,逐渐缩小城乡差距,进而实现城乡共同繁荣发展[1]。然而,我国城镇化正处于"空间失衡"的状态,人口城镇化与土地城镇化速度明显失衡[2],导致出现了高城镇化、高工业化和高城乡居民收入差距共存的发展局面[3]。在已有实证研究中,不论是在省域还是市域层面,关于城镇化是否能够缩小城乡居民收入差距也存在着较大争议[4]。部分学者证实城镇化水平的提升有助于缩小城乡居民收

---

* 李雪峰、高远卓、贾晋、王慧,西南财经大学西部经济研究院研究人员。

[1] 张占斌:《新型城镇化的战略意义和改革难题》,《国家行政学院学报》2013年第1期。

[2] 朱高立、邹伟、王雪琪:《经济结构调整对人口城镇化与土地城镇化协调性的影响差异》,《中国人口·资源与环境》2018年第5期。

[3] Na Zhang, "Urbaniation, Indastrialization and Urban-rural Income Gap: Inspection by Panel VAR Based on the Provincial Panel Data", *Studies in Sociology of Science*, Vol. 7, No. 1, 2016, pp. 1–6.

[4] Su C. W., Liu T. Y., Chang H. L., et al., "Is Urbanization Narrowing the Urban-rural Income Gap? A Cross-regional Study of China", *Habitat International*, Vol. 48, 2015, pp. 79–86.

入差距①,部分学者对此持反对意见②,还有部分学者提出二者之间存在倒"U"形关系的研究结论③。

2012年,党的十八大报告首次提出新型城镇化。新型城镇化是传统城镇化模式的优化与发展,更强调内在质量的全面提升,以人口城镇化取代土地城镇化,确保不同地区、不同户籍的居民都能共享经济社会的发展成果④,更有利于实现缩小城乡居民收入差距的政策预期。基于此,便有几个问题值得着重探讨。如何对新型城镇化进行科学衡量?新型城镇化是否能够缩小城乡居民收入差距?特别是基于不同行政区划单位推动的新型城镇化会产生何种不同的影响?为回答上述问题,本章在同一指标体系中探究不同尺度下的新型城镇化对城乡收入差距的异质性影响,以期为找准新型城镇化发展的政策着力点、优化区域资源配置提供经验证明与政策建议。

一 文献综述

已有研究通常使用常住人口的城镇化率来反映城镇化水平,即常住人口中非农人口的占比⑤。新型城镇化提出后,人的城镇化得到广泛重视,相应的考察维度变得更多。为精准衡量新型城镇化水平,大量学者

---

① Wang X., Shao S., Li L., "Agricultural Inputs, Urbanization, and Urban-rural Income Disparity: Evidence from China", *China Economic Review*, Vol. 55, 2019, pp. 67-84;张延群、万海远:《我国城乡居民收入差距的决定因素和趋势预测》,《数量经济技术经济研究》2019年第3期。

② 程开明、李金昌:《城市偏向、城市化与城乡收入差距的作用机制及动态分析》,《数量经济技术经济研究》2007年第7期;王子敏:《我国城市化与城乡收入差距关系再检验》,《经济地理》2011年第8期。

③ 穆怀中、吴鹏:《城镇化、产业结构优化与城乡收入差距》,《经济学家》2016年第5期;Wu D., Rao P., "Urbanization and Income Inequality in China: An Empirical Investigation at Provincial Level", *Social Indicators Research*, Vol. 131, No. 1, 2017, pp. 189-214。

④ Long H., "Land Use Policy in China: Introduction", *Land Use Policy*, Vol. 40, 2014, pp. 1-5;李军、李敬:《新型城镇化能改善代际流动性吗?》,《劳动经济研究》2020年第1期。

⑤ Li Y., Jia L., Wu W., et al., "Urbanization for Rural Sustainability: Rethinking China's Urbanization Strategy", *Journal of Cleaner Production*, Vol. 178, 2018, pp. 580-586;高延雷、王志刚:《城镇化是否带来了耕地压力的增加?——来自中国的经验证据》,《中国农村经济》2020年第9期。

探索构建了丰富的新型城镇化评价指标体系①。在多数指标体系中，虽然沿用常住人口城镇化率作为指标体系的组成部分，但在权重得分上并未给予相应的重视。例如，公共服务是所有评价指标体系考察的重点内容，在付丽娜等构建的新型城镇化评价指标体系中，城镇化人口比重的权重为0.0535，而每万人拥有公共汽车数的权重为0.0586②。这种方式虽然有利于突出新型城镇化中提出的新要求，但难以突出城镇化的基础任务，即将农村人口转移到城市。

推进新型城镇化的基本思路应该首先是将农村居民转移到城市，提高常住人口城镇化率，然后才是帮助他们解决更好地留在城市工作生活的问题，进而提高户籍人口城镇化率。因此，本章更倾向于赞同沿用周心怡等对新型城镇化率的指标测算方法，将其拆分为两个指标的乘积，即新型城镇化率＝常住人口城镇化率×新型城镇化综合指数③。其中，新型城镇化综合指数用于考察新型城镇化战略中各项目标任务的完成情况，得分越高代表该地区城镇化的"新型"程度越强，常住人口城镇化率便越能代表新型城镇化率。通过这一指标测算方法，既能够反映城镇化本身所具备的农村人口转移到城市的应有之义，又能够反映新型城镇化战略对"以人为本"的新要求，突出与传统城镇化战略的区别。

目前，已有学者就新型城镇化对城乡居民收入差距的影响开展了有益的实证研究，并就新型城镇化所发挥的积极效应达成基本共识。例如，丁焕峰和刘心怡基于2006—2014年省级面板数据研究发现，新型城镇化发展能够显著缩小城乡居民收入差距④；周心怡等进一步提出，新型城镇化对城乡居民收入差距的影响具有门槛效应，即需达到一定程

---

① 曾繁荣、李玲蔚、贺正楚等：《基本公共服务水平与新型城镇化动态关系研究》，《中国软科学》2019年第12期；于斌斌、陈露：《新型城镇化能化解产能过剩吗?》，《数量经济技术经济研究》2019年第1期；Yu B., "Ecological Effects of New-type Urbanization in China", *Renewable and Sustainable Energy Reviews*, Vol. 135, 2021, pp. 110–239。

② 付丽娜、彭真善、张爱群：《新型城镇化与产业结构的交互影响——以环长株潭城市群为例》，《经济地理》2020年第11期。

③ 周心怡、李南、龚锋：《新型城镇化、公共服务受益均等与城乡收入差距》，《经济评论》2021年第2期。

④ 丁焕峰、刘心怡：《中国新型城镇化进程中城乡收入差距的影响研究》，《当代经济科学》2017年第2期。

度后才有助于缩小城乡居民收入差距①。但已有研究多是基于省级和市级数据，缺乏县域尺度下新型城镇化与城乡居民收入差距的关系探讨，更缺乏统一指标体系下对不同尺度新型城镇化的对比研究。

综上，本章的主要贡献包括以下几点。第一，基于四川省2013—2019年的县级面板数据，验证了新型城镇化对城乡居民收入差距的关系，丰富与拓展了新型城镇化与城乡居民收入差距的研究内容；第二，在同一指标体系下，探讨了以市和县（市、区）为载体推进的新型城镇化发展及其对缩小城乡居民收入差距的异质性影响，补充和完善了不同尺度新型城镇化的对比研究；第三，在县域尺度下，进一步检验了市辖区和县城的新型城镇化对城乡居民收入差距所造成的异质性影响，为理解县域新型城镇化发展提供了增量经验证据。

二 研究设计

（一）数据说明

本章的研究对象为四川省21个市（州）的183个县（市、区），数据样本期间为2013—2019年。就数据来源而言，本章计算县级城乡居民收入差距和县级泰尔指数所用的原始数据来源于四川省统计局县域社会经济基本情况统计报表，其余变量的原始数据主要来源于《四川省统计年鉴》和各市统计年鉴。就样本筛选而言，由于四川省民族地区的经济社会发展水平与其他地区存在较大差异，如果将其纳入样本进行分析，可能会对实证结果产生不利影响，因而本章首先剔除了阿坝藏族羌族自治州、甘孜藏族自治州、凉山彝族自治州及其所辖48个县（市）的样本数据。同时，由于成都市锦江区、青羊区、金牛区、武侯区和成华区以及攀枝花市东区和西区的常住人口城镇化率在2019年均超过96.0%，基本实现了常住人口市民化目标，城乡居民收入差距不具有一般代表性，因而本章还剔除了上述7个市辖区的样本数据。本章最终得到覆盖18个市128个县（市、区）的896个县级样本。

---

① 周心怡、李南、龚锋：《新型城镇化、公共服务受益均等与城乡收入差距》，《经济评论》2021年第2期。

(二) 新型城镇化测算

本章沿用周心怡等①对新型城镇化率的指标测算方法,即新型城镇化率=常住人口城镇化率×新型城镇化综合指数。在新型城镇化综合指数的测算方面,本章在参考《国家新型城镇化规划(2014—2020年)》《中共中央关于制定国民经济和社会发展第十四个五年规划和二〇三五年远景目标的建议》等相关政策文件的基础上,结合关于新型城镇化指标体系的已有文献②,总结出新型城镇化发展应重点关注的2个关键维度,包括经济转型发展和公共服务保障,并进一步细化了各维度的评价指标选择。

具体而言,新型城镇化强调"以人为本"的典型特征。农村人口的城乡转移决策不仅取决于产业发展所带来的就业收入的收益层面,而且还会考虑迁移成本以及转换身份后所能享有的城市公共服务③。因此,在新型城镇化发展进程中,既要为保障高质量就业提供坚实基础,发挥由产业结构转型升级所带来的积极效应④,也要努力实现基本公共服务的均等化供给,确保居民能够普惠可及地获得大致均等的基本公共服务⑤。对于前者,本章通过构建经济转型发展指数,利用人均GDP和人均社会消费品零售额衡量区域经济发展水平,利用产业结构合理化和产业结构高级化反映区域产业结构升级;对于后者,本章通过构建公共服务保障指数,利用小学生师比、中学生师比、每万人医疗卫生机构床位数和每万人医疗卫生机构技术人员数衡量基本公共服务的普惠可及

---

① 周心怡、李南、龚锋:《新型城镇化、公共服务受益均等与城乡收入差距》,《经济评论》2021年第2期。
② 曾繁荣、李玲蔚、贺正楚等:《基本公共服务水平与新型城镇化动态关系研究》,《中国软科学》2019年第12期;于斌斌、陈露:《新型城镇化能化解产能过剩吗?》,《数量经济技术经济研究》2019年第1期;Yu B., "Ecological Effects of New-type Urbanization in China", *Renewable and Sustainable Energy Reviews*, Vol. 135, 2021, pp. 110–239.
③ 李兰冰、高雪莲、黄玖立:《"十四五"时期中国新型城镇化发展重大问题展望》,《管理世界》2020年第11期。
④ 张洪潮、王丹:《新型城镇化、产业结构调整与农村劳动力"再就业"》,《中国软科学》2016年第6期。
⑤ 张明斗:《新型城镇化运行中的基本公共服务均等化研究》,《宏观经济研究》2016年第6期。

性。综上，新型城镇化综合指数评价指标体系如表15-1所示。

表15-1　　　　　新型城镇化综合指数评价指标体系

一级指标	权重	二级指标	权重	组合权重	属性
经济转型发展指数	0.593	人均GDP(万元)	0.248	0.147	+
		人均社会消费品零售额(万元)	0.266	0.158	+
		产业结构合理化	0.332	0.197	−
		产业结构高级化	0.154	0.091	+
公共服务保障指数	0.407	小学生师比	0.285	0.116	−
		中学生师比	0.226	0.092	−
		每万人医疗卫生机构床位数(个)	0.233	0.095	+
		每万人医疗卫生机构技术人员数(人)	0.256	0.104	+

注：产业结构合理化和产业结构高级化的计算方式参考干春晖等的做法，本章不再赘述。

资料来源：干春晖、郑若谷、余典范：《中国产业结构变迁对经济增长和波动的影响》，《经济研究》2011年第5期。

由于新型城镇化综合指数涉及的评价指标是多维度的，本章利用层次分析法（Analytic Hierarchy Process，AHP）进行降维，使新型城镇化综合指数变为取值范围为［0，1］的单维指标。具体操作主要包括构造层次分析结构、构造判断矩阵并赋值、一致性检验、数据标准化处理以及综合指数得分计算五个步骤，相关步骤说明参考何在中等[1]的做法，本章不再赘述。权重计算结果如表15-1所示。需特别说明的是，在数据标准化处理过程中，本章将采用极差标准化法对选取的二级指标进行无量纲化处理。为确保县域和市域尺度下新型城镇化综合指数的可比性，在

---

[1] 何在中、应瑞瑶、沈贵银：《青海省生态畜牧业政策效应与评价研究》，《中国人口·资源与环境》2015年第6期。

对县级指标进行极差标准化处理时，各二级指标的最大值和最小值，将分别使用市级数据中相对应指标的最大值和最小值进行替代，具体方法如式（15-1）和式（15-2）所示。

$$z_{it} = \frac{x_{it} - \min_{c,t} x_{ct}}{\max_{c,t} x_{ct} - \min_{c,t} x_{ct}} \quad (15-1)$$

$$z_{it} = \frac{\max_{c,t} x_{ct} - x_{it}}{\max_{c,t} x_{ct} - \min_{c,t} x_{ct}} \quad (15-2)$$

其中，i 表示 i 县（市、区），c 表示 c 市，t 表示第 t 年，x_{it} 表示原始指标，z_{it} 表示标准化指标。若 x_{it} 的指标属性为正，使用式（15-1）进行极差标准化处理，反之则使用式（15-2）。经过极差标准化法处理后，若指标数值大于1，则统一赋值为1；若指标数值小于0，则统一赋值为0。

（三）变量选取

被解释变量：城乡居民收入差距。借鉴已有研究①，本章通过直接对比城市居民和农村居民的收入差距来衡量城乡居民的收入差距，即使用城市居民人均可支配收入与农村居民人均纯收入的比值。为确保研究结果的稳健性，本章还使用泰尔指数对城乡居民收入差距进行衡量。该指标不仅考虑了城乡居民收入变化的影响，还考虑了城乡居民人口结构变化的影响②，对收入的两极分化更为敏感。参考张超等③的计算方法对泰尔指数进行计算，具体方法如式（15-3）所示。

$$Theil_{it} = \frac{UP_{it}}{P_{it}} \times \ln\left(\frac{UP_{it}}{P_{it}} \Big/ \frac{UZ_{it}}{Z_{it}}\right) + \frac{RP_{it}}{P_{it}} \times \ln\left(\frac{RP_{it}}{P_{it}} \Big/ \frac{RZ_{it}}{Z_{it}}\right) \quad (15-3)$$

其中，i 表示 i 县（市、区），t 表示第 t 年；$Theil_{it}$ 为泰尔指数；

---

① 闫东升、孙伟、冯月：《城乡收入差距时空演变与驱动因素的空间计量研究——以长江三角洲为例》，《长江流域资源与环境》2021年第5期；井波、倪子怡、赵丽瑶等：《城乡收入差距加剧还是抑制了大气污染？》，《中国人口·资源与环境》2021年第10期。

② 刘呈庆、任玲：《城镇化与城乡收入差距——基于房价收入比的遮掩效应》，《财经科学》2021年第10期。

③ 张超、孙艺夺、孙生阳等：《城乡收入差距是否提高了农业化学品投入？——以农药施用为例》，《中国农村经济》2019年第1期。

UP_{it}、RP_{it}和P_{it}分别表示城镇居民总收入、农村居民总收入以及城乡居民总收入；UZ_{it}、RZ_{it}和Z_{it}分别表示城镇常住人口、农村居民常住人口以及城乡常住总人口。

解释变量：新型城镇化率。根据前文所述，本章利用常住人口城镇化率与新型城镇化综合指数的乘积对新型城镇化率进行计算。为比较县域和市域尺度下新型城镇化率对城乡居民收入差距造成的异质性影响，本章将构建县级新型城镇化率和市级新型城镇化率。其中，前者使用样本县的常住人口城镇化率与新型城镇化综合指数的乘积进行衡量；后者使用样本县所在市的常住人口城镇化率与新型城镇化综合指数的乘积进行衡量。为进一步区分新型城镇化发展进程中经济转型发展和公共服务保障对城乡居民收入差距所造成的异质性影响，本章将新型城镇化综合指数拆分为经济转型发展指数（E）和公共服务保障指数（P），并利用表15-1中的权重对上述指数进行重新计算，使得经济转型发展指数和公共服务保障指数的取值范围均为[0，1]。在此基础上，本章利用常住人口城镇化率分别与经济转型发展指数、公共服务保障指数的乘积，对新型经济城镇化率和新型公服城镇化率进行计算。考虑到现有研究发现的城镇化与城乡居民收入差距之间存在的非线性关系①，本章还引入了上述各类新型城镇化率指标的平方项。

控制变量。参考已有文献②，除新型城镇化率之外，还控制了以下可能影响城乡居民收入差距的变量，包括公共财政预算支出、常用耕地面积、全社会固定资产投资、互联网宽带接入用户以及出口商品总额。控制变量的具体定义方式如表15-2所示。考虑到不同年份间的价格波动影响，本章以2013年为基期，利用CPI指数对用于计算城乡居民收

---

① 穆怀中、吴鹏：《城镇化、产业结构优化与城乡收入差距》，《经济学家》2016年第5期；Wu D., Rao P., "Urbanization and Income Inequality in China: An Empirical Investigation at Provincial Level", *Social Indicators Research*, Vol. 131, No. 1, 2017, pp. 189-214。

② Chen C., "The Impact of Foreign Direct Investment on Urban-rural Income Inequality", *China Agricultural Economic Review*, Vol. 8, No. 3, 2016, pp. 480-497；程名望、张家平：《互联网普及与城乡收入差距：理论与实证》，《中国农村经济》2019年第2期；刘欢：《工业智能化如何影响城乡收入差距——来自农业转移劳动力就业视角的解释》，《中国农村经济》2020年第5期。

入差距和新型城镇化率的城市居民人均可支配收入、农村居民人均纯收入、地区生产总值、第一产业增加值、第二产业增加值、第三产业增加值、社会消费品零售总额,以及控制变量中的公共财政预算支出、全社会固定资产投资、出口商品总额进行修正。

表 15-2　　主要变量定义及描述性统计分析结果

变量名称	变量定义	平均值	标准差
市级新型城镇化率	市级新型城镇化指数与常住人口城镇化率的乘积(%)	22.680	10.365
市级新型经济城镇化率	市级新型城镇化经济指数与常住人口城镇化率的乘积(%)	20.552	11.232
市级新型公服城镇化率	市级新型城镇化公共指数与常住人口城镇化率的乘积(%)	25.782	10.321
县级新型城镇化率	县级新型城镇化指数与常住人口城镇化率的乘积(%)	19.127	12.104
县级新型经济城镇化率	县级新型城镇化经济指数与常住人口城镇化率的乘积(%)	16.103	12.224
县级新型公服城镇化率	县级新型城镇化公共指数与常住人口城镇化率的乘积(%)	23.518	13.516
城乡居民收入差距	县级城市居民人均可支配收入与农村居民人均纯收入的比值	2.226	0.357
泰尔指数	县级泰尔指数	0.075	0.035
公共财政预算支出	县级人均公共财政支出(万元)	0.645	0.364
常用耕地面积	县级人均常用耕地面积(公顷)	0.002	0.002
全社会固定资产投资	县级人均全社会固定资产投资(万元)	3.180	1.897
互联网宽带接入用户	县级互联网宽带接入用户与常住人口的比值	0.205	0.132
出口商品总额	县级人口出口商品总额(万元)	0.088	0.750

（四）模型设定

鉴于本章所用数据为面板数据，在豪斯曼检验的基础上[①]，选择使用固定效应模型估计新型城镇化率对城乡居民收入差距的影响，具体的基准计量模型设置如式（15-4）所示。

$$\text{Difference}_{it} = a_0 + a_1 \text{Urbanization}_{it} + a_2 \text{Urbanization}_{it}^2 \\ + a_3 \text{Control}_{it} + \text{County}_i + \text{Year}_t + \varepsilon_{it} \quad (15-4)$$

其中，Difference_{it} 表示 i 县（市、区）在 t 年的城乡居民收入差距；Urbanization_{it} 表示 i 县（市、区）在 t 年的新型城镇化率，其系数 α_1 表示新型城镇化率对城乡居民收入差距的影响程度。值得注意的是，本章将分别利用县级新型城镇化率和市级城镇化率进行回归分析，并在此基础上将上述新型城镇化率拆分为新型经济城镇化率和新型公服城镇化率，以此检验县域和市域尺度下，新型城镇化对城乡居民收入差距可能产生的异质性影响。此外，Control_{it} 为控制变量，County_i 为县域固定效应，Year_t 为年份固定效应，ε_{it} 为随机误差项。

三 实证结果分析

（一）新型城镇化率测算结果

如图15-1所示，汇报了样本期内县域和市域尺度下的经济转型发展指数和公共服务保障指数的散点图，可以看出二者之间具有较强的相关性。其中，在市域尺度下，经济转型发展指数（x）和公共服务保障指数（y）的简单回归系数为0.521，且在1%的水平下显著为正；在县域尺度下，经济转型发展指数（x）和公共服务保障指数（y）的简单回归系数为0.487，且在1%的水平下显著为正。这表明，不论是在市域还是县域尺度下，新型城镇化中的经济转型发展和公共服务保障均能够保持较为一致的发展步调，未出现"顾此失彼"的情况，整体发展呈良性共进态势。

---

① 根据豪斯曼检验结果显示，卡方统计量值为32.97，伴随概率为0.000，这表明应该拒绝"随机效应与解释变量无关"的原假设，本章采用固定效应模型更适宜。

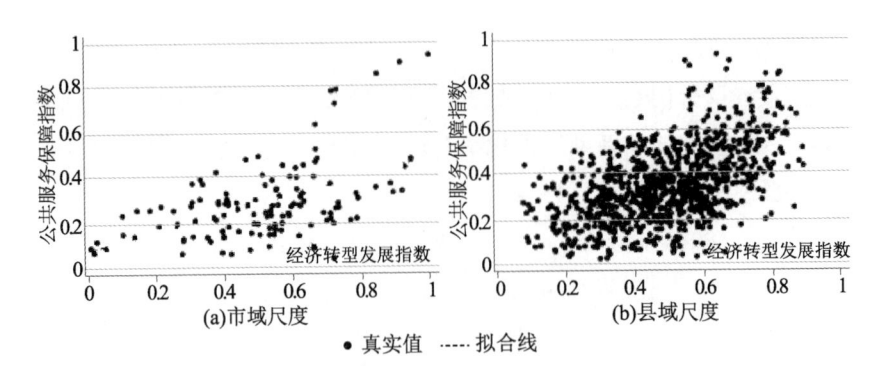

图 15-1　经济转型发展指数与公共服务保障指数散点图

表 15-3 汇报了样本期内各市及其下辖县(市、区)新型城镇化率的描述性统计分析结果。就整体而言，市级新型城镇化率的平均值明显高于县级新型城镇化率，并且在各新型城镇化率分项评价中也表现更优。从分年度结果来看，县级新型城镇化率和市级新型城镇化率呈现出逐年递增的稳定态势，并且二者间的平均值差距由 2013 年的 3.846% 缩小为 2019 年的 2.343%。就各市的新型城镇化率而言，除成都市外，其他市在 2019 年的新型城镇化率得分表现较为均衡，多数介于 20—35，与四川省提出的"一干多支"的省域经济发展新格局相一致。同时，市辖区的新型城镇化率均值为 36.404%，大于县城的 21.873%。造成这一现象的原因在于，一方面，市辖区一般位于市的中心位置，具有更好的区位优势，相应的人口集聚能力更强[①]。在本章中，市辖区在 2019 年的常住人口城镇化率均值为 60.027%，便远高于县城的 44.817%。另一方面，由于市辖区之间的行政边界弱化，更容易发挥城市经济社会发展的集聚效应，区域市场的行政整合可以带来资源的优化配置和经济增长[②]。根据表 15-3 中的结果显示，在推进新型城镇化的重点任务建设过程中，市辖区不论是在经济转型发展还是公共服务保障方面，相应的分项评价指数和新型城镇化率均值得分均高于县城。

---

① 李玉文、侯新烁、李五荣：《人口双向集散对县域城镇化的影响及其空间梯度》，《经济地理》2021 年第 9 期。

② 唐为：《分权、外部性与边界效应》，《经济研究》2019 年第 3 期。

表 15-3　县级新型城镇化率相关变量的描述性统计分析结果(2019 年)

变量名称	总样本		市辖区子样本		县城子样本	
	均值	标准差	均值	标准差	均值	标准差
县级新型城镇化率(%)	26.754	13.272	36.404	16.509	21.873	7.633
县级新型经济城镇化率(%)	24.640	14.251	34.284	18.277	19.762	8.267
县级新型公服城镇化率(%)	29.827	13.253	39.482	15.627	24.943	8.462
县级新型城镇化综合指数	0.512	0.129	0.579	0.143	0.478	0.107
县级经济发展转型指数	0.466	0.156	0.537	0.186	0.430	0.125
县级公共服务保障指数	0.579	0.142	0.639	0.134	0.549	0.137
县级常住人口城镇化率(%)	49.926	12.466	60.027	14.511	44.817	7.143

注：在本章中，根据县级行政单位的类别划分，县和县级市被统称为县城。

(二) 基准回归结果

表 15-4 汇报了新型城镇化率对城乡居民收入差距的回归结果。在第（1）和第（2）列中，仅控制了县域固定效应和年份固定效应。结果表明，不论是县级新型城镇化率还是市级新型城镇化率，均能够显著地缩小城乡居民收入差距。在第（3）和第（4）列中，本章加入了一系列事前的经济社会特征变量，包括公共财政预算支出、常用耕地面积公顷、年末金融机构贷款余额、全社会固定资产投资、互联网宽带接入用户和出口商品总额。回归结果表明，新型城镇化率对缩小城乡居民收入差距所产生的积极效应依然显著。同时，县级新型城镇化率和市级城镇化率的平方项均在 1% 的水平下显著为正，表明新型城镇化率对城乡居民收入差距缩小所表现出的正向效应呈边际递减趋势。在第（5）和第（6）列中，使用泰尔指数对城乡居民收入差距进行替代，所得回归结果依然显著，说明新型城镇化发展对缩小城乡居民收入差距所造成的积极影响具有稳健性。需指出的是，虽然县级新型城

镇化率和市级新型城镇化率均能显著地缩小城乡居民收入差距，但二者产生的正向效应大小存在一定的差异。在第（4）列中，市级新型城镇化率的系数为-0.037；说明市级新型城镇化率每提高1%，将促进城乡居民收入差距缩小0.037，但在第（3）列中，县级新型城镇化率的系数仅为-0.021，对缩小城乡居民收入差距所产生的积极影响略显不足。这表明，以市为基本单位推动新型城镇化发展，在缩小城乡居民收入差距方面，比县（市、区）更具优势。

表15-4　新型城镇化率对城乡居民收入差距的回归结果

变量	城乡居民收入差距				泰尔指数	
	(1)	(2)	(3)	(4)	(5)	(6)
县级新型城镇化率	-0.035*** (0.002)	—	-0.021*** (0.003)	—	-0.002*** (0.000)	—
县级新型城镇化率平方项	0.000*** (0.000)	—	0.000*** (0.000)	—	0.000*** (0.000)	—
市级新型城镇化率	—	-0.041*** (0.002)	—	-0.037*** (0.003)	—	-0.003*** (0.000)
市级新型城镇化率平方项	—	0.000*** (0.000)	—	0.000*** (0.000)	—	0.000*** (0.000)
公共财政预算支出	—	—	-0.074*** (0.024)	-0.054** (0.023)	-0.005* (0.003)	-0.004 (0.003)
常用耕地面积公顷	—	—	-9.746** (4.020)	-8.642** (3.746)	-1.341*** (0.477)	-1.226*** (0.463)
全社会固定资产投资	—	—	-0.012** (0.005)	-0.008* (0.005)	-0.001** (0.001)	-0.001 (0.001)
互联网宽带接入用户	—	—	-0.597*** (0.088)	-0.113 (0.093)	-0.053*** (0.010)	-0.021* (0.011)

续表

变量	城乡居民收入差距				泰尔指数	
	(1)	(2)	(3)	(4)	(5)	(6)
出口商品总额	—	—	0.029*** (0.008)	0.009 (0.008)	0.003*** (0.001)	0.001 (0.001)
常数项	2.738*** (0.030)	3.063*** (0.038)	2.751*** (0.034)	3.076*** (0.045)	0.125*** (0.004)	0.152*** (0.006)
县域固定效应	Yes	Yes	Yes	Yes	Yes	Yes
年份固定效应	Yes	Yes	Yes	Yes	Yes	Yes
样本数	896	896	896	896	896	896

注：***、**、*分别表示在1%、5%和10%的统计水平上显著。

表15-5汇报了新型经济城镇化率和新型公服城镇化率对城乡居民收入差距的回归结果。结果表明，不论是在县域尺度还是市域尺度，新型经济城镇化率和新型公服城镇化率均能够对缩小城乡居民收入差距产生显著的正向效应。相较于县域尺度而言，与表15-4中的回归结果相似，市域尺度下的新型经济城镇化率和新型公服城镇化率的回归系数绝对值更大，进一步实证了以市为基本单位推进新型城镇化发展的比较优势。同时，综合表15-4和表15-5的回归结果可发现，相较于新型公服城镇化率，新型经济城镇化率才是导致不同尺度下新型城镇化率存在较大效应差异的主要因素。可能的原因在于，在中国式区域治理模式与政治锦标竞赛背景下，县域政府往往采取分割治理，特别是在县城之间，对同质化产业进行过度扶持，加剧了区域市场竞争和重复建设，导致非合意性产业重叠，进而出现资源配置不合理、产能过剩等问题[①]。相较而言，市级政府在统筹区域协调发展方面发挥着积极的引导作用，能够在一定程度上缓解由县域恶性竞争所带来的负面影响，更有利于城乡居民收入差距的缩小。此外，新型城镇化对农村居民收入具有空间溢

---

① 张洪烈、刘宁、王琳琳：《县域产业重叠：成因、测度与化解机制》，《云南财经大学学报》2022年第3期。

出效应，不仅能够促进本地农村居民收入增长，也能对其他地区农村居民产生积极影响①。因而相较于县域尺度，市域尺度更有利于全面识别新型城镇化对城乡居民收入差距的影响效应。

表15-5　新型城镇化率分项指标对城乡居民收入差距的回归结果

变量	城乡居民收入差距				泰尔指数			
	(1)	(2)	(3)	(4)	(5)	(6)	(7)	(8)
县级新型经济城镇化率	-0.014*** (0.002)	—	—	—	-0.001*** (0.000)	—	—	—
县级新型公服城镇化率	—	-0.018*** (0.003)	—	—	—	-0.002*** (0.000)	—	—
市级新型经济城镇化率	—	—	-0.035*** (0.003)	—	—	—	-0.003*** (0.000)	—
市级新型公服城镇化率	—	—	—	-0.024*** (0.003)	—	—	—	-0.002*** (0.000)
解释变量平方项	Yes	Yes	Yes	Yes	Yes	Yes	Yes	Yes
控制变量	Yes	Yes	Yes	Yes	Yes	Yes	Yes	Yes
县域固定效应	Yes	Yes	Yes	Yes	Yes	Yes	Yes	Yes
年份固定效应	Yes	Yes	Yes	Yes	Yes	Yes	Yes	Yes
样本数	896	896	896	896	896	896	896	896

注：***、**、* 分别表示在1%、5%和10%的统计水平上显著。

① 谭昶、吴海涛：《新型城镇化、空间溢出与农民收入增长》，《经济问题探索》2019年第4期。

四 进一步探讨

（一）基于行政区划类别的异质性分析

县域城镇化有广义和狭义之分，广义的县域城镇化指包括县、县级市、市辖区等所有县级行政单位的城镇化，而狭义的县域城镇化是相对于市辖区而言，以县城为中心的城镇化①。改革开放以来，我国城镇化战略经历了"从偏县城到偏城市再到突出县城"的演变过程②。在新型城镇化背景下，县城作为联结中心城市和农村乡镇的中介，具有区域经济发展的"亚核心"效应③。在《中华人民共和国国民经济和社会发展第十四个五年规划和二〇三五年远景目标纲要》中，明确将县城作为推进城镇化建设的重要载体。那么，与市辖区相比，被予以厚望的县城对城乡居民收入差距的影响是否更加有效呢？本章将总样本划分为市辖区和县城子样本，检验在不同类别县级单位中新型城镇化对缩小城乡居民收入差距的异质性影响。

根据表15-6中的结果显示，县级新型城镇化率的系数均在1%的水平下显著为负，但其系数绝对值在县城子样本中要明显大于市辖区子样本。进一步地，市辖区子样本中的县级新型经济城镇化率仅在10%的水平下显著为负，并且相应的系数绝对值（0.006）远低于其在县城子样本中的表现（0.018）。就县级新型公服城镇化率而言，在两个子样本中的表现基本一致。这表明，相较于市辖区，县级新型城镇化率的提升更有利于县城城乡居民收入差距的缩小，而导致这一差距的原因主要在于新型经济城镇化率所发挥的效应存在异质性。对此，可能的解释有两种。一是市辖区之间的行政边界趋于弱化，受市政府统一的城市规划与产业布局，在新型经济城镇化建设方面更易形成合作分工，促进市场融合和优化生产要素配置，但若将市辖区作为独立单元进行分析，不

---

① 苏红键：《中国县域城镇化的基础、趋势与推进思路》，《经济学家》2021年第5期。
② 刘炳辉、熊万胜：《县城：新时代中国城镇化转型升级的关键空间布局》，《中州学刊》2021年第1期。
③ 刘国斌、杨富田：《新型城镇化背景下县城的"亚核心"作用机理研究》，《当代经济研究》2017年第3期。

仅会造成区域合作分工所带来的比较优势被忽略，还可能会放大由区域合作分工所带来的市辖区内部产业结构问题，导致新型经济城镇化对城乡居民收入差距的影响被低估；二是县城作为连接城乡社会经济发展的纽带，其发展成果能够同时惠及城乡居民。特别是对农村居民而言，一方面，县城的发展有利于农村居民的就近就业，在获得非农收入的同时兼顾农业经营与家庭照料；另一方面，县城的发展也有利于农村居民享受城镇化过程中公共基础建设所带来的外部经济性。相较于发展由市辖区组成的中心城市会降低某一方的福利水平，强化县城发展更能够改善城乡居民的整体福利水平[①]。

表 15－6　　　　基于行政区划类别的异质性分析结果

变量	市辖区			县城		
	(1)	(2)	(3)	(4)	(5)	(6)
县级新型城镇化率	-0.015*** (0.004)	—	—	-0.023*** (0.004)	—	—
县级新型经济城镇化率	—	-0.006* (0.003)	—	—	-0.018*** (0.004)	—
县级新型公服城镇化率	—	—	-0.016*** (0.004)	—	—	-0.014*** (0.004)
解释变量平方项	Yes	Yes	Yes	Yes	Yes	Yes
控制变量	Yes	Yes	Yes	Yes	Yes	Yes
县域固定效应	Yes	Yes	Yes	Yes	Yes	Yes
年份固定效应	Yes	Yes	Yes	Yes	Yes	Yes
样本数	301	301	301	595	595	595

注：＊＊＊、＊＊、＊分别表示在1％、5％和10％的统计水平上显著。

---

① 罗必良、洪炜杰：《城镇化路径选择：福利维度的考察》，《农业经济问题》2021年第9期。

(二) 基于县城常住人口数量的异质性分析

在城镇化发展过程中,四川省人口大县普遍表现出"大而不强"的特征,经济发展相对落后、人口流失严重与产业发展乏力等因素导致人口大县城镇化水平相对滞后[①]。那么,四川省人口大县新型城镇化是否也会出现相应的"发展疲态"呢?本章基于2013年县级数据,以常住人口数量60万人为界,进一步将县城子样本划分为人口大县子样本和非人口大县子样本,检验在不同常住人口规模的县城中新型城镇化对缩小城乡居民收入差距的异质性影响。

根据表15-7中的结果显示,县级新型城镇化率的系数均在1%的水平下显著为负,但其系数绝对值在人口大县子样本中要明显小于非人口大县子样本。这表明,相较于人口大县,非人口大县的新型城镇化更有利于促进城乡居民收入差距缩小。可能的原因在于,辖区常住人口规模越大,公共服务的组织和协调成本越高,并且会降低人均公共财政支出水平[②]。同时,以四川省为代表的中西部地区人口大县普遍面临吸纳劳动力空间和载体有限的挑战,加之非农就业转换滞后于产业结构转型升级进程[③],不利于新型经济城镇化收入效应的发挥。因此,非人口大县子样本中新型经济城镇化率和新型公服城镇化率的系数绝对值均明显大于人口大县子样本。

表15-7   基于县城常住人口数量的异质性分析结果

变量	人口大县			非人口大县		
	(1)	(2)	(3)	(4)	(5)	(6)
县级新型城镇化率	-0.017*** (0.004)	—	—	-0.030*** (0.008)	—	—

[①] 唐蜜、肖磊:《欠发达地区人口大县城镇化动力机制分析》,《农业经济问题》2014年第8期。
[②] 王德祥、李建军:《辖区人口、面积与地方财政支出——基于鄂鲁吉3省178个县(市)数据的实证研究》,《财贸经济》2009年第4期。
[③] 唐蜜、肖磊:《欠发达地区人口大县城镇化动力机制分析》,《农业经济问题》2014年第8期。

续表

变量	人口大县			非人口大县		
	(1)	(2)	(3)	(4)	(5)	(6)
县级新型经济城镇化率	—	-0.012*** (0.004)	—	—	-0.024*** (0.006)	—
县级新型公服城镇化率	—	—	-0.014*** (0.004)	—	—	-0.017** (0.008)
解释变量平方项	Yes	Yes	Yes	Yes	Yes	Yes
控制变量	Yes	Yes	Yes	Yes	Yes	Yes
县域固定效应	Yes	Yes	Yes	Yes	Yes	Yes
年份固定效应	Yes	Yes	Yes	Yes	Yes	Yes
样本数	224	224	224	371	371	371

注：***、**、*分别表示在1%、5%和10%的统计水平上显著。

五 结论与政策启示

本章利用2013—2019年四川省18个市128个县（市、区）的面板数据，在同一指标体系中实证检验了不同尺度下新型城镇化对城乡居民收入差距的异质性影响。研究结果表明以下几点。第一，不论是在县域还是市域尺度，新型城镇化均能够显著地促进城乡居民收入差距的缩小，但随着新型城镇化率的提升，其所发挥的边际效应呈递减趋势，即新型城镇化与城乡居民收入差距存在倒"U"形关系。第二，基于不同尺度的对比分析发现，以市为基本单位推动新型城镇化发展，在缩小城乡居民收入差距方面，比县（市、区）更具优势，而造成这一优势的主要原因在于新型经济城镇化。第三，在县域尺度下的异质性分析发现，相较于市辖区，县城的新型城镇化更有利于缩小城乡居民收入差距；相较于人口大县，非人口大县的新型城镇化更有利于缩小城乡居民收入差距。

上述研究结论蕴含的政策启示如下。第一，持续推进新型城镇化高质量发展。新型城镇化虽能够显著地缩小城乡居民收入差距，但仍存在边际效应递减的问题。一方面应继续发挥我国在城镇化发展实践中的宝贵经验，在新型城镇化发展进程中发挥市场决定性作用的同时，更好地发挥政府作用；另一方面突出以人为核心，强化基本公共服务均等化供给，实现更高水平的新型城镇化成果共享。第二，加强市域内新型城镇化统筹协调发展。以市为基本单位推动新型城镇化，相较于县（市、区），更有利于缩小城乡居民收入差距。应加大市级政府在推动新型城镇化高质量发展中的统筹力度，根据下辖县（市、区）的资源禀赋与产业基础，强化市域城镇空间结构规划、市域产业发展规划等相关规划的编制实施，合理优化生产要素配置，加强调控防止县域恶性竞争现象。第三，着力提高新型经济城镇化发展质效。新型经济城镇化是导致不同载体在缩小城乡居民收入差距中出现效应差异的主要原因。应将就业保障作为新型城镇化发展的重要战略问题，研究制定符合当地产业发展实际的农业转移人口城镇就业支持政策，加强新产业、新业态、新商业模式对农业转移人口的就业吸纳能力。第四，以县城为重要载体推进新型城镇化与乡村振兴协调发展。县城是连接城乡社会经济发展的纽带，以县城为载体推进新型城镇化发展能够显著缩小城乡居民收入差距。以城乡融合高质量发展为目标，强化县城的中心功能和综合服务能力，增强县城特别是在人口大县的产业支撑能力，辐射带动周边的小城镇和广大农村发展。

第十六章　共同富裕视角下缩小区域差距路径研究*

一　文献综述

(一) 缩小区域差距是实现共同富裕的必由路径

2021年2月，习近平总书记在全国脱贫攻坚总结表彰大会上提出："持续缩小城乡区域发展差距，让低收入人口和欠发达地区共享发展成果，在现代化进程中不掉队、赶上来。"[①] 并提出目前我国"发展不平衡不充分问题仍然突出，城乡区域发展和收入分配差距较大"[②]。因此，要实现共同富裕，必须围绕解决好发展的不平衡不充分问题，着力缩小人群、地区和城乡差距。推动共同富裕的内涵十分丰富，涉及多个领域，有学者提出共同富裕可以从总体富裕程度和发展成果共享程度两个维度来进行测度[③]。进一步缩小区域发展差距能更好地为实现新发展格局提供基本保障，也决定着国民经济发展是否满足新时代中国发展的实

---

* 张航，西南财经大学经济学院讲师。
① 习近平：《习近平谈治国理政》第4卷，外文出版社2022年版，第139页。
② 《中共中央关于制定国民经济和社会发展第十四个五年规划和二〇三五年远景目标的建议》，人民出版社2020年版，第55页。
③ 刘培林、钱滔、黄先海等：《共同富裕的内涵、实现路径与测度方法》，《管理世界》2021年第8期。

际需求并实现共同富裕①，实现共同富裕的必要条件之一就是要缩小区域发展差距②。

缩小区域发展差距对实现共同富裕有着重要意义。首先，缩小区域差距是缩小"三大差距"的基础。"三大差距"一般是指区域差距、城乡差距、收入差距，其中可以看出想要缩小城乡差距和缩小收入差距的必要基础是缩小区域差距。以2020年城乡收入差距为例，经济发达地区的浙江城市居民人均可支配收入是农村居民人均可支配收入的1.96倍，而同年欠发达地区的贵州城乡人均可支配收入比值为3.10，云南省则是2.92③。可见，想要缩小城乡差距、收入差距，首先就要想办法缩小区域差距。其次，缩小区域差距是实现共同富裕的必然要求。社会主义本质是解放生产力，发展生产力，消灭剥削，消除两极分化，最终达到共同富裕。如果区域差距无法缩小，那么两极分化将始终存在。从2020年的数据可以看出，我国GDP最高的省份为广东（110760.9亿元），是西藏GDP的58.21倍；而人均GDP最高的北京高出了甘肃128894元，是甘肃的4.58倍④。可见，消除区域差距是消除两极分化的必经之路，也是最终实现共同富裕的必然要求。最后，缩小区域差距是实现共同富裕的重要组成部分。实现共同富裕是一个系统性工程，在其推进建设的过程之中必然涉及政治、经济、社会、文化、生态等多个方面的共同系统性变革。这意味着共同富裕不可能只在某一个或某几个地区推进，并且在其推进过程中落后地区的增长速度应当快于发达地区的增长速度，二者之间的差距才可能缩小，才更有利于实现共同富裕，可见，缩小区域差距是实现共同富裕的重要组成部分，要实现共同富裕就必然需要首先实现区域差距的不断缩小。

---

① 孙久文、张皓：《我国区域发展差距的多尺度考察及其"十四五"趋向》，《改革》2021年第11期。

② 蔡之兵、石柱、郭启光：《共同富裕导向下的区域协调发展战略完善思路研究》，《农村金融研究》2022年第1期。

③ 根据2020年浙江省、贵州省、云南省国民经济和社会发展统计公报公布的相关数据计算所得。

④ 根据《中国统计年鉴》2021相关数据计算所得。

（二）区域差距的演变趋势及其影响因素

文献中关于区域差距的研究，主要是从区域差距的演变趋势和区域差距的影响因素两个方面来进行论述的。首先，对于区域差距的演变趋势究竟是在扩大还是在缩小，学界有着不同的看法。对于改革开放初期，魏后凯和刘楷对我国三大地带的主要经济指标进行计算对比后，提出1978—1992年，我国中西部和东部的差距在不断扩大[1]。杨开忠通过人均国民收入的加权变差系数的计算得出我国省区经济差异以1978年为拐点，呈现倒"U"形变动，即1978年前在缩小，而1978年过后在扩大[2]。也有学者，如Li等通过计算人均GDP，对比发现我国省际差距呈现递减趋势[3]。而在1990年后，绝大多数文献都提出我国区域差距呈现扩大的趋势，如吴三忙和李善同计算得出，1990—2003年我国区域差距呈扩大趋势[4]；徐建华等研究得出，1991—2000年我国东、中、西部的差距在逐渐扩大[5]。对于21世纪之后的区域差距，学术界则较为统一地认为在逐渐缩小，如许召元和李善同研究得出我国2003—2008年区域差距在不断缩小[6]。

其次，关于区域差距的影响因素，多数研究认为生产要素、经济环境、体制机制和政策制度等是影响区域差距的主要因素。例如，王小鲁和樊纲提出区域间资本和劳动力等生产要素的差异以及制度和结构的差异等是造成区域差距的主要因素[7]。彭文斌和刘友金提出，导致东、中、西差距的主要因素是非均衡区域发展战略、自然条件和地理位置的

---

[1] 魏后凯、刘楷：《我国地区差异变动趋势分析与预测》，《中国工业经济研究》1994年第3期。

[2] 杨开忠：《中国区域经济差异变动研究》，《经济研究》1994年第12期。

[3] Li Shantong, Feng Jie, Hou Yongzhi, "Ten Major Trends for Regional Development in China", *China Development Review*, Vol. 6, No. 1, 2004, pp. 89–93.

[4] 吴三忙、李善同：《中国地区差距的历史考察与演变新趋势：1952—2008》，《宁夏社会科学》2010年第2期。

[5] 徐建华、鲁凤、苏方林等：《中国区域经济差异的时空尺度分析》，《地理研究》2005年第1期。

[6] 许召元、李善同：《近年来中国地区差距的变化趋势》，《经济研究》2006年第7期。

[7] 王小鲁、樊纲：《中国地区差距的变动趋势和影响因素》，《经济研究》2004年第1期。

差异①。许召元和李善同提出导致区域差距的主要因素为地理位置、经济环境、受教育水平、基础设施水平、城镇化水平和市场经济体制等②。

(三) 区域差距的衡量方法

对于区域差距的结论之所以差异如此大甚至恰好相反，最重要的原因在于不同研究者使用的统计指标、研究方法和展开研究的时空尺度不同③。文献中研究我国区域差距的方法主要是两种。一是运用统计方法作描述性分析，常用的度量方法有基尼系数、泰尔指数和变异系数等；二是利用计量模型做回归分析来判断经济增长是否收敛。如汤学兵和陈秀山研究得出，在1978—2004年中国八大区域存在明显的俱乐部收敛和条件收敛性质④；王宝顺和徐绮爽研究发现，我国经济收敛发生在区域内部而非区域之间，不同区域之间的发展差距仍在不断扩大⑤。

综上所述，当前文献中对我国区域差距的研究结论并不统一，所用评价指标也相差较大，主要都是从三方面且围绕经济增长来进行衡量——总量指标、人均指标、增量指标，即以GDP、人均GDP、GDP增速为核心评价指标。这种评价较为片面，急需建立衡量区域发展差距综合评价体系。本章充分结合经济发展、社会发展两个方面的因素来综合评价我国区域发展水平，以此来进一步分析我国区域差距的演化特征，这对科学评价区域差距有一定的理论价值。此外，本章还分析了导致区域发展差距变化的原因，最后提出了对应的政策建议，对缩小区域发展差距，更好地实现共同富裕有一定的应用价值。

---

① 彭文斌、刘友金：《我国东中西三大区域经济差距的时空演变特征》，《经济地理》2010年第4期。
② 许召元、李善同：《近年来中国地区差距的变化趋势》，《经济研究》2006年第7期。
③ 张红梅、李善同、许召元：《改革开放以来我国区域差距的演变》，《改革》2019年第4期。
④ 汤学兵、陈秀山：《我国八大区域的经济收敛性及其影响因素分析》，《中国人民大学学报》2007年第1期。
⑤ 王宝顺、徐绮爽：《财政支出、区域经济差距与动态增长收敛》，《中南财经政法大学学报》2021年第3期。

二 区域差距的衡量指标体系与方法

当前学界最常用来衡量区域差距的指标体系是从三方面来展开计算的——总量指标、人均指标、增量指标，即 GDP、人均 GDP、GDP 增速，这三类指标各有优劣。

总量指标即用国民生产总值 GDP 之差来计算区域之间的发展差距。一个地区的 GDP 是当地经济增长体量的综合体现，将其作为计算区域差距的指标确实能在经济总量上计算出不同地区间的差异，但是这种衡量可能过于片面。因为虽然经济体量上的差距能在较大程度上反映出区域发展差距，但一个地区的经济总量本质上是多种因素综合贡献出的结果。如人口较多的省份相比人口较少的省份天然具有创造 GDP 的优势，因为人口大省的劳动力要素可能更为富足，消费市场也更为庞大，但这并不意味着人口较少的省份的发展就落后于体量更为庞大的省份。例如，2020 年贵州的 GDP 为 17826.6 亿元，天津 GDP 为 14083.73 亿元，可见，虽然贵州全省 GDP 体量高出天津不少，但毋庸置疑，天津的整体发展并不落后于贵州。因此，用 GDP 这个总量指标来衡量区域差距可能产生一定偏差，这样的结论太过绝对、片面。

人均指标即人均 GDP 能在一定程度上反映出区域发展差距，但是由于不同地带发展基础差距太大，所处的发展阶段也有不同，再加上我国独有的户籍制度，导致人均 GDP 也不能全方位地、准确地表达出区域发展差距；同时人均 GDP 等于 GDP 和人口数量的比值，其数值大小同时受 GDP 数量和人口数量两方面的影响，因此，人均 GDP 高的地区不一定就比人均 GDP 低的地方发展得更好。例如，西藏由于人口稀少，2020 年的人均 GDP 为 52345 元，但同期河北人均 GDP 却只有 48564 元，但从整体发展水平来看，西藏显然是落后于河北的。

GDP 增速能够在一定程度上反映出区域差距的变化趋势，如当发展落后的地区 GDP 增速快于发展领先的地区，那么意味着二者之间的经济差距会随着时间推移而逐渐减小；同样，当落后地区的 GDP 增速慢于发展领先的地区，则意味着二者之间的差距将越拉越大，发展落后地区将永远追不上发展领先地区，进而表现出来的就是区域差距不断扩大。这种表示方法是看不同地区之间发展的相对速度,具有一定的客观正确性,但区域差距的衡量也不能只看地区间发展的相对速度。

综上,仅仅将 GDP、人均 GDP 和 GDP 增速作为衡量区域发展差距的指标都有些片面,无法较为全面地将区域发展差距表现出来。因此,需要充分考量区域发展差距的各个方面,并结合数据可得性,本章从经济发展和社会发展两个方面来设立我国区域发展水平的综合评价指标体系。其中经济发展水平从经济总量、经济发展水平、城镇居民收入、农村居民收入等方面来衡量;社会发展水平从公共服务建设水平、医疗水平、教育水平、人力资本水平等方面来衡量,如表 16 – 1 所示。

表 16 – 1　　　　　　　区域综合发展指标体系

一级指标	二级指标	代理变量
经济发展	经济总量	GDP(亿元)
	经济发展水平	人均 GDP(元)
	城镇居民收入	城镇居民人均可支配收入(元)
	农村居民收入	农村居民人均可支配收入(元)
社会发展	公共服务建设水平	一般公共服务支出(亿元)
	医疗水平	每千人医疗卫生机构床位(张)
	教育水平	教育经费合计(万元)
	人力资本水平	每十万人大学生人数(人)

注:教育经费情况包括国家财政性教育经费、民办学校中举办者投入、事业收入、其他教育经费等。

搜集以上经济发展评价指标体系中的相关数据后,首先进行 Z – score 标准化处理,再通过主成分分析法将其进行降维处理,得出地区综合发展指数。在区域差距的衡量方法上,本章采用数据可视化分析与描述性分析相结合的方法,同时通过计算基尼系数、泰尔系数、变异系数等来对区域差距的变化趋势展开分析。

三 中国当前区域差距的现状特征

当前我国区域发展差距呈现出三个主要特征,从整体上看,东西差距和南北差距并存;从空间上看,经济产出高度集中于少数城市群;从趋势上看,区域差距整体上正处于缓慢缩小的状态。

(一) 整体上看:东西差距和南北差距并存

东西差距和南北差距一直都是我国区域差距问题中讨论最多的话题,本章首先根据不同省份经济发展和水平发展两方面多个指标,利用表16-1中相关指标,结合2020年的相关数据[①],再通过将相关数据标准化,用主成分分析法进行降维处理等计算得出全国各省份综合发展指数。

我国不同省份综合发展水平相差较大。从整体层面上看,综合发展水平较高的地区主要集中于东部沿海和京津地区,中部次之,而西部地区则明显整体发展水平更为落后,这表明当前东部和中西部之间的差距仍然较为明显;同时从南北差距来看,南方的省份整体发展水平更高,相比北方有明显更多的省份发展更为领先,北方主要是北京、天津和山东发展较为突出,其他省份的综合发展水平则相对落后,而南方地区的整体经济实力则明显强于北方。因此从整体来看,我国区域发展差距呈现出东西差距和南北差距并存的现象。

单看某个省份内部的城乡收入差距,即每个省份的城镇居民可支配收入与农村居民可支配收入之差。整体上看,经济越发达的地区往往城乡差距绝对数值更大。如城乡收入差距最大的是北京和上海,其城镇居民人均可支配收入分别高出了当地农村居民人均可支配收入45475元和41526元,明显高于其他省份;第3到第5的省份是浙江、广东和江苏,这5个省份的综合发展水平在全国也是长期靠前的。但也有少数省份发展相对落后,其城乡差距也相对较大。如西藏GDP仅为1902.74亿元,排名全国末位,但其内部的城乡差距排名却为全国

---

① 中华人民共和国国家统计局:《中国统计年鉴2021》,中国统计出版社2021年版。

第6，高达26558元。但从整体来看，东部地区内部城乡收入差距大的省份比西部地区数量更多，同时南方地区内部城乡收入差距大的省份比北方地区更多。

（二）空间上看：经济产出高度集中于少数城市群

经过改革开放四十多年的发展，大城市和城市群已然成为当前我国区域经济增长的主要承载体。京津冀地区、江浙沪一带、粤港澳地区、川渝地区、中原地区均有部分省份的经济产出显著高于其他省份，且这些地方的产出主要依靠当地城市群支撑起来，如京津冀城市群、长三角城市群、粤港澳大湾区、成渝地区双城经济圈、中原城市群等。当前国民经济产出已然出现高度集聚于少数城市群的空间分布现象。

大城市是我国经济产出最集中的空间单元，从表16-2中2021年全国各市GDP排名来看，北京和上海以超过4万亿元的成绩遥遥领先于其他城市，而第3和第4名的深圳和广州则都为广东省稳居全国产出最高的省份做出了极大贡献。在GDP前十的城市当中，位于第6的苏州、第8的杭州以及第10的南京都属于江浙两个经济大省；川渝地区则有位居第5的重庆和排名第7的成都；湖北的武汉则位列第9，但其GDP增速却十分亮眼，高达12.2%，显著高于其他城市。可见从城市这一更小的视角来看，我国的经济产出仍然是高度集聚于这些以超级大城市为中心的城市群，在未来，大城市和城市群也将越发成为支撑我国经济增长和高质量发展的重要增长极。

表16-2　　　　　　2021年全国GDP百强市前十名

排名	省份	城市	GDP(亿元)	2021年GDP增速(%)
1	上海	上海	43214.85	8.1
2	北京	北京	40269.60	8.5
3	广东	深圳	30664.85	6.7
4	广东	广州	28231.97	8.1

续表

排名	省份	城市	GDP(亿元)	2021年GDP增速(%)
5	重庆	重庆	27894.02	8.3
6	江苏	苏州	22718.30	8.7
7	四川	成都	19916.98	8.6
8	浙江	杭州	18109.00	8.5
9	湖北	武汉	17716.76	12.2
10	江苏	南京	16355.32	7.5

资料来源：2021年各省份国民经济与社会发展统计公报。

(三) 趋势上看：区域差距整体上正缓慢缩小

根据1949—2020年全国层面的人均收入数据计算得到变异系数、泰尔系数、基尼系数，如图16-1所示，我国的区域差距经历了多次增大和缩小的历程，每次区域差距的转变与我国区域政策实施方向高度相关。例如1960年区域差距有一个明显的缩小趋势，这是因为当时我国实施的是以"三线建设"为典型代表的均衡发展的策略，使得相对落后的中、西部地区短时间内得到了快速发展。20世纪80年代后期，区域差距又出现了明显的扩大，这是因为随着改革开放和经济特区等的设立，我国东部沿海地区得到了空前迅速的发展，改革开放的红利在这些地区得到了极大释放，又一次快速拉大了东部和中西部的差距。而2000年之后，区域差距又出现了明显的缩小趋势，这是因为2000年后中央陆续出台如西部大开发等大区域战略，全国在东部率先发展、中部崛起、西部大开发、振兴东北老工业基地四大区域战略的指导下展开建设，并取得了显著成效，尤其是以西部地区为典型代表的欠发达地区在短时间内得到了非常迅速的发展，全国区域间的差距又一次缩小。

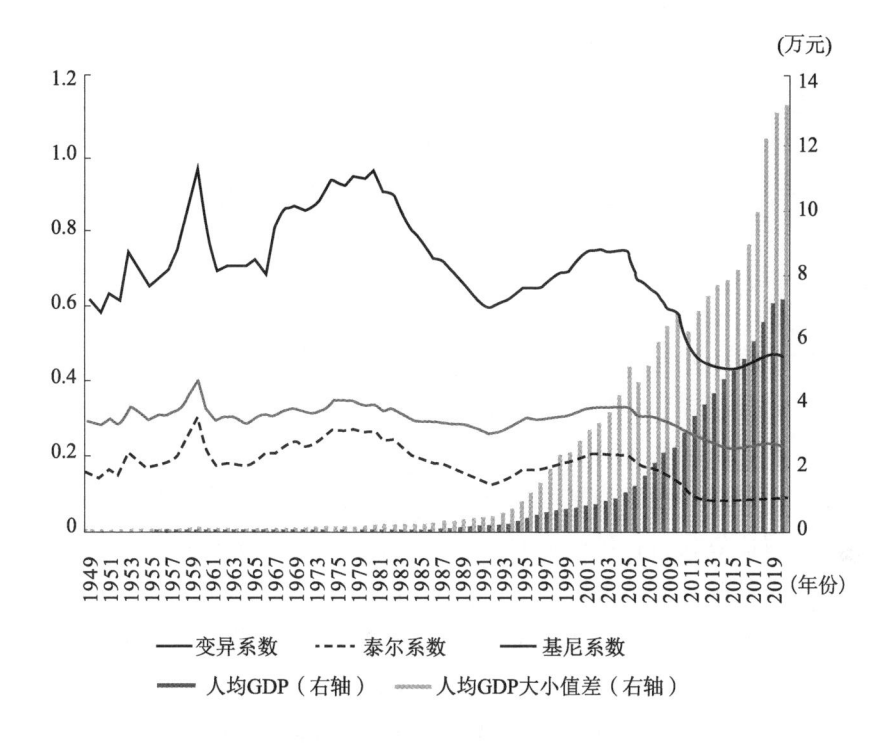

图 16-1　1949—2020 年区域发展差距整体变化情况与人均收入变化

从人均 GDP 和人均 GDP 的大小值差（即人均 GDP 最大值和最小值之差）来看，随着时间的推移，我国整体人均 GDP 水平一直处于不断上升的趋势，尤其是 20 世纪 90 年代后，人均 GDP 的增长尤为迅速，从 2000 年的 7942 元增长到 2020 年的 72447 元。但与此同时，人均 GDP 的大小值差也在不断增加，从 1995 年的不足 2 万元上升至 2020 年的超过 13 万元。可见在过去的几十年中，我国整体经济发展水平在不断提升，区域在大范围上的差距也在缓慢缩小，但是最发达地区和最落后地区间的差距仍在不断扩大。

四　导致区域差距出现并扩大的原因

导致区域差距的出现是多种因素共同作用的结果，如产业转移、交通基础设施、劳动力流动、制度变迁、地理位置等因素是拉大区域差距的主要原因,中西部地区在这几方面长期处于不利地位[①]。本章认为,资源禀赋及地理位置上的差异是产生区域差距的重要原因之一,它决定不同地区的发展基础和起点;区域政策导向的分异也会使得不同地区的发展在不同时间段内呈现出不同的趋势,进而导致区域差距的扩大或缩小;同时,随着市场经济的发展,市场本身带来的马太效应会使得强者恒强,弱者恒弱,即发达地区的增长始终快于落后地区,这使得区域差距会在无形的手的影响下自发地不断扩大。

(一)资源禀赋及地理位置差异

在经济发展中,自然资源和地理位置起着至关重要的作用,我国地域辽阔,不同地区的资源禀赋差异较大。在土地方面,有些地区土壤肥沃,如东北地区是世界上三大黑土区之一,而西北土地贫瘠,沙漠地区占比较大;在矿产资源方面,多数地区并没有突出的矿产资源优势,而某些地区富含各种矿产,如山西大同煤矿资源丰富、辽宁鞍山铁矿资源丰富等;在水资源方面,南方水资源明显更加优渥于北方,多数大江、大河、大湖都是分布于南方,且南方雨水更加丰沛;在气候资源方面,不同地区的光照、气温、湿度等区别均相差较大等。足以看出自然资源禀赋对当地经济发展有着基础性、全局性、长期性的影响,自然资源丰富的地区经济发展的比较优势更为明显,资源丰富、地势平坦、禀赋条件相对较好的地区,更有利于发展大规模农业、工业,进而更有利于促进当地服务业的发展,因此一般具有较强的内生增长动力。

更重要的是,由于我国有不少城市是沿江沿海城市,且东部沿海地区海岸线更长、港口更多,其对外贸易的运输成本比内地无港口城市显著更低,因此非常利于发展对外贸易。在经济全球化背景下,对外贸易在地区甚至国家的经济增长中扮演着至关重要的作用。通过海上运输进行贸易的成本要远低于公路和航空,且除开欧亚大陆内部以外的国际贸易路线多数并没有实现陆上联通,因此迄今为止,海运仍然是国际贸易

---

① 余运江、孙斌栋、孙旭:《区域政策能否重塑中国经济版图:中国区域经济差距研究综述》,《江淮论坛》2014年第4期。

中最主要的方式,这就使得沿海或沿江城市在对外贸易中天生占有比较优势。对外贸易不仅能在极大程度上拉动当地经济发展,同时也正由于当地经济发展的内生动力不断增强,也不断吸引着外企进驻和外资流入,进而形成一个向外向内的良性双向循环。另外,由于我国海岸线较长,跨越了较长的纬度,在天津以北地区,冬季温度太低往往导致海港常出现结冰现象,且某些内陆航道冬季水位较低,甚至部分北方内陆航道冬季也会结冰,因此北方地区的航运受气候条件限制往往航运能力远小于南方地区尤其是小于东南沿海地区。

(二) 区域政策导向的分异

区域经济政策对区域经济发展有着至关重要的影响,我国区域经济政策经历过数次方向性转折,可大致划分为四个阶段。第一个阶段从新中国成立初期到1978年实行改革开放,在此期间中央为了协调东西部发展,缩小大区域之间的差距,推行的是均衡发展策略,从"一五"计划开始便在西部地区进行了大规模的投资,再加上1966年后"三线建设",中西部地区短时间内得到了迅速的发展。第二阶段是从1978的实行改革开放到2000年,在此期间区域政策是以非均衡发展为主要特征,强调东部沿海地区优先发展,我国整体经济中心向东转移。东部沿海地区在改革开放的浪潮中激流勇进,经济水平和社会面貌发生了深刻而巨大的变化,这让本来就更具备比较优势的东部沿海地区发展更快,迅速拉开了东部与中西部的差距。第三阶段,直到2000年后,我国区域政策又逐渐转向了均衡发展的道路,逐步提出了东部率先发展、中部崛起、西部大开发、振兴东北老工业基地等针对四大板块的区域均衡发展策略。第四阶段,党的十八大后则更加注重区域协调发展,提出了"一带一路"倡议、长江经济带、京津冀协同发展三大发展规划。在这些跨越多个省份、跨越板块限制、同时包括领先与落后地区的区域经济政策显然更有利于我国不同区域间的协同发展和区域差距的缩小。在这个历史背景之下,我国不同地区之间的差距也呈现出随着政策方向转变而发生转变的现象。有不少学者也得出相似结论,如彭文斌和刘友金提出改革开放后实施的非均衡发展政策使得东、中、西发展差距日益增大①。也有学者研究得出西部大开发有效缩小西部地区与东部地区的发展差距等②。

(三) 市场马太效应的累积

在市场力量的作用下，经济发展相对领先的地方更具备规模优势，随着劳动、资本、技术、信息等多种生产要素在发达地区的集聚，这些地区自然而然能得到更快、更好的发展，同时也能对周边地区甚至相隔更远的地区产生一定的向心力，吸引其他地区的生产要素源源不断地流入。在产业发展方面，发展领先地区往往产业规模更大，产业品类更加丰富，规模经济带来的分享、匹配、学习效应更为明显，这使得不管是消费资料市场还是生产资料市场都能得到更好、更快的发展；在要素集聚方面，由于城市产业规模更大、产值更高，因此资本投资的渠道可能更多、收益可能更高、风险可能更低，而劳动力、技术、信息等要素则都能更容易地在发达地区找到更加匹配的"岗位"，使其能找到更好的"用武之地"。同时，也正是由于发达地区这种集聚效应和虹吸效应，使得其发展越来越快，规模经济优势更为明显，导致相对落后的地区对产业和要素都越来越缺乏吸引力，进而引起内生增长动力欠缺，市场的马太效应随着时间的累积越发明显。

可见在市场力量下，具有初始优势的地区发展始终快于其他地区，在经济发展的循环累积过程中，地区之间的差距往往会被越拉越大。一方面，以目前学术界较为关注的南北差距为例，对比南方和北方，在体制机制方面，南方地区的政策方向和经济策略往往更加激进，注重效率；而北方地区的政策举措则更加保守，注重稳定，长此以往则使得南北两地在发展势头上的分化，进而导致南北差距也不断扩大③。另一方

---

① 彭文斌、刘友金：《我国东中西三大区域经济差距的时空演变特征》，《经济地理》2010年第4期。
② 刘生龙、王亚华、胡鞍钢：《西部大开发成效与中国区域经济收敛》，《经济研究》2009年第9期；杨锦英、郑欢、方行明：《中国东西部发展差异的理论分析与经验验证》，《经济学动态》2012年第8期。
③ 蔡之兵：《南北分化视角下的北方区域经济失速问题探因》，《江淮论坛》2019年第5期。

面，在北方地区的城市中有不少是依靠煤矿采掘等资源型产业发展起来的，随着矿产资源的日益萎缩和枯竭，这类城市都将面临或正在经历艰难的产业转型，与此同时，在当前注重生态文明建设和绿色经济发展的指导思想下，原有的这些高污染高能耗高产值的行业可能都将无法再继续作为支柱产业来支撑起当地经济的高速发展。

五 缩小区域差距促进共同富裕的政策建议

在我国基本国情的基础上经过多年的发展，区域差距的产生在所难免。共同富裕思想支持阶段性的地区间非均衡发展，但也有程度上的考虑和限制，不允许出现"两极分化"①。因此积极探寻如何缩小区域差距势在必行，本章认为应在宏观层面优化区域政策制定，完善配套政策建设；在中观层面以城市群为依托，引领区域协调发展；在微观层面大力推进数字经济，推动落后地区发展。

（一）优化区域政策制定，完善配套政策建设

首先，区域政策的制定和实施应当因地制宜。应更多地从全局性视角来思考区域政策的实施和配套政策的建设，要建立统一规范、层次鲜明、定位精准的区域发展政策体系。当前我国全国层面的区域政策已经非常鲜明，但更小尺度的地方配套政策仍有待进一步优化和完善。同时对区域发展差距应当有一个正确客观的认识，区域差距的存在并不一定是坏事。例如对于欠发达地区而言可以充分利用后发优势，借鉴先发地区的发展经验，引用发达地区的技术、资金、设备等，快速实现当地经济发展。因此在政策制定上应当充分考虑区域间的发展差距，利用地区间的发展落差，实现产业承接转移、地区产业分工等。

其次，要统筹协调好国家级战略和地方发展战略之间的关系。同一地区可能有多个发展战略，要协调好中央大范围的区域政策和局部小范围的区域政策之间的关系，灵活地将二者结合，做到充分利用资源，提高行政效率，彼此优势互补。例如长江经济带发展、黄河流域生态保护

---

① 武鹏：《共同富裕思想与中国地区发展差距》，《当代经济研究》2012 年第 3 期。

和高质量发展战略等，都是跨越多个省份，涵盖东、中、西三大区域，同时囊括了发达地区和欠发达地区的区域发展战略，这种战略的推行就必须充分地将中央指导思想和地方具体情况结合起来，在整体层面统筹协调好如何在不同发展基础的省份的具体政策落实，同时地方政策的制定和实施也应当积极回应中央的指导思想。

最后，要积极建立区域协调发展新机制。尤其是要积极探索更加贴近基本国情、顺应市场规律的要素流动机制。在户籍制度改革方面，要着力降低人口流动门槛，积极完善和保护外来人口对本地公共设施和公共服务合法合理的享有权益；在土地制度改革方面，要灵活调整建设用地指标的配给，积极探索"地随人走"的模式，缓解人口长期流入地区用地紧张的状态，正确应对部分人口流出地用地浪费的问题。同时，区域差距的不断扩大往往是滋生地方保护主义的温床①，要从机制设计上，尽力减轻甚至避免地方保护主义的出现。

(二) 以城市群为依托，引领区域协调发展

大城市和城市群已经成为当前区域经济增长的主要承载体，是拉动经济发展的核心增长极。首先，要增强城市群本身的综合实力，要充分发挥大规模市场的优势，着力提升高端产品的制造与研发水平，提升地区产业竞争力，有意识做长、做深、做专产业链条，精心打造地方优势产业品牌。另外，当前社会主要矛盾已发生变化，高品质、个性化的商品越发受到消费者欢迎，因此在供给侧结构性改革上，中心城市拥有区域内规模最大的市场，在产品创新方面更应当敢于突破、引领潮流，要使产品供给更加精准匹配需求，甚至主动挖掘和创造需求。同时在政策约束上应进一步松绑对中心城市在人口、土地、资金等多方面的要素流入限制，顺应市场规律，避免过多地人为限制中心城市在规模上的合理增长。

其次，要增强中心城市对周边的带动作用，充分发挥大城市或城市群作为区域经济增长极的带动辐射作用。在政策上，我国区域经济政策

---

① 张可云：《中国区域经济发展水平差距现状与趋势分析》，《开发研究》1998年第5期。

的出发点是缩小区域差距，然而空间尺度越大的区域战略，落实到地方经济发展中的有效抓手就越少，因此地方上需及时出台配套政策，积极响应中央区域经济政策的指导思想。省、市、区应逐级出台对应的配套政策和具体落实方案，使国家区域政策能够更好更贴合实际地得以执行。在产业上，大城市更多承担研发、设计、金融等高集约型生产，而生产、包装、运输等其他相关产业可以更多放到周边地区，带动周边地区的经济发展；在空间结构上，积极建设区域副中心城市，以都市圈为建设平台，打造多个以中大城市为中心的都市圈，完善都市圈内的交通设施建设和配套政策，加强重大城市以点带面的辐射带动作用。

最后，要促进大、中、小城市之间的协同发展。首当其冲是要健全要素自由流动机制，引导生产要素合理地跨区域流动。尤其在劳动力要素流动方面，要进一步推进户籍制度改革，加大大城市公共产品供给；尤其是在教育和医疗方面，让外来人口能以更低的成本在大城市安家落户，解决好大城市外地儿童上学难的问题，才能更好地让小城镇留守儿童没人管的情况得以缓解。要加快公共服务建设，尽快实现公共服务均等化，尤其使公共产品的供给跟上人口流入的速度，积极推进异地医保报销等；同时，要积极推进产业合作，要根据不同城市的比较优势，实现更加科学合理的分工，要进一步完善交通设施建设，降低商品流通和要素流通的成本。

(三) 大力推进数字经济，推动落后地区发展

2021年8月，习近平总书记在扎实推进长三角一体化发展座谈会上强调，要"增强欠发达区域高质量发展动能"。对落后地区而言，除了通过大、中城市的带动以外，增强其内生增长动力也是推动落后地区发展、缩小区域差距、实现共同富裕的重要前提。我国通过精准扶贫已经使所有贫困地区摆脱了绝对贫困，实现了全面小康，但落后地区的进一步提升仍需找到新的动力源。产业是地区经济发展的核心要素，对于落后地区而言，需要寻找和培育适合当地比较优势的特色产业，尤其是特色农副产品产业、特色手工业、特色制造业等。在产品设计、研发、制造、包装等方面要精耕细作，打造特色品牌形象。

经济落后地区往往地理位置偏僻，即使有品相优秀、品质出色的商品，常常也苦于缺乏销售渠道，但随着互联网经济和物流技术的发展，使产品销售的方式发生了翻天覆地的变化。很多落后地区通过互联网平台、直播带货等方式，让更多人知道了当地的特色产品。同时，互联网技术应用成本低，不需要在落后地区产生一个很高的前期投入，只需要联通互联网就能向全世界推销自己的产品。因此，充分利用互联网、直播带货、现代物流等现代化技术能大幅度降低落后地区特色产品的销售门槛，拓宽销售渠道，利用大数据技术也能进行更加精准的推广营销，能在尽量控制成本的前提下，使得销售业绩最大幅度提升，带动当地经济发展，增加当地居民收入，提高当地生活水平。

六 结论

缩小区域发展差距是实现共同富裕的必经之路，区域发展差距可能受到地理位置、资源禀赋水平、市场化程度、历史文化积淀等多种因素的影响。而当前我国区域差距主要体现为整体层面上东西差距和南北差距并存，在空间分布上经济产出越发集中于大城市和城市群，在时间趋势上我国区域差距正处于缓慢缩小的趋势。导致区域差距的原因首先是各地资源禀赋及地理位置差异决定了不同地区在先天起点上的不同，在政府力量方面，不同导向的区域政策会引起不同区域发展速度发生重大转变进而引起区域之间的差距发展变化；而在市场力量方面，市场马太效应则容易使得发展领先的地区发展越来越快，而发展相对落后的地区发展始终较为缓慢。对缩小区域差距路径的探索，从宏观上看，应当加强区域政策实施力度，完善其配套政策；从中观上看，应以城市群为依托，引领区域协调发展；从微观上看，大力推进数字经济，推动落后地区发展等。

第十七章　西部地区在高质量发展中促进共同富裕路径研究*

一　西部地区发展现状

(一) 经济发展

1. 经济增长

第一，西部地区经济规模较小但增速较快，具有后发优势。如图17-1所示，2020年，西部地区生产总值超过20万亿元，高出东北地区162167.1亿元，较东部地区、中部地区分别少312460.4亿元和8954.2亿元，东部地区生产总值是西部的2.5倍。2016—2020年，西部地区生产总值由156828.2亿元增长至213291.9亿元，累计增加56463.7亿元，占全国GDP比重由20.1%提高到21.1%（见表17-1）。同时，西部各地区经济增速快。2020年，西藏、贵州、云南、重庆、甘肃、宁夏和四川的地区生产总值较上年增速均位列全国各省份的前10，分别为7.8%、4.5%、4.0%、3.9%、3.9%、3.9%和3.8%，分别较全国GDP增速高5.5个、2.2个、1.7个、1.6个、1.6个、1.6个和1.5个百分点。可见，尽管西部地区经济规模不大，但在经济增长方面表现出一定的后发优势。

---

* 杨帆、扎西措、曾丹，西南财经大学社会发展研究院研究人员。

表 17 – 1　　2016—2020 年全国及各区域地区生产总值情况

年份	全国	东部地区		中部地区		西部地区		东北地区	
		地区生产总值（亿元）	占比（%）	地区生产总值（亿元）	占比（%）	地区生产总值（亿元）	占比（%）	地区生产总值（亿元）	占比（%）
2016	744127.0	410186.4	52.6	160645.6	20.6	156828.2	20.1	52409.8	6.7
2017	827122.0	447835.5	52.9	176486.6	20.8	168561.6	19.9	54256.5	6.4
2018	900309.5	480995.8	52.6	192657.9	21.1	184302.1	20.1	56751.6	6.2
2019	990865.1	511161.2	51.9	218737.8	22.2	205185.2	20.8	50249.0	5.1
2020	1015986.2	525752.3	51.9	222246.1	22.0	213291.9	21.1	51124.8	5.0

资料来源：根据历年《中国统计年鉴》整理。

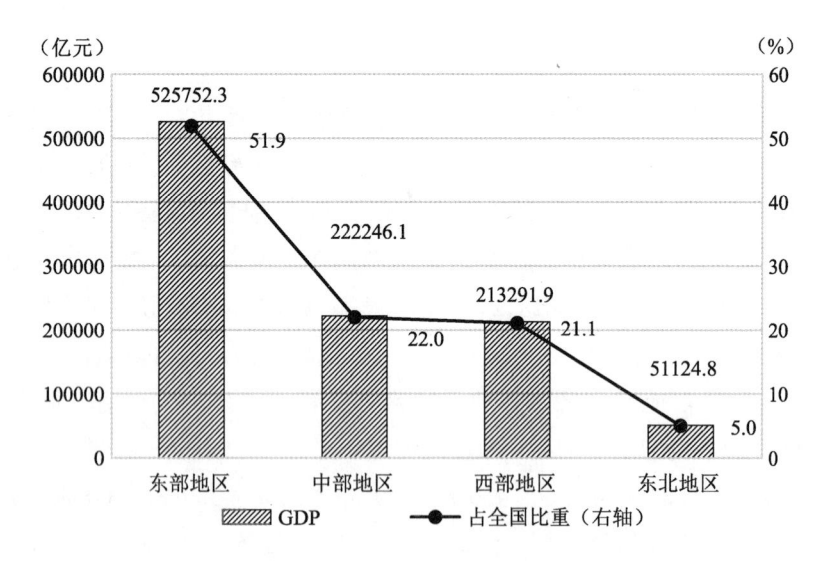

图 17 – 1　2020 年全国、东部、中部、西部以及东北部地区 GDP 情况

资料来源：《中国统计年鉴 2021》。

第二，西部地区内部地区生产总值差异明显，增速不一。如图 17 – 2 所示，2020 年，在西部地区中，地区生产总值最高的前三个省份是四川、陕西和重庆，分别为 48598.76 亿元、26181.86 亿元和

25002.79亿元。而宁夏、青海和西藏的地区生产总值排在后三位，分别为3920.55亿元、3005.92亿元和1902.74亿元。从2020年西部各省份的地区生产总值较上一年增速来看，有9个省份超过全国GDP增速（2.3%），分别是广西、重庆、贵州、四川、云南、西藏、甘肃、宁夏和新疆。而陕西、青海和内蒙古的地区生产总值增速低于全国GDP。地区生产总值增速最高的西藏与最低的内蒙古之间差距高达7.6个百分点。

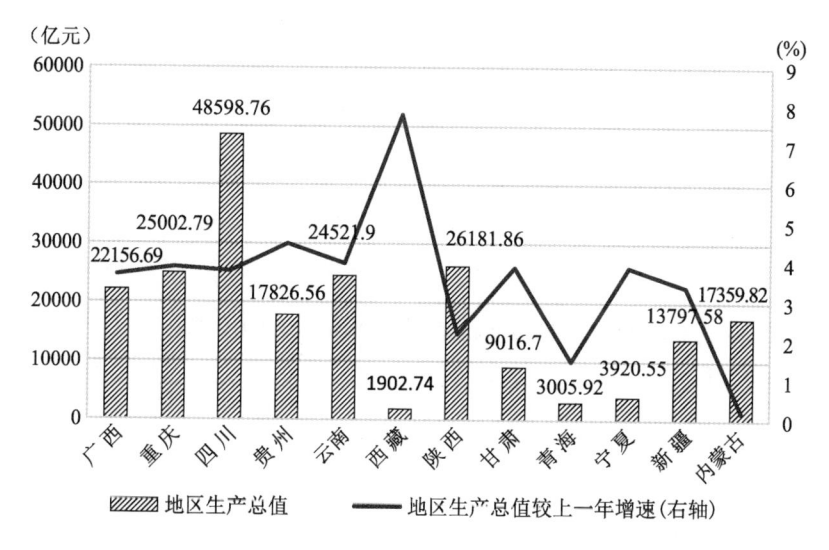

图17-2 2020年西部地区各省份的地区生产总值及其增速情况

资料来源：《中国统计年鉴2021》。

第三，西部地区各省份人均地区生产总值稳步增长，但多数低于全国平均水平。2012—2017年，按不变价格计算的西部地区人均地区生产总值年均增速为8.2%，分别高出东部、中部和东北地区1.0个、0.2个和2.8个百分点[①]。如图17-3所示，2020年，西部地区各省份中人均地区生产总值超过我国人均GDP（7.2万元）的仅有重庆和内蒙古两个省份，分别为78170元和72062元；并且，重庆与甘肃之间人均GDP

---

① 《区域发展战略成效显著 发展格局呈现新面貌——改革开放40年经济社会发展成就系列报告之十六》，国家统计局网站，2018年9月13日，http://www.stats.gov.cn/ztjc/ztfx/ggkf40n/201809/t20180913_1622702.html。

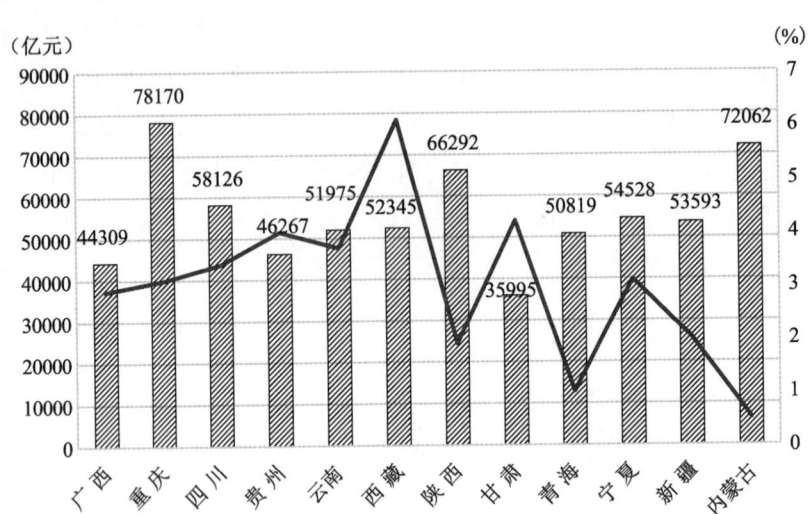

差距最大,其差距由 2016 年的 30859 元扩大至 2020 年的 42175 元。

图 17-3　2020 年西部地区各省份人均 GDP 情况

资料来源:《中国统计年鉴 2021》。

此外,西部地区内部各省份的人均 GDP 增速存在较大差异。从 2020 年西部各省份的人均地区生产总值较上一年的增速来看,西南的西藏、甘肃、贵州、云南的人均地区生产总值增速位列全国前 10;地处西北的青海和内蒙古的人均地区生产总值增速较低。西部地区各省份的人均 GDP 及其增速差异,与地区人口数量、生态环境、产业基础、产业结构以及城镇化发展水平等有密切关系。

2. 居民收入

人均可支配收入既能反映地区经济发展水平和人民生活状况,也能体现地区消费和储蓄潜力。第一,西部地区居民人均可支配收入呈稳步增长态势。如图 17-4 所示,2015—2020 年,西部地区居民人均可支配收入由 16868.1 元增长至 25416.0 元,增长 50.7%,增幅分别高于全国平均水平、东部、中部、东北地区居民人均可支配收入 4.1 个、4.6 个、3.4 个和 16.1 个百分点,可见近年来西部地区居民收入增速更高。

第二,西部地区居民人均可支配收入与全国平均水平仍有差距,与

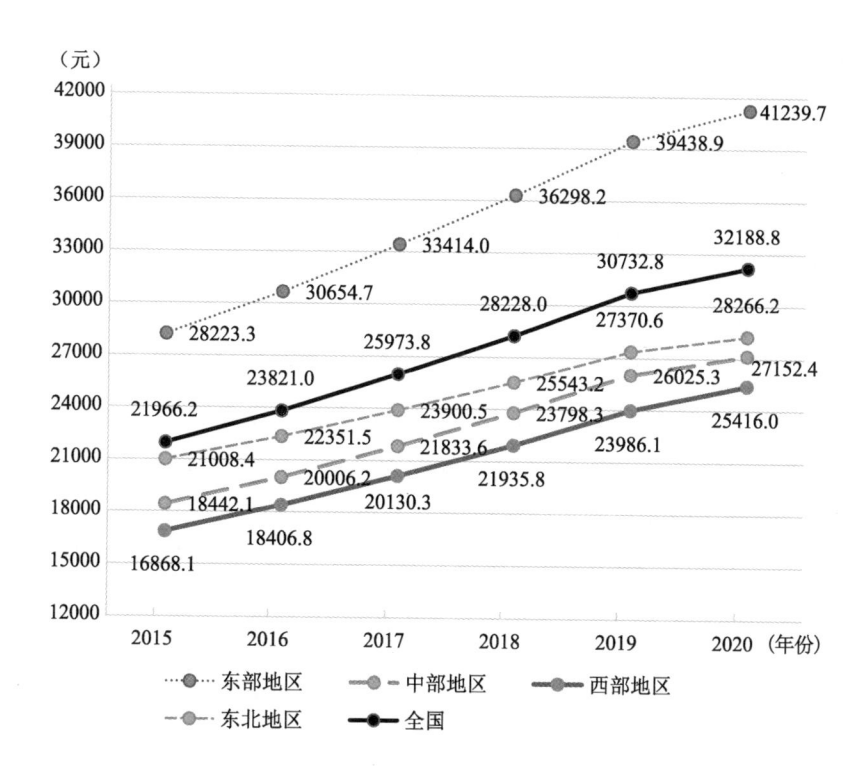

图 17-4 2015—2020 年全国、东部、中部、西部以及东北部
地区居民人均可支配收入变化情况

资料来源：《中国统计年鉴 2021》。

东部地区之间差距更大。2015—2020 年，西部地区居民人均可支配收入与全国平均水平分别差距由 5098.1 元增加到 6772.8 元。西部地区居民人均可支配收入与中部地区的差距，由 2015 年的 1574.0 元扩大到 2020 年的 1736.4 元；与东北部地区的差距，由 2015 年的 4140.3 元缩小到 2020 年的 2850.2 元；与东部地区的差距，由 2015 年的 11355.2 元扩大到 2020 年的 15823.7 元。

第三，西部地区内部人均可支配收入地区分化严重。2020 年西部地区人均可支配收入为 25416.0 元，各省份中超过西部地区平均水平的有 5 个省份，即内蒙古、重庆、四川、陕西和宁夏。西部地区 12 省份中，居民人均可支配收入最低的三个省是甘肃、西藏和贵州，分别为

20335.1元、21744.1元和21795.4元。甘肃与内蒙古之间的差异最大，内蒙古的人均可支配收入高出甘肃11162.2元。

第四，西部地区城乡居民人均可支配收入低于全国平均水平，但增幅较大。2020年西部地区城镇居民人均可支配收入为37548.1元，远低于东部地区水平（52027.1元），接近中部地区水平（37658.2元），略高于东北部地区水平（35700.1元），如表17-2所示。西部地区农村居民人均可支配收入为14110.8元，均低于东部、中部和东北部地区水平。从增幅来看，2015—2020年，西部地区城镇居民人均可支配收入由26473.1元增长至37548.1元，农村居民人均可支配收入由9093.4元增长至14110.8元，累计增幅分别为41.8%和55.2%。在此期间，全国、东部、中部和东北部城镇居民人均可支配收入累计增幅分别为40.5%、41.8%、40.5%和30.3%，农村居民人均可支配收入累计增幅分别为50.0%、48.9%、48.5%和44.3%。

表17-2　2015—2020年全国、东部、中部、西部以及东北部地区城乡居民人均可支配收入　　　　　　　　　　　单位：元

年份	全国		西部地区		东部地区		中部地区		东北地区	
	城镇	农村	城镇	农村	城镇	农村	城镇	农村	城镇	农村
2015	31194.8	11421.7	26473.1	9093.4	36691.3	14297.4	26809.6	10919.0	27399.6	11490.1
2016	33616.2	12363.4	28609.7	9918.4	39651.0	15498.3	28879.3	11794.3	29045.1	12274.6
2017	36396.2	13432.4	30986.9	10828.6	42989.8	16822.1	31293.8	12805.8	30959.5	13115.8
2018	39250.8	14617.0	33388.6	11831.4	46432.6	18285.7	33803.2	13954.4	32993.7	14080.4
2019	42358.8	16020.7	36040.6	13035.3	50145.4	19988.6	36607.5	15290.5	35130.3	15356.7
2020	43833.8	17131.5	37548.1	14110.8	52027.1	21286.0	37658.2	16213.3	35700.1	16581.5

资料来源：根据《中国统计年鉴2021》整理。

第五，西部城乡居民人均可支配收入比偏高，但正逐年降低。如图

17-5 所示,西部地区城乡居民人均可支配收入比高于全国平均水平、东部、中部和东北部地区水平,在 2020 年分别高出 0.1、0.2、0.3 和 0.5。2015—2020 年,西部地区城乡居民人均可支配收入比从 2.91 降至 2.66,累计降幅达 25.0%。同一时期,全国、东部、中部和东北部地区的城乡居民人均可支配收入比降幅分别为 17.3%、12.2%、13.3% 和 23.2%。

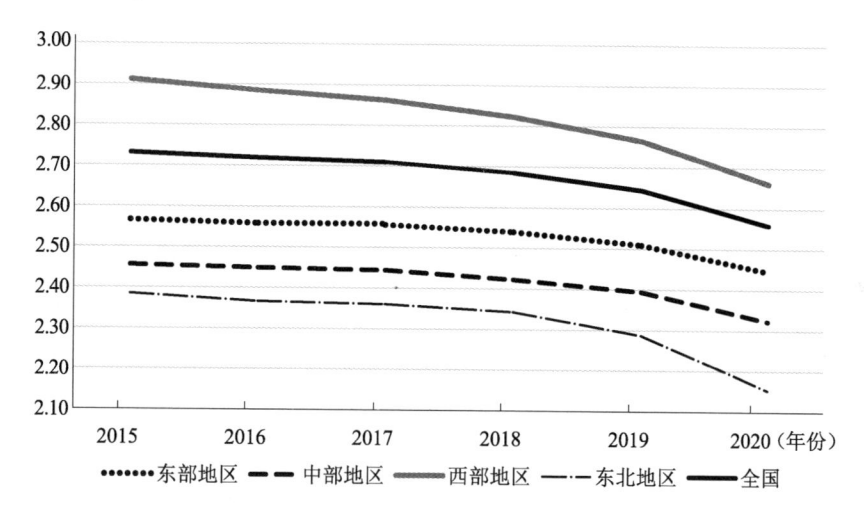

图 17-5　2015—2020 年全国、西部、东部、中部、东北部地区城乡居民人均可支配收入比变化情况

资料来源:根据《中国统计年鉴 2021》整理。

3. 对外贸易

西部地区货物进出口总额持续增长,但与东部地区之间差距拉大。如图 17-6 和图 17-7 所示,2020 年西部地区货物进出口总额为 29577.0 亿元,占全国比重为 9.2%,较 2016 年增长了 12601.8 亿元,累计增长 74.2%。其中,出口 17072.4 亿元,累计增长 70.2%;进口 12504.6 亿元,累计增长 80.1%;贸易顺差 4567.8 亿元。2020 年西部地区贸易进出口总额高于中部地区和东北地区,低于东部地区。与此同时,西部地区与东部地区间的货物进出口总额差距由 2016 年的 185684.1 亿元增长到 2020 年的 226821.3 亿元,差距扩大了 22.2%。

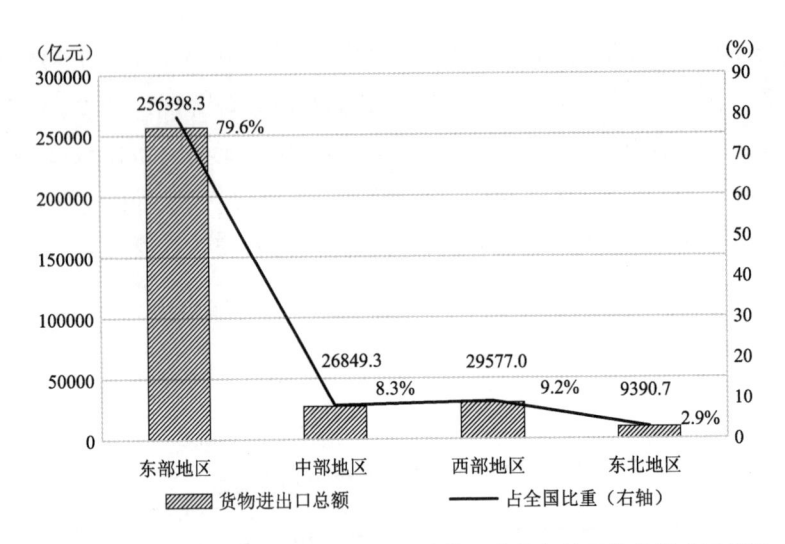

图 17-6　2020 年全国、西部、东部、中部、东北部地区货物进出口情况

资料来源：《中国统计年鉴 2021》。

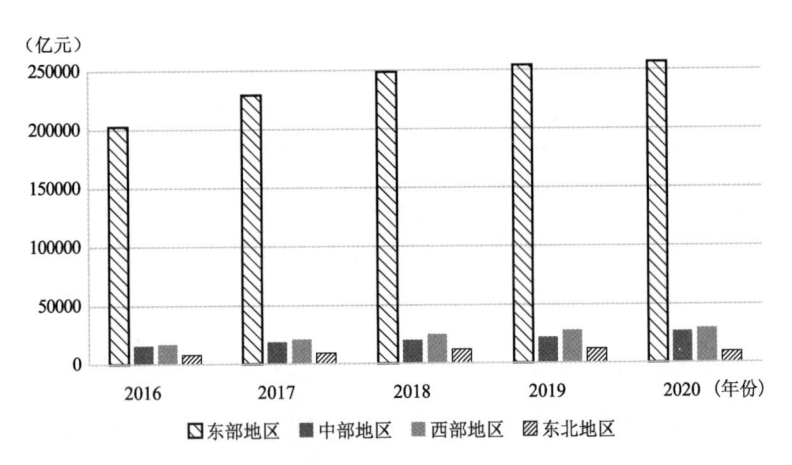

图 17-7　2016—2020 年全国、西部、东部、中部、东北部地区货物进出口总额变化情况

资料来源：根据历年《中国统计年鉴》整理。

4. 城镇化

第一，西部地区城镇化率不断提升。2020 年，西部地区城镇化率分别低于全国平均水平、东部、中部、东北部地区 6.59 个、13.50 个、1.70 个、10.40 个百分点（见表 17-3）。如图 17-8 所示，2016—

2020年，西部地区城镇化率由50.20%提升至57.30%，增长14.14%，增幅高于全国、东部、中部和东北部水平。此外，西部地区城镇化水平与东部、中部、东北部地区之间的差距逐渐缩小。2016—2020年，西部地区城镇化率与全国平均水平、东部、中部和东北部地区之间的差距分别下降了23.73%、14.01%、34.62%和9.57%。

表17-3 2016—2020年西部地区与东部、中部、东北部地区、全国的城镇化差距比较   单位：%

年份	西部地区与东部差距	西部地区与中部差距	西部地区与东北部差距	西部地区与全国差距
2016	-15.70	-2.60	-11.50	-8.64
2017	-15.40	-2.70	-10.40	-8.64
2018	-14.90	-2.70	-9.80	-8.60
2019	-14.40	-2.70	-9.00	-8.61
2020	-13.50	-1.70	-10.40	-6.59

资料来源：根据历年《中国统计年鉴》整理。

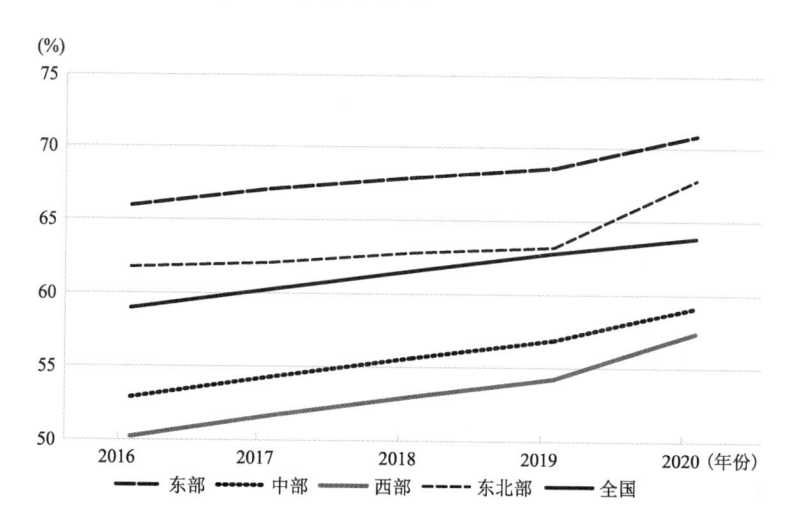

图17-8 2016—2020年全国、西部、东部、中部、东北部地区城镇化率变化情况

资料来源：根据历年《中国统计年鉴》整理。

第二，西部地区内部各省份城镇化发展程度不一。如图17-9所示，2020年西部地区城镇化率高于全国平均水平（63.89%）的省份有3个，而有5个省份城镇化率高于60%，分别是重庆、内蒙古、宁夏、陕西和青海，其中重庆的城镇化率最高，达到了69.46%；城镇化率最低的是西藏，仅为35.73%。从增速来看，2016—2020年，西部地区城镇化率增速最快的3个省份是贵州、甘肃和四川，其增速分别为16.66%、13.46%和13.37%。

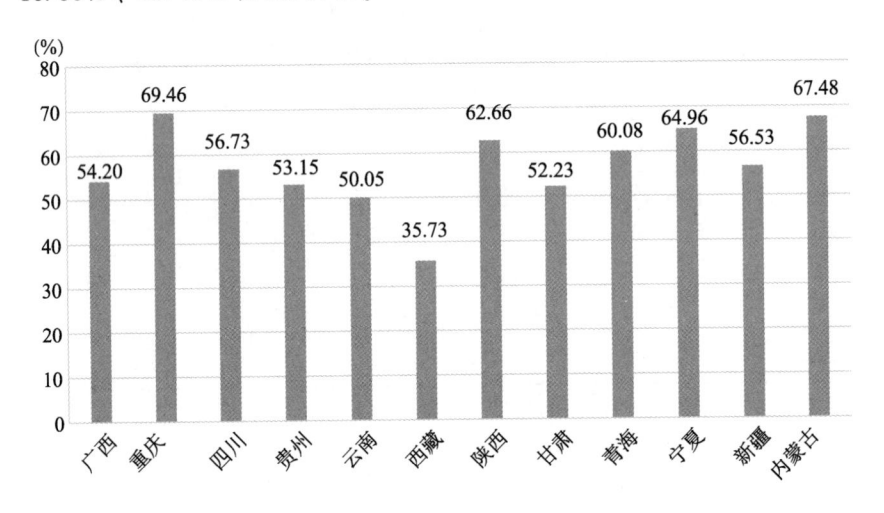

图17-9 2020年西部地区各省份城镇化水平

资料来源：根据《中国统计年鉴2021年》整理。

（二）交通设施

西部地区幅员辽阔，高质量的交通设施是西部地区在高质量发展中实现共同富裕的基础。

1. 城市道路

第一，西部地区城市道路设施条件不断优化，区域内建成的道路实有长度持续增长。根据表17-4，2016—2020年，西部地区实有道路长度由75272千米增长至113127千米，累计增加37855千米，累计增幅达50.3%。同期，东部、中部和东北部地区的实有道路长度累计增长数量分别为46132千米、19882千米、6334千米，累计增幅分别为24.0%、26.6%和15.9%。从西部地区内部看，2016—2020年，实有道路长度累计增幅最大的3个省份是贵州、广西和四川，增幅分别为130.3%、73.8%和72.1%，总体而言西部地区道路设施状况不断完善。

表17-4　2016—2020年全国、东部、中部、西部和东北部地区年末实有道路长度　　单位：千米

地区	2016年	2017年	2018年	2019年	2020年
东部	192509	203322	219487	230710	238641
中部	74856	76266	83204	88071	94738
西部	75272	79716	88317	98111	113127
东北部	39813	38531	41225	42350	46147
全国	382454	397830	432231	459245	492650

资料来源：根据历年《中国统计年鉴》整理。

第二，西部地区实有道路面积不断扩大且增幅较大。根据表17-5，2016—2020年，西部地区实有道路长度由160961万平方千米增加至233086万平方千米，累计增加72125万平方千米，累计增幅为44.8%。同期，全国、东部、中部和东北部地区实有道路长度分别累计增加215984万平方千米、77505万平方千米、54585万平方千米、11762万平方千米，累计增幅分别为28.7%、20.9%、35.0%和17.8%。

表17-5　2016—2020年全国、东部、中部、西部和东北部地区年末实有道路面积　　单位：万平方米

区域	2016年	2017年	2018年	2019年	2020年
东部	370702	386001	412924	434322	448207
中部	156132	167029	184527	195232	210717
西部	160961	168393	184601	206607	233086

续表

区域	2016 年	2017 年	2018 年	2019 年	2020 年
东北部	66028	67432	72218	73520	77790
全国	753819	788853	854268	909678	969803

资料来源：根据历年《中国统计年鉴》整理。

第三，西部地区各省份的人均道路面积稳步增长，多数省份增幅高于全国平均水平。如图 17-10 所示，2020 年，全国人均道路面积为 18.04 平方公里，除云南、重庆和陕西之外，其他 9 省份人均道路面积均高于全国平均水平。2016—2020 年，全国人均道路面积累计增加 2.24 平方米，累计增幅 14.18%。西部地区内部有 9 个省份的人均道路面积累计增幅高于全国平均水平，分别是广西、重庆、四川、贵州、甘肃、青海、宁夏和新疆，其中增幅最高的两个省是贵州和青海，增幅分别高达 75.31% 和 71.29%。云南、陕西和内蒙古的增幅最低。西部地区内部人均道路面积的累计增幅存在较大差异，可能与各地区发展基础、基础设施的完备性、政策因素、地理位置等相关。

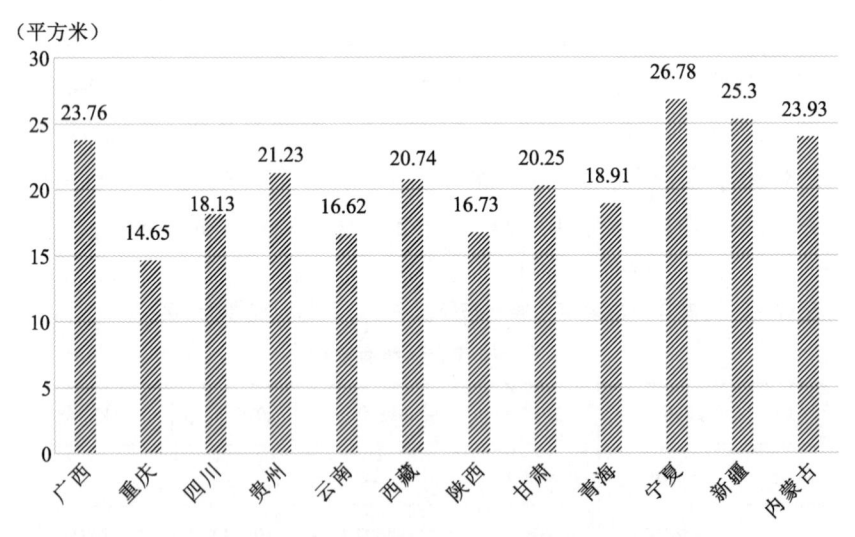

（平方米）

省份	数值
广西	23.76
重庆	14.65
四川	18.13
贵州	21.23
云南	16.62
西藏	20.74
陕西	16.73
甘肃	20.25
青海	18.91
宁夏	26.78
新疆	25.3
内蒙古	23.93

图 17-10　2020 年西部地区各省份的人均城市道路面积情况

资料来源：根据《中国统计年鉴 2021 年》整理。

2. 公路铁路

在交通设施的发展上,西部地区取得较大进展,其高速公路里程的增幅尤为明显。2016—2020年,西部地区铁路营业里程由50236.0公里增加至59113.1公里,累计增幅17.7%,其增幅高于东北地区(17.7%),略低于中部(20.8%)和东部(20.8%)地区。同期,西部地区的公路里程由1905561.0公里增加至2202307.1公里,累计增幅15.6%,其增幅分别高出全国平均水平、东部、中部和东北部地区4.9个、10.2个、5.7个、10.6个百分点;西部地区高速公路里程由47592.0公里增加至63644.7公里,累计增幅33.7%。西部地区的铁路营业里程、公路里程和高速公路里程在全国所占比重,由2016年的40.5%、40.6%、36.3%分别上升至2020年的40.4%、42.4%、39.5%,尤其是公路里程和高速公路里程比重的升幅明显高于东部、中部和东北部地区。从西部地区内部来看,西藏和宁夏的铁路里程较少,分别为783公里和1663公里,交通的通达性有待进一步提升。

表17-6　　2020年东部、中部、西部和东北部地区交通基础设施发展情况

指标	东部地区		中部地区		西部地区		东北地区	
	绝对数(公里)	占全国比重(%)	绝对数(公里)	占全国比重(%)	绝对数(公里)	占全国比重(%)	绝对数(公里)	占全国比重(%)
铁路营业里程	34961.9	23.9	33804.7	23.1	59113.1	40.4	18450.8	12.6
公路里程	1196479.0	23.0	1392468.0	26.8	2202307.1	42.4	406866.2	7.8
高速公路	46022.0	28.6	38163.8	23.7	63644.7	39.5	13149.7	8.2

资料来源:根据《中国统计年鉴2021年》整理。

（三）公共服务

1. 教育

西部地区教育事业迅速发展，人口科学文化素质稳步提升，为实现共同富裕奠定了坚实的基础。第一，西部地区教育投资力度加大。如图 17-11 所示，2015—2019 年，西部地区各省教育事业投入由 7691.09 亿元增加到 10491.73 亿元，西部地区国家教育财政支出占全国的比重总体保持较高的水平，占比超过全国的 1/4。西部地区得到了国家持续不断的教育资源投入，为提高西部地区教育水平提供了保障。

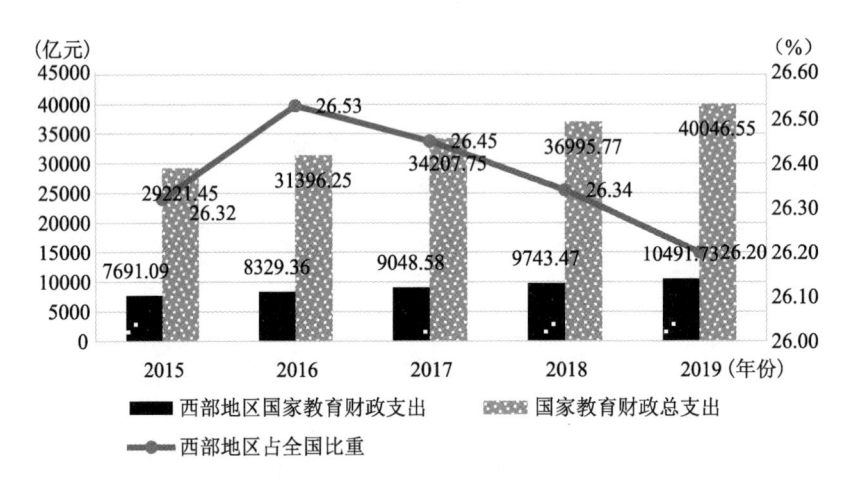

图 17-11　2015—2019 年西部地区国家教育财政支出与全国走势比较

资料来源：《中国统计年鉴》（2015—2021）。

第二，人口受教育程度不断提高，但省域与地区之间差距明显。从平均受教育年限看（见表 17-7），西部地区人口平均受教育年限明显较中东部地区以及东北地区更短，西部地区内部多数省份的平均受教育年限达不到全国平均水平。例如，2020 年第七次全国人口普查数据显示，西部地区各省份人口平均受教育年限达到全国平均水平（9.91 年）的仅有 2 个省份，分别为内蒙古和新疆，分别高出 0.17 年与 0.2 年；与全国平均水平差距最大的是西藏，为 -3.16 年。另外，2010 年西藏、贵州、云南、青海的人口平均受教育年限不足 8 年，西藏仅为 5.25 年；

到 2020 年,西藏的人口平均受教育年限延长了 1.5 年,达到 6.75 年,而贵州、云南、青海的人口平均受教育年限增幅也超过 1 年。

表 17-7　2010 年和 2020 年西部各地区人口平均受教育年限　　单位:年

地区	2010 年	2020 年	与 2020 年全国平均水平的差值(9.91)
内蒙古	9.22	10.08	0.17
广　西	8.76	9.54	-0.37
重　庆	8.75	9.8	-0.11
四　川	8.35	9.24	-0.67
贵　州	7.65	8.75	-1.16
云　南	7.76	8.82	-1.09
西　藏	5.25	6.75	-3.16
陕　西	9.36	10.26	0.35
甘　肃	8.19	9.13	-0.78
青　海	7.85	8.85	-1.06
宁　夏	8.82	9.81	-0.1
新　疆	9.27	10.11	0.2

资料来源:2010 年、2020 年全国人口普查数据。

从每 10 万人拥有各类受教育程度的人数来看(见表 17-8),西部地区各省份之间在不同层次的教育方面有明显差距。例如,第七次全国人口普查数据显示,2020 年每 10 万人拥有大学受教育程度的人数在 2 万人以上的省份仅分布于东部地区,分别为北京、上海和天津。每 10 万人拥有小学受教育程度人数超过 3 万人的省份基本上集中于西部地区,如云南、青海、西藏、贵州、四川。可见,虽然西部地区总体上教育事业发展成效显著,人口的文化素质有所提升,但是与中东部以及东北地区比,仍存在较大差距,并且西部地区内部省份之间差距也不小,发展较之更为缓慢。

表 17-8　2020 年全国每 10 万人口中拥有的各类受教育程度

单位：人/10 万人

区域	省份	大学 （大专及以上）	高中 （含中专）	初中	小学
西部地区	内蒙古	18688	14814	33861	23627
	广　西	10806	12962	36388	27855
	重　庆	15412	15956	30582	29894
	四　川	13267	13301	31443	31317
	贵　州	10952	9951	30464	31921
	云　南	11601	10338	29241	35667
	西　藏	11019	7051	15757	32108
	陕　西	18397	15581	33979	21686
	甘　肃	14506	12937	27423	29808
	青　海	14880	10568	24344	32725
	宁　夏	17340	13432	29717	26111
	新　疆	16536	13208	31559	28405
中部地区	山　西	17358	16485	38950	19506
	安　徽	13280	13294	33724	26875
	江　西	11897	15145	35501	27514
	河　南	11744	15239	37518	24557
	湖　北	15502	17428	34280	23520
	湖　南	12239	17776	35636	25214

续表

区域	省份	大学 （大专及以上）	高中 （含中专）	初中	小学
东部地区	北　京	41980	17593	23289	10503
	天　津	26940	17719	32294	16123
	河　北	12418	13861	39950	24664
	上　海	33872	19020	28935	11929
	江　苏	18663	16191	33308	22742
	浙　江	16990	14555	32706	26384
	福　建	14148	14212	32218	28031
	山　东	14384	14334	35778	23693
	广　东	15699	18224	35484	20676
	海　南	13919	15561	40174	19701
东北地区	辽　宁	18216	14670	42799	18888
	吉　林	16738	17080	38234	22318
	黑龙江	14793	15525	42793	21863

资料来源：第七次全国人口普查公报。

2. 医疗卫生

健康是人民群众美好生活的重要基石，也是经济社会发展的基础条件。自西部大开发以来，西部地区各省份医疗卫生服务水平显著提升。第一，西部地区医疗卫生服务条件不断改善。例如，2014—2020年，西部地区医疗卫生机构数以及床位数总体上呈上升趋势。2020年，西部地区医疗卫生机构数增长到314955个，床位数增长到267.16万张。另外，2019—2020年，西部地区各省份每千人口卫生技术人员逐年增长。然而，西部地区医疗卫生事业发展与中东部地区相比，仍存在较大差距。2015年西部地区医疗卫生机构数占全国比重呈下降趋势，而东部地区占全国比重呈逐年增长趋势。2016年以后，西部地区医疗机构床位数低于东部地区，略高于中部地区，如图17-12、图17-13所示。

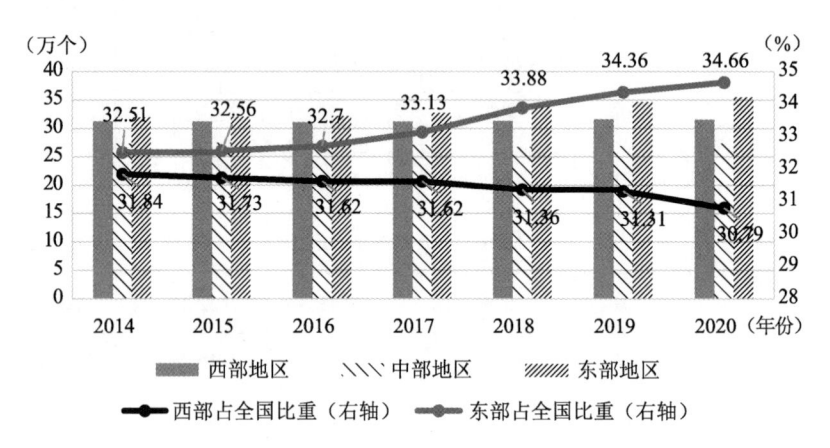

图17-12 各地区医疗卫生机构数对比

资料来源：《中国统计年鉴》（2015—2021）。

图17-13 各地区医疗卫生机构床位数对比

资料来源：《中国统计年鉴》（2015—2021）。

第二，西部地区内部分化，各省份医疗卫生事业发展不平衡问题突出。2020年，与全国平均水平（7.57人）相比，西部各省份每千人口卫生技术人员数较多的是内蒙古、陕西、宁夏、云南、青海（见表17-9）；其中陕西最多，西藏最少，陕西比西藏多2.97人。

表17-9　　　　　全国各地区每千人口卫生技术人员　　　　　单位：人

区域	省份	2018年	2019年	2020年	与2020全国的差值(7.57)
西部地区	内蒙古	7.43	7.73	8.41	0.84
	广西	6.51	6.88	7.42	-0.15
	重庆	6.75	7.19	7.42	-0.15
	四川	6.74	7.19	7.56	-0.01
	贵州	6.82	7.39	7.46	-0.11
	云南	6.25	6.99	7.76	0.19
	西藏	5.55	5.97	6.23	-1.34
	陕西	8.49	9.13	9.2	1.63
	甘肃	5.96	6.76	7.24	-0.33
	青海	7.39	7.79	8.26	0.69
	宁夏	7.71	7.98	8.14	0.57
	新疆	7.09	7.37	7.39	-0.18
中部地区	山西	6.63	6.91	7.69	0.12
	安徽	5.27	5.67	6.75	-0.82
	江西	5.32	5.74	6.33	-1.24
	河南	6.47	6.78	7.11	-0.46
	湖北	6.95	7.02	7.42	-0.15
	湖南	6.33	7.26	7.49	-0.08

续表

区域	省份	2018年	2019年	2020年	与2020全国的差值(7.57)
东部地区	北京	11.88	12.59	12.61	5.04
	天津	6.7	7.03	8.22	0.65
	河北	6.1	6.46	6.96	−0.61
	上海	8.07	8.42	8.62	1.05
	江苏	7.33	7.85	7.85	0.28
	浙江	8.47	8.89	8.49	0.92
	福建	6.28	6.63	6.7	−0.87
	山东	7.35	7.77	8.01	0.44
	广东	6.66	6.88	6.58	−0.99
	海南	6.82	7.71	7.38	−0.19

资料来源：《中国统计年鉴》（2019—2021）。

3. 社会保障

完善的社会保障是实现西部地区共同富裕的必要条件之一。西部地区各项社会保障事业的进步，为迈向高质量发展阶段、实现共同富裕提供了良好的环境。

参保人数逐年增多，社会保障水平不断提高。根据中国统计年鉴数据显示，西部地区养老、失业、医疗、工伤以及生育保险覆盖面不断扩大，受益人数不断增加。例如，2020年，西部地区参加基本养老保险人数达16555.5万人，比2016年增加1811.6万人，其占全国参保人数的比重也在逐年上升，如图17-14所示。此外，与中东部地区相比，2016—2020年，西部地区城乡居民基本养老保险的参保人数总量均低于中东部地区，可见西部地区社会保障事业的发展仍然与中东部地区存在一定差距，有待进一步完善与提升。

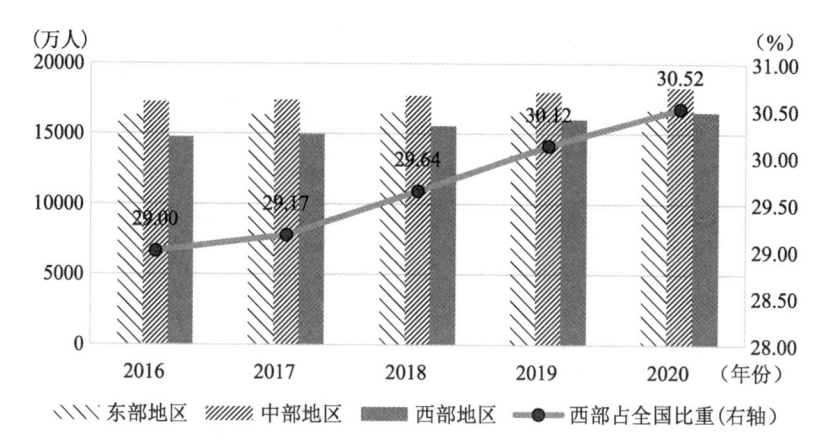

图 17-14　各地区城乡居民基本养老保险的参加人数对比

资料来源：《中国统计年鉴》(2017—2021)。

(四) 生态环境

第一，森林覆盖率增幅明显，生态环境不断改善。2017—2018 年，西部地区各省份森林覆盖率有较大幅度提升（见表 17-10）。2018—2020 年，西部地区各省份的森林覆盖率水平基本持平。2020 年，与全国平均水平（22.96%）相比，内蒙古、西藏、甘肃、青海、宁夏、新疆森林覆盖率较低。需要说明的是，西部一些地区地理环境具有特殊性，除森林覆盖率外还需其他指标综合评估生态环境情况，如新疆的沙漠和戈壁较多，植被覆盖率低。

表 17-10　2016—2020 年西部地区各省份森林覆盖率　　　单位:%

省　份	2016 年	2017 年	2018 年	2019 年	2020 年
内蒙古	21.03	21.03	22.10	22.10	22.10
广　西	50.03	50.03	60.17	60.17	60.17
重　庆	38.43	38.43	43.11	43.11	43.11
四　川	35.22	35.22	38.03	38.03	38.03
贵　州	37.09	37.09	43.77	43.77	43.77
云　南	50.03	50.03	55.04	55.04	55.04

续表

省　份	2016 年	2017 年	2018 年	2019 年	2020 年
西　藏	11.98	11.98	12.14	12.14	12.14
陕　西	41.42	41.42	43.06	43.06	43.06
甘　肃	11.28	11.28	11.33	11.33	11.33
青　海	5.63	5.63	5.82	5.82	5.82
宁　夏	11.89	11.89	12.63	12.63	12.63
新　疆	4.24	4.24	4.87	4.87	4.87

资料来源：《中国统计年鉴》（2017—2021）。

第二，自然保护区数量增加，生态环境保护力度增大。根据 2020 年中国生态环境状况公报数据，全国已建立国家级自然保护区 474 处，总面积约为 98.34 万平方千米。国家级风景名胜区 244 处，总面积约为 10.66 万平方千米。国家地质公园 281 处，总面积约为 4.63 万平方千米。国家海洋公园 67 处，总面积约为 0.737 万平方千米。另外，从 2014—2016 年，西部地区的自然保护区数目呈现逐年增长的趋势；2016—2018 年，西部地区自然保护区的数量保持在 993 个，如图 17-15 所示。此外，与东部地区相比较，西部地区的自然保护区数量明显更多，可见国家重视西部地区生态环境的保护与改善。

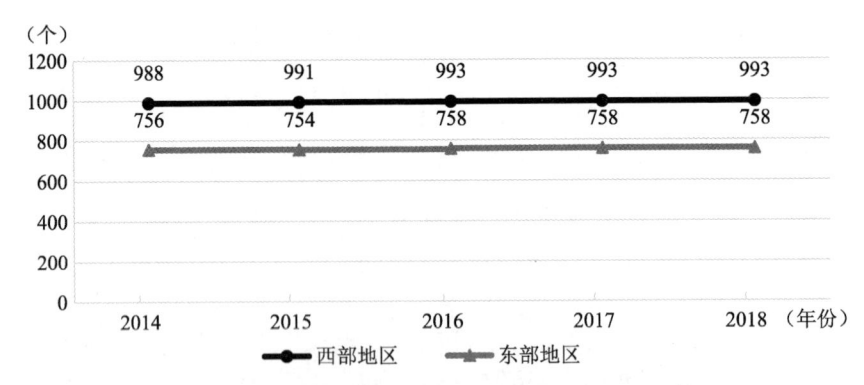

图 17-15　西部地区与东部地区自然保护区数比较

资料来源：《中国统计年鉴》（2015—2019）。

第十七章　西部地区在高质量发展中促进共同富裕路径研究

第三，工业污染治理投资逐年减少，投资总额低于东部地区。自2016年以来，西部地区工业污染治理投资额逐年减少，从2016年的166.40亿元降至2020年的113.08亿元。西部地区工业污染治理投资总额远低于东部地区，这也间接反映了西部地区工业基础相对薄弱。另外，2016—2020年，西部地区工业污染治理投资占全国的比重呈现上升趋势，可见国家日益重视西部地区工业污染的治理情况，如图17-16所示。

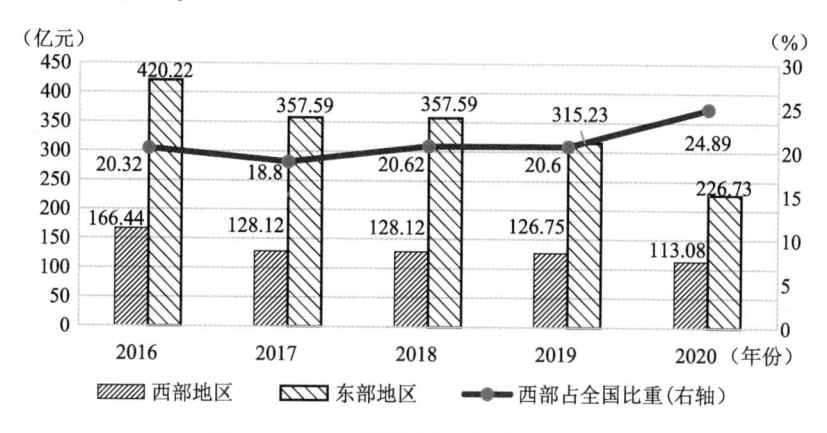

图17-16　工业污染治理投资完成情况

资料来源：《中国统计年鉴》（2017—2021）。

二　西部地区实现共同富裕面临的主要挑战

（一）区域协同发展程度低

1. 经济发展仍有差距

首先，与东部地区经济规模差距大。近年来，西部地区经济规模不断增大，但与全国平均水平及中东部地区相比，仍然有一定差距。2000—2020年，我国东部、中部、东北、西部四大区域地区生产总值占全国GDP的比重分别由53.44%、19.15%、9.90%和17.51%，变为51.9%、22.0%、5.0%和21.1%。中西部地区的相对经济份额有所提升，东部与东北地区下降，但总体而言，西部与东部的经济总量仍有较大差距。并且，西部地区城乡居民收入低于中东部地区。2020年，西部地区城镇居民人均可支配收入为37548.1元，远低于东部地区（52027.1元），接近中部地区水平（37658.2元），略高于东北部地区水平（35700.1元）；西部地区农村居民人均可支配收入为14110.8元，均低于东部、中部和东北部地区水平。

与全国平均水平、中东部地区相比，西部地区城镇化水平偏低且内部各省份之间的城镇化水平差距较大。2020年，西部地区城镇化率分别低于全国平均水平、东部、中部和东北部地区6.59个、13.50个、1.70个、10.40个百分点；同年，西部地区各地区中城镇化率高于全国平均水平（63.89%）的省份有3个，而城镇化率高于60%的有5个省份，分别是重庆、内蒙古、宁夏、陕西和青海，其中重庆的城镇化率最高（69.46%），而城镇化率最低的是西藏（35.73%），二者相差33.73个百分点。

2. 经济发展质量不高

西部地区经济发展短板明显。由于交通、区位、社会文化、自然地理以及发展基础等因素的影响，西部地区内部各地区间产业结构趋同且发展不均衡。西部地区整体城镇化水平低于全国平均水平，且促进城乡融合发展的体制机制尚不健全，基础设施建设相对滞后于中东部地区。西部地区部分区域地广人稀，城市分散，市场集中度低，难以形成显著的规模经济效应和市场效应。并且，西部地区经济发展离高质量的要求仍有差距。2021年，在经济发展质量排名前十的省会城市中，西部地区仅有1个，而在11—20名和21—30名中，西部地区仅分别有2个和1个，相应城市的数量均低于东部地区（见表17-11）。

表17-11　2021年各地区省会城市经济发展质量排名位次数量　　单位：个

区域	1—10名	11—20名	21—30名
东部	8	5	6
中部	1	3	0
西部	1	2	1

资料来源：根据华顿经济研究院（原上海经济研究所）2021年发布的"中国百强城市排行榜"。

3. 省域经济分化加剧

西部地区发展不平衡不充分问题依然是迈向共同富裕的重难点。近年来，西部地区经济总量不断增长，但内部各省份之间经济分化明显。2020年，与全国平均水平相比，西部地区仅有重庆和内蒙古两个省份人均地区生产总值超过全国水平，分别为78170元和72062元。西部各省份中，重庆人均地区生产总值最高，甘肃最低，二者相差42175元。

同时，由于区位、自然地理、产业结构以及工业基础等多方面差异，西北地区的经济发展水平相对滞后，与西南地区①的差距扩大，出现了南北经济分化的局面。西北地区与西南地区的地区生产总值差额由2000年的4639.89亿元扩大到2020年的66727.01亿元。2020年，西北6省份地区生产总值合计为73282.43亿元，而西南地区仅四川一省的地区生产总值就已达到48598.80亿元，占西北6省份地区生产总值的66.32%。

整体来看，西部地区部分区域发展起步晚、基础差，受经济发展规模和速度以及生态环境的约束较大，长期处于相对落后的发展状态，物质生活资料的满足程度还不够高，离人民对美好生活的新诉求仍有较大距离。省域之间经济分化加剧以及协同化程度较低，分工与合作不够，各类生产要素的自由流动及资源的有效配置受限，影响了西部地区经济发展质量的进一步提升。

(二) 高质量发展内生动力不强

1. 自主创新能力较弱

在人才由西部地区向东部地区流动的格局下，西部地区创新和人才集聚动力不足，经济自主创新能力较弱。西部地区由于科技创新能力较低，其经济增长主要依靠要素投入、投资拉动、传统产业规模扩张来实现。据《中国科技统计年鉴》数据，2020年全国各地区研究与试验发展（R&D）费用支出为24393.1亿元，其中东部地区占65.47%，中部

---

① 西北地区包括内蒙古、新疆、青海、甘肃、宁夏和陕西，西南地区包括重庆、四川、云南、贵州、广西和西藏。

地区占 17.75%，西部地区仅占 13.17%，西部地区 R&D 费用支出占比低于中东部地区的费用支出。各省份中，四川 R&D 费用支出最高，西藏 R&D 费用支出最低，分别为 1055.3 亿元与 4.4 亿元，二者相差 1050.9 亿元。由于西部地区技术进步贡献率远远低于中国平均水平，政产学研协同发展缺乏有效政策，研发投入和力量弱，成果转化率低，导致对区域经济支撑能力不足[①]。

2. 产业发展对区域禀赋优势利用不足

近年来，西部地区经济迅速增长部分受益于特色产业的发展，扩展相关产业链条。西部地区产业、产品竞争力不强，具有比较优势的产品多是初级产品和劳动密集型产品。特色产业具备核心竞争力和比较优势，是带动西部地区全域经济高质量发展的关键。然而，西部地区很少形成独具特色的优势产业链条，特别是一些曾经的深度贫困地区。部分原因在于地方经济基础薄弱，基础设施相对落后，自然地理条件复杂，无力支撑特色产业体系，这也导致居民就业和增收受限。此外，西部地区精准挖掘在生态环境、民族文化、文创旅游等方面的禀赋优势不够，发挥西部地区沿边、沿江等区位优势不足，西部地区应促使资源优势、区位优势更好转化为经济优势，促进高质量发展。

（三）边疆地区发展严重滞后

1. 经济发展基础薄弱

西部地区的边境线长，边疆地区[②]的发展在西部大开发新格局中处于重要地位。与全国平均水平、中东部地区相比，西部边疆地区各省份的经济发展水平仍相对滞后。2020 年，西部边疆地区只有内蒙古的人均地区生产总值（72062 元）超过全国平均水平，其他省份均未达到全国水平，其中甘肃最低（35995 元）。从人均地区生产总值增速看，相较上一年，西藏、云南、甘肃 3 省份人均地区生产总值增速较高，分别

---

① 肖金成、沈体雁、凌英凯：《推进形成西部大开发新时期新格局的对策与路径——"中国区域经济 50 人论坛"第十六次专题研讨会综述》，《区域经济评论》2020 年第 6 期。

② 边疆地区是指陆地边疆区域，包括东北三省、内蒙古、新疆、西藏、云南、广西和甘肃，其中西部地区包含的边疆地区为内蒙古、新疆、西藏、云南、广西和甘肃。

为 6.1%、3.7% 和 4.2%，而内蒙古仅为 0.5%。

由于边疆地区开放较晚，市场机制不发达，政府服务功能不完善，加之交通与区位的封闭性与边缘化，导致要素聚集能力不断减弱，并且随着人口流失与人才流失的问题不断加剧，抑制了区域经济长期增长的动力。另外，随着边疆地区人口向东部流动，加之不少地方政府以房地产、城市扩容等措施推进城镇化，缺少优势产业，城镇功能不发达，导致部分边疆地区存在中小城镇空心化与萎缩问题。如西部陆地边境地区面临小城镇"过疏化"问题。2020 年，户籍人口进入全国 1000 位的乡镇中，西部边境地区只有 3 个，分别是云南的腾冲市腾越镇（12.63 万人）、耿马傣族佤族自治县孟定镇（9.60 万人）和新疆的叶城县喀格勒克镇（10.10 万人）①。

此外，中央对沿边开发开放的政策扶持力度尚不及沿海，沿边开发开放尚未形成系统性与连贯性的政策支撑体系，更缺乏具体配套支持措施。整体而言，西部边疆地区若无法突破经济发展面临的诸多困境，不仅会进一步扩大与东中部地区的发展差距，也不利于发挥边疆地区城市稳边成边的作用。

2. 基础设施、公共服务等短板突出

西部边疆地区社会建设总体滞后，基础设施、公共服务等短板问题一直较为突出，与东部地区差距明显。首先是基本公共服务财政支出较少。据《中国统计年鉴》数据，2020 年，西部边疆地区平均一般公共服务支出为 445.36 亿元，是东部地区 782.36 亿元的 57%；平均教育支出为 785.05 亿元，是东部地区 1558.75 亿元的 50.36%；平均文化体育与传媒支出为 92.76 亿元，是东部地区 187.88 亿元的 49.37%；平均社会保障和就业支出为 692.38 亿元，是东部地区 1116.73 亿元的 62%；平均卫生健康支出为 449.58 亿元，是东部地区 755.12 亿元的 59.54%。

其次是基本公共服务社会成员受益程度较低。据《中国统计年鉴》数据，2020 年，西部边疆地区的医疗卫生机构均值为 22732.7 个，是东

---

① 国家统计局农村社会经济调查司编：《中国县域统计年鉴（乡镇卷）2020》，中国统计出版社 2019 年版。

部地区 35451.4 个的 64.12%；平均每千老年人口养老床位数 29.22 张，是东部地区 31.39 张的 91.6%；平均人均拥有公共图书馆藏量是 0.66 册，是东部地区 1.29 册的 51.53%。同时，西部边疆地区多是少数民族聚居区和相对贫困地区，虽然脱贫攻坚任务已经完成，但巩固拓展脱贫攻坚成果与乡村振兴有效衔接任务仍然很重。

3. 地方政府治理能力和水平有待提高

在推进国家治理体系和治理能力现代化进程中，西部边疆地区政府治理能力和水平的提升对于边疆地区经济发展以及促进共同富裕有重要意义。然而，目前西部边疆地区地方政府与外部治理主体间互动仍不足，尤其是省际、城市群之间的协商合作互动不充分，为企业和群众提供标准化、均等化、精细化服务不足。并且，边疆民族地区地方政府在经济发展规划、市场制度创新、资源汲取利用、公共服务供给等方面的治理能力较低，与东部地区相比差距明显[①]。

（四）生态保护与反贫困治理任重道远

1. 生态保护任务艰巨

西部地区是国家重要的生态屏障和资源富集区，同时生态也极其脆弱，资源环境承载力较低。在加快发展过程中，西部地区脆弱的生态与发展的压力之间仍然存在一定的矛盾。

虽然自西部大开发战略实施以来，西部地区生态环境保护与治理成效显著，但由于部分地区生态承载力和环境容量太低，工业化和城镇化规模受到限制，传统的发展道路走不通。同时，西部地区转变经济发展方式总体较慢，对煤、石油、天然气等不可再生资源的依赖较重，生态环境压力始终存在。此外，西北地区较西南地区生态环境更为脆弱，局部区域生态系统退化，水资源匮乏以及水源涵养功能降低，地区的水土流失和土地荒漠化问题依旧严峻，增大了民生保障与改善的压力。如青海和甘肃，其荒漠化、沙化和具有明显沙化趋势的土地面积分别占到全

---

① 王永明、赵东海：《新时代边疆民族地区地方政府治理能力研究》，《内蒙古师范大学学报》（哲学社会科学版）2021 年第 1 期。

国的 14.76%、14.31% 和 19.67%①。西南地区同样也存在水土流失愈益严重的问题，并且地质灾害频发，各类气象灾害增多，滇桂黔喀斯特石漠化面积不断扩大。最后，西部地区的生态补偿机制尚不健全，由于生态补偿机制的建立涉及相关各方利益，需要通过一种合理的制度设置使生态环境保护的外部性、口号化向内部性、实质化转变，形成经济开发与生态环境保护"双赢"的局面。

2. 脱贫群体返贫风险较大

2021 年，我国脱贫攻坚战取得了全面胜利。在西部地区，脱贫攻坚取得重大胜利，4637.8 万农村贫困人口（占全国总数 46.9%）实现全部脱贫，568 个贫困县（占全国总数 68.3%）全部摘帽，各省份贫困县摘帽数量榜单前六均为西部地区省份，分别为云南、西藏、四川、贵州、甘肃以及陕西（见表 17-12）。但是，经济社会发展相对滞后导致西部一些地区仍有较大的返贫风险，"十四五"时期西部脱贫摘帽地区仍然要把巩固拓展脱贫成果作为乡村振兴的重点。

表 17-12　　　　　　2020 年西部地区脱贫数据统计

地区	四川	甘肃	云南	贵州	广西	宁夏
脱贫人口、县	625 万人、66 个县	552 万人、58 个县	880 万人、88 个县	923 万人、66 个县	634 万人、33 个县	62.4 万人、8 个县
地区	重庆	青海	西藏	内蒙古	陕西	新疆
脱贫人口、县	190.6 万人、14 个县	53.9 万人、42 个县	62.8 万人、74 个县	80.2 万人、31 个县	465 万人、56 个县	308.9 万人、32 个县

资料来源：2020 年西部地区各省统计局。

在西部地区，一些返贫风险较大的地区，尚未和乡村振兴进行有效的衔接和积极巩固，在财政、金融、土地、人才、基础设施建设、

---

① 屠志方、李梦先、孙涛：《第五次全国荒漠化和沙化监测结果及分析》，《林业资源管理》2016 年第 1 期。

公共服务等方面缺少持续性的政策支持与经济援助，对区域发展的支撑能力不足。同时，受制于区位、交通以及地理环境的影响，西部一些边远落后且少数民族聚居的地区在能源供应、自来水净化、基础设施服务、垃圾集中处理等方面仍面临一些困难，农村空心化带来的留守老人、留守儿童问题凸显，医疗卫生服务水平不够高，农村居民健康意识、预防能力相对不足，这些都增加了因病返贫的潜在风险。此外，一些深度贫困地区脱贫主要通过移民搬迁、社会保障、强化基础设施等方式实现，而已脱贫人口的知识技能水平、持续生计能力、城市以及社会融入程度等都有待提高，在出现自然或社会风险时容易再次陷入贫困。

三 西部地区在高质量发展中促进共同富裕的路径

（一）统筹不同区域共进，做好核心城市群引领发展与民族地区加快发展之间的协同

核心城市群具有规模效益和集群效益，是推动经济高质量发展的重要动力源[①]。发挥核心城市群引领地区发展的作用，既是提升西部地区整体社会经济发展水平和改善居民生活的关键，也是提升西部地区和我国其他地区发展平衡性的关键。与此同时，我国多个少数民族的主要聚居区在西部地区，其中不少地区自然地理条件较差、基础设施建设相对滞后、经济发展和居民生活水平较低。可见，加快西部民族地区发展是推动新型城镇化发展、缩小西部地区内部差异、实现共同富裕的必然要求。因此，要在高质量发展中促进共同富裕，必须协同西部民族地区与主要城市群发展，才能提高西部地区内部发展平衡程度，促进全体居民共享发展成果。

1. 发挥核心城市群引领作用，形成高质量发展的动力源

西部地区要聚焦核心城市群建设，提高主要城市群建设效能，发挥其对区域发展的重大带动作用。一是要强化西部地区中心城市建

---

① 韩永文：《发挥城市群在经济高质量发展中的引领和辐射作用》，《全球化》2019年第5期。

设。不断提高中心城市的教育、经济发展水平和科技研发能力，增强成都、重庆和西安三大中心城市的带动效应，以及拉萨、昆明、贵阳、兰州等省会城市的辐射力，打造中心城市和城市群经济发展优势区域。

二是发挥好成渝地区双城经济圈的引领作用，打造引领西部地区开放开发的核心引擎。完善各项体制机制，坚定不移地推动成渝两地协同发展。强化成都、重庆两城市对成渝地区双城经济圈其他城市的带动作用，在人才联合培养、产业链互补与产业合作、跨区域合作研发、市场融合等方面发挥两市的溢出效应。

三是依托核心城市群的发展，推动区域协同发展，实现优势资源跨区域整合。深化西北地区的关中平原城市群与西南地区的成渝城市群之间的合作互动，实现西部城市之间优势互补。强化核心城市群与毗邻地区协同合作，使周边城市或地区尤其是民族地区共享城市群的发展资源与发展成果。深化西部城市群与东部、中部、东北部城市群的合作互动，如与京津冀城市群、长三角城市群的合作交流，学习发展经验与教训，实现产业互补、技术合作和人才互派，相互促进和挖掘生产与消费潜力。

2. 完善基础设施网络，促进民族地区发展提质增速

西部地区尤其是西部民族地区要不断提高基础设施通达度、通畅性和均等化水平，强化发展的基础支撑。一是优化西部地区综合立体交通网络建设，打造一体化的综合交通运输体系。"要致富先修路"，持续改善西部地区交通基础设施建设。推动西部地区交通走廊建设与西部地区产业发展深度融合，助推民族地区加快发展以及区域协调发展。

二是加快川藏铁路建设。以川藏铁路线建设为基点和契机，实现边疆与内陆地区的互联互通，连接成渝地区双城经济圈，释放川藏铁路线建设红利。优化人才、技术、企业、项目、资金等要素资源配置，发挥川藏铁路沿线的高原农牧业特色、生态优势以及特色民族文化资源；合理布局铁路沿线的基础设施建设、公共服务、产业项目以及特色小镇建设，推动特色产业集群发展。逐步完善联通西部地区特别是民族地区与

国内其他地区以及我国周边国家的物流体系。

三是完善西部地区尤其是民族地区的环境基础设施体系。推动西部地区污水、生活垃圾和医疗废物等处置设施和监管设施的跨区域共建共享，建设资源循环利用的相关基地，引进和推广先进且适用的环境基础设施和技术装备。

四是提高新型基础设施发展水平与质量，加快西部地区数字基础化建设步伐。进一步提高偏远地区、民族地区的信息化和网络化覆盖水平，加快人工智能、大数据以及工业互联网和物联网的建设和发展，拓展5G应用场景，为西部地区在高质量发展中实现共同富裕赋能。

3. 提高对外开放水平，推动核心城市群与民族地区联动发展

西部地区要加大对外开放深度和力度，更好地强化区际互动合作，促进城市群引领带动与民族地区加快发展的协同。一是根据各地区资源禀赋、发展条件、比较优势等差异化支持西部民族地区加快发展。提升西部地区在"一带一路"建设中的参与程度，发挥西藏、新疆等地的沿边区位优势，在资金投入、技术和政策支持上予以进一步倾斜。

二是优化西部地区营商环境。完善各地区制度政策条件和基础设施条件，促进生产要素的集聚和有序流通，增强招商引资的吸引力，提高西部后富区域的发展能力和对外开放程度。

三是释放核心城市群的开放活力。依托重庆两江新区和四川天府新区，建设好对外开放试验区和合作区，有效发挥川渝自由贸易试验区协同示范区对民族地区的经济辐射带动能力。促进西部地区对外开放典型区以及提升沿边地区的产业转移和承接能力，不断推进与东南亚、南亚、非洲等周边国家的经贸往来，进一步加强彼此间的产业务实合作[①]。

四是发展西部民族地区的龙头企业和特色产业，不断提升其国际化

---

① 郭贝贝、汪彬：《构建西部大开放新格局的战略举措研究》，《理论视野》2021年第4期。

水平。推动特色民族产业等优势产业加快融入全球价值链、产业链与供应链①。

(二) 统筹经济社会共荣，做好经济稳定增长与推进社会建设之间的协同

当前，我国已全面建成小康社会，取得了社会建设的空前成就，但这离不开我国过去经济持续快速增长带来的物质财富积累，经济增长为社会建设提供了必要支撑。西部地区发展相对滞后，持续稳定的经济增长是西部地区加快缩小与其他地区发展差距的必然要求，于西部而言，经济发展质量和速度都至关重要。然而，与全国平均水平相比，西部地区社会建设的经济支撑仍然不够，高水平推动社会建设的难度更大。因此，要按照"五位一体"总体布局要求，在高质量发展中促进共同富裕，西部地区必须做好经济稳定增长与推进社会建设之间的协同，推动经济社会共荣。

1. 优化区域经济结构，实现经济稳定增长

西部地区要优化经济结构，发展区域性特色优势产业，助力经济可持续发展。一是依托西部地区的人文地理优势，优化区域产业结构。深入开发和挖掘西部地区民族特色资源，打造名村、名镇、特色展馆和博物馆等，发展文旅产业、医药等新兴产业，形成特色产业集群。同时，积极拓展产业链条，发展具有民族特色的产品，增加产品的附加值。

二是探索建立完善养老产业体系，拓展银发经济产业链，实现医养和康养融合发展，加快发展健康保健食品和饮品、旅居养老、养老金融等养老产业。培养专业化的养老护理人才队伍，优化养老人才的跨区域学习交流和任职机制；加大对专业人才的补贴和政策支持力度，强化西部地区职业院校或高校的养老、护理等相关专业和学科建设，推动教育、培训与就业一体化。

三是利用大数据和信息技术，动态监测养老市场发展和需求。深化

---

① 李昕恬、黄锐：《新发展格局下西部地区贸易高质量发展路径》，《人民论坛》2022年第1期。

与东中部和东北地区产业协作,从供给侧和需求侧两端发力,做好推广宣传,提升西部特色产业在国内与国外的知名度,拓展市场空间。此外,积极参与"一带一路"建设,深化国际产业合作,激发投资和消费的动力。

2. 坚持以人民为中心,推动社会建设增进民生福祉

西部地区要增进民生福祉,加大对社会建设重点领域的发展力度。一是缩小西部地区内部教育资源的区域差异。要促进基础公共教育的均等化,加大对边疆地区、民族地区的教育发展对口帮扶力度。建立与东部、中部地区职业教育协同发展机制,发展具有西部特色和产业发展特色的职业教育[①],实现区域产业发展与职业教育的互促互进。推动建立西部高校协同合作机制,促进西部地区教育资源的高质量供给。进一步推动西部地区高等教育的发展,优化招生规模、科研经费、院系师资、学科建设和发展等方面的布局[②]。

二是补齐医疗卫生事业短板。完善西部民族地区、农村地区的医疗卫生中心建设,配备专业人才、医疗设施和设备。支持和优化西部地区医养结合机构建设,完善相应的规范标准。

三是扩大社会保险覆盖面,精准帮扶特定的困难群体[③]。同时,建立健全西部地区社会保障制度的评估、动态监督体系以及社会保险基金的风险预警机制[④],从而为民生的保障和改善保驾护航,真正做到惠及民众。

四是积极防范和化解社会风险。培育专业化的防灾减灾科研团队以及救援团队,定期开展有关防灾减灾的主题论坛。建立健全地区间重大自然灾害预防和处理的协同机制,形成防灾设施建设、定期排查、灾害

---

① 王忠昌、李晓娟:《共建"一带一路":西部地区职业教育发展的要义、格局与路径》,《教育与职业》2021年第22期。

② 包水梅:《全面振兴西部高等教育:困境、根源及其突破》,《中国高教研究》2020年第12期。

③ 朱炳元:《习近平关于社会主义社会建设重要论述的核心要义》,《广西社会科学》2022年第1期。

④ 朱楠、刘斌:《新时代西部地区新动能培育中社会保障发展的路径》,《陕西理工大学学报》(社会科学版)2019年第5期。

评估、监测预警、救援、善后等相关工作的一体化机制。

3. 挖掘科技创新资源，促进经济与社会良性互动

要激活西部地区科技创新资源，释放创新活力，统筹经济与社会共荣。一是推动西部地区形成良好的创新氛围和创新生态。根据西部地区的资源禀赋及其发展需要，完善科研机构布局，搭建创新平台，建设有优势、有影响力的科技创新中心。

二是实现科技创新创富，为西部地区经济稳定增长提供动力源泉。依托成渝地区双城经济圈建设，深化跨区域创新合作，整合创新资源，积极开展重大科研项目。增强西部地区内部以及西部地区与其他地区的协同创新发展能力，发展高新技术类以及科技型产业或企业，扩大普通民众创新创业机会，助推"政产学研"协同发展。

三是实现科技创新富民，助力社会建设，促进西部地区的普惠、协调发展。推动西部地区科研成果转化及应用，解决社会建设领域的关键问题，让科技创新惠及民生领域。如医疗健康、食品安全、灾害防治与预警、交通出行、农业生产、生态环境等诸多方面，实现科技创新赋能经济与社会发展。

（三）统筹重要领域带动，做好生态环境保护与民生保障改善之间的协同

建设生态文明是中华民族永续发展的千年大计，生态环境保护是建设生态文明的应有之义。一方面，我国西部地区生态资源丰富，其地位特殊且重要，尤其是青藏高原更是我国重要的生态安全屏障、高寒生物种质资源宝库和战略资源储备基地[①]。总体而言，西部生态环境保护对我国社会主义现代化建设具有重要影响。另一方面，曾作为脱贫攻坚主战场的西部地区虽全面摆脱了绝对贫困，但民生改善的任务依然艰巨，依然主要承担积极实践巩固拓展脱贫攻坚成果与有效衔接乡村振兴的重担。对西部地区而言，生态环境保护与民生保障改善既同时属于必须时

---

① 国家发改委等部门印发：《青藏高原生态屏障区生态保护和修复重大工程建设规划》，中国发展网，2021年12月21日，http://www.chinadevelopment.com.cn/fgw/2021/12/1758161.shtml。

刻抓好的两大领域，也同时属于责任重、压力大的两大领域。良好的生态环境是最普惠的民生福祉①，生态改善与民生发展息息相关。西部地区只有做好生态环境保护与民生保障改善之间的协同，才有充分条件在高质量发展中促进共同富裕。

1. 重视生态文明建设，筑牢西部地区生态安全屏障

一是进一步提高民众对生态文明建设的重视程度。通过线下线上相结合的方式加强对民众的宣传教育，如制作和及时更新有关青藏高原生态环境重要性及生态保护知识等的视频和公开课，提高民众生态保护的知识水平和重视程度。同时，全面践行绿色低碳的生活方式，倡导低碳出行与消费。

二是强化干部职工教育。对地区领导干部和工作人员定期开展区域内或跨区域的有关生态环境保护的专题培训和交流会，促进其对各类生态建设政策举措的深入理解，明确西部地区在生态环境保护中的重要地位，牢固树立绿水青山就是金山银山的理念。

三是推进重点生态工程，筑牢西部生态安全屏障。加大地方财政对自然保护区或生态保护地的投入力度，推动生态保护机构的标准化建设和发展，优化专业人员配备和机构设置。地区间协同开展跨域污染治理和生态保护，共建生态环境信息平台，对地区环境污染和生态危机情况进行及时有效的监测和预报预警。

四是协同西部地区生态屏障体系和生态廊道建设和发展。在青藏高原生态屏障区、黄河重点生态区、长江重点生态区等重点区域协同推进生态保护工程和重大工程项目的建设②。同时，通过跨区域联动合作，实现对生态保护的关键技术和共性技术的深入研究、及时更新、共享和应用，淘汰落后设备设施，提高西部地区污染治理、生态修复的效能。

---

① 思力：《良好生态环境是最普惠的民生福祉》，求是网，2019年3月6日，http：//www.qstheory.cn/wp/2019-03/06/c_1124200932.htm。
② 朱家梅、常小娟：《实现更高水平的区域协调发展》，求是网，2021年12月22日，http：//www.qstheory.cn/qshyjx/2021-12/22/c_1128188168.htm。

2. 着力补齐民生短板，优化公共服务供给和资源配置

西部地区要聚焦就业、医疗等重要领域的突出问题，提升民众的满意度和获得感。一是提高公共就业创业服务水平，促进劳动者就业增收。建设相关人才引进平台，搭建全面且多层次的劳动者信息库和人才储备库，精确把握劳动力意愿和岗位用工需求，推动西部地区内部以及与其他地区的劳动者信息资源共建、共享。优化西部地区人才激励机制，形成有竞争力的各类人才薪资、人才落户制度和政策。提升高校、企业、机构对各类专业人才培养的协同性和高效性，采用"订单式"培养西部地区专业化的对口人才。

二是推进西部地区城乡公共教育、医疗资源均衡发展，提高公共教育、医疗服务的标准化、便民化和智慧化水平。重点关注留守儿童、流动儿童的医疗与教育问题以及留守老人、农牧区老年人、西部地区生态移民的医疗、教育和社会保障水平。

三是提高西部地区养老托幼服务的覆盖面和质量。根据地区特点和民族地区特色，选择合适的地点设立养老托幼服务机构，对不同老年人群体和幼儿群体提供适宜的服务，满足老年人生活照料、康复修养、文体娱乐等以及幼儿的早教、照料等多方位的民生需求。

四是大力改善城乡人居环境。加强城乡园林绿化建设，形成宜居、宜游、宜业的良好人居环境。扩大西部农村信息网络覆盖面，提高生活垃圾处理效率，新建或优化关键水利和电力设施，改善农村人居环境，助力乡村振兴。

3. 大力发展绿色经济，推动生态与民生协同发展

西部地区要发掘生态保护中的"绿色红利"和民生福祉，在高质量发展中促进生态环境保护和民生保障，改善协同发展。一是依托成渝地区双城经济圈建设发展绿色经济，协同打造"绿色经济圈"，推动数字经济在生态建设中发挥更大的积极作用。

二是发展绿色生态产业，增进生态环境民生福祉。依托发展具有区域或民族特色的绿色产业，如发展西部地区的绿色畜牧业、生态旅游、生态康养等产业，带动居民就业增收。加大绿色金融贷款优惠政策、政府财政等方面对西部地区绿色产业发展的支持力度。

三是大力开发生态产品。积极研发和壮大发展青藏高原生态产品、传统特色林草业产品、绿色有机食品以及生态文化产品，推动生产生活生态共融、共生。加强西部地区与东、中、东北部地区以及"一带一路"沿线国家开展多方位合作，不断促进西部生态产品的价值实现和价值转化[①]。

（四）统筹物质精神富足，做好引领居民增收致富与满足居民多元需求之间的协同

共同富裕不仅是物质生活的富裕，同时也是精神生活的富裕。习近平总书记多次强调，人民对美好生活的向往，就是我们的奋斗目标。广大人民群众对美好生活的向往涵盖着物质与精神两个层面的需求。于西部地区而言，居民需求的差异化特征更为明显。有的地区经济发展水平较低，脱贫群体返贫风险较大，改善就业、增加收入仍是居民的首要需求；有的地区经济发展水平较高，居民总体就业和收入情况较好，从而对精神生活的需求明显增大。除了保障必要的人居环境、公共服务等之外，对物质生活水平显著较低的地区，应重点加大居民就业增收促进力度；对物质生活已达到一定水平的地区，应加大对居民精神生活需求的关注。换言之，西部地区在高质量发展中促进共同富裕，必须统筹物质和精神富足，做好引领居民增收致富与满足居民多元需求之间的协同。

1. 拓宽居民增收能力与渠道

一是在政策上畅通拓展增收渠道。完善西部地区城乡居民增收机制，实事求是、因地制宜地对重点群体推行差别化的收入分配政策和激励政策，让差别化政策在促进地区间、家庭间、个体间的平衡发展中发挥积极作用。鼓励勤劳致富，正确认识共同富裕，避免"内卷""躺平"和"摆烂"。

二是增强西部地区民众的致富能力。建立、健全防止返贫的动态监

---

① 致公党中央生态环境与可持续发展委员会、解焱、牛娜：《致公党中央关于持续加强青藏高原生态文明建设，积极应对气候变化的跟踪调研报告》，《中国发展》2021年第6期。

测和帮扶机制，优化就业、创业相关配套政策措施，加强职业技能培训平台的建设。培养致富带头人，发展龙头企业，创造更多的就业岗位，共享发展经验和机遇。

三是全面推进乡村振兴，壮大农村产业，发展新型农村集体经济，实现农民产业增收，缩小城乡收入差距。

2. 提档升级文化惠民工程

一是在改善民生各项工作过程中注重强化社会主义核心价值观引领，铸牢各民族中华民族共同体意识，促进人民群众的精神生活共同富裕，从根源上抵御精神贫困和心灵空虚。

二是深入发掘地区的特色历史文化资源，高效精准对接文化惠民项目与群众文化需求，优化文体娱乐活动的开展和公共文化服务的供给，不断满足人民群众多元化、多层次的精神生活需求。

三是强化城乡公共文化设施建设的资金和政策保障，促使文化惠民工程提档升级。提高地区文化资源的普惠性和便利性，免费或低价开放公共文化设施和活动场所。尊重不同民族的信仰和文化，保护和传承优秀传统文化，满足不同信教群众的宗教需求。

3. 发展特色文化产业

提高西部地区文化产业的发展水平，精准把握民众的多元需求，从而实现物质富裕和精神富足的有机统一。一是强化调查、研究在文化产业发展中的作用，重视民众意见、建议的收集研判，通过扎实开展调研来精准掌握居民的现实精神文化需求，推动城乡区域协同发展，避免文化产业建设的均质化及其所造成的资源浪费。

二是深入挖掘和整合西部边疆地区、民族地区的优秀传统文化资源。推动西部地区文化产业创新发展，促进文化产业与生态旅游、藏医药、康养、农牧产品加工业等特色优势产业深度融合、联动发展。依托具有民族、民俗特色的文化资源和生态资源，刺激西部区域内外文化产品消费，提升民族服饰、民族手工艺品、生物药、健康保健品等文旅产品的附加值和品牌影响力，满足多样化的文化消费需求。

三是建设西部民族文化产业园区。推动西部地区文化产业的集群化、专业化发展，打造西部文化产业发展的引领示范区，增进区域内外的文化交流。以"一带一路"倡议为契机，发展彰显多元民族文化特色的国内、国际大型体育赛事①。开办民俗风情演出、民族文化博览会等大型展会活动，推动西部地区节庆会展经济发展。

四是强化文化产业发展保障。拓宽西部地区文化产业融资渠道，予以专项资金支持和金融贷款优惠。完善特色文化产业从业人员的培育和激励机制，如唐卡画师、非物质文化遗产传承人等。

---

① 白志坚：《民族传统体育项目发展路径分析——以龙舟赛事为例》，《电大理工》2020年第1期。

第十八章　西部地区高质量发展与共同富裕促进机制研究*

——基于中心城市和城市群的角度

　　幅员辽阔的西部地区是关系我国经济、社会、生态发展全局和民族团结、边疆稳固的重大战略区域。改革开放后特别是西部大开发战略实施以来，西部地区经济社会发展取得重大历史性成就，但由于自然、地理、历史、文化等多种因素的相互影响和制约，西部地区发展不平衡不充分问题依然突出，发展质量、开放水平、环境保护、成果共享等方面的任务艰巨，促进西部地区高质量发展和共同富裕意义重大，影响深远，任务迫切。2020年5月，中共中央、国务院印发《关于新时代推进西部大开发形成新格局的指导意见》，提出推动西部地区形成大保护、大开放、高质量发展的新格局，明确指出要"因地制宜优化城镇化布局与形态，提升并发挥国家和区域中心城市功能作用，推动城市群高质量发展和大中小城市网络化建设"，凸显了中心城市和城市群的支撑带动对于西部地区形成新的强大动力源并驱动高质量发展的重要性。2021年8月17日，中央财经委员会第十次会议强调，要"增强区域发展的平衡性"，"在高质量发展中促进共同富裕"。在此背景下，基于中心城市和城市群支撑带动视角，探究西部地区高质量发展与共同富裕促进机制已成为亟待深究的重要理论与实践问题。

＊　丁如曦，西南财经大学中国西部经济研究院副教授。

一 中心城市和城市群支撑带动的区域高质量发展与共同富裕的理论内涵

(一) 中心城市和城市群的概念及内涵

中心城市作为区域乃至国家发展的增长极和门户枢纽，是区域经济活动的核心组织者与推动者，是信息、技术、人才等生产要素空间集聚的优势节点城市。中心城市经济社会活动具有明显的集聚性、扩散性、高效性和开放性等特征，在组织和发展大市场、大流通中具有先天优势，在区域经济发展中有着举足轻重的重要地位。一般而言，中心城市的综合功能强且往往拥有多种主导功能，从而在组织区域产业分工、明晰城市功能地位、加快基础设施建设、推动经济转型升级方面发挥着渗透引领、支撑带动的作用。由于产业分工、融合互动等方面的联系，中心城市与周边地区不间断地发生着空间交互作用，通过集聚与扩散机制驱动着特定区域空间范围内的要素流通、能量交换。

城市群是以一个或多个中心城市为核心，借助于现代化的交通、通信等基础设施，在特定空间范围由不同类型、不同规模、不同功能、不同等级的城市基于分工网络聚合而成的经济组织形式[1]，是不同城市在特定空间范围内的集中接近和排列组合。城市群是一个复杂开放的巨系统，城市与城市间借助各种联系通道和各类要素流的流动，持续地融合互动、交织依赖[2]，具有空间结构紧凑、经济联系密切、一体化水平较高的特征[3]，是引领带动区域高质量发展、增强区域发展平衡性、促进发展成果共享的重要引擎和空间载体。

---

[1] 方创琳:《城市群空间范围识别标准的研究进展与基本判断》,《城市规划学刊》2009年第4期; 姚士谋、陈振光、叶高斌等:《中国城市群基本概念的再认知》,《城市观察》2015年第1期。

[2] 涂建军、况人瑞、毛凯等:《成渝城市群高质量发展水平评价》,《经济地理》2021年第7期。

[3] 马燕坤、肖金成:《都市区、都市圈与城市群的概念界定及其比较分析》,《经济与管理》2020年第1期。

(二) 区域高质量发展和共同富裕的内涵

1. 区域高质量发展的内涵

区域高质量发展在新时代的背景下提出，是在区位理论、区域经济发展理论、新经济地理学等基础上的理论创新，是城市功能定位日益合理、区域发展动能不断增强、区域整体结构日渐优化、经济增长效率日益提升且具有可持续性并且能够实现经济与社会、生态良性互动的区域经济发展状态[①]，是区域经济发展由低级向高级的动态演进过程，最终目标是更好地满足人民日益增长的美好生活需要，实现以人为核心的全面发展，最终结果表现为区域差距，尤其是区域人均收入差距的收敛。深刻理解区域高质量发展的内涵，还需要把握以下几个方面。

第一，区域高质量发展要求各地域单元要立足于优势互补的分工体系和功能定位[②]，根据各地域单元的资源禀赋、发展基础、地理位置的比较优势，结合当地发展目标和发展导向，选取差异化、系统化、合理化的发展模式和发展战略，朝网络化方向发展[③]，充分挖掘生产要素禀赋和区域发展比较优势与发展潜力，以不断释放其牵引经济发展的潜力。同时要求建立一体化市场体系，加强政府内部沟通与衔接，打破行政区划束缚，建立畅通要素合理流通和高效集聚支持通道，提高要素调度、流通、集散的效率。

第二，区域高质量发展要求区域子系统优化空间结构并形成协调发展格局。区域空间结构会影响区域对要素流的空间承载力和调度分配要素流的空间支配力。一般而言，一城独大、中间断层的城市规模体系会导致大量要素堆积在中心城市，在中心城市面临过度集聚时由于缺少次级城市的过渡衔接而导致生产要素无法逐级进行转移，单中心、等级化

---

① 张震、覃成林：《新时期京津冀城市群经济高质量发展分析》，《城市问题》2021年第9期。
② 郭芸、范柏乃、龙剑：《我国区域高质量发展的实际测度与时空演变特征研究》，《数量经济技术经济研究》2020年第10期。
③ 樊杰、王亚飞、梁博：《中国区域发展格局演变过程与调控》，《地理学报》2019年第12期。

的空间结构体系可能会导致区域生产效率的流失。区域高质量发展关注不同层级中心城市的相互联系和相互作用，通过区域内增长极的职能匹配和分工合作，着眼于各地区的比较优势，建立不同梯度、不同层级的城市体系。

第三，区域高质量发展注重综合效益，体现动态演变。区域高质量发展强调综合收益差距的收敛，综合收益既需要兼顾短期效益，即经济实力和竞争力的持续增强，也需要兼顾长期效益，即在考虑到环境承载力基础上的可持续发展。此外，综合效益还要求实现经济效益、社会效益、生态效益的同向发展①。此外，区域高质量发展在"创新、协调、绿色、开放、共享"新发展理念的指导下，是动态演变的发展过程，因此其理论内涵势必会伴随发展阶段的演进、发展水平的提高而不断变化②。

2. 共同富裕的内涵

共同富裕是中国特色社会主义制度的本质特征，是全面建成社会主义现代化强国的内在要求，体现了人民对未来生活的美好愿景和热切期盼。共同富裕使全体人民有能力共建更多的物质财富和精神文明财富，有机会共享经济社会的发展成果，涉及区域协调、收入差距缩小、公共服务均等多个方面，是发展与共享的交织统一，是效率与公平的辩证结合③。

共同富裕具有以下几个特征。第一，多维性。共同富裕要求实现收入水平的提高、收入差距的收敛，同时涵盖精神文明的创造和生态文明的保护，即要以当地人口、资源和环境的承载力为发展前提，可持续性地扩大经济总量、提升经济运行整体效率，实现经济、社会、生态文明的同向发展和良性互动。第二，辩证性。共同富裕意味着全体人民收入

---

① 樊杰、王亚飞、王怡轩：《基于地理单元的区域高质量发展研究——兼论黄河流域同长江流域发展的条件差异及重点》，《经济地理》2020年第1期。
② 金碚：《关于"高质量发展"的经济学研究》，《中国工业经济》2018年第4期。
③ 李实、朱梦冰：《推进收入分配制度改革 促进共同富裕实现》，《管理世界》2022年第1期。

差距不断缩小，但并不是消除所有差距，而是仍旧允许适度差距的存在①。由于各类生产要素对我国经济社会发展的贡献不同，适度差距的存在有利于兼顾效率与公平的动态平衡，有利于激发各类主体的活力和创造力。第三，长期性。我国地域广袤、人口众多，区域间地理条件、发展基础、产业体系的巨大差异决定了共同富裕的实现不可能是一蹴而就、齐头并进的，必须在发展中循序渐进地逐步实现，在与发展阶段相适应的前提下，通过科学合理的机制设计与制度安排，根据各地区生产力发展水平、资源环境承载力、区域比较优势，形成先富带动后富、先富帮助后富的梯次，推进共同富裕模式②。

(三) 中心城市和城市群支撑带动的高质量发展与共同富裕的内涵衔接

从上述关于中心城市、城市群与区域高质量发展、共同富裕的内涵来看，区域高质量发展和共同富裕在内涵上是有机衔接的，二者都以满足人民对美好生活的追求、实现人的综合全面发展、缩小区域人均收入差距为目标；都关注综合效益的实现，即实现经济、社会、生态的良性互动；都强调可持续性原则，尊重地域单元资源、环境、人口的承载力；都立足于各地区的资源禀赋、比较优势和功能定位，致力于缩小区域差距尤其是区域人均收入差距，促进发展的均衡性。加快区域高质量发展也是实现共同富裕的必由之路和重要支撑。

对于我国西部地区这样地域广袤的欠发达地区而言，在高质量发展中促进共同富裕首先需要增强内生发展动能，优化空间结构，形成增长极动力体系，这离不开中心城市、城市群等经济、人口主要承载地和优势区域的支撑带动作用。在中心城市和城市群正在成为承载发展要素主要空间形式的背景下，依托不同层级中心城市和城市群带动区域高质量发展进而促进共同富裕，具有重要意义和深远影响。

---

① 李海舰、杜爽：《推进共同富裕若干问题探析》，《改革》2021年第12期。
② 张来明、李建伟：《促进共同富裕的内涵、战略目标与政策措施》，《改革》2021年第9期。

二 中心城市和城市群支撑带动的区域高质量发展与共同富裕促进机理

发挥中心城市和城市群对区域发展的重要作用得到了中心地理论、增长极理论、城市体系理论和新经济地理学等很多理论研究的支持。习近平总书记深刻指出:"产业和人口向优势区域集中,形成以城市群为主要形态的增长动力源,进而带动经济总体效率提升,是经济规律。"①结合已有的相关理论,政府引导和市场主导共同作用下多层级中心城市和城市群通过集聚扩散与网络联动机制以及强动能、优结构、促共享等路径带动区域高质量发展进而促进共同富裕,是其中的核心机理,如图18-1所示。

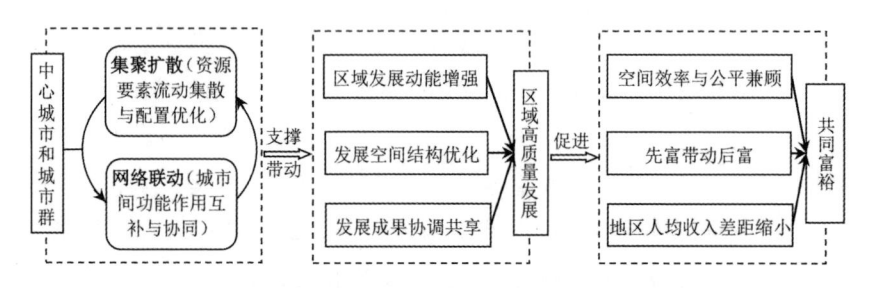

图 18-1 中心城市和城市群支撑带动区域高质量发展促进共同富裕的核心机理

（一）基于集聚及集聚外部性的内聚支撑与整合优化

中心城市凭借核心枢纽和区域门户的重要地位吸引大量资源要素和经济主体的集聚,成为拉动区域经济发展的重要引擎和支撑区域高质量发展的主要载体,其增长极效应的发挥主要依赖于集聚经济效应以及集聚经济效应的自我强化。

对于欠发达地区而言,区域内部本身就存在生产力发展水平、城市发展阶段的显著区别,差异化和非均质空间中要素禀赋、资源利用效率的差距为集聚经济的形成奠定了初始条件。中心城市作为区域的经济、

---

① 习近平:《推动形成优势互补高质量发展的区域经济布局》,《求是》2019年第24期。

科技、金融等中心，是生产要素和经济主体集聚的优势区域，通过劳动力池效应、中间投入品和基础设施共享、知识技术外溢扩散形成一定规模的劳动力市场和投入品市场，同时整合强化知识技术外溢效应，促使各参与主体能够享受经济集聚与规模化生产所带来的交流渠道更为便捷、生产成本逐渐降低、产业结构日渐优化的好处。具体来看，大量生产活动在特定空间上的集聚扩大了商品市场和要素市场的规模，为经济活动主体共享中间投入品创造了条件，有助于降低生产投入成本；各参与主体风险共担、实现基础设施互联互通，可以压缩经济活动的时空距离，增加沟通交流的机会，降低交易成本和组织成本；交通通信设施的改善对市场整合和一体化建设起着重要的推动作用。而市场的整合和扩大会增加要素匹配机会进而提高要素空间匹配效率。一般而言，要素的流通扩散与优化配置往往与产业布局调整密切相关，在此过程中往往伴随着知识溢出和技术扩散，为增强欠发达地区创新发展驱动力奠定了基础。此外，中心城市具有区域经济、人口承载的优势，在吸引欠发达地区、生态脆弱区人口转移的过程中，一方面有助于缓解生态功能区的人口压力，另一方面通过集聚可以提高欠发达地区的人均收入水平。因此，中心城市集聚程度的提高有助于通过空间效应向欠发达地区传递发展成果，在中心城市先富的带动下借助产业转移、技术合作、经济联系等路径梯次推进欠发达地区人均收入水平的提升，渐进实现共同富裕。

　　城市群作为由中心城市与外围邻近地域组成的巨型城市功能地域体和高级空间组织形式，集聚同样是城市群组织运行的结构优势与动力来源。城市群集聚经济立足于城市间的经济交往和空间相互作用，延伸了单一城市集聚经济的空间尺度，将单一城市劳动力池效应、中间投入品和基础设施共享、知识技术外溢扩散等集聚经济效应在更大空间尺度范围内拓展，以城市群为地域单元促进市场整合和一体化建设，弱化生产要素在城市间流通扩散的行政界限，让资源和要素得以在更大空间范围内进行优化配置。同时城市群内部综合交通网络的建设进一步缩短时空距离，强化城市间、企业间的互动联系，有助于信息、技术在不同经济活动主体间、城市群内不同城市间和产业间的扩散，进而缩小人均收入差距。总而言之，考虑到欠发达地区经济整体发展水平较低，仅依赖中心城市的集聚带动作用有限，以城市群为整体融汇单一城市集聚经济的正外部性，使各城市受益于本地区集聚的同时，也享受城市间集聚的空间溢出效应以及良好的基础设施和公共服务。以城市群整体集聚经济为导向和动力，加快在城市群内部构建功能定位清晰、产业优势互补的分工协作体系，在整个城市群体系形成"1+1>2"的更强的集聚经济效应[1]，提升城市群的综合承载力，强化城市群的规模效益，发挥城市群的空间组织优势，使发展成果在更大空间范围内协调共享，促使欠发达地区"在集聚中走向平衡"，即在空间集聚中走向人均收入的平衡。

然而，随着集聚程度的不断提高，中心城市在发展过程中也有可能因为资源要素的过度集中而挤占和压缩周边地区的发展空间和发展机会，导致外围城市衰退，影响城市群空间组织运行效率，甚至让地区人均收入差距不断扩大，不均衡、不充分发展问题更加凸显。由于欠发达地区中心与外围发展差距相较于发达地区更大，在市场经济环境下，资金、技术、信息等要素往往由低收益地区流向高收益地区，由低效配置区域流入高效配置地区，这会导致中心城市极化现象更为明显，地区利益冲突矛盾或将加剧，无法兼顾效率与公平的有机统一，严重阻碍区域高质量发展和共同富裕的实现。由此需要政府进行科学合理的干预和引导。政府作为影响集聚经济效应的外部动力，一方面要加强顶层设计和统一规划，推动欠发达地区整体发展的联动性[2]；另一方面要制定合理有效的区域政策，通过政策倾斜调整要素流动扩散的方向，同时引导欠发达地区根据自身梯度和产业层级合理选择与承接与本地区资源禀赋、比较优势、功能定位相适应的产业，同时政府要加强基础设施配套建设[3]，强化集聚经济效应。在集聚经济和集聚不经济相互博弈、政府合

---

[1] 李培鑫、张学良：《城市群集聚空间外部性与劳动力工资溢价》，《管理世界》2021年第11期。

[2] 周桂荣、任子英：《区域产业功能定位重构及协同发展机制创新——以京津冀为例》，《区域经济评论》2017年第1期。

[3] 李琳、刘莹：《中国区域经济协同发展的驱动因素——基于哈肯模型的分阶段实证研究》，《地理研究》2014年第9期。

理干预的双重作用下，引导区域空间结构调整优化，在更大范围、更广尺度上再集中，从而形成区域次中心[1]，有效破解单个中心城市集聚负外部性的影响。区域内中心城市、多个次中心城市之间以及与周边乃至更远地区城市间相互联系，形成"多中心、集群化、网络化"的发展格局，获得更大空间尺度上的集聚效应与协同效应，形成分散化集聚经济优势，进而支撑区域高质量发展并促进共同富裕。

(二) 基于城市网络及网络外部性的外联带动与辐射传导

城市由于处于同一特定区域而享受集聚经济的好处，城市群的存在使单一城市的集聚外部性在更大空间尺度范围内深化和拓展，但两种类型的集聚均强调地理位置的临近性，对跨区域合作关注度不够。欠发达地区由于发展基础较为薄弱，在集聚生产要素方面相对而言处于劣势地位，仅仅从集聚外部性的角度无法充分捕捉区域经济发展与区域融合互动的动力。在现代社会，随着交通、通信等基础设施的建立完善，城市不再是孤立地存在和发展，而是着眼于经济联系和空间连接不断地发生空间互动，是网络中的节点。城市网络是指城市之间各种要素流的空间分布及其相互作用与联系所形成的网络型空间组织模式，具有层级性、流动性、跨区域性和异质性等特点。城市因其嵌入网络所带来的收益增加及溢出效应成为探究区域高质量发展和共同富裕的另一个重要视角。借助城市间人流、物流、资金流、信息流的流动建立起联系密切的、超越地域邻近的网络关联，城市网络的建立重塑和整合了区域空间关系，将城市间相互联系和依赖的溢出效应延伸到更大空间尺度上，并让中心城市的辐射带动呈现长距离、跨边界和共享性等特征。

一般而言，城市的功能分工是立足于各自的比较优势和资源禀赋的，集聚了大量人口和发展要素的中心城市往往是区域技术创新、产业转型的中心，具有发展现代服务业和先进制造业的条件、基础和能力，可以积极培育新兴产业同时逐步向周边中小城市转移和疏解附加值较低

---

[1] 孙铁山：《中国三大城市群集聚空间结构演化与地区经济增长》，《经济地理》2016年第5期。

的、与城市功能定位不相符的、与发展阶段不相适应的产业。中小城市一方面可以向中心城市输送其发展新兴产业所需要的要素,另一方面可以立足自身比较优势,积极发展与中心城市产业相关联的产业和配套服务,承接中心城市的产业转移,促进自身产业结构的省级优化和经济发展水平的提升。在网络中的中小城市可以"借用"中心城市的高端功能以弥补自身的功能短板并提高生产效率和收入水平。这表示网络外部性为中小城市实现对大城市的"功能借用"提供了重要条件。这对中小城市而言,既有利于其享受大城市集聚经济的益处,又在一定程度上避免了大城市集聚外部性的成本,同时还可以有效发挥自身比较优势、提升经济竞争力。

  随着城市间设施连通性的增强和联系变得更加紧密,越来越多的城市被吸纳进城市间交织的网络中,在网络外部性收益的驱使下促进区域城市网络的发展和完善,同时日渐完善的区域城市网络又增加了欠发达地区与中心城市互动的机会。通过融入网络体系,欠发达地区能够超越地理距离与网络内节点城市进行相同类型产业的协同合作、不同类型产业的优势互补,强化功能互补与协同,增强经济发展内生动力。同时城市网络体系也为中心城市有效利用欠发达地区的市场、开发欠发达地区的资源提供了契机①。西部地区高铁线路的开通、陆海新通道等的建设有助于提高城市间连通性,促进欠发达地区与中心城市、城市群等先行区域建立起多层次对外联系通道,使经济往来更为密切,促进知识、技术在网络中的流动传播,共享基础设施,降低了欠发达地区的创新成本,激发经济主体创新发展活力,进而有助于增强区域发展动能,实现区域高质量发展。空间流承载着知识和技术,空间流的流动使得知识和技术得以在网络中传递和扩散,高铁网络等基础设施的建设扩大了空间流的流动规模,提高了空间流的流动密度。城市网络体系推动城市间关系由垂直等级式转变为水平扁平式,有利于改善欠发达地区的节点位势,经济发展的收益不再由中心城市和城市群所垄断,而是根据大、中、小城市及城市群在经济发展中的职能贡献进行

---

① 程玉鸿、苏小敏:《城市网络外部性研究述评》,《地理科学进展》2021年第4期。

分配，实现效率与公平的有机结合，促进各节点城市互惠共赢和发展成果共享①。

然而，嵌入城市网络未必保证都能从中获益，也可能存在负的外部性而导致区域经济发展协调性变差。由于竞争效应的存在和要素单向度集聚的出现，中心城市、大城市附近城市尤其是小城市增长可能会受限，容易形成"集聚阴影"②或"灯下黑"现象。首先，网络外部性是节点城市参与网络而享受的外部收益，节点城市是否能够有条件参与网络就成为基本门槛。其次，各节点城市在网络中的地位具有显著的非均衡特征，中心城市由于网络地位较高得以调动更多的资源，在网络中获取更多的支持，支配空间流的方向，非中心城市由于规模等不够，可能更容易被虹吸而经历"集聚阴影"的过程。不仅如此，网络中心性更高的城市由于控制性和主导性更强，可以通过选择权力、地位相当的节点城市来实现"强强联合效应"，也可以运用多元化构建网络连接方式巩固其在网络中的地位③。基于协调发展和共同富裕的需要，这必然要求政府部门对欠发达地区嵌入城市网络、享受网络外部性的收益进行合理干预。一方面，城市嵌入网络的关键因素在于通达性的改善，因此政府可以通过加大欠发达地区基础设施建设投资、提高欠发达地区节点城市的通达性，为其嵌入城市网络提供基本条件。另一方面，城市网络外部性的大小还与城市网络的规模（节点数量）和密度（节点间联系的密集程度）有关，因此政府应着眼于欠发达地区发展不充分、不均衡的特点，出台相应的扶持或引导政策，增强区域城市网络对欠发达地区中小城市的吸引力，使其积极主动融入以中心城市和城市群为主体的区域城市网络，以此提升中小城市在网络中的战略耦合能力及价值捕获和创造能力，促进城市网络协同整合效应的提升

---

① 陆军、毛文峰：《城市网络外部性的崛起：区域经济高质量一体化发展的新机制》，《经济学家》2020年第12期。

② Meijers E. J., "Borrowed Size, Agglomeration Shadows and Cultural Amenities in North-West Europe", *European Planning Studies*, Vol. 23, No. 6, 2015, pp. 1090–1109.

③ 张学良、吴胜男、许基兰：《基于企业联系的长三角城市网络结构演变研究》，《南通大学学报》（社会科学版）2021年第5期。

和发展成果的共享。

综上所述,在集聚外部性与网络外部性相结合的视角下,中心城市和城市群支撑带动区域高质量发展并促进共同富裕,主要取决于其能否或多大程度上通过近域聚散优化、整合提升和远程网络连接、辐射带动来促进区域发展动能增强、空间结构的优化和经济利益共享,进而促进空间效率与公平的兼顾、先富带动后富和人均收入差距的缩小,即促进共同富裕。

三 西部地区中心城市、城市群与高质量发展、共同富裕演进状况分析

改革开放后特别是西部大开发战略实施以来,西部地区的经济社会发展取得了举世瞩目的成就。目前在新时代推进西部大开发形成新格局的背景下,西部地区的中心城市、城市群和高质量发展与共同富裕面临多种机遇。但现实中由于特殊的地理环境、历史文化等因素的相互影响和制约,西部地区经济社会发展总体上相对滞后,域内不平衡不充分发展问题依然比较突出,其中心城市、城市群和高质量发展与共同富裕进程在时间维度和空间维度上渐进演变。

(一) 西部地区中心城市与城市群发展现状

幅员辽阔的西部地区的发展离不开中心城市和城市群的支撑带动,这一类城市往往承载和聚集着大量的人口与发展要素,是西部地区高质量发展和共同富裕的主体空间依托。不同层级中心城市和不同规模城市群内城市的集聚发展也是辐射带动各类中小城市及城镇与农村发展的重要保障。

第一,西部地区地广人稀,中心城市与城市群仍旧是承载人口和发展要素的主要空间载体。西部地区城市规模分布具有明显的空间分异性,城市层级体系不完善,起过渡承接作用的城市存在较为严重的中间断层现象。依据各城市城区人口数量将 2019 年西部地区 75 个地级及以上城市按照规模进行分类(见表 18-1),发现现阶段西部地区城市体系总体以重庆、成都、西安为人口核心集聚地,集聚空间结构不合理,

大城市存在塌陷与断层，中等城市发育普遍不足，集中表现为城区人口在300万—500万的Ⅰ型大城市严重缺乏，仅有昆明；人口规模为100万—300万的Ⅱ型大城市数量较多（有14个），少数为西部地区省会城市，多数为四川省内地级市，如自贡、达州、绵阳等市，城市能级普遍较低，规模差异较小，城区人口在100万—120万浮动；人口规模为20万—50万的Ⅰ型小城市数量偏多，且分布广泛。进一步，从城市群来看，西部地区城市群内人口规模和密度相对更高。2019年，成渝城市群、关中城市群和北部湾城市群常住人口分别为10071万人、2677万人和32012万人，人口密度分别为420人/平方千米、357人/平方千米和277人/平方千米，分别是全国平均水平的2.88、2.45和1.90倍[①]。人口规模的集中同样呈现出一定的时序性。选用2010—2019年西部地区城区总人口与城市群内城区人口进行对比分析后发现，西部地区城区人口出现逐年向城市群集中的趋势，尽管西部地区总体的城区人口数量逐年增长，但人口向城市群集中的趋势较为稳定。如图18-2所示，主要城市群比如成渝城市群、关中平原城市群、兰西城市群与宁夏沿黄城市群内城区人口占西部地区总城区人口的比重自2010年的61.44%波动上升至2019年的64.88%。西部地区内各城市群人口规模同样层次分明，如图18-3所示。较大规模的城市群如成渝城市群、关中平原城市群内人口规模庞大且呈现出逐年稳定上升的趋势，其余城市群人口规模则更趋于稳定。

表18-1　西部地区75个地级及以上城市的规模及分类　　单位：万人

城市规模分类	城市名称及2019年城区人口规模
超大城市	重庆（1185.60）
特大城市	成都（746.22）、西安（624.81）

---

① 肖金成、马燕坤：《西部地区区域性中心城市高质量发展研究》，《兰州大学学报》（社会科学版）2020年第5期。

续表

城市规模分类		城市名称及2019年城区人口规模
大城市	Ⅰ型大城市	昆明(402.35)
	Ⅱ型大城市	南宁(241.47)、乌鲁木齐(226.82)、贵阳(216.72)、兰州(196.12)、柳州(130.84)、西宁(126.89)、泸州(118.77)、遵义(116)、宜宾(113.02)、银川(109.97)、南充(107.7)、自贡(106.85)、达州(104.32)、绵阳(100.46)
中等城市		咸阳(91.59)、桂林(90.68)、宝鸡(89.86)、曲靖(74.22)、天水(64.62)、内江(63.99)、乐山(63.72)、玉林(59.4)、攀枝花(56.54)、汉中(53.22)
小城市	Ⅰ型小城市	渭南(49.51)、梧州(48.91)、遂宁(47.95)、眉山(47.55)、德阳(45.11)、贵港(42.33)、安顺(41.93)、巴中(40.25)、铜川(39.11)、广安(37.89)、玉溪(37.39)、广元(36.94)等35个地级市
	Ⅱ型小城市	庆阳(19.84)、吴忠(19.62)、固原(19.51)、普洱(19.41)、防城港(19.2)、定西(19.05)、临沧(18.42)、崇左(17.65)、金昌(15.64)、陇南(15)、中卫(14.53)、丽江(12.5)

资料来源：根据《中国建设统计年鉴2019》计算。

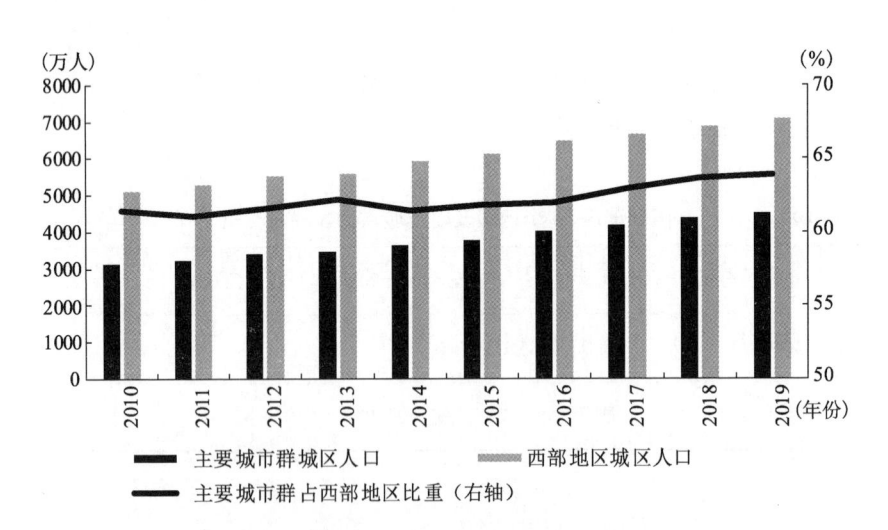

图18-2 西部地区及其主要城市群城区人口规模变动

资料来源：根据历年《中国建设统计年鉴》计算。

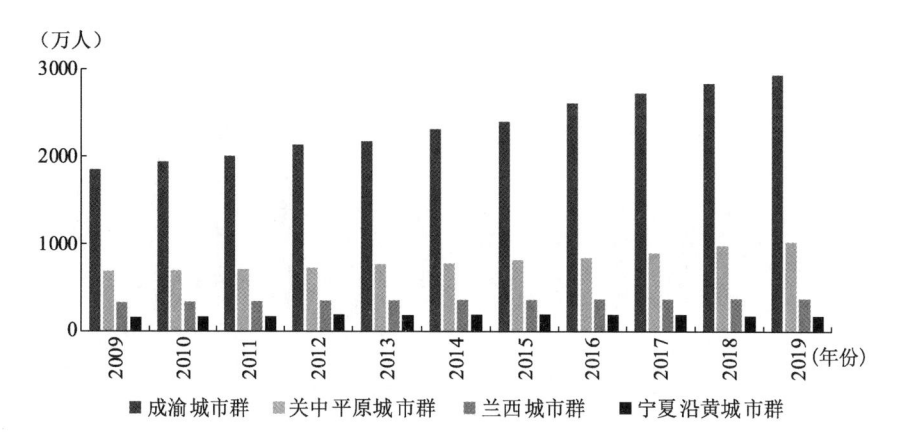

图 18-3 西部地区部分城市群城区人口规模变动

资料来源：根据历年《中国建设统计年鉴》计算。

第二，西部地区中心城市和城市群也集聚大量创新要素。随着西部大开发战略的实施和深入推进，西部地区基础设施保障能力全面增强，生态文明建设加快推进，聚集了一批有实力的高校、科研院所、企业等创新资源[①]。通过2010—2019年西部地区与相关城市群内城市的互联网宽带接入用户、专利授权数、科研人员数量以及R&D投入情况，如图18-4至图18-7所示。西部地区互联网宽带接入用户数从2010年的3479.18万户增加到2019年的9592万户。2010—2019年，专利授权数从64929个增加到254415个，科研人员数量从45.49万人增加到64.72万人。R&D投入也成倍提高，从2010年的48.28亿元增加到2019年的256.15亿元。城市群内的数据也同样反映出西部地区创新投入的增长，通过对比不难发现，城市群集聚了区域内更多的创新资源，无论是互联网宽带接入用户、专利授权数、科研人员数量或是R&D投入，西部地区的城市群均占这个西部地区的75%以上。各类区域中心城市、重点城市群在协调创新网络中无疑发挥着重要的枢纽带动作用。此外，这一比重在近年来呈现逐年缓慢下降的趋势，反映出西部地区一些非城市群区域的城市和地区在创新要素的流动和集聚水平上有所提升。

---

① 龙海波：《创新引领西部地区高质量发展》，《中国发展观察》2020年第11期。

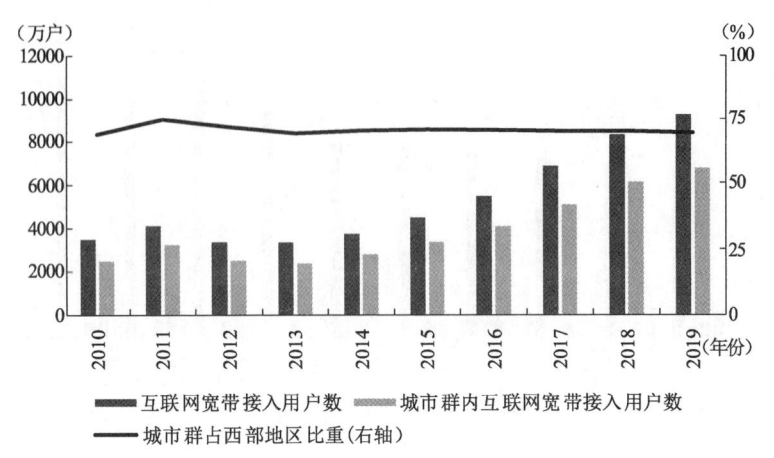

图 18-4　2010—2019 年西部地区及相关城市群互联网宽带接入用户数
资料来源：根据历年《中国统计年鉴》《中国城市统计年鉴》计算。

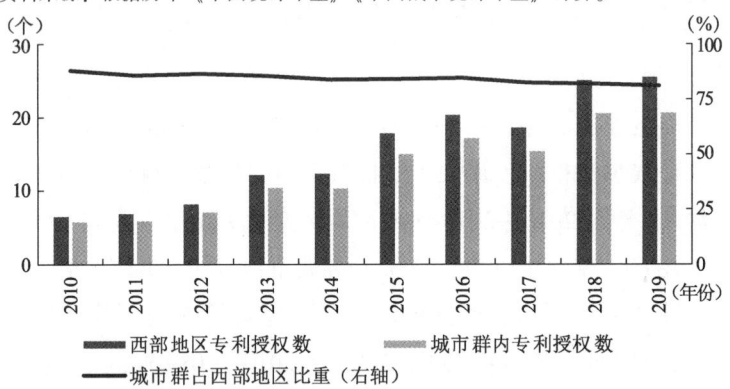

图 18-5　2010—2019 年西部地区及相关城市群专利授权数
资料来源：根据历年《中国统计年鉴》《中国城市统计年鉴》计算。

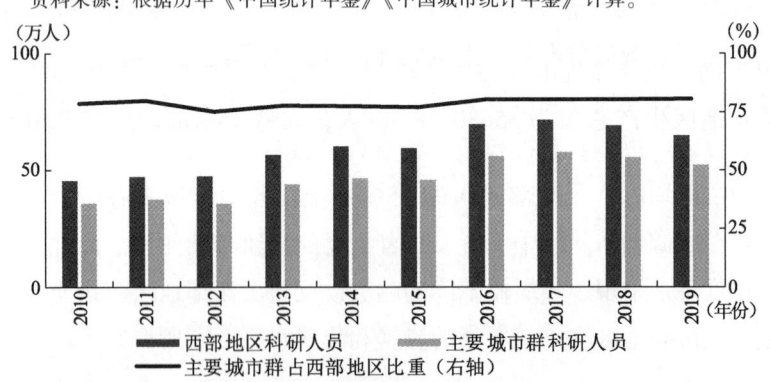

图 18-6　2010—2019 年西部地区及相关城市群科研人员数量
资料来源：根据历年《中国统计年鉴》《中国城市统计年鉴》计算。

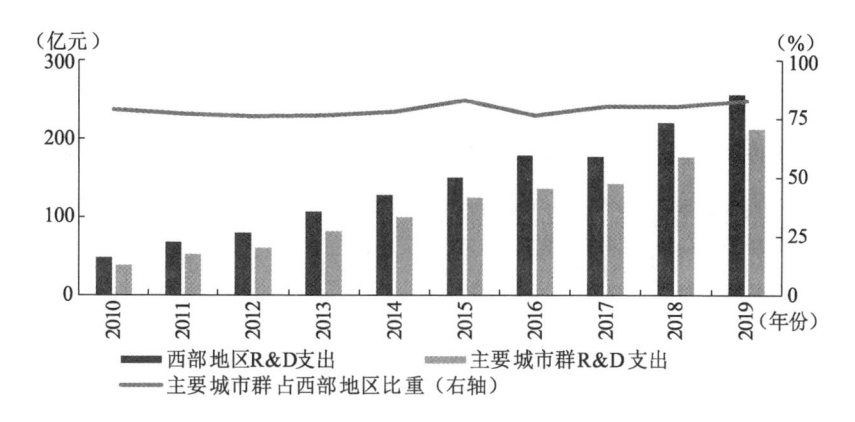

图 18-7　2010—2019 年西部地区及相关城市群 R&D 支出

资料来源：根据历年《中国统计年鉴》《中国城市统计年鉴》计算。

（二）西部地区整体发展现状

西部地区覆盖全国 71.4% 的国土面积，总人口约占全国的 27%，是关系我国经济、社会、生态发展与民族团结、边疆稳定的重大战略区域。西部大开发战略实施至今，西部地区依托丰富的自然资源以及国家政策支持，在经济社会发展方面取得了举世瞩目的成就。

过去 20 年西部地区经济发展取得了高速进步，但其传统粗放的增长方式使其与国内东部、中部地区之间的差距仍显著存在。如表 18-2 所示，在地区生产总值上，2020 年西部地区为 213291.9 亿元，整体经济总量与中部地区的差距逐渐缩小，但与东部地区差距显著。在人均 GDP 方面，更能体现出国内各区域间发展的不平衡性，西部地区 2020 年人均地区生产总值为 55680.78 元/人，远低于东部地区的 93161.18 元/人。

表 18-2　2017—2020 年东、中、西部地区生产总值与人均地区生产总值

年份	地区生产总值（亿元）			人均地区生产总值（元/人）		
	东部地区	中部地区	西部地区	东部地区	中部地区	西部地区
2017	447835.5	176486.6	168561.6	83921.9	47828.0	44717.6

续表

年份	地区生产总值(亿元)			人均地区生产总值(元/人)		
	东部地区	中部地区	西部地区	东部地区	中部地区	西部地区
2018	480995.8	192657.9	184302.1	89487.6	51914.0	48556.8
2019	511161.2	218737.8	205185.2	94372.0	58727.6	53741.8
2020	525752.3	222246.1	213291.9	93161.2	60979.7	55680.8

资料来源：根据《中国统计年鉴》(2021) 计算。

西部地区经济发展的变动可通过地区生产总值的增长状况进行呈现。整理2005—2019年《中国城市统计年鉴》《中国统计年鉴》及各城市统计年鉴相关数据，梳理西部地区整体经济发展状况发现，西部大开发的投入初期，西部地区生产总值的变化相对较小，增速也比较缓慢。2010年后，西部地区生产总值持续稳定增长，处于中高速发展水平。西部地区整体经济总量从2005年的3.33万亿元增加至2020年的21.3万亿元，增长约5.4倍。西部地区人均GDP也呈上升态势，自2005年的9159.16元/人增长至2020年的55680.78元/人，增长约5.08倍。西部地区的地区生产总值占全国的比重从2005年的17.79%提升到2020年的20.99%。

基于2005—2019年西部地区的经济发展概况不难看出，西部地区长期处于地区生产总值与人均地区生产总值持续增长的良好态势，整体经济总量庞大且稳定，整体发展效率有待提升。考虑到西部地区在国家现代化建设与布局中的战略地位，通过该地区内区域经济的协调发展刺激整体发展效率的提升依旧是推动西部地区高质量发展和共同富裕的关键。

(三) 西部地区高质量发展与共同富裕演变状况

区域高质量发展主要体现在区域经济高质量发展方面，区域经济高质量发展是区域之间或同一区域内各城市之间协同共生，合力推进区域经济实现由无序至有序、从初级到高级的动态转变，最终促进区域经济高效、有序发展的过程，体现为各区域板块和城市间融合、互动不断加深及各地区经济均持续发展、区域经济差距和人均收入水平差距趋于缩小。因此，城市人均收入水平差异及变动可以反映区域总体高质量发展和共同富裕水平及动态演进情况。

基于区域高质量发展与共同富裕的内涵以及内在衔接关系，进一步选用城市相对人均收入指标作为代理变量。具体而言，选取西部地区网络联系度最高的中心城市——成都作为基准中心城市；以西部地区75个地级及以上城市的人均 GDP 与其比值作为城市相对人均收入指标，其数值越大，说明地区相对收入差距越小，区域高质量发展与共同富裕水平越高。测度结果如图18-8所示，西部地区75个地级及以上城市2005—2019年整体上的相对收入水平差异较大，与中心城市成都相对人均收入的比值围绕0.66上下波动。

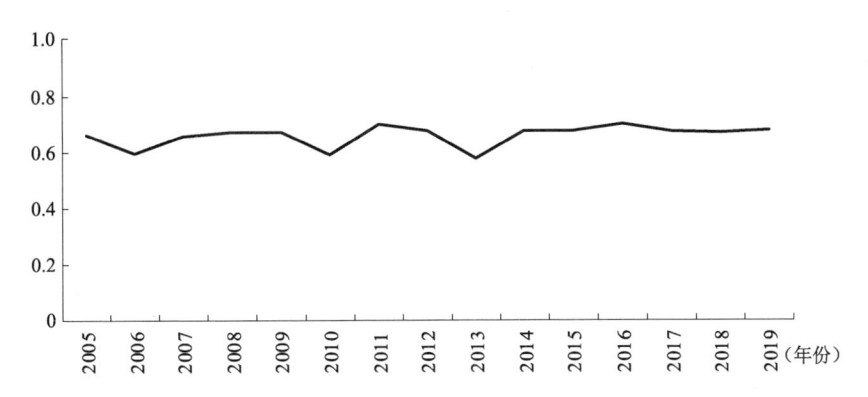

图18-8 西部地区地75个地级及以上城市相对人均收入均值走势

资料来源：根据《中国城市统计年鉴》计算。

就反映2005—2019年西部地区75个地级及以上城市人均收入水平差异程度的基尼系数来看，西部地区整体的高质量发展和共同富裕水平缓慢提升，但总体较低，如图18-9所示。城市人均 GDP 的基尼系数在2005—2019年由0.24降低至0.19，变异系数由2005年的1.06缓慢下降到2017年的0.50后又缓慢上升至2019年的0.55，表明西部地区各城市间人均 GDP 差距显著存在。伴随西部大开发的深入推进，2010年以来西部地区75个地级及以上城市人均收入的变异系数逐渐回落，这反映出西部地区人均收入差距微幅缩小，区域高质量发展水平在波动中有所提升，但整体发展水平较低，发展进程比较缓慢。

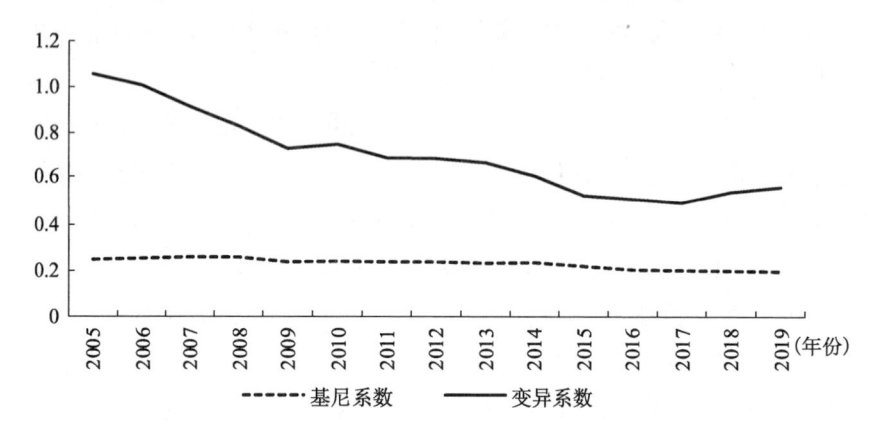

图 18-9　西部地区地级市层面人均收入水平空间差异及变动

资料来源：根据《中国城市统计年鉴》《中国统计年鉴》《中国建设统计年鉴》计算。

进一步，考虑到西部地区已培育和形成了一定规模的中心城市和城市群，城市群的培育是集聚区域优势、促进区域高质量发展的中坚力量。与此同时，国家层面也对西部地区部分城市群进行了战略部署和规划引导，对区域内各城市群制定了因地制宜的扶持政策与指导意见。本章在描述城市群内部的人均地区生产总值的空间差异情况时，主要以西部地区重要城市群如成渝城市群、关中平原城市群、兰西城市群以及宁夏沿黄城市群内地级市层面人均地区生产总值的变异系数作为重要指标，如图 18-10 所示。结果显示，成渝城市群内 2010—2019 年人均地区生产总值的变异系数处于较低水平，且始终在 0.35 上下浮动。兰西城市群则表现出逐年上涨的趋势，表明内部差距在扩大。关中平原城市群与宁夏沿黄城市群则表现相似，在 0.4—0.5 的区间范围内波动，这一表现与城市群内城区人口规模是相吻合的。经济和人口规模突出、内部空间格局比较均衡的城市群更能吸引人口的集聚，人口与经济活动的集中引致创新要素的流动与产业融合集中的正循环。

伴随西部地区整体经济发展趋势向好，中心城市与城市群的经济体量和人口规模进一步扩张，带来产业结构的转型、升级，吸引更多区域生产性服务业和企业总部、部门的集聚。在交通、通信等基础设施联通

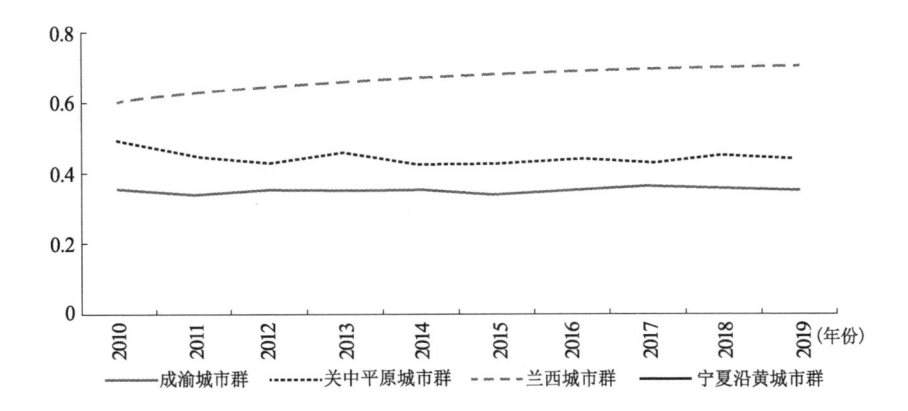

图 18-10 西部地区重要城市群内城市间人均收入空间差异及变动

资料来源：根据《中国城市统计年鉴》计算。

和经济联系加强的条件下，周边城市与地区也将从中获益，使其经济规模得以提升、人均收入稳定提高和城市规模发展壮大，最终实现各具特色的高质量发展与共同富裕。

四 中心城市和城市群支撑带动西部地区高质量发展、促进共同富裕的效果及机制检验

（一）模型构建

区域具有空间属性，区域内任何经济社会活动都需要依托于特定的空间。西部地区地域广袤，区域内各子系统正发生着广泛且持续的空间交互作用。各城市的经济活动不仅受到当地要素禀赋、发展基础的影响，同时也要考虑到其与其他城市的空间依赖性，即要考虑到其他经济单元空间效应的发挥。结合前述理论分析及实证检验的需要，本章测算西部地区样本城市人均收入水平的 Moran's I 值，发现皆显著为正，说明西部地区样本城市人均收入水平存在显著的空间正相关性，支持采用空间计量模型。为此，本章构建如式（18-1）所示的空间杜宾模型进行实证检验。

$$Y_{it} = \theta_0 + \rho \sum_{j=1}^{N} w_{ij} Y_{jt} + \beta_1 X_{it} + \beta_2 Contr_{it} + \theta_1 \sum_{j=1}^{N} w_{ij} X_{it} + \theta_2 \sum_{j=1}^{N} w_{ij} Contr_{it} + \alpha_i + \upsilon_t + \varepsilon_{it} \quad (18-1)$$

其中，w_{ij} 为 $N \times N$ 非负空间权重矩阵 w 的第 i 行、第 j 列元素，用来呈现西部地区样本城市间的空间关系；ρ、β 和 θ 为待估参数，其中 β_1 和 θ_1 分别衡量核心解释变量对本地相对人均收入水平的直接影响和对其他城市的溢出效应；若 θ_1 显著为正，则表示核心解释变量存在正向空间溢出效应和互惠关系；若 θ_1 显著为负，则意味着存在竞争关系和虹吸效应。Contr 为解释变量向量集，包括人力资本、物质资本、基础设施水平、对外开放、政府干预等因素。

(二) 指标选取

1. 被解释变量 ($Y_{\$\%}$)

前文在解析区域高质量发展和共同富裕的内涵时提到，区域高质量发展与共同富裕在发展结果上主要表现为城市间人均收入水平差异的缩小且保持在合理区间，因此本章以城市相对人均收入指标作为高质量发展与共同富裕的代理变量，即 $Y_{\$\%}$ 表示 i 城市在 t 时期与中心城市的人均 GDP 之比。综合考虑西部地区样本城市产业结构、空间结构、网络联系度、经济发展水平等，本章选取成都作为参考中心城市（或首位城市）。具体而言，以西部地区各样本城市相对于成都市人均 GDP 的比值作为城市相对人均收入指标，其数值越大意味着与中心城市人均收入差距越小，城市间人均收入水平的趋同性更高，地区高质量发展与共同富裕发展水平越高。

2. 核心解释变量

赫芬达尔指数 (hhi)：赫芬达尔指数是用于衡量产业集中度高低的常用指数，取值范围为 0—1，数值越大表明产业集聚水平越高，以此检验中心城市的内聚优化与整合提升作用。

专利授权数 (pat)：本章选取专利授权数来刻画区域创新发展水平，以考察西部地区创新水平对增强区域发展动能、驱动区域经济高质量发展并促进人均收入差距缩小的影响。

3. 其余控制变量

物质资本 (fa)：用各城市固定资产投资占地区生产总值的比重来测度。

政府支出(gov)：用各城市政府财政支出占地区生产总值的比重来测度，反映政府对经济活动的参与和干预程度。

对外开放程度(fdi)：用各城市进出口贸易总额占地区生产总值的比重来测度。

人力资本(edu)：用平均受教育年限表示，即通过各城市小学生、中学生和大学生在校人数以及对应的受教育年限加权平均得到。

产业结构(ser)，用第三产业产值占地区生产总值的比重测度。

以上数据主要来源于《中国城市建设统计年鉴》《中国城市统计年鉴》以及相应省份和城市的统计年鉴，部分缺失值利用插值法补齐。

(三)实证结果及分析

1. 全样本回归

表18-3报告了在严格外生的地理距离空间权重矩阵下基于中心城市和城市群支撑带动的西部地区高质量发展、促进共同富裕的空间杜宾模型回归结果。模型(1)未考虑西部地区高质量发展与共同富裕推进过程中中心城市和城市群的牵引、带动作用，从回归结果可以看出，核心解释变量的直接效应均显著为正，说明直接的集聚效应和创新驱动效应有效提高了本地相对收入水平，缩小了区域内地区人均收入差距，促进区域高质量发展和发展成果联动共享。

就产业集聚而言，其立足于当地比较优势和资源禀赋，使经济活动主体和生产要素在一定尺度的特定空间上聚集，通过分工效应、规模效应、市场效应来提高经济活动主体和区域经济运行的效率。具体来看，产业集聚有助于经济主体明确其偏好和依赖的生产要素，寻求符合自身比较优势的发展模式，进而使市场主体聚焦于自身优势产业嵌入区域产业分工体系，增强与同类型产业的聚合效应、不同类型产业的互补效应，充分调度和利用资源要素，形成集聚、整合、优化产业要素的能力。此外，通过与前向关联产业、后向关联产业的有机衔接、密切合作，增强其在产业链上的分工合作，巩固和增强其在产业链、价值链上的比较优势。产业集聚本身意味着特定空间范围内要素量的增加，近邻空间上生产规模的扩大，为进一步发挥规模经济效应创造了条件；同时

表18-3 全样本回归结果分析

被解释变量：$\ln Y_{it}$

变量	(1) Direct	(1) Indirect	(1) Total	(2) Direct	(2) Indirect	(2) Total	(3) Direct	(3) Indirect	(3) Total	(4) Direct	(4) Indirect	(4) Total
hhi	1.793*** (0.663)	-6.775 (5.498)	-4.982 (5.804)	1.809*** (0.672)	-6.241 (6.082)	-4.432 (6.330)	2.321*** (0.652)	-3.044 (4.516)	-0.723 (4.844)	2.336*** (0.653)	-3.129 (4.785)	-0.793 (5.089)
lnpat	0.126*** (0.029)	-0.856 (0.750)	-0.731 (0.762)	0.125*** (0.029)	-0.944 (0.734)	-0.820 (0.746)	0.107*** (0.037)	-0.677 (0.784)	-0.570 (0.803)	0.107*** (0.038)	-0.705 (0.870)	-0.598 (0.890)
lnfa	-0.348*** (0.101)	-2.289 (1.628)	-2.637 (1.695)	-0.348*** (0.103)	-2.300 (1.721)	-2.648 (1.792)	-0.337*** (0.086)	-2.168 (1.320)	-2.505* (1.377)	-0.339*** (0.088)	-2.191 (1.356)	-2.529* (1.415)
lngov	-0.083*** (0.026)	-0.671 (0.444)	-0.754* (0.454)	-0.083*** (0.026)	-0.695 (0.520)	-0.778 (0.533)	-0.084*** (0.025)	-0.586 (0.406)	-0.670 (0.417)	-0.084*** (0.024)	-0.593 (0.404)	-0.678 (0.416)
lnfdi	0.008 (0.016)	0.305 (0.293)	0.313 (0.299)	0.011 (0.020)	0.339 (0.405)	0.350 (0.413)	0.006 (0.015)	0.235 (0.223)	0.241 (0.227)	0.014 (0.019)	0.336 (0.375)	0.350 (0.383)
lnedu	0.016 (0.022)	-0.682 (0.710)	-0.666 (0.715)	0.017 (0.023)	-0.605 (0.729)	-0.588 (0.735)	0.016 (0.023)	-0.531 (0.609)	-0.515 (0.614)	0.018 (0.022)	-0.437 (0.599)	-0.419 (0.602)

续表

变量	(1) Direct	(1) Indirect	(1) Total	(2) Direct	(2) Indirect	(2) Total	(3) Direct	(3) Indirect	(3) Total	(4) Direct	(4) Indirect	(4) Total
$lnser$	0.161 (0.103)	3.118 (2.001)	3.279 (2.089)	0.166 (0.109)	3.139 (2.075)	3.305 (2.165)	0.175* (0.104)	3.062* (1.814)	3.237* (1.902)	0.184* (0.109)	3.102* (1.845)	3.286* (1.937)
ch	—	—	—	−0.088 (0.505)	−0.498 (4.758)	−0.586 (4.920)	—	—	—	−0.492 (4.555)	—	−0.620 (4.656)
clp	—	—	—	−0.002 (0.014)	−0.032 (0.279)	−0.034 (0.289)	—	—	—	−0.007 (0.014)	−0.130 (0.272)	−0.136 (0.281)
$urbanh$	—	—	—	—	—	—	−1.521** (0.751)	−9.612 (7.061)	−11.132 (6.945)	−1.542** (0.759)	−10.234 (6.804)	−11.775* (6.721)
$urbanlp$	—	—	—	—	—	—	0.041** (0.017)	0.176 (0.185)	0.217 (0.176)	0.042** (0.017)	0.179 (0.188)	0.221 (0.180)
ρ	0.627*** (0.074)			0.626*** (0.074)			0.579*** (0.070)			0.581*** (0.070)		
N	1125			1125			1125			1125		
固定	时间固定			时间固定			时间固定			时间固定		

注：*、**、*** 表示在10%、5%和1%的水平上显著，括号内数值为统计量的标准误。

空间的近邻性和时空距离的压缩便于参与主体共享基础设施、分摊成本和风险，增加企业间沟通交流的机会，降低交易成本，享受面对面交流和人力资本流动所带来的知识和技术的扩散。不仅如此，产业集聚可以带来市场效率的提高，强化了特定空间内经济主体的空间交互作用和彼此间的经济联系，空间距离的拉近降低了供给端和需求端、生产者与消费者、产业与要素的匹配成本。

就创新驱动而言，一般认为创新是区域经济发展的核心动力，是优化产业结构和增强发展动能的重要引擎。创新能力的高低决定了城市容纳和承载创新要素的数量，也决定了城市发展新兴产业、高端产业的潜力，而战略性新兴产业往往代表了未来产业的发展方向，因此城市能否把握未来经济发展的契机在一定程度上与其创新能力密切相关。表18-3模型(1)中创新变量对应的直接效应在1%水平下显著为正，表明西部地区各城市创新水平的提升能够显著促进本地的高质量发展并直接驱动与中心城市人均收入差距的缩小。理论上讲，区域的创新能力能够影响和改变经济活动参与主体所依赖的主导要素，也能够影响和改变经济活动参与主体利用要素的方式，进而可以通过寻找新的主导要素、调整产业分工协作体系、优化区域产业结构，使中心城市聚焦于高端产业、战略性新兴产业，承担生产性服务功能，有序向周边地区疏解、转移与城市功能定位、发展阶段不相适应的功能和产业，扩大正向空间外溢效应，实现西部地区中心城市和中小城市共生联动发展，共同培育高效分工、相互融合的现代产业体系。同时创新可以丰富和增强对劳动者的技能培训，提高劳动者素质，进而提高劳动生产率。以更优化的产业结构为依托，辅之以劳动素质更高的人力资本，以拓展、延伸产业链为发展导向，合理配置资源，高效流通要素，增强区域发展动能。然而，从现实来看，由于现阶段西部地区各城市间经济有机联系和协作水平较低，利益共享机制仍然不健全，城市的产业集聚和创新对相对人均收入水平提升的间接效应(空间溢出效应)尚不显著，现阶段的正向辐射带动效应明显不足。

表18-3中模型(2)和模型(3)在模型(1)的基础上分别加入区域中心城市变量c与核心解释变量赫芬达尔指数(hhi)、专利授权数(pat)的

交互项 ch、clp 以及城市群与核心解释变量赫芬达尔指数(hhi)、专利授权数(pat)的交互项 urbanh、urbanlp，其中区域中心包括西部地区的省会城市和直辖市，并用虚拟变量表示；城市群包括成渝城市群、北部湾城市群、滇中城市群、呼包鄂榆城市群、兰西城市群、宁夏沿黄城市群，并用各城市是否属于城市群的虚拟变量来表示。模型(4)综合考虑了这两个交互项，用以专门检验中心城市和城市群对高质量发展和共同富裕的支撑带动作用。回归结果显示，交互项 ch、clp 的直接效应和间接效应的回归系数都不显著，说明西部地区中心城市的支撑带动作用还有待提升和发挥；交互项 urbanh、urbanlp 的直接效益分别显著为负和显著为正，表明城市群创新有助于促进城市群内城市人均收入水平的提升，体现出城市群在西部地区高质量发展和共同富裕中具有明显的支撑作用。此外，核心解释变量赫芬达尔指数(hhi)、专利授权数(pat)直接效应的回归系数依旧显著为正，证实产业集聚、科技创新水平的提高对缩小与中心城市的人均收入差距、促进发展成果共享具有显著的正向影响。从回归结果可以看出，在西部地区，城市群相比较于中心城市而言，在促进区域高质量发展与共同富裕过程中发挥了更为显著的支撑带动作用。中心城市作为区域经济发展的增长极和门户枢纽以及区域产业分工协作的主要组织者和推动者，在产业引领、空间均衡、经济增长等方面对周边地区起着辐射带动作用，但西部地区受自然、地理、历史等诸多因素的限制以及基础设施建设、信息化水平上起步较晚，区域内中心城市发展能级和辐射能量尚且不够，虽凭借区域科技中心、经济中心的地位集聚了大量的生产要素，但现阶段经济发展水平和发展基础不足以支撑其合理调度、高效组织区域要素合理流动和优化配置，降低了生产要素集聚的规模、深度、层级，制约了中心城市引领示范效应的释放。且西部地区城市等级体系明显，区域空间结构缺少次级中心城市的支撑和联结，这也是现阶段中心城市尚未显著推动西部地区高质量发展与共同富裕的原因。

城市群作为不同城市在特定空间范围内的排列组合，能够在更大空间尺度上汇聚、融合多种生产要素，相比于单个中心城市而言，城市群具有更强的空间承载力、更显著的集聚经济效应，且城市群是由不同类型、不同规模、不同功能的城市基于经济联系聚合而成的经济组织形式,可以充分利用各城市的优势功能、优势产业,根据城市的主导优势产业结合城市群整体发展目标赋予各个城市适合承担的功能,推动区域空间结构向合理有序化方向发展,而多层次城市网络体系和疏密有序的空间结构可以为产业集聚提供顺畅地运行空间和支持通道。但西部地区城市群内要素集聚的结构、层次和集聚的程度并未与当地城市群的发展相适应,限制了城市群集聚效应的发挥。城市群作为复杂开放的巨系统,能够整合地域内多个城市的创新资源与创新要素,结合城市产业特色和比较优势为创新资源寻找相匹配的空间载体,在加速创新要素流通的前提下提高创新要素与城市发展水平的适配性,推动优质创新资源集聚至科技创新实力较强的地域单元内,促进创新协同效应的提升和地域整合效应的释放,这也解释了交互项 $urbanlp$ 的直接效应估计系数较之于 clp 更显著的原因。

在其余的主要解释变量中,固定资产投资(fa)并没有起到缩小城市间人均收入差距的作用,甚至存在进一步扩大差距的倾向,这主要是由于资本等生产要素在生产过程中存在"边际报酬递减"规律,在流动过程中往往是由低收益地区流向高收益地区,由低效配置区域流入高效配置地区,这有助于实现区域要素配置方式的优化和生产效率的提升。而西部地区各城市间经济发展水平、科技创新水平、产业分工体系存在较大差距,在生产要素收益回报上中心城市领先于中小城市,引致中心城市吸引更多固定资产投资从而导致区域人均收入更为不均衡;政府干预变量(gov)的直接效应估计系数显著为负。一般认为,政府可以通过战略统筹、规划引导和政策倾斜推动各城市优势互补、融合互动和收入差距收敛,但西部地区存在的政府过度干预降低市场自主配置资源的效率的问题,尤其是城市层面"为本地增长而竞争"的存在,造成了行政壁垒和市场分割,降低区域经济发展的联动性与整体性。表18-3中模型(3)和模型(4),产业结构变量(ser)的直接效应、间接效应和总效应的估计系数显著为正,表明产业结构的优化既可以显著促进本地区相对人均收入水平的提升,同时具有正向空间外溢效应,带动周边城市和地区的发展。

2. 稳健性检验

第一,选取重庆、成都、西安作为基准中心城市,测度各样本城市相对于基准中心城市的人均收入并作为被解释变量进行回归,表18-4模型(4)回归结果显示,各变量估计值除数值大小略有差异外,符号与显著性水平与表18-3回归结果保持一致,说明模型回归结果具有稳健性。

第二,根据是否隶属于成渝城市群、关中平原城市群对城市进行划分后回归,除城市群与核心解释变量的交互项 urbanh、urbanlp 与前文有显著性的区别外,整体回归结果依旧是稳健可靠的。

第三,表18-4模型(6)整合了以上两种变量的调整,主要变量的回归系数仍然具有稳健性。

五 中心城市和城市群支撑带动西部地区高质量发展、促进共同富裕中存在的主要问题与挑战

前述的实证检验结果显示,中心城市和城市群对于西部地区在高质量发展中促进共同富裕有一定的支撑作用,但带动作用和辐射效应尚不明显。由于自然、地理、历史、文化、经济、社会等多种因素的相互制约和相互影响,现阶段中心城市和城市群在支撑带动西部地区高质量发展、促进共同富裕过程中仍存在不少问题和必须直面的挑战。

(一)自然地理条件制约和生态环境约束始终突出

广袤的西部地区生物、矿产等资源较为丰富,但由于遍布山地、戈壁、沙漠以及高原(面积占比达80%以上),长期缺乏降水,植物难以生长导致的土地荒漠化和水土流失面积分别高达189万平方公里和105万平方公里,占全国的土地面积高达70%以上,资源开发难度极大。按照优化国土空间布局的主体功能区规划,西部地区承担着涵养水土、防风固沙等重要生态功能,应以保护为主,开发强度不宜过高。西部地区资源环境承载能力的不足以及脆弱的生态环境在一定程度上限制了人口、资源、科技等生产要素的区际转移,中心城市的对外知识创新溢出效应和辐射扩散不足,不利于西部地区全要素生产率的提高,并对西部

表 18-4　稳健性检验结果

被解释变量：$\ln Y_1$

变量	(4)			(5)			(6)		
	Direct	Indirect	Total	Direct	Indirect	Total	Direct	Indirect	Total
hji	2.311*** (0.666)	-3.876 (4.925)	-1.566 (5.242)	1.575** (0.771)	-9.757 (9.705)	-8.183 (10.056)	1.526** (0.760)	-10.067 (10.088)	-8.541 (10.458)
lnpat	0.106*** (0.038)	-0.660 (0.877)	-0.554 (0.898)	0.130*** (0.030)	-0.840 (0.761)	-0.710 (0.775)	0.130*** (0.030)	-0.836 (0.762)	-0.706 (0.777)
lnfa	-0.339*** (0.086)	-2.183* (1.308)	-2.522* (1.366)	-0.356*** (0.107)	-2.232 (1.653)	-2.589 (1.728)	-0.359*** (0.105)	-2.339 (1.647)	-2.697 (1.720)
lngov	-0.085*** (0.024)	-0.591 (0.395)	-0.675* (0.407)	-0.078*** (0.025)	-0.552 (0.376)	-0.630 (0.386)	-0.078*** (0.025)	-0.527 (0.356)	-0.605* (0.366)
lnfdi	0.027 (0.019)	0.616 (0.439)	0.644 (0.447)	0.014 (0.022)	0.213 (0.413)	0.226 (0.423)	0.021 (0.021)	0.442 (0.447)	0.463 (0.457)
lnedu	0.018 (0.022)	-0.463 (0.589)	-0.445 (0.592)	0.018 (0.022)	-0.551 (0.669)	-0.534 (0.674)	0.018 (0.022)	-0.555 (0.694)	-0.536 (0.699)

续表

变量	(4) Direct	(4) Indirect	(4) Total	(5) Direct	(5) Indirect	(5) Total	(6) Direct	(6) Indirect	(6) Total
lnser	0.177* (0.104)	2.982* (1.719)	3.159* (1.807)	0.171 (0.109)	3.165 (2.143)	3.336 (2.237)	0.170 (0.104)	3.229 (2.068)	3.399 (2.160)
ch	−0.299 (0.775)	3.012 (5.251)	2.713 (5.440)	−0.170 (0.503)	−1.373 (4.252)	−1.543 (4.362)	−0.420 (0.893)	2.976 (5.223)	2.556 (5.572)
cdp	−0.034 (0.023)	−0.688 (0.460)	−0.722 (0.475)	0.000 (0.015)	0.056 (0.290)	0.057 (0.300)	−0.010 (0.023)	−0.340 (0.425)	−0.350 (0.439)
trbank	−1.610** (0.767)	−12.065* (7.068)	−13.675* (7.020)	0.576 (0.550)	5.774 (6.955)	6.350 (7.205)	0.632 (0.561)	4.710 (6.897)	5.342 (7.132)
urbanlp	0.044*** (0.017)	0.220 (0.184)	0.264 (0.175)	−0.015 (0.016)	0.064 (0.326)	0.049 (0.336)	−0.014 (0.016)	0.115 (0.314)	0.100 (0.324)
ρ		0.573*** (0.070)			0.621***			0.623*** (0.073)	
N		1125			1125			1125	
固定		时间固定			时间固定			时间固定	

注：*、**、*** 表示在10%、5%和1%的水平上显著，括号内数值为统计量的标准误。

地区的高质量发展和共同富裕提出了更高、更严的要求。特别是西部地区适宜大规模工业化和城市化开发的区域有限，进一步凸显了西部地区优化、城市化和经济发展空间发展格局的重要性。

(二) 基础设施建设相对落后，区际联系成本整体较高

区域高质量发展和共同富裕的实现需要一定的基础设施等硬件支撑。西部地区特殊的自然地理环境条件、较低的发展水平制约了基础设施建设和公共服务的均等化供给。根据《2021年中国主要城市道路网密度与运行状态监测报告》，我国36个主要城市的平均道路网密度为6.2公里/平方公里，西部城市中仅有成都、重庆、昆明和贵阳超过了平均水平，其余如银川、呼和浩特、兰州、拉萨、乌鲁木齐等西部省会中心城市的道路网络密度在全国处于相对落后的水平，均低于5公里/平方公里，远低于全国平均水平。2020年，西部地区的铁路营运里程密度为87.16公里/万平方公里，远落后于东部和中部的198.64公里/万平方公里和329.47公里/万平方公里。交通通达性的不足、运输成本较高一定程度上限制了西部地区区际的高效联系与板块互动融合。

实现基本公共服务均等化是区域高质量发展和实现共同富裕的内在要求之一。2020年西部地区医院总数为11072家，占全国的比重为31.3%，而在东部地区这一数量为12457家，占比为35.2%；西部地区的政府教育支出、社会保障和就业支出、基本医疗参保人数占全国的比例分别为27.82%、29.6%、28.21%。这反映了西部地区基本公共服务设施建设水平与东、中部相比尚有差距，企业生产和居民生活对公共服务的需求有待进一步满足。

(三) 产业结构和层次较低，支撑带动作用亟待提升

由于历史、地理、行政、经济、社会等因素的相互影响和制约，西部地区许多城市和地方产业发展多自成体系，产业分工协作特别是产业链环节上分工不足。城市群内的中心城市与其他非中心城市、与外围城市功能互补、功能整合和功能协同进程缓慢，存在产业链"断链""弱链"等问题，"补链""拓链""强链""优链"发展任务迫切。与此同时，域内中小城市由于自身规模和发展条件的限制，在区域内和区

际产业分工网络中的嵌入性和互联能力不足，使得区域城市网络的功能互补与协同效应难以形成，并进一步制约了价值传递和增值能力。也就是说，现阶段西部地区尚未形成由中心城市按照城市间的比较优势和经济联系组织由近及远、由点到面的产业分工网络，各区域分散的比较优势尚难以聚合为整体发展优势，产业分工协作不足导致区域经济利益的共享水平不够，甚至加剧区域冲突，给高质量发展和共同富裕造成了挑战。

（四）区域资源要素流动与融合互动面临行政与政策壁垒

一方面，西部地区高质量发展与共同富裕面临行政性因素的制约。西部地区覆盖多个省级行政单元以及许多地市、区县行政单元，在过往的发展中存在比较突出的行政区经济现象和问题，使得经济活动空间受制于行政区划范围，行政区边界存在屏蔽效应，跨行政区的生产要素流动受到严重阻碍。同时，由于各行政区内实施的产业政策和提供的公共服务存在很大差异，导致各类生产要素的集聚也出现差异，最终影响到各地经济集聚能力和劳动生产率的差异，限制了行政区边界两端的区域一体化发展和经济利益的创造与分享。以行政区为主的各地产业政策、公共服务政策存在分割和衔接不畅等问题，资源要素跨区域、跨边界流动面临行政和政策壁垒。

另一方面，要素跨区域流动存在制度性壁垒。由于现阶段西部地区市场机制、合作机制等尚未建立、健全，地方保护和市场分割现象仍然存在，行政壁垒未完全破除，区域内统一市场和信用体系建设进展缓慢，区域协同发展、一体化发展成本共担和利益共享机制尚不完善，制约了区域高质量发展和共同富裕进程。此外，不同行政单元在产业发展、公共服务等政策上行政分割的存在，影响到区域资源要素的合理流动和高效集聚。不同地区和不同规模、不同类型城市之间存在较大的发展势差和政策落差，人才、资金、信息等资源要素的跨区域流动和配置面临制度和政策壁垒限制，进而影响了区域板块的融合互动的进程与效益，对中心城市和城市群发挥应有的支撑带动作用造成了一定的制约。

六 中心城市和城市群支撑带动西部地区高质量发展、促进共同富裕的机制优化及对策建议

促进西部地区共同富裕既是增强西部地区发展可持续性、共享性以及促进民族团结和边疆稳固的重要保障，也是一切发展为了人民的应有之义。在过往的发展中，西部地区的成渝、关中平原、呼包鄂榆、兰西、北部湾等城市群及中心城市共同支撑起了西部地区经济的高速增长，当前及未来西部地区在高质量发展中促进共同富裕也需要从这些中心城市和城市群的发展及带动上着手。以中心城市的集聚扩散来促进城市的创新并激发区域的发展活力进而增强西部地区的发展动能，以城市群的空间层级结构优化来加强城市间的网络联动与板块的互动融合，以中心城市、城市群以及省域之间的经济利益共享机制来分享发展成果进而促进西部地区的共同富裕，从战略统筹的高度推进西部大开发形成新格局，在国家主体功能区和经济客观规律的双重约束下制订实施适合各城市群及相关板块发展的规划，围绕构建互联互通的基础设施与均等化的公共服务以及错位互补的城市功能等积极制定落实有利于西部地区高质量发展、促进共同富裕的政策措施。

(一)优化以多层级中心城市和城市群为主体的经济发展空间结构

合理有序的城市体系和空间结构是区域资源配置优化的重要载体和平台，是充分发挥中心城市的集聚外部性和城市网络外部性的重要基础和支撑。对西部地区的中心城市、城市群进行合理构造、跨域衔接和深度融合，处理好中心与外围、中心城市与其他城市群以及城市群之间的关系，形成中心城市引领、城市群支撑、省域融合、城市网络联结的集约高效、疏密有致的空间格局，更加有效地支撑带动区域高质量发展和共同富裕。

第一，做强做优中心城市与城市群。中心城市即成都、重庆、西安、兰州等分布在西部地区且发展水平较高的国家中心城市、区域中心城市等。基于广袤的西部地区存在较多的限制开发区和生态脆弱区的实情，培育、增强并发挥中心城市连同城市群的支撑带动作用无疑

是其发挥比较优势、集聚人口并缓解生态脆弱地区人口压力的有效举措。为此，需要立足本地的发展基础和资源环境的承载能力，增强西部地区中心城市在人口和发展要素等方面的吸引、承载能力，在完善西部地区城市网络的同时积极嵌入全国的城市网络并提升这些中心城市在区域和全国范围乃至世界范围内的高端要素集聚和优化配置能力；在不断运用这些发展要素壮大产业优势并迈向产业链高端的过程中强化中心城市在要素集聚和高端引领等方面的功能与作用，为中心城市充分发挥其引领带动作用打下坚实基础。此外，鉴于西部地区广袤的地理空间，尤其是西藏、新疆和青海等地理空间广袤但仅有省会城市发展较为良好的省区，有必要打造区域副中心城市并与中心城市协同发挥支撑带动作用。

第二，优化城市群空间层级结构。西部地区的城市网络由成渝、兰西、关中平原等多个城市群共同组成，这些城市群是构成整个西部地区城市网络的基础。为此，首先需要优化西部地区的城市群内部的空间层级结构，打造空间结构均衡、城市体系完善的城市群有助于发挥城市群的基础支撑作用，以中心城市的辐射带动作用促进城市群内部的高质量发展与共同富裕。在城市群越发作为一个整体来参与全国乃至全球竞争的大背景下，通过加快推进西部地区多个发展基础较好的城市群建设，有助于促进西部地区整体的高质量发展和共同富裕。此外，在西部地区众多的城市群之间也需要通过战略统筹与规划引导，在一定程度上实现城市群之间的联动与协同，通过城市群之间的协作互动促进整个西部地区的高质量发展。

第三，培育城市群之间的联结与过渡城市。通过在城市群以及中心城市的中间区域选择部分发展条件较好的城市进行培育，在完善城市网络的同时加强城市群及中心城市的辐射范围。这些城市根据自身的资源禀赋、比较优势以及与其距离最近或经济联系最强的城市群的功能定位和产业发展选择合适的切入点，参与相应的生产配套或服务环节，既能快速充分融入周边城市群进而获得发展，也有助于加强城市群之间的衔接，还能够通过城市群之外节点城市的培育来织密西部地区的城市网络，实现更大范围的经济辐射与利益共享。

(二)夯实西部地区高质量发展与共同富裕的产业基础

第一,依托中心城市和城市群打造一批优势特色产业集群。西部地区多是经"三线"建设时期发展起来的产业,从整个西部地区的产业发展来看,其重工业占据了不小的比例。在深化供给侧结构性改革、打造一批优势特色产业的大背景下,西部地区需要加大研发投入以及与东部地区的研发合作,通过发展新技术、新业态、新模式进而增强西部地区产业的市场竞争力。基于西部地区丰富的能源和矿产资源,与东部地区进行合理的产业对接,打造一批附加价值高、产业链完善的优势产业集群,通过产业链的"补链""强链"共同增强西部产品和产业在全国的竞争力,并通过合理的利益共享实现各地区的共同富裕。

第二,促进西部地区产业转型升级。对于西部地区众多的资源型城市而言,要提前做好战略规划与产业转型升级的引导。避免城市因资源开发而兴盛,因资源枯竭而衰败。通过延长产业链条、掌控关键环节和关键技术来获取更高的发展回报,加大对新兴产业的孵化培育以及产业的多元化发展来实现西部地区经济的高质量发展,加大创新投入来为西部地区城市发展注入新动力。

第三,加快促进西部地区服务业发展。在人民对美好生活的需要日益增强的背景下,旅游休闲、健康养老等产业迎来蓬勃发展,西部地区广袤的地理空间与复杂的地理环境以及悠久的发展历史形成了众多的自然风景区与历史文化景区,西部地区可通过加强交通基础设施建设与完善公共服务配套以及探索对景区的合理开发与有效运行来促进西部地区相关服务业的快速发展,服务辐射更大空间范围,促进共同富裕。

(三)加强区域发展战略的有机衔接与规划引导

一方面,强化纵向发展战略与规划的衔接。重点加强省域、城市群以及中心城市层面的规划同国家层面发展战略和规划的衔接,形成顶层统筹战略规划引领、地方制定落实具体举措的有效衔接,形成规划合力。多个国家级城市群规划乃至中心城市规划应当与中央在西部大开发中提到的战略和统一规划部署要求和目标形成深度融合,严格遵循中央层面的顶层设计，高度兼容国家整体战略部署，统筹西部地区经济高质量发展和共同富裕。结合各个中心城市和城市群的发展基础和目标定位，充分利用"一带一路"建设以及西部大开发、西部陆海新通道等国家战略对西部地区发展带来的新机遇和新优势，加强规划对接配套，促进西部地区的中心城市和城市群制定合理的区域规划来指引其高质量发展。

另一方面，强化横向发展战略与规划对接。西部地区涉及多个国家中心城市以及不同层级的城市群，这些城市的跨行政区合作有助于规划对接。在全国"一盘棋"的统筹发展思路下推动区域协调发展，需要更加注重规划对接和区际联动。既涉及各个国家级、区域性城市群之间的规划对接，也涉及诸多中心城市的区际联动。无论是城市功能方面的错位发展还是产业方面的分工协作都有助于促进区际联动，通过制订以相互补充、相互完善的现代产业体系布局与区域协同发展政策体系等为主要内容的区域规划来凝聚社会共识、形成规划建设合力，引导中心城市在产业升级、公共服务建设和交通网络联通等方面形成通力合作，进而促进西部地区各个中心城市和城市群自身获得高质量发展的同时支撑带动整个西部地区的共同富裕。

(四)健全多元联动的区域合作机制与利益共享机制

第一，健全区际利益补偿机制。推广借鉴新安江水环境补偿试点经验，在东、中、西部之间积极开展资金、技术、产业、人才等多方面、多模式的生态与经济补偿机制，形成生态保护的受益者付费、保护者获得相应补偿的良性互动发展局面。西部众多的生态保护区如三江源区等具有较强的正外部性，需要东部地区对西部进行合理的利益补偿，并将这部分资金投入相应的生态环境保护。只有不断促进中心城市与城市群等优势区域人口承载力的增强和经济发展质量的提升，才能够使中心城市以及城市群承载更多的人口进而缓解西部地区的生态问题。

第二，健全区际利益共享机制。西部地区拥有丰富的能源矿产资源，东部地区拥有雄厚的人力、资金、技术等资源，在东、中、西各板块间建立合理的利益共享机制,将有助于充分融合各方面的发展资源进而获取更高的收益。健全的利益共享机制既能深化板块之间的合作又促进板块间共享发展成果,最终促进西部地区的高质量发展和共同富裕。西部地区涉及的省域较多也存在较多的跨省城市群,区域利益共享机制也适用于这些省域之间以及城市群内部城市之间的合作。只有通过多层级中心城市和城市群内部的资源整合、优势互补才能够更好地挖掘和释放城市群本身的发展潜能,以此在高质量发展中促进共同富裕。

第三,健全资源要素优化配置的市场机制。打造一体化的要素市场进而打破省域及城市群之间的行政壁垒。相似的资源禀赋和发展阶段加之相互竞争和重复建设,导致西部地区众多中心城市和城市群形成了相似度较高的产业结构,为了自身的发展和经济利益,省域及城市之间存在较为严重的市场分割现象,为此,需要通过打造一体化的要素市场,促进人力、资金和技术等生产要素在西部地区的合理流动、高效集聚和配置优化,有助于激发西部地区的发展活力并促进城市创新,进而更好地发挥中心城市和城市群的集聚扩散与辐射带动作用。

(五)完善西部地区高质量发展、促进共同富裕的政策体系

以政策协同引导经济协同,围绕现代产业体系建设、基础设施联通、公共服务均等化等内容,加强西部地区在政策引导方面的沟通与合作,积极制定落实有利于促进西部地区高质量发展和共同富裕的专项政策和有效举措。

第一,完善西部地区现代产业体系建设的政策统筹。加强对西部地区产业转型升级、分工协作等方面的政策引导,顶层政策规划统引西部地区产业发展方向,具体城市群和中心城市产业政策激发西部地区发展活力。通过衔接顺畅、统引有力、分类引导的产业政策体系更好地促进中心城市和城市群支撑带动作用的发挥。以西部地区整体的现代产业体系建设、统筹来确定各个中心城市及城市群自身的发展定位,进而促进相互间的错位发展与分工协作,最终改善西部地区长期以来在重工业与资源性产业等方面存在的严重产业同构,充分释放西部地区的比较优势

和发展潜能。

第二，加强西部地区基础设施互联互通的政策引导。科学技术的进步和高铁网络建设带来时空距离的压缩，针对西部地区广袤的地理空间与复杂的地理环境并由此导致的相对落后与不平衡发展的基础设施体系，加大西部地区基础设施建设投入、完善西部地区基础设施规划对接显得尤为重要和迫切。以畅通的铁路和高速公路作为经济发展大动脉，通过基础设施的互联互通来支撑商品和要素在西部地区的快速流动与优化配置，加强中心城市及城市群之间的经济联系并扩大其辐射范围，充分发挥城市网络外部性的带动作用，最终实现西部地区的高质量发展和共同富裕。通过加强西部地区城市间在交通等基础设施建设上的政策沟通，充分发挥交通的制导作用，构建支撑区域板块融合互动和高质量发展的完善的综合交通网络。

第三，强化西部地区公共服务均等化的政策协同。优质的基本公共服务能够吸引人才、促进创新，同时教育医疗卫生等公共服务又为城市的高质量发展持续注入新的活力。以促进基本公共服务的均等化和普惠共享作为发展目标，加强西部地区在公共教育、医疗卫生以及社会保障等方面的充分对接。合力增强西部地区的公共服务能力，提高西部地区的要素吸引力，为生产要素在西部地区的有序流动和高效配置提供优质的公共服务支撑。通过各类要素的合理流动以及高效聚集带来的创新动力的增强、规模经济效应的充分发挥，进而有效增强中心城市和城市群的发展动能并带动西部地区整体经济效率的提升。

第四，谋划西部地区高水平对外开放的政策引领。"一带一路"建设和打造的西部陆海新通道等国家战略为诸多西部内陆中心城市的对外开放带来发展契机，使西部地区的中心城市及城市群拥有更多对外开放和贸易往来的机会。西部地区一方面需要发展更具竞争力的产业体系来扩大对外贸易，这需要通过政策引领加速西部地区现代化产业体系的建设进程；另一方面，在区域和国际竞争越发演化为城市群之间竞争的背景下，需要通过开放政策统筹破除阻碍西部地区城市群高质量发展的诸多制度障碍和政策壁垒，加速城市群一体化建设进程，在积极参与"双循环"中促进西部地区的高质量发展和共同富裕。

第十九章　共同富裕目标下企业慈善资源优化配置研究[*]

一　绪论

（一）研究背景和意义

本研究具有较强的现实背景，面向国家经济社会发展重大需求；也有较强的学术价值，有助于厘清企业慈善动机之争。体现在以下几方面。

1. 党和中央明确提出发挥三次分配作用，促进共同富裕

2021年7月1日，在庆祝中国共产党成立100周年大会上，习近平总书记庄严宣告"全面建成了小康社会"，强调新的征程上，"推动人的全面发展、全体人民共同富裕取得更为明显的实质性进展"！[①]

效率与公平，是实现共同富裕必须处理好的一对关系。2021年8月17日，习近平总书记主持召开中央财经委员会第十次会议，提出构建初次分配、再分配、三次分配协调配套的基础性制度安排。初次分配主要由市场机制形成，要坚持多劳多得，也要健全生产要素由市场评价贡献、按贡献决定报酬的机制；再分配主要由政府调节机制起作用；三次分配鼓励社会力量自愿投入民间捐赠、慈善事业等。

---

[*] 樊胜、丁川、王开宏、李凤英、佘峻杨、蔡佳怡，西南财经大学数学学院研究人员。
[①] 习近平：《在庆祝中国共产党成立100周年大会上的讲话》，人民出版社2021年版，第12页。

2. 中国慈善事业的主力军是企业，但企业捐赠调节社会贫富差距的作用有限

与西方国家慈善事业多以个人为主体的情况有所不同，我国慈善事业的主力军是企业。据历年《中国慈善捐助报告》显示，企业捐助在我国慈善捐助总额中的占比常年维持在60%以上。

虽然捐赠被认为是企业调节社会贫富差距、助力共同富裕的重要形式，但从我国企业捐赠的地理分布来看，企业在某地区的营业收入越多，向该地区捐赠的次数和金额也越多，表明企业捐赠的战略性动机明显，主要捐向了收入来源地，以换取在当地的市场份额等好处。正因为如此，企业捐赠主要捐向了经济发达地区，而那些经济欠发达地区却鲜少惠及，其扶贫济弱、调节社会贫富差距的作用有限。

3. 共同富裕目标下，扶贫开发正成为企业重要的新型慈善形式

中国的贫困地区具有明显的空间集聚特征，主要集中在中西部地区，从地理的角度而言，中国的贫困问题也是经济发展不平衡在空间分布上的体现。促进贫困地区发展、缓解区域间经济发展不平衡是共同富裕的题中之义。精准扶贫具有鲜明的地理指向性，引导资源流向贫困地区，是实现共同富裕的重要措施。从企业扶贫开发实践来看，有扶贫开发的上市公司已占到上市公司总量的36%，年投入金额已达到两百多亿元（不含金融业）。可以说自精准扶贫方略实施以来，以及新征程共同富裕目标下，扶贫开发正成为企业重要的新型慈善形式。相较于捐赠而言，精准扶贫直接指向贫困群体和地区，强调采用发展产业的形式，激发贫困人口的内生动力，达到扶贫的长期效果。正如习近平总书记在全国脱贫攻坚总结表彰大会的讲话指出，"坚持开发式扶贫方针……实现由'输血式'扶贫向'造血式'帮扶转变"[①]，这正是扶贫开发相较于捐赠而言的优越性所在。

经过全党全国各族人民的共同努力，2021年，我国脱贫攻坚战取得了全面胜利，完成了消除绝对贫困的艰巨任务，创造了减贫治理的中

---

① 习近平:《在全国脱贫攻坚总结表彰大会上的讲话》，人民出版社2021年版，第16页。

国样本,为全球减贫事业作出了重大贡献。这也是我国实现共同富裕的重要成就。习近平总书记在全国脱贫攻坚总结表彰大会的讲话中指出:"精准扶贫是打赢脱贫攻坚战的制胜法宝,开发式扶贫方针是中国特色减贫道路的鲜明特征。"[1]

4. 企业慈善动机之争有待厘清,作用机制尚需探索

正确认识企业慈善动机是深入理解企业慈善资源配置的首要问题,总体来看,现有研究将企业慈善动机分为利他和利己两大类[2]。

在利他动机下,企业慈善是企业或者企业高管的社会良知、利他主义或践行企业价值观、使命感和文化传统所激发的行为[3],是企业追求社会福利最大化的行为[4],即使不一定会给企业带来利益回报。

然而,越来越多的研究发现企业慈善并非出于纯粹的利他动机。基于企业希望借助慈善实现的目的不同,可以将企业慈善利己动机分为以下几类。一是声誉动机,企业借助慈善提高知名度、树立良好形象和提升声誉,起到类似于广告的作用[5]。二是政治动机,慈善能够帮助企业

---

[1] 习近平:《习近平谈治国理政》第4卷,外文出版社2022年版,第135页。

[2] Long C., Yang J., "What Explains Chinese Private Entrepreneurs' Charitable Behaviors?: A Story of Dynamic Reciprocal Relationship between Firms and the Government", *China Economic Review*, Vol. 40, 2016, pp. 1–16.

[3] Edmondson V. C., Carroll A. B., "Giving Back: An Examination of the Philanthropic Motivations, Orientations and Activities of Large Black-owned Businesses", *Journal of Business Ethics*, Vol. 19, No. 2, 1999, pp. 171–179; Sánchez C. M., "Motives for Corporate Philanthropy in El Salvador: Altruism and Political Legitimacy", *Journal of Business Ethics*, Vol. 27, No. 4, 2000, pp. 363–375; Long C., Yang J., "What Explains Chinese Private Entrepreneurs' Charitable Behaviors?: A Story of Dynamic Reciprocal Relationship between Firms and the Government", *China Economic Review*, Vol. 40, 2016, pp. 1–16; 许年行、李哲:《高管贫困经历与企业慈善捐赠》,《经济研究》2016年第12期。

[4] Cowton C. J., "Corporate Philanthropy in the United Kingdom", *Journal of Business Ethics*, Vol. 6, No. 7, 1987, pp. 553–558; Campbell L., Gulas C. S., Gruca T. S., "Corporate Giving Behavior and Decision-maker Social Consciousness", *Journal of Business Ethics*, Vol. 19, No. 4, 1999, pp. 375–383; Sánchez C. M., "Motives for Corporate Philanthropy in El Salvador: Altruism and Political Legitimacy", *Journal of Business Ethics*, Vol. 27, No. 4, 2000, pp. 363–375.

[5] 山立威、甘犁、郑涛:《公司捐款与经济动机——汶川地震后中国上市公司捐款的实证研究》,《经济研究》2008年第11期;Li W., Zhang R., "Corporate Social Responsibility, Ownership Structure, and Political Interference: Evidence from China", *Journal of Business Ethics*, Vol. 96, No. 4, 2010, pp. 631–645;潘越、翁若宇、刘思义:《私心的善意:基于台风中企业慈善捐赠行为的新证据》,《中国工业经济》2017年第5期。

获得政府的好感和信任,建立并维持政治联系,进而获得经营许可、政府补助或税收减免等稀缺经济资源①。三是"类保险"动机,企业慈善可以在其遭遇不利情形时削弱对企业的负面影响,起到类似于保险的作用②。

综上,共同富裕目标下企业慈善形式调整及慈善资源配置是值得深入探究的课题,不仅具有重要决策咨询和实践指导意义,也有望在社会期望和政策变迁的外生冲击下厘清企业慈善的动机之争,进一步探索其作用机制。

(二)研究内容

本章对共同富裕目标下企业慈善形式调整及慈善资源配置进行系统深入的实证研究,研究目标及内容逐层递进,首先考察共同富裕目标下企业新型慈善形式——扶贫开发的基本事实,更进一步探究共同富裕目标下企业扶贫开发对传统慈善形式——捐赠数量及分布的影响。

1. 共同富裕目标下企业扶贫开发基本事实

共同富裕目标下,企业慈善形式调整,从"输血式"的捐赠拓展为"造血式"的扶贫开发。本研究基于2016年以来上市公司披露的扶贫开发信息,对上市公司是否扶贫、扶贫投入(事项数和金额)、扶贫类型(捐赠、产业发展、就业安置等)、扶贫行业分布、地理分布等基本事实进行全面细致的描述统计和分析。

2. 共同富裕目标下企业扶贫开发对捐赠数量的影响

共同富裕目标下,企业在扶贫开发和捐赠两种慈善形式之间权衡,

---

① Su J., He J., "Does Giving Lead to Getting? Evidence from Chinese Private Enterprises", *Journal of Business Ethics*, Vol. 93, No. 1, 2010, pp. 73 – 90;张敏、马黎珺、张雯:《企业慈善捐赠的政企纽带效应——基于我国上市公司的经验证据》,《管理世界》2013年第7期;Long C., Yang J., "What Explains Chinese Private Entrepreneurs' Charitable Behaviors?: A Story of Dynamic Reciprocal Relationship between Firms and the Government", *China Economic Review*, Vol. 40, 2016, pp. 1 – 16.

② Godfrey P. C., "The Relationship between Corporate Philanthropy and Shareholder Wealth: A Risk Management Perspective", *Academy of Management Review*, Vol. 30, No. 4, 2005, pp. 777 – 798.

合理、有效配置慈善资源。企业扶贫开发有望在行善的同时发展产业，获得投资收益，尤其是对那些要素需求与贫困地区资源禀赋相契合的劳动密集型企业和资源密集型企业而言，有动力增加扶贫开发。但现实中企业不同程度地面临着资源约束，如现金持有不足、面临融资约束等，则可能相应减少捐赠。本研究拟实证检验企业扶贫开发对捐赠"此长彼消"的影响及其作用机制。

3. 共同富裕目标下企业扶贫开发对捐赠地理分布的影响

共同富裕目标下，企业也在收入来源地和贫困地区之间权衡，合理、有效配置慈善资源。已有研究发现，企业捐赠并非纯粹"利他"的，而是存在提升声誉、建立政治联系、"类保险"等战略性动机，体现在捐赠地理分布与企业收入来源地高度相关，企业在某地区的收入越多，向该地区的捐赠也越多。但共同富裕目标下，随着社会和政府期望的变化，企业捐赠地理分布动态调整，可能减少向收入来源地的捐赠，而增加向贫困地区的捐赠。本研究拟实证检验企业扶贫开发对捐赠地理分布的影响及其作用机制。

(三) 研究方法

本研究在方法论上秉承实证主义，定性分析和定量分析紧密结合，在制度背景和理论分析的基础之上，坚持提供经验证据。具体而言，利用证监会鼓励上市公司自 2016 年年报起披露扶贫开发信息的契机，基于 2013—2019 年沪深 A 股上市公司相关数据，运用 PSM + DID 的方法，进行实证检验。

(四) 创新之处

1. 拓展了企业慈善研究领域

以往研究大多将企业慈善等同为捐赠，但企业慈善不局限于捐赠，在扶贫开发已经成为中国企业一种重要的新型慈善形式的背景下，仅以捐赠考察企业慈善不仅无法反映中国企业慈善形式的全貌，还难以探索企业慈善资源配置的内在逻辑。本研究立足共同富裕下企业慈善形式的新发展，辨析了以捐赠为代表的"输血式"慈善与以扶贫开发为代表的"造血式"慈善的区别和联系，拓展了企业慈善研究领域，体现了较强的现实背景。

2. 深化了企业扶贫开发经济后果的研究

现有研究从政府补助、银行信贷、创新、风险水平、经营业绩等方面检验了企业扶贫开发对其资源获取能力和绩效的影响，但鲜有文献关注企业扶贫开发对企业慈善本身的影响。本研究考察了企业扶贫开发对慈善形式调整及慈善资源配置的影响，深化了对企业扶贫开发经济后果的研究，为全面评价企业扶贫开发提供了增量证据。

3. 重在提供决策咨询和实践指导

本研究将为精准扶贫、乡村振兴等各阶段国家减贫治理效果提供来自微观企业的经验证据，同时也为在新征程上实现共同富裕目标提供有益的决策咨询和实践指导。

二 共同富裕目标下企业扶贫开发基本事实

中国的贫困地区具有明显的空间集聚特征，主要集中在中西部地区。在全国的832个贫困县中，位于东部地区的贫困县为83个，占比为9.98%；位于中西部地区的贫困县为749个，占比为90.2%。从地理的角度而言，中国的贫困问题也是经济发展不平衡在空间分布上的体现。经济发展地区不平衡的现象形成后，若没有外部力量的干预就会导致贫困地区长期处于低水平均衡状态[1]，强化初始区域经济发展格局，在空间上呈现"马太效应"，即发达的区域越发富裕，落后的区域越发贫困。为了缓解我国经济发展的地区不平衡，引导资源从发达地区流向贫困地区，从而实现共同富裕，我国自2013年以来开始实施精准扶贫。精准扶贫以政策干预的形式，打破了贫困地区低水平均衡状态，促进了贫困地区的发展，形成了新的区域自我累积循环。

作为实现共同富裕的重要措施，精准扶贫与以往转移支付为主的"输血式"扶贫不同，更加注重激活贫困群体的内生发展，强调市场机

---

[1] Jedwab R., Kerby E., Moradi A., "History, Path Dependence and Development: Evidence from Colonial Railways, Settlers and Cities in Kenya", *The Economic Journal*, Vol. 127, No. 603, 2017, pp. 1467–1494.

制的决定作用,并将发展产业视为脱贫的根本之策,大力发展产业扶贫。相较于政府、社会服务机构等,企业是发展产业的直接载体,企业参与精准扶贫不仅可以增加扶贫资源,还能够提升扶贫资源的配置效率,是扶贫开发工作不可或缺的力量。因此,如何引导企业开展精准扶贫成了构建政府、市场、社会协同推进的大扶贫开发格局的重要一环。

中央政府和地方政府出台了一系列支持政策,对参与精准扶贫的企业提供信贷、土地使用、税收、财政补贴、审批等政策支持。在中央层面,2014年出台的《关于进一步动员社会各方面力量参与扶贫开发的意见》对在贫困地区投资的企业可以享受财政贴息和信贷支持;2016年出台的《中国证监会关于发挥资本市场作用服务国家脱贫攻坚战略的意见》对来自贫困地区的企业的IPO和融资等进行优先审批。在地方层面,例如贵州出台的《贵州省扶贫开发条例》对到贫困地区投资兴业的而企业给予税收优惠、社会保险补贴、职业培训补贴、贷款贴息、资金补助、风险补偿等优惠政策。这些政策的出台为吸引企业参与精准扶贫提供了制度保障,有效降低了企业在贫困地区投资兴业的融资、税收等经营成本,从而吸引了上市公司积极参与精准扶贫。

(一)参与情况和投入分析

从参与情况来看,参与精准扶贫的A股上市公司从2016年的668家增加到2020年的1545家。2020年参与精准扶贫的上市公司占当年A股上市公司总数的36%,如图19-1所示。

从投入情况来看,A股上市公司投入精准扶贫项目的金额从2016年的52.5亿元增加到2020年的225.2亿元[①]。就企业精准扶贫的投入形式而言,上市公司主要以资金的形式支持贫困地区发展,资金投入占比常年在90%以上,如图19-2所示。

---

① 不包括金融行业,因为金融行业披露的精准扶贫投入数据中包含了扶贫业务数据,如银行业披露的精准扶贫投入包含扶贫贷款,证券业披露扶贫投入包括为贫困地区企业融资的金额等。由于难以将扶贫业务数据和自身的扶贫投入区分开来,金融业的精准扶贫投入可能存在夸大情况,故这里扶贫投入的统计不包含金融行业,下同。

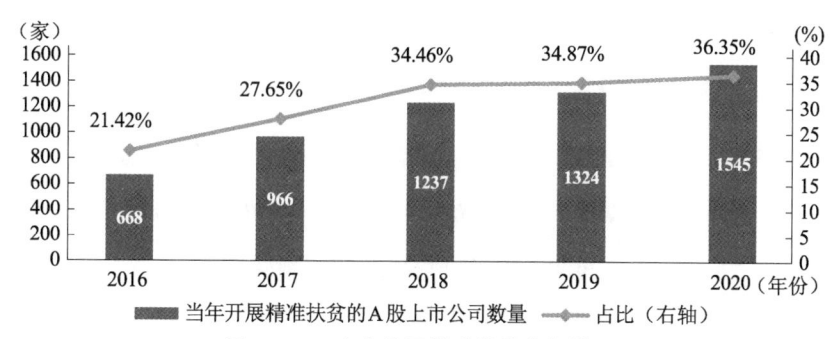

图 19-1 上市公司精准扶贫参与情况

资料来源：基于上市公司历年财务报告与企业社会责任报告整理。

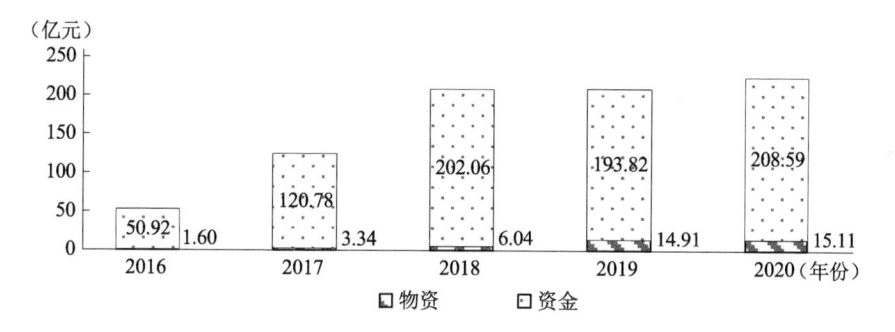

图 19-2 上市公司精准扶贫投入情况

资料来源：基于上市公司历年财务报告与企业社会责任报告整理。

参与精准扶贫的上市公司数量和投入金额共同表明，随着国家精准扶贫方略的实施，越来越多的企业参与精准扶贫，且投入的金额越来越大，企业精准扶贫已经成为一种重要的新型企业慈善行为，企业日渐成为我国扶贫事业的主力军。

(二) 上市公司参与精准扶贫的主要类型

按照内容，可以将上市参与的公司的精准扶贫分为产业发展脱贫、转移就业与易地搬迁脱贫、兜底保障和社会扶贫、健康及生态保护扶贫、教育脱贫和其他项目。其中，产业发展脱贫是增强贫困群体的内生发展机制，是实现脱贫的根本之策，是政策鼓励力度最大的形式。

我国上市公司参与精准扶贫的类型如图 19-3 所示。我国上市公司参与最多的精准扶贫类型分别为兜底保障和社会扶贫(2677家)、教育脱贫(2624家)、产业发展脱贫(2245家)。

类型	数量
兜底保障与社会扶贫	2677
教育脱贫	2624
产业发展扶贫	2245
其他项目	2041
健康及生态保护扶贫	1028
转移就业与易地搬迁脱贫	672

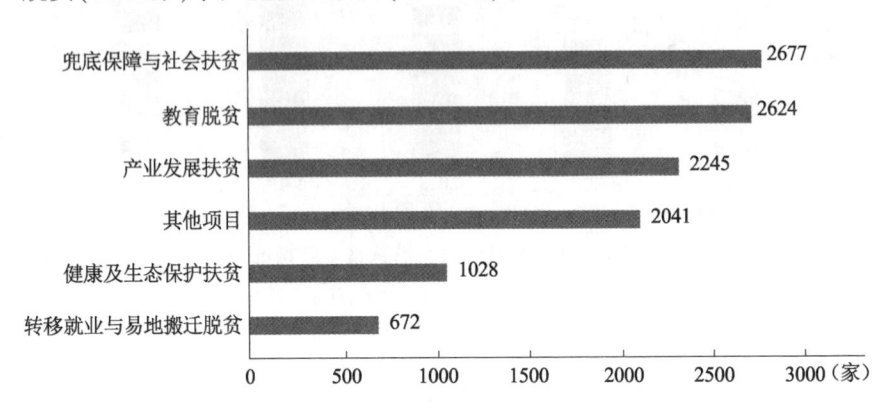

图19-3　上市公司精准扶贫参与情况(分类型)

资料来源：基于上市公司历年财务报告与企业社会责任报告整理。

从参与情况来看，虽然产业发展脱贫是政策鼓励力度最大的精准扶贫形式，但参与兜底保障和社会扶贫、教育扶贫的企业数量多于参与产业发展脱贫的企业数量。究其原因，相较于其他类型的精准扶贫，产业发展脱贫需要投入的资金较多，见效周期较长，同时产业发展脱贫谋求贫困地区经济发展与企业自身经济利益相结合的统一。因此，并不是所有企业都有能力，或者说适合开展产业发展脱贫。能与贫困地区结成利益共享的企业在贫困地区投资兴业，不仅可以拓展企业的发展空间，也为贫困群体脱贫致富提供就业机会。而难以通过投资兴业与贫困地区结成利益共享的企业以发展产业的形式参与精准扶贫，不仅会因为脱离企业自身发展的内在需求而导致扶贫无法持久，还会影响企业正常的生产经营。因此，难以与贫困地区结成利益共享的企业更多地选择捐款捐物、援建道路、修建学校和卫生所等方式参与精准扶贫。

各类精准扶贫投入情况如图19-4所示，我国上市公司投入较多的精准扶贫类型为产业发展脱贫(2341.2亿元)、兜底保障和社会扶贫(2236.86亿元)、教育脱贫(2031.25亿元)。虽然参与产业发展脱贫的上市公司数量并不是最多，但产业发展脱贫的投入资金最多。说明参与产业发展脱贫的上市公司参与程度较深。

第十九章 共同富裕目标下企业慈善资源优化配置研究

产业发展扶贫　　　2341.20
兜底保障与社会扶贫　2236.86
教育脱贫　　　　　2031.25
其他项目　　　　　1883.71
健康及生态保护扶贫　1028.77
转移就业与易地搬迁脱贫　807.12

0　　500　　1000　　1500　　2000　　2500（亿元）

图19-4　上市公司精准扶贫投入情况：分类型

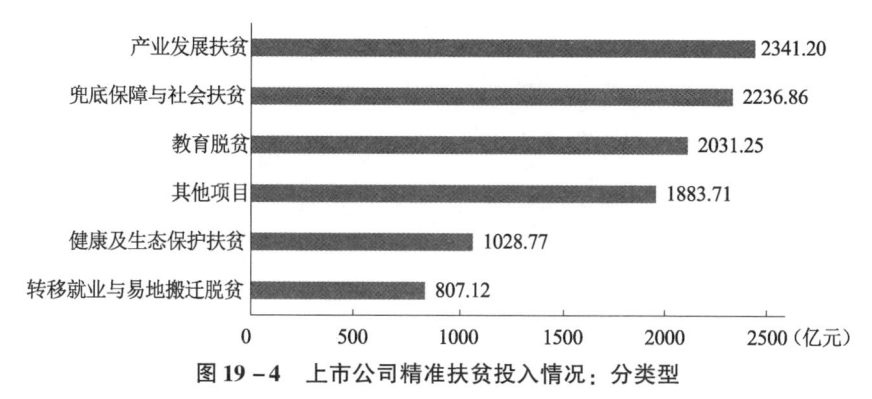

资料来源：基于上市公司历年财务报告与企业社会责任报告整理。

（三）参与精准扶贫的上市公司特征分析

1. 行业特征

分行业而言（见图19-5），首先，制造业企业最多（2597家），这也与我国上市公司中制造业数量最多相对应。其次，电力、热力、燃气及水生产和供应业（280家）。再次，批发和零售业（228家）。参与精准扶贫的上市公司行业特征还可以看出，参与精准扶贫的行业大多属于资源依赖型和劳动密集型企业，这些行业内企业的要素需求能与贫困地区的资源禀赋相契合，从而更容易结成利益共享。

从投入情况来看（见图19-6），投入与数量的趋势大致相同，制造业投入较多，同时资源依赖型和劳动密集型企业投入较多。

2. 地理分布特征

从参与精准扶贫的上市公司地理分布特征而言（见图19-7），参与精准扶贫的上市公司地理分布范围较广，31个省份都有涉及，但主要分布于"长三角""珠三角""京津冀"等东部发达地区，这与我国的地区经济发展水平相适应。参与精准扶贫的上市公司最多的省份为广东（754家），其次为北京（523家）和江苏（401家）。广东、北京和江苏是国内经济发达的地区，也是我国上市公司数量较多的省份，这些省份的上市公司参与精准扶贫体现了先富带动后富，最终实现共同富裕的思想。各省上市公司精准扶贫投入，如图19-8所示，也体现出类似的趋势。

共同富裕的理论内涵与实践路径研究

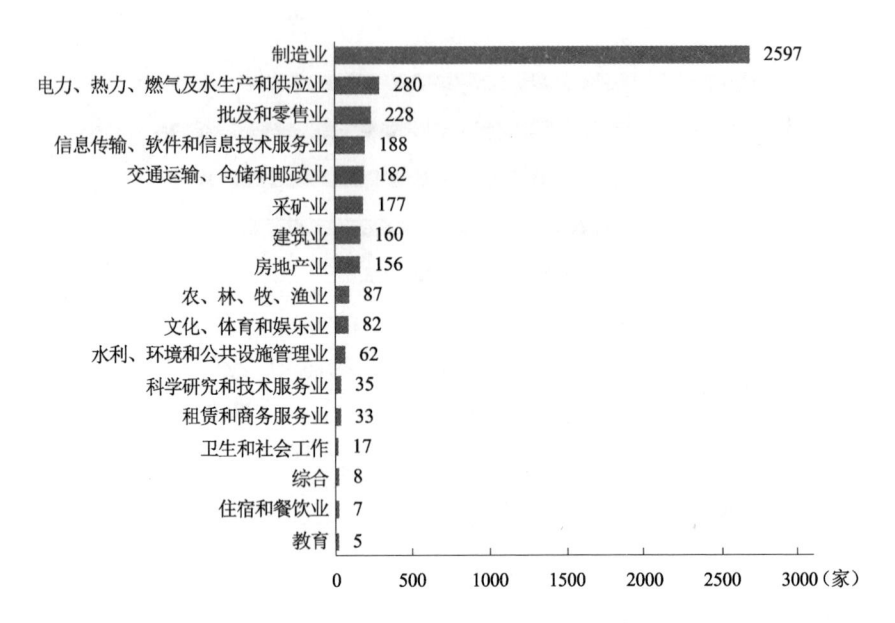

上市公司精准扶贫参与情况（分行业，单位：家）：
- 制造业 2597
- 电力、热力、燃气及水生产和供应业 280
- 批发和零售业 228
- 信息传输、软件和信息技术服务业 188
- 交通运输、仓储和邮政业 182
- 采矿业 177
- 建筑业 160
- 房地产业 156
- 农、林、牧、渔业 87
- 文化、体育和娱乐业 82
- 水利、环境和公共设施管理业 62
- 科学研究和技术服务业 35
- 租赁和商务服务业 33
- 卫生和社会工作 17
- 综合 8
- 住宿和餐饮业 7
- 教育 5

图 19–5　上市公司精准扶贫参与情况：分行业

资料来源：基于上市公司历年财务报告与企业社会责任报告整理。

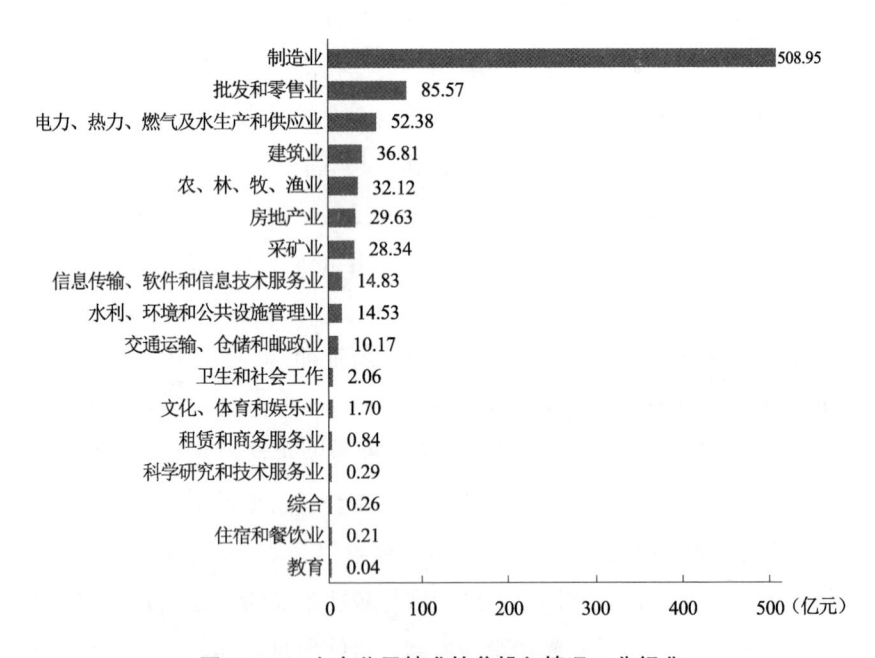

上市公司精准扶贫投入情况（分行业，单位：亿元）：
- 制造业 508.95
- 批发和零售业 85.57
- 电力、热力、燃气及水生产和供应业 52.38
- 建筑业 36.81
- 农、林、牧、渔业 32.12
- 房地产业 29.63
- 采矿业 28.34
- 信息传输、软件和信息技术服务业 14.83
- 水利、环境和公共设施管理业 14.53
- 交通运输、仓储和邮政业 10.17
- 卫生和社会工作 2.06
- 文化、体育和娱乐业 1.70
- 租赁和商务服务业 0.84
- 科学研究和技术服务业 0.29
- 综合 0.26
- 住宿和餐饮业 0.21
- 教育 0.04

图 19–6　上市公司精准扶贫投入情况：分行业

资料来源：基于上市公司历年财务报告与企业社会责任报告整理。

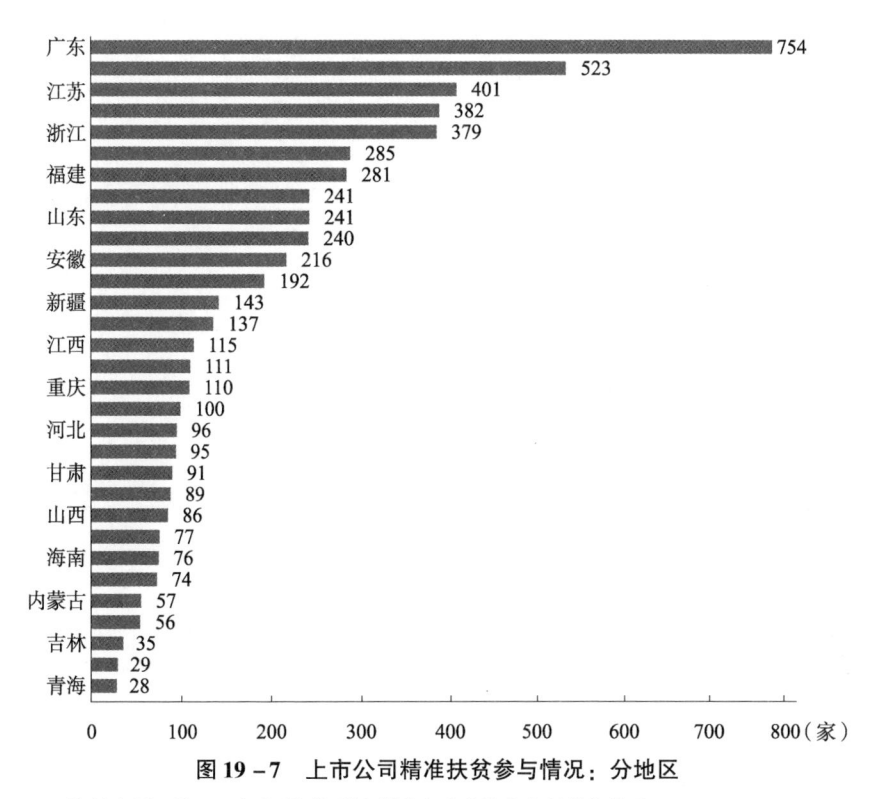

图 19-7　上市公司精准扶贫参与情况：分地区

资料来源：基于上市公司历年财务报告与企业社会责任报告整理。

三　共同富裕目标下企业扶贫开发对捐赠数量的影响

(一) 引言

中国的贫困问题也是经济发展不平衡在空间分布上的体现。精准扶贫作为引导资源流向贫困地区、缓解地区间经济不平衡、实现共同富裕的重要措施，成了继捐赠之外又一重要的企业慈善形式。在精准扶贫方略实施以前，企业大多通过捐赠支持贫困地区发展，助力共同富裕。然而，企业捐赠属于"一次性"的转移支付，捐赠项目随意性较强、持续性不高，且捐赠对象并不必然指向贫困地区和贫困群体，虽然在短期内会产生一定的扶贫效果，但难以帮助贫困地区和贫困群体实现长期发展。此外，企业捐赠存在提升企业声誉、维系政治关联、

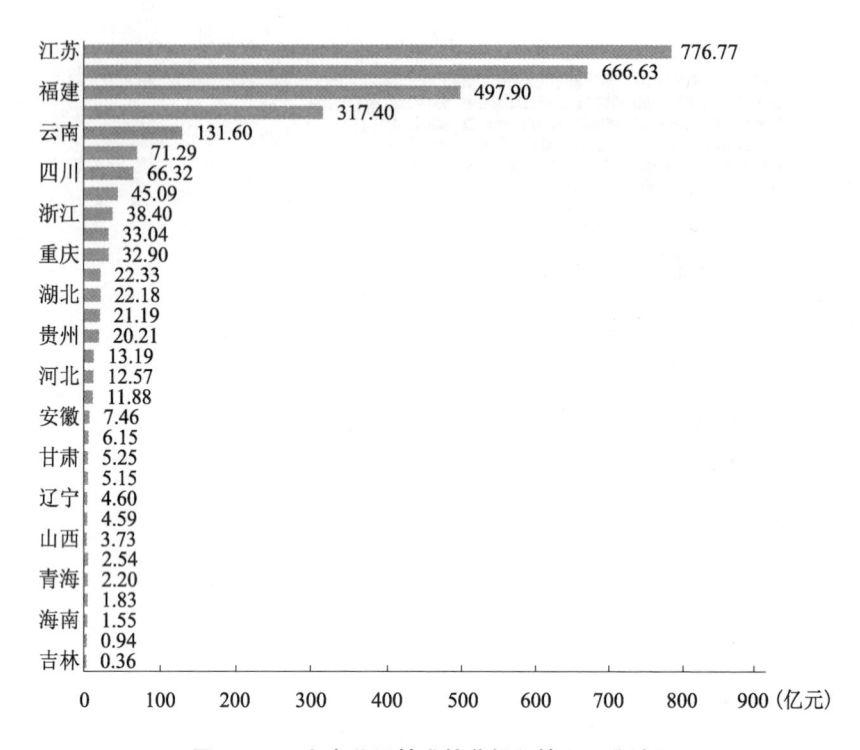

```
江苏   ████████████████████ 776.77
       █████████████████ 666.63
福建   █████████████ 497.90
       ████████ 317.40
云南   ███ 131.60
       ██ 71.29
四川   ██ 66.32
       █ 45.09
浙江   █ 38.40
       █ 33.04
重庆   █ 32.90
       █ 22.33
湖北   █ 22.18
       █ 21.19
贵州   █ 20.21
       █ 13.19
河北   █ 12.57
       █ 11.88
安徽   █ 7.46
       █ 6.15
甘肃   █ 5.25
       █ 5.15
辽宁   █ 4.60
       █ 4.59
山西   █ 3.73
       █ 2.54
青海   █ 2.20
       █ 1.83
海南   █ 1.55
       █ 0.94
吉林   █ 0.36
       0   100  200  300  400  500  600  700  800  900 (亿元)
```

图 19-8　上市公司精准扶贫投入情况：分地区

资料来源：基于上市公司历年财务报告与企业社会责任报告整理。

获取"类保险"等诸多诉求①，而非纯粹"利他"的行为。因此，企业捐赠表现出较强的"输血"特征，难以从根本上改变贫困地区和贫困群体面临的现实问题，扶贫效率不高。习近平总书记在全国脱贫攻坚总结表彰大会的讲话中指出："坚持开发式扶贫方针，坚持把发展作为解决贫困的根本途径，改善发展条件，增强发展能力，实现由'输血式'扶贫向'造血式'帮扶转变，让发展成为消除贫困最有效的办法、创造

---

① 山立威、甘犁、郑涛：《公司捐款与经济动机——汶川地震后中国上市公司捐款的实证研究》，《经济研究》2008 年第 11 期；张敏、马黎珺、张雯：《企业慈善捐赠的政企纽带效应——基于我国上市公司的经验证据》，《管理世界》2013 年第 7 期；李维安、王鹏程、徐业坤：《慈善捐赠、政治关联与债务融资——民营企业与政府的资源交换行为》，《南开管理评论》2015 年第 1 期；傅超、吉利：《诉讼风险与公司慈善捐赠——基于"声誉保险"视角的解释》，《南开管理评论》2017 年第 2 期；Ji L., Tao C., Deng B., "Where to Donate: The Geographical Distribution of Corporate Philanthropy in China", *China Journal of Accounting Research*, Vol. 14, No. 3, 2021, pp. 341 – 361。

幸福生活最稳定的途径。"[①] 相较于捐赠而言，精准扶贫直接指向贫困地区，强调企业结合自身要素需求和贫困地区资源禀赋开展扶贫，兼具慈善和产业投资两种属性。精准扶贫的投资属性决定了企业参与精准扶贫可以获得土地、资金、劳动力等要素并为企业和贫困群体创造新的价值。

那么，作为实现共同富裕的重要措施，精准扶贫方略的实施会对企业慈善形式和慈善资源配置造成何种影响？鲜有研究探讨这一问题，目前的研究都只关注了企业捐赠和精准扶贫本身，忽略了二者之间的关联。在精准扶贫已经成为中国企业一种重要的新型慈善形式的背景下，只从捐赠探讨企业的慈善形式不仅无法反映中国企业慈善形式的全貌，还难以考察企业慈善资源配置和调整的内在逻辑。因此，从企业在两种慈善形式之间的权衡出发，探讨企业慈善资源分配决策的内在机理，是对以往单一视角下企业慈善形式研究的补充与深化。

本章基于2013—2019年A股上市公司数据，探究了精准扶贫方略的实施对企业不同慈善形式及慈善资源分配的影响。实证研究发现，精准扶贫方略的实施引起了企业慈善资源内部的结构调整，企业将慈善资源更多地用于精准扶贫，凸显了扶贫效果，并且上述效应在参与产业发展脱贫的企业中更显著。机制研究表明，将慈善资源更多地分配到扶贫项目中的企业主要是资源密集型企业和劳动密集型企业。这说明精准扶贫与企业自身的要素需求相契合，是企业分配更多慈善资源到精准扶贫中的内在原因。同时，面临较高融资约束和较低资源冗余度的企业在参与精准扶贫后捐赠投入减少较多，说明资源约束是导致企业减少捐赠资源分配的外在原因。

(二) 文献综述

在精准扶贫方略实施后，参与精准扶贫尤其是产业扶贫已经成为企业一种重要的新型慈善形式，也引起了学术界的关注。现有文献从现状、影响因素和经济后果三方面探讨企业精准扶贫。黄晓蕾和钟宏武分

[①] 习近平：《在全国脱贫攻坚总结表彰大会上的讲话》，人民出版社2021年版，第16页。

析了我国企业精准扶贫的现状后发现,我国企业开展扶贫的形式多样,有发展产业扶贫也有传统的捐赠扶贫①;同时,企业在精准扶贫上的投入力度大。

研究影响企业精准扶贫因素的文献发现,企业内部和外部因素会影响企业参与精准扶贫的意愿和力度。就外部因素而言,媒体关注高的企业更有可能参与精准扶贫②;企业精准扶贫存在同群效应(Peer Effect),企业精准扶贫的投入金额会参考同行业内其他企业的精准扶贫投入③;企业所在地的官员发生变更时,当地企业更有可能参与精准扶贫④。就内部因素而言,规模越大的企业、盈利能力越强的企业和高管有贫困经历的企业参与精准扶贫的积极性越高⑤。

现有文献从资源获取能力(资本市场、政府补助和银行信贷)和企业自身效率(投资效率、企业风险、企业创新和财务绩效)两个层面探讨企业参与精准扶贫的经济后果。

首先,从资源获取能力来看,精准扶贫作为一种企业与利益相关者进行资源互换的载体,能提高企业的资源获取能力。一方面,股权市场上的投资者认可企业的精准扶贫行为,精准扶贫提高了企业在股权市场上获取资源的能力,降低了企业的股权融资成本⑥;另一方面,企业参

---

① 黄晓蓓、钟宏武:《我国上市公司精准扶贫投入与成效现状研究——基于2017年度精准扶贫信息的分析》,《财务与会计》2019年第9期。

② 黄珺、李云、段志鑫:《媒体关注、产权性质与企业精准扶贫》,《华东经济管理》2020年第6期。

③ 文雯、朱沛青、宋建波:《近朱者赤:上市公司精准扶贫行为的同群效应》,《上海财经大学学报》2021年第4期。

④ Chang Y., He W., Wang J., "Government Initiated Corporate Social Responsibility Activities: Evidence from a Poverty Alleviation Campaign in China", *Journal of Business Ethics*, 2020, pp. 1-25.

⑤ 杜世风、石恒贵、张依群:《中国上市公司精准扶贫行为的影响因素研究——基于社会责任的视角》,《财政研究》2019年第2期;Chang Y., He W., Wang J., "Government Initiated Corporate Social Responsibility Activities: Evidence from a Poverty Alleviation Campaign in China", *Journal of Business Ethics*, 2020, pp. 1-25。

⑥ Yi Y., Xie B., Zhou L., et al., "Does CSR Affect the Cost of Equity Capital: Empirical Evidence from the Targeted Poverty Alleviation of Listed Companies in China", *Plos One*, Vol. 15, No. 2, 2020; Qiao T., Han L., Liu Y., "Does Targeted Poverty Alleviation Disclosure Improve Stock Performance?", *Economics Letters*, Vol. 201, 2021.

与精准扶贫可以降低银行和企业之间的信息不对称,同时能缓解当地政府的扶贫压力,从而增强了企业获得银行信贷和政府补助的能力,缓解融资约束①。

其次,精准扶贫有助于提高企业自身效率。第一,参与精准扶贫的企业在专利审批时获得了更多便利,从而提高了企业的创新产出②。第二,企业通过参与精准扶贫能够获得较好的声誉,缓解了信息不对称,提高了资源获取能力,最终表现为企业风险的降低③。第三,参与精准扶贫促进了企业经营业绩,提升了股东的财富水平④。

综上,现有文献大多单独探究捐赠和精准扶贫两种不同的企业慈善形式,忽略了二者之间的关联,目前仅有 Ji 等探究了精准扶贫对企业捐赠地理分布的影响,发现精准扶贫方略实施后企业会将慈善资源更多地投向贫困地区⑤,但尚未涉及企业如何在两种慈善形式中进行金额配置和调整的问题。本研究从企业在两种慈善形式之间的权衡出发,探讨了企业慈善资源分配决策的内在机理,是对以往单一视角下企业慈善形式研究的补充与深化。

(三)理论分析与研究假设

精准扶贫方略的实施改变了企业以捐赠为主的传统慈善形式,企业参与精准扶贫和进行捐赠存在显著的差异。企业进行捐赠,希望借助捐赠提高声誉,通过建立并维持政治联系等方式帮助企业获得消费者、投资者、政府等利益相关者的资源支持。企业参与精准扶贫尤其是以产业投资的形式参与精准扶贫兼具慈善和产业投资两方面的性质,不仅仅是

---

① 邓博夫、陶存杰、吉利:《企业参与精准扶贫与缓解融资约束》,《财经研究》2020 年第 12 期;潘健平、翁若宇、潘越:《企业履行社会责任的共赢效应——基于精准扶贫的视角》,《金融研究》2021 年第 7 期。

② 刘春、孙亮、黎泳康等:《精准扶贫与企业创新》,《会计与经济研究》2020 年第 5 期。

③ 甄红线、王三法:《企业精准扶贫行为影响企业风险吗?》,《金融研究》2021 年第 1 期。

④ 潘健平、翁若宇、潘越:《企业履行社会责任的共赢效应——基于精准扶贫的视角》,《金融研究》2021 年第 7 期。

⑤ Ji L., Tao C., Deng B., "Where to Donate: The Geographical Distribution of Corporate Philanthropy in China", China Journal of Accounting Research, Vol. 14, No. 3, 2021, pp. 341 - 361.

一种慈善形式，还可以是企业结合自身比较优势进行的产业投资；不仅能给企业带来声誉、影响力等间接收益，还能为企业带来直接的投资收益，更能帮扶贫困地区和贫困群体发展，实现主观利己和客观利他的有效统一。此外，响应国家政策在贫困地区开展精准扶贫，可以享受到的土地、税收、政府补贴等诸多政策红利，直接降低企业投资的成本、增加企业的投资收益。据此，精准扶贫方略实施后，企业可能会将原来用于捐赠的资源投入精准扶贫，从而引起企业慈善资源内部结构调整。其影响机制可能有以下两个方面。

第一，企业要素需求与贫困地区资源禀赋相契合是企业参与精准扶贫的内在动力。捐赠更多的是企业对外的转移支付，并不能直接为企业创造价值，而企业参与精准扶贫特别是以产业投资的不仅仅是一种慈善形式，还可以是企业结合自身比较优势进行的产业投资。企业捐赠和精准扶贫的本质差别决定了追求利益最大化的企业会有更大的动力参与精准扶贫。一方面，在贫困地区发展产业符合地区比较优势的原则。地区间要素成本比较优势变化，会引导企业向要素成本更低的地区转移。随着劳动力、土地等要素成本的上升以及环境规制强度持续增加，部分企业在东部地区逐渐失去比较优势，面临产业转移的现实需求[1]。与此同时，中西部贫困地区的劳动力、土地、能源等生产要素成本相对低廉。因此，上市公司特别是劳动力密集型和资源依赖型上市公司往贫困地区进行产业投资，可能是其基于地区比较优势的变化进行产业空间调整的表现。另一方面，参与精准扶贫享受政策倾斜、资金支持。政策是影响企业资源配置的重要因素[2]。精准扶贫方略作为实现全面小康社会的重要举措，在推行过程中政府出台了一系列配套政策，鼓励企业参与精准扶贫。例如，2014年国务院办公厅出台政策，在贫困地区投资的企业可以享受财政贴息和信贷支持；2016年中国证监会出台政策，对于贫

---

[1] 曲玥、蔡昉、张晓波：《"飞雁模式"发生了吗？——对1998—2008年中国制造业的分析》，《经济学（季刊）》2013年第3期。

[2] Campello M., J. R. Graham, C. R. Harvey, "The Real Effects of Financial Constraints: Evidence from a Financial Crisis", *Journal of Financial Economics*, Vol. 97, No. 3, 2010, pp. 470–487.

困地区企业发行的企业债券给予优先审批。同时，已有研究发现，参与精准扶贫的企业可以获得银行信贷、政府补助等资金支持[①]。这些政策支持有效降低了企业在贫困地区投资的经营成本，增加了企业的自由资金，吸引了企业在贫困地区开展扶贫。

第二，资源约束是引起企业慈善资源内部结构调整的外在原因。慈善作为企业的一种资源分配决策，自然受制于企业资源的约束。精准扶贫方略实施后，精准扶贫成为除捐赠外又一重要的慈善形式。如果不考虑资源约束，企业自然可以同时开展两种慈善，但资源充裕的假设是理想化。事实上，资源约束不仅是企业经常面临的窘境，还是影响其行为的重要因素。在资源约束下，参与多种慈善活动将分散企业的经营资产。因此，如何在有限的资源约束下合理优化慈善形式实现企业价值的增长是管理者面临的重要决策。正如前文所述，参与精准扶贫，特别是产业发展脱贫不仅能给企业带来声誉、影响力等间接收益，还能为企业带来直接的投资收益。因此，企业更有动力以精准扶贫的形式开展慈善。在资源约束的情况下，企业最直接的做法就是将用于捐赠的资源转移到精准扶贫，从而呈现企业慈善资源内部"此消彼长"的内部结构调整。至此，提出研究假设：

精准扶贫方略实施后，企业参与精准扶贫会减少捐赠。

(四)研究设计

1. 数据来源和样本选取

(1)数据来源

2016年以后，从上市公司年报中获取企业开展精准扶贫的投入数据，为了保证DID前后样本量的年份一致，以2013—2019年A股上市公司为研究样本。企业的精准扶贫投入数据和财务数据来源于CSMAR数据库，企业捐赠数据手工整理自企业年报和企业社会责任报告。样本的筛选和处理如下。第一，剔除无精准扶贫投入金额的样本，同时剔除虽有精准扶贫投入总金额但无分项投入金额的样本；第二，剔除无捐

---

① 邓博夫、陶存杰、吉利:《企业参与精准扶贫与缓解融资约束》，《财经研究》2020年第12期。

赠具体项目的样本；第三，剔除金融行业样本；第四，剔除 ST 样本和资不抵债的样本；第五，剔除变量有缺失以及相关数据异常的样本；第六，对所有连续变量在 1% 和 99% 的水平上进行缩尾处理。回归采用的统计软件为 Stata 16。

(2) PSM

由于企业是否参与精准扶贫可能并不是随机的，而是由某些因素所决定的，因此开展精准扶贫的企业可能天然与没有开展精准扶贫的企业存在显著差异。为了缓解样本的自选择偏差，参考邓博夫等[①]，采用逐年一比一、无放回的倾向得分匹配法构建回归样本。具体而言，从公司特征、公司治理、行业特征等层面的因素来执行匹配过程，各变量的定义如表 19-1 所示。表 19-1 报告了按照是否参与精准扶贫进行分组的描述性统计。第(1)列为 2016 年以后参与过精准扶贫的企业样本，第(2)列为 2016 年以后未参与精准扶贫的企业样本，第(3)列为分年度匹配后的控制组样本。第(4)列和第(5)列分别为检验第(1)、第(2)列和第(1)、第(3)列中变量均值是否存在显著差异的 T 统计量。可见在匹配之前，多数变量的差异性检验结果均在 1% 的水平上显著，而在匹配之后，所有特征变量的差异性检验结果均不显著，说明倾向得分匹配过程较好地缓解了样本自选择偏差。

表 19-1　　　　　　　　　PSM 前后组间差异

变量	(1) 参与精准扶贫的公司			(2) 未参与精准扶贫的公司			(3) 配对组			(4) 均值差异 (1)-(2) T 值	(5) 均值差异 (1)-(3) T 值
	样本量	均值	标准差	样本量	均值	标准差	样本量	均值	标准差		
Size	2774	22.859	1.356	9233	22.082	1.165	2774	22.821	1.011	0.777***	0.038
Lev	2774	0.458	0.196	9233	0.413	0.204	2774	0.458	0.195	0.045***	0.000

---

① 邓博夫、陶存杰、吉利：《企业参与精准扶贫与缓解融资约束》，《财经研究》2020 年第 12 期。

续表

变量	(1) 参与精准扶贫的公司			(2) 未参与精准扶贫的公司			(3) 配对组			(4) 均值差异 (1)-(2) T 值	(5) 均值差异 (1)-(3) T 值
	样本量	均值	标准差	样本量	均值	标准差	样本量	均值	标准差		
Roa	2774	0.045	0.062	9233	0.034	0.080	2774	0.042	0.067	0.011***	0.003
Growth	2774	0.190	0.543	9233	0.223	0.632	2774	0.201	0.544	-0.033**	-0.011
Sellsexp	2774	0.075	0.097	9233	0.080	0.091	2774	0.076	0.094	-0.005**	-0.001
Soe	2774	0.487	0.500	9233	0.252	0.434	2774	0.473	0.499	0.235***	0.014
Age	2774	2.410	0.767	9233	2.133	0.812	2774	2.436	0.703	0.277***	-0.026
Inshold	2774	0.064	0.064	9233	0.052	0.059	2774	0.062	0.060	0.012***	0.002
Top1	2774	0.349	0.153	9233	0.324	0.138	2774	0.347	0.145	0.025***	0.002
Dual	2774	0.228	0.420	9233	0.315	0.465	2774	0.240	0.427	-0.087***	-0.012
Indr	2774	0.375	0.053	9233	0.377	0.053	2774	0.374	0.053	-0.002**	0.001
HHI	2774	0.045	0.064	9233	0.044	0.057	2774	0.042	0.061	0.001	0.003

2. 模型设定和变量定义

(1) 模型设定

为了估计精准扶贫对企业慈善资源配置的影响，最直接的方法是比较精准扶贫方略实施前后两个时期企业慈善资源分配的差异，但这一差异除了受到精准扶贫方略影响以外，还可能受到一些随时间变化的总体因素的影响。为了剔除其他因素的干扰，通过构建双重差分模型来提高因果关系推断的有效性。具体而言，以精准扶贫方略实施为外生冲击，采用精准扶贫方略实施虚拟变量与上市公司扶贫投入金额构建连续双重差分模型，检验精准扶贫方略的实施对企业捐赠的影响。这样的设定使得精准扶贫投入对企业捐赠金额的影响能在企业之间体现出差别,既观测了精准扶贫方略实施前后企业捐赠金额的变化(第一次差分),又将这一变化在精准扶贫投入程度不同的企业之间的比较(第二次差分),进而识别出企业精准扶贫投入金额对捐赠金额的影响。模型如下:

$$Donate_{i,t} = \beta_0 + \beta_1 Alleviate_{i,t} + \beta_2 Alleviate_{i,t} \times Post_{i,t} + \beta_3 Post_{i,t} + \sum_n \beta_n Control_{n,i,t} + \gamma_t + \varphi_j + \varepsilon_{i,t} \quad (19-1)$$

其中,i 和 t 分别表示公司和年份,n 表示第 n 个控制变量,γt 和 φj 分别表示年度固定效应和行业固定效应。

(2)变量定义

被解释变量为企业当年的捐赠金额($Donate$)[①],用两种方法度量。第一,企业当年的捐赠金额占销售收入比重的百分数(Don_rev);第二,企业当年的捐赠金额占资产比重的百分数(Don_as)。

解释变量为企业精准扶贫投入金额($Alleviation$)和精准扶贫方略实施后虚拟变量($Post$)及其交乘项。精准扶贫投入金额($Alleviation$)为企业当年各类精准扶贫的投入金额总计。按照沪深两市交易所公布的指引,企业精准扶贫类型分为产业发展脱贫、转移就业脱贫、易地搬迁脱贫、教育扶贫、健康扶贫、生态保护扶贫、兜底保障、社会扶贫、其他项目9类,为了进一步探究企业参与不同类型的精准扶贫对捐赠的影响,将精准扶贫投入金额细分为企业产业发展脱贫的投入金额($Allev\_indus$)和企业其他类型的精准扶贫的投入金额($Allev\_other$)两类。

$Post$ 为精准扶贫方略实施,当样本处于2016年及以后年份取值为1,否则取值为0。定义2016年及其以后年份为企业精准扶贫方略实施的原因如下。第一,虽然精准扶贫的概念在2013年年底提出,但在早期,企业对精准扶贫的披露并不普遍,且金额难以计量。2016年,证监会发布的《中国证监会关于发挥资本市场作用服务国家脱贫攻坚战略的意见》,明确鼓励和支持上市公司履行社会责任,服务国家脱贫攻坚

---

① 企业会将当年的精准扶贫金额也纳入企业的捐赠金额,为了考察精准扶贫方略对企业捐赠金额的影响,根据企业捐赠的具体项目扣除当年用于扶贫项目的金额。

战略，且对企业参与精准扶贫的具体形式做了一定的指引。第二，已有文献发现仅要求企业披露社会责任信息的政策就可以促使企业履行更多的企业社会责任①。2016年，深圳证券交易所和上海证券交易所发布了上市公司在年报中披露的精准扶贫信息，进一步激发了企业开展精准扶贫的积极性。第三，对于实证检验而言，2016年以后才能在上市公司的年报中获取企业精准扶贫的具体信息。因此，当样本处于2016年及其以后年份时，Post取值为1，否则取值为0。

控制变量，参考以往文献②，控制了一系列影响企业捐赠的因素，包括企业特征、公司治理、市场竞争等因素。具体而言，公司特征包括，企业规模($Size$)，资产总值加1后取对数；资产负债率(Lev)，负债总额与资产总额的比值；业绩(Roa)，企业净利润与总资产的比值；成长性($Growth$)，(企业当年营业收入－上年营业收入)/上年营业收入；广告支出($Sellsexp$)，当年销售费用占总营业收入的比值；产权性质(Soe)，当上市公司属于国有产权时取值为1，否则取值为0；公司上市年龄(Age)，企业自上市以来的年限加1后取对数。公司治理因素，控制了机构投资者持股比例($Inshold$)，机构投资者持股数量与总股数的比值；第一大股东持股比例($Top1$)，第一大股东持股数量与总股数的比值；两职合一($Dual$)，当董事长与总经理是同一个人时取值为1，否则取值为0；独立董事比例($Indr$)，独立董事人数占董事会总人数的比值。市场竞争因素(HHI)，控制了以营业收入计算的行业竞争赫芬达尔指数。此外，加入了年度哑变量、行业哑变量，以控制年度和行业固定效应。具体变量定义如表19－2所示。

---

① Chen Y. C., Hung M., Wang Y., "The Effect of Mandatory CSR Disclosure on Firm Profitability and Social Externalities: Evidence from China", *Journal of Accounting and Economics*, Vol. 65, No. 1, 2018, pp. 169–190.

② Brammer S., Millington A., "Firm Size, Organizational Visibility and Corporate Philanthropy: An Empirical Analysis", *Business Ethics a European Review*, Vol. 15, No. 1, 2010, pp. 6–18；山立威、甘犁、郑涛：《公司捐款与经济动机——汶川地震后中国上市公司捐款的实证研究》，《经济研究》2008年第11期；李维安、王鹏程、徐业坤：《慈善捐赠、政治关联与债务融资——民营企业与政府的资源交换行为》，《南开管理评论》2015年第1期；潘越、翁若宇、刘思义：《私心的善意：基于台风中企业慈善捐赠行为的新证据》，《中国工业经济》2017年第5期。

表 19-2 变量定义

变量名称	变量符号	变量定义
企业捐赠	Don_rev	企业捐赠金额与销售收入的比值,取百分数
	Don_as	企业捐赠金额与总资产的比值,取百分数
精准扶贫	Alleviation	企业当年参与各类精准扶贫的投入金额总计(亿元)
产业发展脱贫	Allev_indus	企业当年参与产业发展脱贫的投入金额(亿元)
其他类型的精准扶贫	Allev_other	企业当年参与的其他类型精准扶贫的投入金额(亿元)
精准扶贫方略实施	Post	精准扶贫方略虚拟变量,样本处于2016年及以后年份取值为1,否则取值为0
企业规模	Size	企业总资产加1后的自然对数值
资产负债率	Lev	企业负债与资产的比值
企业业绩	Roa	企业年度净利润与总资产的比值
成长性	Growth	(企业当年营业收入 - 上年营业收入)/上年营业收入
广告支出	Sellsexp	公司销售费用与销售收入的比值
产权性质	Soe	国有企业取1,否则取值为0
企业年龄	Age	企业自上市以来的年限加1后取对数
机构投资者持股	Inshold	机构投资者持股数量与总股数的比值
第一大股东持股比例	Top1	第一大股东持股数量与总股数的比值
两职合一	Dual	董事长和总经理为同一人时取值为1,否则取0
独立董事占比	Indr	独立董事人数与董事人数的比值
行业竞争	HHI	以营业收入计算的行业竞争赫芬达尔指数
年度效应	Year	年度虚拟变量
行业效应	Ind	行业虚拟变量

(五) 实证检验与结果分析

1. 描述性统计

Panel A 为变量的描述性统计结果如表 19-3 所示。企业捐赠金额占企业营业收入的 0.042%，占当年总资产的 0.02%，这与潘越等[1]统计的结果较为接近。企业精准扶贫投入均值为 310 万元，说明我国企业在精准扶贫中的投入力度较大。

Panel B 为精准扶贫方略实施前后企业捐赠金额的变化趋势分析，如表 22-4 所示。可以看出，精准扶贫方略实施前，参与扶贫的企业和未参与扶贫的企业在捐赠金额方面没有显著差异，而在精准扶贫方略实施后，两类企业捐赠金额投入出现了显著性差异，这说明精准扶贫方略的实施可能导致两类企业捐赠金额的调整，这也佐证了双重差分模型的合理性。

表 19-3 描述性统计

Panel A 主要变量的描述性统计						
变量	观测值	均值	标准差	最小值	中位数	最大值
Don_rev	8868	0.042	0.083	0.000	0.012	0.564
Don_as	8868	0.020	0.038	0.000	0.006	0.253
$Alleviation$	8868	0.031	0.211	0.000	0.000	3.620
$Allev\_indus$	8868	0.015	0.145	0.000	0.000	2.980
$Allev\_other$	8868	0.009	0.047	0.000	0.000	0.708
$Size$	8868	22.657	1.223	20.009	22.486	26.368
Lev	8868	0.458	0.200	0.048	0.459	0.910
Roa	8868	0.045	0.056	-0.226	0.038	0.243
$Growth$	8868	0.178	0.466	-0.818	0.104	5.392

---

[1] 潘越、翁若宇、刘思义：《私心的善意：基于台风中企业慈善捐赠行为的新证据》，《中国工业经济》2017 年第 5 期。

续表

Panel A 主要变量的描述性统计

变量	观测值	均值	标准差	最小值	中位数	最大值
Sellsexp	8868	0.074	0.089	0.000	0.042	0.509
Soe	8868	0.442	0.497	0.000	0.000	1.000
Age	8868	2.318	0.730	0.000	2.485	3.332
Inshold	8868	0.068	0.068	0.000	0.048	0.382
*Top*1	8868	0.353	0.151	0.084	0.333	0.771
Dual	8868	0.234	0.423	0.000	0.000	1.000
Indr	8868	0.374	0.053	0.300	0.357	0.571
HHI	8868	0.051	0.075	0.008	0.017	0.359

表 19-4　　Panel B 精准扶贫方略实施前后企业捐赠金额的变化

Don_rev 均值差异检验	处理组	对照组	差异(处理组－对照组)
精准扶贫方略实施前	0.042	0.042	0.000 (0.12)
精准扶贫方略实施后	0.037	0.046	－0.010*** (－3.98)
差异(实施后－实施前)	－0.005*** (－2.196)	0.004* (1.7628)	－0.010*** (－2.79)

注：括号内为 T 值，***、**和*分别表示在 1%、5%和 10%的水平上显著。

2. 回归结果

假设的回归结果如表 19-5 所示。其中，第（1）、第（3）列为没有控制年度和行业固定效应的回归结果，交乘项（*Alleviation × Post*）的系数为分别为 －1.218 和 －0.544，且至少在 10% 的水平上显著。第（2）、第（4）列为控制了所有变量的回归结果，交乘项（*Alleviation × Post*）的系数为分别为 －1.293 和 －0.536，且至少在 5% 的水平上显著。

表19-5的结果表明,精准扶贫方略实施后,相对于精准扶贫投入少的企业而言,精准扶贫投入多的企业捐赠金额明显减少,验证了所提出的研究假设。

表19-5 精准扶贫方略与企业捐赠

变量	(1) Don_rev	(2) Don_rev	(3) Don_as	(4) Don_as
Alleviation	1.230** (1.962)	1.304** (2.045)	0.548** (2.360)	0.539** (2.295)
Alleviation×Post	-1.218* (-1.944)	-1.293** (-2.029)	-0.544** (-2.343)	-0.536** (-2.282)
Post	0.002 (1.204)	-0.007** (-2.440)	0.002* (1.939)	-0.003* (-1.701)
Size	-0.003** (-2.061)	-0.002 (-1.240)	-0.002*** (-3.874)	-0.002*** (-2.605)
Lev	-0.044*** (-4.941)	-0.048*** (-5.164)	-0.007* (-1.784)	-0.005 (-1.441)
Roa	0.035 (1.217)	0.021 (0.756)	0.096*** (7.033)	0.091*** (6.700)
Growth	-0.004** (-2.087)	-0.005** (-2.571)	-0.003*** (-3.324)	-0.002*** (-3.362)
Sellsexp	0.127*** (5.589)	0.132*** (5.657)	0.076*** (6.814)	0.071*** (6.132)
Soe	-0.016*** (-4.834)	-0.017*** (-5.292)	-0.007*** (-4.343)	-0.007*** (-4.921)
Age	-0.001 (-0.460)	-0.003 (-1.184)	-0.002 (-1.480)	-0.002* (-1.894)
Inshold	0.028 (1.549)	0.02 (1.124)	0.017* (1.930)	0.013 (1.495)

续表

变量	(1) *Don_rev*	(2) *Don_rev*	(3) *Don_as*	(4) *Don_as*
*Top*1	0.015 (1.422)	0.008 (0.746)	0.011** (2.074)	0.006 (1.352)
Dual	−0.005 (−1.636)	−0.004 (−1.234)	−0.002 (−1.413)	−0.001 (−1.033)
Indr	0.014 (0.569)	0.004 (0.182)	0.001 (0.090)	−0.001 (−0.135)
HHI	0.062*** (3.355)	−0.02 (−0.485)	0.008 (1.079)	−0.009 (−0.573)
Intercept	0.110*** (3.955)	0.139*** (4.534)	0.065*** (5.591)	0.068*** (5.201)
Year & Industry	NO	Yes	NO	Yes
N	8868	8868	8868	8868
Adjusted R^2	0.073	0.112	0.112	0.14

注：括号内为经公司层面聚类调整后的t值；***、**、*分别表示在1%、5%和10%的水平上显著。

在各种类型的精准扶贫类型中，产业发展脱贫是稳定脱贫的根本之策[1]，也是最能体现企业精准扶贫与捐赠本质差异的扶贫类型。虽然产业发展脱贫能帮助企业更好地利用贫困地区的资源和赢得政府的好感，但产业扶贫的投入较多，周期较长，对企业慈善资源的占用较多。在资源约束的背景下，参与产业发展脱贫的企业更有可能将捐赠投入转移到产业发展脱贫中。为了验证这一逻辑，将企业精准扶贫投入细分为企业产业发展脱贫的投入金额（*Allev_indus*）和企业其他类型的精准扶贫的投入金额（*Allev_other*）两类，进行回归。表19-6中，第（1）列

---

[1] 农业农村部办公厅和国务院扶贫办综合司：《关于做好2020年产业扶贫工作的意见》，http://www.cpad.gov.cn/art/2020/2/28/art_46_113261.html。

为企业产业扶贫脱贫的投入金额与企业捐赠的回归结果,交乘项($Allev\_Indus \times Post$)的系数为 -1.291;第(2)列为企业参与其他类型的精准扶贫投入金额与企业捐赠的回归结果,交乘项($Allev\_other \times Post$)的系数为 -1.190,且两组系数存在显著差异;第(3)、第(4)列的结果也呈现同样的趋势。这说明相较于其他类型的精准扶贫,产业扶贫脱贫投入多的企业捐赠金额减少更多。

表 19-6　精准扶贫方略与企业捐赠:不同类型精准扶贫的影响

变量	(1) Don_rev 产业扶贫	(2) Don_rev 其他扶贫	(3) Don_as 产业扶贫	(4) Don_as 其他扶贫
$Allev\_Indus$	1.284** (2.014)	—	0.533** (2.264)	—
$Allev\_Indus \times Post$	-1.291** (-2.025)	—	-0.536** (-2.278)	—
$Allev\_other$	—	1.435** (2.245)	—	0.596** (2.525)
$Allev\_other \times Post$	—	-1.190* (-1.877)	—	-0.493** (-2.116)
$Post$	-0.007** (-2.162)	-0.009*** (-2.930)	-0.004*** (-3.025)	-0.005*** (-3.749)
Controls	Yes	Yes	Yes	Yes
Year & Industry	Yes	Yes	Yes	Yes
N	8868	8868	8868	8868
Adjusted R^2	0.111	0.13	0.14	0.155
组间差异	7.86***		8.04***	

注:括号内为经公司层面聚类调整后的 t 值;***、**、*分别表示在1%、5%和10%的水平上显著。

3. 稳健性检验

（1）平行趋势

双重差分模型有效性的基本前提是平行趋势假设成立，参考马光荣等①的做法，采用事件研究方法检验平行趋势是否满足，同时也可以反映精准扶贫方略实施的动态效应。检验结果如图19-9所示，纵坐标表示交乘项（$Alleviation \times Post$）系数的大小，虚线表示置信区间。在精准扶贫方略实施之前，参与扶贫的企业与未参与扶贫的企业之间的捐赠差异较小，说明DID方法满足平行趋势的要求。在精准扶贫方略实施后，精准扶贫投入多的企业捐赠金额明显低于精准扶贫投入少的企业。从动态效应可以看出，2016年以后企业的捐赠金额迅速下降并且在2017年后逐渐趋于平缓。

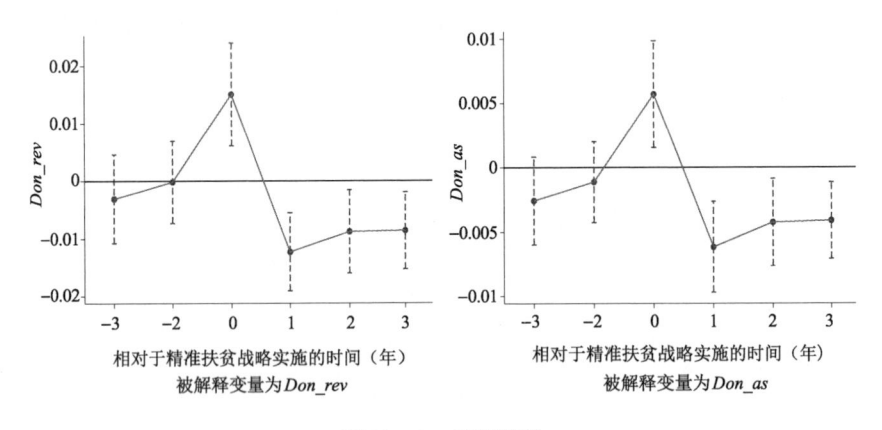

图19-9 平行趋势

（2）安慰剂检验

精准扶贫方略实施后，企业增加扶贫投入、减少捐赠投入的结果还可能是由公司—年度层面其他未考虑到的因素导致的，为了排除这些干扰，参照潘越等②的做法，进行安慰剂检验。具体而言，将企业精准扶

---

① 马光荣、程小萌、杨恩艳：《交通基础设施如何促进资本流动——基于高铁开通和上市公司异地投资的研究》，《中国工业经济》2020年第6期。
② 潘越、翁若宇、刘思义：《私心的善意：基于台风中企业慈善捐赠行为的新证据》，《中国工业经济》2017年第5期。

贫投入的数值（Alleviation）在企业中随机分配，随机分配后的精准扶贫投入无法衡量对应企业的真实扶贫投入。将随机分配的精准扶贫投入与真实的企业捐赠金额用模型（1）重复回归500次（800次）；如果交乘项（Alleviation×Post）的系数显著的回归结果占比较多，则研究结论很可能是由遗漏变量问题导致。图19-10报告了重复回归500次（800次）的交乘项（Alleviation×Post）系数的T值分布，可以看出，系数显著为正和显著为负的占比较少，则研究结论受遗漏变量问题的影响较小，确实是精准扶贫投入较多的企业减少了捐赠的投入，不是由不可观测的其他因素所致。

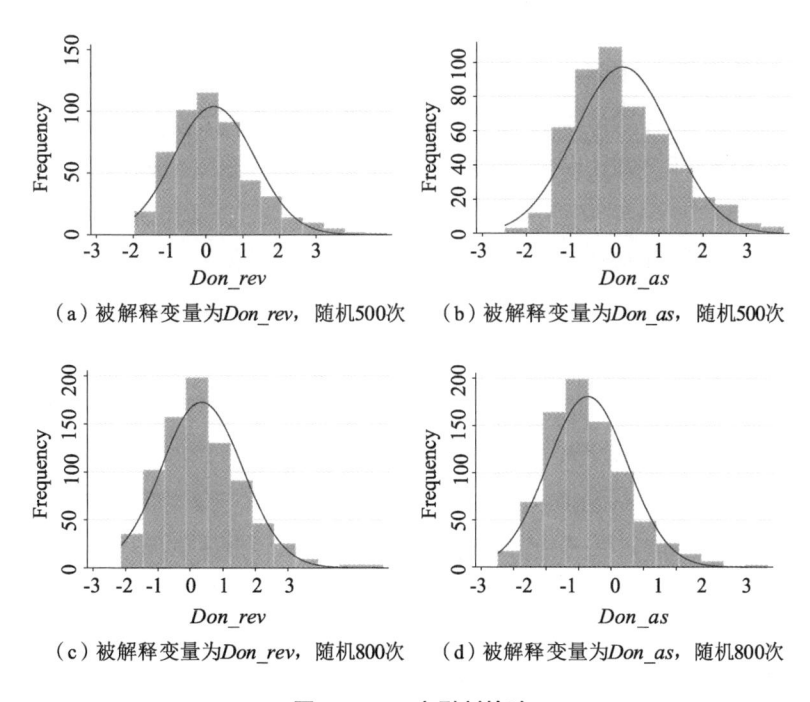

（a）被解释变量为Don_rev，随机500次

（b）被解释变量为Don_as，随机500次

（c）被解释变量为Don_rev，随机800次

（d）被解释变量为Don_as，随机800次

图19-10　安慰剂检验

（六）机制检验

前文从企业要素需求与贫困地资源禀赋相契合以及企业的资源约束两个途径来解释参与精准扶贫对企业捐赠的影响，本小节从这两方面进一步阐述影响机制。

1. 企业为何增加精准扶贫投入：要素需求与贫困地资源禀赋相契合

本研究认为，在精准扶贫方略实施后，企业参与精准扶贫的内在原因在于，企业参与精准扶贫获取的资源与企业要素需求相契合。相较于捐赠，精准扶贫特别是以发展产业的形式参与精准扶贫兼具慈善和投资两种属性，作为一种投资形式，在政策的支持下参与精准扶贫的企业可以获得贫困地区的资源。按照这一逻辑，贫困地区的资源能与自身要素需求相契合的企业更有可能增加扶贫投入。从贫困地区的资源禀赋来看，贫困地区的土地、劳动力等要素成本较低，具有比较优势；同时，水利、太阳能、动植物资源等自然资源较为丰富，而这些要素条件与资源依赖型和劳动密集型企业的要素需求契合度较高。因此，这两类企业参与精准扶贫的积极性较高，会将更多的慈善资源用于精准扶贫。

为了论证这一机制，将企业按照要素需求分类，参考鲁桐和党印[1]、王锋正和郭晓川[2]的方法，将新企业分为资源依赖型企业和劳动密集型企业[3]，并对模型（1）进行分组回归。按照企业是否为资源依赖型企业分组的回归结果如表19－6所示。第（1）、第（3）列为资源依赖型企业的回归结果，交乘项（$Alleviation \times Post$）的系数至少在10%的水平上显著为负；第（2）、第（4）列为非资源依赖型企业的回归结果，交乘项（$Alleviation \times Post$）的系数不再显著。按照是否为劳动密集型企业分组的回归结果如表19－7所示。第（1）、第（3）列为劳动密集型企业的回归结果，交乘项（$Alleviation \times Post$）的系数至少在10%的水平上显著为负；第（2）、第（4）列为非劳动密集型企业的回归结果，交乘项（$Alleviation \times Post$）的系数不再显著。综合来看，表19－7和表19－8的

---

[1] 鲁桐、党印：《公司治理与技术创新：分行业比较》，《经济研究》2014年第6期。
[2] 王锋正、郭晓川：《环境规制强度对资源型产业绿色技术创新的影响——基于2003—2011年面板数据的实证检验》，《中国人口·资源与环境》2015年第S1期。
[3] 劳动密集型企业为属于以下行业的企业：A 农、林、牧、渔业；B 采掘业；C0 食品、饮料；C1 纺织、服装、皮毛；C2 木材、家具；D 电力、煤气及水的生产和供应业；E 建筑业；F 交通运输、仓储业；H 批发和零售贸易；M 综合类。资源依赖型企业为属于以下行业的企业：B06 煤炭开采和洗选业；B07 石油和天然气开采业；B08 黑色金属矿采选业；B09 有色金属矿采选业；B10 非金属矿采选业；C33 金属制品业；C25 石油加工及炼焦业；C26 化学原料和化学制品制造业；C30 非金属矿物制品业；C31 黑色金属冶炼和压延加工业；C32 有色金属冶炼和压延加工业；D44 电力和热力生产供应业。

回归结果共同表明，精准扶贫方略实施后增加扶贫投入、减少捐赠投入的企业主要是要素需求与贫困地区资源禀赋相契合的企业。

表 19-7　按照是否为资源依赖型企业的分组回归结果

变量	(1) *Don_rev* 资源依赖型企业	(2) *Don_rev* 非资源依赖型企业	(3) *Don_as* 资源依赖型企业	(4) *Don_as* 非资源依赖型企业
Alleviation	2.620* (1.762)	0.715 (1.367)	1.107** (2.148)	0.266 (1.275)
Alleviation × Post	-2.575* (-1.732)	-0.712 (-1.360)	-1.094** (-2.123)	-0.265 (-1.268)
Post	-0.011* (-1.866)	-0.007* (-1.814)	-0.009*** (-2.880)	-0.004** (-2.216)
Controls	Yes	Yes	Yes	Yes
Year & Industry	Yes	Yes	Yes	Yes
N	1951	6917	1951	6917
Adjusted R^2	0.085	0.126	0.101	0.158

注：括号内为经公司层面聚类调整后的 t 值；***、**、* 分别表示在1%、5%和10%的水平上显著。

表 19-8　按照是否为劳动密集型企业的分组回归结果

变量	(1) *Don_rev* 劳动密集型企业	(2) *Don_rev* 非劳动密集型企业	(3) *Don_as* 劳动密集型企业	(4) *Don_as* 非劳动密集型企业
Alleviation	1.969** (1.965)	0.476 (0.864)	0.746** (2.226)	0.283 (1.016)
Alleviation × Post	-1.951* (-1.948)	-0.47 (-0.854)	-0.740** (-2.211)	-0.281 (-1.011)

续表

变量	(1) Don_rev 劳动密集型企业	(2) Don_rev 非劳动密集型企业	(3) Don_as 劳动密集型企业	(4) Don_as 非劳动密集型企业
Post	-0.010* (-1.652)	-0.007* (-1.912)	-0.008*** (-2.948)	-0.003** (-2.003)
Controls	Yes	Yes	Yes	Yes
Year & Industry	Yes	Yes	Yes	Yes
N	2935	5933	2935	5933
Adjusted R^2	0.11	0.127	0.159	0.141

注：括号内为经公司层面聚类调整后的 t 值；***、**、* 分别表示在 1%、5% 和 10% 的水平上显著。

2. 企业为何减少捐赠投入：资源约束

本研究认为，在精准扶贫方略实施后，企业增加扶贫投入而减少捐赠投入的直接原因在于企业的资源约束。精准扶贫方略实施后，参与精准扶贫已经成为企业重要的慈善形式。如前文所述，精准扶贫能给企业带来直接的投资收益，同时带来政策支持和社会声誉等间接收益。因此，在精准扶贫方略实施后，相较于捐赠，企业有更大的动力参与扶贫，但受企业资源约束的影响，企业需要权衡慈善资源在二者之间的分配，在增加精准扶贫的投入的同时减少捐赠的投入。

基于此，从企业的融资约束和资源冗余度两个方面加以检验。参考吴秋生和黄贤环[①]的方法，采用 SA 指数衡量企业面临的融资约束，并将企业按照当年 SA 的行业中位数分为融资约束高的企业和融资约束低的企业进行回归，结果如表 19-8 所示。第（1）、第（3）列为融资约束高组的回归结果，交乘项（Alleviation × Post）的系数在 5% 的水平显著为负；第（2）、第（4）列为融资约束低组的回归结果，交乘项

---

① 吴秋生、黄贤环：《财务公司的职能配置与集团成员上市公司融资约束缓解》，《中国工业经济》2017 年第 9 期。

($Alleviation \times Post$) 的系数不再显著。参考蒋春燕和赵曙明[①]的方法，采用销售、管理和一般费用对销售收入的比例测量企业的资源冗余度，并将企业按照当年的行业中位数将分为资源冗余度高的企业和资源冗余度低的企业进行回归，结果如表 19-9 所示。第（1）、第（3）列为资源冗余度高组的回归结果，交乘项（$Alleviation \times Post$）的系数虽然为负但不显著；第（2）、第（4）列为资源冗余度低组的回归结果，交乘项（$Alleviation \times Post$）的系数至少在 10% 的水平显著为负。综合来看，表 19-9 和表 19-10 的回归结果共同表明，在资源约束的条件下，企业会将用于捐赠的慈善资源转移到精准扶贫中，呈现慈善资源内部"此消彼长"的结构调整。

19-9　　　　　　　　按照融资约束分组回归的结果

变量	(1) Don_rev 融资约束高	(2) Don_rev 融资约束低	(3) Don_as 融资约束高	(4) Don_as 融资约束低
Alleviation	2.135** (2.208)	0.299 (0.527)	0.754** (2.185)	0.270 (1.088)
Alleviation × Post	-2.109** (-2.184)	-0.292 (-0.513)	-0.744** (-2.159)	-0.268 (-1.080)
Post	-0.010** (-2.381)	-0.006 (-1.298)	-0.004** (-1.986)	-0.005** (-2.249)
Controls	Yes	Yes	Yes	Yes
Year & Industry	Yes	Yes	Yes	Yes
N	4427	4441	4427	4441
Adjusted R^2	0.111	0.116	0.135	0.141

注：括号内为经公司层面聚类调整后的 t 值；***、**、* 分别表示在 1%、5% 和 10% 的水平上显著。

[①] 蒋春燕、赵曙明：《组织冗余与绩效的关系：中国上市公司的时间序列实证研究》，《管理世界》2004 年第 5 期。

表 19-10　　　　　按照资源冗余度分组回归的结果

变量	(1) Don_rev 资源冗余多	(2) Don_rev 资源冗余少	(3) Don_as 资源冗余多	(4) Don_as 资源冗余少
Alleviation	0.726 (0.807)	1.604* (1.954)	0.519 (1.191)	0.588** (2.083)
Alleviation × Post	-0.703 (-0.782)	-1.600* (-1.948)	-0.514 (-1.179)	-0.586** (-2.076)
Post	-0.014*** (-2.794)	-0.008** (-2.442)	-0.007*** (-3.034)	-0.003** (-2.089)
Controls	Yes	Yes	Yes	Yes
Year & Industry	Yes	Yes	Yes	Yes
N	4414	4454	4414	4454
Adjusted R^2	0.102	0.104	0.145	0.113

注：括号内为经公司层面聚类调整后的 t 值；***、**、* 分别表示在 1%、5% 和 10% 的水平上显著。

四　共同富裕目标下企业扶贫开发对捐赠地理分布的影响

(一) 引言

党的十九大报告指出，"中国特色社会主义进入新时代，我国社会主要矛盾已经转化为人民日益增长的美好生活需要和不平衡不充分的发展之间的矛盾"①。缓解区域间经济发展不平衡是实现共同富裕的重要措施。长期以来，捐赠被认为是企业调节社会贫富差距、助力共同富裕

---

① 习近平：《决胜全面建成小康社会 夺取新时代中国特色社会主义伟大胜利——在中国共产党第十九次全国代表大会上的报告》，人民出版社 2017 年版，第 11 页。

的重要方式。然而，企业捐赠的对象不必然指向贫困地区和贫困群体，且企业存在通过捐赠提升企业声誉、维系政治关联、掩盖或者转移公众对企业不当言行的关注、获取"类保险"等诸多诉求①，而非纯粹追求捐赠的调节社会贫富差距的功能。虽然，捐赠被认为是企业调节社会贫富差距、助力共同富裕的重要形式，但企业捐赠的促进贫困地区发展的效果可能并不尽如人意。但现有关于企业捐赠的文献主要探讨企业捐赠的动因、影响因素、捐赠的经济后果等②，对企业捐赠的地理分布关注较少。忽略了对企业捐赠地理分布的考察，基于现有文献无法回答企业捐赠的真正动机，也无法正确评估企业捐赠在调节社会贫富差距中的效果。

本研究提供了一种识别企业捐赠动机和检验企业捐赠调节社会贫富差距效果的策略——企业捐赠地理分布。具体而言，当企业出于"利他"动机时，企业应该向贫困地区进行慈善捐赠，因为根据经济学的边际分析理论，贫困地区居民的货币边际效用要高于非贫困地区居民的货币边际效用，在贫困地区进行慈善捐赠有助于实现社会福利的最大化，也更能体现企业捐赠调节社会贫富差距的功能；而当企业出于"利己"动机时，企业慈善捐赠地理分布决策就会偏离社会福利最大化的要求。已有研究发现，企业捐赠具有降低其"外来劣势"[3]、帮助其赢得消费

---

① 山立威、甘犁、郑涛：《公司捐款与经济动机——汶川地震后中国上市公司捐款的实证研究》，《经济研究》2008年第11期；李维安、王鹏程、徐业坤：《慈善捐赠、政治关联与债务融资——民营企业与政府的资源交换行为》，《南开管理评论》2015年第1期；傅超、吉利：《诉讼风险与公司慈善捐赠——基于"声誉保险"视角的解释》，《南开管理评论》2017年第2期；Ji L., Tao C., Deng B., "Where to Donate: The Geographical Distribution of Corporate Philanthropy in China", *China Journal of Accounting Research*, Vol. 14, No. 3, 2021, pp. 341 – 361。

② 山立威、甘犁、郑涛：《公司捐款与经济动机——汶川地震后中国上市公司捐款的实证研究》，《经济研究》2008年第11期；李维安、王鹏程、徐业坤：《慈善捐赠、政治关联与债务融资——民营企业与政府的资源交换行为》，《南开管理评论》2015年第1期；许年行、李哲：《高管贫困经历与企业慈善捐赠》，《经济研究》2016年第12期；Long C., Yang J., "What Explains Chinese Private Entrepreneurs' Charitable Behaviors?: A Story of Dynamic Reciprocal Relationship between Firms and the Government", *China Economic Review*, Vol. 40, 2016, pp. 1 – 16；潘越、翁若宇、刘思义：《私心的善意：基于台风中企业慈善捐赠行为的新证据》，《中国工业经济》2017年第5期。

③ Zaheer S., "Overcoming the Liability of Foreignness", *Academy of Management Journal*, Vol. 38, No. 2, 1995, pp. 341 – 363.

者认可和社会认同[1]、帮助其获得政府的赞许和支持[2]、增加其未来收入[3]等作用,表明捐赠可以作为企业在收入来源地区增强竞争力、稳定市场地位、实现更多未来收益的战略措施。因此,企业在"利己"动机下会选择向收入来源地区而非贫困地区进行慈善捐赠。

那么,企业捐赠究竟是出于"利己"动机还是"利他"动机,企业捐赠是否注重调节社会贫富差距的功能?这也是本节所要研究的问题。基于2009—2019年中国上市公司捐赠数据,考察了企业捐赠的动机以及精准扶贫对企业捐赠地理分布决策的影响。研究发现,第一,企业捐赠的"利己"动机较为明显,体现为企业在其收入来源地分配更多的捐赠金额,而非更需要帮助的贫困地区,企业捐赠自发调节社会贫富差距的效果较弱。第二,2013年精准扶贫提出后,在一定程度上纠正了企业慈善捐赠的"利己"动机,体现为企业向收入来源地的捐赠金额有所减少,同时向贫困地区的捐赠金额有所增多。表明精准扶贫会引起企业捐赠资源在空间分布上的调整,引导了企业将慈善资源向贫困地区配置,增强了企业捐赠调节社会贫富差距的效果。

本研究主要在以下三个方面拓展和丰富了现有研究。首先,区别于以往研究企业捐赠影响因素和经济后果的文献[4],研究了企业捐赠"去

---

[1] Hornstein A. S., Zhao M., "Reaching Through the Fog: Institutional Environment and Cross-border Giving of Corporate Foundations", *Strategic Management Journal*, Vol. 39, No. 10, 2018, pp. 2666 - 2690.

[2] Su J., He J., "Does Giving Lead to Getting? Evidence from Chinese Private Enterprises", *Journal of Business Ethics*, Vol. 93, No. 1, 2010, pp. 73 - 90; Long C, Yang J., "What Explains Chinese Private Entrepreneurs' Charitable Behaviors?: A Story of Dynamic Reciprocal Relationship between Firms and the Government", *China Economic Review*, Vol. 40, 2016, pp. 1 - 16.

[3] Lev B., Petrovits C., Radhakrishnan S., "Is doing Good Good for You?: How Corporate Charitable Contributions Enhance Revenue Growth", *Strategic Management Journal*, Vol. 31, No. 2, 2010, pp. 182 - 200.

[4] 山立威、甘犁、郑涛:《公司捐款与经济动机——汶川地震后中国上市公司捐款的实证研究》,《经济研究》2008年第11期; Muller A., Whiteman G., "Exploring the Geography of Corporate Philanthropic Disaster Response: A Study of Fortune Global 500 Firms", *Journal of Business Ethics*, Vol. 84, No. 4, 2009, pp. 589 - 603;彭飞、范子英:《税收优惠、捐赠成本与企业捐赠》,《世界经济》2016年第7期; Hornstein A. S., Zhao M., "Reaching Through the Fog: Institutional Environment and Cross-border Giving of Corporate Foundations", *Strategic Management Journal*, Vol. 39, No. 10, 2018, pp. 2666 - 2690.

向何地"的问题,这为识别企业捐赠的扶贫济弱的效果提供了新视角。其次,为地理因素影响企业行为提供了增量证据。已有研究发现,地理因素对企业投资①、融资②、薪酬③、并购④等方面有影响,本研究证实了地理因素在企业捐赠决策中的重要性,丰富了相关研究领域及经验证据。最后,本研究研究具有现实意义,研究不仅为中国精准扶贫国家战略的实施效果提供了来自微观企业层面的证据,还对引导企业助力调节社会贫富差距,实现共同富裕提供参考。

(二) 理论分析与研究假设

已有研究发现,捐赠可以帮助企业降低"外来劣势"⑤,赢得消费者认可和社会认同⑥,获得政府的赞许和支持⑦。基于捐赠的以上作用,企业可以将捐赠作为其在收入来源地区增强竞争力、稳定市场地位、实现更多收入的战略措施。因此,可以预期,企业在做捐赠地理分布决策时,出于声誉动机和政治动机会选择向收入来源地区进行捐赠。

一方面,出于声誉动机,企业希望借助捐赠提高自身在收入来源地区的影响力和声誉,起到类似于广告的作用,从而促进企业在当地的收入。消费者的购买行为是企业实现产品价值的关键环节,也是企业价值

---

① Ivković Z., Weisbenner S., "Local does as Local is: Information Content of the Geography of Individual Investors' Common Stock Investments", *The Journal of Finance*, Vol. 60, No. 1, 2005, pp. 267-306.

② Gao F., Faff R., Navissi F., "Corporate Philanthropy: Insights from the 2008 Wenchuan Earthquake in China", *Pacific-Basin Finance Journal*, Vol. 20, No. 3, 2012, pp. 363-377.

③ Kedia S., Rajgopal S., "Neighborhood Matters: The Impact of Location on Broad Based Stock Option Plans", *Journal of Financial Economics*, Vol. 92, No. 1, 2009, pp. 109-127.

④ 肖土盛、李丹、袁淳:《企业风格与政府环境匹配:基于异地并购的证据》,《管理世界》2018年第3期。

⑤ Zaheer S., "Overcoming the Liability of Foreignness", *Academy of Management Journal*, Vol. 38, No. 2, 1995, pp. 341-363.

⑥ Hornstein A. S., Zhao M., "Reaching Through the Fog: Institutional Environment and Cross-border Giving of Corporate Foundations", *Strategic Management Journal*, Vol. 39, No. 10, 2018, pp. 2666-2690.

⑦ Su J., He J., "Does Giving Lead to Getting? Evidence from Chinese Private Enterprises", *Journal of Business Ethics*, Vol. 93, No. 1, 2010, pp. 73-90; Long C., Yang J., "What Explains Chinese Private Entrepreneurs' Charitable Behaviors?: A Story of Dynamic Reciprocal Relationship between Firms and the Government", *China Economic Review*, Vol. 40, 2016, pp. 1-16.

的根本所在,如何吸引消费者购买企业的产品是每一家企业必须面对的问题。企业捐赠可以增进消费者对企业的信任和品牌忠诚度①,有助于提高消费者对企业及其产品的评价②,为企业带来正面的形象和良好的声誉③,从而增加消费者的购买意愿④。因此,企业可以将捐赠作为一种类似于广告的"非价格"竞争手段,能够提升企业的声誉,引导实际和潜在消费者对于公司产品的偏好,并且捐赠的"显性"特征使得捐赠的广告效应比其他形式企业社会责任的广告效应更为明显。取得收入是企业盈利的前提,在收入来源地区的收入能否保持并进一步增长对企业发展至关重要,为了获得收入来源地区的消费者认可和社会认同,在收入来源地区增强竞争力、稳定市场地位、实现更多收入,企业会希望借助捐赠提升声誉,即会向收入来源地区进行捐赠。

另一方面,出于政治动机,企业希望借助捐赠改善企业和政府的关系,获得收入来源地区政府的赞许和支持。中国尚处于经济转型期,政府对经济运行和企业决策有着重要影响⑤。企业可以从与政府建立并维持良好关系中获益,如获得贷款、政府补助和政府合同等关键的经济资源⑥,因此,企业有很强的意愿建立政治联系,以方便其获取政府所掌

---

① Pivato S., Misani N., Tencati A., "The Impact of Corporate Social Responsibility on Consumer Trust: The Case of Organic Food", *Business Ethics: A European Review*, Vol. 17, No. 1, 2008, pp. 3 – 12.

② Sen S., Bhattacharya C. B., "Does doing Good Always Lead to doing Better?: Consumer Reactions to Corporate Social Responsibility", *Journal of Marketing Research*, Vol. 38, No. 2, 2001, pp. 225 – 243.

③ Hess D., Rogovsky N., Dunfee T. W., "The Next Wave of Corporate Community Involvement: Corporate Social Initiatives", *California Management Review*, Vol. 44, No. 2, 2002, pp. 110 – 125.

④ Wongpitch S., Minakan N., Powpaka S., et al., "Effect of Corporate Social Responsibility Motives on Purchase Intention Model: An Extension", *Kasetsart Journal of Social Sciences*, Vol. 37, No. 1, 2016, pp. 30 – 37.

⑤ 李四海、李晓龙、宋献中:《产权性质、市场竞争与企业社会责任行为——基于政治寻租视角的分析》,《中国人口·资源与环境》2015 年第 1 期。

⑥ Faccio M., Masulis R. W., McConnell J. J., "Political Connections and Corporate Bailouts", *The Journal of Finance*, Vol. 61, No. 6, 2006, pp. 2597 – 2635;张敏、马黎珺、张雯:《企业慈善捐赠的政企纽带效应——基于我国上市公司的经验证据》,《管理世界》2013 年第 7 期。

握的资源。对政府而言，调节社会贫富差距、消除贫困是其职责所在，企业捐赠无疑可以减轻政府在这些方面的压力①，从而获得政府的好感和青睐。因此，企业进行捐赠是建立政治联系的一种可行之法②，通过捐赠可获取政府的资源支持③。企业向收入来源地区进行捐赠，不仅可以获得当地消费者的认可和社会认同，还可以获得当地政府的赞许和支持，建立并维持政治联系，进而获得经营许可、政府补助或税收减免等稀缺经济资源，最终促进企业业绩增长。基于以上两方面的原因，提出研究假设：

企业在某地区的收入越多，则向该地区的捐赠也越多。

（三）研究设计

1. 样本选择与数据来源

以 2009—2019 年中国 A 股上市公司为样本。2008 年以前，中国上市公司对捐赠项目、地理分布等信息的披露较为匮乏，2008 年四川汶川地震后，中国上市公司捐赠显著增长，逐渐常态化，对捐赠及其细节信息的披露逐渐增多，以 2008 年及其以后的年份为研究样本保证了足够的样本；但 2008 年的汶川地震后许多上市公司向汶川进行捐赠，在地理上表现为企业捐赠聚集于四川省，从而对分析造成一定影响，为了避免汶川地震造成企业捐赠地理分布异常对研究结果的影响，本研究选取 2009 年为样本起始年份。

本研究所需上市公司捐赠地理分布数据通过查阅公司年报、社会责任报告、相关网站整理得到。地区收入数据以公司年报披露的地区分布

---

① Wang H., Qian C., "Corporate Philanthropy and Corporate Financial Performance: The Roles of Stakeholder Response and Political Access", *Academy of Management Journal*, Vol. 54, No. 6, 2011, pp. 1159 – 1181.

② Su J., He J., "Does Giving Lead to Getting? Evidence from Chinese Private Enterprises", *Journal of Business Ethics*, Vol. 93, No. 1, 2010, pp. 73 – 90; Long C., Yang J., "What Explains Chinese Private Entrepreneurs' Charitable Behaviors?: A Story of Dynamic Reciprocal Relationship between Firms and the Government", *China Economic Review*, Vol. 40, 2016, pp. 1 – 16.

③ Li W., Zhang R., "Corporate Social Responsibility, Ownership Structure, and Political Interference: Evidence from China", *Journal of Business Ethics*, Vol. 96, No. 4, 2010, pp. 631 – 645；李维安、王鹏程、徐业坤：《慈善捐赠、政治关联与债务融资——民营企业与政府的资源交换行为》，《南开管理评论》2015 年第 1 期。

收入数据为基础整理得到,来自 CSMAR 数据库,其他企业财务数据来自 CSMAR 和 CNRDS 数据库。样本的筛选过程如下。第一,剔除金融行业的样本;第二,剔除 ST 公司的样本;第三,剔除无法准确辨别捐赠地区的样本;第四,剔除无法准确辨别收入来源地区的样本;第五,剔除其他数据有缺失的样本。对所有连续变量进行了上下 1% 的缩尾处理,数据处理与分析使用 Stata 16。

理论上,企业捐赠可以投向 31 个省份,而现有的样本只能观察企业进行捐赠的地区,而遗漏未进行捐赠的地区。为了缓解由此带来的样本问题,参考 Siegel 等[1]以及曹春方和贾凡胜[2]的做法,将企业可能进行捐赠的所有地区构建捐赠地理选择池,将每个企业每一年的样本扩充至 31 个省份,构建企业—年度—省份样本,最终形成有效样本 120962 个。

2. 模型设定与变量定义

(1)模型设定

基于理论分析,作为追求利益最大化的企业具有向收入来源地进行捐赠的倾向,为了刻画企业捐赠地理分布,构建如下模型加以检验。

$$Donat_{i,t,j} = \beta_0 + \beta_1 Divincom_{i,t,j} + \sum_n \beta_n Control_{n,i,t,j} + \alpha_i + \gamma_t + \varphi_j + \varepsilon_{i,t,j}$$

(19-2)

其中,i、t 和 j 分别表示企业、年份和省份,n 表示第 n 个控制变量,α_i、γ_t 和 φ_j 分别表示公司固定效应、时间固定效应和地区固定效应。

(2)变量定义

被解释变量:企业当年各地区的捐赠($Donat$),借鉴山立威等[3]、许年行和李哲[4]、潘越等[5]的方法,为增强实证结果的稳健性,采用两

---

[1] Siegel J. I., Licht A. N., Schwartz S. H., "Egalitarianism and International Investment", *Journal of Financial Economics*, Vol. 102, No. 3, 2011, pp. 621–642.

[2] 曹春方、贾凡胜:《异地商会与企业跨地区发展》,《经济研究》2020 年第 4 期。

[3] 山立威、甘犁、郑涛:《公司捐款与经济动机——汶川地震后中国上市公司捐款的实证研究》,《经济研究》2008 年第 11 期。

[4] 许年行、李哲:《高管贫困经历与企业慈善捐赠》,《经济研究》2016 年第 12 期。

[5] 潘越、翁若宇、刘思义:《私心的善意:基于台风中企业慈善捐赠行为的新证据》,《中国工业经济》2017 年第 5 期。

种方法衡量企业的地区捐赠，即 i 公司 t 年在 j 省的捐赠金额占企业当年收入的比例（Donarev）、i 公司 t 年在 j 省的捐赠金额占企业当年总资产的比例（Donaas）①。

解释变量：模型（2）中的解释变量为企业当年各地区的收入（Divincom），i 公司 t 年在 j 省的收入金额，单位亿元。

控制变量：参考以往文献②，控制了公司特征、公司治理、市场竞争和宏观经济环境等因素，以及年度、企业和地区固定效应。变量定义如表19-11所示。

表19-11 变量定义及描述

变量名称	变量代码	变量定义
地区捐赠金额占收入比例	Donarev	i 公司 t 年在 j 省的捐赠金额占企业当年营业收入的比例，取百分数
地区捐赠金额占总资产比例	Donaas	i 公司 t 年在 j 省的捐赠金额占总资产比例，取百分数
地区收入	Divincom	i 公司 t 年在 j 省的收入金额
公司规模	Size	公司总资产加1后取对数
资产负债率	Lev	公司负债与总资产的比值

---

① 由于公司捐赠相对于总资产、收入而言，金额较小，故慈善捐赠以万元为单位，总资产、收入以亿元为单位。

② Brammer S., Millington A., "Corporate Reputation and Philanthropy: An Empirical Analysis", *Journal of Business Ethics*, Vol. 61, No. 1, 2005, pp. 29–44；山立威、甘犁、郑涛：《公司捐款与经济动机——汶川地震后中国上市公司捐款的实证研究》，《经济研究》2008年第11期；李维安、王鹏程、徐业坤：《慈善捐赠、政治关联与债务融资——民营企业与政府的资源交换行为》，《南开管理评论》2015年第1期；潘越、翁若宇、刘思义：《私心的善意：基于台风中企业慈善捐赠行为的新证据》，《中国工业经济》2017年第5期；Hornstein A. S., Zhao M., "Reaching through the Fog: Institutional Environment and Cross-border Giving of Corporate Foundations", *Strategic Management Journal*, Vol. 39, No. 10, 2018, pp. 2666–2690；Ji L., Tao C., Deng B., "Where to Donate: The Geographical Distribution of Corporate Philanthropy in China", *China Journal of Accounting Research*, Vol. 14, No. 3, 2021, pp. 341–361。

续表

变量名称	变量代码	变量定义
公司业绩	Roa	公司净利润与总资产的比值
广告支出	Sellsexp	公司销售费用加1后取对数
成长性	Growth	(企业当年营业收入 – 上年营业收入)/上年营业收入
公司年龄	Age	公司成立之日至统计当年的年限长度
产权性质	Soe	当企业属于国有产权时取1,否则为0
第一大股东持股比例	Top1	第一大股东持股数量与总股数的比值
机构投资者持股比例	Inshold	机构投资者持股数量与总股数的比值
两职合一	Dual	董事长与总经理是否兼任,兼任取1,否则为0
独立董事比例	Indr	独立董事人数占董事会总人数的比值
行业集中度	HHI	行业赫芬达尔指数
人均地区生产总值	GDP	捐赠地的地区生产总值

(四) 实证检验与结果分析

1. 描述性统计结果

表19-12报告了主要变量的描述性统计。其中,捐款金额占企业当年营业收入的0.048%,占企业当年资产的0.022%,这与许年行和李哲[1]、潘越等[2]、Ji等[3]的文献相近。企业各地区收入的均值为547万

---

[1] 许年行、李哲:《高管贫困经历与企业慈善捐赠》,《经济研究》2016年第12期。

[2] 潘越、翁若宇、刘思义:《私心的善意:基于台风中企业慈善捐赠行为的新证据》,《中国工业经济》2017年第5期。

[3] Ji L., Tao C., Deng B., "Where to Donate: The Geographical Distribution of Corporate Philanthropy in China", *China Journal of Accounting Research*, Vol. 14, No. 3, 2021, pp. 341 – 361.

元，标准差为 2.816，说明我国上市公司在各省的收入差异较大。此外，样本中企业平均资产负债率为 49.8%，总资产回报率为 4.8%，这些控制变量也与已有研究相关统计结果基本一致①。

表 19-12　　　　　　　　　　描述性统计

Variable	N	Mean	SD	Min	P25	Median	P75	Max
Donarev	120962	0.048	1.164	0.000	0.000	0.000	0.000	69.002
Donaas	120962	0.022	0.483	0.000	0.000	0.000	0.000	24.375
Divincom	120962	0.547	2.816	0.000	0.000	0.000	0.054	26.587
Size	120962	22.779	1.358	18.734	21.804	22.678	23.656	27.293
Lev	120962	0.498	0.202	0.027	0.347	0.508	0.655	1.000
Roa	120962	0.048	0.057	-0.531	0.018	0.040	0.074	0.339
Sellsexp	120962	0.064	0.080	0.000	0.015	0.035	0.079	0.515
Growth	120962	0.220	0.665	-0.979	-0.009	0.123	0.281	8.476
Age	120962	2.427	0.628	0.000	2.079	2.639	2.890	3.296
Soe	120962	0.602	0.489	0.000	0.000	1.000	1.000	1.000
Top1	120962	0.365	0.161	0.080	0.229	0.350	0.494	0.758
Inshold	120962	0.081	0.084	0.000	0.018	0.054	0.116	0.452
Dual	120962	0.177	0.382	0.000	0.000	0.000	0.000	1.000
Indr	120962	0.374	0.053	0.250	0.333	0.364	0.400	0.600
HHI	120962	0.063	0.087	0.008	0.015	0.033	0.066	0.476
GDP	120962	4.696	2.496	0.882	2.985	4.043	5.801	14.021

---

① 山立威、甘犁、郑涛：《公司捐款与经济动机——汶川地震后中国上市公司捐款的实证研究》，《经济研究》2008 年第 11 期；Zhang R., Zhu J., Yue H., et al., "Corporate Philanthropic Giving, Advertising Intensity, and Industry Competition Level", *Journal of Business Ethics*, Vol. 94, No. 1, 2010, pp. 39-52; Long C., Yang J., "What Explains Chinese Private Entrepreneurs' Charitable Behaviors? : A Story of Dynamic Reciprocal Relationship between Firms and the Government", *China Economic Review*, Vol. 40, 2016, pp. 1-16。

2. 实证回归结果与分析

表 19-13 报告了模型（2）的回归结果，无论是以地区慈善捐赠金额还是以地区慈善捐赠占总资产比重为被解释变量，无论是否加入控制变量，地区收入（Divincom）的回归系数均在 1% 的水平上显著为正。这表明公司在某地区的收入越多，向该地区的慈善捐赠也越多，企业捐赠出于自发。

表 19-13　　　　　　　　地区收入与企业捐赠

变量	Donarev (1)	Donarev (2)	Donarev (3)	Donaas (4)	Donaas (5)	Donaas (6)
Divincom	0.006*** (4.692)	0.006*** (4.861)	0.006*** (4.882)	0.013*** (3.998)	0.015*** (4.200)	0.015*** (4.213)
Size	—	−0.002 (−0.603)	—	0.009 −1.036	—	—
Lev	—	−0.051*** (−3.196)	—	−0.153*** (−3.561)	—	—
Roa	—	0.053 (1.398)	—	0.091 (0.909)	—	—
Sellsexp	—	0.002 (0.041)	—	0.072 (0.681)	—	—
Growth	—	−0.001 (−0.753)	—	−0.008* (−1.845)	—	—
Age	—	−0.004 (−0.533)	—	−0.003 (−0.187)	—	—
Soe	—	−0.026 (−1.560)	—	−0.07 (−1.627)	—	—
Top1	—	0.006 (0.278)	—	−0.01 (−0.196)	—	—
Inshold	—	−0.005 (−0.166)	—	−0.058 (−0.914)	—	—

续表

变量	*Donarev* (1)	*Donarev* (2)	*Donarev* (3)	*Donaas* (4)	*Donaas* (5)	*Donaas* (6)
Dual	—	0.000 (−0.032)	—	−0.001 (−0.094)	—	—
Indr	—	−0.062 (−1.514)	—	−0.181* (−1.798)	—	—
HHI	—	0.031 (0.642)	—	0.106 (0.838)	—	—
GDP	—	−0.008** (−2.496)	—	−0.014** (−2.051)	—	—
Constant	0.019*** (10.417)	0.004 (0.395)	0.174** (2.117)	0.041*** (9.591)	0.010 (0.380)	0.105 (0.536)
Firm	No	Yes	Yes	No	Yes	Yes
Year	No	Yes	Yes	No	Yes	Yes
Provence	No	Yes	Yes	No	Yes	Yes
Obs	120962	120962	120962	120962	120962	120962
Adj−R^2	0.001	0.007	0.008	0.001	0.008	0.008

注：括号内为经公司层面聚类调整后的 t 值；***、**、* 分别表示在 1%、5% 和 10% 的水平上显著。

3. 稳健性检验

（1）样本自选择问题：Heckman 两步法

企业捐赠地理信息属于自愿性披露信息的范围，虽然披露企业捐赠事迹可以增进企业的声誉，企业具有很强的动机披露其捐赠信息，但由于信息披露成本等因素的考虑，部分企业可能不会披露其捐赠的地理信息。为了避免可能存在的样本自选择问题,参考罗炜和朱春艳[1]、张学勇和廖理[2]以及王艳艳等[3]的做法,用 Heckman 两步法尝试解决。第一阶段中以企业当年是否披露捐赠地理信息为被解释变量(*Donadummy*),当企业披露捐赠地理信息时取值为 1,否则取值为 0。以所有 A 股上市公司为样本进行 Probit 回归,计算出逆米尔斯比率(IMR);第二阶段,将 IMR 加入原模型。第一阶段在控制了所有前文所用的控制变量外还加入了行业内捐赠地理信息缺失的比例(*Missrat*)作为外生变量。理论上,由于同群效应的存在,当年行业内企业捐赠地理信息的披露行为会直接影响企业是否披露捐赠地理信息,但不会直接影响企业在各省份的收入。

第一阶段的回归结果如表 19-13 第(1)列所示,其中行业内捐赠地理信息缺失的比例(*Missrat*)显著为负,这说明当行业内的其他企业披露的捐赠地理信息越少,企业也越不会披露捐赠的地理信息,这也证明了企业捐赠信息披露的同群效应。第二阶段的回归结果如表 19-14 第(2)、第(3)列所示,在控制了逆米尔斯比值(*IMR*)后回归结果与前文一致。

表 19-14　　　　　　　　　　Heckman 两阶段回归

变量	第一阶段回归	第二阶段回归	
	Donadummy	*Donarev*	*Donaas*
	(1)	(2)	(3)
Divincom	—	0.006*** (4.882)	0.015*** (4.213)
Size	-0.694*** (-4.552)	-0.002 (-0.599)	0.009 (1.030)

---

[1] 罗炜、朱春艳:《代理成本与公司自愿性披露》,《经济研究》2010 年第 10 期。
[2] 张学勇、廖理:《股权分置改革、自愿性信息披露与公司治理》,《经济研究》2010 年第 4 期。
[3] 王艳艳、于李胜、安然:《非财务信息披露是否能够改善资本市场信息环境?——基于社会责任报告披露的研究》,《金融研究》2014 年第 8 期。

续表

变量	第一阶段回归	第二阶段回归	
	Donadummy	*Donarev*	*Donaas*
	(1)	(2)	(3)
Lev	0.794*	-0.051***	-0.152***
	(1.827)	(-3.207)	(-3.578)
Roa	1.950*	0.053	0.091
	(1.802)	(1.396)	(0.911)
Sellsexp	10.815**	0.002	0.072
	(2.132)	(0.040)	(0.683)
Growth	0.006	-0.001	-0.008*
	(0.485)	(-0.757)	(-1.837)
Age	-0.047***	-0.004	-0.003
	(-3.571)	(-0.531)	(-0.201)
*Top*1	-0.007	0.006	-0.011
	(-1.271)	(0.279)	(-0.200)
Inshold	0.028*	-0.005	-0.058
	(1.781)	(-0.169)	(-0.917)
Indr	24.356***	-0.061	-0.181*
	(4.775)	(-1.509)	(-1.799)
HHI	7.197***	0.031	0.108
	(2.670)	(0.643)	(0.860)
GDP	0.000*	-0.008**	-0.014**
	(1.782)	(-2.496)	(-2.051)
Missrat	-4.013***	—	—
	(-3.004)		

续表

变量	第一阶段回归	第二阶段回归	
	Donadummy	*Donarev*	*Donaas*
	(1)	(2)	(3)
IMR	—	0.722 (0.094)	-5.799 (-0.265)
Constant	9.648*** (5.134)	0.174** (2.130)	0.108 (0.556)
Firm	No	Yes	Yes
Year	Yes	Yes	Yes
Province	No	Yes	Yes
Observations	8191	120962	120962
Pseudo R^2	0.465	—	—
Adjusted R^2	—	0.008	0.008

注：括号内为经公司层面聚类调整后的 t 值；***、**、* 分别表示在1%、5%和10%的水平上显著。

(2) 机械相关与遗漏变量：安慰剂检验

企业向收入来源地进行捐赠的结果可能是由其他未考虑到的因素导致的，为了排除这些干扰，参照潘越等①的做法，进行安慰剂检验。具体而言，将企业地区收入金额（*Divincom*）在样本中随机分配，随机分配后的地区收入金额无法衡量对应企业的真实地区收入。将随机分配的地区收入金额与真实的企业地区捐赠金额用模型（2）重复回归500次（800次）；如果企业地区收入金额（*Divincom*）系数显著的回归结果占比较多，则研究结论很可能是由遗漏变量问题导致的。图19-11报告

---

① 潘越、翁若宇、刘思义：《私心的善意：基于台风中企业慈善捐赠行为的新证据》，《中国工业经济》2017年第5期。

了重复回归500次（800次）的企业地区收入金额（*Divincom*）系数的 t 值分布，可以看出，系数显著为正和显著为负的占比较少，则研究结论受遗漏变量问题的影响较小。

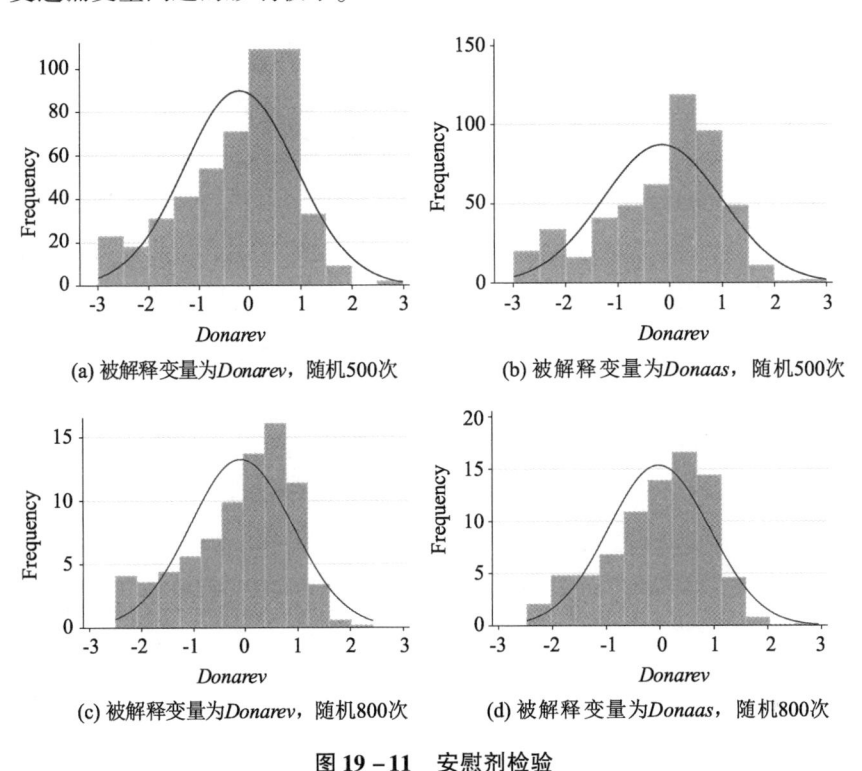

(a) 被解释变量为*Donarev*，随机500次

(b) 被解释变量为*Donaas*，随机500次

(c) 被解释变量为*Donarev*，随机800次

(d) 被解释变量为*Donaas*，随机800次

图 19-11　安慰剂检验

（3）排除"抗震救灾"的影响

在样本区间内，中国自然灾害频发，如2010年青海玉树7.1级大地震、2013年四川芦山7.0级大地震，很多上市公司以"抗震救灾"名义向受灾地区进行了捐赠，导致上市公司捐赠地理的聚集。"抗震救灾"背景下的企业捐赠地理分布与正常情况下的企业捐赠地理分布决策行为有所不同，从而对研究结论造成一定的影响。为了消除自然灾害的影响，剔除"抗震救灾"名义捐赠的样本进行稳健性检验，回归结果如表19-14第（1）、第（2）列所示，与前文基本一致。

（4）排除公司注册地的影响

本研究通过检验企业捐赠地理分布与收入来源地之间的关系来识别

企业捐赠的动机和调节社会贫富差距的作用。但企业的捐赠地理分布可能受"本地偏好"及其他本地因素的影响,为了消除这些影响,剔除向公司注册地捐赠的样本进行稳健性检验,回归结果如表19-15第(3)、第(4)列所示,与前文基本一致。

表19-15 排除"抗震救灾"和注册地的影响

变量	Donarev (1)	Donaas (2)	Donarev (3)	Donaas (4)
Divincom	0.006*** (5.082)	0.014*** (4.437)	0.006*** (4.879)	0.015*** (4.198)
Size	-0.004 (-1.099)	0.004 -0.51	-0.002 (-0.584)	0.009 -1.004
Lev	-0.042*** (-2.816)	-0.127*** (-3.291)	-0.050*** (-3.080)	-0.148*** (-3.400)
Roa	0.039 (1.133)	0.051 (0.565)	0.053 (1.354)	0.090 (0.871)
Sellsexp	-0.034 (-0.874)	-0.041 (-0.496)	0.010 (0.210)	0.112 (1.061)
Growth	-0.001 (-0.553)	-0.007 (-1.576)	-0.002 (-0.904)	-0.009* (-1.964)
Age	-0.006 (-0.711)	-0.006 (-0.389)	-0.004 (-0.507)	-0.003 (-0.176)
Soe	-0.024 (-1.439)	-0.067 (-1.503)	-0.026 (-1.547)	-0.071 (-1.609)
Top1	0.011 (0.537)	0.011 (0.212)	0.007 (0.305)	-0.009 (-0.166)
Inshold	0.011 (0.412)	-0.016 (-0.280)	-0.002 (-0.057)	-0.047 (-0.725)

续表

变量	*Donarev* (1)	*Donaas* (2)	*Donarev* (3)	*Donaas* (4)
Dual	-0.001 (-0.237)	-0.004 (-0.347)	0.000 (-0.003)	0.000 (-0.008)
Indr	-0.058 (-1.415)	-0.176* (-1.728)	-0.058 (-1.390)	-0.172* (-1.668)
HHI	0.035 (0.713)	0.119 (0.937)	0.037 (0.742)	0.128 (0.980)
GDP	-0.008** (-2.472)	-0.014** (-1.998)	-0.008** (-2.452)	-0.014** (-1.968)
Constant	0.205** (2.516)	0.198 (1.032)	0.171** (2.024)	(0.092) -0.455
Firm	Yes	Yes	Yes	Yes
Year	Yes	Yes	Yes	Yes
Province	Yes	Yes	Yes	Yes
Observations	119496	119496	117060	117060
Adjusted R^2	0.007	0.007	0.008	0.008

注：括号内为经公司层面聚类调整后的t值；***、**、*分别表示在1%、5%和10%的水平上显著。

（五）进一步分析

2013年年底，习近平总书记首次作出"实事求是，因地制宜，分类指导，精准扶贫"的重要指示。此后，关于精准扶贫的重要论述不断丰富和发展。在这样的背景下，企业有可能出于声誉动机和政治动机改变其捐赠地理分布决策，增加向贫困地区的捐赠，增强企业捐赠调节社会贫富差距的作用。

出于声誉动机，企业有可能配合国家战略而增加向贫困地区的捐赠。随着一系列精准扶贫政策的实施，利益相关者会对企业开展精准扶贫有所期望，并通过改变资源分配或激励方式的形式影响企业的发展。以往研究表明，企业的慈善行为只有符合并达到政府、公众等利益相关者的期望时，才能获得利益相关者的认可增加企业的声誉，未达到利益相关者期望的慈善行为甚至会给企业的声誉带来损失[①]。一个典型的例子，2008年四川汶川地震后，万科向灾区捐赠200万元，但由于没有达到公众对万科的期望反而遭受批评，随后万科将捐款增加至1亿元。在党和政府大力开展、推进精准扶贫的背景下，政府、公众等利益相关者对企业参与扶贫开发积极关注，期望也较高，此时，企业增加向贫困地区的捐赠，更符合并达到利益相关者期望，可以帮助企业建立声誉。因此，在利益相关者对企业在贫困地区参与扶贫的期望下，企业会主动将慈善资源更多地分配向贫困地区。

出于政治动机，企业可能基于政企关系的考虑主动向贫困地区捐赠，也有可能被地方政府募捐而增加向贫困地区的捐赠。从主动方面而言，在精准扶贫的背景下，要实现贫困县全部脱贫的目标，政府面临着较大的扶贫压力，企业向贫困地区捐赠分担了地方政府的扶贫压力，迎合了地方政府的需求。因此，在精准扶贫的背景下，企业向贫困地区捐赠是企业建立政治联系的一种渠道，通过向贫困地区捐赠与政府建立良好的关系，而良好的政企关系增强了企业与政府资源互动的能力[②]。从被动方面而言，2015年11月，中央扶贫开发工作会议提出要将扶贫业绩纳入官员考核，并与部分地方官员签订责任书。此后，建立了年度脱贫成果考察制度，中央将追究落实不力部门和官员的责任。一系列政策

[①] Gardberg N. A., Fombrun C. J., "Corporate Citizenship: Creating Intangible Assets Across Institutional Environments", *Academy of Management Review*, Vol. 31, No. 2, 2006, pp. 329 – 346; Campbell J. L., "Why would Corporations Behave in Socially Responsible Ways? An Institutional Theory of Corporate Social Responsibility", *Academy of Management Review*, Vol. 32, No. 3, 2007, pp. 946 – 967; 黄敏学、李小玲、朱华伟：《企业被"逼捐"现象的剖析：是大众"无理"还是企业"无良"？》，《管理世界》2008年第10期。

[②] Su J., He J., "Does Giving Lead to Getting? Evidence from Chinese Private Enterprises", *Journal of Business Ethics*, Vol. 93, No. 1, 2010, pp. 73 – 90; Long C., Yang J., "What Explains Chinese Private Entrepreneurs' Charitable Behaviors? A Story of Dynamic Reciprocal Relationship between Firms and the Government", *China Economic Review*, Vol. 40, 2016, pp. 1 – 16.

措施的出台和实施，使得地方政府有很大的动力促成辖区内贫困地区脱贫，而借助企业捐赠则可以缓解扶贫压力。以往研究发现，当政府对企业捐赠有需求时，很可能以"行政捐赠""公益摊派"和"下任务"等形式向企业募捐[①]。

综合来看，"精准扶贫"的概念提出后，企业无论是主动配合国家战略还是被地方政府募捐，都有可能增加向贫困地区的捐赠。如果不考虑资源约束性，企业自然可以同时在收入来源地和贫困区进行捐赠，但资源充裕的假设是理想化的。事实上，资源约束不仅是企业经常面临的窘境，还是影响其行为的重要因素[②]。在资源约束的情况下，企业最直接的做法就是将用于收入来源地捐赠的资源转移一部分到贫困地区，从而呈现企业慈善资源地区分配"此消彼长"的内部地理空间调整。为了探究精准扶贫对企业捐赠地理分布的影响，建立模型（3）用于检验精准扶贫方略的实施对于企业收入来源地捐赠行为的影响。模型（3）在模型（2）的基础上加入了地区收入（$Divincom$）与精准扶贫虚拟变量（$Post$）的交乘项作为揭示变量。当年份属于2014年及以后年份时$Post$取1，否则为0。虽然精准扶贫的概念在2013年11月提出，但提出时间接近年底，同时2014年出台相应的政策落实精准扶贫。因此，以2014年为精准扶贫实施的起始年份。构建企业当年各地区的收入（$Divincom$）与精准扶贫实施虚拟变量（$Post$）的交乘项，用于检验精准扶贫的实施对企业捐赠地理分布的影响，如式（19-3）所示。

$$Donat_{i,t,j} = \beta_0 + \beta_1 Divincom_{i,t,j} + \beta_1 Divincom_{i,t,j} \times Post_{i,t,j} + Post_{i,t,j}$$
$$+ \sum_n \beta_n Control_{n,i,t,j} + \alpha_i + \gamma_t + \varphi_j + \varepsilon_{i,t,j} \qquad (19-3)$$

其中，i、t和j分别表示企业、年份和省份，n表示第n个控制变量，α_i、γ_t和φ_j分别表示公司固定效应、时间固定效应和地区固定效应。

表19-16是模型（3）的回归结果，解释变量是地区收入（$Divincom$）和精准扶贫方略实施虚拟变量（$Post$）的交乘项。地区收入（$Divincom$）的

---

① 钟宏武：《企业捐赠作用的综合解析》，《中国工业经济》2007年第2期。
② 李骏、刘洪伟、万君宝：《产业政策对全要素生产率的影响研究——基于竞争性与公平性视角》，《产业经济研究》2017年第4期；王海花、谢萍萍、熊丽君：《创业网络、资源拼凑与新创企业绩效的关系研究》，《管理科学》2019年第2期。

系数保持为正,交乘项($Divincom \times post$)的回归系数至少在10%的水平上显著为负,表明精准扶贫提出后,企业地区收入与捐赠之间的正相关关系明显有所减弱。该结果表明,精准扶贫方略实施后,企业增加了向贫困地区的捐赠,减少了在收入来源地的捐赠,从而引起企业捐赠地理分布的内部调整,增强了企业捐赠调节社会贫富差距的效用。

表19-16　　　　　地区收入、精准扶贫与企业捐赠

变量	Donarev	Donaas
	(1)	(2)
$Divincom$	0.009***	0.020***
	(4.899)	(4.042)
$Divincom \times post$	-0.004**	-0.009*
	(-2.475)	(-1.677)
$Poverty$	—	—
$Poverty \times post$	—	—
$Post$	0.031**	0.024
	(1.984)	(0.693)
$Size$	-0.002	0.009
	(-0.661)	-0.996
Lev	-0.050***	-0.151***
	(-3.157)	(-3.527)
Roa	0.056	0.097
	(1.472)	(0.971)
$Sellsexp$	0	0.068
	(0.001)	(0.646)
$Growth$	-0.001	-0.008*
	(-0.811)	(-1.874)
Age	-0.005	-0.005
	(-0.637)	(-0.286)

续表

变量	*Donarev* (1)	*Donaas* (2)
Soe	-0.025 (-1.546)	-0.069 (-1.615)
*Top*1	0.005 -0.263	-0.011 (-0.209)
Inshold	-0.005 (-0.196)	-0.06 (-0.944)
Dual	0 (-0.028)	-0.001 (-0.091)
Indr	-0.062 (-1.540)	-0.182* (-1.818)
HHI	0.034 -0.703	0.113 -0.883
GDP	-0.007** (-2.133)	-0.012* (-1.686)
Constant	0.172** (2.090)	0.101 (0.511)
Firm	Yes	Yes
Year	Yes	Yes
Province	Yes	Yes
Observations	120962	120962
Adjusted R^2	0.008	0.008

注：括号内为经公司层面聚类调整后的 t 值；***、**、* 分别表示在1%、5%和10%的水平上显著。

五 结论及对策建议

中国的贫困问题是经济发展不平衡在空间分布上的体现，精准扶贫作为引导资源流向贫困地区、缓解地区间经济不平衡、实现共同富裕的重要措施，成了继捐赠之外又一重要的企业慈善形式，引起了企业慈善行为的变化。这种变化不仅仅体现为企业需要在捐赠和精准扶贫两种慈善行为中分配慈善资源，还体现为精准扶贫对企业捐赠行为本身产生影响。

一方面，从精准扶贫对捐赠数量的影响而言，研究发现，精准扶贫方略的实施会引起企业慈善资源配置的变化。第一，精准扶贫方略实施后，精准扶贫投入较多的企业会减少捐赠投入，从而引起慈善资源内部"此消彼长"的结构调整。第二，以上慈善资源的内部结构调整对于产业发展脱贫投入较多的企业更为突出。第三，机制研究表明，精准扶贫与企业自身的发展需求相契合，是企业分配更多慈善资源到精准扶贫中的内在原因，而企业面临的资源约束是导致企业减少捐赠资源分配的外在原因。

另一方面，从精准扶贫对捐赠地理分布的影响而言，研究发现以下几点。第一，企业捐赠倾向于投向收入来源地区，而非更需要帮助的贫困地区，企业捐赠自发调节社会贫富差距的效果较弱。第二，精准扶贫会引起捐赠地理分布的改变，精准扶贫后向收入来源地进行捐赠的现象有所减弱，向贫困地区的捐赠有所增多。精准扶贫的地理指向性能够引导企业捐赠流向贫困地区，增强了企业捐赠调节社会贫富差距效果，凸显了企业捐赠助力共同富裕的功能。

基于研究结论，从政府和企业两方面提出以下对策建议。对政府而言，第一，政府应该正视企业在共同富裕中的作用，以市场的逻辑引导企业参与共同富裕。为了更好地引导企业助力共同富裕，政府应该明确企业在共同富裕中的地位和作用，不忽视也不强制。企业通过慈善的形式助力共同富裕对拓展慈善资源、提升资源配置效率起着重要的作用。但对于企业而言，慈善毕竟不是其经营的主要目标，通过行政命令、摊派使企业被动地参与共同富裕，不仅扭曲了企业的资源配置，也无法保障企业慈善行为的可持续性。政府可以通过实施一系列优惠措施，如税收减免、政策倾斜等，提升企业参与共同富裕的积极性，发掘企业在共同富裕中的潜力。

第二，政府应大力引导企业优化慈善资源空间配置。为了更好地引导企业助力共同富裕，政府要大力引导企业将慈善资源配置到经济发展相对落后的地区，发挥调节贫富差距效果，建议在给予企业捐赠税收优惠时，增加考察其捐赠的地理分布，对捐向贫困地区的给予更大力度优惠。

第三，在构建全国统一大市场的背景下，政府要消除市场分割对资源跨区流动障碍。市场分割的存在严重阻碍了企业资源在地区之间的流动，为了更好地实现企业资源向贫困地区流动，需要政府减少地方保护主义和市场分割行为，打通资源流动的通道。

对于企业而言，第一，在共同富裕的背景下，助力共同富裕已经成了利益相关者对企业慈善的新期望。以往研究发现企业慈善行为只有达到利益相关者的预期时才能得到认可[①]。在共同富裕的背景下，企业通过慈善行为调节社会贫富差距，符合利益相关者对企业的预期，这可以帮助企业获得合法性，提升声誉。

第二，企业应该正确看待慈善行为，企业慈善并不意味着效率的损失。研究发现，能与贫困地区资源禀赋相契合的资源依赖型企业和劳动密集型企业参与精准扶贫的积极性较高，这些企业在开展精准扶贫的同时实现企业自身生产经营的发展。这说明企业开展精准扶贫并不必然意味着效率损失。因此，企业不应该被动地参与慈善，而应该将企业慈善纳入战略性企业社会责任行为的规划，有组织、有计划地开展企业慈善，找到切合企业自身特点的慈善模式，谋求社会目标和企业利益协调一致，以高质量发展推动共同富裕。

---

① 黄敏学、李小玲、朱华伟：《企业被"逼捐"现象的剖析：是大众"无理"还是企业"无良"?》，《管理世界》2008年第10期。

第二十章 拓宽三次分配,促进共同富裕*

一 绪论

实现共同富裕,是中国共产党领导全国人民矢志不渝地追寻的目标。改革开放四十多年来,一部分人通过诚实劳动、合法经营而成为先富之人。先富如何带动后富,是我们当前阶段面临的一个重要课题。然而,共同富裕可资借鉴的直接经验并不多,发达国家在经济发展的同时贫富差距也越来越大,财富越来越集中在极少数超级富豪手中,甚至表现出倒回"承袭制资本主义"倾向。累进税、巨额遗产税、慈善捐赠等举措,仅只是在一定程度上缓解了贫富差距拉大的趋势。迄今为止,西方发达国家并没有实现共同富裕的成功案例。在中国这样一个大国实现共同富裕,可谓人类壮举。在取得脱贫攻坚这一彪炳史册的胜利之后,中央财经委员会第十次会议已将其作为议题之一。在当前中国从高速发展转向高质量发展的阶段,如何实现共同富裕的目标,必须拓宽三次分配的范围,创新共同富裕的实现路径,优化三次产业结构,大力发展那些能有效地为中、低收入者增收的行业,减少与先富者之间的差距。通过经济持续的高质量发展,来扩大分配基数,做大蛋糕,通过拓宽三次分配范围、创新分配方式,扩大参与人员,采取行之有效的办

---

* 樊胜、丁川、王开宏、李凤英、佘峻杨、蔡佳怡,西南财经大学数学学院研究人员。

法，分好蛋糕，增加中、低收入者财富，减少贫富差距，动态实现共同富裕。

中国目前面临着复杂的国际形势，经济转向高质量发展道路。如何在保持经济适度增长的同时，让先富带动后富，保护先富者的同时，积极探索带动后富者实现更高速的收入增长，从而达到共同富裕？以"消灭资本""劫富济贫"的激进方式并不可取。目前来看，靠慈善捐赠也很难达到共同富裕。本章尝试就共同富裕的实现方式进行探讨，分析不同地区富裕分布不均的原因，进行理论分析、经验验证，为后富者提高收入、减少贫富差距提供参考。对诸如提升中、低收入家庭人力资源质量，增收节支、扩大公共消费和实施消费补贴等来拓宽三次分配方式，探讨这些组合措施是否有助于实现共同富裕，在初次分配上坚持效率优先，二次分配力求公平，三次分配追求共同富裕。

(一) 主要学术价值与应用价值

实现共同富裕是中华民族的伟大梦想，是先贤们孜孜以求的"世界大同"而未竟的伟大事业，是我们探索世界经济发展模式给出的中国答卷，是关乎中国绝大多数普通民众的福祉的光辉事业，对于发展中国家如何跨越"中等收入陷阱"也有十分重要的借鉴意义。本章对于共同富裕实现方式的研究，可以为我国共同富裕的伟大实践提供参考，也可以为世界其他经济体缩小贫富差距提供借鉴。同时，在实现共同富裕的过程中，后富者实现财富增长，中、低收入者实现增收节支，对于当前中国去杠杆化、稳定经济金融发展、守住不发生系统性风险，也是有积极作用的。

(二) 创新点

第一，本章以四川省各地市为研究对象，通过实证分析发现，以公路里程数表征的交通基础设施建设对缩小城乡居民收入差距没有显著影响。以公路货物周转量表征的交通基础设施的利用率指标显示出对城乡居民增收有明显的积极影响。这说明仅仅进行基础设施建设并不必然带来收入增长，只有充分有效地利用好道路交通建设所带来的益处，才能真正起到增收的效果。由于城乡之间对道路交通的利用能力不同，城市在利用道路交通设施来增收更有效率，按现有发展方式，道路交通建设不是缩小而是拉大了城乡收入差距，即道路交通建设并不是缩小城乡收入差距的有效工具。简言之，道路交通基础设施建设虽是致富良策，却可能拉开城乡收入差距，不能赖以实现共同富裕。

第二，缩小先富与后富的差距，后富如何超越发展，还需另辟蹊径。我们的研究表明，提高固定资产效率、劳动力质量、就业等方式都可以促进城乡居民各自的收入增长，向富裕者看齐。但是，在缩小贫富差距方面，这些方法是否能促使后富者更快富起来、缩小差距，还需要深入研究。中国地区之间发展不平衡，一些地方发展不充分，用传统观点看是他们的劣势，但对数字经济而言，也可以是另一种优势。数字经济可以利用发展不平衡不充分的特点，抓住机会实现跨越式发展，成为共同富裕的推动力。

本章后面的内容安排如下。第一节对实现共同富裕的相关文献进行回顾，介绍中国当前的地区财富差距与人均收入差距。第二节介绍中国当前的地区财富差距与人均收入差距。第三节介绍中国为实现共同富裕的探索实践。第四章结合数据分析，考察影响各地区居民之间、城乡之间收入差距的因素，讨论如何拓宽三次分配渠道，迈向共同富裕。最后是结论。

二 文献回顾

社会主义的本质是"消除贫困、改善民生、实现共同富裕"。我国改革开放四十多年来，经济发展成就世所瞩目。在致富路上，人民收入普遍提高，收入分配秩序却不规范，收入差距扩大[①]。现有文献中，直接针对共同富裕问题进行研究的文献较少。不过，研究贫富差距问题，以及跨越中等收入陷阱等问题的文献还是比较丰富的。我们主要从探讨贫富差距扩大的原因和缩小贫富差距的实践两个方面来对现有

---

① 洪银兴：《兼顾公平与效率的收入分配制度改革40年》，《经济学动态》2018年第4期。

文献进行梳理。

(一) 贫富差距扩大的原因

1. 资本的规模收益递增

当今世界，财富越来越集中在少数人手里。而且，由于大资本更有能力获得最优秀的投资专家，能承受更大的损失，其收益比中、小资本的收益率高出 1 倍以上，财富集中的趋势一直不断增强①。对此，采用累进税制可以增加大资本的税负，缓解贫富差距拉大的趋势。资本的收益递增增强了财富集中趋势。不过，刘仁和等构造了包含实物资本调整成本的资本回报率模型，结合中国的宏观总量数据测算国内的资本回报率，研究表明，中国的资本回报率可能没有明显高于其他经济体②。

2. 劳动收入增长处于相对弱势

一些研究认为，贫富差距是由劳动收入增长较缓导致的。施新政等考察了股权分置改革对劳动收入的影响，发现改革显著降低了国有企业的劳动收入份额，对劳动密集型行业影响显著，但在资本密集、技术密集型行业，未发现劳动收入明显下降，改革使普通雇员劳动收入下降，对管理层的影响不显著③。为保护低端劳动力而采取最低工资制，从微观角度看，使得低收入人群的收入得到保障，然而，最低工资标准的上涨会增加企业的劳动力成本与生产调整难度，会使企业在遭遇负面冲击时更有可能陷入经营困境④，那么低收入者将面临重新找工作的压力。对技能劳动力而言，固定资产与高质量人力资源的互补性还是替代性，哪种影响更强，对人力资本的影响是不一样的。刘啟仁和赵灿认为，如果新增固定资产与技能劳动力的互补性较强，那么激励企业新增固定资

---

① [法] 托马斯·皮凯蒂：《21 世纪资本论》，巴曙松、陈剑、余江等译，中信出版社 2014 年版。

② 刘仁和、陈英楠、吉晓萌等：《中国的资本回报率：基于 q 理论的估算》，《经济研究》2018 年第 6 期。

③ 施新政、高文静、陆瑶等：《资本市场配置效率与劳动收入份额——来自股权分置改革的证据》，《经济研究》2019 年第 12 期。

④ 刘行、赵晓阳：《最低工资标准的上涨是否会加剧企业避税?》，《经济研究》2019 年第 10 期。

产的税收政策将会促使企业雇佣更多技能劳动力①。

3. 劳动力自由流动受到制约

劳动力自由流动，是促进劳动力与生产需求更好匹配的先决条件，有助于劳动力找到最适合的岗位，减少劳动力市场的摩擦，提升收入。一些学者探讨了制约劳动力流动的原因。对于农村劳动力向城市流动，国内学者则更多立足于中国二元经济的实际来考察农村人口的迁移②。而在城市劳动力市场中的流动性，可从历史和制度层面探讨流动性障碍成因。董晓媛和 Louis Putterman 以及曾庆生和陈信元从国企冗员问题的历史成因和宏观制度变换的角度考察城市劳动力的流动性问题③。李路路等对不同劳动部门"吸引力"与"排斥力"进行考察，研究国有垄断部门和非国有及竞争部门之间的员工流动性为何表现不同④。马草原等注意到城市劳动力跨部门流动可能是受行业异质性的影响，也可能与不同所有制企业劳动力配置机制的差别有关，认为劳动力在不同所有制企业间流动不畅的制度原因是部门委托人约束不足与劳动人事制度的阻碍⑤。

关注劳动力向农村回流的问题，张吉鹏等构造了 120 个城市在两个阶段中（2000—2013 年和 2014—2017 年）相对应的落户门槛评价指标体系，发现城市落户门槛是影响劳动力回流的重要原因，特别是对低技能、跨省流动、健康状况较差和农村户籍等相对弱势群体⑥。其主要作用机制是公共服务供给在本地居民和流动人口之间的不均等，这在落户

---

① 刘啟仁、赵灿：《税收政策激励与企业人力资本升级》，《经济研究》2020 年第 4 期。

② 盖庆恩、朱喜、史清华：《劳动力市场扭曲、结构转变和中国劳动生产率》，《经济研究》2013 年第 5 期；伍山林：《农业劳动力流动对中国经济增长的贡献》，《经济研究》2016 年第 2 期。

③ 董晓媛、Louis Putterman：《中国国有工业企业劳动力冗员问题研究》，《经济学（季刊）》2002 年第 1 期；曾庆生、陈信元：《国家控股、超额雇员与劳动力成本》，《经济研究》2006 年第 5 期。

④ 李路路、朱斌、王煜：《市场转型、劳动力市场分割与工作组织流动》，《中国社会科学》2016 年第 9 期。

⑤ 马草原、程茂勇、侯晓辉：《城市劳动力跨部门流动的制约因素与机制分析——理论解释与经验证据》，《经济研究》2020 年第 1 期。

⑥ 张吉鹏、黄金、王军辉等：《城市落户门槛与劳动力回流》，《经济研究》2020 年第 7 期。

门槛较高的城市更加严重。

国外学者倾向于讨论一般劳动力市场的流动障碍。在信息不对称的代理理论看来,效率工资可解释劳动力收入差距①,同时,劳动力的流动性差异和障碍的形成机制也是他们探讨的兴趣。究竟是什么原因导致了劳动力流动障碍,不少文献从市场主体的内生性行为特征、外生性的制度变迁等维度进行探讨,揭示劳动力市场流动障碍的形成过程②。这一类文献虽然没有直接探讨劳动力流动带来的收入增加、收入差距的缩小,然而,劳动力流动性增强无疑有助于劳动力工资水平获得最优。

4. 初始禀赋差异

初始禀赋差异也是导致贫富差距拉大的原因,可分别从个体、家庭、行业、地区、城乡等多个角度进行考察。从个体来看,王艺明认为,初始资本禀赋高的经济主体在社会经济生活中始终处于优势地位,提供较少的劳动,却拥有较多的收入、消费和财富,且这种状况不会随着时间而改变③。从家庭来看,郭熙保和周强认为,每个家庭所拥有的资源禀赋(如人力资本、收入和资产等)不同,加剧了贫困家庭自身获得外部机会的不平等④。从要素市场价格来看,蔡昉认为资源重新配置产生的要素价格均等化效应发挥作用,导致贫富差距变大⑤。赵扶扬等认为,地方政府区分住宅用地和工业用地,采取差异

---

① Shapiro, Carl, and Joseph E. Stiglitz, "Equilibrium Unemployment as a Worker Discipline Device", *The American Economic Review*, Vol. 74, No. 3, 1984, pp. 433 – 444; Jeremy I. Bulow and Lawrence H. Summers, "A Theory of Dual Labor Markets with Application to Industrial Policy, Discrimination, and Keynesian Unemployment", *Journal of Labor Economics*, Vol. 4, No. 3, 1986, pp. 376 – 414; Joseph A. Ritter, Lowell J. Taylor, "Racial Disparity in Unemployment", *The Review of Economics and Statistics*, Vol. 93, No. 1, 2011, pp. 30 – 42.

② Isabel Günther, Andrey Launov, "Informal Employment in Developing Countries", *Journal of Development Economics*, Vol. 97, No. 1, 2011, pp. 88 – 98; Altmann S. A., Grunewald A., Huffman D., 2014, "Contractual Incompleteness, Unemployment, and Labour Market Segmentation", *Review of Economic Studies*, Vol. 81, No. 1, 2014, pp. 30 – 56.

③ 王艺明:《经济增长与马克思主义视角下的收入和财富分配》,《经济研究》2017 年第 11 期。

④ 郭熙保、周强:《长期多维贫困、不平等与致贫因素》,《经济研究》2016 年第 6 期。

⑤ 蔡昉:《中国经济改革效应分析——劳动力重新配置的视角》,《经济研究》2017 年第 7 期。

化的土地价格给地方政府更大的选择空间和政策自由度①。他们的分析在一定程度上解释了地方政府发展经济的行为选择。从地区来看，欧阳志刚和陈普考察了省一级的要素禀赋特征对各地区代表性工业行业的选择和发展路径的影响②。通过分析地方是否达到禀赋利用的最佳状态，发展的瓶颈是否来自资源约束，揭示各地区代表性工业行业的选择和发展路径。

5. 公共消费不平等

刘尚希认为，我国在公共消费方面的不平等，使我国的贫富差距进一步拉大③。缩小城乡之间公共消费的差距，有助于减小贫富差距。但是，增加消费对贫富差距的影响，也是有争论的。因为富人和穷人的消费因收入水平和收入差距而不同。穷人的消费集中于价值低的生活必需品，富人购买价值高的奢侈品。对应不同的消费需求，不同收入水平对供应方企业的创新产生影响，Falkinger 和 Zweimuler 证明，人均收入水平和收入差距均会显著地影响新产品的数量和产品多样化的程度，不同层次消费者与不同类型生产者的匹配效应也会影响创新④。

6. 其他原因

郭熙保和周强构建了长期多维贫困指数和平均贫困持续时间指数⑤。通过多层回归模型考察了致贫的宏观及微观原因。他们认为，户籍制度能解释城乡家庭长期多维贫困发生率差异的43%，而城市内部，贫困家庭的贫困程度更胜于农村。微观上，家庭户主特征，社会关系、人口规模与结构、户籍制度等对长期多维贫困及发生率、不平等程度有显著影响。程文和张建华考察了收入差距在不同的收入水平对应的阶段

---

① 赵扶扬、王忏、龚六堂：《土地财政与中国经济波动》，《经济研究》2017年第12期。
② 欧阳志刚、陈普：《要素禀赋、地方工业行业发展与行业选择》，《经济研究》2020年第1期。
③ 刘尚希：《消费公平、起点公平与社会公平》，《税务研究》2010年第3期。
④ Falkinger, Josef, and Josef Zweimüller, "The Cross-country Engel Curve for Product Diversification", *Structural Change and Economic Dynamics*, Vol. 7, No. 1, 1996, pp. 79–97.
⑤ 郭熙保、周强：《长期多维贫困、不平等与致贫因素》，《经济研究》2016年第6期。

中，如何对自主创新产生不同的影响①。采用贫富分化的发展模式而陷入"中等收入陷阱",而选择包容性增长还是贫富分化式增长,这正是跨越"中等收入陷阱"的关键所在。

此外,张家栋考察了美国贫富差距扩大的根源——霸权地位使得美国精英阶层能在全世界获得更高收益②。而中下层人民则不仅不能从全球化中获益,反倒面临来自全球的中下层劳动力的竞争。与美国政治周期有关的富人联邦税率下降导致贫富差距变大,带来"劫贫济富"的效果。

(二) 缩小贫富差距的实践与探索

为了实现全国人民共同富裕的目标,中国共产党一直在进行着不懈的奋斗。解放战争时期,打土豪、分田地,是为了让穷苦大众有饭吃、有衣穿;改革开放初期,从当时我国生产力发展水平的实际出发,采取了让一部分人、一部分地区先富起来,走"先富带后富"的发展之路,以改革谋发展,以开放的姿态融入国际社会,加强劳动力在不同地区之间、城乡之间流动,解决了困扰中国多年的温饱问题,成为改革开放的标志性成果。

学者对中国的一些政策对共同富裕的影响进行了探讨。主要从增收、减贫、跨越式发展等方面进行探讨,他们的研究可为减少贫富差距、实现共同富裕提供参考。

1. 再分配

卢洪友和杜亦譞测算了现行财政再分配体系是否以及在多大程度上缓解收入分配差距、减轻贫困③。研究表明,中国财政再分配工具有显著的减贫效应,再分配使中国贫困广度、深度、强度都下降20%以上。李实认为,可从初次分配、再分配和三次分配方面入手,缩小

---

① 程文、张建华:《收入水平、收入差距与自主创新——兼论"中等收入陷阱"的形成与跨越》,《经济研究》2018年第4期。
② 张家栋:《美国贫富差距扩大的制度性根源》,《人民论坛》2019年第4期。
③ 卢洪友、杜亦譞:《中国财政再分配与减贫效应的数量测度》,《经济研究》2019年第2期。

地区、城乡和收入差距，实现共同富裕①。李树和于文超从激发居民消费潜力、扩大内需战略、有效应对经济风险和挑战的角度进行了探讨②。在贫富差距较大的情况下，富者消费意愿不强，贫者消费能力较弱，表现为整个经济的消费不足。臧旭恒和张欣从资产流动性和住房资产需求角度，结合家庭"住房资产占总资产比重高与需求刚性较强"的典型事实，解释了中国居民消费需求相对不足的原因③。易宪容从收入分配不公平，贫富差距越来越大，消费能力与消费欲望不匹配的角度考察了消费不足，认为应该从重大制度改革入手以增加国民收入水平④。

2. 扶贫

扶贫政策的目标人群是贫困人口。中国从20世纪80年代就开始进行有针对性的扶贫，主要通过专项扶贫贷款、以工代赈和中央财政扶贫资金等方式对国家级贫困县给予政策扶持。其中，专项扶贫贷款为贫困地区的企业和农户提供生产性贷款支持，解决的是发展问题。以工代赈可以将劳动力的使用与扶贫相结合，通过修建道路和水利设施等基础设施，达到既帮助贫困人口通过劳动获得收入，又能对贫困地区的经济发展提供基础支持的目的，解决的是临时性就业与地区发展基础的问题。财政扶贫资金主要用于发展贫困地区生产性建设工程等社会项目。这些扶贫举措的主要目的都是通过各种项目发展贫困地区经济，增加贫困家庭收入。研究证实，对贫困地区、贫困人口的转移支付能有效地减少贫困。Meng 利用区域数据，证明了农村扶贫开发项目能增加贫困县的家庭收入，减少贫困发生率⑤。马光荣等发现，国家扶贫专项转移支付，比一般的转移支付对地区经济发展的作用更

---

① 李实：《共同富裕的目标和实现路径选择》，《经济研究》2021年第11期。
② 李树、于文超：《幸福的社会网络效应——基于中国居民消费的经验研究》，《经济研究》2020年第6期。
③ 臧旭恒、张欣：《中国家庭资产配置与异质性消费者行为分析》，《经济研究》2018年第3期。
④ 易宪容：《增加国民收入应从制度入手》，《农村工作通讯》2010年第23期。
⑤ Meng L., "Evaluating China's Poverty Alleviation Program: A Regression Discontinuity Approach", *Journal of Public Economics*, Vol. 101, 2013, pp. 1–11.

大一些①。不过，对于扶贫的效果，也有不同的看法。樊丽明和解垩认为，政府公共转移能够降低贫困率，但不能减少贫困脆弱性②。而且，农村扶贫政策可能存在瞄准偏误和精英捕获现象③。比如，Park 和 Wang 利用国家统计局农村住户调查数据进行的研究发现，中国贫困村政策没有增加贫困家庭收入和消费，反而使乡村中富裕家庭的收入和消费有所增加④。

3. 扶智

通过教育来提升人力资源质量，可以提升劳动能力，增加劳动力就业机会和就业范围，也是经济增长不竭动力的源泉。九年制义务教育提升了劳动者的基本素养，高校招生规模扩大，使得更多人获得了高等教育机会。不过，扶智是否能扶贫，汪德华等考察评估了国家贫困地区的义务教育工程在增智与扶贫上的效果，发现该工程增加了受益儿童成年后的受教育年限，但是却没有发现受益儿童在成年后收入有显著提高的证据⑤。赵海利测算了教育的再分配效应⑥。

4. 完善要素市场

提升劳动力质量、增强劳动力的流动性，可以提高劳动力与高效率生产活动的适配性，劳动力实现充分转移是缩小农村收入差距的最重要原因⑦。从 1994 年开始，有计划、有组织地实施劳动力转移政策，"发

---

① 马光荣、郭庆旺、刘畅：《财政转移支付结构与地区经济增长》，《中国社会科学》2016 年第 9 期。

② 樊丽明、解垩：《公共转移支付减少了贫困脆弱性吗？》，《经济研究》2014 年第 8 期。

③ 何欣、朱可涵：《农户信息水平、精英俘获与农村低保瞄准》，《经济研究》2019 年第 12 期。

④ Park, Albert and Sangui Wang, "Community-based Development and Poverty Alleviation: An Evaluation of China's Poor Village Investment Program", *Journal of Public Economics*, Vol. 94. No. 9 – 10, 2010, pp. 790 – 799.

⑤ 汪德华、邹杰、毛中根：《"扶教育之贫"的增智和增收效应——对21 世纪 90 年代国家贫困地区义务教育工程的评估》，《经济研究》2019 年第 9 期。

⑥ 赵海利：《民生支出的公平正义性分析——基于浙江各县教育和卫生支出的分析》，《经济社会体制比较》2012 年第 3 期。

⑦ 万广华、吴万宗：《走向共同富裕的制度力量——评陈宗胜等著〈中国居民收入分配通论〉》，《经济研究》2019 年第 11 期。

展劳务输出，积极引导贫困地区劳动力合理、有序地转移"，并对转移劳动力进行职业技能培训，提升其人力资源质量。"组织和引导劳动力健康有序流动"，如2006年的面向贫困地区劳动力转移就业培训项目"雨露计划"。周京奎等考察了农地流转给农业劳动力带来的职业分层及减少贫困都影响①。

增加基础设施投资。为弥补初始禀赋上的差异，增加基础设施建设投资，可显著减轻贫困程度②。徐舒等认为，增加基础设施投资可提高农业生产的全要素生产率③。农村基础设施的缺乏往往是导致农村地区贫困的主因④。加强农村基础设施投资可以促进农村经济增长，降低贫困发生率⑤。因为增加基础设施投资，可以优化资源配置效率，提升劳动生产率，增加农民收入，实现脱贫。农村道路和信息基础设施对非农劳动力生产率具有积极促进作用⑥。还可增加非农就业机会，降低农业生产、运输成本，降低劳动力转移成本，促进农业产业结构调整，从而增加农民收入，降低贫困。

5. 持续推进城镇化

虽然较少有文献从共同富裕的角度考察城镇化，但相关研究表明，城镇化的确可以提升农村人口的收入。城乡收入的巨大差异，吸引了农村人口向城市转移，农民市民化，将农民从生产效率相对低的第一产业转移到第二、第三产业。城镇化持续推进，取得了良好成绩，中国城镇常住人口持续增加，城镇化率不断提高。然而，城镇化并不能彻底解决

---

① 周京奎、王文波、龚明远等：《农地流转、职业分层与减贫效应》，《经济研究》2020年第6期。

② 谢申祥、刘生龙、李强：《基础设施的可获得性与农村减贫——来自中国微观数据的经验分析》，《中国农村经济》2018年第5期。

③ 徐舒、王貂、杨汝岱：《国家级贫困县政策的收入分配效应》，《经济研究》2020年第4期。

④ John Gibson and Scott Rozelle, "Poverty and Access to Roads in Papua New Guinea", *Economic Development and Cultural Change*, Vol. 52, No. 1, 2003, pp. 159 – 185.

⑤ 张亦弛、代瑞熙：《农村基础设施对农业经济增长的影响——基于全国省级面板数据的实证分析》，《农业技术经济》2018年第3期。

⑥ Fan S., and X. Zhang, "Infrastructure and Regional Economic Development in Rural China", *China Economic Review*, Vol. 15, No. 3, 2004, pp. 203 – 214.

城乡差距问题。韩峰和李玉双考察了城市人口规模扩张的影响机制，认为城市扩张的专业化集聚和多样化集聚效应，在提高本市人口规模的同时，对周边城市却产生了负向空间外溢效应①。而提供优质的公共服务，则对本市和周边城市人口规模有积极影响，这种影响还和产业聚集形成协同效应。这意味着，城镇化不仅需要从产业聚集的角度，为农民市民化后提供就业机会，还应辅以优质的公共服务，特别是民生类公共服务，才能增强城市的吸纳能力，稳固城镇化带来的增收及减少城乡差距的作用。

此外，陈志武认为，可依靠"股权致富"，加上相应的制度配套，以公正而完善的法治保护产权，信息自由流动以加强市场平衡，完善金融市场以促进资源配置②。在这些因素的共同作用下，人们的财富才能越来越多。

(三) 简评

共同富裕的目标，人类迄今为止未能真正在一个大国实现。相关的研究主要集中在减少贫富差距方面。因此，需要认真研究共同富裕的实现方式，并对这些方式进行理论分析、经验验证。现有文献的研究主要着眼于资本收益和劳动收入方面，而在财富创造和财富分配中，制度也起着十分重要的作用，制度安排以及多种政策的组合，对收入分配、财富分布的影响，需要更深入全面的研究。我们要实现共同富裕，我们究竟有哪些工具，它们在实际工作中如何相互配合。达到共同富裕的目的，需要我们拓宽三次分配的作用方式和着力范围，考察它们的综合效果。目前，对于三次分配的实施策略的效果如何，还需要进行理论分析，尚待实践检验。

三 中国当前贫富分化状况

中国目前面临贫富差距拉大的压力。自改革开放以来，中国经济取

---

① 韩峰、李玉双：《产业集聚、公共服务供给与城市规模扩张》，《经济研究》2019年第11期。

② 陈志武：《非理性亢奋》，中信出版社2010年版。

得了举世瞩目的成绩，在致富道路上，一部分人先富起来。然而，在GDP高速增长的同时，收入分配差距还在持续扩大。从收入分配的基尼系数来看，从1983年的0.283到2008年的0491，基尼系数一路上升，高于国际警戒线，远比发达国家0.24—0.36的区间高。2009年之后在高位盘旋。近年来在扶贫攻坚与公共服务均等化正常干预之下，略有回调①。2016—2018年又连续三年反弹，2019年小幅下降到0.465，仍高于2015年的0.462。从人均可支配收入看，2020年人均可支配收入最高的20%的家庭，其收入是最低的20%家庭的10倍以上。而学者对收入分布的贫富两端差距，给出了更高的估计。比如，王小鲁认为，富裕端的大量灰色收入并未被统计数据捕捉到②。甘犁估计，2010年的基尼系数高达0.61③。中国的贫富差距，在城乡之间、地区之间和不同收入群体之间的差异都有体现。

(一) 城乡之间收入差距呈现先快速增长后逐渐高位波动的特点

全国城乡居民收入差距如图20-1所示。2000年，城乡居民人均可支配收入之比为2.74，到2007年达到最高值3.12，如图20-2所示。之后略有下降，2020年中国城镇居民的人均可支配收入仍是农村居民的2.56倍。而且，由于城乡居民在教育、医疗、公共服务方面的不同，使得城乡居民所感受到的差距更大，也使得城乡差距扩大的趋势更加具有持续性。城乡收入差距对整体不均等的贡献率也逐年攀升。正是城乡间的巨大差距，尤其是农村居民在要素、信息、基础设施以及基本的公共服务上的明显劣势，使得尤其需要关注广大农村地区的贫富差距问题。农村基尼系数在2003年为0.379，高过国际警戒线。在城镇内部，养老金收入下降，城市贫困人群的收入甚至比农村更差，城镇内部的贫富差距相较于农村更甚。二元经济结构下，城乡居民收入的巨大差距还直接体现在需求消费的巨大差异上。2019年我国农村居民在全国

---

① 卢洪友、杜亦譞：《中国财政再分配与减贫效应的数量测度》，《经济研究》2019年第2期。
② 王小鲁：《解决收入分配问题要靠制度改革》，《中国党政干部论坛》2013年第3期。
③ 甘犁：《来自中国家庭金融调查的收入差距研究》，《经济资料译丛》2013年第4期。

消费市场所占份额仅为32%，全国农村人均消费支出为13328元，不足城镇人均消费支出（28063元）的一半[①]。

(元)

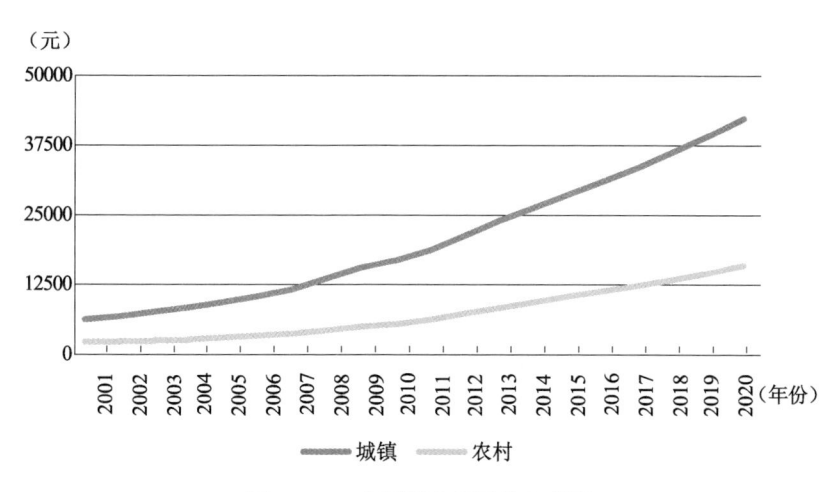

图 20-1　全国城乡居民收入差距

资料来源：根据历年《中国统计年鉴》整理。

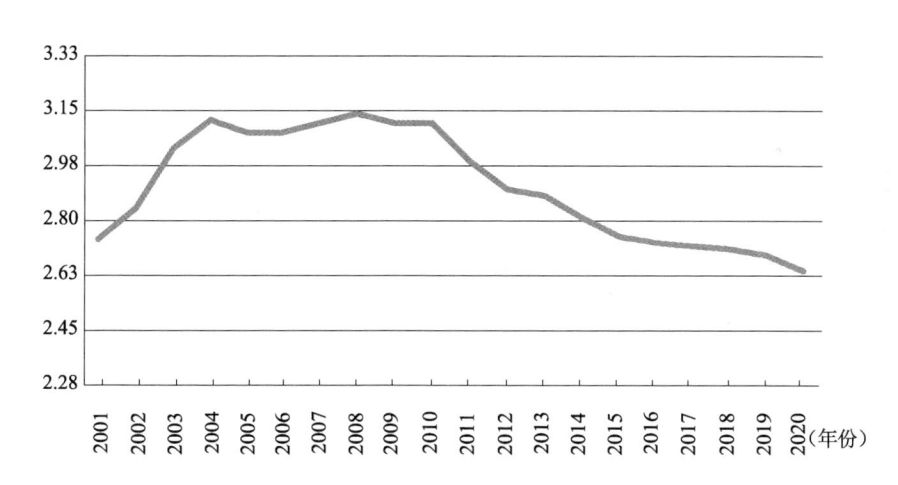

图 20-2　全国城乡居民收入比（城市居民收入是农村收入的倍数）

资料来源：根据历年《中国统计年鉴》整理。

---

① 余秋培、肖春梅：《我国城乡收入差距与居民消费关系研究——基于PVAR模型的实证分析》，《当代经济》2022年第2期。

（二）地区差距

从空间分布看，我国城乡收入差距呈现西高东低的格局，城乡收入差距高值区域与国家重要生态屏障区空间耦合①。从趋势上看，东部与西部区域经济发展水平的差距呈不断缩小的态势，东、西部地区人均GDP差距，从2000年的2.34倍降到2019年的1.76倍，国家对西部地区政府转移支付的倾斜，使东、西部地区的经济差距在缩小。而从居民自身的感受而言，东、西部地区居民生活水平的差距在扩大。南北差距近年来发生逆转，2016年之前，北方人均GDP整体大于南方；2016年之后，南方人均GDP实现反超。但是相较于东西差距而言，南北差距尚在合理范围之内。从不同地区的城乡差距来看，经济越落后的地区，差距也越大。而经济发达的东部地区，城乡差距较小，这种态势一直没有实质性的改变。

四 共同富裕路径探索

立足当前国际国内经济形势，探索分阶段实现共同富裕之路。实现共同富裕的伟大目标，可以通过扩大中、高收入人群，减少甚至消除低收入人群来实现。随着我国改革开放持续深入，经济发展取得了举世瞩目的成就，一跃成为世界第二大经济体，成功地取得了脱贫攻坚的胜利。但是，贫富差距不断扩大也是不争的事实。共同富裕作为我国今后相当长一段时间内的奋斗目标，是人类命运共同体的一种更和谐、更高级的存在方式和发展状态。在大国实现共同富裕是人类创举。

在中国目前经济发展不平衡不充分的现实条件下，实现共同富裕具有十分重要的现实意义。探索共同富裕的实现方式，找到共同富裕的进路，不仅对广大处于中、低收入的地区、群体十分重要，也是中国实现高质量发展的一种体现。中国实现共同富裕，不仅使中华民族以新的姿态屹立于世界民族之林，成为主导人类命运共同体发展方式和道路的示

---

① 樊杰、赵浩、郭锐：《我国区域发展差距变化的新趋势与应对策略》，《经济地理》2022年第1期。

范,更是为人类高品质生存、高质量发展提供了范本。当前,世界各地贫富差距主要有以下一些表现。第一,测度贫富差距的基尼系数呈逐渐增大趋势。第二,财富越来越集中,阶层固化、贫富分化难以得到缓解。第三,发达国家倒退回"承袭制资本主义",食利阶层无须劳动,仅仅凭借继承的方式可占有大量社会财富。贫富差距扩大的原因大致包括以下几点。第一,资本收益的规模效应——超大资本获得了比普通资本更高的收益率。第二,人力资本提高所能获得的工资收入上升,无法缓解贫富差距。它们受到就业机会的影响,工资增长幅度较小,不如资本收益增长快。阶层固化使得低收入人群获得人力资本提升的机会变得更渺茫。第三,福利制度对减少贫富差距的作用有限。对于减少中低收入人群支出有作用,但是,如果缺乏收入增加的配合,仍然不能解决贫富分化的问题。

(一)共同富裕的内涵

第一,从财富分布来看,共同富裕是一种状态,它包含作为流量指标的收入、消费、存量财富三个侧面。从财富的分布来看,共同富裕指的是两头小、中间大的橄榄形财富分布状况。因此,实现共同富裕的目标,可以从收入、消费和财富三个方面入手,任何有利于此的,都是有助于实现共同富裕的。第二,从发展能力和发展状态来看,共同富裕要求人们具有持续创造财富的能力,处于持续发展的状态。第三,从精神层面来看,共同富裕不仅是物质财富丰盈,还包括精神层面充实、精神状态上的和谐状态。

(二)共同富裕的实现方式探索

根据经济发展阶段对三次分配做适当调整,初次分配时效率优先,第二次分配时确保公平,第三次分配时迈向共同富裕。

1. 充分发挥数字经济优势,实现各地区共同富裕

有效利用经济发展不充分不平衡的现状,寻找经济发展的新机会。促进地区经济向更平衡、更充分发展迈进,减少地区间的贫富差距,实现地区间的共同富裕。

初次分配是要积极探索在确保经济发展质量、提升经济效率的前提

下，采取可能的手段，使分配更有利于中、低收入人群及相对欠发达地区。对于中国目前发展不平衡不充分的状态，积极探索有利于后富地区高速发展的道路，形成经济高速发展与生产高效率相一致、相协调的局面。在发展不充分的地区，寻找既有利于地区发展又能提高效率、提供丰厚汇报的产业、产品和发展方式。先富者可在帮助欠发达地区发展的同时，实现增收。在此基础上，初次分配向中、低收入者适当倾斜，使得他们的财富增长更快速。目前，数字经济发展模式、经济数字化可以在这一方面成为新的增长动力。数字经济在跨越时空障碍、提供实时高效的决策服务等方面，正好可以成为欠发达地区的发展机遇，正是由于各个地方发展不平衡，才为财富增长提供机会，成为跨域式发展的受益者。

2. 开启政府主导下多种力量共同参与的二次分配方式

利用政府强有力的主导力量，借助、鼓励企业、社会及民间多种力量共同参与二次分配，发挥、利用他们在促进二次分配方面的合理内核，形成多方力量共同参与的二次分配格局，快速提升低收入人群财富，缩小财富分布的底部人群比重，增加中等收入人群比重，向橄榄型财富分布迈进。

3. 创新第三次分配方式，实现共同富裕

将一切有利于扩大中、高收入人群占比，减少乃至消除贫困的方式，都看作迈向共同富裕的可行方式。这包括提升中低财富水平者的收入，减少其必要的支出，扩大财产性收入的占比，等等。实现共同富裕可以从帮助中、低收入者增收节支保盈余着手。

第一，从收入方面，增加中、低收入者的劳动力收入。包括提供更多的就业机会，减少失业率，使劳动者有稳定收入。提升人力资源质量，从而提升劳动生产率，最终提高劳动收入。共同富裕需要人人参与，"穷则独善其身"，"达则兼济天下"。

第二，从消费方面，增加消费，减少中、低收入者的消费支出。政府和先富者可以合作来资助、补贴中、低收入者的消费，通过扩大公共消费，特别是面向中、低收入者的公共消费支持，可以减少他们的支出，巩固其财富水平。这需要对三次分配方式进行调整，特别是第三次分配，建立起激励体系和保障体系。弘扬社会主义的慈善文化，强调公民的社会责任，能力越大，责任越大。

第三，从财富方面，积极探索先富带动后富的各种方式。鼓励先富者通过捐赠的方式，采取一切有利于促进共同富裕的措施。政府可以通过设立共同致富项目，根据经济发展状态，采取灵活多样的激励政策，将经济发展中出现的短板，设计成共同富裕建设项目，引导先富者积极参与。通过项目制，补齐经济发展中的短板，以先富者为主，在政府的积极引导和有力推动下，为经济持续稳定发展创造条件，以惠泽所有人，特别是中、低收入者。中、低收入群体变成中、高收入群体，最终对高收入者也是有益处的。

第四，建立激励体系和保障体系，通过税收制度改革，提高税收起征点和税率，特别是针对中等收入人群，进行对象细分。同时建立有效的减免措施，形成先富帮后富的激励机制，根据经济的发展状况，政府的引导、支持力度、帮扶方式也进行阶段性的变化升级，最终达到共同富裕的目标。采取多种方式鼓励先富带动后富的过程中，鼓励竞争与共享，在共同进步、共同富裕过程中的共享。对于先富起来的个人或企业，其致富不能靠打压同行、以恶性竞争方式完成财富的增长。而是在共同富裕的目标下，努力让自己变得更有效率、更具生产能力，在此基础上帮助同行业的其他人及上下游企业的关联者，朝共同富裕的目标迈进。

五 缩小贫富差距、实现共同富裕的经验分析

为了探索缩小地区贫富差距的办法，本章以四川省各地市的数据为例，考察各个地区人均收入差距产生的原因。利用各项正向指标的最优值，构造了一个虚拟的"全优生"，计算各个地区该项指标与最优值之间的差距，分析生产效率、投资效率、人力资本质量、交通设施建设等，是如何影响各地与"全优生"的差距的。为了减轻多重共线性问题的影响，我们将人均GDP、就业人数、交通等指标取对数，分别考察了固定资产投资、人力资源和技术、基础设施、产业优化等方面的影响。

(一) 数据来源与变量说明

1. 数据来源

数据主要来源于 wind 数据库，国家统计局、公安部、各省统计局、各省财政厅（以及四川省的各地财政局）官网上公布的统计数据，对部分数据缺失的，还查阅了政府工作报告等进行补充，若仍无法获取，则利用线性插值技术进行修补。

2. 模型

为考察地区收入差距背后的原因，借鉴生产函数模型，我们假定"全优生"是各个方面都充分发展的，而各个地区与之的差距，来自各个方面与最优水平最优效率上的差距。所采取的理论模型如下：

$$y^* = a\, x_1^* x_2^* x_3^* \cdots x_s^* \qquad (20-1)$$

将"全优生"和各个地区的数据取对数再相减，得到各个地区在共同富裕方面的相对差距，并以此为依据，建立如式(20-2)所示的分析模型。

$$Y_{i,t} = c + \beta X_t + \mu_t + \varepsilon_{i,t} \qquad (20-2)$$

其中，$Y_{i,t}$ 表示 i 地区在 t 年的收入与最优水平之间的对数差，反映了该地区要实现共同富裕目标，应该需要的财富增长率。X_t 是一个解释变量构成的向量，采用各地区各项指标在各年与最优水平之间的差距来刻画，主要包括固定资产投资效率、劳动力质量指标、产业结构指标、就业人数等。μ_t 是一个年份虚拟变量，以反映时间固定效应。$\varepsilon_{i,t}$ 是各地区的异质性误差项。

3. 变量描述

我们从三方面来刻画我国的现状与共同富裕目标之间的差距。首先分别就城市居民人均收入和农村居民可支配收入进行考察，因为二者的统计口径不同，不便合并一起进行分析。其次是考察城乡居民收入之间的比例关系，分析城乡差距的成因。变量如下。

Y_{ci} 表示城市居民人均收入与共同富裕目标收入之间的差距，用二者的对数差计算。Y_{ri} 表示农村居民人均收入与共同富裕目标收入之间的差距，用二者的对数差计算。反映的是人均收入与目标人均收入间的差距，该指标越小,说明当前水平越接近理想水平。由于我们对各个地区的城市居民人均收入都采用一个相同的目标水平,那么与该目标的差,也就可以反映收入差距。我们感兴趣的是各个地区的收入差距背后的原因。所以,相对差距及其产生原因就可以为我们探寻共同富裕实现路径提供参考。

解释变量方面,X_1 表示固定资产投资效率,用第二、第三产业 GDP 除以全社会固定资产投资来计算,反映的是固定资产投资的效率,由于第一产业的固定资产投资相对于第二、第三产业较小,我们主要考虑固定资产投资在第二、第三产业内产生的生产效率。X_2 表示固定资产投资效率与最优的投资效率的差距,该值越小,表示固定资产投资效率越高。但是,在四川地区,有一些经济发展相对滞后的地区,其全社会固定资产投资也较少。因此,该指标不一定能完全反映固定资产投资效率。X_3 表示就业状况,用就业人数取对数计算得到。X_4 表示劳动力的劳动效率,用人均 GDP 的对数来计算。X_5 表示交通状况,我们用公路里程数的对数来刻画。X_6 表示财政赤字的影响,用财政收入减财政支出与 GDP 之比来表示,反映该地区财政赤字的严重程度。X_7 刻画教育对该地区普通劳动力质量的影响,用户籍人口数与中小学教师人数比来表示。该指标越大,说明初等教育的力度越需要提高。X_8 刻画三次产业结构的优化,用第二、第三产业 GDP 占比来表示。X_9 是公路货物周转量的对数,代表交通基础设施的利用情况。X_{10} 刻画农村经济活动的活跃程度,用农村用电量的对数来表示。

数据起止时间为 2000—2020 年,共 441 个观察数据。

(二) 实证分析

1. 各地城市收入差距分析

我们将对四川省各地城市居民人均收入与一个虚拟的高收入之间的差距进行因素分析,探讨各地之间相对收入差距产生的原因。回归结果如表 20-1 所示。

在表 20-1 第(1)列,考察城市居民收入的相对差距受到哪些因素的影响。对标共同富裕目标,各地区城市人均收入差距,主要受到固定资产投资效率、就业增长速度、劳动力效率、劳动力质量等因素的影响。由于考察的是差距，解释变量的符号通常为负，表示其是否有助于缩小差距。从回归结果来看，就业增加，对提升城市居民收入、使其向更富裕的目标靠拢，是有积极影响的。提高人均 GDP 带来的劳动效率提升，有助于缩小不同地区间城市居民收入与理想目标之间的差距。常住人口与当地中小学教师人数之比，从一个侧面反映该地区人力资源质量，该比例越大，说明普及九年义务教育的压力越大。实证分析表明，人力资源质量的提高，也有助于提高该地区城市居民人均收入，缩小与发达地区之间的差距。时间效应也是存在的，表明改革开放以来，总体而言，城市居民的收入是逐渐上升的，居民收入与理想的目标之间的差距在逐渐缩小。该实证分析如式(20-3)所示。

$$Y_{ci} = 6.374 - 0.0108 \times X_1 - 0.063 \times X_3 - 0.239 \times X_4 + 0.000958 \times X_7 - 0.0811 \times T \qquad (20-3)$$

为了进行稳健性分析，我们采用了固定资产投资效率差距指标，来对城市居民收入目标差距的原因进行分析，发现就业量、人力资源质量以及劳动效率等指标的影响仍在统计上显著。模型结果见表20-1的第(2)列。固定资产效率越是接近最优水平，城市居民的收入也越接近共同富裕目标，而就业指标也符合预期，就业人数的增加，有利于缩小收入差距。劳动的效率越高，财富差距越小。然而，以各地公路里程数刻画的交通基础设施指标，其影响在统计上不显著。我们发现，单纯的公路里程指标，对城市人均收入的影响不显著。这与"要致富，先修路"的宣传语似乎不相符。

为探明公里里程数的增长为何不能显著带来居民收入增长，我们收集了公路货物周转量这一指标。实证分析发现，如表20-1第(3)列所示，货物周转量的对数对城市居民收入差距的减少是有显著作用的。公路货物周转量可作为交通基础设施利用效率指标，公路货运的增加，能帮助城市居民收入增加，缩小与发达地区之间的差距。这两个模型对比分析给我们的启示是，仅仅修更多的路，并不一定能带来增收效果，要把交通基础设施真正有效利用起来，才能切实提高居民收入。

模型中，我们考虑了时间效应。随着时间的推进，发现城市居民收入逐渐增加，距离发达地区的目标收入水平的差距越来越小。用产业结构优化指标来替代时间效应，利用第二、第三产业的GDP占比指标来刻画产业结构升级，结合地方财政赤字的影响，我们发现，劳动力指标的影响仍然是显著的，就业机会增加、劳动生产率的提高，都有助于缩小与发达地区间的差距。分析还表明，地方财政赤字扩大，在地方GDP的占比越高，对城市居民增收的影响是消极的。不过，我们也发现，第二、第三产业占比越高，对城市居民收入的提升作用是反向的。关于这个现象背后的原因，值得我们进一步探索。

表20-1　　　　　城市居民人均收入差距的影响分析

变量	(1)	(2)	(3)	(4)
C	6.374***	6.279***	6.885***	8.663***
全社会固定资产投资效率	-0.011	—	-0.022*	0.029**
固定资产投资效率差距	—	0.017***	—	—
就业	-0.063***	-0.059***	-0.060***	-0.065**
劳动效率	-0.239***	-0.228***	-0.245***	-0.83**
基础教育指标	0.001**	0.001**	—	—
交通设施建设	—	-0.012	—	—
交通设施使用效率	—	—	-0.036*	-0.0453*
三次产业结构优化	—	—	—	2.21*
财政收支缺口	—	—	0.002***	0.0041**
时间 T	-0.081***	-0.080***	-0.075***	—
R^2	0.936	0.938	0.939	—
$\bar{R}^2$	0.936	0.937	0.938	—

续表

变　量	(1)	(2)	(3)	(4)
F-统计量	1279.932	1087.102	1109.685	—
Obs	441	441	441	—

注：*表示10%的显著性水平，**表示5%的显著性水平，***表示1%的显著性水平。

2. 各地农村可支配收入差距分析

由于农村居民的收入数据为人均可支配收入，与城市居民的人均收入统计口径不一样，我们对农村居民的人均可支配收入，考察它们与理想水平的差距是由于什么原因造成的。考虑的变量包括固定资产投资、当地人口与中小学教师人数之比，来考察劳动力基本素质的提高，此外，我们考察农村用电量等指标，发现该指标在模型中的影响不显著。回归模型如式（20-4）所示。

$$Y_{ri} = 11.19 - 0.022 \times X_2 - 0.061 \times X_3 - 0.95 \times X_4 + 0.0019 \times X_6 \\ - 0.0026 \times X_7 + 2.31 \times X_8 - 0.053 \times X_9 - 0.023 \times X_{10} \quad (20-4)$$

模型的结果表明，对农村地区而言，农村居民可支配收入与目标之间的差距，如果能提升固定资产使用效率，对农村居民收入的提升是有积极作用的。同时，劳动力效率提升也可以提升农村居民收入。交通基础设施的有效利用，都可以对农村居民增收产生积极影响。而农村用电量，虽然可以从一个侧面反映农业生产活动的活跃程度，但是，其对农民增收的影响在统计上不显著。去掉该指标，结论仍成立，且各项系数达到1%的显著性水平，如表20-2第(1)和第(2)列所示。模型显示，地方政府财政收支缺口，对农村居民增收也有显著的负面影响。其可能产生的机制是，当地方政府面临较大的财政收支缺口时，财政收支平衡有赖于上级部门的转移支付。当地方政府财政捉襟见肘时，能用于农民增收的资源倾向于被挤占。从劳动力方面来看，就业人数增加、教育对劳动者基本素养的提升、人力资源质量的提高，可以帮助农村居民增收，缩小与富裕者之间的差距。因此，农村中就业机会、农业劳动能力的提升，对农村居民增收是有积极影响的。模型结果如式（20-5）

所示。

$$Y_{ri} = 11.38 - 0.023 \times X_2 - 0.083 \times X_3 - 0.95 \times X_4 + 0.0018 \times X_6 -$$
$$0.0026 \times X_7 + 2.27 \times X_8 - 0.055 \times X_9 \quad (20-5)$$

在这里，我们还考察了公路里程数对农村居民收入的影响，结果如表20-2第(3)列所示。公路里程的增加，并没有对农民增收产生积极影响，只有当交通基础设施得到更高效的利用时，对农民增收才是有积极作用的。因此，"要致富，先修路"应该理解成修路只是致富的一个条件，更关键的是要用好路，发挥道路交通带来的货物周转量的增加，才能真正起到增收的作用。否则，更多的公路可能反倒成为农村增收的消极因素。如式(20-6)所示。

$$Y_{ri} = 11.21 - 0.024 \times X_2 - 0.14 \times X_3 - 0.99 \times X_4 + 0.079 \times X_5 +$$
$$0.00323 \times X_6 - 0.0022 \times X_7 + 2.48 \times X_8 - 0.06 \times X_9 \quad (20-6)$$

这一事实给我们启示，在地广人稀的地区，投入大量的人力物力财力来修路，必须要考虑其是否能充分发挥作用，带来更多的物资运输、信息传递与交换等益处。如果不能充分发挥作用，修更多的路可能对农村居民增收适得其反，不如采取异地搬迁、集中居住等方式，使得修好的路能更大程度地发挥效能，更能增加农村居民收入，迈向共同富裕目标。考虑到时间效应，我们对农村居民收入差距进行分析，发现得到的结论基本相似。

在农村居民收入差距方面，基础教育指标的影响不显著，去掉之后对其他变量的影响不大。至于为何基础教育指标没有能提升农村居民的可支配收入，我们还需要寻找更深刻的原因。这一结果与汪德华等[①]的结论是一致的。一个可能的解释是，基础教育培养的中、小学生，一部分成为大专生在整个劳动力市场流转，对当地农村居民的增收影响有限。另一个原因是如果留在当地，九年制义务教育不一定能带来更多的就业机会，因为绝大多数新生劳动力都接受了这个基础教育的，不能成为获得工作机会的优势。

---

① 汪德华、邹杰、毛中根：《"扶教育之贫"的增智和增收效应——对21世纪90年代国家贫困地区义务教育工程的评估》，《经济研究》2019年第9期。

表 20-2 农村居民人均可支配收入差距的影响分析

变量	(1)	(2)	(3)	(4)	(5)
C	11.192***	11.385***	11.2085***	8.139***	8.596***
全社会固定资产投资效率	—	—	—	-0.0424***	-0.071***
固定资产投资效率差距	-0.0220***	-0.0226***	-0.0242***	—	—
就业	-0.061*	-0.083***	-0.138***	-0.217***	-0.111***
劳动效率	-0.947***	-0.953***	-0.992***	-0.283***	-0.193***
基础教育指标	-2.56-E3***	-0.00263***	-0.00224***	-0.000179	—
交通设施建设	—	—	0.079***	0.167***	—
交通设施使用效率	-0.053**	-0.0055**	-0.0603***	-0.026**	-0.0224**
三次产业结构优化	2.309***	2.271***	2.479***	—	-0.529***
农业用电量	-0.0235	—	—	—	—
财政收支缺口	0.00186***	0.00184***	0.00323***	0.00099**	-0.00193***
时间 T	—	—	—	-0.0986***	-0.09936***
R^2	0.093	0.931	0.933	0.982	0.977
$\bar{R}^2$	0.930	0.930	0.931	0.982	0.977
F-统计量	735.34	840.88	748.41	2943.90	2660.89
Obs	441	441	441	441	441

注：*表示10%的显著性水平，**表示5%的显著性水平，***表示1%的显著性水平。

3. 城乡收入差距分析

我们用城市居民人均收入的对数与农村居民人均可支配收入的对数之差，实际上就是城乡收入之比的对数，来刻画城乡收入差距在各个地区间的表现，分析产生这些差距的原因。相较于城乡各自与其共同富裕目标之间的差距而言，城乡间收入差距更难以被我们所能收集到的数据所解释。回归结果如表20-3所示。

从表20-3中可以看出，各地固定资产投资效率上的差距，可以解释城乡收入差。扩大就业是缩小城乡差距的有效手段。这一影响机制在控制了各种影响因素之后，仍然是非常显著的。就业人数的影响是显著为负的，随着就业增加，城乡收入差距在减少。以人均GDP表征的劳动效率的提升，也能有效缩减不同地区的城乡收入差距。基础教育带来的劳动力基本素养的提升，可以在一定程度上减少城乡收入差距。但是，这种影响主要是随着时间推进而得到的。在考虑时间效应之后，该指标的影响几乎可以忽略。这意味着中、小学教师人数增加带来的普九教育完善，提升的劳动力基本素养，并不能有效缩减城乡收入差距。在城市和农村都普遍实行九年制义务教育之后，农村劳动力质量提升，其能带来的增收效应主要通过增加外出务工机会和提升劳动生产率方面来实现，基础教育对城市劳动力的影响也是一样，农村居民收入因此增收的幅度并不比城市居民高，不能成为缩小城乡收入差距的工具。

以第二、第三产业所占比重表示的产业结构优化，对城乡收入差距的影响其实是反向的。第二、第三产业比重增加，城市居民的收入增长更快，而农村居民的收入在这一进程中实际上相对下降了。所以，产业结构升级带来的是城乡收入差距的拉大。我们关注的交通基础设施建设的影响，实证结果表明，对城乡居民收入的影响是，拉大而非减少了差距。道路交通建设对城市居民比对农村居民的影响更大。相较而言，城市更能利用道路交通设施带来收入增长。结合前面的分析，道路交通设施的利用率提升，对城市居民收入增长的影响是积极的，但是对缩小城乡差距而言，并无明显作用，不能通过道路交通建设以及道路交通来缩小城乡差距，城市更能充分利用道路交通带来的优势。我们采用其他的控制变量，来进行稳健性检验，发现这一结论是非常稳健的。

表 20-3 城乡收入差距的影响分析

变量	(1)	(2)	(3)	(4)	(5)	(6)
C	2.066***	1.447***	1.414***	0.938***	1.414***	1.486***
全社会固定资产投资效率	—	-0.024*	—	—	—	—
固定资产投资效率差距	-0.016***	—	-0.011*	-0.009	-0.011*	-0.012**
就业	-0.146***	-0.164***	-0.148***	-0.145***	-0.148***	-0.170***
劳动效率	-0.196***	-0.046*	-0.053**	-0.032	-0.053**	-0.065***
基础教育指标	-0.001**	-0.001	-0.001	—	-0.001	-0.001
交通设施建设	0.152***	0.174***	0.164***	0.196***	0.164***	0.183***
交通设施使用效率	—	—	—	—	—	—
三次产业结构优化	0.464**	—	—	—	—	—
农业用电量	—	—	—	-0.045*	—	—
财政收支缺口	—	—	-0.001	—	-0.001	—
时间 T	—	-0.02118***	-0.018***	-0.020***	-0.018***	-0.017***
R^2	0.384	0.400	0.403	—	0.403	0.401
$\bar{R}^2$	0.375	0.391	0.394	—	0.394	0.393
F-统计量	45.053	48.163	41.841	—	41.841	48.451
Obs	441	441	441	441	441	441

注：*表示10%的显著性水平，**表示5%的显著性水平，***表示1%的显著性水平。

六 结论与建议

扎实推进共同富裕，通过改革开放让一部分人先富起来之后，是当前阶段我们追求的伟大目标，是人类高质量生存和发展的状态。我国在经济建设取得伟大成就的同时，存在地区之间发展不平衡不充分的问题。如何推进共同富裕目标的实现，是我们要积极探索、不断创新的伟大实践。数字经济通过经济数字化以及数字经济化，可以发挥其突破时空限制、突破地理及物理限制的优势，利用信息技术、科技力量，帮助相对欠发达地区实现跨越式发展，逐步缩小与发达地区之间的差距。而要实现共同富裕的目标，必须拓宽三次分配的范围、创新分配的方式，以更多关注中、低收入群体的增收。

在实证分析方面，本章以四川省各个地市的情况为例，分析了缩小与发达地区收入差距的因素。四川省有着发展势头迅猛的新一线城市成都，同时也有八十多个从贫困中走出来的欠发达的县份，地区发展不平衡不充分的特点突出。我们分别分析了城市和农村居民与虚拟的"全优生"之间收入差距产生的原因。实证分析表明，提高就业、提高劳动效率和提高劳动力素质，都可以促进城乡收入增加，缩小与发达地区的差距；固定资产投资效率的提高也具有显著的增收作用，是致富良方。

我们以交通基础设施建设为考察对象，分析我们建设的有形的道路是否也是"致富之路"，发现修建更多的道路交通并不必然带来城乡收入的增加，只有在搞好基础设施建设的同时，充分利用其带来的收益，发挥其在物流、信息沟通、物资流动方面的潜力，才能有助于缩小收入差距、迈向共同富裕。这一结果也从另一个侧面支持了异地搬迁扶贫的思路。若是地广人稀，修路成本高，利用率不高，则可以考虑异地搬迁，使其到人口密度稍高的地方集中居住，提高公共服务的利用率。异地搬迁是一个更有效的实现共同富裕的办法。因此，"要致富，先修路"，还应该有下一句话，"修好路、服好务，一起参与齐致富"。简言之，道路交通基础设施建设是致富良策，却不能赖以实现共同富裕。因为城市在利用道路交通设施来增收更有效率，按现有发展方式，道路交通建设不是缩小而是拉大了城乡收入差距。实现共同富裕关键还是要通过提升就业机会、提高劳动力素质和提升劳动效率来实现。

第二十一章　中国共同富裕发展水平测度与时空演变特征研究*

共同富裕作为社会主义的本质特征和根本原则，是社会主义制度优越性的集中体现①。中国共产党自成立以来就始终秉承以"人民为中心"的理念，为实现共同富裕而奋斗，一路走来，共同富裕实现过程呈现阶段性和复杂性的特征。具体而言，一方面，生产力发展是促成共同富裕的基础，因而，生产力的演进致使共同富裕带有时代特征。例如改革开放后提出"先富带后富"，党的十六大明确"全面建设小康社会"的任务，党的十八届五中全会提出"共享发展"的理念、2020年全面小康社会的建成，2021年《中华人民共和国国民经济和社会发展第十四个五年规划和二〇三五年远景目标纲要》（以下简称《纲要》）提出要扎实推进共同富裕以及浙江共同富裕示范区的建立②等，是共同富裕在不同生产力发展阶段的具体表现形式。另一方面，社会发展的不平衡不充分使得共同富裕的实现过程比较复杂。总体来看，2020年中国GDP为101.6万亿元，是2000年的10.1倍；2019年年底，人均可支配收入达到32189元，比2010年翻一番的目标顺利实现；2020年年底，832个贫困县全部脱贫，绝对贫困历史性消除，向共同富裕迈出坚实的一步。但是，在总体向好的局势下其内部问题仍

---

* 王军，西南财经大学经济学院副教授。
① 卫兴华：《论社会主义共同富裕》，《经济纵横》2013年第1期。
② 《中共中央国务院关于支持浙江高质量发展建设共同富裕示范区的意见》。

旧突出。首先，基尼系数从 2015 年的 0.462 上升到 2018 年的 0.474；其次，城乡居民收入差距短时间难以抚平；最后，地区收入差距突出，2019 年北京的人均 GDP 是甘肃的 6 倍多①。故在实现共同富裕的道路上机遇与挑战并存，一言蔽之，共同富裕实现过程因生产力的发展呈现阶段性特征，加之社会发展的不平衡不充分使得共同富裕的实现过程带有时代气息。

那么立足新发展阶段，探寻共同富裕实现过程的阶段性与复杂性，即剖析共同富裕实现过程中的阶段发展、水平演变、地区差异等，对继续推进共同富裕尤为重要。因此，建立一套全方位、宽领域、多层次的共同富裕发展水平评价指标体系，将共同富裕发展水平进行量化，有助于直观分析共同富裕实现过程的阶段发展、水平演变及区域差异等，为扎实推进共同富裕提供了实证依据。

近来，学术界对共同富裕的相关问题进行了激烈讨论，主要从两个方面展开。一是从理论上探讨了共同富裕的内涵、过程与实现路径。首先，就其内涵而言，邱海平认为社会主义仍处于形成和发展中，因此共同富裕的实现过程具有复杂性，其内涵也在不断调整②。伴随着生产力水平的提升，共同富裕包括三层递进含义。其一，所有人的基本生活保障和劳动再生产已经实现；其二，社会成员的贫富差距不大，甚至较小；其三，人与人之间的贫富差距彻底消失。进一步，共同富裕应是随着生产力水平提升，社会成员的物质和精神财富极大丰富，并且创造出来的福利由全体人员共享③。其次，共同富裕目标的实现不是一蹴而就的，而是动态、先局部后整体、分阶段不断实现的过程④。1953 年，毛泽东首次在《中共中央关于发展农业生产合作社的决议》中提到"共同富裕"这一概念，旨在提高社会主义改革使全体人民享

---

① 龚六堂：《缩小居民收入差距推进共同富裕的若干政策建议》，《国家治理》2020 年第 46 期。
② 邱海平：《共同富裕的科学内涵与实现途径》，《政治经济学评论》2016 年第 4 期。
③ 程恩富、刘伟：《社会主义共同富裕的理论解读与实践剖析》，《马克思主义研究》2012 年第 6 期。
④ 逢锦聚：《中国共产党带领人民为共同富裕百年奋斗的理论与实践》，《经济学动态》2021 年第 5 期。

有富裕生活①。改革开放后，邓小平提出"先富带后富"，实现了共同富裕更加丰富的时代内涵②，并且覃成林和杨霞通过空间进行模型分析发现，先富地区的空间外溢效应非常显著，能有效地带动其他地区发展③。随后，"全民建设小康社会"的任务在党的十六大上正式提出，明确强调到2020年国内生产总值力争比2000年翻两番；党的十八届五中全会上提出"共享发展"理念，突出了全民共享、全面共享、共建共享④。而后，2020年全面小康社会的建成，是我国步入全国建设社会主义现代化国家新阶段的重要标志⑤。上述举措体现出共同富裕是一个动态、分阶段、不断实践的过程。最后，实现共同富裕的根本途径主要在于两个方面。一方面，不断提高社会生产力水平及追求社会高质量发展⑥；另一方面，坚持社会主义制度毫不动摇⑦。具体而言，实现共同富裕的途径主要是改善民生和提高保障水平⑧、调节收入分配与再分配⑨、实现城乡融合发展、强化区域协调发展⑩等，以此促进收入分配合理化、城乡平衡发展、区域协调发展，最终实现共同富裕。

二是从实证上对共同富裕的测度与衡量研究。相较于对共同富裕学理上的阐释，既有文献对共同富裕的量化分析较少。秦刚认为，当前共

---

① 钟俊平、杨敏：《从"共同富裕"到"共享发展"理念演进探析》，《西北民族大学学报》（哲学社会科学版）2019年第5期。

② 唐旺虎：《邓小平"南方谈话"的当代价值——基于百年未有之大变局的思考》，《重庆社会科学》2021年第1期。

③ 覃成林、杨霞：《先富地区带动了其他地区共同富裕吗——基于空间外溢效应的分析》，《中国工业经济》2017年第10期。

④ 刘凤义：《中国经济学如何研究共享发展》，《改革》2016年第8期。

⑤ 韩保江、邹一南：《中国小康社会建设40年：历程、经验与展望》，《管理世界》2020年第1期。

⑥ 曹亚雄、刘雨萌：《新时代视域下的共同富裕及其实现路径》，《理论学刊》2019年第4期。

⑦ 赵满华：《共享发展的科学内涵及实现机制研究》，《经济问题》2016年第3期。

⑧ 范从来：《益贫式增长与中国共同富裕道路的探索》，《经济研究》2017年第12期。

⑨ 蒋永穆、谢强：《扎实推动共同富裕：逻辑理路与实现路径》，《经济纵横》2021年第4期。

⑩ 韩文龙、祝顺莲：《新时代共同富裕的理论发展与实现路径》，《马克思主义与现实》2018年第5期。

同富裕还没有明确的数量化标准，但实现共同富裕应到达中低收入群体占比80%、基尼系数在0.35左右、城乡差距基本消除以及区域均衡性发展①。此外，有学者运用少量指标来衡量，如人均GDP、基尼系数②、城乡收入差距、人均可支配收入等。再者，也有学者对共享发展③和全面建成小康社会④进行了测度，但都是对共同富裕某一发展阶段进行评测，且涵盖内容不够全面。

毋庸讳言，学术界对共同富裕相关内容的研究具有丰富的现实意义和理论价值，为后续研究的进行奠定了基础。然而仍有一些不足亟须填补。一是对共同富裕的理论诠释已相当丰富，但缺乏从实证角度对共同富裕进行测度的研究；二是缺乏对共同富裕的时序演变、区域发展、地区变迁的研究；三是围绕数字经济时代共同富裕的实现问题也鲜有探析。基于此，本章可能的边际贡献在于以下几点。首先，建构了一套科学、合理与全面的共同富裕发展水平评价体系，测算了2002—2019年共同富裕发展水平指数（DLICP）；其次，对共同富裕的时序演变、空间变迁进行系统分析。以期在新发展阶段为扎实推进我国共同富裕提供借鉴参考与实证依据。

一 共同富裕发展水平指标的建构、测度与分析

（一）共同富裕指标的建构

1. 共同富裕的内涵与指标建构

共同富裕的思想古今中外都有，马克思、恩格斯扬弃了人类历史上关于共同富裕的理论成果，最终使共同富裕成为马克思主义的基本目

---

① 秦刚：《实现共同富裕：中国特色社会主义的实践探索和历史进程》，《人民论坛·学术前沿》2021年第7期。
② 葛和平、吴福象：《中国贫富差距扩大化的演化脉络与机制分析》，《现代经济探讨》2019年第5期。
③ 阮敬、刘雅楠：《共享理念视角下发展成果测度及其动因分析》，《统计与信息论坛》2019年第7期。
④ 胡鞍钢：《中国如何全面建成小康社会：系统评估与重要启示》，《新疆师范大学学报》（哲学社会科学版）2021年第6期；张占斌、高立菲：《全面建成小康社会：衡量标准与科学内涵》，《人民论坛·学术前沿》2016年第18期。

标。马克思早在1857—1858年的《经济学手稿》中就提到,"在新的社会主义制度中,社会生产力的发展将如此迅速……生产将以所有人的富裕为目的"①,可知在社会主义制度中,实现共同富裕是其本质特征。中国共产党自诞生伊始,就始终秉承为人民服务的宗旨,为最终共同富裕的实现而奋斗。在《中共中央关于发展农业生产合作社的决议》(以下简称《决议》)中,毛泽东首次提出了共同富裕的理念,《决议》指出"为着进一步地提高农业生产力……并使农民能够逐步完全摆脱贫困的状况而取得共同富裕和普遍繁荣的生活"②。可见,生产力在共同富裕中起到了决定性作用。1978年实行改革开放后,共同富裕的内涵进一步具体化,1992年,邓小平进一步阐释了共同富裕是最终目标,并指出"社会主义的本质,是解放生产力,发展生产力,消灭剥削,消除两极分化,最终达到共同富裕"③。进一步突出了生产力对实现共同富裕的必要性。但是,物质生活水平的提高仅仅是实现共同富裕的一面,精神文明建设也同样需要提升,正如邓小平所指出的,"我们要在建设高度物质文明的同时……建设高度的社会主义精神文明"④。此外,共同富裕不仅需要生产力水平的提高,同样需要坚持社会主义制度,不断完善政治与经济制度。此后,党的十六大上正式提出"全面建设小康社会的任务目标"⑤,党的十七大指出"在2020年实现全面建成小康社会,人均国内生产总值比2000年翻两番"⑥,将共同富裕具体化、阶段化。

党的十八大以后,党和政府在面对国际局势动荡、国内发展新常态等一系列挑战时,始终秉承共产党人的初心意志,践行为全体社会成员谋福利的历史使命,为共同富裕赋予了新的时代内涵。首先,坚持生产

---

① 《马克思恩格斯文集》第8卷,人民出版社2009年版,第200页。
② 《建国以来重要文献选编》第7册,中央文献出版1993年版,第86页。
③ 《邓小平文选》第3卷,人民出版社1993年版,第373页。
④ 《邓小平文选》第2卷,人民出版社1994年版,第208页。
⑤ 江泽民:《全面建设小康社会,开创中国特色社会主义事业新局面——在中国共产党第十六次全国代表大会上的报告》,《求是》2002年第22期。
⑥ 胡锦涛:《高举中国特色社会主义伟大旗帜,为夺取全面建设小康社会新胜利而奋斗》,《求是》2007年第21期。

力发展对共同富裕的重要作用。在2021年8月17日，习近平总书记在中央财经委员会第十次会议上指出，要"在高质量发展中促进共同富裕"，而高质量发展要想实现必须持续解放和发展生产力。其次，以人民为中心，坚持共享发展理念，实现人民全面发展。党的十八届五中全会上首次提出了"以人民为中心"的发展理念。共享发展理念是"共同"实现富裕的思想指引，体现了习近平总书记讲的"共同富裕路上，一个也不能掉队"。共同富裕并不是整齐划一的平均同等富裕，也不是同步富裕、同时富裕，而是在生产力发展基础上，一部分人通过辛勤劳动先富起来，先富带动后富，最终实现全体社会成员普遍富裕[1]。再次，制度保障是实现共同富裕的外部条件。一是必须毫不动摇地坚持社会主义公有制，尤其是在坚持"国进民进"基础上，做大、做优、做强公有制经济，为共同富裕的实现提供所有制保障；二是持续完善社会保障制度，党的十九届五中全会提到"扎实推动共同富裕……健全多层次社会保障体系"，《中共中央 国务院关于支持浙江高质量发展建设共同富裕示范区的意见》进一步要求"织密扎牢社会保障网"；三是进一步完善法制建设。2020年2月5日，习近平总书记在中央全面依法治国委员会第三次会议的发言中指出，"坚持全面依法治国，是中国特色社会主义国家制度和国家治理体系的显著优势"[2]，法治是推进国家治理体系和治理能力现代化的重要抓手。再者，《纲要》提出，"加强国家治理体系和治理能力现代化建设，破除制约高质量发展、高品质生活的体制机制障碍"，为我国经济高质量发展保驾护航，推进共同富裕的发展与实现。最后，对共同富裕的实现提出了新的时代要求。党的十九届五中全会颁布的《纲要》中对推进共同富裕作出了重大部署，提出了2035年"全体人民共同富裕取得更为明显的实质性进展"的远景目标。

总之，共同富裕来源于马克思主义，经过历代中国共产党人的发展已具有丰富的内涵。具体来看，始终坚持以"人民为中心"的发展

---

[1] 习近平：《扎实推动共同富裕》，《求是》2021年第20期。
[2] 《十九大以来重要文献选编》（中），中央文献出版社2021年版，第417页。

思想，坚持在高质量发展中推进共同富裕实现。首先，是要大力发展生产力，提升居民总体富裕水平，提高社会成员的物质生活和精神文化水平，满足人民日益增长的美好生活需要；其次，使共享发展水平不断提升，实现人群共享、区域共享和城乡共享，促进基本公共服务均等化；最后，完善实现共同富裕的制度保障，即坚持社会主义公有制，做大、做优、做强公有制经济；完善社会保障制度；强化法制建设；等等。

基于此，本章以马克思列宁主义、毛泽东思想、邓小平理论、"三个代表"重要思想、科学发展观和习近平新时代中国特色社会主义思想为指导，以习近平总书记关于共同富裕相关问题的科学论述为方向，坚持在指标体系构建的全面性、科学性、时代性和可操作性等原则的基础上，从总体富裕水平、共享发展程度及制度保障三个维度建构了共同富裕发展水平的指标体系，具体来看，有3个一级指标，8个二级指标以及31个三级指标，如表21-1所示。

表21-1　　　　　中国共同富裕发展水平指标体系

目标	一级指标	二级指标	三级指标	属性	单位
共同富裕	总体富裕水平	物质水平	人均GDP	+	元
			人均可支配收入	+	元
			人均消费支出	+	元
			全员劳动生产率	+	—
			人均住房面积	+	平方米
			人均医疗床位	+	个
			普通高中生师比	-	—
			人均公路里程	+	公里
			人均娱乐消费支出占比	+	%
			广播节目综合人口覆盖率	+	%

续表

目标	一级指标	二级指标	三级指标	属性	单位
共同富裕	总体富裕水平	精神水平	万人拥有图书馆个数	+	个
			万人公共文化设施面积	+	平方米
			互联网宽带接入端口	+	万个
	共享发展程度	人群共享	人均可支配收入基尼系数	−	—
			中等收入群体平均收入水平	+	元
			中等收入与低收入群体收入比	−	—
			行业收入离差	−	亿元
		区域共享	地区人均可支配收入和财富差距	−	元
			地区人均基本公共服务支出差距	−	元
			地区最高与最低可支配收入比	−	元
		城乡共享	城乡人均可支配收入泰尔指数	−	—
			城乡人均消费支出比	−	—
			城乡人均基本公共服务支出差距	−	元
			城乡中等收入群体平均收入差距	−	元
	制度保障	公有经济	人均国有企业产值	+	元
			规模以上国有控股工业企业资产占比	+	%
			人均国有控股工业企业主营业务收入	+	元
		社会保障	参加失业保险人数占比	+	%
			参加养老保险人数占比	+	%
		法制建设	每万人行政复议案件数	+	件
			执业律师人数	+	人

2. 数据来源与处理

在我国已经解决温饱问题，人民生活水平已实现总体小康的前提下，党的十六大正式提出"全面建设小康社会的任务目标"，标志着建设一个高水平、高质量、全面的小康社会正式起航。因此，以 2002 年为研究起点，选取 2002—2019 年为研究样本区间，除港澳台、西藏以外的 30 个省（直辖市、自治区）为样本，并对数据进行以下处理。其一，运用插值法或类推法对缺失数据实行补全；其二，在原始数据基础上，对部分数据进行人均计算或比重测算。通过对数据的收集、整理与处理，最终得到 2002—2019 年 30 个省（直辖市、自治区）的面板数据。数据主要来自国家统计局《中国法律年鉴》《中国统计年鉴》《中国社会年鉴》以及各省历年统计年鉴等。

（二）共同富裕发展水平指数的测算方法

测度共同富裕发展水平首先需要建立科学、合理及具有说服力的指标体系，科学地对指标进行赋权也很关键。具体来看，学术界对指标的赋权主要采用主观赋权法和客观赋权法，主观赋权法是根据对基础指标重要性的判断，主观地对指标进行赋权，如 AHP 法、Delphi 法及主成分分析法[①]；客观赋权法是依据指标的原始信息进行赋权，如标准差法、极差法、熵值法及聚类分析法等。王军等认为，主观赋权法可能由于人为因素造成指数测度不准确，从而难以真实反映指数最终情况[②]。因此，经过综合考量，故使用客观赋权法中的熵值法对共同富裕的基础指标进行赋权。

具体而言，上述 31 个基础指标的来源不尽相同，在数值和量纲方面均存在显著差异，因而，需将其进行正规化处理后，才具有横向的实用性与可比性，进而保证测度指数的准确性。对正向和负向指标进行处理，如式（21 – 1）和式（21 – 2）所示。

---

① 吕承超、崔悦：《中国高质量发展地区差距及时空收敛性研究》，《数量经济技术经济研究》2020 年第 9 期。

② 王军、朱杰、罗茜：《中国数字经济发展水平及演变测度》，《数量经济技术经济研究》2021 年第 7 期。

正向指标：$x_{ij} = \dfrac{x_{ij} - \min\{x_j\}}{\max\{x_j\} - \min\{x_j\}}$ (21-1)

负向指标：$x_{ij} = \dfrac{\max\{x_j\} - x_{ij}}{\max\{x_j\} - \min\{x_j\}}$ (21-2)

其中，$\max\{x_j\}$是指标在观测年份中的最大值，$\min\{x_j\}$是指标在观测年份中的最小值，x_{ij}为无量纲化的结果。对 32 个基础指标进行正规化处理后，采用熵值法对其赋权。

计算第 i 年 j 项指标所占比重，使用 ρ_{ij} 表示，如式(21-3)所示。

$$\rho_{ij} = \dfrac{x_{ij}}{\sum_{i=1}^{m} x_{ij}} \quad (21-3)$$

计算指标的信息熵 e_j，如式(21-4)所示。

$$e_j = -\dfrac{1}{\ln m} \sum_{i=1}^{m} \rho_{ij} \times \ln \rho_{ij} \quad (21-4)$$

计算信息熵冗余度 d_j，如式(21-5)所示。

$$d_j = 1 - e_j \quad (21-5)$$

其中，m 为评价年度，根据信息熵冗余度计算指标权重 ϕ_j，如式(21-6)所示。

$$\phi_j = \dfrac{d_j}{\sum_{j=1}^{m} d_j} \quad (21-6)$$

基于标准化的指标 x_{ij} 及测算的权重 ϕ_j，使用多重线性函数的加权求出共同富裕发展水平指数（DLICP），如式（21-7）所示。

$$DLICP_i = \sum_{j=1}^{m} \phi_j \times x_{ij} \quad (21-7)$$

基于上述公式计算最终得到了共同富裕发展水平指数($DLICP_i$)，其中 $DLICP_i$ 表示 i 省的共同富裕发展水平指数，处于 0—1 之间。若

$DLICP_i$越大，则表示共同富裕发展水平越高，反之，$DLICP_i$越小，共同富裕发展水平越低。

(三) 中国共同富裕发展水平指数结果分析

2002—2019年共同富裕发展水平（DLICP）的测度结果，如表21-2所示，并根据党的十六大、十七大、十八大、十九大将其分为四个时期，中国共同富裕发展水平的显著时空差异得以展现。就整体而言，中国共同富裕发展水平的均值从0.1080增长到0.3467，年均增长率为9.3788%，同时，分省份的共同富裕发展水平也有不同程度的增长。在此主要分析2017—2019年的情况，北京、上海、江苏、广东、浙江的发展水平处于领先位置，甘肃、贵州、云南、海南、青海的共同富裕发展水平较低，省际差距依然明显。例如，北京的DLICP（0.6126）是甘肃（0.2312）的2.65倍，且甘肃年均增长率略低于北京，说明甘肃的共同富裕发展水平与北京正持续拉大。此外，在低水平省份中，甘肃、贵州、云南、海南、青海的年均增长率均低于全国平均水平，意味着其处于"低水平陷阱"之中，且动力不足，难以从中跳出，故如何激活该地区共同富裕发展的潜能，使其摆脱"低水平陷阱"是现今面临的重要问题，也应该是政策着力的方向。从四大地区来看，2017—2019年，东部以较大优势处于首位，中部次之，东北部与西部位列三、四名，且二者的DLICP相差无几。究其内在缘由，可能是在改革开放后，"先富带后富"战略的实施所致，只能先发展东部沿海地区，然后让先富地区带动落后地区，最终实现共同富裕。因此，东部地区因国家政策、资源禀赋、人才科技等因素，其共同富裕发展水平高于其他地区。近年来，党和政府高度重视区域协同发展，对中、西部地区具有一定政策倾斜，有利于中、西部地区的共同富裕发展，从年均增长率来看，中部高于东部，呈追赶之势，另外西部地区的近年来的共同富裕发展水平也有较大提升。但值得注意的是，东北地区的DLICP都较低，且年均增长率均处于全国平均水平之下，较全国其他地区来看，似乎共同富裕层面也出现了"东北塌陷"的局面，因而，如何振兴东北发展，提升其共同富裕发展水平仍是当务之急。

表21-2　中国共同富裕发展水平指数(DLICP)测度结果

区域		2002—2006年	2007—2011年	2012—2016年	2017—2019年	年均增长率(%)
东部地区	北京	0.2225	0.3166	0.4800	0.6126	9.0162
	天津	0.1608	0.2472	0.3509	0.3983	7.7604
	河北	0.0902	0.1448	0.2380	0.3114	9.4527
东部地区	上海	0.2287	0.3336	0.4608	0.6047	8.4450
	江苏	0.1263	0.2155	0.3753	0.5334	11.6265
	浙江	0.1414	0.2259	0.3679	0.5103	10.7576
	福建	0.1112	0.1667	0.2670	0.3629	9.1239
	山东	0.1119	0.1927	0.3140	0.4418	10.9079
	广东	0.1407	0.2335	0.3672	0.5182	11.2122
	海南	0.0835	0.1227	0.1865	0.2558	8.0619
	均值	0.1417	0.2199	0.3408	0.4549	9.6368
中部地区	山西	0.0910	0.1415	0.2139	0.2739	8.7580
	安徽	0.0826	0.1327	0.2237	0.3133	10.1464
	江西	0.0862	0.1283	0.2014	0.2720	8.9079
	河南	0.0875	0.1392	0.2381	0.3449	10.4657
	湖北	0.1007	0.1540	0.2535	0.3475	9.8212
	湖南	0.0888	0.1391	0.2291	0.3202	10.0618
	均值	0.0895	0.1391	0.2266	0.3119	9.7164

续表

区域		2002—2006年	2007—2011年	2012—2016年	2017—2019年	年均增长率(%)
西部地区	内蒙古	0.0943	0.1604	0.2442	0.3067	9.5780
	广西	0.0790	0.1183	0.1909	0.2633	8.9653
	重庆	0.0928	0.1553	0.2399	0.3194	10.0928
	四川	0.0915	0.1451	0.2544	0.3780	11.0998
	贵州	0.0697	0.1023	0.1677	0.2405	9.2995
	云南	0.0829	0.1204	0.1853	0.2511	8.3661
西部地区	陕西	0.0841	0.1426	0.2365	0.3064	10.0792
	甘肃	0.0745	0.1097	0.1763	0.2312	8.9954
	青海	0.0930	0.1439	0.2045	0.2608	8.5829
	宁夏	0.0931	0.1397	0.2056	0.2610	8.3432
	新疆	0.1043	0.1526	0.2200	0.2749	8.1762
	均值	0.0872	0.1355	0.2114	0.2812	9.2792
东北地区	辽宁	0.1260	0.1995	0.3032	0.3469	8.1479
	吉林	0.0958	0.1456	0.2154	0.2619	7.8007
	黑龙江	0.1037	0.1517	0.2221	0.2779	7.6960
	均值	0.1085	0.1656	0.2469	0.2956	7.8971
全国	均值	0.1080	0.1674	0.2611	0.3467	9.3788

二 中国共同富裕发展水平的区域时空差异

为揭示共同富裕发展在时序演变和空间变迁上的特点,本章采用描述性统计、泰尔指数、自然间断点分级法、时空跃迁法以及局部莫兰指数等对DLICP进行时空解析。此外，基于四大地区和五大经济带的视角进一步探索中国共同富裕发展的时空演化特征，通过探寻共同富裕发展时空异质性的源头，为提升各地区共同富裕发展水平、强化区域协同发展以及缩小地区间发展差距提供政策制定的事实凭证。

（一）共同富裕发展水平的时间演变

基于上述对表21-2的结果分析，发现共同富裕发展呈现明显的时序特点，为进一步解析DLICP在时序上的特点，使用描述性统计和泰尔指数对共同富裕发展水平从整体、四大地区以及五大经济带三个维度进行探究，以剖析区域差异及根源。

1. 四大地区的差异性分析

为实现区域全面、充分与协调发展，一系列政策举措相继出台，如东部率先崛起、中部崛起、东北振兴以及西部大开发等[①]，促使各地的人民生活、社会发展与外部保障取得了突破性进展，进而使得自党的十六大以来共同富裕发展水平取得显著性进展，在表21-2中的测算结果中得以验证。但不容忽视的是，囿于政策导向、资源禀赋、地理区位及科技水平等缘由，四大区域的共同富裕发展水平不尽相同。具体地，从图21-1中四大地区的DLICP来看，可以得出以下几点。第一，四大地区的共同富裕发展水平均呈现递增之势，从DLICP的均值来看，东部处于领先位置，中部次之，东北部稍领先于西部地区；第二，从四大地区的年均增长率来看，中部的增长率最高，东部第二，西部与东北部分列三、四位；第三，近年来，中部追赶东部的势头不减，西部也有提升，有反超东北部的趋势，然而东北部与东部和中部地区的差距仍在不断扩大。究其内在缘由，其一，东部沿海地区优先发展，从改革开放至今已经积累了大量的资本和经验，其经济水平、社会发展、制度建设都具有很高的水平，共同富裕发展水平处于首位毋庸置疑；其二，中部与西部的增长势头不减，近年来共同富裕发展水平增幅较大，一方面，由

---

① 郭芸、范柏乃、龙剑：《我国区域高质量发展的实际测度与时空演变特征研究》，《数量经济技术经济研究》2020年第10期。

于中部崛起和西部大开放战略的持续发力，区域协调水平逐步提升，另一方面，东部沿海地区的产业向欠发达地区进行梯度转移，由集聚效应向扩散效应转变①；其三，近年来，中部的 DLICP 逐渐超越东北部，且差距正逐渐扩大，加之西部地区也有赶超东北部的趋势，说明东北振兴战略的作用仍没有充分发挥，"东北塌陷"的局面在共同富裕层面依然严峻，因而，如何通过各项举措实现东北地区的人民生活水平提高、社会高质量发展以及制度完善等是重要研究课题。

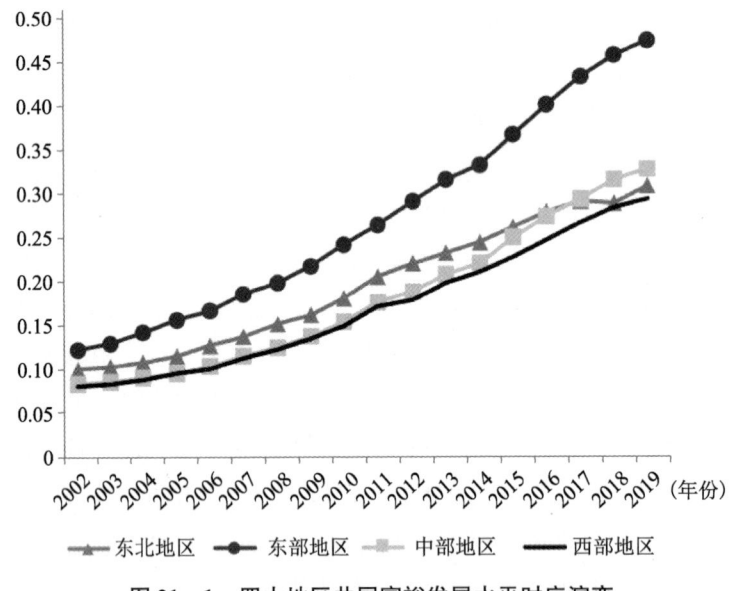

图 21-1　四大地区共同富裕发展水平时序演变

泰尔指数是泰尔运用信息理论中的熵概念来计算收入不平等的一种方法②，成为学界衡量地区间或者是个人间收入差距（不平等）的重要指标，并且通过泰尔指数也可以直观地探析地区差异与来源。故本章采用泰尔指数分析共同富裕发展水平在区域间和区域内的差异性与来源。具体如式（21-8）所示。

---

① 武鹏：《共同富裕思想与中国地区发展差距》，《当代经济研究》2012 年第 3 期。
② Theil H., *Economics and Information Theory*, Chicago: Rand McNally and Company, 1967.

$$T = \frac{1}{n}\sum_{i=1}^{m}\frac{y_1}{\overline{y}}\log\left(\frac{y_1}{\overline{y}}\right) \qquad (21-8)$$

其中，T 是共同富裕的泰尔指数，y_i 表示第 i 个区域的共同富裕发展水平，$\overline{y}$ 为区域共同富裕发展的平均水平。$T \in [0,1]$，T 越大则表示地区的差异越大，反之，T 越小则说明地区的差异越小。在分析整体差异之后，还需分析群组间与群组内的差异，因而泰尔指数的分解如式(21-4)所示。

$$T = T_b + T_W = \sum_{k=1}^{K} y_k \log\frac{y_k}{n_k/n} + \sum_{k=1}^{K} y_k \left(\sum_{i \in g_k}\frac{y_i}{y_k}\log\frac{y_i/y_k}{1/n_k}\right) \qquad (21-9)$$

其中，$T_b = \sum_{k=1}^{K} y_k \log\frac{y_k}{n_k/n}$ 为区域间差异，$T_w = \sum_{k=1}^{K} y_k\left(\sum_{i \in g_k}\frac{y_i}{y_k}\log\frac{y_i/y_k}{1/n_k}\right)$ 代表区域内差异。

2002—2019 年共同富裕发展水平在四大区域的泰尔指数与贡献率的计算结果，如表 21-3 所示。具体来看，体现为以下几点。第一，中国共同富裕发展水平总体差异仍旧突出，但 2002—2019 年差距不断缩小，从而佐证了中国出台的相关区域性协调政策举措的有效性。第二，从地区间和地区内的差异来看，地区间和地区内的泰尔指数也在缩小，说明共同富裕发展水平差异有一定的缩小之势。此外，地区间差异的贡献率逐渐超过地区内差异的贡献率成为总体差异的最大来源，例如东部地区发展水平较高，且显著高于其他地区，东北地区的发展水平最低且与其余地区的差距持续扩大，则说明地区间的差距仍旧明显，故仍需持续出台相关区域协调政策。第三，从四大地区来看，东部区域内部差异较大，从表 21-2 可以看出，河北与海南明显低于其他地区，差距比较明显，而其他三大区域的泰尔指数较小，有可能是由于地区间共同富裕发展水平都不高，差距较小。但是共同富裕是追求全体人民的物质和精神发展，不是局部的，而是整体的，因而，需要发挥高水平地区的带动作用和政策效力，例如粤港澳大湾区、成渝经济圈的建立，就是通过发挥发达地区的溢出效应，带动周边城市、省份协同发展，进而促使地区间和地区内的差距缩小，从而达到平衡发展，实现共同富裕。

表 21-3　四大区域共同富裕发展水平的泰尔指数及贡献率

年份	总体差异	地区间差异	地区内差异	东部区域	中部区域	西部区域	东北区域
2002—2006	0.0513	0.0250 (49.0709%)	0.0263 (50.9291%)	0.0532 (19.7628%)	0.0021 (0.1115%)	0.0065 (1.1086%)	0.0069 (0.1297%)
2007—2011	0.0496	0.0255 (51.6417%)	0.0241 (48.3583%)	0.0451 (17.3753%)	0.0018 (0.1017%)	0.0099 (1.8059%)	0.0102 (0.2075%)
2012—2016	0.0430	0.0234 (54.3103%)	0.0197 (45.6897%)	0.0349 (15.3375%)	0.0030 (0.2106%)	0.0093 (1.9029%)	0.0128 (0.2678%)
2017—2019	0.0433	0.0240 (55.4597%)	0.0193 (44.5403%)	0.0336 (14.8437%)	0.0048 (0.3570%)	0.0103 (2.1026%)	0.0078 (0.1327%)

2. 五大经济带的差异性分析

近年来，为推动区域协调发展，提升区域人民生活水平、推动社会高质量发展及完善社会制度等，京津冀协同发展经济带、长三角经济带、黄河流域经济带、长江经济带和"一带一路"建设经济带的建立为深化区域协调发展起到了关键性作用，促进发达地区发挥扩散效应以带动周边地区发展，以缩小地区间发展差距。囿于区域的经济发展、政策举措、地理位置等不尽相同，进而使得人民生活水平、社会发展程度与相关制度完善等各异，从而致使共同富裕发展水平区域异质性显著。五大经济带的共同富裕发展水平测评结果，如表 21-4 所示。从年均值来看，长三角一体化经济带的 DLICP 为 0.2841 处于首位，京津冀协同发展经济带的 DLICP 是 0.2819 次之，长江经济带的 DLICP 为 0.2136 位列第三，"一带一路"建设经济带和黄河流域经济带分别位列四、五名，其 DLICP 分别为 0.1647 和 0.1495。

第二十一章 中国共同富裕发展水平测度与时空演变特征研究

表 21-4　　五大经济带共同富裕发展水平测评结果

经济带	2002—2006 年	2007—2011 年	2012—2016 年	2017—2019 年	年均值	年均增长率(%)
京津冀协同发展经济带	0.1578	0.2362	0.3563	0.4408	0.2819	7.3702
长江经济带	0.1083	0.1684	0.2690	0.3718	0.2136	6.7317
"一带一路"建设经济带	0.1076	0.1660	0.2525	0.3302	0.2012	8.3815
长三角一体化经济带	0.1447	0.2270	0.3569	0.4904	0.2841	10.0467
黄河流域经济带	0.0912	0.1461	0.2319	0.3116	0.1823	4.7485

如图 21-2 所示，2002—2019 年，长三角经济带的共同富裕发展逐渐超过京津冀协同发展经济带，处于第一位，长江经济带处于第三，"一带一路"建设与黄河流域经济带位列四、五位且差别不大。从年均增长率来看，长三角一体化经济带增长率为 10.0467%，明显高于京津冀经济带，正好解释了其 DLICP 为什么能超过京津冀协同发展经济带。

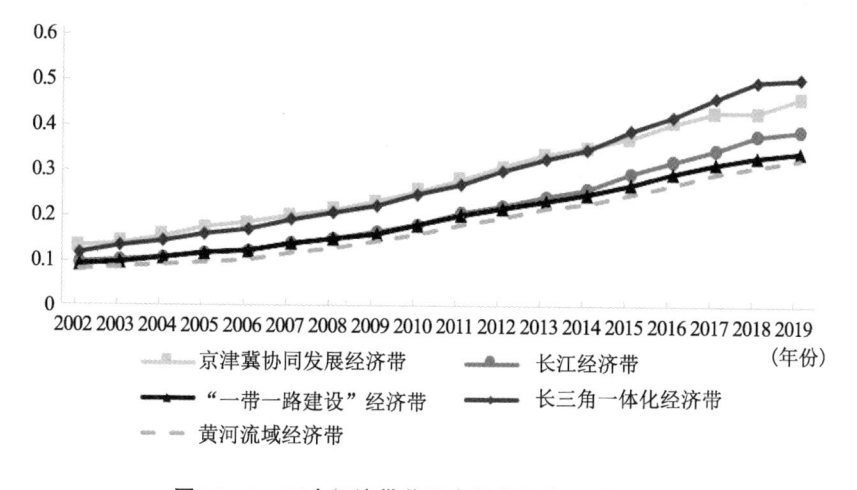

图 21-2　五大经济带共同富裕发展水平时序演变

此外,"一带一路"建设经济带的年增长率较高,与京津冀协同发展经济带的差距正逐渐缩小,故佐证了近年来国家出台相关的政策举措和构建区域协同发展中心,对于缩小发展差距、促进区域共同富裕协同发展的效能明显。

为更好地探析区域内共同富裕发展的不平衡性,运用泰尔指数进行考察。根据表21-5,除了黄河流域经济带以外,其他四大经济带的泰尔指数在2002—2019年呈下降趋势,则表明经济带内各省份的共同富裕发展差距正逐步缩小,区域发展愈加协调。这再次证明了国家和地方政府出台的相关区域发展的政策举措,是行之有效的,的确有助于缩小区域共同富裕发展水平差距。值得引起重视的是,黄河流域经济带的泰尔指数呈上涨之势。从表21-2可以看出,山东、四川与河南的DLICP较高,且年均增长率均超过10%;而甘肃、青海和宁夏的DLICP较低,且年均增长率低于全国平均。因而,黄河流域经济带内部的共同富裕发展水平两极分化态势明显,故如何发挥山东、四川与河南对黄河流域经济带内低水平省份的涓滴效应、带动其他地区协调发展并激发其内生发展动力,是党和政府关注的重点。

表21-5 五大经济带共同富裕发展水平的泰尔指数

年份	京津冀协同发展经济带	长江经济带	"一带一路"	长三角一体化	黄河流域
2002—2006	0.0605	0.0651	0.0469	0.0647	0.0054
2007—2011	0.0484	0.0642	0.0475	0.0522	0.0097
2012—2016	0.0393	0.0503	0.0417	0.0310	0.0126
2017—2019	0.0402	0.0471	0.0463	0.0263	0.0197

(二)共同富裕发展水平的空间分布

共同富裕发展水平除了在总体、四大地区和五大经济带具有明显的时序特征外,也具有空间关联性,剖析不同区域共同富裕发展的相关性，有助于因地施策，从而实现区域共同富裕的协调、平衡与可持续发展。故使用描述性统计、自然间断点分级法、局部莫兰指数与时空跃迁法以探析共同富裕空间关联性。

1. 中国共同富裕发展水平空间异质性分析

这里使用自然间断点分级法，以分析中国共同富裕发展水平的空间异质性，将中国共同富裕发展水平划分为低、中低、中高和高水平四个阶层，其范围分别为(0.0650, 0.1564]、(0.1564, 0.2542]、(0.2542, -0.3986]、(0.3986, -0.6528]。从表21-6中可以看出，2002—2006年，除北京、天津和上海处于中低水平外，其他省份均处于低水平；2017—2019年，北京、上海、江苏、广东、浙江与山东的DLICP处于高水平，其他省份处于中高水平和中低水平。总的来看，2002—2019年，能明显看出各省份的共同富裕发展水平在持续变迁，从低水平、中低水平向中高水平、高水平迁移，这正好体现出了中国共同富裕具有发展得不充分和不平衡的特性。

表21-6 中国共同富裕发展总体水平的空间异质性分析

年份	低水平	中低水平	中高水平	高水平
2002—2006	河北、山西、内蒙古、辽宁、吉林、黑龙江、江苏、浙江、安徽、福建、江西、山东、河南、湖北、湖南、广东、广西、海南、重庆、四川、贵州、云南、陕西、甘肃、青海、宁夏、新疆	北京、天津、上海	—	—
2007—2011	河北、山西、吉林、黑龙江、安徽、江西、河南、湖北、湖南、广西、海南、重庆、四川、贵州、云南、陕西、甘肃、青海、宁夏、新疆	天津、内蒙古、辽宁、江苏、浙江、福建、山东、广东	北京、上海	—

续表

年份	低水平	中低水平	中高水平	高水平
2012—2016	—	河北、山西、内蒙古、吉林、黑龙江、安徽、江西、河南、湖北、湖南、广西、海南、重庆、贵州、云南、陕西、甘肃、青海、宁夏、新疆	天津、辽宁、江苏、浙江、福建、山东、广东、四川	北京、上海
2017—2019	—	贵州、云南、甘肃	天津、辽宁、福建、四川、山西、吉林、黑龙江、河北、内蒙古、安徽、江西、河南、湖北、湖南、广西、海南、重庆、陕西、青海、宁夏、新疆	北京、上海、江苏、浙江、山东、广东

一是不充分发展。2002—2019年，各省的共同富裕发展水平参差不齐，存在显著差距。具体地，北京、上海、江苏、广东和浙江DLICP始终名列前茅，是共同富裕发展的"领头羊"，而对于甘肃、贵州、云南、海南、青海来说，其共同富裕发展水平较低且增速不高。共同富裕发展水平2002—2019年的极小值、极大值和差值，如图21-3所示，可以看出以下几点。其一，每年的极小值和极大值都呈逐年递增之势，说明不管是发达地区还是不发达地区，其共同富裕发展水平都在不断提升，进一步佐证了前文观点；其二，相较于极大值的增长速率，极小值的增长相对平缓，进而表现为极差曲线正向上升，表明省际共同富裕发展水平的差距正持续扩大，也体现出了出台相关区域协调政策举措的迫切性。另外，从图21-1中四大地区的发展来看，从东部、中部、东北部以及西部依次递减，且东部遥遥领先其他区域，进一步证实了中国共

同富裕发展不充分问题不仅体现在省际，而且在区域间也较为严重。中部的年均增长率比东部高，具有明显的追赶效应，西部地区也有强劲增长势头，但东北地区增长率最低，需要持续加大东北振兴力度，否则发展不充分问题会愈加凸显。

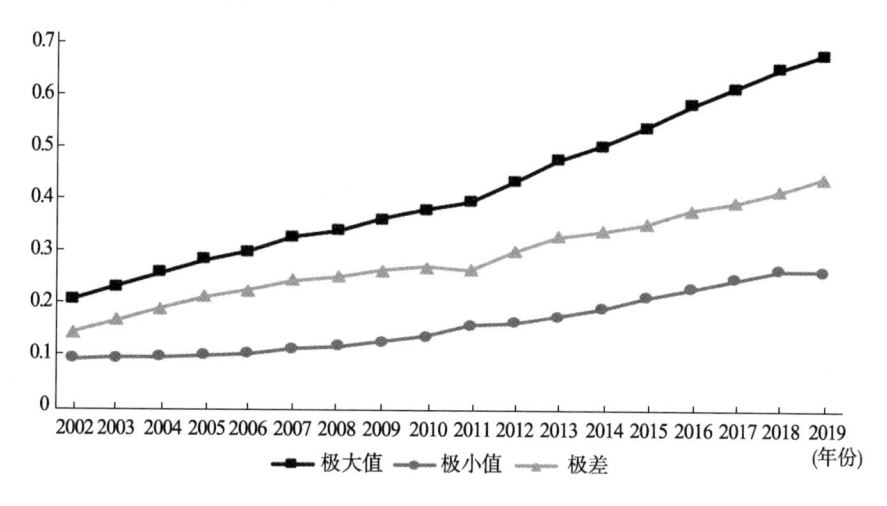

图 21-3　中国共同富裕发展水平离散程度

二是不平衡发展。由于政策导向、资源禀赋、地理位置等存在优势，北京、上海、江苏、广东、浙江与山东率先迈入共同富裕发高水平行列，截至 2019 年，其余省份处于中高水平抑或是中低水平。依托中部崛起、西部大开发战略，河南、湖北和四川的共同富裕发展水平位于中高水平的前列，正逐渐逼近高水平阶段，已经成为带动周边地区发展的中坚力量。并且，囿于人民生活水平提升相对缓慢、社会发展失衡以及制度保障不健全等，使得甘肃、贵州、云南、海南、青海的共同富裕发展水平较慢，始终处于全国末端，一方面经济发展初始水平较低，另一方面增速也较小。总之，各种因素杂糅使得全国共同富裕发展呈现不平衡的特征。此外，区域间与区域内共同富裕发展不平衡问题依然严峻。就区域间而言，东部的 DLICP 遥遥领先于其他区域，中部的年增长率最高，呈追赶东部之势，西部也呈强劲增长态势；但东北地区本身共同富裕发展水平较低加之增速又是全国最低，与其他区域的差异将会持续拉大，似乎陷入了共同富裕的"低水平陷阱"。就区域内而言，在东部整体发展水平大步向前的态势下，也存在河北与海南发展水平较低的问题；同时，在西部整体发展水平不高的态势下，四川的表现却异常亮眼，成为推动西部共同富裕发展的中流砥柱。故而，共同富裕发展的不平衡问题日益严峻，如何采取有效手段破解共同富裕不平衡发展难题迫在眉睫。

2. 三大部分的空间异质性分析

共同富裕发展水平的测度是由总体富裕水平、共享发展程度以及制度保障三大部分组成。三大部分2002—2019年的测算结果，如表21-7所示。就结果而言，三大部分均有所发展，其中总体富裕水平的增长幅度最大，年均增长率为13.7062%，制度保障次之为6.1617%，共享发展最低为3.4751%。囿于三个部分的增长幅度存在差异，造就了三大部分的发展水平不尽相同。总体富裕水平的数值最高，其年均值为3.6497；共享发展程度处于第二，其年均值为1.4693；外部保障最低为1.0848。共享发展是共同富裕的短板。近年来，总体富裕水平的发展势头迅猛，是党和国家"以人民为中心"思想的集中体现，是生产力发展水平不断提高和经济高质量发展的结果。尤其是党的十八大以来，国家重点关注人民的生活、文化、精神水平提升，从而使得总体富裕水平提升迅速。同时，外部保障水平是实现共同富裕的必要条件，需持续加大对公有制经济、社会保障以及制度建设的投入。此外，在高水平发展中贯彻共享理念是落脚点，因而国家亟须出台相应的促进区域、地区以及人群共享发展的政策、制度与机制等，从本质上实现发展成果由全体人民共享，从根本意义上实现共同富裕。

表21-7　　　　　　共同富裕三大部分的评测结果

因素	2002—2006年	2007—2011年	2012—2016年	2017—2019年	年均值	年均增长率(%)
总体富裕水平	1.3778	2.7043	4.8434	7.0227	3.6497	13.7062
共享发展程度	1.1990	1.3410	1.6192	1.8837	1.4693	3.4751
外部保障	0.6618	0.9760	1.3707	1.4945	1.0848	6.1617

再者,剖析三大部分的空间分布特征可发现,其发展水平从"东—中—西"依次递减,沿海地区三大部分的发展水平较高,而内部地区三大部分的发展水平较低。具体表现为以下几点。第一,从总体富裕水平来看,2017—2019年,共同富裕发展水平排名前五的分别为江苏、北京、浙江、上海和广东,并且在前几个时期同样处于领先位置,然而甘肃、贵州、吉林与宁夏的发展水平最低,且与前五名有着较大差距,说明居民生活水平与地区的经济发展水平紧密相连。第二,从共享发展程度来看,2017—2019年,上海、北京、天津、浙江、江苏、广东和福建,处于第一梯队,而青海、新疆、贵州与甘肃的共享发展程度较低处于末端,且在前面时期看来,该局势几乎未发生改变。第三,从制度保障来看,2017—2019年,北京、上海、广东、天津、江苏、浙江和山东的外部保障水平最高,海南、江西、云南的外部保障水平居于末尾,且从整个时间跨度来看,其发展速度较慢。总之,基于对三大部分的空间异质性分析发现,由于地区的政策举措、经济发展、地理位置、资源禀赋等不尽相同,进而导致三大部分的发展大体上呈现东高西低、沿海高内陆低的局势,从而导致共同发展水平也存在相应特点。

(三)共同富裕发展水平的空间相关性分析

共同富裕发展存在显著的空间异质性,然而还需进一步检验各地区是否存在空间相关性。空间相关性主要包括局部相关性和全局相关性,学术界常用莫兰指数以验证地区间的相关性,其中,局部莫兰指数主要用于研究每个要素的空间相关性[①]。因而,为分析省际共同富裕发展水平的空间相关性,故使用局部莫兰指数(Moran's I)进行解析。如式(21-10)所示。

$$I_i = \frac{y_i - \bar{y}}{\frac{1}{n}\sum(y_i - \bar{y})^2}\sum_{j \neq i}^{n}\omega_{ij}(y_i - \bar{y}) \qquad (21-10)$$

---

① Anselin L., "Local Indicator of Spatial Association – LISA", *Geographical Analysis*, Vol. 27, No. 2, 1995, pp. 93–115.

其中，w_{ij}为空间权重值，n为省份个数，I_i是局部莫兰指数，y_i为各省的共同富裕发展水平，$\bar{y}$为各省份共同富裕发展水平的平均值。依照局部莫兰指数的测算可划分为四个象限即四个区域。第一象限即高—高(HH)区域，第二象限即低—高(LH)区域，第三象限即低—低(LL)区域，第四象限高—低(HL)区域。故按照上述划分的区域，可将共同富裕发展划分为四种空间关联模式。第一，HH(扩散区)，观测省份和周围省份的共同富裕发展水平都高，为正相关性。第二，LH(塌陷区)，观测省份的共同富裕发展水平低但周围省份高，为负相关性。第三，LL(低水平区)，观测省份与周边地区的共同富裕发展水平都低，为正相关性。第四，HL(极化区)，观测省份的共同富裕发展水平高但周围省份低，为负相关性。此外，本章借鉴Rey提出的时空跃迁法用以探析在不同时期共同富裕发展空间关联模式的变动状况[①]，具体涵盖观测区跳跃至相间象限、观测区跳跃至临近象限、观测区无变动且与周围正相关和观测区无变动且与周围负相关四种情形。

2002—2019年局部Moran's I区域分布情形，如表21-8所示，从结果可以得出以下几点。第一，中国共同富裕发展水平的空间相关性异常显著，即省份的共同富裕发展呈高度聚集之势；且大部分地区之间正相关，存在明显的空间溢出效应。具体地，第一象限即扩散区(HH)的省份大多来自东部沿海地区，而西部内陆的省份大多位于第三象限即低水平区(LL)，具有明显的正相关性。第二，在研究的时间跨度内，大部分省份未发生跃迁，但山东、吉林、四川和湖北发生了跃迁，均为向相邻区域跃迁，其余大部分省份均处于低水平区(LL)且长期无变动，呈明显的正相关性。第三，中国共同富裕发展水平空间异质性显著，具体而言，河北、安徽、江西和海南长期处于塌陷区(LH)，辽宁、广东、四川和湖北处于极化区(HL)，具有明显的负相关性。从上述分析可知，中国共同富裕发展水平有待进一步提高，尤其是缩小省际的发展水平差距，使大部分地区摆脱长期性的"低水平陷阱"是实现共同富裕平衡发展的重点。

[①] Rey S. J., "Spatial Empirics for Regional Economic Growth and Convergence", *Geographical Analysis*, Vol. 33, No. 3, 2001, pp. 195-214.

表 21-8　　　　　局部 Moran's I 区域分布情况

年份	HH （扩散区）	LH （塌陷区）	LH （低水平区）	HL （极化区）
2002—2006	北京、天津、上海、江苏、浙江、福建	河北、吉林、安徽、江西、海南	山西、内蒙古、黑龙江、河南、湖北、湖南、广西、重庆、四川、贵州、云南、陕西、甘肃、青海、宁夏、新疆	辽宁、山东、广东
2007—2011	北京、天津、上海、江苏、浙江	河北、吉林、安徽、福建、江西、海南	山西、内蒙古、黑龙江、河南、湖北、湖南、广西、重庆、四川、贵州、云南、陕西、甘肃、青海、宁夏、新疆	辽宁、广东、山东
2012—2016	北京、天津、上海、江苏、浙江、山东、福建	河北、吉林、安徽、江西、海南	山西、内蒙古、黑龙江、河南、湖北、湖南、广西、重庆、四川、贵州、云南、陕西、甘肃、青海、宁夏、新疆	辽宁、广东
2017—2019	北京、天津、上海、江苏、浙江、山东、福建	河北、安徽、江西、海南	山西、内蒙古、黑龙江、河南、湖南、广西、重庆、贵州、云南、陕西、甘肃、青海、宁夏、新疆、吉林	辽宁、广东、四川、湖北

三　结论与政策启示

立足新发展阶段、扎实推进共同富裕具有重要的时代意义。如何量化共同富裕发展水平数是一个亟须探究的重要课题，同样，也能为后续推进共同富裕提供政策依据。基于此，本章采用 2002—2019 年 30 个省份的 31 个基础指标，运用熵值法测出各省的共同富裕发展水平指数（DLICP），并采用描述性统计、泰尔指数、自然间断点分级法、莫兰指数以及空间跃迁法对共同富裕的时空特征进行剖析。此外，也探究了数字经济发展对共同富裕的影响效应，及数字经济时代共同富裕实现的新路径。得出如下结论。第一，在研究的样本期内，中国共同富裕发展水平逐年上升。2017—2019 年，北京、上海、江苏、广东、浙江的共同富裕发展水平位列前茅，甘肃、贵州、云南、海南、青海的共同富裕发展水平较低，在样本期内，省际差距有缩小之势，但依然明显，且差异主要来源由地区内向地区间转移。第二，就时序演变而言，四大地区中呈"东—中—东北—西"依次降低趋势，其中，中部增长率较高，有追赶东部之势，西部发展势头不减，但东北增长率最低，如何使东北走出"低水平陷阱"已成为重要任务，五大经济带中长三角一体化经济带最高，京津冀协同发展经济带次之，长江经济带、"一带一路"建设与黄河流域经济带分列三到五位。第三，就空间演变而言，从自然间断点分级法的结果来看，能明显看出 2002—2019 年各省份的共同富裕发展水平从低水平、中低水平向中高水平、高水平变动；但从空间分布来看，共同富裕发展呈现出不平衡不充分的特征，亟须出台相应的区域协调发展的政策举措。从莫兰指数来看，除了山东、吉林、四川和湖北 4 个省份向相邻区域跃迁外，大多数省份位于低水平区（LL）且长期无变动。但是，我们需要看到实现共同富裕依然任重道远，为进一步扎实推进共同富裕，可从以下三点着手。

第一，毫不动摇地坚持"以人民为中心"，大力发展生产力，实现经济高质量发展，不断提高总体富裕水平。共同富裕是整体、全民富裕而不是局部、个体富裕，同时，共同富裕的主体是社会全体成员。故坚持以"人民为中心"是实现共同富裕的内核，大力发展生产力推动经济高质量发展是根本出路。具体而言，一方面，提高居民的生活水平，譬如通过创造更多就业岗位、渠道，或者是政府转移支付等提高人民的收入水平，并在初次分配和再分配中始终坚持公平原则，逐步提升居民物质生活水平；另一方面，加强社会精神文明建设，可通过增加社区图书馆和文化馆、举办文化意识活动竞赛、提高广播节目覆盖率等途径提升社会成员的文化素养，逐渐实现社会成员的全面发展。此外，还应改善人民的居住、交通、医疗、教育条件等，确保基本公共服务均等化。

第二，坚持新发展理念，坚定不移地走共享发展之路，持续提升共享发展程度。共同富裕除了整体富裕水平的提升之外，共享发展必不可少，即实现全体人民的富裕。近年来，人群、地区和区域间差距不断扩大，不利于共同富裕的实现。因此，政府需进一步完善收入分配政策，缩小群体间的收入差距、消费差距与财富差距等，同时要出台相应的区域协同发展政策推动城乡、地区间的协同发展，避免出现地区发展"鸿沟"。此外，还应有一些区域倾斜政策，例如进一步落实加强西部大开发、东北振兴及中部崛起的相关政策与配套制度供给，避免政策软化与空转，切实提高政策实施效率，缩小区域差距。

第三，逐步完善制度建设，继续强化社会制度保障。社会制度与法制建设是共同富裕实现的重要保障。首先，毫不动摇地坚持公有制经济是社会主义的制度规定。因而，必须坚持公有制经济在国民经济发展中的主体地位，并对公有制经济进行内部改革，优化公有制经济运行机制。其次，持续完善社会养老与就业保障等制度建设，为人民的基本生活保驾护航。最后，始终坚守法律底线，并根据社会具体发展情况进一步完善、修改相关法律条文。

第二十二章　新时代共同富裕的量化：
一种政治经济学分析[*]

2012年，中国共产党第十八次全国人民代表大会的召开标志着中国特色社会主义进入新时代。依据党的十九届五中全会的会议精神，中国社会主义新时代发展阶段下，共同富裕已成为未来较长一段时期我国必须实现的中长期发展战略目标之一。理论上，共同富裕是社会主义的内在规定与本质要求。20世纪90年代初，围绕什么是社会主义、如何发展社会主义等核心关键问题，邓小平曾经给出了科学、精练的经典论断："社会主义的本质，是解放生产力，发展生产力，消灭剥削，消除两极分化，最终达到共同富裕。"[①]由此可知，在我国社会主义经济社会建设期间，共同富裕被视为社会主义发展的最终目标与价值判断，是社会主义内核本质的具体体现。当前，党中央基于2020年全面建成小康社会的良好形势，适时部署实施了扎实推进共同富裕的战略任务，这有利于倒逼"三大差距"（收入差距、地区差距、城乡差距）加快缩小，有利于社会主义经济高质量发展稳妥推进，有利于促进社会主义社会更加和谐，有利于奠定第二个百年目标顺利实现的基础。以习近平同志为主要代表的中国共产党人不断推进马克思主义中国化，坚定推动共同富裕实践并坚持着力总结实践经验，不断丰富中国社会主义共同富裕的理论，做出了"以人民为中心的发展思想""共享发展""精准扶贫"

---

[*] 李标，西南财经大学经济学院副教授。
[①]《邓小平文选》第3卷，人民出版社1993年版，第373页。

等重要论述，提出了全面建成小康社会之后的"全国各族人民团结奋斗、不断创造美好生活、逐步实现全体人民共同富裕"的新时代共富观，进一步明确了基本建成社会主义现代化之时"全体人民共同富裕取得更为明显的实质性进展"的远景目标。基于对马克思主义共同富裕理论精髓要义的深刻理解，习近平明确指出："扎实推进共同富裕，需要深入研究不同阶段的目标，分阶段促进共同富裕。"① 因此，沿着扎实推进共同富裕的发展战略导向，挖掘新时代共同富裕的理论渊源，深度解析新时代共同富裕内涵，进一步科学设计共同富裕的量化指标有着显著的理论价值、实践价值与时代价值。

一 文献综述

中国特色社会主义发展进入新时代以来，国内学者聚焦共同富裕这一热点议题开展了丰富的研究。其中，具有代表性文献主要集中在以下三个方面。

从对共同富裕的理解看，范从来认为，共同富裕是社会主义的本质要求，是社会主义制度优越性的集中体现，贫穷不是社会主义，贫富差距悬殊的社会同样也不是社会主义②。陈伯庚认为，共同富裕范畴涵盖了人民群众的根本利益，是中国特色社会主义的根本目标，是中国特色社会主义经济运行的轴心③。刘培林等认为，实质是在中国特色社会主义制度保障下，全体人民共创日益发达、领先世界的生产力水平，共享日益幸福美好的生活④。

从实现共同富裕角度分析，刘灿认为，要构建一个与社会主义市场经济相适应的分配制度，通过深化改革来缩小差距，实现共同富裕⑤。薛宝贵和何炼成认为，先富群体未必自觉带动后富群体共同致富，需构

---

① 习近平：《扎实推进共同富裕》，《求是》2021年第20期。
② 范从来：《益贫式增长与中国特色社会主义共同富裕道路探索》，《经济研究》2017年第12期。
③ 陈伯庚：《共同富裕论》，《上海经济研究》2017年第11期。
④ 刘培林、钱滔、黄先海等：《共同富裕的内涵、实现路径与测度方法》，《管理世界》2021年第8期。
⑤ 刘灿：《缩小收入差距，实现共同富裕》，《政治经济学评论》2018年第1期。

建先富带动后富机制①，包括的具体实现机制有"扩大收入群体比重的总体实现机制以及基本制度安排、政府干预机制、培育内生动力机制等"②。蔡昉认为，通往共同富裕应做大和分好蛋糕、促进和扩大社会流动性、社会福利全覆盖均等化③。赖德胜和石丹淅指出，扎实推动共同富裕需要有效市场和有为政府更好地结合，重视人力资本投资，强化就业优先战略，坚持按劳分配为主体、多种分配方式并存等④。

从共同富裕量化测度的已有研究看，有学者认为，共同富裕的评判要以收入分配差距或贫富差距的状况为评判标准⑤。田雅娟和甄力由中等收入群体比重、中等收入群体富裕程度、居民收入差距三个维度⑥，陈丽君等从发展性、共享性、可持续性三大方面⑦，刘培林等从总体富裕程度和发展成果共享程度两个维度⑧，建立测度共同富裕的多元指标体系。

总的来说，共同富裕是马克思主义中国化的重大理论与实践结晶。国内学者已有的前期理论与实证研究成果为本研究提供了较好的基础支撑。本章认为，关于共同富裕仍具备后续深入研究的空间，具体表现如下。

第一，共同富裕的时代内涵需要进一步再阐释。这是量化共同富裕的根本依循。理论上，共同富裕实质上是一个动态调整的发展过程，新

---

① 薛宝贵、何炼成：《先富带动后富实现共同富裕的挑战与路径探索》，《马克思主义与现实》2018年第2期。
② 薛宝贵：《共同富裕的理论依据、溢出效应及实现机制》，《科学社会主义》2020年第1期。
③ 蔡昉：《共同富裕三途》，《中国经济评论》2021年第9期。
④ 赖德胜、石丹淅：《扎实推进共同富裕》，《中国高校社会科学》2021年第2期。
⑤ 王朝明、徐成波、丁志帆：《共同富裕：理论思考与现实审视——基于国家级城乡统筹实验区（成都）的经验证据》，《当代经济研究》2012年第8期；程恩富、张吉明：《发展公有经济 实现共同富裕》，《海派经济学》2012年第2期；范从来、巩师恩：《苏南共同富裕的示范及其推进策略》，《江海学刊》2014年第6期。
⑥ 田雅娟、甄力：《迈向共同富裕：收入视角下的演进分析》，《统计学报》2020年第5期。
⑦ 陈丽君、郁建兴、徐铱娜：《共同富裕指数模型的构建》，《治理研究》2021年第4期。
⑧ 刘培林、钱滔、黄先海等：《共同富裕的内涵、实现路径与测度方法》，《管理世界》2021年第8期。

发展阶段下的共同富裕内涵更加丰富，其所涵盖的内容会伴随社会主义发展而有所变化，值得深入阐释。第二，深入分析共同富裕的评判标准。这是建立评价共同富裕水平多元指标体系的直接依据，需要基于共同富裕的时代内涵进一步开展论述。本章认为，量化共同富裕需要站在国家发展战略的高度，以"五位一体"总体布局为科学指引，即从"经济、政治、文化、社会和生态文明"五个方面揳入，开展共同富裕的量化指标选择。第三，建立量化共同富裕的指标体系，深度把握我国共同富裕的进程。共同富裕是中国社会主义发展的远景战略目标，有必要在深度理解共同富裕基础上，进行科学的测度，以更好地把握共同富裕的总体水平与阶段推进状况，为迈向共同富裕伟大历程中确定发展不足、补齐发展短板提供支撑。开展上述三个方面的研究，有益于为新时代共同富裕的理论完善、薄弱点找寻、政策设计等提供支撑。

二 新时代共同富裕的内涵阐释

新中国成立以来，社会主义经济发展成效举世瞩目。中国在坚持社会主义经济社会制度基础上，不仅建成了社会主义市场经济体制，而且成为世界第二大经济体并延续着稳定的增长趋势，还全面成功实现了全面建成小康社会的阶段目标。这为中国社会主义新时代发展阶段下进一步推进共同富裕，提供了坚实的制度基础与物质条件。

（一）理论基础：共同富裕学说渊源的挖掘

新中国成立以来，国家实践并切实推进的共同富裕具有深厚的马克思主义意蕴，是马克思主义共富理论在中国大地上的理论运用与实践创新。从学说渊源角度看，新发展阶段下扎实推进共同富裕的理论基础在于空想社会主义、科学社会主义以及中国社会主义共同富裕理论。丁任重和李标对新时代共同富裕的学说渊源进行了总结凝练[①]，具体内容如下。

在国外，共同富裕思想起源于"空想社会主义"的重要代表人物

---

① 丁任重、李标：《提高对新时代共同富裕的理论认识》，《中国社会科学报》2021年12月30日。

托马斯·莫尔。莫尔在《关于最完美的国家制度和乌托邦新岛的既有益又有趣的全书》(以下简称《乌托邦》)一书中较早阐述了与共同富裕联系紧密的观点或思想。例如,《乌托邦》直接提出了"私有制造成了种种社会罪恶",乌托邦是"最完美最和谐的社会制度","在乌托邦,一切归全民所有,因此只要公仓装满粮食,就绝无人怀疑任何私人会感到什么缺乏……每人一无所有,而又每人富裕"①。此后,经过康帕内拉、圣西门、傅立叶、欧文、魏特林等"空想社会主义"众多拥趸者的努力,理论界对共同富裕的认识越发深刻。稍有遗憾的是,在"空想社会主义"理论不断发展的时期,共同富裕始终没能成为现实。背后深层次的原因在于空想社会主义缺乏一套科学的理论体系指导。马克思、恩格斯基于马克思的唯物史观和剩余价值学说"两大发现"建立了科学社会主义理论,发现了资本主义必然灭亡、必然被社会主义所取代的人类社会的一般演进规律。在科学社会主义理论中,通过革命建立以公有制为基础的社会主义社会只是共产主义社会的低级阶段或第一阶段,大力发展生产力、健全社会主义经济社会制度等依然是重要任务。在共产主义社会的高级阶段或第二阶段,社会"生产将以所有人富裕为目的",真正实现"各尽所能、按需分配"。受所处时代环境的限制,马克思、恩格斯也只是对共同富裕情景进行了简要的勾勒与描绘。正如恩格斯在《社会主义从空想到科学的发展》中给出"顶天立地"式的精简阐释:"通过社会化生产,不仅可能保证一切社会成员有富足的和一天比一天充裕的物质生活,而且还可能保证他们的体力和智力获得充分的自由的发展和运用。"② 基于科学社会主义理论的指导,列宁明确提出"要消灭人民的贫穷,唯一的方法就是彻底改变全国的现存制度,建立社会主义制度……共同劳动的成果以及从各种技术改良和机器中得到的好处,都归全体劳动者、全体工人所有"③。列宁领导苏联共产党建立了由马克思主义政党领导的第一个社会主义国家苏联之后,通过全面

---

① 刘明翰:《欧洲文艺复兴史·政治卷》,人民出版社2010年版,第240页。
② 恩格斯:《社会主义从空想到科学的发展》,人民出版社2014年版,第78页。
③ 《列宁选集》第1卷,人民出版社1972年版,第400页。

建立公有制等，大力发展生产力，开启了共同富裕实践。马列主义以及苏联的"实验"为中国共同富裕理论形成与实践提供了重要参考。新中国成立后，在社会主义革命和建设时期，以毛泽东同志为主要代表的中国共产党人首次提出"共同富裕"，并强调"这个富，是共同的富，这个强，是共同的强，大家都有份"①，并在确立社会主义基本制度基础上逐步探索了"生产资料公有、合作化、按劳分配、简单平均分配"的共同富裕模式。党的十一届三中全会后，以邓小平同志为主要代表的中国共产党人在回答社会主义是什么的问题时，将共同富裕上升至了社会主义本质规定层面。"社会主义的本质，是解放生产力，发展生产力，消灭剥削，消除两极分化，最终达到共同富裕。"②"共同富裕，这是体现社会主义本质的一个东西"，而且将公有制为主体与共同富裕视为确保社会主义性质不变的原则，并通过实施建设小康社会的发展战略实践让"一部分地区、一部分人可以先富起来，带动和帮助其他地区、其他的人，逐步达到共同富裕"③的道路。党的十八大以来，以习近平同志为主要代表的中国共产党人不断推进共同富裕实践、着力丰富共同富裕理论，提出了"以人民为中心的发展思想""共享发展""精准扶贫"等重要论述；提出了在全面建成小康社会之后的"全国各族人民团结奋斗、不断创造美好生活、逐步实现全体人民共同富裕"④的新时代共富观；在此基础上，进一步明确基本建成社会主义现代化之时"全体人民共同富裕取得更为明显的实质性进展"的远景目标。由此，形成了理论意蕴深厚、实践扎实的中国社会主义共同富裕理论⑤。

总的来说，由空想社会主义到科学社会主义、由苏联的共富"实验"到新中国成立以来的社会主义共富理论，在实现全面建成小康社会目标基础上扎实推进共同富裕提供了坚实的理论依循，尤其是新时代的

---

① 《毛泽东文集》第6卷，人民出版社1999年版，第495页。
② 《邓小平文选》第3卷，人民出版社1993年版，第373页。
③ 《邓小平文选》第3卷，人民出版社1993年版，第149页。
④ 习近平：《决胜全面建成小康社会 夺取新时代中国特色社会主义伟大胜利——在中国共产党第十九次全国代表大会上的报告》，人民出版社2017年版，第11页。
⑤ 丁任重、李标：《提高对新时代共同富裕的理论认识》，《中国社会科学报》2021年12月30日第7版。

共同富裕观更是成为中国社会主义新征程阶段实现全体人民共同富裕最为根本的理论指导。

(二) 概念释义：结构、时序与方式的解析

在2021年8月召开的中央财经委员会第十次会议上，习近平总书记指出："共同富裕是全体人民的富裕，是人民群众物质生活和精神生活都富裕，不是少数人的富裕，也不是整齐划一的平均主义，要分阶段促进共同富裕。""要坚持基本经济制度，立足社会主义初级阶段，坚持'两个毫不动摇'，坚持公有制为主体、多种所有制经济共同发展，允许一部分人先富起来，先富带后富、帮后富，重点鼓励辛勤劳动、合法经营、敢于创业的致富带头人。"① 习近平总书记关于新时代共同富裕科学内涵的重要论断，为新时代发展阶段下深刻理解、全面把握共同富裕的内在含义提供了根本索引。基于此，本章从新时代共同富裕的内容、时序与方式三个维度进行解析。

从共同富裕的内容结构看，新时代共同富裕是物质领域与精神层面兼顾的富裕。依据马克思主义唯物史观关于发展的观点来看，共同富裕涵盖的内容是随着经济发展波动而不断变化的。当生产力发展还处于较低水平时，人们关心更多的是物质财富分配，这时的共同富裕更侧重物质富裕；当生产力发展水平提高至一定水平时，物质产品相对不再紧缺，人们对精神领域的需求日益增加，从而共同富裕的内容由单一侧重物质转变为物质与精神兼顾。中国特色社会主义进入新时代，全体人民创造财富的能力较新中国成立伊始以及改革开放之初的水平均出现了飞跃式提升，社会主要矛盾已转化为人民日益增长的美好生活需要和不平衡不充分的发展之间的矛盾，人们不仅关注经济领域获得感的差距，更加注重政治、社会、文化等领域无形财富分配导致精神满足感的差距的缩小。因此，新时代下的共同富裕兼顾了物质与精神双重富裕程度。

从共同富裕的实现时序看，新时代共同富裕不是全体人民同时、同步、水平一致的富裕，而是富裕地区和群体有先后、先富带后富、先富

---

① 《习近平主持召开中央财经委员会第十次会议》，新华社，2021年8月17日，http://www.gov.cn/xinwen/2021-08/17/content_5631780.htm。

与后富相辅相成的富裕。依循马克思主义辩证法的逻辑进路，中国对社会主义共同富裕的探索演进体现了"否定之否定"的辩证规律。囿于新中国成立之初所处的历史环境与理论认知，我国提出并实践了"简单均富"的探索之道，此种超前的制度安排反而束缚了生产力发展，形成了低水平的"共富"。这也为改革开放之后逐步形成中国特色社会主义建设时期"先富带动后富"的共富实践之路奠定了基础。该发展阶段下，我国一跃成为世界第二大经济体、全面建成了小康社会、人民生活整体进入富裕水平等是创新性共富制度生命力的直接体现，但也确实存在着收入差距、区域差距、城乡差距明显有所扩大以及先富群体、先富地区带动后富效果不明显的矛盾。中国特色社会主义进入新时代，党中央着力解决先富与后富对立性突出的问题，通过加大收入分配制度改革、部署脱贫攻坚战、实施高质量区域协调发展战略以及乡村振兴战略等加快释放"先富带动后富"的制度红利，坚定促进先富与后富的协调统一。

从共同富裕的实现方式看，新时代共同富裕是以共享逐步推动共富形成的富裕。共享与共富是内在统一的，某种程度上可以认为共享是共富的时代表现，是初级阶段下实现共富的具体方式。首先，共享发展以全民共享为根本目标。共享发展坚持"发展为了人民、发展依靠人民、发展成果由人民共享"的总体发展思路，主张经济社会发展成果"人人享有、各得其所，不是少数人共享、一部分人共享"，要惠及各地区、各民族与各阶层的人民，充分体现了社会主义的本质要求。其次，共享发展以全面共享为基本内容。新时期，老百姓的需要也由经济领域向非经济领域拓展，非经济领域需要迅速增长，共享发展便是要全面保障人民在各方面的合法权益，充分满足人民日益增长的多层次、多元化需要，这与共同富裕蕴含的物质富裕与精神富裕并重的要义吻合。再次，共享发展内含全民共建、共享的前置条件，形成共富的基础与路径。共建注重充分发挥个体积极性，为个体参与共享尽可能地提供"蛋糕"基础，共建使个体才能彼此共享，融合于财富的创造与分配，共建的过程也是共享与共富的过程。最后，共享发展促进共富是渐进的、有差别的动态过程。习近平总书记指出："共享发展必将有一个从低级到高级、从不均衡到均衡的过程，即使达到很高的水平也会有差别。"① 所以，新发展阶段下以全民共享、全面共享、共建共享推进共同富裕具有可行性，但应充分认识到这一过程的阶段性。这要求我们要抓住不同发展时期的主要矛盾和矛盾的主要方面，清晰把握发展的重点与难点，坚决避免一步到位的简单平均主义，稳妥、充分、有序地利用共享"廊道"通向共同富裕。

三 新时代共同富裕的量化依据与思路

新发展阶段下，稳妥推进共同富裕"要深入研究不同阶段的目标，分阶段促进共同富裕"②。在此要求下，选择合理的测度指标，运用指标分析技术量化共同富裕，能为观测共同富裕水平、把握共同富裕所处阶段、科学制定共同富裕的阶段目标提供基本支撑。目前，社会各界对新时代共同富裕量化指标的确定依然处于起步探索阶段，尚未达成共识。有鉴于此，这里基于新时代共同富裕的理论渊源与科学内涵，着重挖掘新时代共同富裕量化指标选择的科学依据，并给出一个具体的指标体系。

（一）量化依据："五位一体"总体布局

共同富裕是马克思主义中国化的重大理论与实践结晶。新发展阶段，共同富裕既是战略任务，也是远景目标，更是确保社会主义旗帜不变的内在规定。2020 年，我国已取得全面建成小康社会的伟大胜利。2021 年 8 月，习近平总书记在中央财经委员会第十次会议上进一步适时指出："我们正在向第二个百年奋斗目标迈进，适应我国社会主要矛盾的变化，更好满足人民日益增长的美好生活需要，必须把促进全体人民共同富裕作为为人民谋幸福的着力点，不断夯实党长期执政基础。"③可见，未来五年、十年甚至更长时间，共同富裕将始终是我国社会主义经济发展的目标取向与质效高地的判断标准。科学评价共同富裕、全面把握共同富裕的价值不可估量。

---

① 《习近平总书记系列中央讲话读本》，学习出版社、人民出版社 2016 年版，第 45 页。
② 习近平：《扎实推进共同富裕》，《求是》2021 年第 20 期。
③ 《习近平主持召开中央财经委员会第十次会议》，新华社，2021 年 8 月 17 日，http://www.gov.cn/xinwen/2021-08/17/content_5631780.htm。

关于共同富裕的测度研究依然处于起步摸索阶段，而且共同富裕设计的内容较为丰富，单一经济指标难以真实反映共同富裕的本质。因而，为尽可能全面反映共同富裕所涵盖的信息，需要构建一个多元指标体系测度共同富裕。本章认为，科学设计共同富裕量化指标体系必须上升至国家战略高度，要从党中央关于社会主义经济发展的总体布局、从习近平总书记关于共同富裕等一系列重要论述中找寻、探求其基本依循。

2012年，党的十八大对全面推进经济建设、政治建设、文化建设、社会建设和生态文明建设"五位一体"总体布局做了全面部署。2018年，习近平总书记在庆祝改革开放40周年大会上强调："让人民共享经济、政治、文化、社会、生态等各方面发展成果，有更多、更直接、更实在的获得感、幸福感、安全感，不断促进人的全面发展、全体人民共同富裕。"① 2021年，习近平总书记在庆祝中国共产党成立100周年大会上指出："我们坚持和发展中国特色社会主义，推动物质文明、政治文明、精神文明、社会文明、生态文明协调发展，创造了中国式现代化新道路，创造了人类文明新形态。"②

中国特色社会主义新时代发展阶段下，"五位一体"总体布局以及"人类文明新形态""增强人民群众的获得感、幸福感、安全感""更好满足人民日益增长的美好生活需要"统一于共同富裕的伟大历程，为从"物质、政治、精神、社会、生态"五个方面设计量化指标体系提供了科学依据。

(二) 量化思路：多元指标体系的建构

共同富裕既有物质领域的基本含义，也存有非物质领域的深层意蕴。可以这样说，共同富裕的内涵十分丰富。沿着量化共同富裕的科学依据分析，构建共同富裕综合测度指标体系的总体导向是遵照"五位一体"总体布局，着力尝试从"物质、政治、精神、社会、生态"五大维度选择量化指标，建构一个不仅能抓住共同富裕核心关键信息，而且

---

① 习近平：《在庆祝改革开放40周年大会上的讲话》，人民出版社2018年版，第25页。
② 习近平：《在庆祝中国共产党成立100周年大会上的讲话》，人民出版社2021年版，第13、14页。

能反映更多外延信息的多元综合评价指标体系，以更加科学地把握共同富裕的总体情况与阶段进度。代理共同富裕每一维度具体指标的选择应遵循客观可量化、信息临近以及易操作等原则。

基于前述分析与认知，本章设计了能够计算得到"共同富裕指数"的综合评价指标体系。这一共同富裕指数既能反映共同富裕的总体水平，也能通过分解发现"物质、政治、精神、社会、生态"每一维度的水平。此外，如果有足够宽的时间窗口，还能观测共同富裕的演进趋势，助力把握共同富裕的阶段，更加精准地找到推进共同富裕的薄弱点，确保共同富裕的推进过程更加扎实、最终结果更加科学有效。

本章聚焦测算"共同富裕指数"的目标，建立由维度层、准则层和指标层构成，易操作、可测度、层次清晰、简明扼要的"共同富裕量化指标体系"，如表22-1所示。维度层涵盖了"物质、政治、精神、社会与生态"五大方面；因素层对应的是维度本质的核心因素；指标层由反映准则与维度的细项指标构成。每一维度的含义与代理指标的遴选说明如下。

1. 物质维度：物质富裕是共同富裕的基本前提

物质富裕与经济发展水平高度一致，物质财富涌流、人均财富增进与差距缩小离不开高质量的发展。正如习近平总书记所指出的："坚持以人民为中心的发展思想，在高质量发展中促进共同富裕，正确处理效率和公平的关系，构建初次分配、再分配、三次分配协调配套的基础性制度安排。"[①] 所以，物质富裕的科学度量至少包括人均财富、居民生活和分配状况三个方面。

2. 政治维度：政治稳定是共同富裕的根本保障

共同富裕成效与政治稳定紧密关联。习近平总书记曾就政治稳定涉及的民主、监督、法治、公平正义做了论述，如"中国的民主是一种全过程的民主""让人民监督权力，让权力在阳光下运行""依法治国是坚持和发展中国特色社会主义的本质要求和重要保障""促进社会公平正义是政法工作的核心价值追求"。因此，量化政治维度可从民主水平、

---

① 《习近平经济思想学习纲要》，人民出版社2022年版，第29页。

信息透明、法治建设、公平正义四个方面甄选指标。

3. 精神维度：精神财富是共同富裕的重要内容

在迈向共同富裕历程中，"物质财富要极大丰富，精神财富也要极大丰富"①。精神财富源于精神文明建设，包括文化发展与道德建设两大方面。习近平总书记指出："中华民族伟大复兴需要以中华文化发展繁荣为条件。"② 文化发展水平主要受文化设施、文化水平与智力积累因素影响。习近平总书记强调，"在核心价值体系和核心价值观中，道德价值具有十分重要的作用。国无德不兴，人无德不立"③。因此，可从微观层面的社会诚信、中观层面的城市文明、宏观层面的道德实践量化道德建设。

4. 社会维度：民生福祉是共同富裕的题中之义

发展社会事业的本质在于增进民生福祉。习近平总书记指出，社会事业改革关乎民生、连接民心，"在更高水平上实现幼有所育、学有所教、劳有所得、病有所医、老有所养、住有所居、弱有所扶"④。量化共同富裕的社会发展需从教育、医卫、住房、养老、社保等公共服务切入。社会发展离不开社会治理内生的安全环境。习近平总书记强调，全国政法机关要"切实履行好维护社会大局稳定、促进社会公平正义、保障人民安居乐业的职责使命"⑤。故此，社会治理的量化关键在于公众决策参与和公共安全。

5. 生态维度：生态财富是共同富裕的永续之基

生态文明贯穿经济、政治、文化和社会建设始终，保护生态就是保护生产力。改善生态环境、增进生态财富是人民日益增长的幸福美好生活需要的重要内容之一，已成为共同富裕的重要保障与内容。正如习近平总书记所指，"绿水青山就是金山银山"。所以，生态文明可从生态

---

① 《〈中华人民共和国国民经济和社会发展第十三个五年规划纲要〉辅导读本》，人民出版社2016年版，第384页。
② 《习近平总书记系列重要讲话读本》，人民出版社、学习出版社2014年版，第99页。
③ 《习近平关于防范风险挑战、应对突发事件论述摘编》，中央文献出版社2020年版，第37页。
④ 《十九大以来重要文献选编》（上），中央文献出版社2019年版，第431页。
⑤ 《中华人民共和国第十二届全国人民代表大会第四次会议文件汇编》，人民出版社2016年版，第482页。

禀赋与环境质量两个角度选择量化指标。

　　总之，新时代共同富裕的目标并不能一蹴而就，其实质上是一个渐进式、阶段式的发展过程。在此过程中，倘若要准确把握共同富裕的总体情况、查验阶段目标是否达成等，离不开科学的、尽可能全面反映共富信息的量化指标（体系）予以支撑。需要强调，本章基于共同富裕科学内涵，立足"五位一体"总体布局导向，设计的共同富裕多元指标体系只是一个初步的尝试与探索，并不代表这些指标一成不变，反而强调其动态调整的特征，也即该量化指标体系理论上应该依据社会主义经济社会发展情况进行适度、合理的调整（如增加或删除因素层的代理指标），以更好、更真实、更贴切地反映共同富裕的动态调整特质。

表 22–1　　　　　　　　量化共同富裕的指标体系

目标	维度层	因素层	指标层(32 个)	属性
共同富裕指数	物质	经济发展	人均财富：人均 GDP(元)	正向
		居民生活	富裕程度：恩格尔系数(%)	负向
			消费力：消费率(%)	适度
			网络化：互联网普及率(%)	正向
		分配状况	人群差异：基尼系数	负向
			城乡差异：城乡收入比	负向
			地区差异：地区人均 GDP 变异系数或极值比	负向
			初次分配：人均可支配收入/人均 GDP 或人均可支配收入增速(%)	正向
			再分配：社会保险收入/一般公共预算收入(%)	适度
	政治	民主水平	三次分配：社会公益基金/GDP(%)	适度
		信息透明	权力享有：政治参与度(居民参选率,%)	正向
		法治建设	行政公开：政府信息公布条数年增长率(%)	正向
		公平正义	法治能力：法治指数	正向

续表

目标	维度层	因素层	指标层(32个)	属性
共同富裕指数	精神	文化发展	公正环境:公正指数	正向
			文化设施:每万人文化馆与博物馆数量(个)	正向
			文化水平:文盲率(15岁以上人口不识字人的比重,%)或高中及以上学历人口比重(%)	负向/正向
		道德水平	智力积累:每万人大学生数量(人)	正向
			社会诚信:1-失信指数(经营异常企业比重×1/2+失信个人比重×1/2)	正向
			城市文明:全国文明城市数量(个)	正向
			道德实践:慈善捐助总量(万元)或增速(%)	正向
	社会	公共服务	国民教育:每万人幼、小、中、大学校数量(所/万人)	正向
			医疗卫生:每万人医院数量(个/万人)	适度
			居民住房:人均住房建筑面积(平方米/人)	适度
			养老服务:每万人养老院数量(个)	适度
			社会保障:社保参与率(参保人数/应参保人数,%)	正向
		社会治理	决策参与:重大决策听证率(%)	正向
			公共安全:万人治安案件发案率(%)	负向
	生态	生态禀赋	绿地禀赋:人均绿地面积(平方米/人)	正向
			森林禀赋:人均森林资源(公顷/人)	正向
		环境质量	碳排放强度:单位GDP碳排放(吨/万元)	负向
			水资源质量:地表水优良率(%)	正向
			空气质量:地级及以上城市空气优良天数比重(%)	正向

资料来源:笔者自行设计。

四 结论与政策路径

中国特色社会主义新发展阶段下,基于全面建成小康社会形成的良好经济社会环境、稳妥向前趋势与发展基础,共同富裕已然进入扎实推进的新时期。依据国家对共同富裕的战略部署以及习近平总书记关于共同富裕的系列重要论述,本章致力于从政治经济学角度开展理论研究,并给出促进共同富裕目标稳妥实现的政策建议。

(一)研究结论

本章尝试阐释了新时代共同富裕的科学内涵,并从学理层面讨论共同富裕设计量化的依据与思路,进一步给出一个"三层、五维"的多元综合评价指标体系。第一,新时代共同富裕具有深厚的马克思主义意蕴,理论渊源涵盖空想社会主义、科学社会主义与中国社会主义共富理论三大方面的内容。尤其是在扎实推进共同富裕的当前,更应坚持以新时代共同富裕观为根本依循。

第二,新时代共同富裕的内容结构由两大部分组成,兼顾了物质领域与精神层面多方面内容的富裕;新时代共同富裕不是全体人民同时、同步、水平一致的富裕,而是富裕地区和群体有先后、先富带后富、先富与后富相辅相成的富裕,体现了突出的时序特征;新时代共同富裕的实现是渐进式、阶段式、共享式的动态富裕过程。

第三,新时代共同富裕的量化研究应深刻把握党中央关于共同富裕的战略要求及其深刻内涵,应坚持以"五位一体"总体布局为指导,寻找共同富裕量化指标的科学依据。

第四,新时代共同富裕量化操作的着力点是尽可能建构一个可观测、易搜集、有层次的指标体系,计算"共同富裕指数",用以作为共同富裕推进的总体现状评判、问题挖掘、路径设计与制度安排的基准。这个作为评价共同富裕水平的多元指标体系有"物质、政治、经济、社会、生态"五大维度,且各个维度对应的代理指标应是随社会主义经济社会发展而动态调整的。

（二）政策路径

基于本章的主要结论发现，遵循党中央关于新时代中国特色社会主义共同富裕的战略考量，本章认为扎实推进共同富裕离不开一系列公共政策的保驾护航。坚持以人民为中心的根本指引，坚持以优化"物质、政治、经济、社会、生态"五大方面的质量为推进抓手，确保中国社会主义新时代发展阶段下共同富裕目标的稳妥实现，本章提出供参考的政策路径如下。

第一，经济维度层面在促进经济发展、提质扩容的基础上，应注重收入分配制度的优化设计。经济发展领域应认真践行新发展理念，坚持以创新为核心驱动经济体系加快向现代化转型，确保能向社会供给高质量产品与服务的同时，实现国民经济稳定增长、人均国民总收入同步增长。收入分配制度领域应坚持"适时优化、切实落地"的方向，着力推动三次收入分配协同机制健全的变革与实施。一要确保初次分配公平，切实促进人民勤劳、创新致富。要严格、高效执行最低工资制度与加班工资制度，统筹规划安排好普通员工工资保持正常、适度、合理增长的时间与区间；加大政府在教育文化、医疗卫生、养老保健、住房保障、生态环境等公共服务领域的投入力度，加快补足民生领域短板，"为人民提高受教育程度、增强发展能力创造更加普惠公平的条件"，激发个体的劳动主动性以及创新积极性。二要确保再分配更加公平，加快形成合理收入分配格局。依法加快税制改革，推出特定的财产税等直接税改革，坚决取缔非法收入、灰色收入、超常规垄断收入，以更大力度合理调节高收入；适时提高个税起征点、扩大中等收入群体的税率区间，促进中等收入群体更加壮大；增加社会保障、社会救济等投入，促进低收入群体收入显著增加。三要恰当运用第三次分配机制，促进和谐共富。首先，要引导社会力量以募集、捐赠、资助等方式积极参与社会财富的分配，加快缩小贫富差距；其次，应严格监管第三次分配，严厉打击以虚假慈善非法募集资金的行为，鼓励以官方慈善机构为捐赠对象或在确保资助对象真实可靠的情况下进行直接资助；最后，慈善机构应按计划及时公布慈善等公益资金的收支状况，允许独立的第三方进行财务审计，并主动接受社会监督①。

第二，政治维度层面以完善社会主义政治制度为指导，不断提升政治建设质量，夯实共同富裕的社会主义政治制度根基。一要继续加强社会主义民主文明建设，确保全体人民自愿、实事求是地参与民主政治活动。二要继续提高政府信息公开事务质量，确保政府信息公开及时有效。三要继续优化根本大法、上位法以及下位法等法律法规建设，构建协同有效的法制体系，着力夯实依法治国水平稳步提升的法制基础。四要坚持以马克思的社会公平、正义思想为指导，营造新时代共同富裕扎实推进所需的社会主义公平、正义的发展环境。

第三，精神维度层面应坚持"两手抓"，注重充分发挥"文化教育"与"道德养成"两大工具提升精神富足程度的作用。就文化教育而言，要不断提高城乡公共文化基础设施质量，为城乡居民提供高质量的公共文化产品；要在加强义务教育的同时，不断提升职业教育以及高等教育投入，提升教育质量，加快共同富裕所需高质量人力资本的积累。就道德养成而言，要大力弘扬中华民族优秀的传统文化，深挖优秀传统文化内蕴的道德基因，以"无声胜有声"的方式渗透头脑；要以马克思主义"五观"为指导，加强社会主义核心价值观建设，筑牢社会主义建设赖以存在的道德根基，为新时代共同富裕的成功实现提供思想动力。

第四，社会维度层面应以和谐发展为导向，着力优化公共服务供给，提升社会治理水平。从公共服务供给角度分析，突出的公共资源配置失衡与基本公共服务不均等问题致使劳动力等要素发展失衡，由此累积了在新时代共同富裕扎实推进的显著制约。因此，国家应着力加大医疗卫生、住房、国民教育等公共服务领域的投入，确保全体人民公平使用公共资源、人人享有高质量的公共服务。从社会治理角度看，应充分借助数字经济发展机遇，着力提升社会治理能力，比如建立"线上+线下"的听证会模式，运用物联网、人工智能等新技术加强对威胁公共安

---

① 丁任重、李标：《提高对新时代共同富裕的理论认识》，《中国社会科学报》2021年12月30日。

全的不稳定因素的监管。

第五，生态维度层面应沿着生态文明建设的导向，不断促进生态资源环境禀赋提升，夯实共同富裕实现所要求的生态本底。首先，要坚持以习近平生态文明思想为指导，顺应工业文明转向生态文明的历史趋势与规律；以人与自然和谐共生为导向，通过加强环境污染治理与生态环境保护，集约使用资源，减少污染物排放，推行绿色低碳循环的生产生活方式，不断创造、积聚生态财富，筑牢生态本底的新发展模式。其次，应加强有利于提升资源环境承载力、减少环境污染、保护自然环境的生态文明制度建设，如建立健全自然资源产权制度、排污权交易制度、环境污染监督制度、生态补偿制度、碳排放权交易制度等，促进生态资源保护激励与约束相融。再次，应着力构建绿色低碳循环的生产体系，尤其是应加快推进能源绿色化转型，加快推动产品结构、技术结构、投入结构等绿色化转型，提升绿色供给效能。最后，应多途径加大绿色环保宣传力度，促进绿色环保生活形态加快养成。